財團法人臺北市賈馥茗教授教育基金會
財團法人黃昆輝教授教育基金會
國立臺灣師範大學教育學系所
共同策劃

教育與文化
田培林教授教育學論著精選

田培林　著
黃昆輝　主編
林逢祺、周愚文、洪仁進、方永泉　執行主編

五南圖書出版公司 印行

田培林博士

民國前十九年（一八九三）──民國六十四年（一九七五）

初版主編賈序

　　筆者自從立志學習教育、研究教育，以至從事教育工作，至今恰好三十年。其間曾經爲得不到教育的確切概念而徬徨，而輾轉反側；也曾爲能夠致力於教育工作而欣悦，而不遑寢食；更曾爲教育實際不如理想而頹喪，而深切自責。在思路不通的時候尋求指引，在灰心喪志的時候企望激勵，而所得於田先生的獨多。

　　從民國四十四年進臺灣師範大學教育研究所開始，先是因準備入學考試而讀了田先生的教育史，後來在選讀德國教育理論與實際和荀子兩門課時，才得親炙。然而那時候全然是學生心理和態度，對教育理論並沒有深刻的了解，對教育實際也沒有確切的認識。田先生從不要求學生讀他的著作，而且根本就沒有介紹過，故而對田先生的認識，非常膚淺。只在田先生退休以後，有了較多的私下談讌的機會，印證教育理論和實際問題，才稍稍窺測得田先生思想和見解的堂奧。再回來研讀田先生歷年發表的文章，不禁憬然有悟，寶藏就在目前，一向卻捨近求遠。

　　田先生的文章，初讀時只覺得流暢易解，可是再經深思和精讀，便發現其中所含的至理深意；而且每讀一次，便會有新的悟解和心得。田先生在二十年前所論及的問題，今日仍然存在，仍然沒有得到解決的辦法，足見這些問題的癥結，不在表面或枝節之處，必須做根本的徹底的探討；要想徹切的了解這些問題，得到妥善的解決辦法，則又須對整個的教育，對全部文化有透澈的認識，須要在歷史和哲學方面有相當的基礎。那麼田先生的論著，是研習教育者的必讀的正統材料，因而想整理起來，公諸教育界同好。三年前便曾和田先生商酌，希望在整理的時候，能夠得到田先生的指正和認定，以便加以註釋和引申。然而田先生秉持學者的謙虛態度，一再推辭，說是要待身後再做。既然得不到明白的允許，這工作只好私下進行，必要的時候，於談話中隨機請益。因爲如此，工作進行得異常緩

慢，也可以說是由於期望的心理，愚蠢的欺騙自己——田先生應該有較長的壽命，可以有較長的壽命，以嘉惠後學。然而事實是天命有定，不因人的期望和祝禱而延長，這件工作終於拖到田先生身後才完成。在哀傷與歎惋的心境下，無能再作如預期般的詳釋和引申，只好秉持田先生的意志，留待繼起者去發揚光大一位教育家兼哲學家的學說。

　　所能收集到的田先生的著作，只限於來臺以後的，前此的已經無法得到。通計四十九篇，分為三類：專論、教育實際與教育問題、和歷史與哲學。這種分類不免有些勉強，但限於事實，也只好如此，而且曾經徵得田先生的同意。為了把田先生的思想做一個有體系的介紹，編者簡述了一篇田先生的教育思想，發表在逝世周年紀念文集裡，但是夫子之道的博厚高明，遠不是管窺蠡測所能道其梗概。僅只是一番拋磚引玉的工作，希望田先生的知交前輩，筆者的同窗友好，以及有志研究田先生思想的人，再加補正並闡釋。

賈馥茗

65年3月

精選版主編黃序

　　田院長諱培林（1893-1975），字伯蒼，河南襄城人，民國九年北京大學哲學系畢業，二十四年河南公費留學德國柏林大學，獲哲學博士學位。返國後，歷任國立西南聯合大學教授、國立同濟大學教授、國立西北農學院院長、國立河南大學校長、教育部常務次長及國大代表。三十八年受邀至臺灣省立師範學院任教，後兼教育學系主任，四十三年獲聘為升格後臺灣省立師範大學教育學院首任院長，並籌設教育研究所兼創所所主任。

　　先生一生歷任教育行政與學術行政要職，由於深厚的哲學根柢及對中西文化與歷史的深入認識，因此無論治學或處事，均有獨到之處。處理教育實務問題時，能夠洞悉現象背後思想與歷史文化脈絡；討論教育哲學議題時，也能關照、結合實務與國內外現況與趨勢，罕有世人常嘆理論與實務脫節之失。

　　六十二年在國立臺灣師範大學教育研究所主任賈馥茗先生的規劃下，將田先生來臺後所發表之論著集結成冊，並與田先生商訂章節名稱與順序，定名為「教育與文化」，全書共收錄五十一篇文章，分上下兩冊於田先生病逝之翌（六十五年）年底出版。由於內容豐富，士林同欽，刊印數版。轉瞬四十年間，該書已成絕響。今日年輕學子欲購該書已不可得，殊甚可惜。有鑑於此，昆輝近期商得原出版商五南圖書出版公司慨允，經與周愚文教授、林逢祺主任再三討論後，將原書內容慎選出二十三篇輯為一冊，再版發行精選集，以饗學界。

　　精選集，依內容性質重新歸類編排後分為上、中、下篇，以彰顯田先生一生治學時的學思重點。「上篇：教育思想與制度演進」，選擇他在教育思想與歷史領域中所論述的重要主題或有爭議性的課題，如教育與文化、民族與教育、人格教育與文化教育、國民教育與高等教育等；「中

篇：西方近代各家教育思想」，係從文化與教育思想史角度，選出他評論西方近代各派教育思想、兒童本位教育，及裴斯泰洛齊、福祿貝爾、蒙臺梭利、開善施泰耐等教育家思想的論著；「下篇：德國教育的歷史與發展」，主要是選出田先生一系列討論德國教育的論著。由於先生具有歷史與哲學的學養與視角，因此討論德國教育制度時，能兼顧其歷史文化思想背景、現況與未來趨勢，深度與廣度兼具，且先生文筆流暢，實爲一般時下談論德國教育或比較教育之後進所難及。

　　五〇年代，昆輝於臺灣省立師範大學畢業後，考進教育研究所，忝列田師門牆，恭聆教誨。畢業後，獲聘留系任教，並調所支援所務，遂有更多機會近身學習田院長爲人處事之道。期間蒙師教導行政工作要領，雖要「廣結善緣」，但更要「堅持原則」，一生奉爲行事圭臬，獲益匪淺。此外，對田師書中所闡揚之「教育愛」理念與精神，更銘記於心，努力實踐。

　　古人將「立言」列爲人生三不朽之一，田師辭世倏逾四十載，哲人雖遠，但風簷展讀吾師舊章，依然深覺見識宏遠，擲地有聲。

　　最後，田師論著精選集得以出版，首先要感謝國立臺灣師大教育學系所林逢祺主任、周愚文教授之規劃、協調，以及相關同仁及同學的協助，其次是兩基金會諸董事對本出版案的認可，同時也要感謝五南圖書出版公司楊榮川董事長長期以來對本會有關教育論著出版的支持。

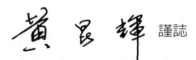 謹誌

財團法人臺北市賈馥茗教授教育基金會暨
財團法人黃昆輝教授教育基金會董事長
107年8月

目 次

上篇　教育思想與制度演進

中篇　西方近代各家教育思想

下篇　德國教育的歷史與發展

上 篇

教育思想與制度演進

論教育與文化

　　「文化」和「教育」兩個名詞都是一般常用的名詞，而且在口頭上或文字上，又往往把這兩個名詞連在一起來使用。可是這兩個名詞在概念方面的含義，卻又不十分明確；二者之間，很難劃定一個嚴格不同的界限。同時，「教育」一詞的含義固然十分複雜，就是「文化」一詞的含義，也非常紛歧。在中國文字中，如同「訓練」，「教導」，「教學」，「訓導」，「培養」，「陶冶」，「學習」，「傳習」，「講習」，「研習」，「教諭」，「傳授」等等名詞都可以當作「教育」一詞的「同意語」來使用。在英文中，也有同樣的情形，如同 Education 一詞的同意語，在字典中就可以看到 Development, Culture, Breeding, Cultivation, Discipline, Information, Instruction, Learning, Nurture, Schooling, Study, Teaching, Training, Tuition 一些大同小異語義類似的名詞。「教育」一詞的含義，教育活動的範圍，教育工作的對象，教育程度的差別，儘管都有不同，但是在各種差異中，仍然可以看出來還有一個共同的特徵。那就是，任何人在使用「教育」一詞時，都會理解到，這是一種人類之間，相互「影響」的活動，透過這種影響，可能使人類的思想、行為發生一些改變。這種情況，尤其在兒童與成人或下一代與上一代之間，表現的更為明白。所以，我們可以說，教育的活動乃是存在於人與人之間的一種影響作用。至於「文化」一詞的意義紛歧，就更不容易捉摸了。要想在文化一詞的紛歧意義中發現一種共同的瞭解，就更為困難了。「文化」一詞的含義不一，歷史學者和社會學者的看法不同，道德學者和心理學者的看法也不一致，至於教育學者對於文化的看法則又另成一套。但是綜合歸納起來，至少仍然還有四種不同的看法（註一）。第一種看法，認為「文化」乃是一種「歷程」，即人類由其自己內在的本性，所產生出來的「自由創造」之全部的活動。換一句話來說，人為自然中的一片、一段，不能不受自然界的拘束，同時人又不甘於長受拘束，因而人的創造慾活動的結果，就可能使人得到自由，這種自由創造活動的歷程就是文化。如農業的進步，建築的發明，可能使人不受飢寒的困擾。第二種看法，認為「文化」乃是一種「最高目的」，也就是「止於至善」的善。人的本質是兩極的、矛盾的，一方面本來是自然、是事實，另一方面卻又不斷的創造文化，追求價值。人性中有

獸性、有神性，修正前者，完成後者，節制佔有的衝動，發展創造的衝動，由此方能獲得一個完滿的人格。這樣最高價值的善，即為文化。德國哲學家康德認為「文化即自然的最後目的」（*Kultur ist der letzte Zweck der Natur*），正可以代表這一種看法。第三種看法，以為文化乃人類精神活動所創造出來一切價值的總體；這種由人類所創造出來的價值總體，即一般文化哲學家所說的「文化材」（*Kulturgüter*）。文化材與自然現象乃一種對立，所以文化材乃是存在於自然現象之外。雖然文化材的形成，不能不用自然作為原料，但是文化材卻已經不是「自然」的本來面貌了。如「語文」，「道德」，「科學」，「藝術」，「法律」，「政治」，「經濟」，「技術」等等由人類所創造出來的文化材，都能夠於自然的範圍之外，獨立存在，各自代表一種價值。這些由感覺可以認識的文化材，確實，明白，所以在歷史學者以外，一般世俗流行的見解，也都很容易接受這種「文化材即文化」的說法。把文化材當作文化來看，一方面可以看出來文化與自然雖是相反的對立，但是於此之間，卻仍有一種交互影響的關係。另一方面，還可以更進一步，認為自然乃是文化產生所必須依賴的基底或溫床（註二）。因為我們可以離開文化，單獨的去思想自然，卻絕不能拋棄自然，單獨的去思想文化。除了以上三種對於文化的不同的看法以外，還有一種比較狹義的看法，認為只有文明，才算是真正的文化。一般的說法，認為和「文化」相對的是「自然」；而和「文明」相對的乃是「野蠻」。因此，認為文明與文化之間，可能有一道分明的界限。可是我們仔細的深究一下，就覺得這種說法，表面化的近於不大正確。所謂「野蠻」並不是「文明」的反面，只不過是極原始的、低級的文明而已。如同纏足、殉葬、溺嬰等等行為，我們可以稱之為野蠻，但是這種行為已經是來自人類的意志，而且有一種價值觀念，作為行為的指導原則；因為纏足已經有美的觀念，殉葬已經有道德的意義，而溺嬰在有些地區，則完全是經濟的要求，都不是自然界所已有的現象，所以我們不得不承認這些野蠻的行為已經進入了文明的領域，只是程度太低而已。所以和「文明」相對的，也是「自然」而不是野蠻。文明和文化的反面，同是自然，那麼，文明和文化在本質上就有相同之點，因而把文明當作文化來看，就不能說沒

有道理了。

　　對於文化這樣四種不同的看法中間，前三種看法的本身上都沒有什麼問題，只有最後一種看法中，卻又有兩種不同的主張。第一種主張，認爲文明是初步的文化，人類文化的萌芽是文明。所謂文明，乃是人類打破自然拘束的工具，控制環境的能力；藉著這些工具、能力，來適應人類的需要，滿足人類的要求，使人類獲得一種自由的，較爲舒適的生活。可以說文明是在人與物之間的一種活動，也就是說文明乃是知「物」的知識，用「物」的能力是一種實用的價值。可是人類對於物的關係能夠有適當的處理（知物與用物）之外，人又不能不與人發生關係，人必需要過一種團體的、歷史的生活就表明人必需要生活在人與人的關係之中。爲了適當的處理人與人的關係，所以人類又進一步的創造出來一些更高的價值，如禮俗與道德，政治與法律，宗教與哲學，文學與藝術等比那些知識、能力更高的價值。這些更高的價值，即是文化。這樣文明是文化的萌芽，文化是文明的成熟一類的理論，是多數的文化哲學家所共同的主張。可是也有一部分西洋的歷史學者，鑒於十九世紀末期以來西洋文化發展中，技術的進步特別顯著，卻認爲文化發展的最高階段，即成爲文明；因而主張文明乃文化的成熟。如德國的斯賓格勒（*Oswald Spengler*, 1880-1936）就是這一派的主要代表人物之一。他在他的名著「西方的沒落」（*Der Untergang des Abendlandes*）一書中，把文化的發展分爲春、夏、秋、冬四個階段，而在秋這一成熟階段中的文化，就已成爲文明。文化成熟爲文明之後，文化即入於冬季，即走上衰亡的道路（註三）。他這樣主張，雖然在他本國曾受到很多的批評，可是在其他國家，則反而發生了很大的影響。斯賓格勒是以自然主義的觀點來看文化的發展，把文化看作爲「生物的有機體」，當然可以批評的地方很多。不過，我們現在是說明文化與教育的關係，不是來作文化哲學的批評；所以只是說明對於文化的看法中，也有人作這樣的主張，至於這是否爲一種正確的看法，就不便多作批評了。

　　以上所說，對於文化本質的看法，已有概要的認識，現在對於教育現象和教育本質，再作一些簡單的敘述。教育現象的發生在人類生活演進中已經很早，可以說教育現象和人類文化史是同時開始的。當時雖然不一

定使用教育這個名詞，可是教育現象卻已經有了事實的存在，不過當時教育活動只是無意識的、無計劃的推行而已。原始的教育活動和人類生活是混而為一，而且教育活動，正是滿足生活的需要，所以自然而然就會把教育當作生活的方法或技術。因此，在意識到教育的重要性之後，要對於教育活動作一番理論的研究時候，不知不覺的就把教育當作「技術」來看了。這樣情形，無論中外，都是一樣的。我國禮記中學記篇中曾說：「大學之法，禁於未發之謂豫；當其可之謂時；不陵節而施之謂孫（順也）；相觀而善之謂摩；此四者教者所由興也。」這裡所說的豫、時、孫、摩，都是方法；把這些方法合起來，就是教育的全部。西洋方面的情形，也是這樣。古代希臘蘇格拉底（*Sokrates*, 469-399 *v. Cbr.*）的教育活動中，採用問答的方法，以為教育的歷程和產婆接生手續相似，所以他自己說他的教育方法乃是產婆法（*Maeeutik*）。柏拉圖在他的「共和國」一書中，也把教育當作政治的工具來看。這都是把教育看作技術的很顯明的例證。中世紀前半期查里曼時代的阿爾坤（*Alkuin, about* 735-804）在他的教育活動中，所採用的「答問法」，也是把教育當作技術來看。十七世紀初期，柯門紐斯（*Johann Amos Comenius*, 或 *Jun A. Kowensky*, 1592-1670）的教育理論著作，仍然依照歷史的傳統，命名為大教學法（*Didactica Magna*）。甚至十九世紀初期赫爾巴特（*Johann Friedrich Herbart*, 1776-1841）於一八〇六年發表他所著的「普通教育學」，這雖然是一部教育理論的系統著作，可是他仍然不能免俗，把教學方法作了一些詳明的發揮。就這些事實來看，把教育當作技術來看，實在是一種很普遍而且是正規的看法。但是到了十九世紀末期，由於文化哲學、人生哲學研究的進步，在「教育現象」的研究之外，更注意到了「教育本質」的研究，因而在「教育為技術」的看法之外，也有了「教育為事實」的主張了。也就是說，教育不僅為附屬於事實的技術，而且認為教育的本身也是一種獨立自存的事實。在這種教育研究的發展過程之中，即承認教育本身亦為一種獨立的存在，又有了兩種不同的主張。一派學者認為教育乃人類文化的保存或延續；另一派學者，則認為教育就是一種高度的文化。第一種主張，教育即文化的保存或延續，雖然已經認為教育不是純技術的，但是保存文化或延續文化，仍然

還有一些技術的意味，可以說是一種折衷的看法。這樣折衷的看法，卻不失為一種很普通的看法。至於第二種看法，在教育研究的發展過程中，可以說是較為後起的、較新的看法。德國的教育哲學家，柏林大學教授包爾生（*Friedrich Paulsen*, 1846-1908）在他的遺著教育學一書中（註四）講到文化的本質時候，他以為人類的任務是要把上一代所有的優良文化產業「傳播」到下一代，這種「傳播」（*die übertragung*）就是文化。包爾生這樣主張，後來又經由他的若干成名的學生，加以闡述，於是「教育即高度文化」這樣主張，才更得到了很穩固的理論基礎。我們可以拿斯普蘭格（*Eduard Spranger*, 1882-1963）的學說作為這一派教育理論的代表人物。斯普蘭格認為教育乃是一種文化活動（*Kulturtätigkeit*）。這種文化活動的開始是使正在成長、發展中的個人心靈與優良的「客觀文化」（即代表文化的課程）能適當接觸，把客觀文化安置在個人的心靈中間，使其能夠發展成為「主觀文化」（那個人所具有創造慾與創造能），因此，舊有的那些固定的、已經成形的客觀文化才能轉變而成為一種新的、生動的、創造的主觀文化。有了這樣的主觀文化，才能使道德的「文化理想」逐漸的接近實現。這樣由客觀文化進入個人的心靈，形成一些主觀文化，再由這樣主觀文化，去追求文化理想的實現。這樣「文化活動」，就是教育（註五）。二十世紀的六十年代之中，凡是從文化哲學的觀點出發，去對教育本質作理論探討的學者，都不免要或多或少的同意這種看法。

　　以上對於教育本質的問題，略為敘述之後，現在我們又面臨一個需要解答的問題。那就是，教育為文化的保存與延續，和教育本身即為高度的文化，這兩種說法中，那一種是比較正確的理論呢？為解答這個問題，我們需要先把文化的本質和教育的本質對照的比較一下。教育為文化的保存和延續，這樣的主張，不僅有理論的根據，而且是一種合於常識的看法，因為在教育史上，一貫的把教育當作技術來看，所以這樣的主張，很容易獲得多數教育學者的支持。可以不必多加解釋。至於另一種看法，把教育本身當作高度的文化來看，那就需要稍為加以說明了。

　　有一派學者的看法，認為文化不是一種呆板的，固定不變的存在，乃是人類心靈所作的一種價值創造的歷程，因而認為文化乃是一種歷程，這

一派的看法，前邊已經說過。我們現在再來看一看教育的本質。教育現象是以人類的存在為前提才能發生，有了人的生活，才有教育；教育的本質雖是一種存在，但卻是和自然界的存在，並不一致。自然界的存在，是許多個體同樣的獨立存在；至於教育本質的存在，乃是和人類文化界中的存在相同，只是一種「連繫」（*Zusammenhang*）的存在。這種連繫的存在既是空間性的，也是時間性的。時間性的連繫存在，即是一種「繼續」，所謂繼續，就是一種歷程。教育活動是一種人與人之間的影響，由於人與人的心靈影響、接觸，即可能產生或創造出來一種新的價值。教育既是一種創造價值的歷程，那麼，教育豈不是和文化相等麼？所謂教育實在和文化是異名同實。因而教育本身即是文化這樣的主張，就很有穩固的理論基礎了。

　　另一派學者，認為文化乃是一種最高的目的，這一最高目的就是最高價值。至於教育學者對於教育的看法，雖不相同，有自然主義學派的看法，也有文化學派的看法，各有不同的觀點，但是他們卻有一個共同的要求，即認為教育應該創造出來一種價值，可能是個體的發展，也許是團體的進步，也就是希望著實現一種理想，或達到一個目的。甚至把教育當作技術來看，也決不是為技術而技術，仍然是要藉技術達到一種目的。教育學的本質始終不能完全脫離「規範科學」的範圍而成為嚴格的「敘述科學」，正是這個緣故。教育學的研究儘管不斷的進步，但是還不能夠成為嚴格的科學，是教育學的缺點，也正是教育學的特點。教育活動不能不有所追求，而教育所追求的正是理想，是目的，這正是「教育本身即為文化」的最好的說明。

　　如果認為文化即「文化材」，或者文化即「文明」，那麼就更容易證明教育就是文化了。教育是一種存在於人與人之間或者上一代與下一代之間的影響或活動，教育本身並沒有確切固定的內容，所有過去人類所創造出來「文化材」，只要是優良的，有價值的，都可以而且也應該選作「教育材」，而這些由「文化材」中選出來的「教育材」，正是教育的全部內容。這些教育材透過個人的主觀心靈成為「創造慾」與「創造力」以後，自然而然的又孕育出來一些新的知、能；更擴大了人類對於「自然」的認

識與控制的範圍。這樣認識自然、控制自然的活動就是文明。文明是教育的內容，又是教育的本質；而文化與文明又不是兩種東西，所以依據文化即文明的觀點，我們也不妨認為教育本身即為文化。

認為教育即文化，固然可以舉出來一些理論性的根據，可是為什麼又認為教育本身就是高度的文化呢？如果我們確切的認識到教育的本質，自然的對於這個疑問就會獲得了適當的解答。文化是一種價值的創造，但是其最後的成就，則必須依附在事物方面，因此，文化材是客觀的精神，而且有了固定「定形」。這些文化材雖是價值的表現，但是已經定形的文化材，在本身上已經凝固起來，不能自己再有發展。只有再加上新的個體心靈的功用，才能夠使已經凝結起的文化價值，即文化材，再有進步。這些以個體心靈為基礎的創造慾望與創造能力，則必須依賴教育。因此，我們不得不承認教育所創造出來的價值是有創造慾望與創造能力的「人」，而且「人」則又是創造各種文化的起源。教育所創造出來價值，即有創造慾望與創造能力的人，既然能夠更進一步使那些來自過去的文化材，由舊有的定形的價值，發展而為一些新的、更高度的價值，也就是能夠循著歷史的發展不斷進步，這是其他一些文化材的價值所不能和它相比擬的。因此，我們就不得不承認教育本身即為一種高度的文化了。

總之：教育與文化這兩個概念有一種內在的交叉、連環，不能分解的關係，決不能夠在二者之間，劃出一條明確的界線。可是由於教育的含義廣泛，對教育的看法也不能一致，如果我們把「教育」當作「功用」來看，就很容易把教育看作文化的保存與延續；如果我們把教育當作「實體」來看，就很容易把教育本身看作文化。更進一步把教育所創造出來的成就、價值再和其他一切「文化材」加以比較，我們就不能不承認教育本身就是高度的文化。

（本文原載於教育輔導月刊第九卷第一期）

註釋

註一：參看 Peter Petersen: *Allgemeine Erziehungswissenschaft* 1724, S. 66-78
註二：參看 Wilhelm Wundt: *Völkerpsychologie X. S.* 6
註三：參看 Oswald Spengler: *Der Untergang des Abendlandes I.* 3923, S. 67-69
註四：參看 Friedrich Paulsen: *Pädagogik, hg. von Kabitz,* 1921
註五：參看 Eduard Spranger: *Die Erziehung I.* 1926, S. 9

教育與文化

一、緒論——教育哲學釋義

　　向來講教育哲學的，所講的或者是教育的哲學基礎，或者是教育和哲學的關係，或者將哲學家的教育思想彙集起來，名義上稱為教育哲學，實際上並不是教育哲學；而且把教育和哲學劃分開來，根本上已經失去了教育哲學的意義。

　　教育哲學是哲學家個人所提出的教育上的問題，只代表個人的哲學，所以教育哲學必須冠上個人的名字，成為某某人的教育哲學，否則便不能存在。據我所知，世界大教育哲學家中，只有柯里克（*E. Krieck*, 1882-1947）有一本書名為教育哲學，此外很少有用教育哲學做為書名的。例如杜威（*J. Dewey*, 1859-1952）的「民本主義與教育」，就是杜威的教育哲學，書名「民本主義與教育」，就指明了他個人的教育思想。又如德國的文化哲學家斯普蘭格（*E. Spranger*, 1882-1963）的教育哲學的書叫作「人格類型」（*Lebensformen, Types of man*），鮑洛的叫作「政治人類學」（*Political Anthropology*），開善施泰耐（*G. M. Kerschensteiner*, 1854-1932）的 *Theorie der Bildung*。*Bildung* 包括身體健康、情感平衡、意志穩定等的鍛鍊，日文譯為教養。所以個人對教育問題經過周密思考而有所解答的，是教育哲學，也就是哲學。但是因為只是個人的見地，應該冠上個人的名字。

　　若單從教育學這個名詞來看，用英文 *Pedagogy* 的很少，只有法國人克達欠巴有本書應用了這個字，另外又有一本書叫作「教育學史」（*History of pedagogy*）。至於德文 *Pädagogik* 可譯為教育學或是教育，德文 *Erziehung* 是教育、理論、或原則的意思，*Erziehungswissenschaft* 是教育科學的意思，*Unterricht* 是教授專門知識、教學和理論的意思，*Erziehungsphilosophie* 是教育哲學的意思，*Bildung* 又是教育學的意思。

　　和教育有關的人員可分教育學者和教育工作者兩種。在學校內從事教育工作的，把教育侷限於狹隘的領域，不能稱為教育學家，因為不學教育的人也可以從事教育工作，而且著有成效。教育學者是以教育研究為主，從事教育理論的探討，才能建立教育哲學。

　　教育哲學到目前還沒建立教育系統，但是既然屬於哲學，便重在發現問題，提出問題。哲學的特點也就在此，也不必非求得答案不可。此後所談的問題將著重於教育學是不是科學，和教育哲學即是哲學這兩方面。

二、教育是不是科學

　　教育是科學還是哲學，至今還沒有定論。就拿教育是一種專門學問來說，最早見於一七九八年特拉普（*E. C. Trapp*, 1745-1818）在哈萊（*Halle*）大學開始教授「教育學」這門課，這可以說是教育學被當作一門獨立學科的開端，可是教育學到底應該算是哲學還是科學，仍然沒有確定。

　　從哲學和科學的性質來說，哲學是綜合的，根本的；科學是分科的，技術的。科學不停的進步，一有新觀念發現，舊的便被揚棄。像西方早年的物理學說，因為牛頓的學說而被揚棄；相對論提出以後，牛頓的學說又被揚棄。所以科學的觀點並沒有絕對性，而是新舊交替的。反之，哲學理論一經成立，便不易變動，像孔子、柏拉圖、亞里士多德等的哲學，至今還無法推翻。這就是科學進步很快，哲學幾乎沒有進步的原因。

　　哲學不容易有進步的表現，是由於難以推陳出新。就拿啟蒙思想的兩個特點來說，其一是打破傳統，對過去不再盲目信仰，而要重新估價，因此引起科學的發展，影響所及，開闊了人類思想，不再固於宗教教條，導發出「人性的尊嚴」的觀點。其二是改變了價值觀念，將過去以本身價值為重的觀念，一變而為注重效用，凡是對人類有用的，便當作是有價值的，用處越大，價值也就越高。杜威就是採取了啟蒙運動的第二個特點，而且進一步把價值和效用混而為一。所謂「從做上學」不過是執行問題，算不得學問。杜威的觀點是從黑格爾的觀點而來，也不是他獨創的。這種哲學觀點的沿襲，使哲學不易看出有什麼進步。反過來看，科學因為沒有永久性，才顯得日新月異，層出不窮。即如近二、三十年中，從原子彈的使用，到人類登陸月球，自然科學的進步可說已經登峰造極，相形之下，人文科學便顯得毫無進步了。

　　就教育來說，研究教育者固然以教育為學問，可是一般世俗觀念，竟

以教育爲技術。以教育爲學問而研究，教育是哲學，但是卻與實際無關。

　　教育不能成爲純科學的原因，是因爲每種科學，都必然有研究的對象，對象是固定而又獨立的。教育學的研究，卻沒有固定的對象。如果勉強集中注意於一方面，便不免介入於其他學問的範圍。例如專以兒童爲研究對象的，是兒童學；專以社會現象爲研究對象的，是社會學；專以教材教法爲研究對象的，是歷史。沒有確定而獨立的研究對象，便不易成爲科學。試就上述中的兩個例證來看，以兒童爲對象的，注重個別兒童；以傳統文化爲對象的，則兼含社會和歷史；從其中選出來的材料是教材，把教材加以組織，則成爲課程。這就變成以集體爲對象了。在個別和集體之間，存在著對立的關係。教育的眞正功用，便是使這兩種對立的關係，得以結合。以傳統文化充實並幫助兒童的生長和進步，使年輕的一代，一方面接受前代的文化材，使文化得以傳流，一方面再從而發展之。這是矛盾統一，也就是哲學。文化哲學把兒童加入文化體系，便是要求文化的充實和發揚。因爲文化是教育的內容，是課程和教材。不懂歷史哲學和社會學而妄談課程，必然不得要領；不從哲學觀點看教育，而把教育當作技術，以致遭受譏評，也就是這個原因。

　　科學分自然科學和文化科學。後者包括人類學和社會學。德國不教文化科學而教精神科學。自然科學有普遍的原理原則可以通用；文化科學則沒有這種普遍作用。因爲自然科學研究的對象多半是自然界的物質，可以取樣。文化科學所涉及的人和社會，卻不能取樣；即使勉強取樣，也不能代表全體。教育學不幸而爲文化科學或精神科學，既不能取樣研究，又不能求得普遍通用的原則。從啓蒙時期以後，自然科學的研究方法被應用於教育學的研究中，其不能得到滿意的結果，不難想見。

　　由於教育學研究的對象不確定，又不能作取樣研究，致使教育學不能成爲純粹科學。而且除了教學法或心理狀態以外，教育也不應該輕易應用實驗研究。因爲倘若實驗失敗，則後果堪虞，而且將無法補救。故而教育學還沒有確切的研究方法。即使採用某種方法，從方法方面來講，也缺少嚴謹性。又教育學所涉及的範圍甚廣，在時間上包括過去和將來，過去的是文化精神，將來的是兒童發展；在範疇上又包括人類和社會。不能專重

一方面，便不會有精確的結果出現，所以教育學不能成爲純粹科學。不過教育學體系的建立，也不是完全不可能，可以說正在確定的過程中。

三、教育與文化

　　日本有文化材一詞，是譯自德文 *Kulturgüter*，是在文化傳統中所保留下來的，只是文化傳統的一部分，不是全部的文化，等於英文字的 *goods*。德文 *Kultur* 是文化的意思，和一般所說的文明並不相同。德文中說文化時，所用的字是 *Kulturgüter*，很少用 *Zivilization*。扼要的說，像我國所講的孝弟忠信禮義廉恥等道德，和法律、政治等，是文化；日常生活和農工商等行業所用的技術，可以叫作文明。文化和文明不同，可是互相影響，不過不能確指那一個是影響者，那一個是被影響者。

　　原始時期的生活技術，像在漁獵畜牧中所用的弓劍刀槍網罟等工具，是文明。可是這些工具的製造，是靠著人的想像和創造能力，這是文化。那時候文明的產生，靠著文化，所以是文化支配文明的時期。近代西方爲求增加力量而發明了蒸汽機，縮短了時間和空間；又由於電和內燃機的發明，而提高了工作效果；以至原子能、核子能的發現，利用自然爲力量，使技術突飛猛進，以致人類的觀點改變，重視物質，生出共產主義思想，變成了文明支配文化。

　　西方國家受基督教思想的影響，相信世界末日之說。如 *Spengler* 在一九二〇年所著的一本書，名爲「西方的沒落」（*Decline of the West*），以爲文化會由發展而趨於死亡。他所說的歷程是：開始的時候，先生出文明，著重在技術；由此進而爲文化，形成合群生活；再進而爲高級文明，失去團體生活，等於失去國家民族；人與人雖然很接近，可是忽視血統關係，文化體系趨於沒落。這種認爲文化有形成、發展、成長、和死亡的觀點，和中國不同。中國以爲文化是爲往聖繼絕學，爲萬世開太平的，這是中西思想的大不同之處。中國歷史自有其法統，雖然曾經元、清等異族的侵入，可是法統不變，而且相信人類文化不會死亡。因爲人是文化中心，文化爲人所創造，人的命運操在自己手中，行善則得善果。西方基於基督

教思想，以上帝爲造物主，上帝先造男人，稱爲亞當（*Eden*），再取亞當之骨而造成女人，是爲夏娃（*Jeva*）。人是造物，沒有獨立價值，須信賴上帝以求福。這種思想影響了西方，但卻不能消滅中國的思想。

說到教育與文化，有三種不同的觀點：

第一種以爲教育是保存、傳遞、和發揚文化的技術。動物世代相傳，可是因爲沒有教育，所以各代並無差等。人因爲有教育，從課程教材而接受到上代的經驗，並且傳之與下一代，使下一代得以由發展而達到成熟，再傳給另一代，代代都有增加，所以經驗日益豐富。

第二種觀點以爲教育即是文化，而且是高度的文化。人靠著教育而接受了前代的生活經驗，這是把歷代的經驗加以統一，接受了以後再分途發展，把經驗予以分類，人類才會有進步。所以學校是文化，整個生活是文化，文化靠教育而世代相傳，迭有發明，而且互相影響，這是動物所沒有的。文化中所包含的法律和政治雖然不是教育，卻靠著教育而建立，而發展。

第三種觀點是文化學派的觀點，這一派以爲文化即是教育，沒有教育就是沒有文化。文化和教育，乃是一而二，二而一的。人類以法律、政治、經濟維持人生，使生活達到最高境界。教育涵蓋一切，所有的生活都是教育的內容；而人又有文化體系，縱的是歷史，橫的是社會。這些都是生活材料，所以說文化就是教育。

文化之中包括爲人所創造的制度，是人類團體生活的產物。制度在每個地區、每個民族或部落間都不相同，所以有民族性和地域性，不像自然環境般的有相似性。一種制度建立之後，建立的民族，會以之而自豪，不易再接受外來的制度，因而不易發生變化。

人是二元的動物，含有物質和精神兩方面。物質不等於全部生活，所以現在的文明生活，因爲缺少精神，而致人人不滿現狀。

現在教育被視爲助長文明發展的工具，並且企圖用文明助長教育的進步，忽略了制度和文化，以致人心不安。更因爲缺乏人格培養，情感失去均衡，無從陶融情操，所以現在的教育，是文明的發展，而不是文化的發展。

四、教育與文明

　　文明源自 Civies 一字，乃是公民道德、社會禮節、風俗習慣之意，或者以為自然是和文化相對，文明是和野蠻相對的名詞，其實像吸毒的惡習和纏足的陋風，仍然是由人造成的，是文明的產物，所以文明才是和自然相對的。試將動物和人加以比較，動物用四肢爬行，脊背朝天。人則二足直立，脊椎與地面垂直；而且拇指和其餘四指的動作方向不同，可以把捉取物；又大腦特別發達，有意念，能想像，因而產生觀念。動物生於自然而屬於自然，人雖然生於自然，卻不安於自然生活，企圖創造所想像的世界。於是在人和物之間，便有了兩個世界，一個是自然世界，一個是創造的世界。

　　自然的原意是「自己如此」，自然世界是「本已如此的世界」。創造世界中包括工具世界和制度世界，都是人所創造的。人本是物屬，與自然為一體。但是人需要用物、知物，且進而改變自然。在用和變中最需要的是工具，人因為製造工具而產生了工具世界；又因為用物知物而走向科學，由應用和改變自然而形成技術的進步。所以科學與技術，同屬於工具世界，其發展是文明的範圍。個別的人固然可以單獨的利用自然，可是要想瞭解自然，就要和別人交換知識，要想改變自然，更要與人通力合作，由多數人共同工作而制定制度，創造了制度世界。這就超出了文明的範圍，而是文化了。

　　如果世界上沒有人類，就不會有制度；如果只有一個人，也不需要制度。人既然不能單獨生活，而要群居與合作，制度便成為必需。制度立而改變了生活方式，道德、政治、法律等隨之產生，再進而有了宗教——原始人雖然已經有了宗教，可是並沒有定型。定型的宗教建立的較遲。宗教的出現，是由於人對死和夢無法解釋，才有了魂移為死、魂遊為夢的說法。又因為人有感情，更需要宗教生活。所以維持生活規律的是制度，維繫精神和感情的是宗教。

　　文明和文化同屬於創造世界，是和自然相對的。

　　自然受因果律的支配，是必然，沒有價值作用。文明和文化是人創造

的，有價值、有自由。工具世界的價值如「是非」，雖然能夠估計，卻並不重要。只有制度世界才完全是價值的，如善惡、美醜。合工具世界與制度世界，而成為眞善美的價值。

人類世界可以世代相傳，又代有創造，可以修正、發展，這就是教育。創造活動本身就是教育工作。教育的功用在幫助人類創造有價值的世界。工具世界只能提高效用價值，制度世界才能提高善惡美醜的價值。所以教育不是文明，文明也不是教育。西方注重文明，注重工具世界，所以西方的文明在二次世界大戰以後進步很快，可是制度世界卻沒有顯著的進步。

工具世界是國際性的，沒有種族和宗教的差別。一個人的發明或創造，全世界都可以享受其成果。不過無論是文明或是文化，在創造的時候必須忍受苦痛和艱辛，到成功以後才能夠有所享受。

五、教育的本質

文化與文明兩者價值的高低，不易辨別。從教育的觀點來說，也不重在判別這兩者的價值，而是要確定教育究竟和那一項更接近，於是便要先從分析教育的功用著手。教育的主要功用是發展個體、增進知能、陶冶情感、鍛鍊身體，和提高文化水準。歸結起來，就是使用自然和改造人性這兩方面。

（一）自然的使用

人生於自然之中，必須先認識自然，才能利用自然，以至於改變自然。由認識自然而形成知識，由利用自然，和改變自然，而發展成技術。後者又成為科學。如是，科學與技術的傳授遂成為教育的主要功用之一，其目的在創造工具。

人和動物的區別，是動物安於自然生活，服從自然的支配，受自然的約束；人則不滿於自然，希圖征服自然，想打破自然的限制，所以先要認識自然。

　　由於人不滿於自然而生出人文主義，期望打破時間和空間的限制。這
種傾向在原始時代已然。如荀子天論篇有：「大天而思之，孰與物蓄而裁
之；從天而頌之，孰與制天命而用之。」荀子所說的天，就是自然；荀子
的學說，也以論人與物爲主，不似孔孟注重創造的制度世界，以人與人的
關係爲主。

　　課程內容中包括有關科學和技術的知識，知識的傳授和技能的訓練是
教育必不可少的內容，從這一方面來說，教育是文明。

（二）人性的改進

　　人是動物，動物都有佔有慾，所以人也有佔有慾。同時又因爲人的
大腦發達，精力旺盛，能夠創造，而有創造慾。在這兩種慾望中，如果佔
有慾勝過創造慾，社會必然因爭奪而陷於紛亂，所以要用教育來節制佔有
慾，發展創造慾，以維持團體，並改進社會。老子說：「生而不有，爲而
不恃，功成而弗居。」禮運大同篇的「貨惡其棄於地也，不必藏諸己；
利惡其不出於身也，不必爲己。」就是教人節慾。羅素（*Burtrand Russell*,
1872-1970）的自由之路（*Road to Freedom*）的前言中曾有句云「生產而不
持有」（*Production without possession*），也就是生而不有的意思。這句話
後來又改成「創造而不居」（*Creation without possession*）。人如果能節制
佔有慾而提高創造慾，文化才能發展進步。所以教育對人性的改造，就是
創造文化和提高文化。

　　然而征服自然是爲了享受，降低佔有慾便是減少享受。所以從文化創
造的個人來說，是要忍受苦痛。而「忍受」則非有高度的智慧，便不能作
到。因爲這是違背人的自然性的。那麼從人性改造來說，改造的本身就是
文化。教育改造人性，所以教育是文化。至少是文化體系中重要的部分。

　　總而言之，教育本質不出文明和文化二者。如何使兩者能夠並行而不
悖，端在於從事教育工作者，和教育理論研究者的觀點。若以爲教育只有
功用，教育本身並無價值，則教育是保存並延續文明的方法；若以爲教育
本身是獨立的存在，教育便是高度的文化。

　　斯普蘭格（*E. Spranger*, 1882-1963）在 *Die Erziehung*（1926, *I. S. 9*）中

有云：「教育是一種文化活動」。不過這裡要注意的是，斯普蘭格所指的文化中，包括了文明，和世俗所認爲的教育即文明的說法不同。開善施泰耐（*G. M. Kerschensteiner*, 1854-1932）所提出的工作學校，誤被認爲是職業教育，其實開氏所說的乃是公民教育，工作學校不以工作或工作價值爲重，而是要從工作中提高創造慾，以減少佔有慾，是人性的改造。所採取的方法，是從增加自然的知能入手，使文明和文化的進步能夠雙管齊下，與杜威所說的從做上學並不相同。是以利用自然爲始，以人性的改造爲終結。前者是方法，後者是目的，都在一個歷程之中。所以開氏的觀點深得文化學派斯普蘭格和李特（*Theodor Litt*, 1880-1962）的重視。

教育的終結是在予人以自由，即是解脫自然給人的束縛。將人原來的、屬於願意的、天生的好逸惡勞的本性，變成人爲的、應該的、規律的責任和義務。爲應該而犧牲願意，成爲能自制的人。能自制的人，才是有絕大自由的人。

六、改變、發展、與進步

杜威說「教育即生長」，不過生長這個概念相當曖昧，所以用另外三個概念來代替。這三個概念即是改變、發展、與進步。

（一）改變

改變原是哲學上的古老問題，希臘哲學中論者最多，可以歸結爲兩派觀點。第一派是宇宙論時期的哲學家。這一派以爲宇宙的形成即是由於變動，所以變動是宇宙的本體。第二派以恩波德克利斯（*Empedocles*, 483/2-424/3 *B. C.*）爲代表，以爲宇宙本是靜止的，變化只是表面的現象。這兩派觀點存在到二十世紀，法國的創化論（*Creative evolution*）者柏格森（*Henri Bergson*, 1859-1941）以爲宇宙隨時都在變化，如果沒有變化，便不會有宇宙的形成，也不會有人類和社會。柏格森是贊成希臘宇宙論者的說法。可是羅素（*Bertrand Russell*）則持相反的意見。以爲宇宙原是靜止的，變動是表面的現象。羅素和恩波德克利斯的說法相同，這是哲學上迄

未解決的問題。

　　從教育觀點而言，變化是存有的。例如人在生理上有新陳代謝的變化，生物有萌芽結實的變化，無生物有風化的變化，甚至自然現象中也有和風與颱風、時雨和淫雨的變化。這些變化無法判斷優劣。生物不但有改變，而且有發展。像植物由播種到發芽是變，由發芽到生長也是變。不過這種發展的改變，有一個極限。達到極限以後，不但不再繼續發展，而且逐漸趨於衰萎。所以植物在開花結子以後，便形死亡。人在這方面和生物相同，在發展的過程中，每到達一個新階段，便勝過前一階段。可是在達到發展的高峰以後，發展便停止，此後逐漸趨向衰亡。故而在發展過程中，先是逐步向上，然後止於高原，終又逐漸下降。

　　然而人和生物不同的是，除了發展以外，還有進步。在個人說是發展，就整個人類說是進步。動物雖然也有世代綿延，可是代代相同，人則各代都有不同，而且下一代必然超越上一代。即為杜威所說教育的需要是由於人有生有死，以教育為死後的延續，以求代代向上，這是進步，也是唯獨人類才有的。

　　發展是實際的演變，進步則有價值的意義。人的發展相同，民族的進步卻有分別。發展是自然現象，屬於個體；進步是文化創造，是歷史生活。只有人才有歷史生活。不過文化低落者除外。所以就自然界各物來說，在改變、發展，和進步上，有下述的差別：

　　人：改變　發展　進步

　　生物：改變　發展

　　無生物：改變

　　其中發展是自然現象，是個別的事實。進步卻是教育的結果，由此而產生文化創造和歷史生活。生物的發展常借助於人力，人的進步則靠人獨具的教育。

（二）發展

　　發展的英文字是 *unfold* 及 *spread*，是開擴的意思。這是就一般的說法來解釋。如果在道德方面說，發展是完成（*perfect*）的意思；在個體的人

來說，又是成熟（*maturation, Reife*）的意思。成熟是發展的頂峰，心理學或生理學中只廣泛的說成熟。唯有德國說到成熟時，並就地區而言。如皮特森（*Peter Petersen, 1884-1952*）有云：我所說的成熟，是就德國北部而言（這種就地區而定成熟度的說法頗值採用），生理方面男性成熟期在十二或十四歲至二十三歲之間；女性在十二或十四歲至十九或二十歲之間。女性約早於男性三年。精神方面的成熟期比較衡定，男性爲三十歲，女性爲二十五歲。

人類對發展成熟的研究，多集中於兩個問題。第一是在何種條件下，發展可以順利的進行。第二是發展的目的何在，也就是發展的成就和結果是什麼。第一個問題的答案有兩個：一個是內在因素，即是由先天的、人的本性而決定；一個是外在因素，即是由環境適應而決定。生物進化論者主張第二個答案，認爲發展純粹是環境的力量。但是教育學者卻主張第一個答案，認爲發展是由先天因素而決定。對於第二個問題的答案，是就生物來說的，發展的目的是成熟，達到了成熟，發展也就停止。若就教育來說，發展不會停止，繼續發展是在於下一代。

（三）進步

進步的概念在中國古已有之，是指文化道德的意思。如「大學之道，在明明德，在親民，在止於至善。」至善是最高的理想，永遠不能達到。因爲永遠不能達到而繼續不斷的追求，才成爲進步不已的歷程。

進步和發展的不同之處也就在此。發展有頂點，有止境；進步卻永遠沒有止境。又如湯銘：「苟日新，又日新，日日新。」不但是連續的歷程，也是價值觀念。人既然有創造慾和創造的能力，便可永無休止的創造。

教育一方面爲發展個體生活，一方面在延續群體生活。始於發展，成於進步。在發展之中雖然受到限制，因爲個體生命的結束而終止其生活；但在個體生命結束前，已經進入進步階段，到了進步階段便可獲得自由；又藉著世代綿延，群體生活繼續不已，自由便可繼續增加。

發展和進步之間的區別是，發展是自然現象，達到頂點（*Höhepunkt*

Kulmination）便停止，此後便成爲衰微，受自然的限制，沒有自由可言，是屬於個人的，這是教育的起點；進步是文化，是創造世界，歷代相傳，永無止境，是全人類的，自由的，這是教育的終點。所以教育開始時，重在個人的發展，在終點處，是世代的進步。

杜威說「教育即生長」，其所謂之生長，只包括發展，而沒有進步，而且含義曖昧。分析生長的意義，可有三種：

1. 任其生長。如原始森林、野生動物，自生自滅，沒有教育意義。

2. 助其生長。如農耕施肥灌漑，已經有了教育意義。福祿貝爾所提倡的助兒童獲得知識，便是助其生長。但是需要生長者先行出生，才能加以幫助，這只是教育的初步。

3. 導其生長。是向著一個確定的目的發展。在人即是使其有知識、技能、人格、和情操，這才是教育。

杜威雖然沒作這種分別，可以斷言的是，杜威所說的生長並不是任其生長的意思。又杜威所說的「學校即社會」，也曾經遭到批評。一九五三年，美國以柏斯圖（Arthur Bestor）爲首，所著的「教育的荒原」（Educational wasteland），即是批評杜威的這一個觀點。繼而維也納大學生物學教授弗洛（Harry Fuller）及克萊普（Harold Clapp）等組織基本教育會（Council for Basic Education），發行季刊，檢討並批評杜威的教育理論，第一期中提出四個問題，即：

1. 課外各種集會及活動是否有整體組織和連續系統？

2. 在教室中用電視映示各地發生的事實和情況，是教育還是破壞教育？

3. 上課的時候，教師率領學生參觀麵包店、印刷廠等商業機構，是否能夠發展兒童的心靈？

4. 缺乏深刻的、有系統，和有組織的教材，是否算是良好的教育？

他們並且指出使兒童學習社會生活（Preparing a child for society），使學校成爲社會的縮影（miniature of society）是否便是教育？如果這樣便是教育，又何不逕使兒童直接到社會中去學習？而且在分工的社會中，社會能否負擔教育任務？

　　從此看來，學校並不等於社會。學校是爲社會準備的，爲社會的需要而存在。學校教育是要使兒童將來能夠生活於社會中，成爲健全的人。所以杜威的教育方法，並不是良好的方法，生長一詞也欠明確，應該代以發展和進步。

七、群衆、社會、與統體

　　荀子說：「力不如牛，走不如馬，而牛馬爲人所用者，何也？以此群，而彼不能群也。」群居是人所獨有的生活方式。人之能夠利用自然，征服自然，便是靠群策群力，共同合作的結果。有群便要有維持群體的紀綱和習慣，即是要有由人所創造的制度世界。

　　人所組成的群體，依本質可分爲三種：即群衆、社會、與統體。

（一）群衆（Masse）

　　群衆即是人群，由多數人聚集在一齊而成。在群衆中，個人人格消失，也就是消失了個性；只有衝動，而沒有理性；有精神感染作用。群衆又因性質不同而分爲兩種，一種是異種群衆（*Heterogene Masse*），是不同性質的分子的集合。集合的原因可能只是一個簡單的事件，並沒有教育的意義，如歡迎的行列便是。另一種是同種群衆（*Homogene Masse*），分子間有共同性，而且有一個共同的目的，集合而成爲共同的力量。

　　二十世紀的工商業社會，有似乎爲同種群衆，因爲生活的需要而群集一處，在物質上互相依賴，在精神上卻毫無關聯，更沒有情感可言。教育的功用，就是在補救這種群衆的闕失。

（二）社會（Gesellschaft）

　　所謂社會，乃是人類群居生活的型態。不像群衆的容易解散，比較有永久性，又有制度。這種生活團體有價值意義，也就是道德意義，自然包括風俗習慣等在內。但是社會偏重權利和義務的關係，在個體和個體之間，這種關係最爲明顯。像公司、商店等的組織，權利和義務的界限即最爲分明。

社會雖然是群眾生活，但是個體與個體之間，卻彼此完全獨立，幾乎等於隔離。當彼此利害衝突，以至個體對社會有所不滿的時候，便與之脫離。國家就是社會的一種型式，改變國籍，便是脫離一個社會的例子。所以社會的凝固性雖然大於群眾，但是仍然會分離。

（三）統體（Gemeinschaft）

社會生活中有教育意義的是統體。德國杜尼斯（*Ferdinand Tönnies, 1855-1936*）所著社會與統體（*Gesellschaft und Gemeinschaft*），中即說：社會的特徵就是權利和義務。社會中的分子因利而合，因利害之爭而分，各不相讓。社會結構基於權利和義務，已是具有高於群眾的價值，但是仍然不是最高的。有真正群居生活價值的是統體。統體不由權利和義務的關係而結合，乃是靠一種「統體感」（*Gemeinschaftsgefühl*）而團結，而且團結得極為凝固。猶如一個大家庭，由於血統關係，各分子雖然有不同的義務，卻有相同的權利，得到相同的享受，例如在一家人中，壯者工作，老幼皆得所養便是。

在社團中有一個稱為美生社的，其組織不是以血統、利害，或生活必需等條件，而是以一種群居的生活成為基礎，是真的群居生活。在這個團體中，個人的價值仍然保存，每個人只有付出而沒有取索，只求忍受而不望享受。頗似我國的大同生活。像這樣的團結才能夠凝固而長期存在。在其中個人仍然能夠表現自己的能力。這是統體生活，隨時都有教育作用，其中的教育作用存在於六種關係中，即：

1. 統體教育個體
2. 統體教育統體
3. 統體教育自己
4. 個體教育統體
5. 個體教育個體
6. 個體教育自己

所以教育在統體中表現的最顯著。德國納脫爾普（*P. Natorp, 1854-1924*）著「社會教育學」（*Sozial Pädagogik*），也就是納氏的教育哲學。

其中所說的社會，就包括社會與統體。納氏云：

「1. 唯有在社會中，教育才有可能，也就是說，只有一個人不會有教育；雖然有多數人，而人人各不相關，也不會有教育。

　2. 唯有社會才需要教育。」

用這幾句話作個歸結，那就是，社會和教育乃是不可分的。

八、個體與自我、個性與人格

二十世紀的民主論調甚囂塵上，然而柯里克（*E. Krieck*, 1882-1947）對民主卻有嚴苛的批評。他以為民主政治不過是空招牌，並不是真民主；並譏刺美國總統仍然是獨裁者，國會是獨裁者的幫凶；是領袖主義，是愚民政策。因為國會假借民意，才招致青年的反感。西方國家雖然侈談民主，卻仍然有三個不能解決的問題。第一個問題是國際局勢。第一次世界大戰後，曾經組織國際聯盟，意圖消弭戰爭。但是由於處置領土失當，導致了第二次世界大戰。戰後再組織聯合國，又導致出東南亞和中東的各次戰爭。這些爭端，都不是西方文化所能夠解決。第二個問題是民主問題。西方國家中實行民主，在形式上成功的，只有英國和美國；成功了一半的是瑞士；成功了四分之一的是瑞典和挪威。其他國家實行民主的，都不成功。第三個問題是勞資問題。由於西方國家的資本主義，引起了共產主義思想，形成今天勞資糾紛，民主國家與共產國家對壘的形勢。這三個問題是西洋文化的致命傷，也不是教育所能夠解決的。因為問題是歷史和社會的。在文化體系中，歷史和社會生活使個人不滿，從而反對歷史和文化。因為文化體系不能適應個體的需要，所以個體始終反抗文化。僖疲之流多是十八到二十歲的青年，固然是表現對文化的反抗，也是反抗的天性使然。教育所應該重視的，即是如何協調個體和文化體系的矛盾，於是便生出兩個問題：其一是個體與自我的問題，其二是個性與人格的問題。

（一）個體與自我

個體的德文是 *Individualität*，也稱為單體。個體與全體相對，單體與整體相對。全體是整個的統一，整體是眾多合成的總和。在全體中，個體價值消失；在整體中，單體價值卻能保存。全體與整體的共同點，即是其中所包含的個體或單體，是不能再分的單位。

由古代經過中世紀，以迄近代，都沒有重視個體。無論構成全體的個體，或是構成整體的單體，必須在其所構成的大體中，才有價值。從近世初期的啟蒙思想以後，個體價值受到重視，以為個體本身也有其價值，並且要求全體的保護，把從前只是全體對個體要求的單方面關係，變成了雙方面的關係。

自我是人的全體，包括生理和精神兩方面。生理是身體結構，精神是意志之所寄。自我含有身心兩方面，就是現在人們所說的自我意識的寄託處。從現代心理學來說，自我是自己對外界發生關係的來源。自我和年齡有關，兒童期的自我意識和外在沒有嚴格的界限，常常將肢體的一部分當成外在的。

自我的發展先有一個核心，從核心逐漸向外擴大範圍。自我核心要保持其自尊價值與經驗，不容許任何侵犯。自我範圍大小不同，若向著創造發展，可說是大的範圍；若向佔有慾發展，便不能算大範圍。所以，以創造為基礎的才能使自我擴大。

自我的結構，除了由自我核心而形成自我範圍以外，還有超自我，就是弗洛伊特（*S. Freud*, 1856-1939）所說的 *Superego* 的社會意識。存在主義哲學家把超自我看做人，是一切行動或自我的附和者。行動必須有附和力，自我就是這種附和力。所以自我又稱 *persona*。不過心理學中所說的自我和哲學中所說的不同。一般人能認識自我的很少，只有少數受過高深教育，肯於省察自己的，才能做到。

自我不像「我的」那麼容易辨認。「我的」是為我所有，像我的身體、我的財物等等。盧梭（*J. J. Rousseau*, 1712-1778）的「民約論」中，即著重「我」的價值。尤其物質進步，工商業發達，佔有慾加強，自我反而相對的削弱。從十八九世紀自我說興起，到二十世紀，自我價值幾乎不

復存在。由歷史看來，因自我價值的變化而生的問題有三個：

1. 個體與統體孰爲第一？孰爲先在？那一個價值最高？

2. 社會形式與統體生活建基於個體上，還是個體立足，或存在於社會形式，或是統體生活中？

3. 社會統體是由個體集合而成，還是社會統體在個體之外自有其價值？

這三個問題是現在的人討論，而還沒有結論的。道德學家注重這些問題的探討，教育學也以這些問題爲研究的問題，以求個體和統體間的矛盾，得以調和而統一。

二十世紀所重視的個體價值不能調和個體與統體的矛盾。如果始終得不到調和，便不僅是教育的失敗，也將是人類的失敗。

（二）個性與人格

從十九世紀末葉以來，在教育上，尤其是在小學中，談個性和個性發展的很多。實則如果個性充分發展，人類、國家、社會，以至道德、法律、政治、經濟、與合作等，必都將蕩然無存。在教育上，應該把事實和價值劃分清楚。對事實的了解無補於價值的提高。個性乃是事實，而不是價值。

1. 個性

對個性作解釋者頗多，要之可歸爲三類：

(1)個性是個別存在的本質。

(2)個性是個體的特徵及獨特性，是和另一個個體的不同之處。

(3)個性是一種資格的本質。

其餘的解釋率皆類此，總不外認爲個性是個別存在的特徵。

個性屬於自然的範圍，是事實而不是價值，向來不爲學者所重視。直到盧梭（*J. J. Rousseau*, 1712-1778）之後，不但教育中重視個性，甚至社會與政治中也以個性爲重。盧梭的民約論中以爲個體相約，才有社會，於是生出教育中的兒童本位主義，提倡尊重兒童先天具有的個性。盧梭沒有說要尊重兒童的人格，是明知道兒童尚未形成人格。主張兒童本位的人

頗多，尤其是在十九世紀，像愛倫凱（*Ellen Key*, 1849-1926）等對個性發展的觀點，有的以為個性可以發展而成為有價值的；有的以為個性可以發展，不過價值很低。我以為發展個性並不是教育，如果一定要把個性和教育連在一齊，個性也只是教育的開始，是要對具備個性的人施予教育。教育的功用和目的都不在發展個性上。教育是就著個性，就像工作者就著已有的材料，加以修正和改良，所以教育端在改造個性。

2. 人格

教育的要求是培養人格。但是人格的定義頗廣，有：

法律的人格：指成年而精神健全的。

生理的人格：指身體健康、四肢健全的。

政治的人格：指精神健全（不包括生理），也就是有公民權的。

道德的人格：指了解人己權利義務的界限，也就是教育上所說的人格。教育就是要培養建立人己關係的能力。尊重自己，並且尊重別人，二者都是人格的表現。要求改進，或不滿於自己，都可算是人格表現。

舊人文主義因為不滿於社會而要求改善環境。環境中包括了別人；所要改進的也包括人與人的關係在內。十九世紀的新人文主義是不滿意自己，因為自己不能改善環境，而要求自己能夠具備這種力量，所以人格和各別的個人不同。個別人各自為獨立的存在，是自我存在，哲學上稱為一次性的存在。人格則不然，是在與人的存在中而表現。所以世界上沒有兩個完全相同的個人，可是卻有相同的人格。例如同樣的守法，同樣的負責便是。從價值上判斷，人格有高低之分，個性卻沒有高低之別。

皮特森（*Peter Petersen*, 1884-1952）在耶納（*Jena*）大學時對實驗教學很有興趣，訂定耶納制（*Jena Plan*），附設學校，收五年級至九年級的學生。後來的報告有數冊之多，實驗所根據的理論介於文化哲學和理想主義之間，著有「普通教育科學」（*General Educational Science*），開始把教育當做科學。該書結論說：「教育應該使個性完成一個人格。」這比「教育必須把個性改造成人格」之說已經緩和了。文化學派和理想主義都以為個性應該加以修改，如果只求發展個性，勢必不能完成人格。因為個性中充滿了佔有慾，需要予以制壓。

　　有人以爲個性是構成人格的「材料」或「力量」。以個性爲材料的，是把個性看成靜止的。皮特森則以爲「個性是構成人格的活動力量，沒有個性，便無從形成人格。」這是把個性看成生動的。不過無論是把個性看作爲靜止的材料，還是看成爲活動的力量，總是要基於個性，而施予教育。消滅個性中的佔有慾，並且增加個性中的創造慾，才能把沒有價值的個性，發展成有價值的人格，這就非有教育不可。

　　奧爾波德（G. W. Allport, 1897-）著有「人格」一書，在一九四九年出版，其中一百零七頁說：構成人格的主要原料有三種：第一種是生理組織（Physique, Physical Structure），第二種是智慧（The endowment of intelligence），第三種是氣質（Temperament）。這三種材料在適當的環境中不斷的發展，可以逐漸形成人格。是以人格的形成，是個性與環境（包括教育在內）的交互關係。然而人格的形成，究竟個性與環境的力量孰大，卻難以決定。個性得之於遺傳，環境是包括教育在內的外在影響力的總和。個人和環境的關係有下述四種：

　　(1)人在環境中，可能發生力量，而影響環境；同時也可能受環境的影響。

　　(2)人可能順利的適應環境，也可能感覺不便。

　　(3)環境有時能幫助個體發展進步，也可能成爲個體發展的障礙，而使其受到阻礙。

　　(4)人對環境所感到的不便，可能無法突破障礙以求進步，於是因而消沉。

　　這就是說，環境可以幫助個人發展，也可能阻礙個人發展。人可以改造環境，也可以征服環境。在這種情況下，環境已經不只是客觀的存在了。近年現象論者對主體與客體間，沒有清楚的劃分，便是與此相同。事實上應該說，環境並不是客觀的存在，而是個人主觀的展望（Perspective）。教育固然能幫助人格的形成，也要靠個體本身的努力。歸結起來說，人格養成有兩個必需的條件，即是個性與環境。這二者力量孰大，卻難分軒輊。加果以個性爲主體，環境是客體，則主體與客體間，是交互的關係。兩者先是對立的，進而成爲主客不分的混合體，最後才成爲由主體

改造客體。

還要加以說明的是，環境不是各種客體的總和，而是一種氣氛。在感受者來說，是主觀的創造物，是體驗者所創造出來的境界。教育所注重的，便是個人創造境界的力量。能夠創造境界便是人格的完成，也就是達到了教育目的。教育是形成人格的一部分工作，並不是發展個性，因為個性是先天的，本來沒有價值，由教育所形成的人格，才有價值。

九、從教育看人生

人生問題是哲學中最難講的一部分。哲學發生的初期，著重對宇宙的探討，尚未涉及人生。所以早期的哲學，並沒建立起系統。從希臘的泰利斯（*Thales*, 640-546 *BC.*），經過蘇格拉底、柏拉圖，到亞里士多德集哲學之大成，才建立了哲學系統。亞里士多德以後的哲學家，也曾企圖建立哲學系統，如奧古斯丁（*Augustine*, 354-430），但是奧古斯丁的哲學思想，因為限於宗教信仰，而沒有建立起系統來。直到十八世紀，康德（*Immanuel Kant*, 1724-1804）才建立了哲學系統，並且將哲學分解、批判，對後世的影響最深。尼采（*F. W. Nietzsche*, 1844-1900）雖然反對康德，卻不能超脫康德的思想範圍。亞里士多德著重形上學，康德則代以認識論，使哲學近代化，為認識論建教立了系統。

康德由認識論出發，著「純哲學批評」（*Kritik der reinen Vernunft*, 1781）、「純道德批評」（*Kritik der praktischen Vernunft*, 1788）、與「純美學批評」（*Kritik der Urteilskraft*, 1790）（今譯為「純粹理性批判」、「實踐理性批判」及「判斷力批判」），討論三大問題：

1. 人如何知—真
2. 人如何行—善
3. 人如何感—美

可是康德卻未論及人生。這裡姑就個人所見，略述於後。

德國人很少用「人生觀」一詞，卻常用「世界觀」（*Weltanschauung*），範圍就廣多了。在布伯（*Martin Buber*, 1878-1965）人生問題中，說

人生是一束感覺，又有人以爲統一各種矛盾的是人。存在主義者爲沙特
（*J. P. Sartre*, 1905- ），以你爲你，我爲我，而將人做單一的解釋。都不是
這裡所要說的。我所要說的是從教育的觀點，來解釋人生。有下述的各種
說法：

（一）唯物的人生觀

唯物是從廣義來說，和哲學的或共產黨的唯物論不同。從教育史看，
唯物的人生觀始於十七世紀，是啓蒙運動（*Aufklärung*）繼文藝復興與宗
教改革之後的轉變。世人多將文藝復興作爲一大改變，因爲文藝復興使人
從教會的束縛解放出來，承認了人的價值。這一改變，完成於十四世紀。
在義大利稱爲文藝復興，在北歐稱爲宗教改革。主要的是承認了人的價值
與尊嚴。此後天主教雖然仍舊以爲人是上帝創造的，可是卻承認人自有其
價值。康德以爲人是目的（*Ends*），而不是工具（*Means*），這個主張是
人文與宗教的菁華。

十七世紀的變動有兩個：其一是對過去的一切價值予以重估，不再
盲目的承襲過去的判斷，是反文藝復興的傾向。文藝復興是沿著歷史向上
追求人生，在於探索人的根源。啓蒙運動則著重文化將來的結果。其二是
把功用看成爲價值。對於人用處越大的，價值便越高，因之最有能力，也
就是最能夠生產的，便最有價值。這種說法在教育界最爲普遍，杜威即是
其中的代表者。杜威說：「教育的功用在使兒童經濟」，即是「使兒童在
社會生活中有適應能力」，充分表現了唯物思想。杜威的倫理學中也解釋
說：「得自社會者多，而消耗者少。」仍然是注重生產能力。

對唯物的人生，有很多不同的解釋，大概可分爲兩大派。

1. 資本主義的社會觀點。這是指馬克斯的資本主義。實行這種資本
主義的國家、學者，尤其是經濟學者的希望與企求，是藉教育使生產人員
在生產過程中，盡量避免工作的單調和隔離感。因爲分工雖然使生產量增
加，卻使工人的興趣減低。十六世紀時，工人能看到自己工作的成果而有
成功感，工作對工人有意義，也就是感覺得到本身的價值。啓蒙運動以
後，工人像機器般，不能欣賞努力的結果，失去了工作的意義，也失去了

本身的價值。

2. 調和勞資對立問題。工業發達，產生了勞資對立的問題。資本家有智慧及能力，但是只佔少數。工人的智能雖然低，卻是大多數。如果工人怠工，其結果將比罷工更爲嚴重。政治及教育上如何調和勞資對立的問題，逐成爲重要的事項。勞資對立是西方文明衰落的最大原因。斯普蘭格所說的西方三大難關，即是：

(1)國會式的民主政治。

(2)勞資對立的局面。

(3)歐洲面積狹小，各國互相摩擦而無安全感。

所以經濟、教育、社會、政治等家，必須設法調和勞資對立的問題。

3. 使工人對其工作感到滿足。英國人羅素就主張此說，稱之爲樂工主義。猶如我國所說的「生之者不如好之者，好之者不如樂之者。」德國技術學院的工作課業（*Deutsche Institut für Technische Arbeitsschulung*）的報告者阿赫德（*Arnhold*）云：「如果不改變對工作的不滿者，勞資對立問題將無法解決。」

查樂工主義的項目，包括：

(1)學校的基本課程，須成爲將來訓練各種技能的基礎。

(2)不可使學生僅只記憶死知識，不應只學抽象知識或單純技能，應該使學生有正確的思想，明白的判斷力，及適當的表現能力。這三者的重要性勝過死知識和單純的技能。

(3)對精神工作或身體工作二者之一，必須有適當的資格。

(4)使每個人在工作中都有責任感和榮譽感，而且以當前所從事的職業爲榮，從而生出自尊心。

由此以爲教育所應培植的社會人，即是眞正的人格。具有眞正人格的人，才能建立社會秩序，使勞心與勞力者，合作互助，和善相處。青年離開學校，進入這種秩序中，以養成近乎理想的人格。如是便不僅屬於教育問題，並且可以從適當的人格而有了文化成就。至於斯賓格勒（*Oswald Spengler*, 1880-1936）的「西方的沒落」（*Der Untergang des Abeudlandls*），則無法爲唯物論者所接受。唯物論者以爲技術文明可能挽救西方

文化的命運。在技術萬能時代，技術性（*Technokratie*）的大工業性的企業
爲權威性的組織，其所以能管理完善，乃是因爲由於有管理能力的、有發
明天才的、和各種工程師等的合作。如果將這種組織擴大到社會和政治，
社會秩序和國家發展才有希望，社會糾紛也會隨之而減少，有能力、有工
作榮譽感的，才能挽救人類的命運。

（二）技術萬能的資本人生觀

馬克斯（*Karl Marx*, 1818-1883）是德國的猶太人，像在其他國家的猶
太人一般，生活當地化，可是仍然信奉猶太教，因而遭受歧視。猶太人有
團結力，所信奉的宗教稱「猶太人民族主義」（*Zionism*）（或譯猶太復
國主義），曾經掌握世界經濟大權。馬克斯生於德國，是黑格爾的學生，
性情孤僻，所主張的共產主義，因爲俾斯麥宣佈社會政策，戰勝了社會主
義，而不能在德國流行，於是到了倫敦。看到了倫敦的工人制度和工人生
活，遂以倫敦爲樣本而建立其共產主義，馬克斯的資本論中關於教育的主
張說：「在工廠組織系統中，才有教育的萌芽；在新教育歷程中，才能培
養完全發展的人。」俄人布洛斯基，以所受福祿貝爾、裴斯泰洛齊、和
杜威等教育法的影響，更以馬克斯主義爲基礎，建立了工作學校（*Arbeitss-
chule*），發揮馬克斯資本論中的新教育理論，以爲勞力和勞心都算是工作。
工業技術工作限於工作性的生產活動，以商人爲剝削階級，反對商業；重
工業而輕農業。所擬的俄國教育計劃，全是經濟社會性的，在其工作學校
中說：「我們所重視的問題，並不是要青年離開工作而受教育，是要把衛
生、健康、和適當的教育加入學校中，也就是使青年在工作中，不致使精
神與身體受到損害。妨礙身心雙方的工作應該禁止，以便青年在工作中受
教育。」

馬克斯主義派，尤其在布洛斯基以後，都以爲教育的目的在養成有
經濟能力的人，以適應社會生活。新教育使人人都有工作能力，又不妨礙
身心健康，才能提高人的生存，促進人的進步。只有經濟人能達到這個地
步，也只有經濟人才能超出自然的約束，創造新價值。這種觀點，是以爲
人應該有經濟創造力，人生的價值便在於經濟方面。

　　另一個重視教育問題的俄國人路文斯太因，有一篇德文的論文中說：「教育的目的是使人在社會主義的社會中有用（*Funktionär*），包括所有的替人工作的人；從政治官吏以至於傭僕。」路文斯太因和資本主義的不同之處，是在說明了人是工具，無復人的尊嚴與價值。人的價值不在其本身，而在於用途。演變成唯物論者盲目的追求進步，不計對人的利害。

（三）自然主義的人生觀（Naturalistischer Lebensbegriff）

　　自然主義的人生觀點也盛行於十八世紀。這種觀點是相信人生是自然生命的一部分。教育工作和教育活動，能夠使兒童的生命自然發展即可。杜威說教育即生活，也就是自然主義的主張。奧國新教育運動者葛萊特（*Ludwig Gurlitt*, 1855-1931）響應杜威等的主張，提出「一切教育活動自兒童出發」（*Vom Kinde aus*）的口號。所著「德國人與其學校」，在一九〇五年出版。次年又出版「養成健全能力而完全發展的人」（*Erziehung für Mannhaftigkeit*），意思說，隨兒童自然發展，便能達到這個目的。書中有句說：「教育工作的主要任務，是使兒童本性，能夠依自然順序而發展。」這種觀點是受了盧梭的影響。以為兒童是中性的，可以發展到至善的程度。這一主張盛行於十八及十九世紀。可是後來盧梭所假定的兒童愛彌兒（*Emile*），仍然要回到社會，足見自然主義者不能始終堅持其在自然中發展的立場。

（四）生命論的人生觀（Vitalistische Lebensbestimmung）

　　生命論的人生看法和自然主義的人生概念相仿。所不同的是自然主義者以為人性中無所謂善惡，生命論者則以為人生而有最高的善。又以為教育的任務是使人繼續生活，不必要其他的助力，反對十八世紀的機械論者。機械論者以為人是複雜的機器，可以分割。生命論者以人為一個整體，本身自有其價值。代表者是福祿貝爾（*Friedrich Fröbel*, 1782-1852），從自然事物推斷人類獨有的生活。因而提出使兒童生活下去便是好教育。福祿貝爾厭惡學校，自創兒童活動場所，名之為小兒童養護機構（*Kleinkindspflegsanstalt*），後來改稱兒童花園（*Kindergarten*）。

　　福祿貝爾因為看到自然的動植物和礦物都能自行決定生命，想到人更

應該決定自己的生命。教育工作只要能看著兒童發展就夠了。和唯物論者相反，福祿貝爾以為教育是主觀的。後來並基於這個觀點而發揮他的教育理論。推展福祿貝爾教育理論的是愛倫凱（*Ellen Key*, 1849-1926），著「兒童世紀」（*The Century of Child*），對歐美的教育影響很深，並且影響到十九至二十世紀間，教育注重兒童價值，主張愛的教育和兒童發展。愛倫凱的理論要點有三個：

1. 教育是從兒童出發。
2. 教育工作和教育活動中，不應該有絲毫的強迫行動。
3. 擬定教育計劃，選擇適當教材，以及應用教學方法都不是必要的。

（五）生物學的人生觀（Biologische Bestimmung）

這一派也重視生命的價值，和生命論者不同的，是除了以個別的主觀生命為教育基礎以外，並承認客觀的價值。相信客觀的文化和文明能夠使生命發展，這是生命論者曾經忽略了的一點。主觀的生命可以自行決定其發展，不過需要已有的環境中的文化和文明來充實。所以一方面看重自然的生命，一方面注重文化材。這是自然與文化兩者並重的看法。這一派的代表者是斯賓塞（*Herbert Spencer*, 1820-1903）；他以為人是由文化與生命二者合成的，若只有生命而沒有文化，不過是動物而已。

斯賓塞以為個人的教育是經由自我生存的發展程序而得的結果，並且解釋說：「生活滿足的需要或自我價值的提高，即是教育。」也就是說，物質的滿足與精神價值的提高，就是教育。所以教育活動是客觀的副本（*Objektives Duplikat*），文化是發展生物性的手段。這仍然是自然教育派的主張。斯賓塞把體育、衛生等列為課程教材的第一位，他的發展生物學的哲學理論的書，稱為綜合的哲學系統（*A System of Synthetic philosophy*, 10 *vols*），在一八六二至一八九六年陸續出版。德人孟德和布富克在一九一三年同時發表斯賓塞的教育學（*Spencer's Erziehunglehre*），推崇斯賓塞的主張。由於德國向來注重文化及教材，勝過兒童活動，斯賓塞的主張恰符合德國背景，即是兒童應該接受過去的文化，不是無目的的發展，經孟德和布富克的宣揚，在德國曾經盛極一時。

（六）精神的人生（Geistiger Lebensbegriff）

通常將 *Geistigen* 譯成心靈或精神，都不是恰當的字義，或者譯成文化，也不合原文的意思。德國沒有「社會」這個名詞。德國大學哲學院分兩大部，其一稱 *Geistesweissenschaft*，也有稱 *Kultur*，舉凡不是自然存在的，都屬這一部。這一節所說的精神，不是主觀的心靈，而是包括客觀價值的。其意義在表面上和生命的、生物的、自然的等說法相同，反對機械論，以為人不是機械。

精神和心靈二字雖然不同，卻也沒有明顯的區別。直到康德以後，才把「了解」〔*Verstand*（*understand*）〕和「理性」〔*Vernunft*（*reason*）〕加以辨別。不過康德和一般的說法又不同，以為了解是客觀的認識，另有目的，是人類精神活動過程中的一段。活動開始時是感覺，中間是了解，再進一步是理性。到了這個地步，才有神秘性和感情作用，像詩歌創作，是精神的最高峰。這時除了本身的價值以外，別無其他目的。感官是個別的，是認知的開始，了解較高，將個別的感覺予以統合，有客觀的刺激與主觀的反應，猶如橋梁，過此以後，即是精神活動；到了理性而達到知行合一，成為「靈悟」（*inspiration*），而形成人格。所以人格主義的教育學有神秘性，將主觀變為客觀，注重精神的人生，可以稱為人格主義的教育學。

和精神的人生觀點相似，又不完全相同的，是文化哲學的看法。文化哲學以為人一方面是經驗性的生命，也就是說生命可以經驗，只是生命不等於人生；人一方面又是價值的生活，生活才是人生。生命是生理的身體，生活有精神價值。人是生命與生活二者合成的，能夠創造客觀的精神價值；客觀價值來自於主觀的生命，又再寄存於生命中。二者互為因果，循環不已。從主觀生命而來的文化材，再充實並發展生命，創造出精神。

文化教育學者以為個人周圍的文化材，使個人的心靈得到適當陶冶，同時又能使已經存在的客觀文化體系，因個人心靈的不斷屬入，使客觀的文化體系更為活躍、生動，而進展。這不是主觀與客觀孰先孰後的問題，而是一個活動的開始與終結。開始時是客觀的文化材進入主觀的生命，終結時是主觀生命的進展。這是文化學者採用了現象學的觀點，以個體為主

觀與客觀的兩端，而成的一體。

文化哲學派的教育學者，可舉數人，作爲代表。

開善施泰耐（*Georg Kerschensteiner*, 1854-1932）

開善施泰耐個人的成就是從各種不同的文化材得來。*Kulturgüter* 一字，日文譯爲文化材，（*güter* 即是英文 *goods* 的意思）文化材的形態必須適合個人形態，也就是文化材的一部或全部，必須適合個人形式。個人不受文化材的限制。這是反對唯物論者的說法，以爲客體應該滿足主體的獨立生活形態，即是「一中有變」、「變中有一」。環境不足以限制個人，承認了人的尊嚴。

文化哲學派對教育的看法和文化精神學者不同，以爲文化全是經驗，沒有神秘性，有注重經驗和實用的傾向。

斯普蘭格（*Eduard Spranger*, 1882-1963）

斯普蘭格是狄爾泰（*W. Dilthy*, 1833-1911）的學生，一九〇九年得到在柏林大學教書的資格，當時只有二十八歲。後來到了萊比錫（*Leipzig*），因教學與著作聞名。一九二〇年又爲柏林大學聘爲教授，在此終其一生。曾數任柏林大學校長（柏林大學校長是由教授選舉產生，任期一年。校長的職務只是接待新生及送畢業生）。一九四四年七月二十日德國發生政變，反對希特勒，斯普蘭格被捕下獄，得日本駐德大使大島之助而獲釋，教授職務因被革除。後來又因爲各方的請求而復任教職，再當選校長。盟軍入柏林後，美軍逮捕斯普蘭格入獄，又經釋放至美，在哥倫比亞大學師範學院教授比較（歐美）教育，戰後才又回至柏林任教。著作中與教育史有關的有「文化教育」，但是流行的並不廣；至於「青年心理學」則在一九五三年已經出版至二十三版；另外有以心理學爲基礎而作的「教育哲學」，一八五八年出至八版。斯普蘭格的青年心理學用的是瞭解法，其中一點代表作學問的態度說：「所研究的只適用於德國北部中等市鎮的青年。」斯普蘭格所研究的是男青年，女青年心理學流行的極少。這本書在一九三九年已經譯成七國文字。另外一本書叫「人的類型」（*Types of man*），其中的觀點和開善施泰耐約略相似，以爲現代人，或人生的原

動力，即是人格教育家的教師，是由三個因素而成：

(1)*Die Antike*：即是希臘思想，羅馬政治組織，理論與實行的結合。

(2)*Das Christentum*：即基督教精神，其可貴處爲勇往直前（*Sing-aban*），不滿意現在，追求將來，不問利害，不計成敗，乃是古典的柏拉圖精神。

(3)*Der Deutsche Idealismus*：即是理想主義，爲近代西洋文化的基礎。如笛卡爾、培根等，各有所偏，互相競爭，因而生出德國的理想主義，結合了歐洲精神。

這些觀點和基督教的不同之處，是從現世界開始，以求達到另一世界，又將另一世界的最高理想，見諸於現世界，使兩個世界合而爲一。其精神的結合，一方面將希臘的理想與羅馬的實行合一，一方面將基督教的現世界與未來世界合一，使未來的理想現代化，合而爲人生最主要的動力。

斯普蘭格受胡塞爾（*Edmund Husserl, 1859-1938*）現象論的影響，在人的形式中提出六型：

(1)理論型（*Theoretischer Mensch*），相當於眞。

(2)經濟型（*ökonomischer Mensch*），相當於利。

(3)美感型（*Ästhetischer Mensch*），相當於美。

(4)社會型（*Sozialistischer Mensch*），相當於愛。

(5)宗教型（*Religiöser Mensch*），相當於聖。

(6)政治型（*Macht Mensch*），相當於權。

這六個型代表六種價值。第三種美感型並不是所謂美術之美，而是感情的調和。各種教育綜合的平衡，是美的教育。像席勒（*Schiller*）在其「美的教育」（*Ästhetisch Erziehung*）中所說，是求人格的完美，是由各部分心靈能力的充分發展而成。由情感教育而得到能力的調和。

斯普蘭格說是「型」而不是「種」，是說每個人都包括上述的六型，只是其中的任何一型可能特別發達而明顯，或者極爲缺乏而至於無。各型的數量是由於先天的遺傳，和年齡、教育、以及環境等也有關係。六型不是獨立分離的，而是混合的。其中最不適合於教育工作的，是經濟型，因

爲經濟型只求利己；最適合於教育工作的，是社會型。須要予而不取，忍受而不享樂，至少要取予平衡，才能談人格的發展。

從前述的幾種人格看來，唯物論者對人生的看法顯然很有缺點；生命論者對教育的觀點也不適當。但是生命論者和生物論者的觀點，對後世卻有極大的影響，使西洋文化成爲文明，盲目的向前追求。前者和柏拉圖的思想相似，後者近似亞里士多德的注重當前的觀點，成爲西方思想所趨的兩個不同方向。德國哲學家的觀點，如康德主張由感覺而認知，進而爲實行，從知到行，終至知行合一，成爲靈悟。開善施泰耐主張經驗的個人與文化材交互作用；斯普蘭格以爲個人因得到文化價值而充實完成，成爲個人的教育成就，再轉而發揚文化價值，由教育成就而使文化價值更爲充實與進步，將文化價值與民族道德合一，最後成爲國家的進步。

十、愛的教育與教育的愛

（一）愛的教育

過去教育上注重代表文化的教材，強迫兒童接受教材，不能適應兒童，教育有勉強性而缺乏愛。西方如此，中國亦然。中國基於道統觀，主張修理兒童，以使其繼承道統。西方因爲基於基督教的原罪觀念，主張勉強兒童，以使其改而向善。所以中外教育，一貫的都有勉強性。近代盧梭（*J. J. Rousseau,* 1712-1778）在一七六二年著「愛彌兒」（*Emile*），提出教育要用愛來使兒童自然生長，主張實行愛的教育，一反傳統觀念。同年盧梭又發表了政治學的民約論，反對君權神授說，提倡民主政治。這兩本書流行於歐洲各國，甚至使康德讀時也不能中輟。在此之前，盧梭論文裡曾經說，文化進步則道德墮落，二者是一事的兩面，所以應該回復自然。教育不可應用強迫的方式，而應該以人性善爲本。又反對基督教的創造者與造物之說，以爲人是獨立的，本身就有價值。兒童可以自己成爲人，不是出自上帝的創造，所以要有政治和法律，以爲約束。

盧梭以爲愛彌兒在自然中生長一個階段以後，先要到醫院認識人生有疾苦，再到監獄了解人間有罪惡，用來了解社會。可見盧梭的愛的教育不

是糖衣式的；教育方式也很簡單，先自然而後社會。這是提倡愛的教育的開端。

繼盧梭之後，爲裴斯泰洛齊（*Johann Heinrich Pestalozzi*, 1746-1827），裴氏祖籍義大利，生於日內瓦，死於布魯格，將盧梭的愛的教育，發揮的更爲詳盡。

裴斯泰洛齊以爲教育的最高目的，是人性內在力量的最高發展與提高，使客觀的自然與主觀的人，接近而合一。在社會生活中，由內在的安寧合乎外在的秩序，以適應社會生活，而形成秩序。教育不必有勉強作用，要使兒童能夠自行發展頭、手、和心。頭是理性，手是創造（技能），心是高尚的情緒，成爲有理性、有行爲，和有情感的人。只有教師的愛能夠幫助兒童發展。裴斯泰洛齊把教育的愛付諸實行，曾經轟動歐洲，許多學校派教師到裴氏的學校，去學習他的方法。

德國斐希特（*J. G. Fichte*, 1762-1814）的告德意志國民書（*Reden an die deutsche Nation*）是在柏林學院的講演，共計十四次，要點是：

1. 德意志民族崩潰的原因是什麼？
2. 德意志民族道德還有沒有復興的可能？
3. 復興德意志民族道德的方法是什麼？

第一個問題的答案是，由於德國人只知道有個人的利害，不知道有民族的利害，才致民族道德墮落。第二個問題的答案是肯定的，即是德意志民族道德一定可以復興。第三題的答案是，復興民族道德的方法是「教育」，不過不是過去的教育，而是裴斯泰洛齊的教育，並且除了愛的教育以外，更要實行全民教育。於是建議教育部的洪保爾特（*W. v. Humboldt*, 1767-1835）選派二十名國民學校教師送到瑞士，請裴斯泰洛齊開專班訓練。受訓的人回國後從事計劃，遂演變成德國國民教育法。普魯士於一八一四至一八一五年戰勝法國，於一八七一年佔領巴黎，在凡爾賽會議中選取德國皇帝，建立德意志國家，愛的教育得到立法地位，教育的革新即是受裴斯泰洛齊的影響。至福祿貝爾將裴氏教育加以補充，而更爲深入。

福祿貝爾（*Friedrich Fröbel*, 1782-1852）

　　福祿貝爾受裴斯泰洛齊和斐希特的影響最深。斐希特主張上帝是宇宙中的一切道德秩序（*moraliche order*），以爲道德的宇宙秩序是神。和我國儒家所謂的四時之行，萬物之生；荀子的天行有常，不爲堯存，不爲桀亡相同。這種說法曾被社會和教會譏爲無神論。福祿貝爾繼斐希特，也以宇宙爲神；並且受謝林（*F. W. J. Schelling*, 1775-1854）的影響，特別是謝林的同一哲學（*Identitätsphilosophie*）的矛盾對立的觀點。所謂矛盾對立，就是主體與客體的對立，實在論與理想論的對立，以及自然與精神的對立。謝林以爲各種對立都可以統一。絕對是在各個相對之上，由此得到統一。宇宙和萬物是統一的一體。這個觀點給了福祿貝爾一個很大的啓示，認爲動物、植物和礦物是一體，各自能決定其生命。同時福祿貝爾又受德人克勞賽（*Kare kristian Krause*, 1781-1832）的影響。克勞賽提出萬有在神論（*Panentheismus*），以爲一切都在於神，有神人不分之意，在我國唯有莊子近似這個思想。如莊子中：「東郭子問於莊子曰：所謂道，惡乎在？莊子曰：無所不在。東郭子曰：期而後可。莊子曰：在螻蟻。曰：何其下邪？曰：在稊稗。曰：何其愈下邪？曰：在瓦甓。曰：何其愈甚邪？曰：在屎溺。」即是指道無所不在，猶如神無所不在一般。福祿貝爾又據席勒（*Friedrich Schiller*, 1759-1805）否定意志與理性的分別，以爲教育應該包括德智體群，人性就是自然與精神的結合，成爲心物合一，猶如王陽明的知行合一。

　　福祿貝爾的哲學和教育方面的著作，名「人的教育」（*Die Menschen-erziehung*）。主張自然是一體，宇宙和人也是一體。在教學上主張應用原則教具，就是玩具。反對基督教式的武斷教條和教義。而且以整體宇宙爲神，有神秘爛漫的意思（哲學中爛漫是指宇宙和人等爲渾然的一體，這是和理性相反的一個名詞。）以致受到政府、教會、和社會的壓力，幼稚園被禁止，到一八六〇年以後才准許復設。

　　福祿貝爾在「人的教育」一書中，指出自然的發展和人的發展是神的精神活動的結果。將自然與人合同。教育的目的即是生命（*Leben*）的和諧。和諧一個解釋爲統一（*Einheit*），一個解釋爲全體（*Ganzheit*），兩

者可視爲上帝所造，也可以看作是上帝。人應該感覺自己是全體統一的一分子。又說人包括自我、自然、和同人（*Mitmensch*）。同人是國家、民族、家庭、及人類的總和；人類是民族的聯合。與孔孟所主張天人合一、萬物一體，即是仁與愛，以及民胞物與，頗爲接近。福祿貝爾的宇宙與人生的聯合之觀點中，視兒童爲其中的一部分，由此而感覺到人生的意義與價值。如果不能體驗到大體，則會孤獨隔離，苦痛而沒有意義，終至於和草木同朽而已。

福祿貝爾對後世的貢獻，在於爛漫的思想中含有理性。這種思想見於其所提出的課程、教材、和教法之中。注重天文、地理、數學、外語等價值，是科學發展的造因。人是大生命的一部分，不過要對大生命加以控制、改造、影響、認識，人和物並重，是福祿貝爾理性的部分。

蒙臺梭利（*Maria Montessori*, 1870-1952）

講愛的教育的到蒙臺梭利結束。蒙臺梭利原是醫生，而且是義大利首先得到醫學博士的人。先在義大利任講師，並從事精神治療。因爲感到只具備醫學知識，並不滿足；又因爲研究治療兒童疾患，注意到常態兒童。於是提出童權運動。是繼愛倫凱兒童本位主義後，重視兒童的提倡者。因而注意裴斯泰洛齊和福祿貝爾的理論，發明教具。較福祿貝爾爲兒童所製作的恩物更爲複雜。用教具來訓練兒童的手動作和感官作用，以爲感官能力充實，動作才能正確。感覺正確才能提高思想和判斷力，成年後才能自由而有益於世界和平。這個觀點是受裴斯泰洛齊和福祿貝爾的影響；由個人的充實而求人類的自由與和平，是受盧梭有健全的個人，才能有健全的社會的影響。裴斯泰洛齊、福祿貝爾、和盧梭都沒說到家庭教育的重要，和黑格爾不同。黑格爾在法軍佔領柏林，斐希特倡導民族運動的時候，曾至一小城任中學校長，絕口不言政治，著「教育學」一書，曾論及家庭生活的重要。

蒙臺梭利的著作，在英國出版的有「兒童論」、「兒童的發現」（*Discovery of the Child*）、「新時代教育」（*Education for A New World*）、「和平與教育」（*Peace and Education*）、「教育人的潛能」

（*To Educate the Human Potentials*）。後來國際間在荷蘭的阿姆斯特丹設蒙臺梭利學會（孟氏的秘書及女皆在），再又遷至德國佛蘭克府的艾茵（*Emine*）。

主張愛的教育者經兒童中心的主張，以至提倡童權運動，歷程雖然不錯，但是不免偏於一端，成為無計劃的隨兒童自由發展，頗有糖衣教育之嫌。和由教育以減低獸性，發展人性，作育兒童，改進兒童的目的不符，而且有縱容兒童之失，又缺少計劃與方法，並不是教育本意所期望，而應該實行的。

（二）教育的愛

愛是日常的用詞。分析起來，意義卻並不簡單。德文中常用的愛字有三個：一個是德文字 *Liebe*，相當於英文的 *love*；一個是希臘字 *Eros*；第三個是羅馬字 *Libido*。愛字的意思，是指溫暖的感覺、需要、慾望、和要求。在紀元前四至五世紀，墨子講兼愛，以為愛可以治國平天下，是最高的境界。希臘哲學家 *Empedocles*（483/2 424/3 *BC*）提出宇宙動靜問題，以為宇宙是靜的，由地、火、水、風四種元素所合成。各元素獨立存在而不變，混合而成宇宙中各種現象，分離而使現象消滅。宇宙萬物生生不息，即是由四元素相合而成的。四元素為友則合，為仇則分，合則成宇宙，分則使宇宙消失。所以宇宙的合或分，和諧或衝突，為友或為敵，本質上即是由於愛或恨，而構成宇宙的力量的則是愛。

對愛字解釋較為廣泛的是柏拉圖。希臘字 *Eros* 原是神的名字，羅馬稱為恩魯斯，是 *Aphrodite* 女神、司愛、生子名 *Eros*，掌管美與快樂，後來成為兩性之愛。

人最原始的愛是自我生存和自我延續。因為愛生存，所以才愛物以求生；因為愛延續，才愛異性以求生命綿延。*Eros* 後來演變為專指兩性之愛，以致意義變得狹隘。柏拉圖指愛是愛真善美，見於渴望與傾心。*Libido* 最初也指性愛，容格（*C. G. Jung*, 1875-1961）擴大之，以為是人心靈的一切力量。

愛從飲食男女的愛，成為各種價值的愛。教育的愛即是價值的愛。愛

飲食男女是以一己為目的的愛，自己是被愛者。愛人則是犧牲自己以完成被愛的別人。教育的愛直接是為兒童的發展，間接是為人類文化的進步。

德國人先將 *Libido* 擴大為愛，再擴大為愛成功。容格的「深度心理學」（*The Depth psychology*）中曾說知情意的深度，最後便是 *Libido*，是人類整個心靈的創造力。愛的含義擴大有三說：第一是本能的愛，指食與性而言；第二是價值的愛：愛真、愛善、愛美；第三是成就的愛，是創造與成功感。普通指愛是二物的結合，心理學中所說的，要不出上述三者。即是最初是本能的衝動，非個人所能控制，愛食物和異性，以求生命的延續。嗣後則求真善美，以客觀的物為對象，愛才有價值。最後由於創造慾而愛，才有最高的價值。

我將愛分為四類：

1. 愛食物。為取得，對象是物或人，不過應該把物取消。

2. 兩性的愛。由於本能與衝動，乃是必然的事實。人物如一。這種愛沒有文化價值，無足稱道。少數殉情者常被誤為最高的價值，實際上殉情者多出自青年，中上年齡的極少，可見是衝動的行為。兩性的愛因為受衝動的限制，並不自由，和人類求自由、求創造的本性恰好相反。至於兩性由愛而結為夫婦，才達到文化階段，婚禮即是由於此。這時已經不盡是性衝動，因為雙方互有責任感而生出文化價值。婚禮後的互相負責，和婚前的互為享受不同。婚後能夠履行自己所定的規約，超出自然限制，才能得到自由。

3. 親子之愛。親子之愛可分為三種：

老愛幼：是本能的，衝動的，和動物相同。

一般人：親慈，是將得自於上一代的授予下一代，仍然屬於自然的本能和衝動。

文化：子孝，是後天學習的文化價值，與自然相反，足實稱道。

4. 友誼的愛。沒有一毫自然作用，全部都是文化價值。中國以友誼為五倫之一。如果在夫婦、兩性，或親子之間，都伴合著友誼的愛，關係必然更為美滿。利他（*Altruismus*）的博愛或泛愛，像愛國家、愛民族、愛眾人，都是友誼的愛。

教育的愛和兩性的愛、親子的愛等普通的愛不同。普通的愛都有固定的對象；教育的愛則不然，當用 *Eros* 或者 *Libido*，至少有兩個特點。第一、教育的愛沒有固定的對象，所愛的是全部學生，不只是一個人或少數人。對於學生，所愛的也不是學生本人，而是愛學習進步的歷程，愛學生由無知到有知，由不好到好，由不守秩序到守秩序。第二、教育的愛不計被愛者價值的高低，反而從低價值入手，使其變爲具有高價值的。所以教育的愛是創造的愛，使學生從沒有價值成爲有價值，教育工作就是創造工作。

教育是創造的歷程。教育的愛是創造價值的方法，也就是延續和創造文化的手段，保存文化的倉庫，所以教育本身就是文化。中國的文化觀念中，以爲頂天立地者必須能繼往開來，應該用教育的愛爲動力，以培養頂天立地的人格。

上述是基於文化哲學的觀點，以爲群體不限制個人，個人卻要在群體中發展，然後再進而發展群體。這種歷程是進步的歷程，是就著已有的，再生出新創的，所以稱爲創造，由創造而後進步。在價值方面，是從沒有到有，才產生了價值。無論是從無到有，從壞到好，都是進步。進步不可誤稱做發展。

十一、技術萬能與科學教育

（一）技術萬能的形成

技術德文是 *Technokratie*，本應該是 *Herrschaft der Technik*，是英文管理（*rule, dominion*）的意思。源自於美國，英文字是 *Technocracy*，倡自一九三二年，主張依計劃經濟的觀點，對一切經濟資源、社會制度、和人類福利，都由科學家和工程師管理。據 *Webster, New International Dictionary* 載有二解：

1. 整個社會的管理都應該出於技術專家，或依照技術家所定的原則。（*Government or management of the whole of society by technical experts or in accordance with principles established by technicians*）

2. 是一個技術家的組織，依照技術家所定的原則，研究管理的可能性。（*An organization of technicians that studies the possibilities of government in accordance with principles set up by technicians*）

縱觀西方的歷史，是依照人類文化的發展而編著的，在進入技術主義之前，有明顯的特徵可尋，可做一括要以見一斑。

1. 希臘文化時期。自紀元前五世紀到四世紀，包括羅馬時期在內，可分：

(1)宇宙論時期。從泰利斯（*Thales*）開始，到恩波德克利斯（*Empedocles*）等，哲學研究以宇宙自然現象的成因為主。

(2)認識論時期。由詭辯派（*Sophists*）到蘇格拉底（*Socrates*）等，哲學研究以求知為主。

(3)倫理學時期。由柏拉圖到亞里士多德，建立了道德哲學，完成了哲學體系。

2. 中世文化孕育時期。從紀元前三世紀到紀元後十一世紀。羅馬帝國滅亡，蠻族佔據歐洲，包括黑暗時期在內。經過一千年，雖然沒有顯著的哲學建樹，在教育上卻是偉大的時期。其間以希臘的理論哲學、和羅馬的實際政治為教材，由基督教實現了學校的功能，加以以蠻族為學生，四者融和，成為西方文化的胚胎，孕育出文藝復興。

在七至八世紀間，基督教的聖本諾弟特教團僧侶（*St. Benedictine*）設學校，開始用班級教學法。十一至十二世紀大學成立，為人類文化開出奇葩。十二世紀工商行號自行成立學徒制，是職業教育的開始，工商行號又進而聯合為行會（*Guild*），自行訓練學徒。

由上述四者的融和──希臘文化、大學的開始、中世基督教的班級教學，和職業行會的誕生，是西洋文化融會貫通而至創新的時期，所以稱為「文化形成時代」。

3. 文藝復興（*Renaissance*）。這個字乃是法文，名稱的由來，是反對基督教以人為造物，而提出人性尊嚴的說法，藉希臘羅馬文化為手段，以求達到託古改制的目的。所以文藝復興的精神，是從希臘的文化自由而產生了人的價值，經由羅馬的社會秩序，而形成社會組織，加上基督教貶

低了人的價值，而提高了神的地位，引起了學者的不滿，以恢復人性尊嚴，注重人的價值，反對權威，主張一切當訴諸理性和經驗。

4. 宗教改革。文藝復興在十四世紀始於南歐的義大利，到十六世紀才傳到德國。馬丁‧路德（*Martin Luther*, 1483-1546）原是神父，竟和一個修女結婚，是對宗教的反動。路德倡導人可以直接和上帝交往，不必假傳教士為媒介，所以人人應當自己會讀聖經，應該識字，這是提倡世俗教育的開始，屬於小學教育。德國本就注重實際，所以宗教改革能夠在德國流行。由宗教改革而致教會分裂，教會的統治權衰落，新派稱 *Protestance*，即是反抗之意。宗教改革是繼文藝復興之後，流行於北歐，也有人以為宗教改革，是文藝復興的延長。

5. 啟蒙運動（*The Enlightenment*）。十七、八世紀的提倡科學、和科學的新發現，人類知識大開，對宇宙的認識改變，進入於科學時代。

6. 世界大戰。二十世紀的前半葉發生了兩次世界大戰，戰爭期間和戰爭的結束，都靠科學技術的進步。戰後技術受到極端重視，進入技術主義時代。

一般人將文藝復興作為近代的開始，其實文藝復興後的兩個世紀，仍然是過渡時期；而且文藝復興和宗教改革兩個階段不應割斷。文藝復興推崇文藝的價值，仍然是高級知識分子的活動，屬於高等教育方面；宗教改革以中下級的教育為主，倡始小學教育。文藝復興在義大利開始，盛行於南歐；宗教改革始於德國，是在北歐；待到反宗教改革（*Counter-Reformation*）起於西班牙，是在西歐。反宗教改革的領袖洛伊拉（*St. Ignatius Loyola*, 1491-1556）創耶穌會，訓練教師來教學，是師範教育的萌芽，是要藉健全教會來反對宗教改革。如果沒有洛伊拉，宗教或者可能衰亡。在歐洲，就是集文藝復興、宗教改革、和反宗教改革三種運動，成為近代文化的萌芽。

此後宗教的壓迫消除，思想解放，到十七世紀之末，十八世紀之始，又生出一個新運動，就是啟蒙運動。啟蒙運動不似文藝復興，那麼的注重文學藝術和詩歌；也不似宗教改革那麼的注重情感和宗教道德行為，而是注重人的智慧。從洛克（*John Locke*, 1632-1704）等在英國開始。所以啟

蒙運動才是真正西洋文化的開始。

　　啓蒙運動有空前的兩個特徵：其一、是價值判斷標準的改變，一改過去將價值與用途截然劃分的觀點，以用途爲價值。其二、是推崇過去的觀念改變了，對已往不再寄思古之幽情，而以爲後來居上。到了十八世紀，這兩種觀點確定，生出孔德（Auguste Conte, 1798-1857）的實證主義和馬克斯（Karl Marx, 1818-1883）的唯物論。在近代以前，價值和實用是分開的。例如鐵是有用的，可是價值不高；黃金並不適用，可是因爲不生銹，延展性大，有光澤，不變色，價值反而高。啓蒙運動以後，便不再是這樣，用途越大的，價值便越高。希臘原有唯物論，不過是哲學上的，只談宇宙的本原。馬克斯的是唯物史觀，以爲宇宙變遷可以決定一切。

　　在政治上因爲民族主義抬頭，產生了國家觀念。歐洲的國家主義是啓蒙運動的產物，歐洲古代的大帝國崩潰以後，已經散漫的沒有國家，此後才有英法等國家制度的建立。

　　實證主義和唯物論發達的影響，促成科學的進步，蒸汽機、發電機、和內燃機的發明，加大了人的力量，再加上生產技術進步，大量生產和開發物資的結果，造成歐洲國家的資本主義。因爲國家主義而構成國際糾紛；因爲資本家產生而形成勞資對立。勞資對立的國家使國內失去安定；國家主義使國際間爭競不息。啓蒙運動本要提高人類的幸福，反而促成在小型的戰爭以外，兩次世界大戰。

　　一個國家內部的糾紛，除了勞資對立的局面，便是政治主張，最明顯的是民主和集權。

　　可行的民主政治，是議會制或國會制。議會政治是西洋民主最大的危機。反民主政治的社會主義和共產主義，以及反國會政治的法西斯主義，都不脫啓蒙思想。現在蘇聯和美國，仍然都注重科學研究。

　　啓蒙運動使歐洲文化，變爲全球性的文化。本來是借重機器以增加人力，然而卻忽略了啓蒙以人爲重的本旨。（藉機器以增加人力，是爲了節省人力，用機器代替人力。）二次大戰美國用原子彈結束了日本的侵略，使文化進入一個新階段，以技術爲重，稱爲技術主義。也可以說，過去的文化中心在歐洲，二次世界大戰以後，文化中心移至美國，美國文化代替

了歐洲文化。從一九四五年以後，二十世紀的中葉，稱爲技術萬能時期。

　　所謂政治，原本是管理衆人之事。二次世界大戰以前，是人掌握政治，也就是人管理衆人之事，戰後政治受計劃經濟的支配，由技術來管理衆人之事。人類生活受技術的支配和影響，從一九四五到一九七○年的二十五年間，達到了空前的階段。

　　西洋文化在中世紀以後，人的地位提高，是由人支配一切。在啓蒙運動之初，仍然重視人的價值。二十世紀初的第一次世界大戰，技術價值提高，一躍而達到與人平等的地位。待到第二次世界大戰以後，技術地位超越了人，人的價值遠低於技術，使人類進入於另一個空前的劃時代。人爲認識自然，而產生了科學；爲改變自然和利用自然，而產生了技術。技術的被重視，使人的價值又被貶低，和中世紀時人的價值一般；不過中世紀人類價值的降低，是受宗教的壓力，現在所受的壓力，並不是宗教，而是技術。

　　文藝復興所重視的，是一般人的價值，由提高一般人的價值，來和神對抗；啓蒙運動所重視的，是個人的價值，和個人的尊嚴。由此卻演進成技術時代。

（二）人類和技術

　　現在一般人都知道技術爲人類增加了便利，至於技術是否爲人類增加了幸福，還是問題。暫且不論人們對技術的批評，不從價值來判斷，只以認定事實爲主，沒有技術就等於沒有人力，有了技術才使自然能夠爲人所用，使人超出於動物的領域。在動物中只有人有技術，從石器時代的技術開始，人能夠自行覓食，知道儲藏食物，脫出了自然的限制，進而以畜養得到取食的便利，又因爲技術的需要而合作，到了農業社會又有了分工。所以技術是人類的開始。

　　五萬年前上洞老人的發現，證明中國人原來生於華北，而且已經發明了火。火的發明，使人力增加，驅逐了禽獸，開闢林場。接著車輪的創造，使人的體力在無形中增加了。

　　中國人向來輕視技術，以爲技術是奇技淫巧。朱應星著「天工開

物」，並沒得到重視。李約瑟（*Joseph Needham*）推崇天工開物，以爲中國早期的發明，如養蠶取絲織綢，這一點雖然還有人懷疑，可是紙則確是中國人發明的。加上火藥、指南針、算盤等，成爲西方文明的根源。可見雖然經過漢朝的推崇儒術，罷黜百家，中國的技術，直到十四、五世紀，並未衰落。其時的西方，還在洪荒時代。考工記首載五穀，屬農業；次爲棉毛麻等，是紡織業；醃肉是食品加工；酒糖是釀造業；鼎鐘、舟車等是冶金和鑄造。技術是人類之所需，技術的發明，以中國人和阿拉伯人爲最早；阿拉伯注重外科治療，是西洋醫學的起源。

西方從啓蒙運動以後，理性主義與個人主義發達，思想自由，個人得以充分發展以求生活的便利。蒸汽和電的發明，成爲力源，而且通訊迅速，不但增加了舒適，而且增加了力量，此後內燃機的發明，技術突飛猛進。二次世界大戰末期，以原子爲動力，現在又有了核子。這些技術使空間縮小，時間延長。

從火到原子的發現，都是以人爲主。這些發現爲人所用則有益，若控制人則有害。技術本是爲人謀取便利的，人造衛星的出現，是由多數人的合作，個人對於自己所做的，反變成一無所知，失了啓蒙時期的個人價值，成爲技術活動中的一個螺旋釘，人反而被技術所用。在歷史上，開始的時候是人役物，現在成爲人役於物，以致教育也受到技術的控制。

由於人類和技術的關係，教育的發展和演進成了下述的形式：

十二世紀，大學萌芽，是正式學術研究的開始。

十二至十四世紀，手工業興起，是職業教育的開始。

十六世紀，反宗教改革，是師範教育的開始。

十七八世紀，宗教改革的結果，產生了普及教育。

十九世紀，受啓蒙運動的影響，產生了國家主義，由此形成公款支助，國家強迫而免費的義務教育。

二十世紀，由原來的手工藝形成機器工業，以技術爲主的技術教育。

（三）技術教育

技術教育通稱 *technical education*。較早的教育書籍中，只稱爲「科學

與技術的教學」（*instruction in science and skills*），並且加以限制說明：
「科學和技術的教學，是貿易和職業實習之所需，特別是科學設備中機械的應用。」（*As instruction in sciences and skills required for the practice of trades or profession, especially those involving the use of machenery of scientific equipment.*）

技術教育在英格蘭是一般使用機器的初級技能，如初級職業學校。另外有技術教育（*Technological education*）相當於專科以上的教學，除了技能以外，還有實驗技術，和與技術有關的理論。職業教育是要訓練各種就業的能力（*any form of employment*）。可知職業教育發展的最晚，在國民教育以後。

在技術教育發展之前，只是各行業自行訓練生徒。訓練的內容以作人和德目爲主，技藝居次。業主不准虐待生徒，必須尊重生徒的人格，稱爲生徒（*Apprentice*）；期滿以後，經考試合格，稱爲業者（*Journeyman*）；再經過一段時間，才能成爲師傅（*Master*），可以自立行號。在德國就是如此，是一種「三合一」（*Tri-in-one*）的方式。

美國的技術教學（*Technical instruction*）始於一八〇二年，起於西點軍校（*West Point, U. S. Military Academy*），是借助軍事的力量，因軍事訓練而生的技術訓練，這是歷史上技術進步和專制政權或軍事有關的一個例子。到一八二四年，由軍事中技術訓練的影響，在紐約設立蘭斯洛多種技術學院（*Rensseller polytechnical Institute*），脫出了軍事性質，成爲普通的技術教育。到一八三五年，技術教育才提高到大學程度。哈佛雖然建校很早，並沒重視技術教育，直到一八四七年，才設立科學院（*Scientific school*）。麻州理工學院設於一八六一年，引起了廣泛的注意。一八六二年國會通過莫利爾土地資助法案（*Morill Land-Grant Act*），聯邦政府撥土地給各州，設立農工學院，近年已經多數改爲大學。所以美國的技術教育，從一八〇二年到一八六二年，由開始而逐漸受到重視，最後靠政府的力量推動，到二十世紀中期，已經有一百五十餘所大學，設有工學院，註冊的學生，有一百五十萬。工學院並且嚴格規定，入學資格必須是高中畢業。近十數年來各地設立的初級學院或社區學院，仍然以技術教育爲重，

尤其以農業技術爲主。一九五七年後，受人造衛星的刺激，因爲技術落後於蘇聯，所以大學提高技術教育，注重技術教育。各州的高中有口號爲「高中的任務，對學生畢業後的就業，重於升學。」甚至有些州提出三明治式，即是由學校到工廠，再回到學校。

總括起來說，美國的技術教育，開始時是手工業，從西點的軍事訓練，才成爲應用機器。所以美國的技術教育是靠軍事而發展的，技術教育也以軍事爲主。聯邦政府不管各州的普通教育，可是卻管技術教育，以致技術教育發展的很快。到莫利爾法案通過以後，技術教育更突飛猛進，達到領導世界的地位。

英國的技術教育，過去是由工商行會辦理。到一八二三到一八六〇年間，才有了機械學院（*Mechnics Institute*），仍然是由地方設立的。一八五一年政府設立的科學技術局（*Science and Art Department*），並沒有規模，也沒有統一的形式。到一八七五年才設立皇家調查委員會（*Royal Commission*），調查並研究新式技術教育，以求提高並統一已有的技術教育。一八八四年金斯敦中央訓練學院（*Central Training College at Kingston*）設中央訓練學員，以訓練技術學校教師和技術人才。英國的技術教育才算完成了由民間而地方，由地方而政府的過程。一八八九年英國國會通過技術學院法案（*Technical Institute Act*），這個法案的主要精神，是各級政府有權用公款補助私立技術學校，技術教育制度才算成立。又因爲社會的需要和技術的進步，在一九〇〇到一九〇九年間所設的六所大學中，伯明罕、李茲、和謝費德（*Bermingham, Leeds, Schiffield*）特別重視應用科學，授予學位。於是技術教育由初級提升到正式的大學水準。第一次世界大戰以後，波西爵士（*LordEntrence Percy*）從一九二五到一九二九年任教育董事會（猶如教育部）首長（*President*），重視科學和技術，組織調查團和研究委員會，在五年之中，發表了三篇報告。第一篇是關於工商教育的（*Report on Education for Industry and Commerce*, 1928）；第二篇是關於各種工業工程的（*Clerk Report on Education for Engineering Industries*）；第三篇是關於商業教育的（*Good enough Report on Education for Sellsmanship*, 1931）。正在實行報告中的建議和計劃的時候，因二次世界大戰發生，沒

有完全實行。戰後鑒於美蘇原子科學的進步，更加注重技術教育。又因爲英國本土面積狹小，工業上尤其需要技術。所以在一九五三年擴充技術學校規模，皇家科學技術學院（*Empirial College of Science and Technology*）原來還不足一千名學生，第二年就增加到三千名。一九五六年政府撥一億英鎊，計劃發展技術教育，設立技術學院。至工黨威爾森（*Wilson*）執政，承認英國，縮節蘇伊士運河區等處的防務，以致款項的應用並不理想，技術教育的進步仍然落於遲緩。

法國在拿破崙法典中並無技術教育之說，向來是由工商行會自行訓練人才，一八九二年才開始由國家管理技術教育。在一次世界大戰後，於一九一九年國會通過由艾斯太（*Loi Astier*）專管技術教育，可見法國的技術教育法案也是始於二十世紀。

法國的技術教育分爲三級：(1) 初級（*Apprenticeship*），(2) 中級（*Intermediate*），(3) 高級（*Higher*）。前兩級收受完初等教育的學生，第三級限高中會考及格，取得資格者，才能入學。

二次大戰以後，法國規定初小畢業生可以入現代學校（*College Mordens*），接受初級技術教育。一九四五年以後，凡是十四歲到十八歲，曾經小學畢業，可在學徒訓練中心（*Centre däppren tissage*）受三年全日教育，接受技術訓練和普通教育。藉技術教育來推行普通教育，是受開善施泰耐的影響；用技術教育來訓練公民，是法國技術教育的特點。在學徒訓練中心畢業的，可以得到證書。二次世界大戰後又設立技術學院（*College Techniques*），還有農業技術教育，屬於農業部，不在教育系統之內。最高級的技術教育機構是 *Ecole polytechniques*，其功用有兩種：一是養成軍工人員，二是養成普通人員。再另一種是養成工業管理的領袖人才。農業技術學院培養園藝獸醫人才，其他航空、礦冶等高級技術人才，也在高級技術學院培養。

西德的手工業教育始於十二世紀。因爲從開始就比較完備，所以直到十九世紀下半期，這一段時間之內，沒有太大的變化。德國的制度是國民小學畢業生，入部分時間的職業學校。職業學校也和正規學校的形式不同，職業學校之中，兼施行民眾教育，猶如我國的社會教育。學生是爲求

知而來，類似補習教育。從工業革命而進步到近代，部分時間的職業學校所供給的技術課程已嫌不足，於是產生了四種學校：

1. 職業學校（*Berufsschule*）：訓練工人，招收國民學校畢業生。

2. 職業專科學校（*Berufsfachschule*）：全日制，招收一部分國民學校畢業生，和職業學校的學生，修業年限一至三年不等，訓練工頭。

3. 專科學校（*Fachschule*）：招收職業專科學校，和中間學校畢業生，以及一部分高中的轉學生，訓練工程師。

4. 技術大學（*Technische Hochschule*）：須要九年制高中畢業才可入學，等於大學資格，可授予博士學位或國家工程師（高級工程師）。

這種制度的實施，不分軍民。技術人員的培養認眞而確實，所以德國技術進步。二次世界大戰時希特拉藉技術而興起，可是也因爲濫用技術而敗亡。戰後各邦略有變動，職業學校仍然分爲四級：

1. 職業學校（*Berufsschule*）。

2. 專科學校（*Fachschule*）。

3. 高級專科學校（*Höhere Fachschule*）。

4. 技術大學（*Technische Hochschule*）。

以上前三級在教育制度之內，後一級不屬此一範圍。第一級的職業學校，是基本的職業教育。

從一九五一年開始，基本的職業學校成爲強迫教育，強迫的意義是雇主必須使其工徒入學，否則依家長義務罰法，第一次警告，第二次申斥，第三次處以違警罰鍰，第四次判決入獄。專科學校爲完成教育，須在職業學校畢業的，才能入學，在學時是繼技術訓練之後，給予技術理論教學，這種學習不得少於一年。高級專科學校，如同英國的技術學院，收高中畢業生，依技術的性質定修業年限。技術大學也收高中畢業生，多數技術大學是培養工程師，少數是培養國家工程師（*Diplom-Ingenieur*）。

中國的技術教育向來以手工爲本，以教人使用工具爲主，和現代技術之運用動力，完全不同。所以中國始終沒有近代化的工藝，也就是說，沒有機器。

清朝道光年間，英國人向海外發展，銷售鴉片到中國，和中國發生

了鴉片戰爭。其次英國又向中國銷售棉紡織品，洋紗比手織的土布受人歡迎，以致中國的經濟大受損失。不過因民間反對洋物，還未致影響國策，鴉片戰爭也未波及內地。咸豐年間英法聯軍之役，迫咸豐避至熱河，有遠見的政治家才感到洋槍洋械的厲害，於是恭親王提倡洋術，科舉仍然保留為正統，書院已經落空，學校教育已是有名無實，於是在二十世紀開始的新教育，便是技術教育。如在一八九八年頒佈新學制，這是正規教育的開始，在新制中創辦了京師大學堂。一九〇〇年少數有識之士提倡技術教育，到一九〇二年在各省設立學堂。

正確的說，中國的技術教育，開始於一八六六到一八九八年間。從一八六六年（同治五年）在福州設立船政局，到一八九八年（光緒二十四年）頒佈新學制，是新舊教育的過渡時期，也是技術教育開始實行的時期。一八六六年在福州設立船政局的同時，並設船政學堂，分為兩部，一部是造船，一部是駕駛。同一年又在江南設機器局；次年機器局附設上海機器學堂，講授機械製造原理和管理技能。一八八一年（光緒七年）李鴻章在天津設水師學堂。一八九二年（光緒十八年）張之洞在礦局設湖北礦業學堂。這是這一段時期的新技術教育。

從技術教育的開始來說，中國並不亞於歐洲，所不同的是，歐洲在十六七世紀先有科學理論，然後才有技術實用，是從科學進展到技術。中國開始實行技術教育的時候，仍然和八股並行，不是由科學進步到技術，所以技術沒有基礎。其次，歐洲的技術是由一般生活中，經過手工發展而成；中國是因為受軍事和經濟的侵略迫促而成。所以中國最早的技術是製造軍器。如丁日昌的條陳，以三洋（天津、京滬、閩越）設三個製造局，分別設在福州、南京、和廣州。每局設三個廠，製造艦船、軍器火藥、紡織和農田抽水機等，這是有系統的建議。但是丁日昌的建議，受到左宗棠的反對，以為一無其費，二無其人，三無其地。又給事中王家璧奏摺也反對之：「師事洋人，可恥孰甚。」並說：「學於敵人，以為勝敵之策，從古未有也。」可見在新教育中，技術教育雖然提倡的很早，終因沒有周備的計劃和經費，出於衝動，倡議的少，而反對的多，以致沒有效果，而且始終沒受到社會中堅分子的重視。

　　科學和技術，一個是理論，一個是應用，要兩者配合，才能有正常的發展。如果缺乏科學理論，便無從談到技術應用。

（四）技術萬能時代的教育問題──技術與文化

　　對於文明和文化的看法，從發展和進步上說，是先有文明，後有文化。文明是人和物的關係，是以人御物，以保障人的生活，避迫害，而求安全。所以早期以製造工具爲主，可稱爲工具文明；近代以製造機器爲主，可稱爲機器文明。由應用工具而注重人的尊嚴，提高人的價值。文化是人和人的關係，以實現人的理想，所以斯賓格勒（*Oswald Spengler*, 1880-1936）所說的文化，其實乃是文明，只不過是產業革命以後所產生的高級機器文明，仍然是人和物，不是以人和人爲主體的文化。

　　自有技術以來，目的不外改進人和物的關係，即是以用物而達到求生的目的。技術是工具，本身沒有價值，是用來保障人類生活，人的尊嚴，以提高人的價值的。

　　從技術的發展說，一六九〇年後，裴賓（*Denis Fapin*, 1647-1712）發明蒸汽原理，也只是理論的探討，尙未達到應用的地步。一七六九年瓦特（*James Watt*, 1736-1819）改進蒸汽理論，造成機器，才發明了蒸汽機。十八世紀下半期產生了近代新技術，改變了人生，將過去隔離人生的浩瀚世界縮小，使生活改變。首先紡織業進步，是衣的改變；其次火車輪船的製造，是行的改變；再進而造成機器，成爲工業革命。於是機器不僅爲人所用，而且進一步支配了人，生出對於文化的影響力。電力的發明，更凌駕蒸汽之上，照明增加了時間；通訊方便，使人和人的關係愈益密切。待到燃料的發現，應用到交通工具上，交通更爲便利。二次世界大戰和戰後對原子與核子的應用，使人受技術的影響愈大。甚且用原子與核子爲武器，對人的威脅也更深。於是教育人士和哲學家慄慄畏懼，深恐「以技術爲衡量」，變成技術改造文化。

　　在新技術發生之前，人都有信仰，西方尤其如此。從技術進步以後，宗教沒落，信仰力消失。又中國所謂之道德仁義和江湖氣概，是感情的而非理性的。原來是將理性、感情、和意志混合爲一。技術進步後，知識

成為第一，知識的地位和價值凌駕乎信仰之上，理性（理智）主義超過一切，重於感情和意志，內在的精神生活被改變。例如生活中都要有精確的計算，在學問中將道德剔除；最顯著的是大量爭取原料，由大量生產一變而為超量生產，人的慾望也隨著提高。由此所生的矛盾，第一是在物質方面，享受增加，而且可以任意選擇物質應用，然而在精神方面所受的拘束卻日益增多，人必須依照機器性而作為，不再能主宰或控制環境，以致降低了人的地位和價值。第二是安全感喪失，這和技術發展的強弱目的恰好相反，變成盲目追求，這種文化的沒落，才是人的切身問題。

技術發展的結果，專家增多，專而又專，分工也更為精密。物質文化（文明）的程度增加了，範圍也擴大了；但是原有的民族文化和人類文化精神的深度（內在精神）卻消失了。人力方面是如此，至於社會方面，由於技術進步而必須爭取大量物資，生產力提高，產品加多，理論上應該促進人類的幸福，事實上反倒引起經濟的恐慌，由經濟問題又引起了社會問題——人口湧入都市，造成失業問題，形成社會危機。這種情形過去只見於一個國家，二次大戰後，原子能與核子能的發現，國際間失去了過去契約的信用，互不信賴，美蘇即是一例，於是國家間相同的不相信，相對的互相懼怕。地原學者（*Geographers*）說：土地大的國家加強，土地小的國家將逐漸消失。無論土地大小，都有所恐懼，因為被戰爭摧毀了的土地將無法恢復原來的生產力，這都是高級技術的賦予。孔次立（*A. Krinzli*）說，高度技術不但不能造福與人，甚至乃是魔鬼（*Dämonish*），是神秘（*Apokalypatish*）。高度技術發展源出西方，是西方的疾患（*Abendlaendische Krankheit*），已經無可救藥。技術的發展，害了西方，也害了全世界。孔次立也讚美西方文明進步的快速，同時也承認是無目的的，荒唐的努力，甚至如斯賓格勒所說，是西方文化衰退的先兆。

總括起來說，技術發展的目的、發生，和對於技術的要求，都是為了適應人類的需要，使人有滿足感。以現在技術進步的情形，很能滿足人的需要，而生出滿足感。可是人慾無窮，所以人永遠不會感到滿足；技術的進步，適足以提高人的慾望。慾望不能滿足則失望，因為失望而以為尚有缺陷，缺陷的感覺反而由於技術的進步而日益加深，這是技術提高後的第

一個大矛盾。

其次，人是藉技術而表現人的有用，人是主，技術是奴，用技術來滿足人的需要。然而目前人成了技術的附屬品，反被技術所用。主客易位，是現代技術發展的第二個大矛盾。

第三、人為萬物之靈，同時人也是動物中最脆弱的一類；不過人有社會組織，能夠營社會生活，荀子說人「力不若牛，走不若馬，而牛馬為人所用者，何也？以此能群，彼不能群也。」群就是人生的特點，也是人生的力量、價值、和精神。現代技術進步的結果，使人的實際生活互相依賴，卻又互不相識，群體的凝固力只在於表面上的凝結，無補於內在的隔離。過去的社會如同一個大家族，現代技術進步的社會只像電影院，生活為技術所束縛，民族感和國家觀念逐漸衰退。

以目前的情形來說，技術發展已經到了這個地步，自然沒有退回之理，而且也不可能退回。這個矛盾如何解決，大成問題。當前的技術和文化問題必須有個解決。有人以為宗教或者能夠解決，可是宗教範圍遼闊，難以集中；若用政治來解決，也形同與虎謀皮；只有教育或者可以解決，因為教育是解決人生問題的方法，藉教育可以減少技術進步的危險性。不過這裡所說的教育，是廣義的教育，不是指學校教育。唯有教育才能解決人生中最困難、最複雜，而又不易解決的問題。

美國已經覺察到由技術進步而生的矛盾，一九四七年在聖地牙哥發生了「人類潛能運動」（*Human Potential Movement*），意圖加強人類的社會性，在具體的工作中設有國立訓練實驗室（*National Training Laboratory*），發展團體生活，以求恢復人的群居生活和社會性。類似的組織像國際青年商會、獅子會等，都有同樣的目的。此項運動自西向東發展，達到紐約、華盛頓、芝加哥，向南並達到休斯頓，以自由獨立國家為號召，是教育性的團體。

人類潛能運動與社會組織，在於使人勿忘卻社會性本質，恢復人類整體精神，領悟合群與團體生活重於個人的享受。這運動的影響雖然還不大，可是很多大城市已經設有訓練中心（*Training Center*），教會、建築師公會，和一些大公司都已經參加，大的學校之課外活動也有這種項目。

在美國技術發展高漲的社會裡，知道用教育的力量來解決由技術發展而生
的問題，已經是難能可貴。在各國群趨於技術競手的情況下，美國用社會
教育來彌補技術發展問題的效果如何，現在還無法預料。

十二、科學教育

教育沒有明確的定義，和訓練、教學等有別，可是並不明確。德文有
時用 *Bildung*，含有陶冶和基本訓練的意思，有時用 *Erziehung*，才是中文
教育的意思。

科學教育介於國民教育的陶冶和技術訓練之間，要談科學教育，先要
從科學談起。

要知道什麼是科學，可以用哲學和科學來比照說明。概括的說來，
哲學是蘇格拉底所創，因為其時的哲人（*Sophists*）的教育理論為蘇格
拉底所反對。哲人認為沒有真理，蘇格拉底則自稱為愛智者。哲學的英
文字 *philo* 是愛的意思，*soph* 即是知，所以哲學是 *Philosophy*，哲學家
是 *Philosopher*。最早用哲學這個字的是赫拉克里特（*Heraclitus*, 544-483
BC），並且用了愛智者（*Philosopher*）這個字，也稱為智慧之友（*friend
of wisdom*）。蘇格拉底用愛智者這個字，並不是指智慧之友，而是指對真
理的愛。柏拉圖為哲學所做的定義是：「哲學是指永恆不變，或永遠存在
之意。」這是較早的一個明顯的解釋。亞里士多德乃是希臘的東部人士，
到雅典留學，使希臘哲學達到極盛時期，而且影響到現在，他說：「哲學
是對事物的原理，或發生原因的研究。」著重因果關係的推究，例如「有
是果必有是因」，「無是因未必無是果」，「無是果必無是因」，「有是
因未必有是果」的推斷，已經有了科學意味，但是因為不易得到普遍原
則，沒有確定絕對公認的理論，所以在原始學問裡只有哲學，到了亞里士
多德才有了科學意義，可是還沒有科學這個名稱，到羅馬時期，才有科學
一辭。

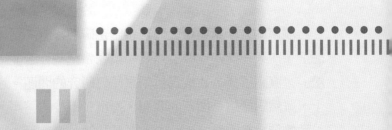

民族與教育

　　歷來的哲學家所研究而且希望正確解答的問題，不外「人在如何的思想」，「人在作些什麼」以及「人在希望些什麼」。至於「人的本質是什麼」，直到近代，才成爲哲學家注意研究的問題。近代哲學家從各種立場上，雖然對於這一個新的問題，提出了不少的答案，但是卻並不曾獲得過一致的結論。因爲「人」的本質是什麼，實在是一個不容易得到正確解答的問題。人之所以異於其他動物者，是由於人能夠過一種或大或小的團體生活；人雖然「能夠」而且「必須」要過團體生活，但是除了實際的參加團體生活之外，依然還保持「個體」的特性。這是「人」的本質中所潛藏的一種基本矛盾。如何去統一這種基本的矛盾，於是教育活動乃有必要。在人類歷史的發展上，先有了團體生活，跟著就有了教育活動，從表面上來看，是先有團體生活，然後才有教育活動。可是事實上，卻並不如此簡單。人類的原始團體生活，如果放棄了「上帝創造人類的團體生活」這種宗教上的信仰，採用科學的原則，則只能說是來自「偶然的機會」了。偶然由於生活上的需要，產生了團體生活；這種偶然集結而成的團體生活，只是要求滿足當前生活需要的「目標」，並沒有比較遠大的「目的」。可是，在團體生活中有了教育工作以後，由於教育活動除了適應當前的要求以外，又有一些朝向將來的展望，於是過去那樣由偶然機會所造的團體生活，乃有了一些變質，也就是說由「機遇的團體生活」，變而爲「計劃的團體生活」。在機遇的團體生活中，是安於「現在」，爲「現在」而活動；至於在計劃的團體生活中，其中的個體，就會對於「現在」感覺到不滿，企望著，而且計劃著去創造「未來」，以補救現在的缺陷。人類計劃著創造未來，這就是歷史發展，文化進步。因此，我們可以看出來，能夠創造文化與歷史的「團體生活」，又是導源於教育活動了。所以「團體生活」與「教育活動」的先後層序的問題，頗爲不易解決。從事實方面來看，是先有團體生活，然後教育工作，才有可能；可是站在價值的立場來看，則只有透過教育工作，然後才能夠把偶然的團體生活改變爲計劃的團體生活。從以上的敘述來看，我們就不能不相信：教育活動只有「在」團體生活中，才有可能，而且是只有「爲」團體生活，教育活動，才能夠表現出來它的價值。

「教育活動」和「團體生活」，有內在的、必然的關係；有「團體生活」，「教育活動」才有可能，有「教育活動」，「團體生活」才能改進。所以我們可以說教育是「為」團體生活，而且是「在」團體生活。因此，要瞭解教育的意義就必須先瞭解什麼是團體生活。但是，團體生活這個概念，非常的動盪不定，有時非常的抽象，有時卻又十分的具體。有人說團體生活乃是人類的「集合存在」，「並立存在」或者「先後連繫存在」的稱謂；有人說團體生活乃是人類的「生活組織」或「生活秩序」，這已經有些太抽象了；然而卻還有一些學者，認為團體生活是高級的道德人格，或者是歷史、文化的負荷者，這樣的說法是更為抽象了。可是，另外一方面，我們的實際生活中，卻常常的會直接體驗到家庭生活、學校生活、社團生活以及各種不同的工、農、商業組織；這些團體生活都是十分具體，而且並不陌生。「團體生活」的概念，既不十分明確，因而就使我們也不容易去對它澈底的加以瞭解。幸而，近代社會學的研究，已由思辨的社會學，經過發展的社會學、百科全書的社會學各階段進而為經驗的或科學的社會學，乃使我們對於團體生活的認識，進步一些。

團體生活的方式、範圍，雖大有區別，可是就它的本質來說，我們不妨把它們分為兩個大的類別。第一類的團體生活是建立在「共同的命運」之上，所有參加的個體，都是無條件，把他自己的整體納入在這個團體生活之中，患難與共，絲毫沒有計較的心理。而且在這種團體生活中的個體都是必然的，不自覺的就參加在內，無論如何，在事實上，也決不能夠真正的自由脫離關係。如同家庭、氏族、民族，都屬於這一種團體生活。另外還有一種特殊性質的團體生活，和第一種團體生活的性質，恰恰相反。這一種團體生活的成立，是根據一個共同的「目的」；參加的個體，只是在某一方面和這種團體生活發生了關係，並不曾把他自己的全部安放在這個團體生活中間。所有參加這種團體生活的個體，在利害關係上，都有相當的分配比例，在權利義務方面，計較的清清楚楚。而且參加與否，都是出於志願；有必要時，就可能自由的和這種團體生活脫離關係。如同各種社團、職業行會、公司團體以及國際間各種組織，都屬於這種團體生活。

這兩種在本質上不同的團體生活，對於「人」都有其必要，而且每個

「人」在同時也不妨分別的參加在這兩種不同的團體生活中間。再就這兩種不同的團體生活的本身價值而論，也很不容易判定它的高低。總之，這只是一種實際存在的「事實」，並不牽涉到「價值」問題的上邊。但是，我們從這兩種團體生活中，卻能夠就它們在組織的程序上，看出來它們的「凝固性」，大有高低的不同。第一種團體生活的存在基礎，是共同的命運，而這種命運的形成，一方面是由於這個團體生活中，同時代的一些個體，在「種瓜得瓜，種豆得豆」的原則下，創造而成，但是從另一方面來看，這種團體生活中以前的若干「代」，即過去列祖列宗所有的一切工作或努力的成就，也會是現在這個團體生活中所有共同命運形成的主要原因。我們看，現在存在的家庭、氏族、民族，它們的共同命運，有哪一個會不受它們上一「代」或若干「代」的影響或支配？所以這一類的團體生活，就其本身性質來說，不僅是同時代的「社會」組織，而且是過去和現在一些不同時代的「歷史」延續。第一種團體生活的組成是以縱的歷史為「經」，再以橫的社會為「緯」交織而成，其「凝固性」之高，決非其他的團體生活所能比擬。甲家族的一個份子，可能轉入到乙家族中作養子、養女；但是他們的血統、秉賦，仍然是一點沒有變動的屬於甲家族，所變動的只不過是社會身份和法律地位而已。同樣的，一個人可以取得新的國籍，喪失了原有國籍，但是他的先天的血統、思想的工具（即母語），並不能加以改變。因此，這一類團體生活中的各個份子，由於共同命運的拘束，是無法和原有的團體生活脫離關係的。所以我們可以說這一類的團體生活，其凝固性之高，是超過任何其他團體生活的。

至於第二種團體生活的基礎則只是興趣相同，利益一致的共同目的。在共同的目的之下，偶然的集結起來。興趣改變，利害不同，或是目的已經達到，或者是預料到目的已經沒有達到的希望，其結果是團體解散，或者是個人脫離；雖然有時候也有一些人為的條件，但是並沒有必然的拘束。這一類團體，在本質上只是「並立的集合」（社會的），而不是「先後的集合」（歷史的），所以其凝固性是不如第一類團體生活之強。所以在文化哲學的社會學上，一提到人類的團體生活，就會意味到那是第一類的團體生活。

　　第二類的團體生活的組成原則是興趣、利益，所以它的種類非常繁多；只要有一些人的興趣相同，利益一致，就可以組成一個團體。至於第一類的團體生活，因爲受歷史發展的影響，有一種內在的必然的拘束，所以嚴格說來，只有家庭、氏族和民族。實在說來，氏族只是家庭的擴大，在本質上，都是由於血統或婚姻的結合；因爲是基於血統、婚姻，所以這種團體生活，只是一種「自然的存在」，很少有「文化的創造」的意味。至於民族的本質，就不是這樣了。民族構成的因素中，血統固然是其中之一，但是進步的民族，其構成的因素中，除了屬於自然方面的血統之外，還有不少文化方面的因素。如同三民主義中民族主義第一講裡邊，所舉民族形成的力量爲：血統、生活、語言、宗教、風俗習慣五種大的力量。其中除了血統是屬於自然方面之外，其餘四種，卻都是屬於文化方面。在民族形成的因素中間來看，是「文化」重於「自然」，至於家庭、氏族的形成，則相反的卻是「自然」重於「文化」。因此，站在文化哲學的觀點來看，民族的價值，又遠高於其他家庭、氏族一類的團體生活。

　　就以上的敘述，加以歸納，我們可以得到以下兩點認識：（一）第一類的團體生活，從內在的價值來看，是高過第二類團體生活，而「民族」卻正是屬於第一類的團體生活；（二）第一類團體生活中，雖有家庭、氏族與民族各種不同的集合，但是民族的形成因素中，是「文化」多於「自然」，因而民族的價值又高於家庭和氏族那一類的團體生活。

　　以上對於團體生活中最有價值的民族，略作說明，使我們對於民族的意義和地位，已經有了一些輪廓的認識。現在則更進一步來說明教育與民族的關係。

　　每一個「人」都是一個獨立的「個體」；每一個「人」的個性都不相同，父子不同，即雙生兄弟亦有差異。有愛好理論的科學家，有愛好知識的哲學家，有以自我爲中心的企業家，有服務人群的社會工作者，有愛好藝術創造的文藝作者，有悲天憫人的宗教家。不管個人的「心型」屬於那一種方向，他都不能不參加團體生活，甚至最孤獨，最不喜團體生活的人，他也不能不屬於一個民族。要把個性差異的一大群人，統統安放在一個共同命運的民族之中，不摧毀個體的價值，而又要使每一個人的努力，

對於民族都有貢獻，這正是教育工作中唯一而又重要的課題。只有能夠完成這種任務的教育工作，才能算是有價值的教育。

一方面是個性差異的「人」，一方面是團體生活的「民族」，使個人一跳就跳進民族中，而又雙方兼利，這確實是一件不容易的工作。所以一些政治哲學家常常希望著如何去安排這種工作，而一些教育學者和教育家又在計劃著去實際從事這種頗為麻煩的工作。中國的政治哲學在「修身」與「治國」之間，搭上一座「齊家」的橋梁，正可以說明從個人一蹴而入民族，是一個不易完成的工作，必須先使個人在家庭中實際的體驗一下比較小一點的團體生活，也就是先受一番「齊家」的訓練，然後才能夠妥當的參加民族的團體生活。這種政治哲學，決定了中國「人」的「教育歷程」，「求忠臣於孝子之門」正可以證明家庭教育的重要性。古代希臘斯巴達的教育歷程中，看輕了家庭的價值，因而也忽視了家庭教育的必要。甚至柏拉圖在他的共和國一書中，也沒有觸及到家庭教育這個問題。直到近代，還有一些西洋的教育學者輕視家庭教育的價值。自從瑞士的教育學者裴斯泰洛齊的教育理論普遍散佈之後，家庭教育才成為教育活動的一個階段。甚至主張國家價值最高的哲學家黑格爾，也很承認家庭教育的重要。「家庭」既然是「個人」進入「民族」的媒介，家庭教育的最高目的又是民族；所以，我們可以說家庭教育的必要，是「為」了民族，並不是簡單的「為」了家庭本身。

其次，我們再來分析一下正規教育制度中的學校教育；學校教育中的普通教育或基本教育，很明顯的是一種「為」民族而推行的教育；可是學校教育中高一級的專科教育，因為注意的範圍既狹且深，在表面上卻已有了一些非民族的傾向。專科教育的對象是少數專門人才的培養，專科教育的內容又是知識方面的發明和技術方面的改進，在推行的過程中，稍一不慎，自然就會發生一種非民族的傾向。但是，這只是一種錯誤發展，並不是一種正常的現象。專科教育的目標是培養個別的專門人才，但是，我們如果仔細的分析一下，就可以發現出來，任何國家中的人才教育，都不是為人才而培養人才，其最高的目的，仍然是為民族而培養人才。所以學校教育的專科教育，就其本質論，也還是一種為民族而推行的教育工作。

　　最後，我們再來看學校教育以外的社會教育或成人教育。社會教育或成人教育的歷史，和學校教育比較起來，要短了許多。近百餘年以來，各國對於社會教育或成人教育的理論和實際，才知道注意的去加以研究和推行。因為近代是一種「技術時代」，分工制度，已經普遍的施行。在一個民族中，由於分工制度的實行，自然而然的就傾向著分裂了民族的統一性，這實在是對於人類文化上一個大的威脅。有些學者，如現代德國的哲學家斯普蘭格就曾經說過，現時代的「新發明」已經很多，所缺乏的只是民族的統一和民族與民族間的聯合。在這種深刻的認識之下，於是在教育工作的推進中，乃有了新的趨勢，於是乃在已經分工化的學校教育之外，竭力的推行一種團結民族的社會教育或成人教育。由此，我們也可以看出來社會教育或成人教育，仍然是一種「為」民族的教育活動。

　　家庭教育、學校教育以及社會教育或成人教育，雖然各有其不同的工作對象和工作範圍，但是它們的最高目的，無一而不是為了民族的統一與發展。任何一種教育工作，如果忽略了民族而不以民族主義為原則，不管它的成就如何，都不免失去了教育的意義，都不是一種有真正價值的教育工作。所以任何人，任何時，在使用教育這個概念的時候，都應該意味著這是民族主義的教育。十九世紀以來，在教育理論和實際方面，雖然有一種「自兒童出發」的傾向，但是自兒童出發，仍然是要向著民族進行，並不是為兒童本身去推行教育工作。所以整個的教育工作，都「是」建立在民族主義上邊，否則即不免要失去教育的價值。

（本文原載於教育與文化第七卷第十二期）

論人格教育和文化教育

如果一個「概念」只用一個「名詞」表出，同時一個「名詞」只是代表一個「概念」，那麼，這該是多麼合理的辦法。然而事實上並不如此，因而在思想史上，就造成了不少的無謂爭辯。一個名詞和它所代表的概念最好是固定不變；但是這似乎是不大容易作到的事情。名詞和它所代表的概念，既然在事實上不能夠永遠符合，最好的補救辦法，至低限度，乃是使用這個名詞的時候，應該知道這個名詞，究竟是代表的那一種概念。能夠這樣的去作，即使一個名詞和它所代表的概念，不和一般通俗的看法完全一致，也就不會妨礙理論方面的思辨了。如同德國哲學家康德，他所用的 Vernunft 和 Verstand 兩個名詞的含義，就和他以前的哲學家使用這兩個名詞時候，並不相同，但是這並不曾妨礙康德在哲學研究方面的偉大成就。假使康德在使用這兩個名詞時候，不知道這兩個名詞所代表的含義究竟是什麼，恐怕康德在哲學研究上，就不會有什麼結果了。

一個名詞不能夠只代表一個歷久不變的概念，也就是說一個名詞，尤其是在理論研討方面所使用的名詞，往往不會有一種確定不易的含義，這是一種不可否認的事實。因而一般從事理論研討的學術工作者，在使用一個名詞的時候，必須先要自己能夠確切的把握住這個名詞的含義。否則，不僅不能建立自己的主張，而且會進一步對於他人，造成一種籠統不明的印象。近來有兩位從事教育工作的學者，都在發表他們的教育主張；其中的一位曾說他所辦的學校乃是「文化教育」、「人格教育」。至於文化教育是什麼樣的教育，人格教育又是什麼樣的教育，以及「文化教育」和「人格教育」二者之間有什麼同異之點，都沒有加以說明。看過以後，只是令人感覺到他們都有一種偉大的教育理想，至於他的教育理想究竟是什麼，就令人僅只有一些含混不明之感。其中有一位學者，一方面說他所辦的學校，乃是人格教育，一方面又對於人格教育作了一些說明，他說要學生從事勞動，爲的是要學生人格平等。人格平等的理想，雖然是古已有之，但是直到近代，「自然人權」的學說普遍流行之後，才受到一般的重視。自然人權的理論就是人格平等的根據；人格平等是來自自然人權，所以受教育與否以及教育程度的高低都不能影響人格的平等。所以人格平等的價值並不是由教育活動所產生的結果。因此，把人格教育解釋作人格平

等，實在是使教育的意義，反而更有些模糊不明。這兩位從事教育實際工作的學者在使用「文化教育」和「人格教育」這兩個名詞時候，儘管他們沒有對於這兩個名詞，作一番闡明的工夫，但是他們對於教育現狀不滿，要求改革的抱負和努力，總是值得令人欽佩的。這篇文章的內容是要把人格教育和文化教育在教育史上發生的背景以及它們所有的一般含義加以說明，然後再把它們在本質上的異、同加以分辨，作為使用這兩個名詞時候的參考。

中國古代哲學家荀子曾經說過：「力不若牛，走不若馬，而牛馬為用，何也？曰，人能群，彼不能群也。人何以能群，曰，分。」（王制篇）「分莫大於禮」（非相篇）「然則禮義法度者，是聖人之所生也。」（性惡篇）這可以說是荀子的歷史哲學、文化哲學甚至教育哲學的基本論點。人的特徵是「群」，「群」的依據是「分」，而「分」的來源則是掌教化的君師——聖人。當代德國教育學者柯里克（*Ernst Krieck, 1892-1947*）在他的《文化民族的教育制度》（*Bildungssysteme der Kulturvölker, 1927*）一書中，論及教育的起源的時候，認為一有「人類生活」，就有「教育活動」。教育活動和人類生活，是沒有時間上先後的差別。他所說的人類生活就是人類的社會生活。柯里克這樣主張，至少在思想的傾向上和荀子的見解，甚為相類。他們的主張都是認為人的社會生活一開始，就已經有了教育活動；換一句話來說，教育活動實在就是人類社會生活一部分，並不是在人類生活以外，另有一種教育活動。這種情況一直延續到「學校教育」制度建立以後，才發生了變動。在學校制度建立以前的教育活動，可以說是生活教育，或人的教育，至於學校制度建立以後的，則已經成為知識教育或特殊的技能教育，無意的已經把「教育」與「生活」分而為二。就人類歷史的演進來看這倒是一個很大的進步；但是就近代的整個教育觀點來看，卻也不免有它的缺點。當學校教育開始的時候，還沒有成為一種穩固的制度，學校對於實際的生活仍然保有相當程度的向心力，因而學校和社會，教育和生活，還十分接近，保有密切的關係，一到人類文化發展到相當程度，學校制度形成了一種獨立的體系，自成一個範圍，於是學校教育乃離開了實際生活，和社會處於對立的地位，所謂學校乃成

爲少數學者研究的場所或知識傳授的機構。一提到「學校教育」就不免要意味著這只是一種「知識傳授」的活動。

把知識傳授看作學校教育的主要任務，又把學校教育當作整個教育的主體，這種情形在西洋教育史的發展中，自啓蒙運動發達以後，更爲明顯。而我國近代自鴉片戰爭（一八四二），甲午戰爭（一八九四）以至京師大學堂章程的頒佈（一八九八），奠立了新式的教育制度；當時正是西洋文化受了啓蒙運動的影響，達於極盛的時期，因而我們的新式學校制度，在本質上，也很受啓蒙運動的影響。所以主智主義（*Intellektualismus*）的教育，也就成爲我們新教育的主要基礎。即使我們不願意無條件的承認英國培根所說的「知識即力量」那麼一句格言式的主張，但是無論如何，我們也不能夠否認知識的價值。學校教育注重傳授知識，研究知識，無論如何，我們也不能說它是一種錯誤的趨勢。但是，如果把傳授知識或研究知識當作學校教育的唯一目的，那就大成問題了。因爲「知識教育」只是「人生教育」的一部分，甚至是一個很大的部分，然而知識教育究竟不等於人生教育；所以學校教育的任務，除了注重知識的傳授和研究以外，還必須有更多的與更高的部分。二十世紀中，世界各國，都在不斷的發生學校教育的改革運動，其發生的背景與動機以及所採取的方法，儘管各有差異，但是它們卻有一個共同的目的，那就是要在追求知識方面的「眞」的價值以外，還要另求其它的價值如「善」和「美」的價值；也就是要把學校教育任務擴大到超出「知識傳授」的範圍。但是超出知識傳授的範圍，卻並不是不要知識傳授。因爲知識的傳授，究竟是學校教育的一個主要任務，否認了知識傳授，也會破壞了教育的整體，也決不會達成教育的目的。

爲了提高知識傳授的效率，所以在學校教育工作中，不能不重視學習心理學的研究，教育方法的改進。而且知識傳授乃是以個人爲對象或起點，所以學校教育活動方面，不能不注意個別的指導。至於知識傳授的結果，即使用同一的方法，同一的教材，因爲學生的智力、努力不同，便不能不有差別。因而學校教育活動，即使採用班級教學，集體學習，終究不能避免個人主義的教育傾向。但是，就教育的起源與本質來看，教育活動

總不能忽略了對於社會的責任。假使人類和動物一樣，只是過一種個體的
生活，儘可自生自滅，不需要任何教育。可是人類生活，就是社會生活，
教育的任務，正是要把個別差異的下一代人，用教育的方法陶鑄成共同的
品性，使其能夠適當的而且有貢獻的參加社會生活，延續歷史生活。所以
教育方面的社會主義傾向，並不因爲學校教育的發達而趨於消滅。因此，
在十九世紀之末，一些文化進步的國家中，它們的教育活動方面，普遍的
存在著「個人主義」與「社會主義」對立的局勢。同時這種「對立」的兩
方面，都有理論的根據與事實的需要：任何一方面都不能推翻另外一方
面，保有獨佔教育活動的地位。所以這種「對立」是永遠的存在於教育活
動中間。雖然如此，可是「極端的個人主義」和「極端的社會主義」在
教育活動中，都不是一種合理的傾向。因此，在十九、二十世紀之交，
西洋哲學史上，「人生哲學」（*Lebensphilosophie*）與「文化哲學」（*Kulturphilosophie*）的研究有了相當成就之後，在教育活動方面，也直接的受
了很大的影響。人生哲學與文化哲學，就其整個體系來看，固然是「一般
哲學」，但就其特別的重點來看，也不妨認爲它們都是「教育哲學」。當
十九世紀下半期，教育活動中，個人主義與社會主義的趨勢，正趨於嚴格
對立的情勢時候，受了「人生哲學」與「文化哲學」的影響，因而在教育
活動方面，自然而然的就產生了「人格教育」和「文化教育」這樣的新趨
勢。我們可以說人格教育和文化教育產生的目的，正是要「統一」教育實
際與教育理論方面原有的「矛盾」。如果能夠把握住人格教育和文化教育
的要點，那麼，教育活動中，原有的那種個人主義與社會主義的對立，就
不能再繼續的存在下去。人格教育和文化教育，在內容上，雖不免有些差
別，但是它們卻有一個共同的主要目的，那就是要在理論方面和實際方
面，去「統一」個人主義與社會主義所形成的「矛盾」。此外，人格教育
與文化教育，還有一個共同的任務。自啓蒙思想控制了教育活動之後，
「主智主義」發揮了極大的功用，認爲「知識教育」即「教育整體」。這
麼一來，把教育的含義卻局限於一個極爲狹小的範圍，只有知識傳授才算
是教育活動。知識固然有它的價值，但教育的任務卻並不限於知識傳授。
有「知」無「德」，總不是一種成功的或完備的教育，人格教育與文化教

育的任務，就在於改進至少也是補正，過去教育活動中那種重知識的傾向。

以上對於人格教育和文化教育發生的歷史背景，略作敘述。現在再進一步的，分別的對於它們的內容，稍爲說明一下。

「人格」一詞的含義，並不十分的明確固定。法學家所用「人格」一詞的含義，就與生理學者和心理學者的看法不同。法學家所說的「人格」，乃是「自然人權」，任何人都有平等的人格，不分男女，無論智、愚、賢、不肖，在法律面前一律平等；即使既盲且啞，也並不妨害他們的人格尊嚴。這種人格，來自天賦，人人平等，毫無差別，因而這只是自然人權，沒有什麼教育的意義。生理學者和心理學者所說的人格，則已經是比較的有了一些限制；必須是四肢完整，五官健全以及精神正常，意識統一，才能算是生理方面和心理方面的完整人格。這些有關人格的解釋和含義，都不是「人格教育」中所說的「人格」；這一些人格的含義，都是偏重在「事實」方面，至於「人格教育」中所說的人格，則只是限於道德「價值」的一方面，比較的已經有了固定的範圍。「事實」可能不受教育的影響，而「價值」的形成，則必須依賴教育功用。自然的，實存的「人」都秉賦有一些「本質」，這一些「本質」，在程度上和比例上又不相同；因此就形成了個人與個人之間不同的「個性」。個性來自先天，是一種「事實」。以先天的「個性」作根基，超出「個性」之上，用一種努力，創造出來一個理想的、精神的成就；這種「成就」即是人格。因此，我們可以看出來，所謂「人格」乃是超出了「個性」的「事實」，而成爲一種道德性的「價值」。這種以「事實」爲基礎來創造「價值」的努力，正是一種適當的教育活動。「人格」的形成是以「個性」爲根基，也可以說「人格」乃是「個性」改造以後所得的成果，而「個性」乃是純「主觀的」，因此，往往也會把「人格」當作「主觀」來看。但是我們應該知道，「個性」是存在於主觀方面的「事實」，「事實」只是「事實」，不發生完滿或不完滿這一類的價值問題；至已經成爲道德價值的「人格」，乃置身於「個體」與「團體」的新的關係中間，已經離開了純「主觀」的範圍，不僅具有一種「客觀的價值」，而且還能夠自己創造出來一些「客觀的精神價值」。

所以「個性」雖屬於「主觀」，而由主觀的個性所產生的「人格」則已經成爲一種「客觀」（註一）。

在哲學史上，無論中外人文主義的哲學對於教育理論與實際，總有不少的影響。西洋哲學史上，德國的新人文主義，簡直就可以說是教育思想的改良運動。在席勒（*Friedrich Schiller*, 1759-1805）與赫德（*Johann Gottfried Herder*, 1744-1803）著作中，都可以看出來這種傾向。中國儒家哲學中，人文主義的色彩非常顯著；在儒家的政治哲學中，也充分的發揮了人格教育的理論。儒家所說的「修身」，在身修以前有「格物」、「致知」、「誠意」、「正心」，一步一步把工夫作下去，「身」才能「得到修」的成就；在身修以後，則隨著就產生了「齊家」、「治國」和「平天下」的效果。由格物、致知、誠意，正心所「修」得的「身」，當然已經不是自然的「身」，而已經成爲一種道德的價值；等到因「身修」而「家齊」、而「國治」、而「天下平」，是則這個既修之「身」不但自己有道德價值，而且還能夠再創造其他的道德價值，因此我們可以說已修之「身」，即是「人格」，而「修身」的功夫，正是「人格教育」。

「人格」所具備以及所能創造的「道德價值」，是以個體對個體，個體對團體的「關係」爲基礎。如果只有隔離的個體，彼此之間沒有共同的「團體關係」，就不會有什麼道德的價值。「人格」既含有道德價值，而且還能夠創造道德價值，所以「人格」已經不像「個體」那樣能夠離開團體之後，還繼續的存在下去；有客觀價值的「人格」只能夠存在於一個大的「價值體系」中間，以這個大的「價值體系」（*System von Werten*）作背景，才能夠顯現出來「人格」的價值（註二）。另一方面，所謂人類生活的「團體」，也並不是一種由一堆「個體」所湊成的「社會集合」（*Soziale Vereinigung*），就其本質論，實在是在精神「價值關係」上邊所建立的一個由多數「人格」形成的連繫（註三）。因此，「人格」與「團體」的關係，不僅不是相反的對立，而且「團體」正是「人格」成長的溫床。從而「人格教育」既非極端的「個人主義教育」，亦非極端的「社會主義教育」。個人主義的與社會主義的教育趨勢，相互影響之下，乃形成了人格教育。所以有些教育學者，認爲「人格教育」乃是個人的與社會的

生活趨勢的一種「統一」或「綜合」（註四）。

根據人格教育的觀點，教育活動的主要任務乃是發展學生的「精神人格」，使他們能夠獨立的自由的參加「精神生活」，創造「精神價值」。缺乏獨立與自由這兩種特徵，就不是人格教育，就不是有效的教育。自由與獨立的教育成就，不能只求之於「知識堆集」的教育；能有創造性的「意志」與「趣味」之培養與陶冶，才能夠獲得「自由」與「獨立」的成果。所以人格教育並不把「知識傳授」看作教育活動的唯一任務。在人格教育的活動中，「意志」的鍛鍊與「趣味」的修養都佔有重要的地位，因而教材的選擇，應該求之於自己的民族文化，所謂民族文化，乃是普遍的與這一個民族中任何一個份子都有直接關係；無論是保存舊的文化或創造新的文化，都須自己努力，不能外求。在保存文化、創造文化的活動中，很自然的就養成自由的精神與獨立的態度。因而人格教育有時候很容易的就和民族精神教育連繫在一起。

在教育活動中，充滿著許多對立或矛盾，如兒童與課程、個人與社會、興趣與勉力、陶冶與生長等等，無一而非矛盾的現象。因而對於教育活動的看法，也往往有偏輕偏重的不同觀點。個人主義的教育看重「兒童」、「個人」、「興趣」與「生長」，因而往往就成為教育中的自然主義或心理主義（*Psychologismus*）。社會主義的教育則不免看重「課程」，「社會」，「勉力」與「陶冶」，因而就很容易陷入集體主義或邏輯主義（*Logizismus*）。人格教育的目的，即在於統一或綜合這種由個人主義與社會主義所形成的矛盾，所以在十九、二十世紀之交，人格教育在教育理論或實際中乃成為一個新的有力的趨勢。但是人格教育的理論基礎卻建立在「人格價值」（*Persoenlichkeitswert*）上邊，對於「人」的看法，既不承認他是自然存在的「個體」（*Individuum*），又不承認他是人群中的「肢體」（*Untergeordnetes Glied*），只是把「人」要安放在「人格價值」中間，尊重他在「精神生活」中的地位，也就是說只承認他的客觀的道德價值，對於「人」的主觀方面，似乎近於忽略。在這樣的態度中間，與其說人格教育統一了教育方面的矛盾，勿寧說它是忽視了教育方面的矛盾。因而人格教育已經不知不覺的陷入到「玄學主義」（*Metaphysikismus*）的範圍中

間。生物學的有機體的「人」，無論如何乃是一個有生命的、動的而且可以經驗的「個體」，要想把這種可以「經驗」的「人」用教育的方法，使他加入「理想」的「人格價值」的體系中間，總是一種近於哲學的看法。教育與哲學固然有不可分離的密切關係，任何教育理論都需要哲學的基礎，可是教育和哲學終究有它們的區別，哲學是純理論的，只要自己能說出一番有道理的「道理」，就可以稱爲哲學；至於教育，即使可以偏於理論方面的研究，也決不能完全忽略了實際。人格教育在表面上似乎是統一了個人主義與社會主義的矛盾，實在也是陷入另外一個「偏面」，即人格價值方面，所以人格教育在最後又成爲一種近理想主義的「玄學主義」。人格教育開始以教育活動的姿態出現，最後則進入哲學的範圍，因而和人格教育理論發生的同時，在教育方面又發生另外一種新的趨勢，即「文化教育」。

文化教育的理論基礎乃是文化哲學。從文化哲學立場來看，所謂「人」，即是經驗的「生命」，一方面是生物意義的動的現象，一方面則又是精神的「價值生活」（*Wert Leben*）。因此，「人」能夠創造客觀的精神的價值，而這種精神價值又寄附在能經驗的範圍之中。一切價值集合並排列在一個大的「價值體系」之中，成爲「客觀精神」的形式；從科學、藝術、政治、法律等等中間，我們都可以發現出來這種客觀精神的形式。同時這一些形式並不是各自獨立，然後再「並立」（*Nebeneinander*）起來，乃是由於全體生命組合的關係，而形成一個「有機的組織」。此種全體的有機體系，即是文化。科學、藝術一類的價值，在它們本身，都有客觀的、事實的意義（如果沒有客觀的、事實的意義，即不成其爲文化的價值）。同時科學、藝術一類的價值又必須屬於文化生活的全體，而文化生活的全體，又必須憑藉各種不同的形式，才能夠表現出來它的內容。因此，我們可以說，在文化中所表現的生活，乃是一種「共同生活」，而此種共同生活才是一切團體構成的根基。從個體的主觀，可以產生客觀的價值形態，此種客觀的價值形態，則又離開純粹的主觀，獨立的成爲一種「超個體的」（*Überindividuell*）存在。同時，此種客觀的價值形態，則又必須從一個由主觀的個體所形成的共同生活中，才能夠明顯的表現出

來；可是此種表現中，依然有超個人的生活意義。文化哲學這一項說明，無疑的是採用了「現象論」（*Phänomenologie*）哲學的方法，即認為「主觀精神」與「客觀精神」不僅不是不能並存的矛盾，而且二者之間，還有一種必需的依存關係，由主觀所創造客觀精神生活，無論如何，它的結構形態，絕不能不與創造者主觀方面的結構形態相符合；否則這一種客觀精神生活，就不是這個主觀所形成的客觀化。「客觀的」精神生活決不能離開「主觀」的關係，而且也只有在「主觀」中，才能夠實現「客觀的精神生活」。否則，客觀的精神生活，也決不可能再延續下去。站在這種立場去看主觀與客觀的關係，它們已不是緊張的對立，而是相互的依存。在這樣情態之中，客觀精神依舊含有理想的價值，但是這種理想的價值不僅不曾僵化在玄學的氣氛之中，反而常常生動的，憑藉經驗方面的活動，不斷的提高它的價值，擴大它的內容。文化哲學採用了現象論的方法，基本上以一個「高級統一」，綜合了主觀與客觀的對立，因而在教育活動方面，個人與社會，經驗與理想一類的對立，也被來自文化哲學的文化教育所消滅了。

從文化教育的觀點來看，「教育」的「功用」，不僅是「保存」文化，而且是「延續」文化或「創造」文化。如果把「教育」當作「本體」來看，教育的自身就又是一種高度文化。所以有些哲學家，如德國的康德，就常常以文化（*Kultivierung*）一詞代替教育來用。把教育看作文化，固然可以根據文化哲學的觀點，把主觀精神與客觀精神統一起來，不承認它們是矛盾的對立。即使根據文化教育的觀點，只把教育當作一種「功用」來看，仍然可能把個人主義的和社會主義的教育趨勢統一起來。沒有生動的「人」，即一些個別存在、具有主觀的「人」，誰來創造客觀精神、客觀價值的文化體系？在客觀的文化體系中，又何嘗不保留有創造能力者的主觀性格？一件藝術品，一定要出自一個有主觀性格者之手；此一藝術品成為客觀價值之後，一定仍保有創造者主觀的風格。根據此一事實、原則，任何教育活動都必須要把來自天賦的差異個性與客觀的道德價值並重。就這種情形看，文化教育和人格教育，大有相同的趨勢。人格教育要求從「個性」的改造，進而至於「人格」的完成，也就是以「個性」為教育的

開始，企求得到「人格」的結果。這不是和文化教育甚爲相似麼？但是仔細的加以探討，就可以發現出來，文化教育和人格教育在表面雖然有些近似；事實上，卻是大有差別。人格教育是把個性的改造，當作教育的「開始」，又把人格的完成，當作教育的「終結」。這種主張，一方面有二元論的色彩，並沒有把教育方面的矛盾澈底的統一起來；一方面，又無意的在人格形成的目的達到之後，就否認了個性的價值與存在，又把教育重心安放在理想的道德觀念上邊，使人格教育染上很濃厚的玄學色彩，至於文化教育，並不像人格教育那樣認爲自然的「個性」是教育的「開始」，道德的「人格」是教育的「終結」，相反的，它是同時肯定了主觀的個體與客觀的文化，有同樣的地位與價值。也就是說，文化教育不採用人格教育的見解，把個性與人格看作教育歷程的兩「端」；而是把主觀的個體與客觀的文化，在教育活動中，看作一體的兩「面」。「主觀個體」與「客觀文化」的新關係，正如我國荀子所說的，「始則終，終則始，若環之無端也。」（王制篇）客觀文化，不離開主觀個體，彼此相依，乃造成一種具體而又生動的情態。這是「文化教育」和含有玄學主義的「人格教育」之間所有的重大差異。

　　文化教育眼中所看到的「教育」乃是：「以環繞個人周圍的客觀文化爲材料，使個人心靈獲得適當的陶冶。」同時又能夠「使已有的客觀文化體系，由於個人心靈的不斷介入，能以更爲生動，進展。」所以德國的教育學者開善施泰耐（*Georg Kerschensteiner*, 1854-1932）認爲「個人的教育成就，只能求之於各種文化材（*Kulturgüter*）中間；而文化材之結構與形態則又須部分的或全部的適合個人生活型式在發展階段的結構與形態。」（註五）從開善施泰耐的理論中，我們可以看出來以文化哲學爲基礎的文化教育，並不像以人生哲學爲基礎的人格教育那樣富於玄學的意味，反而還具有特別顯著的「經驗──實用」的（*empirisch praktisch*）傾向。因此，二十世紀的教育思想中，文化教育乃成爲一種有力潮流。

（本文原載於教育輔導月刊第六卷第三期）

註釋

註一：Willy Moog: *Philosophische und Pädagogische Stroemungen der Gegenwart*, 1926, S. 42

註二：Willy Moog: *Philosophische und Pädagogische Stroemungen der Gegenwart*, 1926, S. 44

註三：Bruno Banch: *Beiträge fuer Philosophie des Deutschen Idealismus, II*, 2, 1921, S. 5

註四：Hugo Gaudig: *Didaktische Ketzereien*, 1922, S. 135

註五：參看 Georg Kerschensteiner: *Das Grundaxiom des Bildungsprozesses*, 1124

國民教育之歷史的發展與民族主義

一

　　國民教育的重要性，在近代進步的國家中，都是十分肯定的加以承
認。有關國民教育，在理論方面的看法，許多教育學者，也都提出了一些
表面差異而又十分正確的主張。有些學者認為國民教育乃是各級學校教育
的開始，任何一個國家的教育制度，都是建築在國民教育上邊；國民教育
是各級教育的基礎，所以任何國家，對於國民教育都應該特別加以注意。
有些學者認為「國力」就是全體國民力量的集合，國民力量的充分發展，
就是「國力」的增強；國民教育正是發展國民力量的最好方法，所以近
代化的國家，對於國民教育都特別的加以重視。有些學者站在民族主義的
立場，認為一個民族中由於人為的制度所造成的「不平等」，使一個民族
中間發生了裂隙，不但阻礙了民族的發展，而且威脅了民族的存在；為了
彌補這種裂隙，必須要努力的推行一律平等的國民教育。（註一）用國民
教育使一個民族中的各個份子有了教育平等的機會，並不妨礙每一個個體
自身的充分發展，這正是符合了我們三民主義中「平腳不平頭」的主張。
「平腳」可以使民族團結的存在，「不平頭」又可以使民族不斷的發展。
所以國民教育的推行和改進，乃是近代國家的主要任務之一。除此之外，
還有一些學者採用了較為抽象的觀點，去看國民教育，這一派的學者認為
國民教育乃是民族文化的基礎，國民教育不但是保存民族文化，而且能發
揚民族文化。任何一個國家，假使忽略了國民教育這個民族文化的基礎，
那麼，個人的充分發展和民族文化的保存與進步，都將是建築在空氣之
上。（註二）

　　國民教育對於民族文化的保存和發展，既然有這樣的密切關係，所以
當衡量一個民族的文化程度高低的時候，就不能夠只拿某一些特殊的成就
作標準；必須要根據一般的國民教育水準，才能夠正確的斷定這個民族的
文化發展已經達到如何的程度了。（註三）一張優美的圖畫、一座壯美的
彫刻、一條偉大的運河、一座莊嚴的宮殿，都只能代表部分的民族文化，
甚至若干聖君賢相所建立的政治制度，若干教主所創立的宗教，又何嘗不
只是民族文化的一個方面！真正足以代表民族文化全體的，嚴格的說來，

只有一般的國民教育水準。所以一般的國民教育程度，乃成爲衡量民族文化的適當標準。

二

　　國民教育的推行程度如何，固然能夠決定民族文化的水準，影響國家的命運，但是倒轉來看，也只有在民族主義運動得到相當效果的時候，國民教育的價值才會得到重視。從中國教育史上，我們可以看出來這樣的趨勢，同時在西洋教育史上，我們也可以找到相類的例證。

　　中國古代的教育制度如何，我們能夠確切知道的很少，即使有一些材料，如孟子滕文公篇中所說的「夏曰校，殷曰序，周曰庠，學則三代共之，皆所以明人倫也。」也僅只說出了學校的名稱，至於學校的性質、內容，並沒有什麼具體的敍述。王樹枏氏在他的「學記箋證」一書中，認爲中國古代的學校教育可以分爲「造士之學」和「教民之學」；所謂「教民之學」從名稱上來看，似乎有些類似現代的「國民教育」，可是在當時，是否已經有了「義務教育」的觀念，就很成問題了。義務教育是國民教育的特徵之一，不是義務教育，就不成其爲國民教育。春秋戰國時代，是中國文化發達的時代，當時的學校教育制度，並沒有建立起來。私人講學的風氣很盛，但是能夠參加私人講學團體的人數，仍然十分有限。至一些貴族的「交游賓客，蓄養士類」，雖然也有些教育的意義，可是和國民教育，仍然沒有關係。秦代的統一，就歷史的發展觀點來看，自然有其價值，但是「以吏爲師」的制度，卻阻礙了教育的發展，國民教育的推行，眞是連做夢都不曾想到。漢朝的「設太學以養士」、「詔郡國求遺賢」、「下詔舉賢良方正，直言極諫者」、「置五經博士」等等措施，可以說都是政治性的；即使有些教育性，仍然只能說是「造士之學」。至於東漢的官學，比較上值得注意的是「太學」和「郡國學」；前者是選擇年在十八歲以上的青年入學，稱爲「博士弟子」，其目的乃是「養士」；後者雖有教化民眾的意味，但是採取放任主義，並不普遍設立，仍然不能算是國民教育。魏晉南北朝時代，中國的政治局面，南北對峙，三百多年中間，發

生了許多次的同族相殺，異族相殺的事件；學校不能被人注意，自是意料之中的事件。到了唐代，學校教育的重要，才又引起了政府的注意；於是在中央設立了「國子學」、「太學」，在地方又設了「州縣學」。國子學入學的資格限定文武三品以上的子弟；太學的入學資格，也限定爲五品以上官員們的子弟。至於州縣學雖然在各地方比較普遍的設立起來，可是學生的名額，依照規定，人數非常之少；京縣學只有五十人可以入學，上縣只有四十人能夠入學，中下縣只有三十五人，下縣只有二十人能夠入學。不管縣學的程度如何，只是少數人受的教育，就不能稱之爲國民教育。唐朝滅亡以後，中國的政治局勢，又分裂了；在五代十國的混亂局勢中間，契丹、女眞都扮演過重要的角色。在異族入侵的狀態之下，教育工作的推進，自然不免要受到一些不良的影響。宋朝興起之後，才把五代十國的局面又統一起來。宋代的統一，比不上漢唐的統一，開始就受到契丹人的威脅，後來又受女眞人的侵擾，成了偏安的局面，最後又亡於蒙古；所以終宋之世，學校教育的發展，並沒有什麼值得稱道的地方。宋朝的開始，就特別重視科舉制度，所謂「國學」，只是科舉制度的附庸；偏安到臨安的南宋，雖然排除若干困難，在臨安設立了「太學」，並且在各地設立了「州郡學」，但是收容的學生名額，爲數甚少，並沒有國民教育的意義。宋朝的書院，如朱熹的白鹿洞書院，雖然很有名望，可是從白鹿洞的學規來看，雖然注意到了修身、處世之要，但是仍然沒有國民教育價值，充其量也只能說是「造士之學」而已。元朝是異族入主中國，歷時將及百年，在教育方面，並沒有留下什麼貢獻。到了明代，在教育方面，仍然是因襲宋元的舊有制度，科舉和學校並行，卻是有一些偏重在科舉的方面。因而明代的官學不免日趨腐敗，虛有其名。至於書院制度，在明代也不及宋代流行之盛。即使王守仁所主持的貴陽書院，很有名望，究竟只影響了一個地區，而且只能收容有限的名額，所以可以說和國民教育毫不相干。清朝的入關，又是一次異族入主中國，對於滿人有一種教育政策，對於漢人又是一種教育政策。對於漢人以科舉制度爲籠絡的策略，對於滿人，在順治時代，曾一度下令禁止滿人學習漢文。一個國家有兩種不同的教育制度，這自然談不到什麼國民教育了。清朝的晚年，由於外患的頻仍，不得不力

圖改革，在教育方面的改革，更是「空前」之舉。自秦漢以來，一直到清代末期，中國的教育制度，只是因襲損益，部分的改動；到了清代末期，卻來了一個很大的突變。歷時甚久的科舉制度，被廢止了，「西洋式」的學校教育，開始的推行起來。不過最早的新式學校設立的時候，並沒有嚴密的計劃；需要辦理洋務的通譯人才，就設立了廣方言學堂、同文館、自強學堂；需要有關軍事技術的人才，就設立船政學堂、機器學堂、水師學堂、武備學堂。這些學堂，都是專科的訓練，和國民教育固然是風馬牛不相及；就是清代末年有系統的頒布了「欽定學堂章程」和「奏定學堂章程」，根據章程，有計劃辦理的蒙學堂、尋常小學堂、初等小學堂、高等小學堂等等，也仍然只是「初等教育」，而不是「國民教育」。因為小學堂的畢業學生仍然可以得到一種科舉的資格，這種小學堂只是「造士之學」的第一個階段，並不是國民教育。清代末年的新式學校教育，雖然沒有注意到國民教育，但是當時的教育思想中間，已經多少的有了一些國民教育的思想。清代末年對於新式學校教育的推行有直接影響的人物，一個是起草京師大學堂章程的梁啓超，一個是修訂奏定學堂章程的張之洞。張氏的教育主張仍然是「人才教育」，至於梁氏在當時所發表的文章，如「變法通議」、「新民說」中，則已經有「全國之民，皆受教育」以及「訓練全國之民，皆有國家思想」的見解；在「新民說」一文中，梁氏並且明白的說：「聖哲所訓示，祖宗所遺傳，皆使之有可以為一個人之資格，有可以為一家人之資格，有可以為一鄉一族人之資格，有可以為天下人之資格，而獨無可以為一國國民之資格。」因此他主張要澈底的改變教育方針，把人才主義的教育，改為國民教育，用國家的力量，使教育普及到全國的國民。梁氏對於國民教育，只看到了它的重要性，關於國民教育的內容，他並沒有具體的說明；但是在中國的當時，能夠提出這些見解，和同時代的張之洞比較起來，總算是難能可貴了。民國成立以後，政治方面發生了重大的改變，教育思想方面，也同樣的有了顯著的革新。清代以前，所有學校教育都把重心放在人才教育上邊，科舉制度盛行的時代，教育的目的是「造士」，是「選士」，新式學校教育舉辦的開始，各級學校畢業的學生，仍然可以得到等於科舉制度中間各樣不同的「出身」。所以只要

在學校畢業，獲得文憑，就立刻在社會上成爲一種特權階級。民國成立以後，社會上一般人士，雖然還不能夠把科舉觀念完全排除，但是各級學校畢業的學生，不能夠再得等於科舉的出身，總不能說不是一種進步的現象。清代末年興辦新式學校的時期，「忠君尊孔」是教育宗旨的重心，民國成立以後，「公民道德」乃成爲教育宗旨的主要部分。並且明白規定「五族平等」，去掉了貴族統治階級所有國民都有受教育的機會，這些規定，都帶有重視國民教育的傾向。可惜的是創造民國的中山先生，把總統職務讓給了袁世凱，因爲袁氏是北洋軍閥的首領，後來又帝制自爲，在教育方面掀起了復古的運動，因而教育方面重視國民教育的趨勢，又進入了低潮。民國元年九月教育部公佈的「小學教育令」第五章，第二十九條中所說的「兒童自滿六歲之翌日起，至滿十四歲止，凡八年爲學齡。學齡兒童保護者，自兒童就學之始期，至於終期，負有使之就學之義務。」以及同時以部令公佈的學校系統的說明中，更明白規定的「小學校四年畢業，爲義務教育。」都成爲一紙空話，並沒有見諸實施。袁世凱濫用武力，對於領導辛亥革命，創建民國的國民黨，從各方面加以壓迫，並用盡各種方法希望消滅三民主義的影響，因而民國以來第一任「教育總長」蔡元培所頒行的教育宗旨，到民國四年二月也被取消了。代替「注重道德教育，以實利教育，軍國民教育輔之；更以美感教育完成其道德」這樣教育宗旨的，乃是民國四年，袁世凱以大總統命令所頒布教育宗旨，即「愛國」、「尚武」、「崇實」、「法孔孟」、「重自治」、「戒貪爭」、「戒躁進」等七個項目。袁世凱所頒佈的教育宗旨中所謂「愛國」，所謂「重自治」，在表面雖然不妨解釋爲國民教育的一部分含義，但是袁氏的本意，乃是對於「戒貪爭」和「戒躁進」的另外一些說明，也可以說是對於他的政治上的反對者，所公布的訓條，乃是有爲而發。袁氏用民族的命運來賭自己的尊榮，在他的思想中間，是不會重視國民教育的。袁氏所頒布的教育宗旨，到民國五年袁氏死去以後，也隨著廢止；民國元年的教育宗旨又恢復有效了。但是袁氏死後，中國的局面是軍閥割據，內戰頻仍，國民教育的思潮雖然沒有消滅，當時出版的教育刊物，常常登載一些倡導國民教育的論文，但是國民教育的工作，並不能夠積極有效的推行。袁世凱雖然

不知道什麼是國民教育，可是在他帝制自爲以前，即民國三年五月，他卻訂立了一個「教育綱要」，由國務院頒發到教育部，教育部就根據這個「教育綱要」，於民國四年七月頒發了「國民學校令」和「預備學校令」，這是中國近代教育史上，第一次發現了「國民學校」這個名詞。但是當時使用「國民學校」這個名詞，在表面上好像是注意到了國民教育，但是在實質上，袁世凱所想像的國民學校，在精神，卻恰恰和「國民教育」的含義相反。國民教育的特徵之一，乃是全體國民，不分性別，不論貧富，不管社會地位，一律要受平等的基本教育；袁世凱時代的「國民學校」卻是和「預備學校」對立的一種學校；實在乃是一種雙軌制的初等教育。預備學校是爲有力升學的兒童而設，富有「貴族教育」的色彩；至於國民學校的任務，則係收容一般貧苦的兒童，傳授一些普通謀生的知識和技能，可以說是一種「平民教育」。這種制度，和十九世紀初年，德國使用「國民學校」（*Volksschule*）一名詞的用意相似。德國的「國民學校」一名，最初使用時的含義乃是「貧民學校」，所以一些有身份的家長，都把子弟送入「預備學校」（*Vorschule*）肄業。以後逐入高級中學並可能升入大學。至於在國民學校畢業的德國兒童，終身都沒有升入大學的機會。這種制度，在德國一直維持到第一次世界大戰以後，才革除了。袁世凱時代的國民學校，在本質上是如此，所以我們可以說袁世凱時代，雖然使用了「國民學校」這個名詞，但是當時的執政者，對於「國民教育」的性質和意義，並不能充分的瞭解。當時的「教育綱要」中雖然有「施行義務教育，宜規定分期籌備辦法，務使屆期成功，以謀教育之普及」的規定，恐怕只是看到了西洋各國多有義務教育的辦法，也來效顰而已。五四運動發生於第一次世界大戰之後，民國初年的教育思想和制度，也隨著發生了重大的改變。第一次世界大戰的結果，無論是戰敗國或戰勝國都受了很大的犧牲；因爲對於和平的渴望，國際主義，也跟著抬頭；所以對於注重「軍國民教育」的教育宗旨，也起了懷疑。民國八年教育調查會，採納了中華教育改進社的建議，主張把「養成健全人格，發揮共和精神」定爲教育宗旨。同年舉行的全國教育會聯合會第五次會議中，雖然提議廢掉教育宗旨，把「養成健全人格，發揮共和精神」定爲國家教育本義，即以教育本

義代替教育宗旨；可是這個提案並沒有通過。經過了一段時間，到民國十一年，終於又頒布學制系統改革令，在規定的七條教育標準中間，第二「發揮平民教育的精神」，第五「注意生活教育」，第六「使教育易於普及」各條中間，都有一些重視國民教育的傾向，雖然並不曾明白的提出了國民教育這個名詞。在民國十一年的學制系統圖中，還有一些說明的條款；其中有關初等教育階段的說明中，「義務教育年限，暫以四年為準，各地方至適當時期，得延長之。義務教育入學年齡，各省區得依地方情形自定之」。「初級小學修了後，得予以相當年限之補習教育」。「對於年長失學者，宜設補習教育」。各項規定，如果綜合起來，加以研討，可以看出來「國民教育」的範圍，比「義務教育」的範圍，要大一些。因為「義務教育」期滿以後的各項「補習教育」，仍然不能說不是「國民教育」。十一年的學制系統，雖不無若干可以批評之處，就這一點來說，卻不能不承認是一種進步的看法。十一年的學制改革，可以說是美國民治主義教育的思潮傳入中國，高唱入雲的結果。民治主義的教育，照當時在中國講學的杜威博士所作的解釋，乃是「我們須把教育為全體人民作想，為組織社會的各分子作想，使能成便利平民的教育，不為少數貴族階級或者有特殊勢力的人的教育。」這在中國教育思想方面，可以說是一種新的見解。這也是形成民國十一年學制系統的一個基本因素。民國十一年的學制系統公佈以後，在正規學校以外，還有一種特殊的學校教育工作，很流行一時，而且也可以把它看做「國民教育」的一個方面，這就是一部分學校教育的實際工作者所倡導並實驗的「平民教育運動」。民國以來學校教育的演變中間，最初的「軍國民教育」以及袁世凱時代和「預備學校」對立的「國民學校」，固然算不得「國民教育」；就是民國十一年以後流行一時的「平民教育運動」，嚴格說來，也算不得國民教育。平民教育運動的領導人物如晏陽初，對於平民教育的說明，乃是「第一要有知識力，第二要有生產力，第三要有公共心。」（註四）這樣的說明，並不能道出平民教育的特質，充其量，也只是國民教育的一小部分工作。平民教育運動中另外一個中堅人物，則更坦白的認為「中國現在所推行的平民教育，是一個平民讀書運動」。（註五）國民教育固然要讀書，可是讀書並不能等於國民

教育啊！在中國近代教育史上，眞正瞭解國民教育的意義與價値，而且能夠加以重視的，一直到了北伐成功之後，民國十八年四月，國民政府命令公佈了教育宗旨，才表現出來。三民主義是救國主義，所以奉行三民主義的國民政府，民國十五年在廣州時候，成立了教育行政委員會，看到了教育的重要性，就注意到了教育的普及工作。北伐成功之後，民國十八年。南京的國民政府就根據十八年一月第三次全國代表大會的決議，於同年四月，公佈了新的教育宗旨。這一次公佈的教育宗旨，是「中華民國之教育，根據三民主義，以充實人民生活，扶植社會生存，發展國民生計，延續民族生命爲目的；務期民族獨立，民權普遍，民生發展，以促進世界大同」。這一次公佈教育宗旨，並不是偶然發生的事件。遠在民國十三年，中國國民黨提出，後來又經過幾次的修訂的教育政策中就已經有了有關國民教育的具體規定。民國十三年一月，中國國民黨第一次全國代表大會的宣言中所列舉的條文「於法律上、經濟上、教育上、社會上確認男女平等之原則，促進女權之發展。」「勵行普及教育，以全力發展兒童本位之教育，整理學制系統，增加教育經費，並保障其獨立。」可以說就是這一次所公佈的教育宗旨之根據。中國國民黨既然認清了國民教育的意義與價値，所以在訓政時期，才能夠於艱難的環境中，繼續不斷的推進國民教育。民國二十年五月，國民會議通過的「約法」中第四十八條，「男女教育之機會，一律平等。」第五十條，「已達學齡之兒童，一律受義務教育。」第五十一條，「未受義務教育之人，一律受成年補習教育。」對於國民教育的規定，更爲具體、明顯。根據中國國民黨的教育政策以及約法中有關國民教育的條文，中國的國民教育，才慢慢逐步進入實際推進的階段。「民國二十年，朱家驊爲教育部長時，對於部務的整頓及全國教育的計劃，很肯努力，於是……制定小學法及小學規程。……此項法令與規程，雖係根據戊辰學制，變更的地方也頗不少，而所變更的較前確係完善，對於小學尤爲切實，可算制度上的一點進步。」（註六）「小學法」是民國二十一年十二月由國民政府公佈；第二年的三月，教育部即制定「小學規程」，頒行全國。國民政府成立後，民國十八年八月頒佈的「小學課程暫行標準」，因爲是訓政時期，把「黨義」列爲小學的重要教學科

目。以後在民國二十一年十月公佈了正式的「小學課程標準」，把以前所公布的「小學課程暫行標準」修正一下，「不特設黨義科，將黨義教材，融化於國語、社會、自然等科中；另加公民訓練，為實施訓育之標準。」（註七）從「小學課程標準」中，更顯示了重視國民教育的傾向。國民教育的推行能否成功，和國民經濟發展的程度有密切關係；中國國民的貧，是不能夠加以否認，而國民教育的推行，也是刻不容緩，因而不能夠不在無辦法中，去想辦法。所以在民國二十二年三月間公佈的小學規程中，除了六年的「完全小學」之外，並准許各地得設立「簡易小學」和「短期小學」。當時的教育部並於民國二十一年制定了「第一期實施義務教育辦法大綱」，規定以民國二十一年八月起，至二十四年七月止，為實施義務教育第一期。在這個辦法大綱中間，規定各城市和鄉村，各設義務教育實驗區，區內所設立的小學，即名為義務教育實驗區小學校。此項小學的編制，分為三項：第一為全日制，第二為半日制，第三為分班補習制。第一與第二兩項為四年畢業；第三項為年限不作硬性決定，但至少須修滿二千八百小時，方能作為修業終了。此項小學課程，雖亦以部定「小學課程標準」為標準，但得斟酌地方特殊情形，減少圖畫、音樂、勞作等科的學習時間。這一類的課程標準，稱為「簡易課程」，因而採用簡易課程的小學，就稱為「簡易小學」。「簡易小學」和「完全小學」的課程，雖有差異，但是這兩種小學的學生，仍然還都是學齡兒童。至於「短期小學」的設立，並不收容學齡兒童，其主要目的，在於救濟年長失學的兒童或青年。各地區已滿十足週歲至十六週歲的兒童或青年，過去不曾入過學校的，必須加入短期學校，接受適當的教育。「短期小學」的編制採用分班教學制度上午班、下午班、夜間班，特別重視「國語」的學習，尤其注意「注音符號」的使用。肄業期限定為一年，但必須修習五百四十小時課程，方能認為修業終了。因此，我們可以說「短期小學」雖然不能稱為嚴格的國民教育，可是如果認真實行辦理，倒真是促進義務教育的一種好的變通方法。中國幅員廣大，各地的經濟情形，也不相同。如果用劃一的、硬性的制度去推進國民教育，一定會遭遇到不少的實際困難。所以我們認為在完全小學之外，再允許各地區針對地方的需要，設立「簡易小學」和

「短期小學」，在表面上似乎損失了統一的形式，但在中國的特殊情形之下，則不失爲一種合理而且易於收效的辦法。所以到了民國二十五年，教育部修正的小學規程，在第四條中，仍然規定「爲推行義務教育起見，各地並得設簡易小學」，就是爲了要繼續維持這種易於推行的制度。在二十五年修正「小學規程」之前，教育部在民國二十四年，已經遵照中國國民黨第四屆中央執行委員會第五次全體會議的決議，爲實施義務教育「標」「本」兼治的政策，制定了「實施義務教育暫行辦法大綱」。這一項辦法大綱在同年五月經行政院會議通過之後，六月間就公布了「實施義務教育辦法大綱施行細則」。依照施行細則的規定，「全國學齡兒童除入普通小學者外，在實施義務教育第一期內（即民國二十四年八月至二十九年七月），應依本細則受一年短期小學教育；在第二期內（即民國二十九年八月至民國三十三年七月）應依本細則受二年短期小學教育。」（註八）因爲短期小學在實施義務教育第二期內，有二年制的規定，所以在二十四年公佈的「一年制短期小學暫行規程」之外，二十六年六月中間，教育部又公佈了「二年級短期小學暫行規程」。原來在二十二年制定的「小學規程」中所規定的短期小學，到這時候，在性質上已經有了改變。原來的「短期小學」只收十足週歲至十六足週歲的兒童和青年，依照「二年制短期小學暫行規程」的規定，則「二年制短期小學招收八足歲至十二足歲之失學兒童」。「二年短期小學畢業程度，應相當於小學初級第三學年修業期滿之程度。」（註九）如是，則「二年制短期小學」和二十二年部頒「小學規程」中所規定之「短期小學」，在性質上已不相同，因爲「二年制的短期小學」所收容之學生，已非年長失學的兒童和青年，而爲一般的學齡兒童。且其程度亦與普通小學之前兩年，依法是彼此相等。實施義務教育的第一期尚未完結，日本侵略中國，發生了中日戰爭，所以第二期實施義務教育的計劃，也就無從進行了。中日戰爭初期，陳立夫任教育部部長，陳氏在中國國民黨中央黨部工作甚久，勇於負責，因而國民教育的推行，雖在戰爭進行期間，仍然是繼續不斷的發展。而且「國民學校法」的公佈和「國民學校」一名的使用，都可以表示出來，我們在戰爭時期，仍然沒有忽視了國民教育的重要性。民國二十九年三月二十一日教育部公

佈了「國民教育實施綱領」，中國的國民教育推行工作方面，又發生了重大的改革；所有「小學」一律改稱「國民學校」和「中心國民學校」，把兒童教育和成人教育合併推行，這更表示出來，在國民教育的本質上，我們有了更深刻的認識。因為「國民教育」的範圍和「小學教育」比較起來，要大一些；而過去一般的意見，往往多誤認小學教育就等於國民教育，只要小學教育辦得好，國民教育也就算完成了。依照「國民教育實施綱領」的規定，「國民教育分義務教育及失學民眾補習教育兩部分，在保國民學校及鄉（鎮）中心國民學校內，同時實施，並儘先充實義務教育部分。全國自六足歲至十二足歲之學齡兒童，除可能受六年制小學教育者外，應依照本綱領，受四年或二年，或一年之義務教育。全國自十五足歲至四十五足歲之失學民眾，應依照本綱領分別受初級或高級民眾補習教育。但得先自十五足歲至三十五足歲之男女實施，繼續推及年齡較長之民眾。其十二足歲至十五足歲之失學兒童得視當地實際情形及其身心發育狀況，施以相當之義務教育或民眾補習教育。」（註十）同年四月間又先後公佈了「鄉（鎮）中心國民學校設施要則」和「保國民學校設施要則」，對於國民教育的推進，都有一些更為具體的規定。實行了相當的時期，到民國三十三年三月十五日，國民政府以命令公佈了「國民學校法」，於是國民教育的法律基礎，才更為穩固。在「國民學校法」第五條「國民學校分設兒童教育及失學民眾補習教育兩部，均分高初兩級。兒童教育之修業年限，初級四年，高級二年；失學民眾補習教育，初級四個月至六個月，高級六個月至一年，中心國民學校之兒童教育，高初兩級合設。各保國民學校設初級，必要時並得設高級。但失學民眾補習教育，均設高初兩級。」的規定中，我們可以看出來，國民教育的工作對象，在兒童以外，已擴充到了成年，這是對於國民教育一種很正確的認識。中日戰爭期間，學校由戰區遷移後方的是一些專科以上的學校，在後方新設立的是一些中等學校，因而戰後教育方面的復員工作，也偏重在中等以上的學校。但是在戰後復員的教育工作方面，也並沒有輕視了國民教育。除了戰區中的國民教育工作，責令各省市教育行政機關積極負責之外，並有恢復縣市教育局的計劃；因為縣市教育局的存廢，對於國民教育的推進，有密切的關係。所以縣市教

育局的設立，雖不無困難，可是教育部仍一再計劃，企求能夠早日實現。此外，在東北和臺灣兩個特別地區，在日本投降後，復員的時期，對於國民教育工作的維持和改造，也都有原則性的決定。在東北方面，有關國民教育的復員計劃，乃是「學校接收後，繼續辦理，逐漸改爲國民學校和中心國民學校，並刪改教本。教員及學生予以甄審及訓練。」在臺灣方面，則爲「原有六年制國民學校規模較大者，改爲中心國民學校；餘乃爲國民學校。公私立幼稚園予以合併或續辦。」（註十一）戰後一切待舉，對於國民教育的工作，也正在計劃推進，不幸共匪叛國，因而不能夠依照計劃，逐步推行。這實在是一件很可痛心的事件。中華民國的國民教育工作，只有希望在光復大陸之後，再努力的推行了。

三

　　國民教育的價值受到重視，國民教育的意義被人瞭解，不僅在中國教育史上是一個晚出的事件，即在西洋教育史上，也是近代才發生的事件。（註十二）西洋各國現行的教育制度，追溯它的來源，至多只能說是開始於中古時代的上半期。一般的西洋教育史的著作，多半是從古代希臘、羅馬一直向下敘述起來，事實上，希臘、羅馬的教育制度，和現在西洋各國的教育制度，並沒有歷史的連續關係，雖然希臘的哲學、藝術和羅馬的政治、法律，的確是現在西洋文化構成的重要因素。現代，尤其是二十世紀這五十年代中，西洋各國的學校教育，雖然普遍的重視科學教育和技術訓練，但是無論任何一個西洋國家，沒有不把學校教育的工作重心，放置在國民教育這個基礎上邊。希臘的「城邦」雖然很多，但是足以代表希臘文化、教育的，一般的都認爲不過是雅典和斯巴達。希臘各城邦的教育工作，在習慣上，是以貴族階級，即自由人的子弟作爲施教的對象；至於從事生產工作的奴隸，則很少有受教育的機會。教育的內容，不外是體格的鍛鍊和精神的陶冶；主要的目的，則在訓練政治方面的人材和軍事方面的戰士。近代意義的國民教育，在希臘教育史上，絕看不到，即使希臘在政治上已經有了民主的制度。雅典的教育工作上採用特權階級的教育

政策，是人所共知的事實；雅典的教育思想，在蘇格拉底（*Socrates*, 469-399 *B.C.*）以外，如柏拉圖（*Plato*, 427-347 *B.C.*）、亞里士多德（*Aristotele*, 384-322 *B.C.*）的教育思想中，都把教育工作的重心放在政治教育上邊。雅典的教育本質，雖然不妨稱之為高度的政治教育，和知識教育，但是有受教育機會的並不是全體市民；所以，無論如何，不能算是國民教育。斯巴達的教育制度，即使已經國家化、男女平等化，並且建立了強迫教育的制度，因為奴隸制度的存在，全體市民不能夠享受平等教育的機會，仍然是離開國民教育很遠。（註十三）羅馬在生活方式上，恰好和希臘成了對比。希臘始終是一些「城邦」，雖然在國外有了一些殖民地，但是在國內卻永遠不曾建立起來一個統一形式的國家。至於羅馬的生活方式，在初期雖然有些和希臘人相似，可是國勢發展之後，卻建立起一個統一的帝國。在生活理想方面，希臘人的努力是企求「人文的」、「文藝的」、「哲學的」一些潛在能力的發展，嚮往莊嚴的「人世」邁進；至於羅馬人，則把「功用主義」，當作人生的指導原則，把「有用」當作價值批評的基本標準。在文學、科學、藝術、哲學各方面，羅馬人很少貢獻，但是他們卻也能夠從希臘人那裡吸收了一點「文藝的形式」和「哲學的理論」，在西曆紀元二百五十年左右，創造了一些羅馬文學作品。不過他們在文藝、哲學方面成就的程度，究竟不能夠超過他們在政治、法律方面的貢獻，羅馬人是重視「實際」的民族，而且又建立了統一的大帝國；在教育方面，又特別的看重了法律教育、政治教育和軍事訓練的價值；似乎羅馬人該認識國民教育的本質和價值。可是在事實上，羅馬的教育，同樣的類似希臘人的教育，離開國民教育仍有相當的距離。在初期羅馬人的生活方面，很類似斯巴達人，特別看重了家庭的地位和價值。家庭中間以「家長」（*Pater Familas*）為主體，成為法律、道德訓練的中心；所以羅馬人把「家庭」看作「正義」、「紀律」的來源，並進一步成為「國家力量」和「公共生活」的基礎。羅馬人自始就把「教育權」交給家庭，自然而然就被認作教育活動的中心；因而在羅馬帝國我們看不到它的公立學校教育制度。羅馬的教育制度，從這一點來看，和斯巴達的教育制度，恰恰立在相反的方面，羅馬的兒童和青年，雖然在必要時候，可能離開家庭，到專設的教育

機構受教，可是這些專設的教育機構，都由私人設立，國家既不積極的輔助，也不消極的干涉，完全保持一種放任的態度。國家不肯直接負責主辦學校教育，自然也就不成其爲「國民教育」了。其次羅馬的教育，特別重視「實際」，因而初期的羅馬人對於兒童教育，特別注意生產技能的訓練，政治常識的培養和軍事的訓練。至於女童則完全和男童分開施教，主要的課程，只限於「紡」和「織」以及其他婦女生活中所需要的知能。在受教育時期的開始，男女即分別施教，因而就失去了教育平等的機會。不平等的教育，還能說是國民教育麼？最後，羅馬的教育活動中，和希臘教育一樣，都是重視體育的價值。但是羅馬人重視體育的目的，卻不同於希臘人。希臘人對於體育的看法，是把體育的目的分爲兩個傾向，一個是直接的鍛鍊身體的健康，另外一個，卻是養成優美、健壯的姿態，同時還要養成廣義的道德習慣。至於在羅馬的教育活動中，則對於體育的價值，卻持一種很簡單的看法。羅馬人根本不重視，也可以說，不瞭解體育的本質，他們把教育劃出於「美育」之外，認爲體育只是軍事訓練的前奏。今日的兒童，在成年之後，能夠作一個有力的軍人，體育的目的，也就算達到了。（註十四）片面重視體格鍛鍊的教育，自然也不能稱爲國民教育。不僅在古代希臘、羅馬的教育史上，找不到符合現代「國民教育」含義的國民教育；就是在西洋教育史開始的一千多年的長時間中，國民教育的意義和價值，仍然沒有受到重視。教育工作是和人類團體生活，同時的活動起來，但是國民教育的萌芽，卻是比較後起的事件。因此，在古代教育史上，看不到國民教育工作的活動，自然也就不必驚異了。

　　西洋的「民族遷移」，直接的摧毀了西羅馬帝國（西羅馬滅亡的原因，自然不僅只限於民族遷移），同時古代的文化影響和教育制度，也發生了重大變動，甚至還有一部分也隨著西羅馬的滅亡，趨於消失。西羅馬滅亡以後一千年以內，因爲民族遷移，在西方形成了混亂的局面。這樣長時期的混亂局面，也並不是沒有代價；到了後來，終於又形成了一個新的「統一」。在這個新的「統一」中間，基督教教義，和希臘、羅馬文化，乃起了決定性的作用。在這個變動中，扮演重要角色的，卻是那些原始的「日耳曼人」；這種文化程度甚低的日耳曼人，想不到竟是近代西洋國

家的建立者，同時又是近代西洋文化的創造者，原始的日耳曼人在政治上並沒有統一的組織，彼此都是過著割地自雄的部落生活。這是原始的日耳曼人的政治生活上的傳統習慣。後來日耳曼人接受了羅馬人「統一帝國」的觀念，又信仰了基督教「人創自天」的教條，就把他們原始的部落生活習慣，修正一下，成爲西洋中世紀下半期的「封建制度」。在封建制度之下，是小的政治首領，隸屬於大的政治首領，形成爲分層統治的局面。所以在封建制度之下，就不容易產生出來強有力的中央行政機構。（註十五）封建制度不能形成統一的國家，國民教育的工作，自然也就不會受到普遍的重視。這是在西洋史上中世紀，看不到國民教育活動的一個重要原因。西洋歷史上的中世紀，各方面都顯示了二元論的色彩，如「靈」與「肉」對立，「教士」與「俗人」的對立，「天國」與「國家」對立，最高度的表現乃「教皇」與「皇帝」的對立。（註十六）這些二元的對立，並不平等，一般的說來，是「靈」重於「肉」，「教士」貴於「俗人」，「天國」高於「國家」，至於「教皇」的權力，在某些方面，又大於「皇帝」。基督教雖然來自東方，但傳入羅馬帝國，定爲國教之後，基督教教義在歐洲已成爲一般生活方式的基礎；基督教教會不完全是單純的宗教組織，事實上，已經成爲一種「社會制度」。因此，有時候就使教皇的權力大於皇帝。教會成爲日常生活中的社會制度，教皇又有較大的權力，所以教育權就自然而然的會落在教會手中。教會的組織超越在人間一切區域之上，也就是說教會是超國界的，超民族的；超國界的，超民族的教會掌握了教育權，那麼，把宗教教育的價值，估計的高於國民教育，那就無怪其然了。一般西洋歷史的著作，都習慣的把中世紀稱爲「黑暗時代」，但是，如果我們從教育、文化思想的觀點來看，只有西元六百年到一千年這一段的時期，可以名之爲「黑暗時代」。（註十七）從十一世紀開始，西洋的文化，就已經開始向上發展，一直到一九一四年第一次世界大戰的發生，總是不斷的向上發展。（註十八）中世紀的前半期，即西元一千年以前，教會與政府的對立和爭鬥，破壞了生活的秩序，結果是阻礙了文化的發展。到了十二世紀，由於經濟的發展，商業的擴充，在教會的教士和政治的貴族之外，社會上又產生了一種新的階層，就是商人和手工業者

的階層。商人和手工業者階層得勢以後，在歐洲形成了一些市鎮。因而這新興的階段，在教士和貴族兩階層之間，乃有舉足輕重的力量。在中世紀的社會中，教士的身份最高，教育權掌握在他們手裡，所以西洋中世紀最早設立的學校就名之爲「寺院學校」（*Monastic School*），教堂學校（*Church School*）主要的目的，在於訓練下一代的傳教人才。後來受查理大帝（*Karl der Grosse*）所設宮庭學校的影響，各地區也設立了類似的學校，這些學校的課程雖不相同，但是它們的目的，卻都是爲了訓練一些政治上的貴族。爲訓練教士和貴族所設立的學校，都不能夠滿足商人和手工業者的需要，所以新興的市鎮和各職業性的「行會」（*Guild*）在十三世紀，都自己設立學校，教育他們的子弟。這一類新興的學校，都稱作「市鎮學校」。在這一類「市鎮學校」中間，有一種叫作「簡易學校」（*Wiukel Schule*），雖然有些教育史的研究者，把它認作近世西洋國家「國民學校」最早的萌芽，（註十九）但也不能證明中世紀下半期已經有了近代國民教育的觀念，因爲中世紀全期，對於多數農民的教育，始終沒有人加以注意。教士、貴族在當時是特權階級，新興的商人和手工業者，在經濟方面和教育方面，也變作了特權階級。只有特權階級能受的教育，就不能稱之爲「國民教育」。國民教育方面所需要的教材，最不可少的，乃是「國語」教學；但是中世紀的各種學校，不是全部用拉丁文教學，就是把拉丁的學習，作爲高年級的必修科目。（註二十）這樣的學校教育，自然不能算是國民教育了。中世紀的末期，在西洋建立了「大學」制度，雖然在教育史是一種對人類文化方面最大的貢獻，但是因爲不能注意國民教育，所以中世紀的文化，無論如何，不會同於西洋的近代文化。

文藝復興運動，是西洋歷史上一個重大的事件，自此以後，西洋歷史就離開中世紀，邁進到一個新的階段。隨著文藝復興運動，社會、政治、經濟各方面，都起了變化；文化、思想方面的改革，更爲顯著，超國界的「生活統一」（*Lebenseinheit*），原來發生於中世紀的教會制度，到了近代初期，遇到了文藝復興運動，也被摧毀了；因而乃有了「國家意識」的萌芽。「大的宗教統一」（*Die grosse Religiösen Einheit*）在精神方面，失去了控制的力量，人類的文化體系乃向各方面分頭發展。由於文化方面

創造力量的發展，「自我意識」也明白的覺醒了。這可以說是近代西洋文化能夠快速發展的重要原因。（註二十一）因為文藝復興運動的領導人物把「人」從「嚮往彼世」，拉過來改變爲「重視此世」，所以追溯近代西洋文化的進展，不能不歸功於文藝復興運動。文藝復興運動在西洋近代歷史上，雖然有很大的貢獻，可是當這種運動開始的時候，在義大利卻並沒有很大的影響。因爲領導文藝復興運動的人，都是一些學養很高的學人，扶植這種運動的人，又只限於一些開明的政治領袖；而且爲了復興眞正的古代文藝，又得看重「希臘文」的價值，所以在義大利，當文藝復興運動，正在進行的時候，並不能引起一般民眾的重視，在一般社會日常生活中，也就沒有什麼影響了。至於在教育方面，文藝復興運動的影響，雖然在「拉丁學校」（*Latin School*）的課程內容以及「大學」的研究範圍內，顯現的頗爲強大，但是在國民教育方面，文藝復興運動，卻並沒有發生什麼作用。所以一些注重敘述西洋近代初等教育歷史的著作，多從「宗教改革」開始，就是要向上追溯，也只是略爲提一下十三世紀的「市鎮學校」（*Town School*），仍然是跳過了文藝復興的時期。（註二十二）

在西洋歷史上，隨著文藝復興而起的，乃是「宗教改革」。「宗教改革」是文藝復興運動自義大利向北部發展以後，在德國正式由馬丁路德（*Martin Luther*, 1483-1546）領導起來的一種改革運動。這種運動在表面上看，好像是純宗教性的，實際上卻是一種比文藝復興運動的範圍還要大的社會改革運動或文化運動。文藝復興運動的領導人物是學者，影響所及的也只限於知識階級；至於宗教改革，則能夠普及到民間，直接的影響到了社會上一般的日常生活。所以有人說文藝復興運動，在本質上是「貴族化」的，至於宗教改革運動，則已經一般的「平民化」了。馬丁路德的基本主張，反對當時的「教會」，不承認教會是上帝派駐在人間的代表，任何人只要信仰上帝，都可以直接的歸依上帝，不經過教會，最後也能夠獲得上帝的恩寵而得救。人人能夠直接信仰上帝，自然人人都有權閱讀聖經。在宗教改革以前，只有拉丁文和希臘文的聖經，因而只有教士，才有讀經的能力。所以馬丁路德就主張而且實行，把聖經釋爲地方通用的現代語文。「國語」的學習，在學校教育中，才有地位。中世紀的語文

教學重視拉丁文，文藝復興以後，在拉丁文之外，又重視希臘文，到宗教改革時代，國語的學習，受到重視，這可以說是一種很大的進步。人人都應該入學受教育，而且需要在學校中學習國語的「讀」和「寫」，這已經有了一些國民教育的意義。中世紀末期的「市鎮學校」中，雖然學習「國語」，但是只有一些市鎮中的商人和手工業者，才受到國語的教育，比較起來，就不如宗教改革時代，推行國語教育的普及了。西洋各國近代國民教育中，重視國語教學的價值，可以說是從宗教改革時期才開始的。在宗教改革時代，不僅新教流行的區城，初等教育的推行，受人注意，就是舊教勢力較大的地方，初等教育的發展，也頗為可觀。當時舊教教會的最高領袖，一方面對於各地方的「大學」，儘量優遇，大學請求一些「特權」和「補助」，教皇很容易的就加以批准；另外一方面，各市鎮的行政負責人員，請求准予設立拉丁學校或國語學校時候，地方上的下級教會首領，雖有時加以刁難，但是一到了教皇那裡，就往往得到教皇的批准。（註二十三）所以當時舊教流行的區域中，國語學校的設立，也相當的多。因此，無論從那一方面來看，宗教改革時期，都不失為西洋教育史上，國民教育的萌芽時期。但是，宗教改革時期的初等教育，從歷史的演進來看，可以說近代國民教育的萌芽，如果從本質上來看，當時的初等教育，仍然和近代國民教育的含義，大有差別。宗教改革時期，舊教教會本身上，也是在走著改良的道路，所以常常允許並幫助「市鎮學校」的設立，推行國語教育；不過國民教育的目的，仍然在於使一般民眾，能夠閱讀聖經，並閱讀一些維護舊教教義的宣傳小冊。原來當時的印刷術相當發達，在宗教改革時期，新、舊兩方面，都利用印刷的便利時常散佈一些小冊子，維持自己所信仰的教義。雙方希望在文字宣傳戰中，得到勝利，因而才注意推行國語教育。至於宗教改革運動的領袖，馬丁路德的基本態度，在本質上也頗有一些矛盾的傾向。馬丁路德的地位，是站在「文藝復興運動」和「舊教教會」二者之間；一方面採取文藝復興的精神，反對舊教教會的組織，對於「入世」作積極的「肯定」，另一方面，卻接受「原始的基督教精神」（*Primitive Christianity*），同意舊教教會的見解，對於「入世」又作了強烈的「否定」。換一句話來說，宗教改革運動的基本精神，是介於

「入世」和「出世」之間。德國近代「宗教社會學」（*Religionssoziologie*）的建立者魏柏教授（*Max Weber*, 1864-1920），在他的「宗教社會論文集」中，認為馬丁路德所倡導的新教，乃是「人世間的宗教」，和嚮往「彼世」的宗教，性質不同，倒是一種很正確的看法。（註二十四）不僅德國的宗教改革運動，本質上有一種顯明的「宗教情態」，就是在開始富有「政治情態」的英國宗教改革運動，到了清教徒興起時代，也已經轉變為「宗教情態」了。國民教育的推行，是為了適應「入世」的需要，滿足「國家」的要求，而宗教改革時期的初等教育，則仍係建立在「出世」和「宗教」的需要中間；所以嚴格的說，當時的初等教育，和現代國民教育的含義，仍不完全相合。雖然如此，但是由宗教改革運動時期起，西洋各國的初等教育，再進一步的發展，就成為現代的國民教育，則為不可否認的事實。如同獨立以前，美國麻薩諸塞州（*Massachusetts*）初等學校，最初完全根據清教徒的教義施教，由市政當局志願辦理，到了一六四七年，麻薩諸塞正式公佈法律，相當人口的市鎮，自己辦理學校，所需經費並且要由一般市民分配負擔。這樣演變下去，就形成了現代美國的學校制度。（註二十五）在馬丁路德發動宗教改革運動不久，一五四○年擁護舊教的人，也發動了一種「反宗教改革」運動（*Counter-Reformation*），一方面對抗新教的宗教改革，一方面對於舊教教會的本身，努力的作重要的改革。領導「反宗教改革」運動的團體中，「耶穌會」和「基督教兄弟會」最為有名，這兩個團體，雖是宗教性的，但是它們的工作重心，卻都是學校教育。耶穌會推行各級教育工作，尤其注意「國語」教學的學校，它在教育方面的貢獻，並不亞於馬丁路德所領導的宗教改革，至於「基督教兄弟會」，則除了推行初等教育工作之外，還在一六八五年設立了訓練師資的獨立機構。這是西洋教育史上，「師範教育」的開始；對於以後國民教育的發展，也是一個重大的貢獻。文藝復興的結果是「個體意識的覺醒」、「國家觀念的養成」、「現世價值的重視」，到了宗教改革時代，又發現了「民眾力量的偉大」、「國語推行的必要」以及「學校師資的訓練」；因而在這一時期中，雖然沒有產生現代化的國民教育，但是卻已經替現代國民教育的推進，鋪好了一條大道。美國芝加哥大學教授，教育學院院長

派克（*Samuel Chester Parker*）就明白承認「宗教改革運動」乃是現代美國學校制度奠基石（*Corner Stone of American School System*）。（註二十六）

　　宗教改革運動時期，一般的都認為是從一五一七年馬丁路德發表文告反對舊教教會那一年開始一直到一六八五年，法國迫害新教徒的南特命令廢止的那一年為止。非常的湊巧，在一六八五年，有兩個不知名的作家出版了一部「歷史入門」（*Geschichtsleitfaden*）的書；在這部書中，把西洋的歷史演進分為「古代」、「中世」，和「近代」三個段落。這樣把歷史分期的主張，就把中世紀奧古斯丁（*Aurelius Augustin*, 354-430）的歷史哲學推翻了。奧古斯丁以為歷史有終結，所以他對於歷史的見解，是一種「末日論」（*Eschatology*）的看法。因此一般的都在一日比一日的接近「末日」，自然而然的就形成了悲觀的態度。一六八五年以後，一般的見解改變了，人並不是坐待「末日」的來臨，人能努力去創造新的時代，所以過去的悲觀態度改變了，把希望寄託在新時代的來臨，對於一切的看法，自然都變為樂觀了。「樂觀」代替了「悲觀」，接著就是把對於「此世」的留戀，代替了對於「彼世」的企慕；再進一步，就是「政治的興趣」代替了「宗教的熱誠」。宗教改革雖然是一種革新運動，但是終究脫不掉宗教的意味，所以十七世紀的愛好「層序」、重視「磨練」、尊崇「教條」的習慣，一到十八世紀，就改變了；十八世紀一般的習慣是厭惡「權威」、輕視「教條」、反對「強迫」。因此，在宗教改革運動告一結束之後不久，西洋歷史上的「啟蒙運動」就大為抬頭。啟蒙運動的含義，並不十分確定；宗教、哲學、道德、政治等等方面，都是啟蒙運動的範圍。在教育方面的啟蒙運動也另有它的特殊解釋：「努力教育工作，使人受教育以後，能夠適當的運用理性，以便獲得在生活歷程中所需要的獨立思想能力；這一種教育活動的趨勢，就是教育上的啟蒙運動。」（註二十七）十七世紀學校課程中間，「聖經」和「宗教入門」佔了重要的部分，到了十八世紀由於民族主義或國家主義的強大趨勢，宗教的課程已經不能夠保持原來在學校中的地位。代之而興的，乃是有關日常生活實用的課程，也就是以自然科學的知識作內容的課程。西洋的歷史，在中世紀時，甚至在宗教改革時期，都籠罩在「宗教統一」的影響之下；到了啟蒙時代，乃依

據民族的特性，形成了一些近代的西洋國家。所以在啓蒙時代以前，西洋國家的哲學思想、文化教育，彼此之間，都沒有民族的特性，從啓蒙時代以後，彼此之間的民族特性，才慢慢形成。由於民族性的形成，教育上「國家化」的運動也日趨強烈，國際性的宗教團體再想維持過去那樣獨佔教育權的情況，事實上已經不大可能。十七世紀英國經驗主義的學者洛克（*John Locke*, 1632-1724）和十八世紀法國浪漫主義的學者盧梭（*Jean Jacques Rousseau*, 1722-1778）都發表了新的教育理論，根據不同的哲學立場出發，動搖了過去宗教意味很濃厚的教育理論的基礎。在德國方面，十八世紀開始，普魯士一些開明的政治領袖，都非常的重視教育，所以巴斯道（*Johannes Bernhard Basedow*, 1724-1790）、沙耳慈曼（*Christian Gotthilf Salzmann*, 1744-1811）、羅休夫（*Friedrich Eberhard von Rochow*, 1734-1805）一般人在教育方面所倡導的理論和實際工作，都非常受到社會上的重視。普魯士國王威廉（*Friedrich Wilhelm*）在一七一七年，就下令實行「義務教育」制，不過並沒有普遍的實行。在一七九四年，普魯士又公佈法令，規定國家應該負責辦理學校教育，這可以說是西洋教育史上，有關國民教育的兩種重要措施。（註二十八）差不多相同的時期，裴斯泰洛齊（*Johann Heinrich Pestalozzi*, 1746-1827）的理論發展之後，對於國民教育的觀念，更有了正確的解釋。裴希特（*Johann Gottlieb Fichte*, 1762-1814）後來在一八○七和一八○八年之間所發表的「告德意志國民」中，對於裴斯泰洛齊的教育理論，推崇備至，認爲德意志民族復興必須依賴教育，而且必須是依照裴斯泰洛齊的教育理論所辦的教育，才能夠使德意志復興運動得到成功。因爲裴希特的倡導，自十九世紀開始，德國的國民教育工作，即不斷的向前發展。英國的國民教育發展，和德國比較起來，差不多遲了一百年；德國在一七一七年已經公佈了部分的義務教育制度，而英國則從一八○七年起，才開始發起由國家辦理學校的運動，並且這種運動並不熱烈，一直到一八七○年，這種學校國家化的運動，才引起了一般人的注意。英國國民教育制度的建立雖然較德國較晚，但是卻同樣的是立在裴斯泰洛齊的教育理論基礎上邊。美國的國民教育受了英國的影響，一直到獨立之後，教育權還是掌握在地方教會的手中；一八三四年，賓夕文尼亞

州（*Pennsylvania*）通過義務教育法案時候，仍然遭遇到很大的困難，不能夠順利的執行。直到一八七三年，才能夠在全州實行義務教育制度。在賓夕文尼亞州以外，麻薩諸塞州（*Massachusetts*）對於國民教育制度的建立，更爲努力。荷里斯曼恩（*Horace Mann*, 1796-1859）是一位有遠見的政治家，他作州議員時代，提議設立州教育行政機關，議案通過，州教育局成立之後，他擔任第一任秘書的職務。因此，他才把裴斯泰洛齊的國民教育理論介紹到美國，根據裴斯泰洛齊的主張，他極力反對當時割裂學校教育工作的「學區制度」，要求把教育權集中政府手中。因此，美國近代眞正國民教育制度的建立，應該是由麻薩諸塞州開始的。因爲荷里斯曼恩很推崇並且介紹了裴斯泰洛齊的教育理論，所以有些教育史家把他稱爲「美國的裴斯泰洛齊」。從啓蒙運動普遍的進行，到裴斯泰洛齊教育思想的傳佈，西洋各國的國民教育，才有了固定的基礎，這是教育史上爲人公認的事實，但是在十九世紀中，爲西洋各國奠立國民教育基礎，努力工作的，卻並不限於啓蒙運動。反啓蒙運動的「新人文主義」，一般的都批評它過於看重古典教育或學者教育。如果對於西洋教育史有了適當的瞭解，就可以發現這種批評並不正確。只就德國的情形來看，就可以看出來新人文主義的學者，在倡導並改進中等以上學校的制度和課程之外，同樣的注意到了國民教育的擴張和改進。赫德（*Johann Gottfried von Herder*, 1744-1803）在十八世紀之末已經知道改進國民教育，應從訓練師資入手，所以在魏瑪（*Weimar*）專設了師範學校（*Landlehrer Seminar*），去訓練農村小學中所需要的教師。符爾夫（*Friedrich August Wolf*, 1759-1824）在國民教育的推廣和改進方面，也曾經作了最大的努力。尤其是當時能夠影響普魯士文化政策的洪保爾特（*Wilhelm von Humboldt*, 1767-1835）曾經和他的同志合作，努力改進國民學校制度並且有計劃的傳授裴斯泰洛齊的教育理論和教學方法。在「歷史」的一大戲劇中，扮演重要角色的是「民族全體」，每一個民族的份子都要能夠有「獨立的思想」和「成熟的道德」。當時普魯士的軍事領袖沙倫荷斯特（*Gerhard Johann David von Scharnhorst*, 1755-1813）認爲「民族武力」來自「國民教育」，實行兵役制度必須先推行義務教育。和沙倫荷斯特同時的大政治家斯太因（*Karl Stein*, 1757-1831），對於

國民教育的價值更爲重視，他以「地方自治」和「農村建設」，是立國的主要工作，而這些工作的推行能否成功，又是以國民教育程度的高低來作先決的條件。（註二十九）思想家的倡導，政治家的執行，可以說也是十九世紀西洋各國國民教育特別發達的主要原因。

　　國民教育的推行，在十九世紀西洋各國，雖然進展甚速，但是其間也曾遭遇到了很大的挫折。一八四八年歐洲一些國家受了法國二月革命的影響，也發生了革命；有些國家的政府，因而對於國民教育的推行工作，表示懷疑，國民學校和國民學校教師，都是普遍的受到歧視。國民學校的課程也加以修正。就普魯士來說，原來國民學校課程中所表現的啓蒙思想和民族主義，幾乎都被刪除，必修的科目，又恢復過去的情形，注意「讀」、「寫」、「算」、「唱」四科，對於「宗教」一科尤其特別重視，每週上課的時間，竟達六小時之多。這樣的情形，延長了二十年之久，一直到十九世紀之末，國民教育的推行，才又受到重視，而且一入二十世紀，國民教育的發展，又顯出了新的面貌。教育有關民族的命運，所以教育上的新運動，只要有合理的民族主義作它的基礎，任何大的外在力量，也都不能夠阻礙它的發展。（註三十）

　　十九世紀下半期和二十世紀上半期，在「時代精神」方面，很不容易找出來明顯的界線。二十世紀上半期的文化、思想，都是十九世紀下半的繼續發展。在教育思想方面，十九世紀的兩「極」（*Polarity*），即技能傳授與公民訓練的對立，更爲明顯。工業發達之後，勞工的人數大增，隨著就發生了勞工問題、勞工運動。勞工運動固然是一種社會運動，但是勞工運動的成就，卻會影響到教育活動的內容和範圍。勞工工作效率的提高，當然需要技能的訓練，可是勞工究竟還是國民，所以公民教育的價值，並不因爲重視技能訓練，因而降低。在十九世紀，無論在理論方面或實際方面，都把「國民教育」的範圍限制在「初等教育」的階段，所以國民學校就等於兒童或青年受教的場所。到了二十世紀，因爲社會和經濟方面的需要，國民教育的範圍中間，不能夠不包容這些多數的勞工成年。發源於丹麥的「民眾大學」制度，能夠在英國、德國盛行起來，而且在制度上，也更爲改進，就是要把國民教育的活動，自「兒童學校」的範圍中，

推展到「成人學校」的範圍中間。（註三十一）這是二十世紀國民教育的
發展中一個新的趨勢。隨著這個新的趨勢，就是「義務教育」期限的延
長。原來的義務教育只限於初等學校的階段，國民教育的範圍擴大以後，
義務教育的年限，也因而隨著延長。最顯著的例子，我們可以從一九四四
年英國國會通過的「教育法案」中發現出來。自一九四四年以後，英國
的義務教育年限，依照規定，除了初等教育的七年以外，中等教育的前四
年，也列入了義務教育的範圍之內。把中等教育的一部分，法定為義務教
育，使國民教育的範圍伸張到中等教育階段，這也可以說是二十世紀國民
教育的一個趨勢。在德國方面，第一次世界大戰以後，把義務教育定為八
年，二次世界大戰以後，又延長一年，定為九年。可是德國的義務教育，
除了正式的「學校義務教育」之外，在一九三八年，又公佈了「職業義務
教育法」，無論男女，受完義務教育，滿十五歲時，仍然要受職業義務教
育，到十八歲為止，共三年的職業補習教育。「義務教育」是「國民教
育」的特徵之一，只要是義務教育，都屬於國民教育者。就德國現行學制
來看，我們可以看出來「國民教育」的範圍，在二十世紀，已經伸張到
「職業教育」的範圍中間，這又是現代國民教育活動中的一個新趨勢。

　　西洋各國的學校教育，自中世紀到文藝復興這一段的時期中，並沒
有「國民教育」的觀念；文藝復興和宗教改革時期，學校教育仍然是不能
不受教會的影響，所以嚴格的說來，國民教育意味，依然不大明確。啟蒙
運動流行之後，「世俗教育」漸漸被人重視，教會已經不能是獨佔教育；
到了裴斯泰洛齊的教育理論和實際工作傳佈之後，國民教育的觀念，才算
是確立起來。在十九世紀中，國民教育無論在內容方面或制度方面，都有
一些空前的進步。到了二十世紀上半期，西洋各國的國民教育，除了繼續
十九世紀的發展，繼續進步之外，因為科學的進步和技術的提高，進展之
速，超過了過去的任何時期。

四

　　無論從中國教育史或西洋教育史來看，國民教育的歷史，總是比較的

短些；任何國家的教育工作，在開始時候，都是注意「學者教育」或「人才教育」，以後因爲政治、經濟各方面發生變化，又注意到「專科教育」或「職業教育」。直到最後，才會注意到「國民教育」。這種趨勢，在西洋教育史上，表現的最爲明顯。西洋的中世紀，「教會」的組織是社會制度的基礎，教會的組織是超國界的、超民族的；所有一切人的生活方式，都限制在「宗教統一」的下邊，沒有國家意識，沒有民族觀念，所以在教育方面，也不會有國民教育。從文藝復興時代，一直到宗教改革時期，「個人意識」已開始覺醒，但是國家思想或民族觀念還沒有完全形成，所以對於國民教育，仍然沒有正確的認識。啓蒙運動以後，民族意識非常的清醒，近代化的歐美國家，漸漸形成，各民族的特性也漸漸的表現出來：無論在政治制度方面或哲學思想方面，都超出了過去宗教方面的「統一」，顯露出來自己的特色。民族主義流行以後，國民教育才被人加以重視。西洋的教育史，雖然也有將近兩千年的時間，可是國民教育發展的歷史，卻還不到二百年。中國的教育在歷史的發展上，比現代西洋各國教育史，要長過好幾倍；而且教育行政早已成爲政治制度中的一個重要部門。但是教育工作的重心，仍是一些少數領導人物的教育。無論是「官學」、「科舉」甚至「書院」，都沒有把「教育對象」的範圍，普及到一般的國民。所以在中國教育史上，不大能夠看出來重視國民教育的傾向。清朝末年，新教育的萌芽時代，教育的施設，如設立「同文館」、「譯學館」以及「自強學堂」，創辦「船政學堂」、「機器學堂」以及「海軍學堂」等等，其主要目的仍然是爲的要培養或訓練一些適應當前需要的專門人才；所以我們的教育改革，在動機方面，就沒有注重國民教育的意味。後來的正式新學制中，雖然規定了「小學堂」的地位，但是小學堂的設立仍然是爲升入中學堂的預備教育，小學堂畢業的學生，仍然可能得到同於科舉的「出身」，小學畢業學生在社會上，仍然有一些特殊的地位。因此，正式新學制的建立，仍然沒有注意到國民教育的推進。辛亥革命本來是民族主義的革命，民國成立以後，在教育的實施上，本來已經多少有了一點注意國民教育的趨勢。但是政權卻又轉移到袁世凱手中，所以在教育工作的推進方面又遇到了逆流。袁世凱當政時期，在學制雖然計劃著使用「國民學

校」這個名詞，可是他心目中所想像的「國民學校」，卻並沒有「國民教育」的意義。袁世凱時代是把學制變爲「雙軌制」，國民學校的設立是爲了一般平民子弟，和國民學校平行對立的，乃是「預備學校」；預備學校的學生，將來才能夠有繼續升學的機會。當時的國民學校既然只是爲一部平民子弟就學之地，自然就不能承認它是國民教育了。袁世凱死去以後，北洋軍閥割據的局面之下，國民教育的推進工作，自然不大會引人注意。民國雖然成立，民族主義仍然只是社會上的一種運動，並不曾見諸實行。三民主義中民族主義第一講裡邊，國父曾說明「民族主義就是國族主義。中國人最崇拜的是家族主義和宗族主義，所以中國只有家族主義和宗族主義，沒有國族主義」。以下講到日本人沒有喪失大和民族的精神，所以能夠變法圖強，受到歐美各國人士的重視；「中國的人口比那一國都要多，至今被人輕視的道理，就是一則有民族主義，一則無民族主義」。因此，推翻滿清，建立民國的中國國民黨，於民國十三年改組以後，沒有多長的時間，就出兵北伐。國民政府遷都南京以後，爲實行三民主義中的民族主義，在教育的施設方面，不管環境如何的艱難，都沒有放鬆過推進國民教育的工作。最近，蔣總統發表了「民生主義育樂兩篇補述」，論到「民生主義教育的幾個部門」時候，曾列舉下列幾個項目：第一，兒童強迫教育與成人識字運動；第二，家庭生活教育；第三，公民教育；第四，職業生活教育；第五，大學教育；第六，成人教育；第七，國民軍訓；第八，童子軍；第九，勞動服務。在這九個教育部門中間，並未提到「國民教育」，在表面上，好像是忽略了國民教育，但是如果仔細的分析一下，卻正是表現了重視國民教育的價值。國民教育的內容，自第一次世界大戰以後，早已超出了初等教育的範圍之外，中等教育的一部分已成爲強迫教育，因而也成爲國民教育，如英國現行的教育制度。職業教育的一部分，也成爲義務教育，爲國民必需要學的教育，如德國和瑞士的若干州，已實行了「職業義務教育」制度。其次，大學的推廣部，有專任的人員，負責推進「成人教育」；而且大學中除了攻讀學位的正式學生（*Graduate Study*）以外，另外也收容一些非爲學位攻讀的學生，任由他們選習若干科目，去適應他們的特殊專門需要（*Professional Study*）。因此，現在歐

美各國大學，除了學術教育之外，也兼備了國民教育的性質。國民教育的範圍，既然已經擴張到所有教育的各個部門，如果再像過去一般的看法，把國民教育獨立起來，成為一個特殊的部門，恐怕國民教育的推進，很不容易獲得滿意的成就。因此，我們認為不把國民教育隔離起來，成為一個特殊的教育部門，而使所有教育的各個部門，公共的負責推進國民教育的工作，卻正是表現了重視國民教育。這真可以說是對於國民教育的一種新認識；而且也是我們今後推進國民教育的基本原則。總統在「民生主義育樂兩篇補述中」，也明白的說：「在我們這變動的社會裏，教育是指導國民從舊社會瓦解中建設新社會的唯一方法，尤其是指導青年適應新社會生活的唯一道路。」更可以看出來是把整個教育工作，都當作國民教育工作來看了。總而言之，中國過去不重視民族主義，所以在數千年來的教育史中，不大容易看到注重國民教育的趨勢。自從國民黨在辛亥革命以及北伐成功以後，為實行三民主義，在中國的教育政策上，才顯出了注意國民教育的傾向，在西洋教育史中，啓蒙運動以後，有了民族主義，國民教育才能夠有長足的發展。同樣的情形，在中國教育史上，有中國國民黨奉行三民主義，民族主義才成為教育政策中的基本原則，因而國民教育的價值，才能夠充分的提高。因此，我們也可以說，民族主義是發展國民教育的主要動力；沒有民族主義，國民教育就沒有需要，甚至也就沒有近代的國民教育。

五

國民教育的發展，不但受民族主義的影響，而且是以民族主義為基礎；在西洋教育史上可以看出來這種趨勢，在中國教育史上，也有同樣的情形。國民教育的功用是使一團「群眾」成為一個「民族」，即是使「一群堆集的個人」成為「一個有機的組織」，（註三十二）所以任何國家的國民教育，都必須具備下列幾項特徵，否則，就不能稱為現代的國民教育：

第一、執行國民教育的學校，一定要是「國民學校」。所謂國民學

校，就是由國家制訂政策，規定各項施行細則，再由各地方的公務機關，分別在國家監督、指導之下，辦理的基本教育機構。任何私人團體，都不應該單獨的辦理國民學校。因為國民教育的性質，不僅是「統一」的，而且是「同一」的。有同一的基本教育作基礎，民族的存在，才能夠穩固，民族的發展才有可能，尤其是近代科學、技術進步之後，「分工制度」在各方面都有很大的影響力，任何一個民族，都不免有些「分化」的傾向，所以同一的國民教育，較過去任何時代，都是更感覺到迫切的需要。為完成同一的國民教育，所有國民學校的設立，就只能由國家「獨佔」，不應該允許私人辦理。

第二、國民教育必須是「義務教育」和「強迫教育」。在教育史上，最早使用的只是「義務教育」一詞，到後來發現使用「義務教育」，很有漏洞，因而才又提出「強迫教育」一詞，和義務教育一詞，同時並用。義務教育一詞的含義，只是用法令規定，所有達到學齡兒童的父母或監護人，必須使兒童接受教育。只要使兒童受教育，不管是入私立學校或外國學校，甚至只在家庭中，從師受教，都可以說是已經盡了使學齡兒童受教育的義務。但是這樣一來，仍然是沒有同一的國民教育。所以才又用一個「強迫教育」的名詞，來補充「義務教育」一詞的漏洞。所謂「強迫教育」，乃是用政治的或警察的力量，強制學齡兒童的父母或監護人，按時送他們的兒童入學受教，而且必須入「公立的國民學校」受教；否則就得要受到適當的懲罰。因為時勢的需要，就是一些厭惡干涉，崇尚自由的民族，在現代也已經承認「強迫教育」制度的必要和合理了。

第三、國民教育中的主要課程，必須是「國語訓練」。人為萬物之靈，乃是因為人能夠過一種「民族的生活」，至於其他動物，則只能夠過一種「個別的生活」。民族生活的主要特徵是「語言」的使用；有了語言，才能夠把「個別的人」團結成為一個「民族」。所以國父在民族主義第一講中，說到民族形成的原因時候，就說：「第三大的力是語言。如果外來民族得了我們的語言，便容易被我們感化，久而久之，遂成一個民族；再反過來，若是我們知道外國語言，也容易被外國人同化；……所以語言也是世界上造成民族很大的力。」語言既是民族形成的一種力量，因而根據

民族主義所推行的國民教育，就不能不特別的注重國語的訓練了。語言的功用，一方面是民族「形成」的主要力量，另一方面則又是民族「發展」的主要原因。民族中每「代」的「努力成就」集合起來，民族的發展，才有可能。每一代的努力成就，連續的集合起來，惟一工具，乃是共同的語言，即廣義的語言，包括文字在內。這種包括文字在內的共同語言，就是「國語」。能夠妥善的使用國語，才能夠繼承過去的民族精神和文化遺產，才能夠再進一步的使民族不斷發展。因此，國民教育必須注重國語，忽略國語訓練的任何教育，都不能稱之為國民教育。

第四、「國民教育」必須是一種普遍的「基本教育」。「基本教育」和「初等教育」的含義，並不完全相同；雖然有些地方，有些時候，常常使用「基本教育」一詞來代替「初等教育」。「初等教育」是和「中等教育」、「高等教育」相對，用來表示教育過程中的「程度」；至於「基本教育」，乃是說明教育「本身」的「性質」；也可以說是和「特殊訓練」、「技藝傳授」一類富於職業性的「教育活動」相對待的一種教育。人類社會生活進化，職業的分化，非常細微、複雜；職業的分類，很不容易一一列舉，因而適應社會生活的教育，也日趨紛歧。行政、管理部門的從業人員，固然需要特殊訓練，就是「食品製造」和「衣著裁製」的工作人員，又何嘗不需要一些特殊訓練。理髮、按摩的手工業者所需要的生理、衛生常識，在程度上和範圍上，和一般醫護人員所需要的，也不相等。對於甲種職業有極大價值的教育，在乙種職業看來，反而是一文不值。但是，任何國人雖然能夠選擇自己的職業，在職業部門中保持一個特殊的地位，但是任何人在他的職業部門之外，必定還是一個「國民」，必須懂得做「人」的道理，任何個人，如果不是一個健全的「國民」，不懂得做「人」的道理，那麼，即使在他的特殊職業部門中，能夠表現出來很高的工作效率，他的價值也是不足稱道的。因此在現代高度技術化的社會中，特殊訓練之外，基本教育的價值，仍然很高，基本教育的需要，仍然非常迫切！因為基本教育的本質，即在於把職業不同的「個人」，要教育成一個健全的「國民」；要把因職業不同而形成的一些「階層」，統一起來，成為一個「有機的形體」，即「民族」。國民教育的基本精神是民族主義，所以

國民教育，必須是一種超乎各種特殊訓練之上的「基本教育」。

　　國民教育除了上述的四種特徵之外，有些人認爲「免費教育」（*Free Education*）也是國民教育的一個特徵，如同英國的一些國會議員就認爲：沒有「免費教育」，就不能實行「強迫教育」，因而就沒有了「國民教育」。英國是經驗主義的大本營；在思想方面，現實超過一切。一般人不能負擔子女的教育費用，不管公佈任何嚴格的強迫教育法令，其結果仍然不能作通。所以一九四四年英國的教育法案，對於「免費教育」制度的施設，特別加以注意。免費教育制度的建立，對於推行國民教育固然特別重要，但是這種「免費教育」，究竟只是實行國民教育的「條件」，並不是國民教育的「本質」；所以「免費教育」並不能是國民教育的基本特徵。

六

　　世界各國的歷史，本來是分頭、獨立的發展；自啓蒙運動發生以後，西洋各國的歷史，很獨特的經過了一段「科學和技術的時代」（*Wissenschaftliches und Technisches Zeitalter*），因而西洋各國的歷史發展乃直接或間接的影響了世界各國歷史的發展。（註三十四）二十世紀的上半期經過了兩次世界大戰，技術的進步，超過了過去任何一個時代。科學的發展是近代人類文化上的輝煌成就；科學的研究，提高了「人」的「地位」和「價值」，使「人」得到了更大的自由。但是在科學的發展中，技術獲得了特殊進步之後，「人」的「價值」和「地位」反而一落千丈，把「人」附屬在「技術」之中，因而減少了人的自由。這實在是一種極端的矛盾現象。人類在歷史上的進化，是傾向一種合理的社會生活，即團體生活；可是技術支配一切以後，無意的卻又把已有的團體生活，透過技術的「分工」，變成「分裂」和「對立」的局面。這又是人類歷史上另外一個極端的矛盾。（註三十五）現代歷史既成爲矛盾的局面，於是乃形成了歷史上重大的危機。因此，對於人類文化，尤其是西洋文化，乃產生了不少悲觀的論調，認爲西洋文化已經快接近了滅亡的階段。這種文化悲觀論的主張，雖然不無理由，但是因爲這種悲觀論者的立場不甚確定，立論也不甚穩妥，所以

也不能完全得到一般人的同意。多數有見解的教育工作者，就不贊成這些悲觀的理論，對於人類的前途，仍持一種樂觀的看法。近世紀的教育思潮中，技術萬能的觀點，雖然影響了全部教育，並且支配了學校的課程，但是民族主義的趨勢，卻並沒有消滅。所以根據民族主義建立的國民教育制度，仍舊是繼續不斷的努力推行。技術發展中的新「發明」，儘量的把人類的團體生活，引向了「分化」的道路；可是國民教育的工作，卻竭盡力量，要把人類的團體生活「團結」的更穩固一點。所以德國教育哲學家斯普蘭格（*Eduard Spranger*, 1882-1963）認為截至現在為止，「發明」已經很多，今後的人類努力方向，卻應該在科學的「發明」之外，再從國民教育入手，多作一些「團結」人類團體生活的工作。所以今後的時代，乃是「團結」的時代。（註三十六）技術時代並沒有過去，今後或者技術更會對著「分化」的道路上向前走，因而從事「團結」工作的國民教育，更有必要。國民教育所作的團結工作，正是實行民族主義必不可少的過程。我們三民主義中民族主義，第一步是恢復自己的民族獨立，第二步就是根據「濟弱扶傾」的精神，「對於弱小民族要扶持他」，「對於世界列強要抵抗他」。這麼一來，隨著我們「恢復民族主義和民族地位」而來的結果，就會「成一個大同之治」。實行我們的民族主義，固然不妨從各方面入手，可是最根本的辦法，卻是盡力的推行國民教育的工作。

從歷史的事實上，我們可以看出來「民族主義」的抬頭，才促進了「國民教育」的發展，再從教育哲學的理論上來說，「國民教育」的成就，又可能促成「民族主義」實現，並進而挽救歷史的危機，並為人類文化前途，再開闢一條新的道路，我們對於國民教育應該有這樣的認識，同時，我們還應把這些歷史事實、哲學理論，作為我們推行國民教育的指導原則。

註釋

註一：Fritz Blättner: *Geschichte der Pädagogik,* 1953, S. 155

註二：Hermanu Nohl: *Die Pädagogische Bewegung in Dentschland und ihre Theorie,* 3. Auf., 1949, S. 25

註三：Eduard Spranger: *Zur Geschichte der deutschen Volksschule,* 1949, S. 11

註四：晏陽初：平民教育概論（載商務書館出版。教育雜誌，十九卷，第六號）。

註五：陶行知：平民教育概論（載中華書局出版。中華教育界，第十四卷，第四期）。

註六：陳青之：中國教育史，商務，頁七六三－七六四。

註七：教育部：第二次中國教育年鑑，商務，頁二〇七。

註八：教育部頒發（二十六年）實施義務教育辦法大綱施行細則，第二條。

註九：教育部公佈（二十六年）二年制短期小學暫行規程，第三條、第四條。

註十：教育部公佈（二十九年）國民教育實施綱領，第二條。

註十一：教育部：第二次中國教育年鑑，商務，頁一七。

註十二：Samuel Chester Parker: *The History of modern elementary Education*, 1912, P. 5

註十三：Albert Reble: *Geschichte der Pädagogik,* 1951, S. 15-20

註十四：同書：S. 37-38

註十五：同書：S. 48

註十六：Bertrand Russell: *History of Western Philosophy*, 1946, P. 323

註十七：同書：P. 419

註十八：同書：P. 418

註十九：Albert Reble: *Geschichte der Pädagogik*, 1951, S. 54

註二十：當時的學校，如教堂學校（*Cathedral School*）、寺院學校（*Monastic School*）、行會學校（*Guild School*）、歌詠學校（*Chantry School*），救濟院附設學校（*School in Connection with Almshause*）等等。總名之為「拉丁學校」，因為在這些學校中，都教授拉丁語文。參考 Samuel Chester Parker 所著 *The History of modern elementary Education*, 1912，頁十四－十五。

註二十一：Albert Reble: *Geschichte der Pädagogik*, 1951, S. 63

註二十二：Samuel Chester Parker: *The History of modern elementary Education*，即一例證。

註二十三：Samuel Chester Parker: *The History of modern elementary Education*, 1912, P. 34

註二十四：參看 Max Weber: *Gesämte Aufsaetz zur Religionssoziologie (Answahl)*, 1943

註二十五、二十六：Samuel Chester Parker: *The History of modern elementary Education*,

　　　　　　　1912, P. 69

註二十七：Fritz Blättner: *Geschichte der Pädagogik*, 1953, S. 49

註二十八：同書：S. 52

註二十九：Albert Reble: *Geschichte der Pädagogik*, 1951, S. 217

註三十　：同書：S. 237-240

註三十一：Fritz Blättner: *Geschichte der Pädagogik*, 1951, S. 210

註三十二：Werner Picht: *Das Schicksal der Volksbildung in Deutschland*, 1950, S. 189

註三十三：Eduard Spranger: *Zur Geschichte der deutschen Volksschule*, 1949, S. 12

註三十四：Rarl Jaspers: *Vom Ursprung und ziel der Geschichte*, 3. Auf. 1952, S. 43

註三十五：Bertrand Russell: *History of Western Philosophy*, 1946, P. 514

註三十六：Eduard Spranger: *Zur Geschichte der deutschen Volksschule*, 1949, S. 50

（本文原載於正中書局編審委員會主編，民族主義與國民教育，民國四十三年九月正中書局出版）

六

中國高等教育

一、高等教育在學校教育制度中的地位

從廣義的教育史來看，人類生活中的教育工作，都是和生活打成一片，並沒有超出生活範圍以外的「高等教育」。可是人類文化進步以後，局限於日常生活範圍中的教育工作，已經不能夠滿足人類的需要，於是那些過去和日常生活混在一起的「教育」工作，乃離開了實際生活的範圍，自成一個獨立的系統；這就是「學校教育」工作的開始。初期的「學校教育」工作，在性質或程度上雖然沒有什麼分類或系統，但是它卻已經具備了一種特殊的面貌。而這種特殊的面貌，乃是於「保留」舊的生活知能之外，更進一步，憑藉過去累集的經驗，去「改進」生活中所需用的知能。除了消極的「保留」舊的知能之外，再作一些「改進」生活知能的工作，正是「高等教育」的特徵。因此我們可以說，在「教育」工作的開始，雖然沒有高等教育的意味，可是等到「學校教育」工作開始以後，超出實際的日常生活以外的教育活動，就已經含有很顯著的「高等教育」的氣味。

中國有關學校教育制度的文獻中，如禮記中的學記篇，其中所說的「大成」固然屬於高等教育的範圍。但是「大成」以前的「小成」，就其內容來論，如「離經辨志」、「敬業樂群」、「博習親師」以及「論學取友」，又何嘗沒有高等教育的意味。學記中又說：「凡學，官先事，士先志」，這種「官」和「士」的分科教育，不是更明顯的很類似我們現在的高等教育麼？所謂「官」的教育正是要養成社會上各方面所需要的法、農、工、醫等等領袖人物；至於「士」的教育，則近於現在所說的純學術的專門研究人材。培養領袖人物和專門的學術研究工作者，不正是我們現在高等教育工作的兩大任務麼？其次，我們再就中國古代學校的名稱來看，如家「塾」、黨「庠」、術「序」與國「學」，好像是只有「學」才屬於高等教育的範圍，其他的「塾」、「庠」、「序」則是低於高等教育的學校。但是事實上，這些在程度上較低於「學」的幾種教育機構，並不是在「學」的範圍以外的獨立機構，就其性質而論，只不過是「學」的預備階段而已。現行學制中，國民教育、職業教育、中學教育等等雖然也是

一些高等教育前一段的教育工作，但是它們卻各有其獨立的任務，自成一個範圍，並不是高等教育的預備工作。我們古代教育制度中的「塾」、「庠」、「序」和「學」的關係，卻並非如此；前三種教育機構只不過是「學」的預備階段。因此，我們不妨說，中國古代的學校教育是以「高等教育」為教育活動的重心。自漢以來一直到清末新學制的建立，我們的教育工作，都是朝著這個方向往前推進。到了新學制建立以後，我們中國舊有教育工作，無論在內容上或形式上都起了很大的變動。雖然有些人還在那裏主張「中學為體，西學為用」，可是在學校制度改革的工作上，卻已經不知不覺的「全盤西化」了。我國的新式教育，儘管是澈底改革舊式教育的結果，可是仍然沒有拋棄了以高等教育為重心的傾向。當舊教育制度發生動搖，新教育制度尚未建立的過渡時期，最早設立的同文館（同治三年，即一八六二年）以及以後相繼設立的船政學堂、機器學堂、電報學堂、礦冶學堂、水師學堂等等，就其性質以及入學的資格來看，都近於高等教育。光緒二十一年（一八九五）在天津所設立的新式學堂，分為「頭等學堂」和「二等學堂」。頭等學堂，據創辦人自己說：「此外國所謂大學堂也」；至於二等學堂仍然是頭等學堂的預備階段。第二年在上海設立了南洋公學，以後在南洋公學中，於「外院」之外又先後設立了「中院」和「上院」。「上院」的程度和頭等學堂相等，至於和小學相等的外院以及和中學相等的中院，也仍是上院的預備階段，並沒有獨立的範圍和任務。在新舊教育的過渡時期，中國的學校教育，仍然是把高等教育當作工作的重心。中國的正式的新學制的開始，應該從欽定學堂章程（一九〇二）和「奏定學堂章程」（一九〇三）算起，可是這兩種學堂章程的前身乃是「京師大學堂章程」（一八九八）。新學制開始所根據的法規，就稱為「京師大學堂章程」，可見我國正式新學制中工作的重心，仍然是高等教育。

　　把高等教育作為學校教育工作的重心，這樣的事實並不是在中國教育活動中獨有的現象，即在西洋教育史上，我們也可以發現相類的情形。古代希臘的雅典，文化、教育非常的發達，當時著名的學者如皮塔哥拉斯（*Pythagoras, about* 580-500 *B.C.*）和蘇格拉底（*Sokrates,* 469-399 *B.C.*）

都曾經聚徒講學，但是並沒有固定的場所，就其講學的程度而論，應該屬於高等教育的範圍。從柏拉圖（*Plato*, 427-347 *B.C.*）建立的學院（*akademie*），亞里士多德（*Aristotle*, 384-322 *B.C.*）建立的學園（*lyceum*）已具備了學校教育的形式；這些教育機構，無論是學院或學園，都是高等教育。在希臘的斯巴達，雖然由政府負責設立了教育兒童的場所，可是斯巴達的教育機構，只是一種軍事訓練的預備階段，已是失去了廣義教育的含義，而且在整個的希臘教育活動中，並沒有什麼了不起的地位。因此我們可以說古代希臘的學校教育仍是一種高等教育。羅馬人在政治方面的成就很大，建立了統一的大帝國，可是羅馬人受了歷史傳統的限制，把教育權交給了每一個家庭，始終不曾建立起來一種公共的學校制度。國家所注意的教育工作，只是法律教育，政治教育以及軍事訓練，這仍然類似近代的高等教育。希臘、羅馬的學校教育制度和現在西洋的學校教育，並沒有直接的關係。現代西洋各國的學校教育，可以說是開始於第八世紀的寺院學校（*monastic school*）以及相繼而起的教堂學校（*church school*）。這些學校都是以教授拉丁語文為主，目的在於養成傳教的人才，仍然是富有高等教育的意義。到了十三世紀，又產生了大學，因而寺院學校乃成為大學的預備階段。寺院學校和大學是西洋各國學校教育的開始，可見西洋各國的學校教育一開始，就是高等教育。一直到近代，寺院學校一類的拉丁學校才演變為現代西洋各國的高級中學，至於職業學校和國民學校的發生，則是啟蒙思想發達以後的事情，比大學的建立已經遲了許久。

學校教育制度建立以後，把高等教育看作工作的重心，這種情形是否妥當，那是另外的一個問題；從歷史的發展來看，這終究是一個不可否認的事實。十八世紀以後，國民教育受到了重視，有些學者認為判斷一個民族文化程度高低的標準，不是少數幾個特殊人物的成就，而是一般人的教育水準。所以自十八世紀以來，一些現代化的國家都是在全力的推進普及的國民教育工作。因而高等教育已經不能夠在學校教育工作中，獨佔首要的地位。可是二十世紀這五十年代中，由於文化、技術的發達，國際關係的複雜，國民教育的程度，因而也必須隨著提高；所以大學推廣教育，在成人教育工作中，也佔了一個重要的地位。從這種新的發展中，我們可以

看出來，高等教育在學校教育範圍以內，並不因國民教育的發達而減少其重要性。

二、中國新式高等教育的開始

　　一個有歷史傳統的國家或民族，遭遇到了不幸的命運，往往就會在教育方面發生改革運動；因爲一些有見解的領袖人物，都相信「在物質方面的損失，可能從精神力量方面得到補償」。我們中國有悠久歷史，高度文化，是世界上的古國，大國，強國，常常以天朝自居。可是到了近代，鴉片戰爭、甲午戰爭兩次的失敗，於是乃有變法圖強的運動。在變法的運動中，對於教育的改革，更是特別的加以注意。鴉片戰爭以後，在教育工作中，還只是部分的把舊有的教育制度改變一些，無計劃的設立了一些新式的教育機構。到了甲午戰爭失敗以後，在教育改革的工作中，才有了整個的計劃。清光緒二十二年（一八九六）的變法運動中，「興學」也是其中的一件主要工作。雖然遭受到一些守舊者的阻撓，可是大勢所趨，終於在光緒二十四年（一八九八）五月，在北京設立了京師大學堂。這是奉旨設立的學堂，所以主持的首腦，被稱爲「管學大臣」。京師大學堂最初設有「普通學」和「專門學」兩「類」。「普通學」類中分爲經學、理學、中外掌故、詩文、初級算學、初級格致、初級政治、初級地理、文學、體操共十「門」；至於「專門學」類中，則分爲英、法、德、俄、日等諸國語言及高等數理共十五「門」。這兩「類」二十五「門」中，只有普通學「類」中四、五門是我國舊有的學問以外，其餘絕大部分，都是西洋的學問；因而京師大學堂的「總教習」，不是中國的學者，而是由一位取有中國人姓名的美國人丁韙良來擔任。中國近代第一所新式大學的「總教習」是由美國人擔任，只就這一點事實來看，就可以說明中國近代高等教育所受西洋教育的影響，如何的深刻了。文化的體系是一種有機的形體，具有一種獨立的完整性。一種文化體系固然可能吸收另外一種文化體系的成份，但是整體文化體系的移植，是不可能的。所以儘管他們的高等教育深受西洋教育的影響，可是中國的大學仍然不完全是西洋大學制度的翻版。

京師大學堂成立以後，只隔了一年，就遭逢庚子的拳匪之變，受了關閉的處分。到了清光緒二十七年（一九○一）的歲終，又決計恢復京師大學堂。第二年才改定章程，重新設立，另外換了一位「管學大臣」，並且辭退了美國籍的「總教習」，改由吳汝綸來擔任這個職務。在制度方面，也有了重大的改變。大學的本身為分科大學，另外設立「高等學堂」，作為大學的預備階段。改制後的京師大學堂，共分八科，即：經學科、政法科、文學科、醫學科、格致科、農科、工科、商科。分科大學之外，另設「速成科」，其中分設「仕學館」和「師範館」兩個部分。設立已久的同文館，即中國最早設立的一所新式學校，也併入京師大學堂，後來則改名為譯學館。依照欽定學堂章程的規定，所有京外的一切學堂，都由京師大學堂直接管轄。因此當時的京師大學堂，一方面本身是一個教育機構，同時又是全國性的教育行政機關。除此以外，那個時期的京師大學堂還有一個特點，就是在大學堂的本身，即分科大學（當時並未完全設立）以外，還附設了短期的速成科，這倒是和現代歐美大學中在校學生有 *graduate study* 和 *professional study* 之分的情形，有些類似。當時京師大學堂中所附設的師範館，其中分設文學、史地、數理、農博四類，也是一種切合實際的措施。在以後的高等師範學校、師範學院中，這四類的分科，仍然還是主要科系。

清光緒二十九年（一九○三），由於張之洞的關係，京師大學堂的規模，又有了變動。其中最值得注意的，乃是：第一於分科大學之上，設置「通儒院」，規定肄業年限為五年，大學畢業之後，升入通儒院「研究各科之精深義蘊」。在院中並不上課聽講，只在齋舍中，作研究工作。這樣的改進，乃使大學堂的性質變更很大。原來的大學堂只是「教育機構」，經過這一次的改進，大學堂在完成教育的任務之外，還擔負起來學術研究的責任，因而大學堂同時又是「研究機構」。第二、原來京師大學堂的首長，稱為「管學大臣」，京師大學堂要管轄京外的學堂，對於全國的學堂要負起指導的責任。經過這一次變動，京師大學堂的首長不再稱為「管學大臣」改稱「總監督」，到清光緒三十三年正月，另行刊頒「京師大學總監督印章」，於是京師大學堂，乃成為「教育」兼「研究」的獨立機構。

除上述兩點之外，因為各省的高等學堂未能成立，缺少合格的大學學生，因而在京師大學堂中，設立「大學預備科」，這種大學預科的制度以後一再沿用了二十多年，直到國民政府定都南京之後，才完全取消。到宣統元年（一九〇九），京師大學堂的內容，又發生一些改變。大學堂的「總監督」在這一年委派了經科、法科、文科、醫科、格致科、農科、工科、商科八科的大學監督，負責籌備設立分科大學。第二年，各分科大學成立的典禮舉行以後，除了醫科大學，其他七個分科大學都同時開辦起來。自光緒二十四年（一八九八）京師大學堂創設以來，歷時十年，到宣統元年（一九〇九）經過了一些挫折和改進，才算是規模粗備，大體完成。在這一段草創的時期，京師大學堂幾乎是獨佔了我國的高等教育。清光緒三十年設立的京師高等實業學堂，三十一年所設立的法律學堂，三十三年所設立的法政學堂，宣統元年所設立的財政學堂等等，其程度只等於大學預備階段的高等學堂；而且除了法政學堂隸屬於「學部」（光緒三十一年設立）以外，其餘如實業學堂為農工商部管轄，法律學堂為法律館所設，財政學堂為度支部所設，都不是完全受學部的管轄，所以這些學堂，並不能明確的屬於高等教育範圍之內。

三、民國元年新學制實行後的高等教育

清末的高等教育制度，在制度章則，尚未完全見諸施設的時候，就遇到辛亥革命，很快的就建立起來中華民國。民國元年四月，把原有的學部改稱教育部，負責指導並改進全國的教育工作。同年七月間教育部召開了全國性的臨時教育會議，制頒教育宗旨，確立學制系統；以後又公佈了大學規程，因而在高等教育的階段中，再度的有了一些改進。大學校的宗旨定為「教授高級學術養成碩學閎材，應國家需要」。清末的變法運動中，中學為體，西學為用，始終是一個基本的原則，所以清末幾次高等教育的改進，都把「經學」一科列在各科之首。民國成立後，第一次（民國元年）臨時教育會議中以及民國二年公佈的大學規程中，取消了大學中的「經學」一科；在觀念上，這是一種很大的改變，經學一科取消以後，大

學中只剩下了文、理、法、商、農、工、醫七種。而且在這七種之中，把文、理兩科作為大學各科的基礎。文、理兩科是純學術的，不像其他各科那樣含有實用的性質。文、理兩科的性質和歐洲一些國家大學中的「哲學院」極為相似，在德國的大學中，直到現在，還把「哲學院」作為其他學院的中心。民國元年以後，改制的大學以文、理兩科為主，這種措施，在我國高等教育的歷史中，是一個很大的進步。民國二年的大學規程中，明白規定：凡文、理兩科並設者，及文科兼法、商二科或理科兼醫、農、工三科（或在醫、農、工三科中兼其中之二科或一科）者，方得稱為大學。換一句話來說，凡是不曾設置文、理兩科或其中之一科者，不得稱為大學，只要兼辦文、理兩科，即使不兼辦其他各科的，則依然可以稱為大學。因此，我們可以看出來，民國元年以後的大學是把純學術的研究當作工作的中心，把實際應用的訓練，當了附帶的任務。依照規定，大學中文科分為四「門」（哲學、文學、歷史學、地理學），理科分為九「門」（數學、星學、理論物理學、實驗物理學、化學、動物學、植物學、地質學、礦物學），法科分為三「門」（法律學、政治學、經濟學），商科分為六「門」（銀行學、保險學、外國貿易學、領事學、稅關倉庫學、交通學），醫科分為二「門」（醫學、藥學），農科分為四「門」（農學、農藝化學、林學、獸醫學），工科分為十一「門」（土木工學、機械工學、船用機關學、造船學、造兵學、電氣工學、建築學、應用化學、火藥學、採礦學、冶金學）。在規定上雖然得設這樣的「科」和「門」，但是當時由京師大學堂改名的「北京大學」，卻並不曾設立起來這麼多的科、門；不僅「門」沒有設全，甚至醫科就不曾設立起來。在民國元年的高等教育計劃中，雖然於北京大學之外，恢復了天津的北洋大學，可是北京大學似乎是仍然獨佔了「大學」的地位。因為北洋大學的前身乃是就天津博文書院的舊址所辦的頭等、二等學堂，中間經過庚子之變，改稱北洋大學，民國元年四月合併了直隸省的高等學堂，始終是地方性，而且是省立；更因為北洋大學在恢復的時候，只有工科和法科，沒有依照當時的規定開辦文、理兩科，所以當時一般的看法，好像北洋大學不能算是一個完整的大學。以後又把法科併入北京大學，只辦工科，事實上已成為單科大學。直

到民國七年方才改為國立，可是學校的經費仍然是來自直隸省的省庫。所以民國初年國立的大學只有北京大學一所。民國三年雖然計畫著把全國分為七區，要於北京大學之外，分別在南京、太原、武昌、廣州、雲南、奉天等地再開辦六所國立大學，可是事實並不曾見諸實行。北京大學的本身在制度方面，於民國元年也有一些改變，通儒院的名稱取消，改為「大學院」，其性質仍然沒有大的變動。高等學堂這一個階段取消，在大學中設立「預科」，而且為了適應大學本科的需要，把預科分為三部：第一部是養成將來升入大學文、法、商科三科的入學資格和能力；第二部則是理、農、工三科以及藥學門的預備階段；第三部則專為醫科的醫學門而設。當時北京大學沒有設立醫科，所以只開辦了第一部和第二部兩種預科。所有各部預科一律肄業三年，大學本科，除法科、醫科外，一律定為三年。到了民國六年以後，才把預科的修業年限，改為二年。

　　民國元年以後幾年的高等教育改革工作中，除了改進並充實唯一的國立北京大學以外，還相繼的改組並設立一些專門學校。原來由法律館奏辦的法律學堂，度支部奏設的財政學堂以及原由學部設立的法政學堂，在民國元年由教育部下令合組為北京法政專門學校。原來隸屬於農工商部的京師高等實業學堂，在民國元年也改歸教育部辦理，起初定名為北京高等工業學校，嗣後又改稱北京工業專門學校。清末宣統元年京師大學堂的農科大學，在籌辦時候，就在北京阜城門外另建校舍，入民國以後，農科大學也遵奉教育部的命令，獨立設校，改名為北京農業專門學校。這三所專門學校，都是由清末原有的學堂改組而成。當新學制開始公佈的時候，京師大學堂中，依照規定，得設醫科大學，可是始終沒有籌備設立。因而民國元年，教育部於改組舊有的學堂設立一些專門學校時候，在同年九月中就北京外城女子師範學堂的舊址設立了北京醫學專門學校。這是我國高等教育中辦理醫學教育的開始。醫學教育在西洋各國，原則上都是由大學負責辦理，而我國的醫學教育一開始就由低於大學的專門學校辦理，因而形成了後來兩級形式的醫學教育。這或許受了日本醫學教育的影響吧。依照民國元年的規定，除了上述法政、工業、農業、醫學各專門學校之外，還可以設立藥學、商船、外國語等類的專門學校。專門學校內部可以設立不同

的「科」，肄業年限定為預科一年，本科三年；因為比大學修業年限少了三分之一的時間，所以專門學校畢業的學生沒有學位。高等教育的範圍，並沒有一定界線，有些國家把能否授予學位，作為高等教育和非高等教育區分的標準，因而「低於學院程度」（less than college grade）的專科學校不列入高等教育的範圍之內。可是事實上現在歐美國家大學中間，有不少學生並不攻讀學位，只是為的研習一些專門的科目，作為參加國家各種考試的準備。這些中等學校已經畢業的學生，在大學中修習大學程度的課程，而不參加學位考試，也決不能說他們所受的教育就不是高等教育。所以高等教育和學位授予並不能混為一談。這是把高等教育範圍放寬的一種看法。民國初年，在大學之外，同時設立了一些專門學校，把專門學校看作高等教育階段中和大學並立的一個旁支，可見我們的教育政策對於高等教育的看法，是採取了一種較為廣義的解釋。

民國六年，教育部接受了各方面的意見，為了改進高等教育制度，於九月二十七日以六十四號部令，公佈了新的大學令，規定大學預科修業的年限改為二年，並不得獨立設置；本科則延長一年，改為四年。而且進一步把民國二年公佈的大學規程中的精神，即以文、理兩種為「大學基幹」的精神，也取消了。原來的規定，不設文、理兩科或二科中之一科者，不得稱為大學；這一次修正「大學令」的結果只要有兩科，即可稱為大學。大學中只辦任何一科，即不妨稱為某科大學。這種改變似乎只是遷就事實，並沒有什麼理論上的基礎。民國六年的「大學令」中，大學的教員只有「正教授」、「教授」與「助教授」三級；但是在必要時，得延聘「講師」。講師自有其特殊地位，不列在大學教員的等級中間，而且不把「助教」列在大學教員的等級中間。這樣的規定，和現行制度不同，但是比現行大學教授分為教授、副教授、講師、助教四個等級的制度，要合理一點。

四、民國十一年教育改制以後的高等教育

第一次的世界大戰使全世界大多數的國家，無論是戰勝或戰敗，都

不免體驗到一些深刻的慘痛。所以大戰之後，在軍事復員，經濟重建的同時，也注意到了教育改革的工作。民國七年「中華教育改進社」，一個由留學美國的學生所倡導並組成的改進教育社團——在開會的時候，提出建議，以「養成健全人格，發揮共和精神」作爲新的教育宗旨。再加上民國八年的五四運動富有「啓蒙」的色彩，對於過去的一切，都要「重新估價」，自然對於舊有的教育制度，也難免感到不滿。第一次世界大戰結束以後，世界的思潮，時代的精神已經使中國方面，直接或間接的受到了一些影響，不知不覺的引起了教育改革的動機；緊接著第二年，即民國八年，由大學及專門學校來領導的五四運動，對於中國思想方面的影響更爲深刻。因而高等教育在制度方面，也突破了現行制度的拘束，作了不少的驚人改革，如男女合校，廢除考試，都是發生在當時的高等教育範圍中間。這些演變的結果，乃有民國十一年新學制的產生。民國十一年的新學制，在高等教育方面，有以下幾項重大的改革：第一、大學中可設一科或數科，只設一科者，即爲單科大學。當時北京的工業、農業、法政幾個專門學校，都於民國十一或十二年秋季以後，根據新的規定，改稱工業大學、農業大學、法政大學。北京高等師範學校和民國八年開始的北京女子高等師範學校也相繼於民國十一年、十二年分別改爲師範大學和女子師範大學。第二、大學修業的年限，除醫科、法科至少爲五年之外，其他各科定爲四年。因爲中學改爲三三制的六個年級，程度提高，所以取消了大學中所附設的預科（但是一直到十九年以後，才完全取消）。第三、大學各科普遍的採用選課制，這是過去大學中所未曾實行過的一種新制度。第四、在大學以外，由於學科性質的不同以及各地方的特別情形，仍得設立專門學校，招收高級中學畢業的學生，在校修業三年以上。如果其修業年限相等，亦得享受與大學相等之待遇。這種專門學校的制度，伸縮性很大，頗有些和德國「高等工業學校」的制度相似，在德國若干高等工業學校，具備相當的條件，能授予博士學位者，即與大學的階級相等，否則即係低於大學階級的高等工業學校。民國十一年新學制中所規定要設立的專門學校，並沒有實行，後來就改行「專科學校」的新制度。第五、大學和專門學校得附設「專修科」，凡是志願修習某種學校或職業而具備相當程

度的，可入專修科修業。在校修業年限，伸縮性很大，可以根據實際情形或特殊需要，酌予規定。職業性的訓練雖然不是大學的主要任務，可是近代化的大學，對於職業訓練的工作，也不應完全不管。這倒是一種頗切實用的限制，可惜的是並不曾切實執行。第六、大學本科之上，仍設置注重學術研究工作的大學院。我國的新學制，在清末的奏定學堂章程中，就有設置「大學院」的規定，在大學院中是「主研究不主講授，不主課程」，所以修業年限沒有嚴格的規定。在欽定學堂章程中，把大學院的名稱取消，改為「通儒院」，通儒院中雖然「以能發明新理，著有成書，能製造新器，足資利用」為目的，仍係注重研究工作，可是卻已經把在院修業的年限定為五年。民國元年的學制，在學制系統的說明中只提出大學院的名稱，卻並沒有較為具體的規定。民國六年公佈的「大學令」中，第六、第七兩條對於大學院的目的和入院資格才有了比較具體的說明。民國十一年的新學制，仍然依據過去的規定，採用了大學院這個名稱。無論是大學院或通儒院，都只是法令中的條文規定，事實上並不曾名符其實的建立起來。

我國高等教育制度的建立，可以說是由清光緒二十四年（一八九八）開始。自開始到民國十五年（一九二六）這一段差不多三十年的時間中，在國際間，中國受了不少次的外族侵略；在國內，政治、社會上也起了很大的變更。在這一段艱難困苦的時代中，我國的高等教育制度，始終是陸續不斷的在改進之中，這倒是很值得慶幸的一件大事。雖然有些地方只不過是法令條文上的規定，在事實上並沒有完全見諸實施，卻也不應該把它開創的價值也忽視了。世界上任何國家的教育改革方案，都不能夠立刻見諸實行。如同二次世界大戰以後英國國會在一九四四年所通過的教育法案，直到現在已過了十年，為若干事實上的困難所限制，仍然未能完全見諸實行。教育工作是人類文化創造工作中一件最艱難的工作，永遠是向著一個理想或一種價值去追求，在任何高度文化的民族生活中，教育改革運動總是連續不斷相繼發生，所以我們要批評一種教育制度的時候，要注意它本身的價值，不應該只就其執行的結果，作為批評的標準。我們對於民國十五年以前中國高等教育的制度，也應該保持這種看法，才算是比較的公平。

五、國民政府奠都南京以後的高等教育

民國十五年二月在廣州的「國民政府教育行政委員會」成立以後，中國的高等教育又漸漸的渡入了一個新的階段。在國民政府教育行政委員會成立之先，中國國民黨改組以後，民國十三年，國父就躬親擘畫把當時的廣東高等師範學校、廣東法政專門學校以及廣東農業專門學校合組為廣東大學，於十一月舉行成立典禮。廣東大學設文、理、法、農四個學院；第二年又把廣東公立醫學院併入廣東大學，於是廣東大學又增設了醫學院。國父逝世以後，為紀念國父，乃把廣東大學改稱中山大學。國父曾經說過：「革命的基礎在高深的學問」，而高等教育正是研究高深學問的場所。所以中國國民黨在領導國民革命，北伐成功以後，對於高等教育工作的改進，非常注重。民國十六年國民政府定都南京，在七月間公佈了「中華民國大學院」組織法，並於十月中成立了中華民國大學院，代替了國民政府中原有的教育行政委員會。中華民國大學院雖然在工作上，仍然類似現在和已往的教育部，偏重在推行教育行政工作，可是就名稱上來看，就可以想像到是如何的注意高等教育了。在中央的最高教育行政機關改稱大學院，因而也頒布了「大學區組織條例」，希望在省區也建立起來以大學主持地方教育行政的制度。「大學區組織條例」第一條為：「全國依現有之省分及特別區，定為若干大學區；……每大學區設校長一人，總理區內一切學術與教育行政事項。」當時有江蘇、浙江兩省依照規定設立大學區，分別主持江、浙兩省的學術以及教育行政工作；在北方所設置的大學區，統轄河北、熱河兩省與北平、天津兩市，已經不很嚴格的遵守條例的規定了。大學區中設研究院，為本大學研究專門學術之最高機關。另外，設有高等教育、普通教育與擴充教育三處。這種「學術研究」與「教育行政」統一的制度，有其優點，但亦有若干難以克服的困難。而民國十七年十月，取消了中華民國大學院，改為教育部；第二年，接著也取消了浙江、江蘇和北平大學區制度，使高等教育與省區教育行政各自獨立推行工作。改組中華民國大學院，取消了大學區制度，卻並未減輕了對於改進高

等教育工作的重視。民國十八年七月，國民政府公佈「大學組織法」，這是我國教育史上第一次爲高等教育奠立了法律的根基。清末新學制開始實行的時候，只有京師大學堂「章程」以及學堂「章程」；入民國以後，也只有大學「規程」，大學「令」，一直到民國十八年，才有了對於高等教育的「立法」。「章程」、「規程」和「令」雖然可以作爲推進高等教育的依據，但是比較起來，終究不如「法」的力量。「章程」也好，「令」也好，修正起來，手續簡易，常常變更，固然易於改進，可是高等教育的基礎，不免就不大穩固。有了高等教育的「立法」，對於政府、對於民間，都會增加一些拘束的力量，對於高等教育，不得不依法加以重視。自從大學組織法公佈以後，直到對日戰爭的發生，在這不到十年的時期中，我國高等教育的發達，學術研究的進步，超過了新教育制度建立以來任何一個時期。這樣的進步情形的形成，總不應該說它不是受一些教育立法的影響吧！大學組織法第一條，規定大學的任務爲：「研究高深學術，養成專門人才。」依照這一項的規定，大學的本質是「研究性」與「教育性」並重，甚至「研究性」還要重於「教育性」。世界上任何一個具有高度文化的國家，對於大學的本質，都持著這樣相同的看法。我們的教育立法中，開宗明義，提出了這樣規定，可見我們對於大學任務的認識是十分正確。其次對於大學的創立者，即對於大學經費的負擔者，也在這一次的立法中，明白把範圍擴大不少。國家開辦大學之外，地方政府、私人以及私法人都有權設立大學，如果他們能夠充分的負擔經費。所以「私立」、「省立」和「國立」的大學，依法都有相等的法律地位。對於大學的創設者，在大學組織法中雖有「從寬」的規定，可是對於大學中直接主持校務的校長，卻加了「從嚴」的限制，所以大學校長「除擔任本校教課外，不得兼任他職」（這一條規定，是後來於民國二十三年四月份修正公佈的大學組織法中，才加進去的）。大學組織法第十八條在規定校務會議中校內出席人員之外，並於附款中規定「校長得延聘專家列席」，這也是一項很值得注意的規定。校長不得兼任他職，是要校長用全力主持校務，並不是要把大學關起大門，孤立起來；所以才有專家列席校務會議的規定，爲的是要使專家對於大學的發展計畫也有參與的機會。上述各項，都可以表現

出來大學組織法的基本精神。除此之外，大學組織法中，還有一些新的規定，如教育一科，也可以成爲一個學院。在京師大學堂章程頒布以來，大學中經常所設七「科」（清末大學中有經學科，共爲八科，民元取消經學科，只餘七科）之外，增加了教育，因而依照大學組織法，大學中，共分文、理、法、教育、農、工、商、醫各學院。在條文中用「各」而不用「等」，因而大學中是很嚴格限定，只可以設置組織法中所規定的八個學院。這八個學院在每一個大學中不必全設，但是必須設置三個學院，方才能夠稱爲大學。因爲有了這一項規定，過去的單科大學制度算是取消了，只辦一科的，稱爲獨立學院。在民國十八年以前，大學教員的等級並沒有嚴格的名稱上的規定，在大學組織法中，卻把大學教育分爲教授、副教授、講師、助教四個等級，一直到現在，我們還是採用這樣的制度。自新學制實行以來，高等教育階段中，最後一級，除了奏定學堂章程有效的一段短時期中稱爲「通儒院」之外，民國元年，十一年兩次的學制中，都稱爲「大學院」。在大學組織法中，則不用大學院的名稱，而於第八條的條文中，規定的名稱乃是「研究院」。大學中所設的研究院，至少須有三個研究所，所中得設置若干「學部」；在所研究時間，至少兩年，已得有學士學位的研究生，成績合格經教育部覆核無異者，則授予碩士學位。自大學組織法公佈實行之後，十八年八月教育部又公佈了大學規程，於是我國高等教育階段中的大學，在制度方面，乃有了一個比較完備的規模。

　　我國高等教育階段中，在大學之外，自民國元年以來就設立了若干性質不同的「專門學校」。所以在民國十八年七月二十六日國民政府公佈大學組織法作爲改進大學教育根據的同一天中，也公佈了「專科學校組織法」作爲改進專門學校的依據。原來的高等教育制度中，大學與專門學校雖有不同的名稱，但在性質上，卻並沒有很明確的界限。在十八年公佈的兩個高等教育組織法中，卻把大學和專科學校的任務，明白的劃分一下。大學的任務是「研究高深學術，養成專門人才」；專科學校的任務則是「教授應用科學，養成技術人才」。一個是「研究」，一個是「教授」，在性質上，大學中是「研究性」重於「教育性」，專科學校中則是以教育性爲主；大學中所注重的是高深的理論，而專科學校中，則注重實用的技

術。因爲大學和專科學校的性質不同，所以專科學校的教員只有「專任」和「兼任」的區別（第六條），並沒有教授、副教授、講師一類的等級。大學中雖然依法只有八種性質不同的學院，可是專科學校的分科，卻是相當的複雜。依照民國二十年三月公佈的「修正專科學校規程」中的規定，專科學校可以分爲甲、乙、丙、丁四大類。甲類的專科學校中，除列舉礦冶專科學校、飛機製造專科學校等十五種之外，另有「其他」一項無限制的規定；如果一所專科學校中兼辦兩科的時候，則可以混稱爲「工業專科學校」。乙類的專科學校中，在列舉的農藝專科學校、水產專科學校等七種之外，也有「其他」一項，作爲伸縮的餘地；設置乙類中的兩種以上的專科學校，即可以稱爲「農業專科學校」。丙類的專科學校中，有銀行專科學校、鹽務專科學校等八種，更加「其他」一項。兼辦丙類中兩種專科學校的學校，則稱爲「商業專科學校」。丁類的專科學校中，列舉的有醫學、藥學、藝術、音樂、體育、圖書館、市政、商船等八種專科學校以及其他不屬於甲乙丙三類之專科學校。至於各專科學校的修業年限，依專科學校組織法第九條的規定爲二年或三年；依照各科的性質，分別自行規定，醫學專科學校則於三年修業期滿，畢業之後，還得再實習一年。至於甲乙丙三種專科學校的學生，依照規定應該利用寒、暑假的時間分別到工廠等地實習，否則，即不能畢業。

　　教育立法是一件相當困難的工作。對於每一件教育法案常常會有兩種相反的意見，有人儘量稱許，也有人會極力的指責。實在說來，一件教育法案，真不容易達到盡善盡美的地步；即使立法時候，竭力的求其周詳完備，可是在執行的時候，仍然難保不發生流弊。民國十八年同時公佈的大學組織法和專科學校組織法，如果拿來和過去教育法令、章程加以比較，可以說是頗爲妥當合理，可是實行了不久，就又引起了不少的批評。如同大學組織法中，於教育部直接設立國立的大學之外，還允許地方政府以及私人或私法人設立省立、市立、和私立的大學；這種放寬限制，提倡發展大學的立法原意，原未可厚非，可是在實行起來，就難免要有因陋就簡的缺點，因而降低了大學教育的水準。至於專科學校組織法，把專科學校中「專」的特質，規定的頗爲明白；在專科學校規程中並且列舉了甲、乙、

丙、丁四類，再就四類中列舉出不少的「單科的」專科學校。「原則」上是專科學校，爲達成「專」的任務，應該只辦一種；在甲類中設有兩種的，稱工業專科學校，在乙類中設兩種的，稱農業專科學校，則已經有些「例外」的意味。可是事實上因爲好大喜多的積習，很少一個專科學校只辦一種，所常見的專科學校只是「工業」、「農業」、「商業」一類兼容並包的學校，很少是「工業」一類中的「建築專科學校」，「造紙專科學校」、「紡織專科學校」等等，以及「商業」一類中的「保險專科學校」、「統計專科學校」、「國際貿易專科學校」等等。其結果是專科學校已經由「專」而變爲「不專」。這樣失去立法原意的情形，自然難免要受人批評了。國民政府定都南京以後，對於高等教育的改進工作，甚爲努力，大學組織法和專科學校組織法雖公佈不久，可是因爲鑑於這兩件法令在執行時有了缺點，所以在中國國民黨第四屆中央執行委員會於民國二十一年十二月，舉行的第三次全體會議中，就通過了中央組織委員會所提的「改革高等教育案」，主張「改訂現行大學組織法」。在這個提案中，分爲（甲）原則，（乙）辦法兩個部分。在提案中所舉的原則中，有以下幾個原則：「減少現在大學，獨立學院數量並集中財力、人力，以謀其質量之改進」；「各省市政府團體及私人，暫不得設立私立大學及文法學院，以防流弊」；「注重生產教育，以爲發展國家產業之準備」；「實行畢業會考，以謀學生學力之增進」。在「辦法」中，則提出甚爲具體的步驟，如：「大學應專由教育部設立，各省市政府團體及私人所設立之大學，除農工醫理各學院有特殊成績者外，應一律停辦」；「國立大學暫於首都、北平、上海、廣州、武昌、西安等處，各設立一所，其原有之國立大學及獨立學院，應由教育部斟酌情形歸併或停辦」；「國立大學至少應設立三個學院，國立北平師範大學應即停辦」；「各省市政府團體及私人均不得設立文法學院，已設立者應即歸併各國立大學或令其停辦，對於公私立文法專科學校之處置辦法，與文法學院同」；「依據上列各項辦法，改訂現行大學組織法，及其他關於高等教育之一切法規」。在這個提案通過之後，雖然並沒有澈底的逐項執行，可是終於在民國二十三年四月間把原有的大學組織法修正了一次。從民國二十年到七七對日抗戰發生這一段不很

長的時期中，我國高等教育在質的發展中，超過了新教育推行以來任何一個時期，固然可以歸功於統一之後，時局安定，但是國民政府注意高等教育以及社會各方面的努力，也不能說不是一個重要的原因。

六、對日抗戰時期高等教育的維護與成長

民國二十六年，「七七事變」，發生了對日抗戰，這是中國近代歷史上一件大事，關係到中華民族的存亡絕續；因而我國正在發展中的高等效育也受到了嚴重的影響。蘆溝橋戰事立即直接的影響了北平、天津一帶的高等教育工作。平津本來就是我國高等教育工作的基地之一，而我國最早的新式大學以及其他高等教育機構即先後創始於平津兩地。對日戰事一起，在平津兩地大學中的教師與學生，即紛紛向後方各地移動。原來設在北平的北京大學、清華大學以及設在天津的私立南開大學南來之後，於二十六年十一月奉令在湖南長沙合組為「長沙臨時大學」。原在北平的北平大學中的幾個學院與北平師範大學以及設在天津的北洋工學院也同時集合在陝西西安，合組為「西安臨時大學」。平津淪陷之後，京滬也相繼不守，戰事日益擴大，於是一部分教育界人士，基於愛國的熱誠，主張澈底的變更現行的教育制度，去配合抗戰的需要，希望高中以上學校與抗戰沒有直接幫助的，應該加以改組或者立即停辦。尤其是南京撤退以後，這種論調喊的最響。當時高等教育的命運倒很像中華民族的命運，站立在生死的關頭。當舉國一致的主張抗戰第一，這種教育制度改革的論調，很能贏得社會一般人的同情。幸而國民政府經過慎重的考慮之後，認為對日抗戰乃是一件長期的艱苦工作，各方面的人才都是直接或間接的對於戰事分別的有所貢獻，必須把「戰時當作平時看」，才能得到最後的勝利。加以我國新式高等教育的歷史很短，不甚發達，每一萬國民之中，僅有大學學生一人，我們既然堅信抗戰必勝，那麼勝利以後所需的建設人才，也不能不求之於高等教育。而且我國人口眾多，兵源不成問題，並無徵調大學學生直接參加戰爭的必要。於是乃決定在適應抗戰需要，作一些臨時措施之外，一切「仍以維持正常教育為主旨」。民國二十七年四月，中國國民黨

召集臨時全國代表大會通過了「抗戰建國綱領」，其中有關教育制度的，列舉了四款；同時又訂定「戰時各級教育實施方案綱要」規定九大方針，十七要點。其中有關高等教育部分的，爲：「現行學制，大體仍維持現狀。」教育部在中國臨時全國代表大會之後，根據決議，確定了各級教育設施之目標及施教之對象，關於專科學校、大學、研究院的設置和任務，都有一些具體的規定。這麼一來，我國的高等教育，在抗戰的八年中，不僅沒有中斷，而且還有相當的發展。平津六所公私立大學分別在陝西和雲南組成了西北聯合大學和西南聯合大學繼續推進高等教育工作之外，首都的中央大學，私立金陵大學，上海的同濟大學和私立的復旦大學，浙江的浙江大學，福建的廈門大學，廣東的中山大學以及中國北部的山西大學、河南大學、中部的武漢大學、湖南大學等等原有的高等教育機構，也都先後遷往後方繼續辦理。這一些內遷的大學中，有一遷，再遷，甚至八遷者。在遷移的旅途中，這些大學的員生，歷盡艱苦，甚至犧牲性命，學校的儀器、圖書，也遭受重大的損失，但是卻都能夠在政府的支持之下，繼續的存在下去。在抗戰期間，不僅原有的大學內遷之後，能夠維持，而且還在江西創辦了中正大學（二十八年），在浙江創辦了英士大學（二十八年），在貴州創設了貴州大學（三十年）。至於在專科學校一方面，也曾經於抗戰時期，作了一些改進和擴充的工作。依照原有的法令，專科學校學生入學的資格是高級中學畢業，修業期限爲二年或三年。這樣短的修業時間，很不容易達到「專」的目的；所以在二十八年六月教育部以第一三九六八號訓令，接受了第三次全國教育會議的決議案，自二十八年起，專科學校於二年制或三年制之外，同時得採用五年制，招收初級中學的學生。這麼一改，專科學校和大學的性質和任務就區分的更爲明白。專科學校在抗戰期間新設立者，有：西康技藝專科學校（二十八年）、西北農業專科學校（二十八年）、體育師範專科學校（三十年）、自貢工業專科學校（三十三年）等校。據教育部發表的統計，在七七抗戰發生以前，全國專科以上的學校只有一百零八所，學生只有四萬餘人；到三十四年勝利的時候，學校類則增加到一百四十所，學生人數，則增加到八萬三千餘人；學生人數增加了一倍。抗戰八年，高等教育工作不僅不曾中斷，而且

在量的方面，還有相當的發展。國民政府對於高等教育的重視，從這些事實上，又可以得到了一個明顯的證據。

我國高等教育在抗戰八年中間，不僅是在「量」的方面，獲得發展，而且在「質」的方面，也有不少的改進。大學和專科學校中學生所修習的課程，自清末新學制實行的開始就已注意擬訂；在「奏定學堂章程」中，已經分門別類，詳細的列舉出來，並且對於每週授課的時數以及教學的年次，都有明白的規定。民國二年北京政府教育部所頒行的「大學規程」中，只列舉科目，卻沒有規定每週上課的時數和教學的年次。到民國十一年學制改革案中，主張大學要採用選科制，民國十五年的「大學條例」中要「國立大學各科系及大學院各設教授會，規劃課程及其進行事宜」，於是專科以上學校的課程規畫，就各自爲政，失去了統一的標準。在歐洲國家，尤其是德國，在大學中有所謂「大學自由」（akademische Freiheit）的傳統，教授自由講課，學生自由選課，如何講學，如何研究，沒有任何限制，不受任何干涉。大學雖從各方面可以接受經費，但是大學仍然有其獨立自主的地位和權利；自然也就說不上統一的課程了。這樣制度固然有其優點，但是行之於我國的大學，恐怕不免要「百無一是」。我國的大學自開始建立，「教育性」就重於「研究性」，而且歷史很短，還沒有確立起一定的制度，所以國家對於大學應設的課程性質和種類，不能夠完全放任不管。因此，民國十七年第一次全國教育會議就提出了「提高大學程度，規定課程，師資及設備標準」的建議；民國十八年教育部公佈的大學規程第八條，對於大學和獨立學院中各系科的課程設置，就規定要爲一年級學生設置一些基本科目以及爲各系學生所設置的共同必修科目。民國二十一年教育部就開始組成了大學課程及設備標準起草委員會著手辦理大學的課程。並且通令各大學，自二十年起，一律採用學年兼學分制以及大學學生應修學分的數量。這種整理並規定大學課程和學分的工作，雖然繼續不斷的進行，可是始終沒有得到決定性的結論。所以在抗戰期間，二十七年和三十三年曾經召開過兩次大學課程會議；對於大學課程的釐定和修訂工作，都曾經獲得了相當的結果。專科學校在抗戰期間，於二年或三年制之外，又採用了五年制，種類和程度都不一致，所以專科學校的科

目，教育部並不能完全訂定，除了醫學、農業、師範、法院書記官、監獄官一類的專科學校或專修科的科目已由教育部頒行之外，其餘的專科學校課程則責令各校自行酌訂，陳報教育部核備，然後再由教育部依據一定的原則，予以審核。

依照抗戰以前大學組織法的規定，大學教員得分爲教授、副教授、講師、助教四級，可是大學教員等級的審定，卻並無統一的標準。在抗戰時期，民國二十九年教育部公佈了「大學及獨立學院教員資格審查暫行規程」，並於同年成立了「學術審議委員會」負責審查專科以上學校教員的資格。此外對於專科以上學校校院長以及教員的聘任與待遇，在抗戰期間，也都公佈了一些特殊的章則，加以規定，使高等教育工作的推進中，有了依據。這是抗戰期間，在高等教育制度上幾個重要的改進工作。

在抗戰期間，高等教育的推進工作，還有一項很值得注意的乃是師範學院制度的建立。我國高等教育階段中，在清代末年有優級師範學堂，入民國以後，有高等師範學校，負責培養中學的師資。自民國十一年新學制實行以後，除了北京高等師範學校改制爲北京師範大學以外，其他幾所高等師範學校都改爲普通的大學（北京女子高等師範學校，雖一度改稱女子師範大學，但在短期間內，即又改名）。抗戰發生以後，北平師範大學又和北平大學及北洋工學院合組爲西北聯合大學。於是全國已經沒有一所獨立設置的培養中學師資的教育機構。「有怎麼樣教師就有怎麼樣的學生」，這是從事教育工作所相信的一個原則。中學的性質，一方面是國民教育的延長，一方面又是高等教育的準備，任何近代化的國家都不能不注意中學教育的充實與改進。但是改進中學教育的有效辦法，乃是培養師資。因而在抗戰的初期，中國國民黨於二十七年所召開的臨時全國代表大會中通過了「戰時各級教育實施方案綱要」，主張「爲養成中等學校德智體三育之師資，並應參酌從前高等師範之舊制而急謀設置」。同年七月間，國民參政會第一屆會議在通過的各級教育實施方案中，有關高級師範的建議：「中等學校師資之訓練，應視全國各省市之需要，於全國劃分若干區，設立師範學院，施行德智體三育所需專業師資之訓練」，對於教育行政機關乃發生了決定性的影響。因而在二十七年，七月二十日教育部

製頒了師範學院規程，規定「師範學院由國家審視全國各地情形，分區設立，藉以培養中等學校之健全師資」。依照當時的法令，除了把西北聯合大學、西南聯合大學、中央大學、中山大學與浙江大學等校的教育學系擴充改組為隸屬於大學的師範學院之外，並在湖南地區創設了一所獨立的師範學院。後來又在四川創設了女子師範學院，並在四川大學內又增設了師範學院。有關中學教師訓練的理論與主張，雖不一致，但是對於中學師資訓練的重要性，則為各方所一致承認。因此，在抗戰時期，我國在艱苦的處境中，建立起來一種中學師資訓練的制度，倒是一件值得重視的教育工作。

七、勝利後高等教育的復員工作

民國三十四年八月間對日抗戰得到了勝利的結果，我國高等教育的演進，又進入了一個新的階段。日本投降之後，教育部一方面電頒「戰區各省市教育復員緊急辦理事項」，作為教育復員工作的指導原則，一方面又在各收復區分設教育復員輔導委員會，輔導收復區的復員工作。有關高等教育機構之接收原則，頗為寬大，且甚合理。「國立專科以上學校（收復區）接收後，除附逆有據，並情節重大之學生，先行開除學籍，或送主管機關法辦外，其餘學生應先舉行總登記，一面令其聽候定期甄別考試，一面開辦補習班。」後來就依據這種原則性的決定，把收復區中敵偽所辦的專科以上學校，作一適當的處理，使其得以納入我國的正規高等教育的系統中間。在敵人投降後，一方面作了一些緊急的措施，一方面，又於民國三十四年九月間，在戰時首都的重慶，召開「全國教育善後復員會議」，專科以上學校的負責人員也都參加了會議。我國過去高等教育機構，由於歷史的關係，設置在沿海地區，散佈的情形，頗不合理，所以與會的人員，都希望抗戰期間內遷的學校，在復員時期，能夠把過去那樣高等教育機構分佈不當的情形，調整一下。但是後來那些內遷的專科以上學校，由於事實上的困難，以及傳統的影響，仍然分別的遷向原有校地，也就是仍然集中在沿海地區以及較大的都會中。因此，教育部在復員

時期，就依據全國教育善後復員會所決定的原則，對於新設立的大學，專
科學校所在地，作一番合理的調度。除了三十四年十二月，由日本舊有的
臺北帝國大學改組而成的臺灣大學不計外，三十五年八月新設立的蘭州大
學，位於西北；三十五年十月新成立的長春大學，則位於東北，此外則又
於西南地區設立昆明師範學院（三十五年，八月），於西北地區設立獸醫
學院（三十六年二月），於東北地區設立瀋陽醫學院（三十四年），大學
和獨立學院，在復員時期新創設的，偏重在地區的分配；至於新設立的專
科學校，則注意於「專科」內容之充實。如三十五年在南京創設的藥學專
科學校，在東北所設立的葫蘆島商船專科學校（三十六年改稱遼海商船學
校），在上海附近所設立的吳淞商船專科學校等等，都屬於一些前所未設
的「專科」。

　　在復員時期，內遷的一些專科以上學校的原有校舍，大多數都遭受
到了嚴重的破壞；而且在抗戰八年的經過中，各校員生人數，都有一些相
當的增加。所以復員回到原有的校址，必須要大加修建，方敷應用。為解
決這些事實上的困難，政府方面，除了撥發大批的經費，自建校舍之外，
還把一些敵偽的產業，經過轉帳的手續，撥交各校使用。因此，復員的或
新設的學校，才能相繼的恢復了正常的工作。修建校舍的問題勉強解決以
後，充實學校的設備，需用外匯，仍然還要繼續的努力籌劃。中國國民黨
第五屆中央執行委員第五次全體會議中關於教育的決議中，曾有一項是關
於學校的設備：「抗戰期間，儀器、工具、圖書，凡不得不採用帕來品
者，以交通及外匯之故，無法採購，應由教育部會同財政部按照需要，
寬撥外匯，統籌支配，並應設法自製，使教育上較重要之物品，不致缺
乏。」以後兩次的六屆中央和七屆中央全會中，仍然都有類似的決議。所
以在復員時，政府為了充實各專科以上學校的設備，曾經撥發一批外匯，
或直接發交各校自行向外國購置，或由教育部統購分發各校。其中由教育
部統籌辦理者，計有下列數項：（一）由歷次中美貸款內所得之美金，在
國外訂購一批儀器、圖書、機械等，分發各專科以上學校；（二）在國內
訂購一批顯微鏡，分發中正大學一類新設的學校使用；（三）二次大戰開
始後，對外交通困難，各專科以上學校所訂學術性定期刊物因而中斷；在

復員時期，教育部向美國補訂大批學術性刊物一百九十七種（一九四〇——一九四六），共裝七九九箱，分發給中央大學四十八校，作為研究時參考之用；（四）訂購中、英文書籍，分發給由敵偽學校所改組而成的學校，如臺灣大學，充實其圖書設備；（五）其他由「美國圖書中心」，圖書館協會等團體所捐贈的圖書、刊物，約有一千箱之多，也都分發給國立和私立的專科以上學校；（六）戰後日本賠償的五百九十四部機器（約值美金五十餘萬元），聯合國救濟總署所補助有關工、農、醫各種訓練的設備，如機器、儀器、藥品，價值三百二十四萬美元，以及聯合國教育科學文化組織所贈送的工廠及實驗設備等等，也都分給在抗戰時期遭受損失的專科以上學校，如中央大學、交通大學、浙江大學、上海醫學院等高等教育機構。可是這些設備分發之後，因為交通為匪所破壞，未能提早運送到各地的學校，而且不久之後，大陸陷於匪手，以致這些學校的設備補充，未能發揮出相當的效果。

戰後教育的復員工作，除了分配地區，修建校舍，充實設備之外，在高等教育的制度改進方面，也同樣的加以注意。「大學組織法」係民國十八年公佈，二十三年雖經過一次修正，但是由於高等教育發展中所形成的事實，已感覺原法不大妥當；所以在教育復員時期，又經立法院修正一次，改稱「大學法」。大學法中有若干細節和大學組織法不大相同。在大學組織法中，大學中只有文、理、法、教育、農、工、商、醫「各」學院，是一種硬性的規定，在大學中，依法不能設立上述八個學院以外的其他學院。而且在該法中並不曾替師範學校留一個法律的地位。在大學法中，則於第四條所列舉的七個學院之下，用一「等」字，因而大學中所設的學院就可以有所活動，而且明定「師範學院應由國家單獨設立，但國立大學得附設之」。至於大學法公佈以前，各大學已有教育學院者，仍「得繼續辦理」。此外，在大學法中，規定大學於校務會議之外，得設行政會議，「協助校長處理有關校務執行事項」；以及隸屬教務處之圖書館，在「規模完備」的條件下，得設置館長，使圖書館在大學中成一獨立單位。這都是大學法中的新規定，而為大學組織法中所無的。為適應事實的需要，民國十八年公佈的專科學校組織法，也在三十七年提出修正，改名為

專科學校法。民國三十七年一月間，同時公佈了大學法與專科學校法，作爲高等教育工作上新的法律依據。同年的十二月中，又由教育部把三十一年修正過的師範學院規程重行修正一次，公佈實行。在抗戰時期建立起來的師範學院制度，無論如何，總不能不承認這是師資訓練工作中一種重要活動。在大學組織法中，並沒有涉及師範學院的條文，師範學院的一切活動，都是以師範學院規程作爲工作的準繩。大學法的公佈，乃使師範學院制度有了立法的根據；而且使師範學院和大學中其他學院，在本質上有一些區別。師範學院規程經三十七年的修正公佈，不但明確的規定了師範學院的性質和任務，而且使師範學院的地位不再孤立，換一句話來說，大學中的文、理等學院；對於師資訓練的任務，也須要和師範學院共同的或分工的擔負起來。在師範學院規程二次修正之前，民國三十五年，教育部就已經頒發了「改進師範學院辦法」。在這個辦法中，首先使大學中所設的師範學院和獨立的師範學院，有一些內容的不同。大學中所設師範學院，只設教育、體育兩系，必要時得設「第二部」與教育研究所；至於獨立的師範學院，則仍然可以分設原有的各系。大學中所設師範學院，雖然只設有教育、體育兩系，但是依照規定，大學中文、理、工、農各院的學生，都可依其志願，在師範學院中選修若干教育科目，接受師範訓練並享受師範生的待遇。這麼一來，大學中的師範學院，在形式上似乎縮小，但在實質上，卻是大爲擴大。除了文、理兩院的學生接受師範訓練之後，可以擔任中學教師之外，工、農兩院的學生如果在師範學院選修若干教育科目，將來也就不難成爲中等職業學校的合格教師。我國經過八年的抗戰，勝利復員的時期，國家的財政仍然是相當困難；由國家負責，多設獨立的師範學院，固然不易，就是在大學中增設師範學院，也有相當的困難。所以在復員時期的全國的獨立師範學院，包括省立的兩所在內，也只有十一校；在大學中亦只有中央、中山、浙江、四川四個大學設有師範學院。只有這十五所師範學院，對於全國中等學校師資的需求，似乎還不能充分的供應。師範學院規程中第三十五條中規定：「國立大學未設師範學院而於文學院設有教育學系並設有師範生管訓部……者，該學系及文理學院相當學系內得招收師範生……」這項規定，利用一般大學的設備，負責師資訓

練，正足以表現對於師範教育的重視。世界各國，除了極少數的國家，沒有不把中學師資訓練的責任交給一般的大學，我國於三十七年公佈的修正師範學院規程不僅合於世界一般師範教育的趨勢，而且在事實上也發生了相當效果，如中正大學、廣西大學、河南大學等十二所國立大學之設有教育系者，亦有一部分依照規定，在那裏負責推行師範教育。復員時期中，我國高等教育方面的工作，雖然因應當時的事實需要，作了一些特殊的措施，但是在改進師範教育工作的方面，都是繼續著抗戰時期注重師範教育的政策，繼續的努力。可惜的是修正師範學院規程施行不久，大陸就全部陷入匪手，因而這種有關改進師範教育的新措施，究竟效果如何，也就無從加以估計了。

八、中華民國高等教育現狀

從民國三十四年下半年教育復員工作就開始進行；一些內遷的專科以上學校，經過一年的時間，到三十五年下半年，大多都返回原來的校地，修建校舍，在政府的維護之下，開始正常的工作。當時由於匪亂，交通未能全部恢復，專科以上學校自國外購置的一些儀器、圖書以及其他一切的設備，自沿岸海口很難運往內地各校。匪亂的範圍一日擴大一日，到民國三十七年下半年，北部平津一帶的高等教育機構，復員工作尚未完成，就因為環境的混亂，無法工作。由於當時的交通情況的限制，高等教育的機構，又無法南遷，而一些高等教育的工作者，又不願陷身匪區。於是乃由政府設法以空中交通的工具，接運一部分高等教育工作者南下。當時南京的局勢亦不安定，有些大學也曾計畫再向西南一帶遷移。可是由於局勢的突變，三十八年，大陸陷匪，因而大部分現有高等教育機構，乃遭受了空前的苦難，有些有歷史的學校，也都被合併、改組甚而至於消滅。因而三十八年大陸陷匪之後，所有的高等教育機構，並不像抗戰時期那樣的遷到後方，繼續辦理。這是我國高等教育自新教育制度推行以來，第一次所遭遇到的最不幸的命運。

臺灣在民國三十四年光復以後，接收時候，就把日本所遺留的教

育機構，改組一下，設立了一所大學，三所獨立學院。當三十四年，接收臺灣的時候，日本在臺灣的高等教育機關共有四所（臺灣帝國大學、臺北經濟專門學校、臺中農業專門學校、臺南工業專門學校），在校學生共為一千八百十四人（臺北帝大三五七、臺北經專二六八、臺中農專七五二、臺南工專四三七），其中日本人佔絕大多數，臺灣省籍的學生，只有三百三十一人，也就是說，當時專科以上學校在校學生總數中，臺灣省籍的學生只佔了百分之十八略強。民國三十八年中央政府遷到臺灣的時候，臺灣的高等教育機構，仍然是只有臺灣大學和省立的三個獨立學院，即：臺北的師範學院、臺中的農學院和臺南的工學院。原在大陸各地所設的公私立專科以上學校並沒有一所能夠遷到臺灣來。但是原在大陸上各專科以上學校的教師和學生，有很大一部分隨著政府來臺。這些在大陸上專科以上學校任教的人員，大多數都參加了臺灣原有的高等教育工作；而且有些原屬於大陸上專科以上學校所有的圖書、儀器以及其設備，在南京陷匪前早已運來臺北的，也發交臺灣高等教育機構使用，臺灣大學的數量，比較其他獨立學院要多了許多。在大陸上各專科以上學校肄業的學生，來臺之後，也被分發到臺灣各高等教育機構繼續的完成他們的學業。因此，中央政府遷臺之後，臺灣的高等教育，在質量兩方面，都有了相當的發展。中央政府遷臺未久，因應事實的需要，增設了一所臺北工業專科學校，一所臺灣行政專科學校；教育部並且在臺灣省青年服務團中附設了行政專修班若干班，私立的淡江英語專科學校也奉准開辦。這三所公私立的專科學校和專修班，連同原有的一所大學和三所獨立學院，在民國四十一年度第一學期在校學生的人數達一萬一千零九十七人（臺灣大學六學院及三個研究所共五三九七人；師範學院共一三〇二人，工學院共八九〇人，農學院七二一人，工業專科學校共八七二人，行政專科學校共六八六人，行政專修班共三三六人，私立淡江英語專科學校共八九三人）。和三十四年臺灣光復時候正在受高等教育的人數比較起來，增加到六倍以上。五年的期間，在專科以上學校的就學人數，增加了六倍，從這些事實上，我們就可以看出來近年來臺灣高等教育在量的方面的發展是如何的快速了！在四十一年以後，臺灣省又創設了臺灣農業專科學校、臺灣海事專科學校、

臺灣護理專科學校，高等教育機構數目增加，就學的人數自然也會隨著增多。

　　民國四十三年，國民大會第二次在臺北依法集會，選舉總統，行憲後第二屆總統就職，高等教育的發展，又進入一個新的階段。也就是說自四十三年起，我國高等教育在質和量方面，都又有了長足的進展。自臺灣光復以後，始終只有一所國立大學，自四十三年起，政治大學在臺北復校，因而臺灣才又多了一所國立大學。政治大學復校之後，首先創設了四個研究所，這又可以證明政治大學的復校，是在量和質兩方面謀求高等教育新計劃的開始。和政治大學復校的同時，並核准私立東吳法學院的設置以及私立東海大學、私立高雄醫學院、私立中原理工學院三個董事會的立案，事實上在臺灣的高等教育機構，又增加了四所。同年年終，教育部又核准省立師範學院增設教育研究所，先行籌備，再行招生。這仍然是高等教育政策中，質量並重原則的表現。四十三年度在臺灣的高等教育機構共有十五所，其中有兩所尚未開始招生，其餘十三所專科以上學校在就讀的學生，經核定學籍者共一萬四千二百八十八人，較之四十一年度專科以上學校學生的人數，又增加三千一百九十一人。臺灣地區高等教育急速發展的過程中，臺灣省籍的學生是否是比例的隨著增加，也是一個值得注意的問題。試就臺灣大學一校來看，在四十三年秋季註冊的學生總數為四、七九七人，臺灣籍的學生，男生二、一九七人，女生二三九人合計二、四〇八人，臺灣省籍的學生數目比來自大陸各省市和邊疆地區以及海外僑區的學生總數還要多一些；如果再看一下，三十四年光復時候，臺灣省籍的學生只有三三一人，那麼，就可以看出來專科以上學校中臺灣省籍的學生只就臺灣大學一校來說，已增加了七倍以上。

　　民國四十四年度，臺灣的高等教育在日趨發展的過程中，又有了一些新的調整。自對日抗戰初期，師範學院制度建立以來，中學師資訓練的工作，始終是連續的被看作高等教育工作中最重要的一種趨向。於抗戰時期是如此，就是勝利之後，教育復員時期，也是如此。自三十八年，中央政府遷來臺灣，教育更為發達，中等教育在量的方面，更是逐年增加；因此，中等學校師資訓練工作，更有迫切的需要。但是訓練中等學校師資的

專門機構，卻只有一所師範學院。臺灣大學所有六個學院中，並沒有一個專爲訓練中學師資而設的學系。因此，在四十四學年度中，政治大學增設了教育學系，臺中的農學院也增設了訓練農業學校師資的農業教育系。原有的師範學院，因爲範圍擴大，系別增多，設備方面，也是歷年的趨向充實。在四十四年，奉令改爲臺灣師範大學，將原有各系，分組改爲三個學院。並且在教育學系之外，又增設了社會教育學系，以及國民教育專修科、童子軍專修科、華僑師資專修科三個科別。抗戰時期師範學院的建立，只是注意到普通中學師資訓練的工作，對於中學以外的中等教育階段中的各種職業學校所需師資訓練的工作，並沒有具體的規定。復員時期，在「改進師範學院辦法」以及「師範學院規程」中，雖然已在計劃著要利用大學中文、理、農、工等學院的人力和設備，就大學師範學院或文學院教育系中所特設的「師範生管訓部」，努力的去訓練普通中學和職業學校的師資。可是辦法頒行不久，大陸淪陷；而臺灣當時的大學和獨立學院，也並不在實施這種新規定的範圍之內，所以復員時期有關師資訓練的新辦法，效果如何，也不大容易看得出來。因此，臺灣高等教育的進展中，注重師範教育的趨勢，也可以說是我國原有教育政策的延續執行；而且獲得了更大的發展。就現在高等教育範圍內有關師資訓練的部門來看，也可以看出來我們現在的師範教育，不僅在數量上已經擴大，而且在內容方面，也是較過去更爲充實。過去高等教育階段中的師範教育只注意到普通中學師資訓練的工作；現在師範大學的工業教育系中所分的各組以及臺中農學院新設的農業教育系，則已經是爲中等教育階段中的工業、農業職業學校訓練其所需要的師資了。國民教育專修科的設置，在我國師範教育史上，可以說是創了一個新時代。我們自新教育制度推行以來，初等教育所需的師資，一貫的都是來自中等教育階段中的師範學校；把小學教師的訓練提高到大學程度，這眞可以說是我國師範教育方面一種新的發展。其餘如社會教育學系和童子軍專修科的設置，於學校教育所需的師資訓練之外，更顧及了社會教育工作者的訓練，也是高等教育發展中一件值得注意的新趨勢。現在中華民國高等教育階段中所有四所公私立大學，除了臺灣師範大學爲專門從事師範教育工作之外，政治大學也同樣的擔負了師資訓練的責

任；歐洲大學的性質，本來只是注重學術「研究」的工作，後來由於事實的需要，也於研究工作之外，擔負了培養青年學者的教育工作；到十九世紀以後，多半的歐洲大學又增加了一個新的任務，即師資訓練的工作。德國的新式大學柏林大學成立時的計畫中，就明白的規定，新成立的大學，要負擔一部分的師範教育工作。因而，現階段中我國高等教育中注重師範教育的傾向，可以說正符合了世界各國高等教育演進中的趨勢。此外，我國現階段中高等教育的進展，另外還有一個值得說明的特點，乃是自四十四年度秋季學期開始，教育部命令臺灣大學辦理「補習班」，講授一些大學程度的科目，沒有資格的限制，也沒有入學考試，任何人都可以參加聽講。這種辦理成人的大學推廣教育，在二次大戰以後，英國人特別的注意辦理。我國大學中過去雖然也設立過夜校，但是所講授的科目，並不完全等於大學的程度。我國的大學，所有正式學生，都是希望著獲得學位，雖有旁聽生，但人數極少，這或者是受了過去科舉的影響。因而受大學教育，並不是完全為的是獲取知能；學位、文憑彷彿成為升入大學的主要目標。如果在高等教育階段中，推行「大學推廣教育」能夠成為一種健全的制度，就我國整個教育上來看，真不能說不是一個大的進步。

民國三十八年，中央政府遷來臺灣的時候，在高等教育中臺灣只有一所大學和三所獨立學院。到四十四年秋季學期開始，政治大學、臺灣大學、臺灣師範大學、私立東海大學四所大學；臺灣工學院、臺灣農學院、臺灣法商學院、私立東吳法學院、私立中原理工學院五所獨立學院；臺北工業專科學校、農業專科學校、海事專科學校、護理專科學校、私立淡江英語專科學校五所專科學校共十四所公私立專科以上學校，於本學年度中都招收新生，其數目經教育部核定為五一八五人，連同舊生已接近兩萬。同時在政治大學、臺灣大學、臺灣師範大學先後所設的十八個研究所，也都在四十四年秋季學期招收新生。因此，我們可以看出來現在中國的高等教育，無論在質的或在量的方面，都有相當的發展。

以上所有全部的敘述，乃是我國新學制實行以來，高等教育發展的大致輪廓。從這一個「鳥瞰」中間，我們可能得到以下兩項的認識。

第一、我們的高等教育和歐洲國家高等教育尤其是大學的發展，經過

的情形，似乎不大相同。歐洲原有的大學起初只是學術的研究機構，教育的色彩不很明顯。後來才慢慢對於青年學術工作者的訓練，加以注意，因而大學才擔負起來教育的任務。最後才又擔負起來師資訓練的工作。我國新式學校中的高等教育，一開始就偏重在教育工作方面。有了相當的進展之後，才先後的負擔起來學術研究的任務以及師資訓練的工作。

　　第二、近年來一些關心高等教育的人士，往往盡量的指摘高等教育的缺點，甚至認爲我國的高等教育工作，完全失敗。但是，如果我們很冷靜的觀察一下高等教育的演進，從客觀的事實上，我們就可能發現這些批評不僅失於苛刻，而且有些近於不大公平。我國新式的高等教育開始，可以上溯至清光緒二十四年（一八九八），到現在不過五十八年，就個人的生命論，這是一段很長的時間，可是就教育史的意義來看，這只是一段很短的時間。在這一段開始的時期中，我們仍然獲得了相當的結果。當新學制開始實行的時候，只有一所京師大學堂（北洋大學在當時還只是以頭二等學堂爲名的地方教育機構，並沒有形成一種有系統的學校制度），學生的數目自然不多。甚至到對日抗戰開始時候，專科以上學校在校學生數和全國人口的比例是一萬多國民中才有一個正在接受高等教育。即就臺灣省來看，在日據時代，全省的人口爲六、五八五、八四一人（民國三十二年統計），專科以上學校在學學生人數爲三三一人（民國三十三年統計），學生與人口的比例，接近一比兩萬。據四十一年的統計，臺灣省專科以上學校在校學生人數爲一〇、三四三人，與全省人口八百萬比（四十一年統計，臺灣人口爲八、一二八、三七四），是八百個人中間就有一個人正在受高等教育。另一方面，我國大學畢業的學生，前往外國攻讀碩士或博士學位，繼續進修，和外國的學生比較起來，一般的說，並不落後。至於曾在國內大學出身的學者，近年來在國外大學任教者，也有相當的人數。從這些事實上來看，我們不應該一筆抹殺我國高等教育的成就，認爲我們的高等教育工作完全失敗。但是有高度文化的人類，對於自己的工作成就，常常要感到不滿，只有在自感不滿的情形之下，才會有不斷的進步。我們對於我們已有的高等教育感到不滿，也許正是促進我們高等教育更進一步的內在力量。

（本文原載於中華民國教育誌（一）現代國民基本知識叢書第三輯，民國四十四年九月）

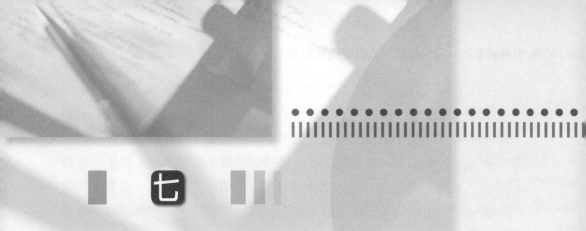

三級學制的檢討

　　任何一種制度，其產生的來源，不外兩個方面。一個是由各種不同的現象或事件，經歷了相當的時期，透過了一些修正、補充的工作，自然而然的形成了一種制度；這種制度，用黑格爾的哲學術語來說，就是「客觀精神」。另外一個方面，乃是由於受到「時代精神」的影響，產生了實際的需要，然後再根據某一種理論，創造出來一種制度，以便解決當前所遭遇到的疑難問題，進而滿足實際生活上的要求；這種制度的產生，乃是為了解決當前的問題，因而多少有一些速成的意味。速成性的制度，比較起來，缺乏歷史的價值，所以這種制度，與其說它是「客觀精神」，勿寧說它是「主觀精神」。固然也有一種制度，是經過歷史上的演變，再加上一些特殊的理論或見解，使它的形態更為完備一點，但是這樣方式形成的制度，仍然可以把它歸屬於第一個方面，因為這樣的制度，仍然是有它的歷史背景。

　　任何一種制度，不管它成立的來源屬於那一方面，只要成為一種制度，其本身即有一種穩固性，不容易隨便變動。假使是可左可右，並沒有一種體系，那就不成其為制度了。制度的優點，就在於它有固定的範圍與體系作規範，使一切個別的動作，有所遵循。這是制度的優點，但是同時也可以說是制度的缺點。無論那一種制度，都是解決實際生活中困難問題的一種工具。實際生活的情況，常常隨著時代環境發生變化，實際生活中又常常會發生新的問題，因而在某一環境，某一時代，具備價值的制度，時過境遷，舊有的制度就會失去它原有的價值。所以在任何進步的人類社會中，不斷的發生各種性質不同的新運動。凡是人類社會中一種新的運動，其主要的目的，沒有不是為的要推翻或修正舊有的制度。在任何一種制度中，都含有「穩定」與「改革」兩種不同的性質。也只有在這兩種不同性質的交互為用之中，制度才能夠保存它的意義和價值，才能夠促成人類歷史和社會上的進步。

　　學校教育是教育的一部分，而且學校教育，無論在任何一個民族中，發生的時期，都是較遲一點。任何民族中，一有集體的社會生活，延續的歷史生活就已經有了教育的活動；可是學校教育，總是在人類生活有了相當進步的程度，才會發生出來。從任何民族的歷史中，我們都可以發現

出來這種事實。學校教育在歷史上既然是較遲一點才發生出來的事件，因而學校制度的建立，也都比較晚一點。學校制度既然是人類文化制度的一個部門，自然它的來源也不外以上所說一般制度所從發生的兩個方面。從事實上來看西洋若干文化發達的國家，其學校制度的產生，是來源於第一方面；而受西洋文化的影響，因而從事改革運動的國家，其學校制度的產生，多來源於第二個方面。源淵於第一個方面的學制，因為有歷史的背景，又受民族文化的限制，所以不易改革，即使需要改革，其步驟也一定很慢，而且是逐步改革，決不會有跳躍式的革命。至於淵源於第二個方面的學制，則多半含有力求速效的性質，常藉用政治的力量，根據一些理論性的見解，建立起來一套制度，而且這種學制中間，很容易採用一些外來成份，這樣的學制，多數是以一些有權威或有影響力量的人士的見解為根據，並沒有自己的歷史背景，所以不但容易改革，而且改革的程度，也很容易趨於極端。我國舊有的學校制度，雖然沒有嚴格的系統，然而卻有其歷史及社會的背景。至於五十餘年以來推行的新式三級學制，則是放棄了自己的歷史傳統，模仿西洋各國的成規，突然創造出來的一種制度。所以中國新式的學校制度，推行只有半世紀的時間，不僅在清末民初之交發生一次大的改動，就是在清朝末期十年之內以及民國以來四十餘年之間，也曾經有過不少次數的改制運動。任何一種主張或一套理論，無論如何的力求完善，但是總不免要有相反的見解，可能同時並存。我們的新式學制是採用外國已有的辦法，再根據一種主張或理論，因而新式學制的改革頻仍，那就不足怪了。

以上就理論方面，從一般制度的性質，說明一下我們新式學制的本質，現在我們再來觀察一下教育史上的事實，作為我們檢討現行新式學校制度三級制的根據。

我們的新式學制，是模仿西洋學校制度的辦法，因而我們不妨先就西洋教育史上的學校制度來看起。普通西洋人有關教育史的著作，多數都從希臘的教育寫起。希臘的教育理論和實際，都值得教育史的研究者加以注意。但是事實上現行的西洋學校教育制度，和古代希臘的教育可以說是沒有什麼直接的歷史關係。即使古代希臘的文化影響了近代西洋的文

化，可是在學校制度方面，希臘對於近代西洋的學校制度依然是毫無影響。希臘的教育工作，儘管很受人重視，可是希臘各城邦並沒建立一種學校制度。皮塔格拉斯（*Pythagoras, about* 580-500 *B. C.*）的講學集團，並不因爲他是一位數學家，就減少宗教團體的意味。希臘一般哲學家和蘇格拉底的講學，並沒有固定的場所，自然沒有學校教育的意義。就是柏拉圖的 *Akademie* 和亞里士多德的 *LyKeion*，雖然是在一定場所集徒講學，也和現代的學校教育並不相同。即是在斯巴達城邦，於家庭教育之外，注重兒童共同的鍛鍊，也只能說是一種廣義的教育工作，仍然不同於現代的學校教育。其次到羅馬強盛的時代，雖已有學校教育的雛形，但是羅馬的政府對於學校教育並沒有直接負責，而且也沒有形成一種制度。一直到了中世前期，第八世紀中，在基督教的寺院中間，才附設了寺院學校（*Klosterschule*）。這種「寺院學校」的建立，可以說是西洋教育史上最早的學校教育。在寺院學校建立之後，接著又在各地成立了一些「教堂學校」（*Domschule*），在教堂學校中，有時還附設一些「教區學校」與「教士學校」（*Stiftsschule und Pfarrschule*）。這些學校中的課程限於古典與教義，教學使用的是拉丁文，所以又稱作「拉丁學校」或「文法學校」。當時的學校，所收的學生有教士，有俗人，甚至有時候也附設一些幼年班，但是這些學校的性質，乃是「學者教育」，而不是「民衆教育」。而且學校與學校之間，並沒有上位和下位的關係，地位相等，所以西洋最早的學校，只有一級，並沒有像現在這分級的制度。這是西洋中世紀上半期的學校教育。

到了中世紀末期，十二世紀是西洋文化發展的開始；當時由於交通的關係，工商業發達起來，社會上產生了第三階級的市民，而且這一個新興的階級，頗有力量，受到舊有在教會和政府當權的第一和第二階級的重視。在社會發展的過程中，同時文化思想各方面，也都受到影響。最顯著的是學校教育這一方面。因爲工商業者的需要，「有關自然事物的知識」以及「羅馬的法律見解」，乃成爲教育活動中不可少的教材；至於過去那些有關教義的解釋與聖經的研究，已經不能夠獨佔學校教育的領域。在這樣情形之下，乃產生了一種新的學校，即所謂「市鎮學校」

（*Stadtschule*）。這是世俗教育產生的開始。原有的寺院學校是「由」教會而且「為」教會所設立，這種新興的市鎮學校，則是由市政當局負責，為適應市民階級需要所產生出來的。和市鎮學校同時，或許稍遲一點，在歐洲又建立了一些大學，大學的產生是西洋中世紀歷史上最值得稱許的一件大事。在十三世紀初期，歐洲建立了三個有名的基督教團體，即多明可會（*DominiKaner*）、方濟各會（*FranzisKaner*）與奧古斯丁會（*Augustiner*），這三個基督教團體，和過去那些舊有的基督教團體，如*Benediktiner*等，並不相同，已經放棄了離世孤立的態度，而作入世的工作。所以這些新興的宗教團體，對於大學的建立，貢獻甚多。市鎮學校與大學雖然在同一時代建立起來，可是它們的原始創辦者，並不相同，一個是來自市政當局，一個仍然很受基督教教會的影響。這兩種新興的學校，一種是注意「初級教育」，一種則注意高級的「學術研究」；從表面上來看，好像是「兩級學校教育制度」，可是它們的程度不同，只是偶然的關係，並不是一種有計劃的配合。而且從這兩種學校的本質來看，也可以發現它們之間，並無上位和下位的關係：市鎮學校是「教育性」的，而大學則是「研究性」。所以這一時期的西洋學校教育，仍然沒有什麼分「級」的制度。

經過文藝復興時期，入於近世，那三種在中世紀產生的學校，即中世紀前期的「寺院學校」，中世紀後期所建立的「市鎮學校」和「大學」，仍然是各自分頭發展，彼此之間，並沒有配合的關係。寺院學校漸漸發展，成為高級中學；市鎮學校到了十六世紀，則變為拉丁學校（中世紀前期的學校，統稱為拉丁學校，但是近世紀西洋教育史上的拉丁學校卻並不是中世紀前期那一種拉丁學校的延續。西洋各國學校的名稱，使用起來非常的紛歧，此點須辨別清楚。）至於大學，無論在什麼地方，都是保持它的獨立的地位，作純學術的研究工作，並不和那些有教育意義的各種學校發生什麼直接的關係。所以在啟蒙時期以前，西洋的學校教育，仍然沒有什麼分級的制度，即使退一步來說，當時的學校教育也已有高級、低級之別，但是也決不是分為三級的學校制度。

寺院學校、市鎮學校以及十六世紀的拉丁學校等，都和現代的中等

學校相類，至於大學，則等於現代的高等教育。至於和現代基本教育意義相等的初等教育，一直到十七世紀以後，才慢慢的成為一種獨立的學校教育。「初等教育」或「初等學校」（*Elementary Education or Elementary School*）這一類的名詞，在西洋教育史上，使用的時候，意義頗為曖昧。任何一種教育工作，都有一個開始，開始的教育，自然就是初等教育了。但是這種為各種教育的開始所推行的初等教育，都是分別附屬在各種不同性質的學校教育之中，並不獨立，更說不上是一種制度了。在中世紀前期寺院學校中附設有「唱詩學校」（*Song School*），也勉強可以說是初等學校，可是因這種學校，既不能夠單獨設立，而且只是為了對教堂服務，只收容很少數的兒童，所以不能算是基本教育性質的初等教育。中世紀末期市鎮學校中也附設了「識字學校」（*Writing School*），它的性質仍然類似過去寺院學校中所附設的唱詩學校，並不是獨立的初等學校。宗教改革運動發生的前後，在德國及其他國家設立一些德文學校（*Deutsche Schule*）和方言學校（*Vernacular School*），其性質近似初等學校，但是它的教材卻只注重德語、德文以及方言的訓練，依然不是基本教育性質的初等教育。這些在表面上好像是初等教育的學校，都只是以它所注重的某一科目的預備教育作為名稱，如唱詩、寫字、德文、方言，都是以課程的性質作為學校的名稱。另外在十七世紀前後，還在歐洲國家設立了一些類似初等教育的學校，如德國的國民學校（*Volksschule*）以及英國的普通學校（*Common School*）。這些學校都是拿學生家長的社會地位作為學校的名稱。原來西洋各國的學校教育和其他非歐洲的國家一樣，都是把學校教育當作貴族或特殊階級的特殊享受，普通平民子弟是沒有機會接受教育的。經過宗教改革和啟蒙運動之後，才把學校教育的範圍擴大一點，也替一般平民設立了一些學校。德國 *Volksschule* 所用 *Volk* 一名，它的含義乃是「貧民」或「下級社會」之意；英國 *Common School* 一名詞中所用的 *Common* 這個形容詞等於 *Ordinary*，也就是說這是一種為普通平民所設的學校。至於特殊階層的人並不參加這種學校（在美國過去也曾使用 *Common School* 這個名詞，其含義和在英國使用時候，已不相同。美國所謂 *Common School* 只是說它的經費來自 *Common Tax* 而已。所以德國最早所用國民學校和英國所用普

通學校這些名詞，仍然和現代初等教育一詞的含義大有區別。十八世紀以後裴斯泰洛齊教育思想形成了一種新的教育運動，以瑞士爲基地，發展到歐洲一些國家和美國，於是西洋的學校教育演進，又進入一個新的階段。有基本教育和國民教育意義的初等學校，才在歐美國家普遍的建立起來。

　　西洋的學校教育，從它的發展經過來看，是各有起源，而且是在不同的時代先後分別的建立起來。並不是以政治的力量去根據教育政策，製訂一種學制，然後根據學制去設立學校，自然說不上有什麼三級學制了。但是由於啓蒙運動以後，民族主義特別發達的關係，各國對於教育工作特別重視；學校教育已不能像過去那樣各自分別獨立，不生關係。各種學校教育漸漸趨於國家化的結果，因而各種不同的學校教育也需要互相配合，組成一種有機的統一形態。其次十八世紀以後，教育研究的工作也比過去較爲進步，因而有關學校制度的研究，也成爲一個新的部門。由於以上所說的兩種趨勢，才把西洋原有的各種學校教育配合起來，形成一種三級的學制。何以不保持舊有的辦法分爲學者教育和國民教育，或普通教育和專門教育兩級，又何以不分的更爲詳細一點，使其成爲四級，而偏偏要把學制分爲三級，這的確是一個值得令人玩味的問題。德國現代的教育學者柯里克（*Ernst Krieck*, 1882-1947）以爲教育活動乃是歷史的、社會的整個活動的一部分。整個的歷史與社會活動，或者歷史的、社會的活動中的一個部門都可能影響到教育活動。因此，學校制度的建立，也不免受了一些其他社會制度的影響。歐洲中世紀，最有影響力量的社會制度，如寺院教育制度、武士訓練制度以及手工業者的行會，它們的教育程序，都分爲三級。因而由於歷史演變而先後發生的各種學校教育，在形成制度的時候，也分爲三級。中世紀的寺院教育，其歷程爲：一、發聯者（*Oblate*），二、參修者（*Novife*），三、正式教士（*Moench*）。武士的教育歷程，也分爲三級，即：一、侍僮（*Page*），二、衛士（*Knappe*），三、武士（*Ritter*）。中世紀下半期行會中對於手工業者的訓練，也是三級：一、學徒（*Lehrling*），二、工人（*Geselle*），三、師傅（*Meister*）。這些含有廣義的教育意義之社會制度，把訓練歷程，依照其程度的高低，分爲三段，推行起來，並沒有什麼不妥之處；以此爲榜樣，把正規的，即狹義的教育歷程也

分爲三級，自然也不能說它毫無根據。但是，我們應該知道，西洋的學校制度中的分級，從教育史上來看，並沒有內在的理由以及實際的根據，只不過是到了近代，爲教育行政的便利以及教育研究的系統，姑且「比照」辦理而已。

從西洋教育活動的發展過程中，我們固然看不出來三級學制這樣的事實；再就中國的教育史來看，又何嘗不是這樣呢？我國固有的學校教育，雖然有悠久的歷史，在中央和地方普遍的設立了官學和私學以及介於公私之間的書院，可是並沒有形成三級的學校制度。我國固有的學校教育，就程度方面來看，始終只分爲兩級。禮記中學記篇所說：「一年視離經辨志，三年視敬業樂群，五年視博學親師，七年視論學取友謂之『小成』，九年知類通達，強立而不反謂之『大成』！」正是把學校教育分爲小成和大成兩個階段。禮記中王制篇中所列舉的「上庠」和「下庠」、「東序」和「西序」、「左學」和「右學」、「東膠」和「虞庠」，也只是分別的養「庶老」和「國老」，仍然看不出來有三級制度的跡象。漢書五十六董仲舒傳中所記的對策三篇，其中對於教育的理論和制度，都有一些說明，可是也只是希望漢武帝能夠「興太學，置明師，以養天下之士。」依然沒有主張要把學校分爲三級。後來的官學，在地方上雖有縣學、府學之分，不過在程度彼此相等，和中央的國學或太學，對照起來仍然是兩級學制。從我國數千年的教育史一直到新學制建立的時候爲止，我們始終看不出來有以程度高低爲準，嚴格的分爲三級的學校制度。至於從性質上來看，我們的教育制度，是把造士和選士當作中心，興辦學校，無非是爲的要推行人才教育和學者教育。至於社會上所需要的生活技能，職業性的訓練，始終是放任不管，聽其自生自滅。有關公民教育的基本教育，也只是捧出來一個「教民之學」和「造士之學」陪襯一下而已。所以從性質上來看，我們固有的學校教育，只是造士、養士和選士的場所，並沒有什麼系統的分級。這種片面的學制，在近代以前，任何國家都是如此，這並不能算是我國教育史上獨有的缺點。

西洋各國的學校教育制度，雖然仿照其他有訓練意義的社會制度，分爲三級，可是在實際的學校工作中，卻並不曾嚴格的劃分爲三個階段。

至於我國固有的學校教育制度，始終都沒有分爲三級的跡象，那麼，爲什麼我們仿效西洋學制所製訂新學制卻採用了嚴格的三級制度？對於這個問題，在學制本身上，不大容易找出答案。如果我們觀察一下我們中國行之已久的科舉制度，就不難找出一個適當的答案。和學校教育並行，建立一種科舉制度，配合學校教育的造士工作，而從事選士工作，儘管科舉制度的內容不少缺點，但是從一般原則性的觀點來看，科舉制度總有其相當的價值的。時至今日，一些進步的國家，不都已經採用公職人員的國家考試麼？我們的科舉制度，行之已久，因而科舉的觀點也深入人心。當科舉制度在清朝末年廢止之前，我們的科舉考試制度，已經演進而成爲嚴格的三級制度。科舉制度中的考試名稱雖然不少，可是就程度上來分，卻是以「院試」、「鄉試」和「會試」作爲最基本的三個階段。「院試」分別在各地區舉行，應試及格，即可加入地方上的官學，即縣學，因而又稱爲「進學」。進學之後，即可獲得生員或「秀才」的稱謂。進學之後，雖因考績的關係，有附生、增生、廩生各種頭銜，但仍屬於同一的等級。院試及格之後就可參加「鄉試」，鄉試是在各省的省會舉行，及格之後，就得到「舉人」的稱謂，這已進入了科舉制度中的第二個階段。「鄉試」得中之後，就可以前往京城，參加「會試」。會試已經成爲全國性的考試了。會試得中即獲得「進士」的頭銜。爲愼重起見，再經殿試，把進士的名次再排列一下，第一名就稱狀元。實在說來，狀元、翰林進士都是科舉考試中的最高一級。科舉考試中這樣三級的制度，深入人心。因而，儘管廢除了科舉制度，可是科舉觀念，在中國人的意識中間，仍然有極大的影響力量。廢科舉，興學校，受了時代潮流的影響，勢在必行。而西洋學校教育制度中，恰好有一些表面上分爲三級的辦法，於是一拍即合，替科舉的觀念，加上一件三級學校制度的外衣。這可以說是我們的新學制採用三段分級的主要原因。現年六十歲以上的人，如果當清朝末年，在高等小學堂、中學堂，各省的高等學堂或優級師範學堂畢過業，誰會沒有得到秀才、貢生、舉人一類科舉制度中的頭銜？對於學堂出身的人而予以科舉制度中的頭銜，還能說新式學制的三段分級會和科舉制度沒有關係麼！

　　沒有歷史背景的制度，只要能夠適應當前的需要，解決實際的問題，

也仍然不失其爲一種有價值的制度；即使以新式學制作爲舊有科舉制度的
外衣，只要配合的妥當，能夠滿足當前的要求，也仍然不失爲一種好的制
度。但是，事實上是如何呢？問題卻不十分簡單。把整個學校教育活動，
攔腰割斷，使其成爲三節，從表面上看，好像很容易，事實上，卻是非
常困難。從那裡下刀切起，是不容易找出來一個客觀標準的。就拿我們這
五十餘年中，學制的改革經過來看，每次的改革，都在分段的一方面發生
變動。如清光緒二十八年的壬寅學制（一九〇二），把初等教育階段中的
各級小學堂的年限，共定爲十年，由六歲到十五歲。這種制度還沒有付諸
實施，第二年的癸卯學制（一九〇三）中就把初等教育的全階段縮短一
年，改爲九年，由七歲到十五歲。過了不到十年的時間，民國成立公佈了
壬子學制（一九二二），又把初等教育的階段，改爲六年。北伐成功，國
民政府定都南京，於民國十七年所公佈的新學制（一九二八），雖然仍爲
六年，但是卻把三三兩級的初等教育改爲四二兩個階段。其餘在中等教育
和高等教育兩個階段中間，每當學制改革一次，在肄業年限上，也多不免
有一些變動。這些客觀的事實，都可以證明全體學校教育硬性的分爲三
級，是總有若干困難的。

學制的分爲三級，不僅在我國新學制實施這半個世紀中間，發生了
困難，即使在歐美國家，也有同樣的情形。德國各種不同的中學，前四年
都和國民教育的後四年，一律平行；一九四四年英國的學制中，初等學校
（*Primary School*）的後三年，也是和中等教育中三種不同的中學前三年，
成一種平行的狀態。在美國，初等教育與中等教育的關係，不是也有八、
四制和六、三三制兩種不同的辦法麼？從這些現行學制中間，也可以看出
來，學校教育制度從縱的方面分爲三級，不僅困難，而且有些近於難能。
近來教育上的一些改革運動，如延長義務教育的年限，擴大義務教育的範
圍（如二次大戰以後，德國的職業教育，依法定爲義務教育。）推廣成人
教育，改進職業教育這一些趨勢，幾乎都可以說是要把習慣性三級學制的
觀念，從各方面入手，慢慢的糾正一下。因爲，事實上，學校教育制度，
分爲三級，困難甚多，而且又不容易付諸實施；但是受了習慣的阻止，好
像對於三級學制有了感情，有了偏好，這實在是一種不智之舉。最近冰島

共和國所公佈的新學制，在法令的條文中，明白的宣佈廢除三級的學制，改爲四級學制；四級學制也是橫的切斷的辦法，在理論上仍然值得討論，但是對於三級學制的廢除，卻已經很足以證明三級學制的不妥了。

從理論研究的立場出發，來看學校教育方面的三段分級，固然有若干不妥當的地方，因爲學校教育是一種連續的活動，從任何地方攔腰橫斷，都不合適；但是學校教育是一種實際的工作，把學校教育作爲整體來看，自然是一種很合適的研究方法，可是實際的推行起來，就不能不從一部分一部分的開頭作起；因而把學校教育分爲若干部門，仍然有其必要。現行的三級學制是把「縱」的連續，切爲三段，然後再設法把已經切開的三段，透過課程的選擇和組織，求取上下的「銜接」。這樣來作，就不免要發生以上所說的各項缺點。因此，我們就不能不再從另一方面入手，來對於整個的教育活動，重作分類的工作。我們把學校教育分爲三級，是以「程度」爲標準，所以不能不把「縱」的連續活動，分爲初、中、高三級，至於各種學校的任務、目的，則不大注意加以分別。例如中等教育階段中，有的教育工作是爲了升學的準備，這是一種「選拔優異」，使其能夠繼續深造的工作；有的則是爲了職業準備，使每人都有就業的技能，這已經不是「選拔的」，而是「普遍的」，因而這一類的職業教育，現在已經開始走入義務教育的範圍；其他成人教育中的一大部分，也都屬於中等教育的階級。只問程度的差別，不管性質的不同，這是三級學制中的最大缺點。所以我們對於學校教育要重作分類的工作，就不能不放棄原來的標準，而另外把學校教育的「性質」作爲分類的標準。以性質爲學校教育分類的標準，則就很容易的保存了教育活動的連續性，只要在「橫」的配合方面，多加注意，就可能保持學校教育的「整體性」。這麼一來，在實際方面，從部分入手，其結果則並可達到保持學校教育所有的「有機的形體」。就現在所有的學校教育活動來看，就其任務或性質方面來看，可以分爲以下數項：

第一、是從小學、中學、一直達到大學，我們不妨稱之爲「正規教育」。這一類正規教育的任務或性質，是在於培養純學術研究的專門人才或社會上各部門中間的領導人物。即使正規教育中各級的學校，可能兼顧

推廣教育或成人教育，但是它的主要任務，卻沒有改變。這樣正規學校的分級，並不是嚴格的把它看作三種性質不同的階段，所謂分級，只不過是一種選拔的方式。因為正規教育的主要任務，在於培養研究工作的學者，社會領導的人才，企求民族文化的創造，所以在選拔方面，不能不特別嚴格。實在說來，正規教育過程中，經過若干次的選拔，最後所剩餘的只是一些各方面都很健全的優秀青年。有些教育學者，如德國海岱爾堡大學教授，曾於兩次世界大戰中間的年代，一度任巴登邦總理兼教育部部長的赫爾巴哈（*Willy Hellpach*）就明白的指出正規教育中的中級，乃是一種培養「知識貴族」的學校教育，他曾經使用 *Aristopädie* 這個名詞，來形容正規教育的性質。在二十世紀，教育工作中，還有貴族的傾向，豈不是一種錯誤的見解？但是我們要知道政治上或社會上的貴族，乃是特權階級，是犧牲旁人的享受，來擴大自己的享受，也就是說他們的享受超過了貢獻。至於知識上的貴族，則並不如此，他要摒除一切世俗的享受，終身為學術或為社會福利而努力工作，他們的實際生活中是貢獻多於享受。這樣的知識貴族豈不是愈多愈好！

第二、是特殊教育。只有一般的正常兒童、青年，才有受教育的機會，而且教育工作也只把他們當作主要的對象。在過去，任何文化進步的國家，都不免有這樣的情形。一直到近代，特殊的兒童，或盲，或啞，或身心異常，在過去不為人所注意的，現在也都成為教育工作中的對象之一。但是為這一類的特殊兒童的便利，須設立一種特殊教育制度，否則，就不免要降低教育的效率，甚至會使特殊教育的推進難得效果。

第三、是職業教育。在現代技術萬能的時代，職業教育的需要更為迫切，而且職業教育的程度，也更為提高。所以職業教育的內容，一方面分門別類異常複雜，一方面卻又把程度分為等於大學和低於大學的兩級。因此，職業教育在制度上，應該自成一個系統；這和特殊教育一樣的要獨立推行，才能夠易於獲得效果。

第四、則是成人教育。成人教育，一向是不列入在學校教育範圍內的，因為學校教育工作的對象是兒童、青年，而不是成人。二十世紀兩次世界大戰的教訓，成人教育的重要性，才被注意得到，成人教育中，技能

的補修和公民生活的充實以及休閒的娛樂，無一不是主要的內容，其程度之差異，自掃除文盲以至於大學中某些科目的推廣，都包括在內。至於成人教育的方式，可能由學校兼辦，也可能是短期的訓練機構，甚至也可能設立獨立的機構，負責推行。內容、形式的複雜、紛歧，迫使現代的一切國家，都不得不對成人教育特別的加以注意。成人教育成爲一種獨立的制度，正是注意成人教育運動所產生的結果。

以上四種教育工作，不管其發展和起源有什麼大的差異，但是，時至今日，這四種教育活動，都採用了學校教育的形式，因而學校教育制度的整個體系中，必須要包括這四個部門。此外，還有值得我們注意的一點，乃是師範教育。師範教育的性質，和以上所舉四種不同的教育工作，比較起來，頗爲奇特。師範教育的本身是教育工作的一部分，但是同時又是推進其他教育工作的方法。沒有師範教育，固然並不能影響其他教育工作的存在，但是爲促進其他教育工作的發展，師範教育卻是最不應該輕視的一種因素。所以有些重視教育工作的國家常常把師範教育當作教育行政工作本身的一個部門，而不把它列入一般的學制之內。也就是說以教育行政的影響力，靈活的運用一切學校教育工作，使其爲師範教育，分門別類的去從事工作。但是也有一些國家，對於基本教育工作所需的師資，仍然是獨立的設置機構，使其自行成爲一種制度。這是教育政策上一個很值得討論的問題，現在不便詳加討論。

總而言之，把各種內容複雜，形態各異的一切學校教育，綜合在一起，只是就其程度的差異，分爲三級，然後再求其能夠有「縱的銜接」；這不免有些無視於歷史的演進，忽略了學校的個別任務。其結果，則推行方面發生了很大的困難。爲補救這種缺點，我們希望學校教育制度，應該先按其任務，分爲九個大的部門，自成一種系統，然後再運用政治的力量，使其有一種很密切的「橫的配合」，這樣的學校教育制度，方才能夠成爲一個「有機的定形」，發揮學校教育的功用。

（本文原載於教育輔導月刊第五卷第七期）

中 篇

西方近代各家教育思想

八

西洋文化的認識

　　文化一詞的「內涵」，非常廣泛，所以關於「文化」的敘述，也難免失於廣泛。好在今日講話的目的，在於「提出問題」，不在於「解決問題」；所說的話，雖難免廣泛，只要能夠在討論世界文化問題時候，貢獻一些參考的材料，似乎也沒有很大的妨礙。西洋文化雖不等於世界文化，但究不失為世界文化中的一個重要部分，所以在討論「世界的文化前途」這個總題目時，首先要對西洋文化有一個輪廓的認識。以下分為幾段，加以敘述。不過這並不是嚴格的邏輯順序，只是這樣分段之後，說起話來，比較方便而已。

一、四種因素

　　西洋文化演變成今日這樣體系，從歷史方面，向上追求起來，可以發現有四種比較重要的因素。第一、希臘的哲學、藝術等等成就，並不因希臘在政治方面的失敗，歸於消滅。所以有人說，在軍事方面希臘是「被征服者」，在文化方面，希臘反而保有「征服者」的地位。其次，羅馬在政治、法律方面的成就，也是現在西洋文化體系中的一個主要因素。羅馬帝國的成立，是西洋文化發展史中一個有劃時代價值的時期。在人類文化團體生活的實際方面，羅馬對於現代西洋文化的貢獻與影響之大，至今尚十分明顯。第三、猶太的基督教精神，也是創造西洋文化的一個很大的力量。基督教的精神是要努力的把「人間」的個人拯救出來，使之歸於「天上」。這種努力向上追求的精神，正是「文化創造慾」的基礎，所以討論西洋文化，就不能不注意基督教的精神。最後就是新興的北方民族的冒險與進取的精神了。以上三種文化方面的成就，由北方民族統一的繼承起來，不斷進展，發揚光大，乃形成今日這樣的西洋文化體系。

　　西洋文化形成的因素中有西方的希臘、羅馬文化，有近東的猶太文化，所以有些西洋的學者，認為西洋的文化，就是世界文化。又因為北方民族在西洋文化創造的工作中，盡力較多，就因而認為只有北方民族，才能夠創造文化。這種主張，多少都有些成見，所以最近的學者，如湯恩比等，也都不相信這種說法了。

二、兩派主張

　　現在說到西洋文化的起源。有人類，就有文化，人之所以稱爲人，就因爲他有文化。所以從歷史上找西洋文化的起源，我們不能不承認在希臘以前，很早就已經有了文化，希臘的文化決不是希臘當時的人所能「突然的」創造出來的。所以有一派學者，認爲西洋文化的歷史，不會少於六千年。這種從歷史上找西洋文化起源的工作，非常困難，只好讓歷史學者去專門研究了。這裡所說的，乃是心理方面的起源。現在只舉出兩派重要的主張，略爲敘述。

　　有一派學者主張：人類和動物同樣的不能不生活在自然環境中間。其他人類以外的動物，對於自然界的生滅變化，種種刺激，無動於心，安之若素，只有人類對於自然環境的刺激，不能不有反應，不能不生「驚奇」之感。這種驚奇之感，就是文化的起源。不過這裡所謂驚奇，並不是對於「存在」（*Sein*）的驚奇，而是對於「意義」（*sinn*）的驚奇。「存在」只是「存在」，十分確定，故不易發生驚奇之感。超過「存在」，再向後追求其意義，那就好像「謎」一樣，各人的猜法不同，因而發生驚奇之感，換言之，存在是具體的存在，明確而無問題，故不生驚奇之感；意義乃是潛有的，隱蔽而且秘密，所以成爲問題，對於秘密，極易發生驚奇之感。解決問題，滿足對於驚奇之要求，於是乃有努力，乃有工作，乃有成就，這就是文化。所以蘇埃爾（*Wilhelm Sauer*）說：「根據實際生活，透過驚奇，乃有文化。」（參看：*Sauer: Die Philosophie der Zukunft, Eine Grundlegung der Kultur*，頁八十五至九十一）

　　相反的，另外一派的學者，認爲「驚奇」只能產生文化中的一小部分，即宗教。在整個文化體系的心理起源，乃是一種困難之感。生活舒適，不感覺任何困難，即在實際生活中，不發生任何問題時候，就不能創造文化。所以過去有些人說，文化是有閒階級，在舒適生活中創造出來的，乃是一種不正確的說法。湯恩比（*Toynbee*）所採用的語句，如「美麗是困難的」與「優質含於苦工」，正是反對這種說法的。困難對於實

際生活的挑戰，也不能太過，超過一定的限度，同樣的不能產生文化。如挪威人移殖到冰島，表現很好，而移殖到更冷的格林蘭，就比較差了。在馬來的華僑，表現的較在其他白人國家的華僑爲優，也是一個很好的舉例。這種主張把過去流行的「只有優秀的民族才能創造文化」以及「只有在舒適環境中，才能產生文化」等等說法，予以推翻，可以說是它在學術研究上很大的貢獻。（參看 Toynbee: *A Study of History*, Somervell 節本，頁五十五至八十七）

三、三種解釋

文化這個概念的本質是什麼？我們也應該簡要的說明一下。

第一、有些學者認爲文化的本質，乃是一種「歷程」（*Kultur als Vorgang*）。人類不能不生活在自然環境中間，處處受自然的拘束，如飮、食、呼吸等俱係必然。但是人類特別異於動物的，是他能夠於接受刺激之後，立即發生反應，也就是他能夠有一種自內向外的自由創造，希望著，多多少少打破自然所加於人類的拘束。文化這個名詞，和農業有一種起源的關係，就是一個很好的例證。經過這種自由創造的歷程，乃有文化，不過，實在說起來，只有這種創造的歷程，才是文化的本質；一般重視由這種歷程所發生的結果，並承認這種結果就是文化，實在有些輕重倒置。所以文化的本質，實在乃是一種歷程。

其次，另外一種對於文化本質的看法，以爲文化乃是一種最高的目的（*Kultur ist Sinne eines höchsten Zweckes*）。一般人類，除了必然的具有「動物性」，必須還具有一種異於動物性的「人性」。就是受進化論影響最大的學者，也不能否認「人性」的存在。同時人類之中，還有些份子，能夠對於已有的人性，再作一些「提高」與「加深」的工作，使其更爲優越一些，形成「文化人類」、「文化國家」或「文化團體」（*Kulturgemeinschaft*）。這些文化人類、文化國家、文化團體，乃人類提高並加深人性的活動之最後目的，同時也就是文化的本身。所以文化，就概念方面說，乃是一種最高的目的。

　　最後，還有一種看法，認爲前邊兩種解釋，是把文化所從產生的歷程或文化創造的目的當作文化本身，都不能算是正確的解釋，所以提出來另一種看法，即認爲文化，乃是被人類所創造的「文化材」之全體（*Kultur als die Gesamtheit der von Menschen geschaffenen Kulturgüter*）。文化材（*Kulturgüter*）是由人創造而來，生於自然而異於自然，以「語言與道德」、「科學與藝術」以及「經濟與技術」等等，都能與自然相對而獨立存在。這種文化材之全體，方能稱爲文化的本身。

　　除了以上三種對於文化本質的看法以外，還有一種很流行、很通俗的看法，認爲文明就是文化。實在說來，文明乃是文化外表的形式（*die äusseren Formen der Kultur*）只是文化的一個方面，所以我們可以說「文明是文化」，可是換位以後說「文化是文明」，就不免錯了。文化是人類在團體生活中，繼續不斷，精神活動創造出來的總成就，多少都含有一些民族的色彩，整個移殖，比較困難，有時甚至是不可能。至於文明，乃是偏於技術方面的，隨時可以移殖、借用，一點都不發生困難。所以把文明認作文化的看法，是不正確的。

　　第一、第二兩種看法，是哲學家與道德學者的主張；第三種看法，多爲社會學者所重視。至於把文明當作文化的看法，只是一種流俗的見解。（參看：*Peter Petersen: Allgemeine Erziehungs Wissenschaft*，頁五十六—八十）

四、兩種型式

　　關於文化發展的型式，有很多不同的看法，要想作一個很正確的邏輯分類，很不容易。這裡爲說明起來，比較便利一些，只有採用一種很討巧的正、負兩分法。固然這種兩分法，有許多缺點，作科學研究工作的，都不喜歡採用，這裡爲敘述時候，比較便利，只好姑且「討巧」一次了。

　　第一種主張，是認爲文化的發展所走的路線，是一條直線，就是不斷的向前進步，現在優於過去，將來又優於現在。這種樂觀主義的看法，近百年受進化論的影響，得到一些理論的基礎，相信的人，普遍的增加起

來。文化是人類精神努力創造出來的價值，人類多一分努力，文化的內容就會充實一點，人類藉著教育的力量，一方面能夠「保持」文化，一方面又能夠「延續」文化，不斷的在進步當中，所以文化採取直線型的發展，是一種有根據，可相信的說法。但是，文化體系內容豐富，而且，對於創造文化的努力，其來源又複雜的令人難以想像，所以文化的發展，決不是簡單的一條直線。有的文化，固然永遠在不斷的演進、發展，但是也有些文化，是處在停滯不進的狀態之中，甚至會使人誤會這種文化，已經死亡。這種造成文化停滯不進的原因，有的是屬於自然環境方面的，有的卻為政治的情況所造成。屬於後者的，往往是一種「分」「合」的現象。社會政治方面的領導人物，在不能擔負他們領導大眾作創造文化工作的時候，一些富有文化創造慾的人們，會有意或無意的，對於他們所屬的文化團體，採取一種「撤退」（*Withdrawal*）的態度，因而就形成歷史──文化──上的「分」的現象。經過一個時期，社會政治的情況改進一些，原來那些撤退的份子，又「返歸」（*Return*）這個團體，於「分」之後，又發生一種「合」現象。文化演變過程中，常有「分」的現象，而這種「分」的現象發生時，正是文化停滯的時期，所以文化的演變，並不像樂觀主義的說法，是直線型不斷向前進步。

為了反對或修正這種直線型進步的文化發展看法，曾經發生過許多不同的主張。對於這些不同的主張，我們可以把他們歸於一類，稱之為「非直線型」的。這裡只就非直線的學說中，舉出幾種通俗而流行的說法，敘述一些，作為代表性質的意見。

最普通的說法是根據宇宙毀滅說（*Cosmic Senescence*）來推論文化發展的型式。宇宙間一切「事」、「物」都不是「常住」的，時間的久暫，都沒有關係，最後必趨於毀滅。這是一種「類推」的證明，而「類推」並不是一種可靠的方法。即使退一步承認這種「類推」方法有時不妨採用一下，但是這種類推的根據，也被現代的物理學者，予以推翻。宇宙毀滅的現象，不是絕對的，而且即使可能，也只有在幾乎不可置信的遙遠將來，才可或然的發生。因此這種毀滅的情況，對於人類所創造的文化，幾於不可能發生影響。所以，當希臘文化衰退的時候，一些信仰基督教與不信仰

基督教的學者，很多發表這樣的主張，可是，到現在，對於這種主張，一般的學者，已不大注意了。

第二種反對「直線型」理論的，是根據有機體的性質來說明文化發展型式的主張。有機體（*Organism*）是有生命的有生且有死的，文化一般都承認是一種有機體，所以文化也很難逃避死亡的命運。第一次世界大戰後，斯賓格勒在他的「西方的沒落」（*Spengler: Der Untergang des Abendlandes*）一書中，就竭力發揮這種理論。有機體自初生，經過生長的各個階段，最後必然的趨於死亡。不錯，這是生物界的事實，現在，誰也不應否認。但是「有機體」這個名詞，用在生物學上和用在文化，歷史方面，意義並不相同。生物方面，有機體一詞，是表示有生命的意義，有生命，當然有死亡。至於在文化、歷史方面，所用「有機體」一詞的意義，只是「統一的」、「相關的」、「有組織的」等等，實在只是一種比喻的說法，並不是真正具有生命的有機體。所以生物方面的有機體，儘管生生死死循環下去，卻是萬不能把它同樣的應用到文化方面。

第三種類似的主張，是根據遺傳學上「變種」（*Bysgenic*）的說法。生物方面的「種」，在遺傳方面，有一部分，會莫名其妙的喪失了它原有優異性質，表現一種衰退的情形。文化的創造者，文化的保持者，都是人類，人類不能完全不受生物遺傳的限制，所以經過相當時期，由於變種的關係，文化也不能避免衰退的命運。人類的團體生活與文化有不可分的關係，所以人類的本質一改變，文化也就難免遭遇同樣的命運。變種以後的人類，如果再能從比較野蠻，比較新興的民族中，吸取一些新的血液，才會有再生與復興的可能。但是，我們知道變種只是一部分的現象，並不是包括全體整個的民族。在文化的創造與發展的歷程中，少數的先知先覺者，常能領導大眾，特立獨行的，作一番建立新風氣的工作，使原有的文化，向一個新的方向發展。所以根據一部分的人的變種，就推論文化也會隨著衰退，這種理論的基礎，並不穩固。

最後，再舉出一種類似的主張，就是根據太陽系中循環運行的現象，所建立的文化「循環論」。在文化發展的歷史中，雖然發現常有「分」「合」的現象，但是永遠不曾發現過同樣的「分」與同樣的「合」。同樣

有「分」「合」的形式，但並沒有同樣「分」「合」的內容，所以在歷史中，我們不能夠找出符合於這種文化循環論的印證。甚至最近的天文學家，也不承認太陽系中有絕對相同的循環情形，所以這種主張的理論根據，也根本的發生動搖。（參看 Toynbee: *A Study of History*, Somervell 節本，頁五七八）

以上關於文化演變的型式，就西洋的文化學者的主張中，選擇一部分，加以敘述，這裡不敢提出主觀的積極主張，免得無意的影響了將來討論「世界文化前途」這個總題目的時候，所要發表的一些意見。

五、兩個矛盾

西洋文化經過中世紀差不多一千年的孕育，到了近世，突飛猛進，表現了優異的成就。可是一入二十世紀，西洋文化，在十分繁榮的表面下，卻發生了很嚴重的問題。西洋文化發生問題的原因很多，尤其在經濟理論與經濟制度方面的矛盾、不安，特別的引人注意，以為這是使西洋文化發生問題的主要原因。但是影響經濟理論的哲學思想與科學見解的自身矛盾，恐怕更值得我們注意。所以，這裡舉出來哲學與科學本身方面的兩種矛盾的現象，來說明西洋文化之所以發生問題的基本原因。今日講話的目的，在於「提出問題」，所以這一段的敘述，是否正確，似乎不關重要，一切留待以後慢慢討論好了。

現在，先說哲學理論方面的矛盾。近世各派哲學中，對於人生實際生活所發生的影響最大而又最普遍的，似乎無過於經驗主義。經驗主義的起源很早，古代希臘的「哲人」（*Die Sophisten*），注重主觀，主張相對，已有重視「感覺主義的」經驗主義的色彩。但是真正替經驗主義建立起來有系統的體系的，卻是近世英國的洛克（*John Locke*, 1632-1704）。關於洛克的經驗主義，這裡沒有詳細說明的必要。現在所要說明的，乃是經驗主義對於西洋近代文化的貢獻，以及由於經驗主義自身的矛盾，反而又使西洋近代文化又發生問題的經過。經驗主義的派別，非常繁多，但是各派經驗主義，仍有一些共同的基本主張。任何一派經驗主義，都是在認識論

方面，看重「主觀」，在邏輯方面，看重「個體」，在道德學方面，看重「個人福利」；在社會學方面，認爲個人乃「完滿自足的個體」（*Autakie*）。總之，經驗主義哲學發達的結果，是個人的價值，受人尊重，因而爲近代民主政治制度，奠定了一個穩固的基礎。可是經驗主義演變爲懷疑主義之後，不知不覺，否定了「自我」，再進一步，「變種」而成爲唯物史觀，於是乃以「命定」代替了「意志自由」，以「聯合律」代替了「創造力」；以「觀念聯合」代替了「獨立自我」，以「環境限制」代替了「自由人格」。這種否定「思想」，否定「自我」，否定「自由精神」，否定「責任感」的結果，把經驗主義原有的特質，損失淨盡，這種自身矛盾的現象，對於文化是一種威脅，對於好學深思的人，成爲一個嚴重而且急待解決的問題。（參看 *Othmar Spann: philosophenspiegel*，頁四十四—五十一）

　　其次，再說科學進展中所發生的自身矛盾。近世文化方面的特徵在消極方面，爲反對教會的特權，在積極方面，爲重視科學的研究。科學方面特別的重視「明白」（*Clearness*）與「清晰」（*Distinctness*），這兩種特質，都是屬於「個人」、「主觀」方面的。科學研究之重心，最初是理論科學，重視如何認識世界（*To Understand the World*），到了後來，卻變爲實用科學，重視如何改造世界（*To Change the World*），也就是說科學方面的理論研究，到了最近，大部分變成了技術的使用了。造成這種現象的原因，「戰爭」雖然不是唯一的，但卻不能不承認是一個重要的。重視技術的結果，是忘記了。最低限度，也是看輕了「目的」的價值，把所有一切價值，都歸之於技能的程序。而且在理論科學研究的工作中間，個人是主體，一切發見和整理的工作，都由個人負責，所以個人的價值，受人重視；至於在技術活動的歷程中，除了最高的設計者，所有個人，都是差不多，變成了工具，或是變成了機器的一部分。個人的價值，差不多都被否定。這種科學自身的矛盾，也是威脅西洋近代文化，成爲必然發生文化問題的一個原因。（參看 *Russell: History of Western Philosophy*，頁九—十一）

六、一個舉例

近代西洋文化範圍內，所發生的問題，非常之多，差不多所有一切社會、政治方面的問題，追本窮源，都可以說是文化問題。文化的範圍這樣廣泛，文化問題這樣繁多，一一列舉，加以討論，真有不知從何下手之感。這裡，為了敘述方便起見，只能舉出一個文化哲學家的意見，作為例證，使我們將來討論的問題，略為有點範圍。

斯普蘭格（*Eduard Spranger*, 1882-1963）在他的「民族，國家，教育」（*Volk, Staat, Erziehung*）論文集中，有一篇講到西洋文化問題，他舉出三個問題，說是現代西洋文化所遭遇到的最困難而又不能不解決的問題。西洋文化，如果能夠把這三個問題，妥當的予以解決，西洋文化就可以繼續進步的發展下去，萬一不能解決，或解決的不甚妥當，西洋文化就難免遭到嚴重的打擊。雖不至於像斯賓格勒（*Oswald Spengler*, 1880-1936）在他的名著「西方的沒落」中所說的那樣，西方文化就要死亡，但是也決不能直線的再繼續不斷的發展下去。斯普蘭格所舉出西洋文化遭遇到的三個問題，是：

第一是國際秩序的建立問題：西洋古代的文化是一種「分」的形式，像希臘的「城市國家」，就是一個很好的例證。羅馬帝國的成立，又採取了一種「合」的形式。啟蒙運動以後，民族主義抬頭，近代的民族國家，先後成立，又成了一種「分」的形式。第一次世界大戰以後，國際聯盟成立，是又要從「分」向「合」的演變下去。由「分」趨「合」的工作，在文化創造的工作中，非常艱苦，處理的一不妥當，就會發生很大的糾紛，所以現代建立新的國際秩序是大家共有的企求，但在建立國際秩序中，如何工作下去，彼此之間，卻存在不同的意見。國際秩序的建立，是否要首先消滅啟蒙運動以後所養成的「民族感」？個人不經由國家這種政治集體生活，直接的跳入國際組織中，生活的是否合適，甚至是否可能？都是現代西洋文化所面對的待決問題。

第二是國會式的民主政治制度問題：國會式的民主政治制度，可以

說是西洋文化對於世界文化的最大貢獻。民主政治，承認了個人的價值，重視了個人的獨立人格，這不僅本身上就是一種高級的文化，而且同時也增加了創造文化的力量。這樣的民主政治，是建立在「個人主義」，「個人主義的自由主義」基礎上邊，很難運用的「恰」到好處，稍一不當，就會發生很大弊病。所以有人批評這樣的民主，只是保護私人財產的制度。領導創造文化的工作，已減少到最低的限度。而且民主政治是特別的重視「多數」，可是現在的民主政治運用中，是否真的重視多數，所謂「多數」是否真的多數，也很成疑問。所以，這樣國會式的民主政治，也成為當前西洋文化範圍的嚴重問題。

最後提出一個問題，就是勞資糾紛的問題了。在最初經濟自給自足時代，甚至在以物易物時代，勞動本身有意義有目的，所以並不發生勞動問題。到了以個人主義為基礎的資本主義發達以後，勞動者對勞動本身，就不再感覺到勞動本身的意義，出賣努力，只是為了麵包。因此，勞資就處於極端的利害衝突之中，甲方之利，即乙方之害，乙方之利，即甲方之害，變成了完全對立的形勢。對立的局面，會影響團體生活的不安，文化創造的工作，也必定因而停頓。所以這個問題，如不能妥善解決，西洋文化的前途，一定不敢樂觀。

斯普蘭格既提出了問題，自然他也作了解決問題的努力，不過他站在他的文化哲學的立場上所作的解決理論，不一定能取得一般人的同意，所以這裡略而不說，以免在討論世界文化前途時候，再發生枝節問題。

現在再附帶敘說我個人一點經驗。二次世界大戰前不久，在柏林大學教育研究所（*Pädagogisches Seminar*）中，一次曾說到這三個問題，記得當時一位盧森堡派在柏林研究教育的中學校長，因為他年紀比較大一些，就大發議論，提出解決問題的理論。當時，我忽然想到，這三個問題，不就是我們的三民主義所要解決的問題麼？我們的民族主義，到最後仍是大同，不就是可以替西洋文化把如何建立國際秩序的問題解決了麼？我們的民權主義與民生主義，更明顯的是可以把第二與第三兩個問題，分別的予以解決。我說明大意之後，他們感覺興趣，要我作一個比較詳細報告（*Referat*），後來急於離開德國，所以未能「交卷」。

　　以上六段所說的話，都是「述而不作」，但是每一段中，都可抽出問題，從各方面加以研究。所以今日所說的話，對於西洋文化的全貌，雖不曾描繪出來，但是，或許可能引起對於這些問題討論的興趣吧！

　　　　　　　　　　　（本文原載於大陸雜誌第二卷第十二期）

九

西方近代教育思想的派别

一、釋名

（一）西方的涵義

空間與時間原是廣袤綿延，無涯無窮，難以絕對劃分的。人類為了區別與研究的方便，不得不依據歷史事件，在時間的長流上劃成一道道的界限，按照地理特質在空間的廣域上分成一片片的區位。但是區分的方法也有相當的歧異，本文所用的「西方」與「近代」二詞，其涵義就有各種不同的說法。過去「東方」與「西方」的區分，是從歐洲人觀點出發的，他們以義大利半島為中點，分為東西。一八二一年的希臘革命，一八二九年的俄土戰爭，一八七七年的俄土戰爭都被視為東方問題。十九世紀的歐洲人所指的東方是亞洲與東歐，西方是西歐及西歐人開拓出來的美洲、澳洲。有時他們又認為代表東方的是回教的奧托曼帝國。這是純地理的區分法。

到了二十世紀，國際形勢更為複雜，這種地理上的籠統分法，不能滿足需要。因而有人就政治觀點來稱東西方，例如今日英美人所稱東方，係指蘇俄操縱下的共產集團，西方則指美國領導下的民主國家。

本文所指的西方，與一般學術論述所稱的西方一樣，係代表一種文化體系，指歐洲人從中世紀後半期以來創造演變而來的所謂西方文化——遠承希臘文化的理智，融合羅馬文化的組織力，透過基督教的狂熱向上追求的熱誠，日耳曼人創造性的生活力而成的文化體系。西方思想經過文藝復興，宗教改革，啓蒙運動諸階段，理性逐漸抬頭，個性日益重視。結果，科學研究蔚然勃興，工藝技術迅速進步，各種動力的發現與利用，擴充了人類支配自然的力量，使人類的生活方式，特別是西方社會（地理上的）的文明整個改觀，在觀念與制度上也起空前的變動。

（二）近代的範圍

上面簡單把本文所稱的「西方」一字的涵義作一解釋。至於「近代」一詞，也需要略加釐定範圍。所謂「近代」，有些學者從文藝復興算起；有些從思想上的啓蒙運動，經濟上的工業革命引起的社會全面演變開始；

有的則從梅特涅（*P. K. Metternich*）的「維也納會議」失敗，一八四八年的革命把梅特涅趕到英國那年算起，甚至有人從二十世紀說起。本文所稱「近代」僅以十九世紀中葉到現在約有一百年的時間爲主。

德國學者斯賓格勒（*Oswald Spengler, 1880-1936*）的名著「西方的沒落」（*Der Untergang des Abendlandes*）出版，全歐震驚，影響深鉅：攻訐讚納，爭論一時。這部書初稿原成於第一次世界大戰以前，到第一次世界大戰後半期，一九一七年起先後分爲上下兩冊出版，全書對歐洲文明的命運，提出發人深省的啓示，造成戰後元氣耗竭的歐洲人民深刻的印象。斯氏藉其廣邃深銳的史識，企圖尋求出文化發展的定律。他認爲文明之誕生、茁長、成熟、衰亡，也與自然界一切生命一樣，遵循著共同的型模，他比較世界各種文明所表現的政治、經濟、宗教、藝術、科學的興衰階段，用數百史例說明，來建立起他所謂「文化形態學」。最後悲觀的論斷，一切文明，是有生命的，也有最後的衰亡。他把文明拿來跟自然界現象相比較，說文明有生長、青年、成熟和死亡，有春、夏、秋、冬。但是他不只取用這些比喻以便於說明他的歷史觀念，而且爲這些比喻所圍，認爲歷史就具有比喻所有的性質。雖然斯氏誤將歷史看成有機體，但是這些毛病並不足以損害他關於文明發展的精闢分析。我們試看他拿四季爲比喻，說明西方文化中的思想發展。

春：依斯氏研究，當藝術、科學或宗教裏出現了強健有力而簡單明瞭的風格，特別是神話的重視時，一種新文化便顯然誕生。由這象徵判斷，西方文化的春天大約是從第九世紀到十三世紀。這時期的歐洲特別重視感情生活，嚮往超現實境界，狂熱向上追求，在其思想與宗教領域中，神話色彩特別濃厚，人們藉上帝以寄託其最深的情感，對於他們，實際存在與主觀存在無二。這時期在哲學上的顯著表現爲經院哲學與神秘主義，經院哲學表示人類心智既受桎梏，猝遇重大問題而努力求一解答；神秘主義則爲個人對外界事物求直接的悟解，整個的把握。

夏：理性漸超越信仰，人們漸從彼世的嚮往轉移到現世的注視。面對現實，開始脫離普遍性的統一而自求解放。個性開始覺醒，對於自身跟自然或上帝的關係開始發生疑問，並試從外界的探索以求解答。創造力在這

時達到最高峰。歐洲文明的夏天是自第十四世紀到第十七世紀，文藝復興顯示個人意識的覺醒，宗教改革是教會權威的懷疑，人類運用其理性，直接認識上帝，笛卡兒的數學受到重視，爲科學進步奠定基礎，而清教徒運動表示宗教合理化的要求。同時，市鎮的興起，使人的心靈脫離封建與教會的壓迫束縛，自求解放。

秋：個人理性與懷疑思想達到高峰，教條信仰與傳統權威完全頹喪，人類知識領域日益擴大，支配自然的能力更爲提高，智慧高度的發展，需要系統及精確的知識。西方文化的秋天是十八、九世紀，啓蒙運動帶來了科學工藝的迅速進步，理性控制一切，懷疑思想高漲，這時文化已經成熟，黑格爾概括統一的哲學系統也出現。斯氏說這時期是「市鎮文化」，「人變得理智，像遊牧者一樣自由，但卻較遊牧者心胸狹隘和冷酷。一切藝術、宗教和科學，慢慢理智化了」。這時，城市戰勝鄉村，金錢優於土地，理性克服傳統，群眾戰勝特權。

冬：文明末期的特徵，斯氏很悲觀的描述出來，而且敏感地預斷西方文明正走上這階段。這時期，唯物主義、機械論調和功利思想趾高氣揚；科學技術支配自然和人文環境；理智控制本能及情感；精神生活世俗化，最主要的是一切標準化、形式化，藝術變得千篇一律，風格消失，創造力也消失無遺（創造力是文化生命的源泉）。戰事暴亂頻連接踵，大帝國與獨裁者乘機崛起，痛苦與疲憊的群眾在世界和平與宗教的幻想中尋求庇護。這時期是所謂「大都市文明」，「人與土地的關係斷絕，在茫茫人海中漂泊，得不到安全感，而個人與其他感情關係也益疏遠，人人變得冷酷而勢利。……大城市貪婪不厭地啜吸鄉村新鮮的人口，一直到它怠倦而倒斃於幾乎荒涼無人的鄉村爲止。」

本文所指的近代，就是具有斯氏所說的秋末冬初特徵的一段時期。這個時代的特徵，我們可概括從幾個矛盾來說明。

（三）時代特徵

第一、「個人與集體」孰先的矛盾——西洋從十八世紀啓蒙思想發展以來，個人主義思潮非常高漲，另一方面社會群眾力量也有澎湃宏大的

表現，這二種相反對立的思潮互爲起落，彼此都不能否認對方的存在。個人主義思潮的具體要求是「人權」的尊重，「自由」的保證，至於社會群衆所要求的是「平等」的發展，「民主」的制度。我們相信，很少有人會爲「自由」而犧牲「平等」，更沒有人會要求「平等」而否定「自由」。既要「平等」，又要「自由」，正是這兩種思潮矛盾對立又並存不悖的原故，這種情形，迄今沒有改變。

　　第二、實利主義與人文主義的對立——文藝復興運動產生了人文主義，認爲人是獨立自存，有其本身價值的，啓蒙思想運動帶來實利主義（*Realism*），使人轉向自然界的探索。人文主義重視文化科學的價值，也就是歷史的價值，而實利主義則注意自然科學的價值，也就是技術的價值，前者爲「歷史」的，後者是「非歷史」的，這是一個矛盾的對立。

　　實利主義由重視自然科學進而注意技術的價值，結果在現代的時代精神中，又產生了一種自我否定的情況。技術貢獻的神奇偉大，竟至使人稱現代爲技術萬能（*Technocracy*）時代。可是，自然科學研究的目的，乃是由人出發而認識世界，並進一步征服世界，原爲增進人的權力，擴大人的自由。就這一點看，實利主義雖重視自然科學的價值，仍然具有和人文主義思潮相同的傾向。可是科學研究和技術運用是整體性的，科學技術高度發展的結果，卻無意的把獨立的個人納入集體之中，今日任何人都無法脫離社會經濟制度而自存，更難背離科學研究體系而獨行研究。到了這地步，人已失去獨立的地位，而成爲一套機械的一小部分，試看美國福特汽車工廠的生產或飛彈發展研究的情形，就不難明白個人地位的渺小了。

　　第三、「外在空間」與「精神空間」距離的矛盾——近代工業技術的進步，採用集體生產，把許多人從四方八面集攏到同一生產單位來工作，但是爲了增進效率，不得不採行分工制度，結果，人的知識空間愈爲狹窄，每個人只瞭解自身的部分，對於旁人懵然無識。社會經濟普遍分工的結果，人類生活團體更難免日趨分裂，人人只生活於其自己的狹隘空間，各人有其不同的見解、觀念形態、人生觀，由於彼此的隔閡，人與人間的感情更疏遠淡漠，以致有比鄰同居，鼻息相聞，而老死不相往來的怪現象。在都市中，人的接觸愈頻繁，人的感情愈疏遠。同時，交通的發展，

雖使空間距離縮短，精神空間卻愈爲拉遠，這是現代一個嚴重的病態。

　　以上是關於時代精神的一般概述，何以本文不厭其煩地加以詳述呢？因爲教育學除了研究教學技術、教育本質與界限、以及教育制度外，還有其更高的使命，教育要領導社會進步，克服時代挑戰。許多教育改革運動，都是由時代精神所掀起，而反過來補救時代病態，把社會導入進步繁榮的大道，因此教育思潮與時代精神，交映相成，忽視了一面，對另一面也不易有清楚的認識。

（四）教育思想

　　本文所研討的是西方近代「教育思想」，教育思想不僅是一種教育理論或教育學說而已，而是一種教育智慧。從教育研究發展的階段來看，教育研究最初偏重於「教育技術」（*Erziehungskunde*）方面，因爲教育僅被視爲傳遞文化的方法，把教育看作工具、方法，自然就會否認教育本身獨立存在的價值，因此，這種教育技術的研究還不能算是嚴格的科學，而只是一種「前科學的」（*Vorwissenschaftlich*）的討論。

　　教育研究的第二階段，則是把教育整體當作對象，爲系統的研究，所以可稱爲「教育科學」（*Erziehungswissenschaft*）。教育科學的研究是以教育的繁複現象爲研究對象，例如教育的可能、教育的本質、教育的「基本形式」（*Grundformen*）、教育的功用、教育的「途徑」與「範圍」，以組成教育科學的整個系統。

　　教育研究除了上述兩種方式之外，還有所謂「教育智慧」（*Erziehungsweisheit*）。教育智慧乃是一般學者或先知先覺者，在教育範圍以外，從文化體系的另一角度來看已有的教育的理論或實際，從而提出有關教育的建議或意見，也可以說是時代精神的有形反映。這種由教育智慧所表現的教育思想，儘管不是有系統的教育科學，究竟不失爲一種眞知灼見，所以我們可以說「教育智慧」乃是「超科學的」（*Überwissenschaftlich*），已經有了哲學的意味。

　　由上所述，可知教育思想雖然可以說是一種教育學說或理論，可是教育思想並不就是教育科學，而是反映時代精神的教育智慧。

　　本文所要敘述及討論的正是教育思想，西方近代的教育思想。

二、影響教育思想的幾種重要運動

　　我們承認哲學理論往往直接的影響教育思想，同時許多改變實際生活的社會、文化上新運動，跟教育也有莫大關係。前邊已經談過，教育思想是時代精神的反映，而時代精神是整個人類生活的表現，這些運動的發生，都是反對社會制度或文化傳統，企求改變不合理的現狀，調整人類各階層間的關係，清除現代生活中的糟粕，建設新觀念及新社會的。所以，無論其最後成就如何，社會生活多少受到波動，進而導致教育革新的要求。因為教育原在領導社會文化的進步，應付現實生活的挑戰，當社會生活失去平衡，一種新教育思潮常會跟著發生。

　　近代人類生活變動的劇烈是空前的，科學技術日新月異地進步，帶來了新文明，也帶來了新問題，傳統社會的觀念及制度，再也不能應付需要，人類精神開始覺醒，改變現實的努力，如火如荼地進行著，這些新運動中不乏影響深鉅而跟教育思想有相當關係者，勞工運動、婦女運動、青年運動正是這些衝盪舊社會的主流，茲引述於後，以見其對教育的影響。

（一）勞工運動

　　產業革命是歷史上一件大事，由於機器的發明，動力的利用，航路的發現，科學的進步，工業生產制度在十八世紀中葉開始在英國出現，以後波及到歐美各國。歷史家認為工業革命約始於一七六〇年，瓦特（*James Watt*, 1736-1819）於一七六九年發明蒸汽機，而哈格里夫（*J. Hargreaves*, 1722-1778）於一七六五年發明多軸紡績機（*Spinning jenny*）結束於一八二五年。隨後接著農業生產的改良引起農業革命（*Agrarian Revolution*）。這些生產方式的改革，直接導致社會生活的變動。最重要的是，機械代替人工，工廠林立，取代了家庭工藝的生產；都市興起，吸收鄉村的人力；社會上形成了資本家與勞工階級的對立。過去的手工藝生產時期，師傅與學徒共同工作，一起生活，有感情的維繫。在工廠制度下，工人數

目很多，全靠企業管理，擁有生產工具的資本家和被僱傭從事實際生產的勞工之間，只有金錢與契約的關係，純靠權利義務之維繫，工人按日計酬，隨時有失業之虞；而工廠方面，為增加利潤，不惜延長工作時間，壓低工資，僱用童工、婦工，且對工作環境的改良置之不顧，工業疾病與工礦安全都成為嚴重問題。勞工為自求保護，並進而爭取生活待遇與工作條件之改善，乃團結起來組織工會，以共同的力量要求制定勞工保護法規（如最低工資、限制工作時間、婦童工保護、工礦檢查、工會組織、團體協約、罷工權利等等）。最初當然受到資本家會同政府的壓制，但是勞工們為爭取生活的基本權利，不屈不撓地奮鬥，克服阻難，逐步取得了今日的地位。這是勞工運動的來源。

1. **工會運動**　勞工運動的最大特色是勞工組織工會以謀求共同的福利。工會活動主要分二方面，一方面是代表工人與資方制定工作契約，所謂團體協約，爭取工作時間之減少與工資待遇之提高；發動罷工俾跟資方相抗，操縱政治活動及法規之制定。另一方面，工會藉其雄厚的經濟力量，從事工人教育，推行福利服務，這一方面，於近代教育影響最大。同時在勞工運動中，一般同情於勞工的社會改革者，紛紛推行教育活動以增進勞工福利，提高工人智識水準，使他們在科學知識與工藝技術日新月異的進步中，不致落伍，遭受淘汰，而有失業之虞。

英國是產業革命的發源地，勞工運動也蓬勃發展，下面引述勞工運動中之教育活動，以見勞工運動對於教育思想影響之一斑。

英國最初是嚴禁工會組織的，一八一九年頒佈的「六法」（*Six Act*），甚至對工人從事政治活動與宣傳活動者，課以極刑。後來經過普雷斯（*Francis Place*）等人的努力結果，國會通過廢除這項法案，從一八二四年起工人才得自由組織聯繫團體，一八四三年，羅伯奧文（*Robert Owen*, 1771-1858）組織全國工會聯合會（*Grand National Consolidated Trade Union*），一時擁有會員達七十萬人以上。奧文曾於一七九九年為工廠女工創辦托兒所式的幼兒學校，且於一八二一年到過瑞士，參觀裴斯泰洛齊的教育方法，並把斐斯泰洛齊的國民教育觀念、科學教育方法介紹回英國去，且實行於他所創辦的幼兒學校中。一八六四年，倫敦有「國際勞

工協會」（*International Workingmen Association*）的組織，這時勞工運動已發展爲國際性的運動，一八八四年，衛布（*Sydney J. Webb, 1859-1947*）、蕭伯納（*George Bernard Shaw, 1856-1951*）等創立費邊社（*Fabian Society*），發行種種書刊，灌輸給工人「漸進社會主義」的理論。到一九〇三年曼斯布里治（*Albert Mansbridge*）創設工人教育協會（*Worker's Educational Association*，簡稱 *WEA*），爲英國的勞工教育帶來了新紀元。在此以前，英國的勞工教育已經有相當的成績，在此實有略加提述的必要。

2. 勞工教育略史　　最早的勞工教育，要算一七六〇年英國格拉斯哥（*Glasgow*）大學有一位名叫安德遜（*Anderson*）的教授，開始創設夜班，爲工人講授一些科學常識。一七九九年，柏百克（*George Birkbeck*）繼續安德遜的工作，爲格拉斯哥地方的手藝工人作一連串科學講演，傳授給他們科學知識。一八〇四年柏百克到倫敦開業執醫，他的後繼者再接再勵的努力，終於一八二三年組織第一所工藝學院（*Mechanic's Institute*），其宗旨是「以低廉學費授給各行業工人實用科學知識」。同年，柏百克也在倫敦設立另一所工藝學社，且編印教育性的「工藝雜誌」（*Mechanics Magazine*）。不久，這個運動傳遍英倫，各地也紛紛仿效設立，到一八五〇年全國有六百十所工藝學社，擁有會員十萬二千五十人。這些學社所開課程多爲應用數學、自然科學及實驗、作圖學、英文、外國語等，等到十九世紀，工藝學社原來性質大變，課程由技術訓練變爲文化陶冶，它後來成爲技藝學院（*Technical College*）及多藝學社（*Polytechnics*）的前身。

英國的大學推廣教育也跟勞工運動有相當關係。「大學推廣」（*University extension*）的原意，本是設立專供勞工就讀的獨立高等教育機構，如一八五四年莫利士（*F. D. Maurice*）在倫敦設立的工人學院（*The Working Men's College*）就是。但因師資設備及經費諸多困難，獨設學院頗爲不易，只得轉圖打開現有大學之門。一八七一年史都特（*James Stuart*）慫恿劍橋大學爲勞工開設大學推廣課程，倫敦大學亦於一八七六年，牛津大學於一八七八年接踵設立。

3. 英國工人教育協會　　工人教育協會創立以來，發展迅速，到一九〇六年，它在國內已設有十三分會，到一九四九年增加到一千以上分會，

會員有四萬人。這協會設立的目標，為：(1) 促進機會均等的全國教育制度的設立。(2) 提高並充實工人的生活。它的主要工作是舉辦各種勞工教育活動，例如跟各大學合辦指導班（*Tutorial Classes*）。這種班級每班有二十至三十人，由一位導師指導討論、研究、說明與某一學科有關之題目。每個學生每年上課二十四次，為期三年，每次二小時，課程偏重社會科學與文史藝術。一九五二年，英國約有一千指導班，包括學生一萬四千餘人。此外，還辦有各種時間長短不同的夜班，盡量適合工人的需要。依照統計，工人教育協會所舉辦的各種成人班級，在一九五一年共有六千班，學生在十萬人以上。

由上述英國勞工教育概況可以看出，勞工運動蔚然成為近代成人教育的主流，它呼喊出教育機會平等的口號，提醒社會對普及教育的重視。同時，勞工所要求的教育，是科學知識及工藝技能，固有的學者教育，不能滿足他們的需要，所以，勞工運動也擴大了教育的內容。此外，在成人教育理論研究方面，勞工運動也有不可磨滅的貢獻。

（二）婦女運動

婦女運動是要打破傳統社會所加於婦女的束縛，爭取男女地位平等，並使婦女才能充分發展的解放運動。

婦女運動和勞工運動雖同是爭取平等權利的運動，但是在本質上有相當的歧異。勞工運動是基於職業與經濟利益的對立，勞資關係的存在隨時都在變動，且所涉及者僅屬社會中一部分。問題存在為期也短，只是工業革命後的社會畸形發展的結果。而婦女運動是基於性別的分異，範圍廣及全社會，男女身份是永久不變的。從古代以來這種不平等現象早就存在，婦女對自己權利的覺醒，只是近代自由觀念及人權思想發達後的事。

產業革命後，婦女運動與勞工運動曾一度匯合，共同奮鬥，爭取平等。由於家庭經濟的驅迫，好些婦女紛紛走出家庭就職謀生，她們的工作表現並不比男人遜色，這是婦女覺醒的最大原因。同時，她們在經濟上也受到資方剝削，她們也同情並支援勞工運動。而男工也因女工的合作，對婦女地位與個人尊嚴日加敬重。

　　自古以來，由於男女生理上的差異，復因家庭分工的需要，婦女一向在家庭中負責育兒治家工作，後來，一般人對婦女的認識漸趨謬誤，認為女性在體質、智能、做事能力方面都較男性低劣，婦女原隸屬男人，無獨立自存的地位。因此，她們在社會上也享受不到財產繼承權以及從事政治活動與進學校受高等教育的權利。傳統的習慣加予她們種種的束縛，她們得不到各種個人自由與權利，婦女問題也就發生。

　　從十八世紀末葉以來，支持婦女運動的著名文獻相當不少，最早的是一六九八年英國文學家笛福（*Daniel Defoe*）所寫「女子學院論」（*An Academy for Women*），建議提倡女子教育，一七九一年在法國發表了女權宣言，揭櫫婦女在政治、經濟、法律、教育上應與男子享有同等權利。次年，英國烏斯東克拉佛（*Mary Wollstonecraft*）發表「女權擁護論」（*A Vindication of the Right of Woman*），一八六一年彌勒（*J. S. Mill*）撰成「婦女之隸從」（*On the Subjection of Woman*）一書。影響深鉅。提倡女子教育方面，有伊拉斯馬·達爾文（*Erasmus Darwin*）「寄宿學校女子教育之管理計劃」（*Plan for the Conduct of Female Education in Boarding School, 1797*）、摩爾（*Hannah More*）的「現代女子教育制度質難」（*Strictures on the Modern System of Female Education, 1799*）、夏利夫（*Emily Shirreff*）的「智識教育」（*Intellectual Education, 1858*）、達微斯（*Emily Davies*）的「女子高等教育」（*The Higher Education of Women, 1866*）等等。在德國方面，洪保爾特（*Wilhelm Humboldt*）、施萊馬赫（*F. E. Schleiermacher*）等都主張提高婦女地位。

　　瑞典教育家愛倫凱（*Ellen Key*）曾撰「婦女運動」（*The Woman Movement, 1909*）一書，對婦女運動的影響有詳盡的檢討。愛倫凱說：「提倡婦女權利者主張男子的各種工作公開地讓女子參加。不僅如此，他們且極力證明這些工作對於女子與男子都是同樣的合適——不幸這種主張的結果致婦女運動使許多婦女的才能用於錯誤之途，並把許多婦女的努力濫用於無益的或煩擾的事業中。從另一方面說，婦女運動卻曾是如何的提高了婦女工作，因為它提高婦女在許多工作中的程度，及增加一切婦女的責任心。它曾是如何的加增了工作的榮譽與組織的能力，發展了判斷力，激動

了意志，助長了勇氣，它曾喚醒了無數在夢寐中的人才，予無數被束縛著的才能以行動的自由，因此它把無數以前是社會裏最無用而使社會負擔的上流婦女，從消費者的地位一變而爲社會的生產份子，使他們由仰賴他人變爲自給自立，對生命厭倦的心情變爲愉快的心情。」

關於婦女運動的實際成就，英國方面，一八六九年婦女獲得郡市議會選舉權，一九○七年取得被選舉權，一九一八年，取得中央政府選舉與被選舉權，次年，英國婦女才准許擔任公務，並從事許多以前被禁止的職業。至於女子教育，夏利夫（E. Shirreff）等人曾於一八七一年組織「各界女子教育全國促進聯合會」（The National Union for Improving the Education of Womem of All Classes），二年後，第一所女子公學才在 Chelsea 出現。

從上面可以約略看出，婦女之取得與男子同等地位，是經歷很多人士的鼓吹、爭取和奮鬪。婦女運動事實上就是婦女要從家庭中走進社會的運動，她們必需表現出意志與能力，才會取得男性的信服，她們也要求個人能力之充分發展，因此，本質上，婦女運動就是教育範圍擴充的運動。

（三）青年運動

青年期是人生的重要階段，青年都愛自由，好冒險，重創造，尚理想，都厭惡平淡的現實生活，反抗社會制度的拘束，所以青年運動在性質上跟前述二種運動迥然不同。勞工運動是基於勞資利益的對立，是職業性的，婦女運動是因性別的區分而有不同的社會地位，二者都是縱斷的切割，是一部分人與另一部分人的對立，且都有特定的目標與範圍。青年運動卻是和上一代相對立，也就是對傳統與現實的反抗，是普遍性的，橫斷面的分剖，既無固定目標與範圍，也看不出成敗結果。因爲當青年長大成人時，他們轉進各種性質的運動裏去，所以青年運動又是其他運動的基礎。同時，當青年長成時，他們的思想已經成熟，融化於社會文化中，他們變成了維護傳統，爲下一代人所反抗的對象。正因青年時代富有想像力與創造力，傾向主觀精神，所以能藉客觀文化以發展主觀精神，文化才能進步；又因有成年人的成熟與對客觀精神的維護，文化才能延續，不致拋棄現實，落空失望。

青年運動的發生原因，可從三方面來講：

第一、反對都市生活──工業發達後，人口集中都市，都市生活較為浮華靡爛，物質生活的誘惑很強，一般人白天緊張地工作，下班後就盡情享受，放蕩玩樂。人與人間感情冷淡，比鄰不相探問，家庭之間亦少溫情。青年人的心胸是熱情恢宏的，他們很自然會厭棄這種頹廢、死板而冷酷的都市生活，嚮往清鮮，新奇而芬馥的荒野，因此，青年運動也就是下鄉運動。

第二、反對學校生活──近代一般的學校教育，偏重智識的灌輸，忽略情意的陶冶，人生的生活是全面的，求知慾的滿足只是一時的，刻板枯燥的學校生活當然難以滿足青年的多方面要求，於是青年只好轉求自然生活的刺激與樂趣。

第三、反對家庭生活──家庭本是和諧愉快的，但是工業社會中家庭生活遭受破壞，做父母的整天都在工廠、商店及公司中忙碌於職業工作，夜晚卻消磨於娛樂場所中，兒童日夜被冷落一旁，得不到愛情的溫暖、關懷及教護。本來兒童的身心最為脆弱敏銳，他們特別渴慕情感的慰藉，當他們發覺自己孤獨寂寞時，心裏的痛苦是難以言說的。一到長大能夠自由外出，他們自必從友誼及團體生活中尋求感情生活的補償。

因此，青年運動也是離開都市、學校和家庭的運動。最初，這種運動是無組織的，零散的，並沒有受到社會的重視。後來，教育界人士漸漸發覺到青年運動的意義，才有計劃地加以指導與支持，終成為重要的教育運動。

1. *游鳥運動*　青年運動發生最早而很有成績的要算德國的游鳥運動（*Wandervögel*），這個運動係由中學生所推動，以「奔向自然」為目標，後來更以大學生為中堅，注重文化批判與生活力培育的大學自由運動（*Academische Freiheit*）合流，才展開了自由德意志青年運動（*Freie Deutsche Jugendbewegung*），游鳥運動及大學自由運動性質近似，不易絕對區別，它們所以為社會所矚目而成為青年運動的歷史典型，主要由於它們都是青年自主運動，自發自動，沒有成年人在上面策劃指導。一九一三年在荷橫梅斯納（*Hohen Meissver*）地方，由十二個游鳥團體發起的自由德意志青

年大會的宣言中，可以看出其尊重青年自主性的一貫作風。

游鳥運動發生於一八九六年，那時柏林市郊的斯替里茲古文中學（*Steglitz-Gymnasium*）有費旭（*K. Fischer*）等相約到野外露營，當時他們是毫無計劃與目的，其中有一位名叫梅楠（*Wolf Meynen*）的學生，忽然想出「游鳥」這個名字來稱叫他們的自然生活，這個運動也因他們的提倡無形地展開。最初，大家只視之爲富家子弟的無聊玩戲，漸漸地教育家發現這運動的教育價值，給他們交通工具的協助。

其後，游鳥運動由於正式規章的訂定（一九〇四年），「游鳥」雜誌之刊行（一九〇五年），游鳥歌集（*Zupfgeigenhansel*）之出版（一九〇八年）而更加普及，並且取得社會之支持，在交通工具及食宿方面給予協助。但是這運動的推展也意味著游鳥運動的生命逐漸消失而陷於形式化。同時游鳥運動也隨著運動的展開而分裂成「舊游鳥」（*Altwandervögel*）及「新游鳥」（*Wandelvögel E. V.*）兩派（一九〇五年），到一九一〇年，舊游鳥又析分出「少年游鳥」（*Jungwandervögel*）一派，而第一次世界大戰也剝奪了許多游鳥運動領袖的生命。戰後，在一九二〇年舉行的游鳥大會中，曾以「什麼是游鳥運動」爲討論中心問題，可見，游鳥運動的內容及目標尚難確定。

一九二六年游鳥運動與德國童子軍運動（*Pfadfinder*）結合，到此，它已完全失去原來意義。後來，游鳥運動相繼併合於德意志青年團（*Deutscher Bundesjugendring*），而游鳥運動也歸屬其下。

游鳥運動傳到西歐各國，便是所謂「青年旅舍運動」（*Jugendherberge*）。這種青年旅舍的建築最初由德國盧爾區一位教師名叫西爾曼（*R. Schirrmann*）者所倡導，其後各國紛紛在風景區利用莊舍闢建青年旅舍。或利用風車磨坊，或利用穀倉，或利用古堡，這些旅舍設備都很簡陋，卻別有風味。旅客可在舍內自設炊食，一切自助自理，無服務人員侍奉照料，不過收費甚廉，青年人有了這種食宿的方便，野外旅行的風氣更加盛行起來，依據統計，一九一一年全德國只有青年旅舍十七處，到一九一九年增加至三百處，一九二四年有二千處，一九三一年有二千一百十四處，由此可見，青年旅舍幾乎遍設風景名勝區，青年受惠不淺。一九三二年曾

舉行過第一次國際青年旅舍運動會議，研討有關問題。

2. 童子軍運動　青年運動中最爲普遍，至今盛行不衰的是童子軍運動（*Boy Scout Movement*）。這是英國貝登堡（*R. S. S. Baden-Powell*）所倡導，到現在，已經有六十餘國家參加世界童子軍總會爲會員。

英國的宗教團體曾經於一八八三年依史密斯（*W. Smith*）的倡議，組織軍隊式的少年隊（*Boys brigades*）給予少年以宗教與公民的訓練，這是童子軍運動的前身。

貝登堡從軍隊退伍後，鑒於當時英國社會風氣的頹廢萎靡，一般人都自私怠惰，缺乏愛國心及公德心，因而想給兒童以「少年隊」式的訓練，陶冶他們機智精敏，進取冒險，熱心服務，敬虔上帝，強健勇敢的品格，他利用過去在軍隊中給青年士兵偵察訓練的經驗，並且融合他在各地考察少年訓練的心得（他曾到過印度研究未開化人的育兒法，到日本九州鹿兒島參觀健兒社，在德國看過騎士訓練及當時流行的新教育設施，他且於一九〇六年到美國考察西桐（*E. T. Seton*）的少年訓練——*Woodcraft Indian*——給他啓發最大）。一九〇七年，貝登堡召募二十名兒童在棕海島（*Brownsea Island*）施予實驗性訓練，結果引起各界的良好反應。次年，他正式創立童子軍團，並在書刊上把童子軍運動的內容及價值廣泛介紹到各地。一九二〇年，第一次全世界大露營在倫敦奧林比亞（*Olympia*）地方舉行，有三十二個國家的童子軍代表團參加。同年，世界童子軍總部也在倫敦成立。

童子軍的訓練目標有四：(1) 品格及智慧，(2) 技能與知識，(3) 健康和自願（*self-care*），(4) 助人並愛國。童子軍活動都在曠野中進行。在大自然中生活，使得他們養成敦樸誠摯的態度，勤勞操作的習慣。自然界的神秘奧妙，一方面使他們創造冒險；另一方面使他們虔敬上帝。日行一善的規律教他們熱誠服務，愛國愛民。最重要的，童子軍教育要養成少年自發自動地求知創造，自助助人，發展完美健全的人格。

3. 基督教青年會　青年運動最初都是自由活動和自動結合，沒有固定組織及目標，後來，文教及宗教團體逐漸注意到這些運動的意義，有計劃地加以支持與輔導，特別是教會，爲著吸收青年，更是熱烈響應，這是

青年運動發展的第二階段。基督教青年會（*Young Men's Christian Association*）及基督教女青年會（*Young Women's Christian Association*）就是一例。這兩種組織，支會遍佈各地，已發展爲世界性的組織，經常舉辦有益於青年身心的康樂、交誼、藝術及進修活動，雖不免略染有宗教色彩，但是百餘年來對於青年教育的貢獻，很少有其他社團可與相比。

青年會於一八四四年創立於英國，目前它在英國各地設有四百餘適合於從事青年活動的會所，規模較大如倫敦、曼徹斯特及其他大都市的青年會，都設有游泳池、健身房、閱覽室、遊藝室、劇場，且多附設餐廳與旅館事業，該會並在英國辦設四所學院。在歐美各國，青年會都非常發達，青年會會員到各地旅行去，都可受到當地青年會在食宿方面的照顧，到外國也是如此。大戰期間，青年會還在軍隊中從事成人教育工作，成績斐然。

青年運動發展到第三階段，便是政黨的滲透與政府的督導。過去希特勒青年團（*H. J*）及今日的共產主義青年團（*C. Y*）都是政黨領導青年運動的例子。同時，各國政府也都設立青年組織輔導機構，負責策劃、推動與督導，例如英國的「全國少年顧問會」（*National Youth Advisory Council*）及「威爾斯少年委員會」（*Welsh Youth Committee*）。到這時青年運動變成有組織、有計劃、有目標，有人領導，勢力是更大了，但是性質大變，它原有自動自主的活躍生命卻消失無遺。

三、西方教育思想的重要派別（一）

（一）總論：一個目的，兩條道路

十九世紀以前的教育思想都認爲教育是使個人適應環境（自然與社會）的過程，教育的作用也就是把主觀的個人放進客觀的社會結構內去。所謂「教育是傳遞社會文化的歷程」，「教育是社會生活的圓滿適應」，「教育是成熟者使未成熟者達到和自己同樣狀態的作用」。這些論調都是把教育看作主觀對客觀的適應。近代教育思想卻反過來講，教育是利用客觀文化力量來促進主觀個人的充分發展，進而創造新的文化，使客觀因素

更加充實豐富。換句話說，教育是藉客觀精神來完成主觀精神，使人接受文化並創造文化，這是近代教育思想的共同方向。

　　雖然，各派教育思想都朝著這相同的目標，但是他們所走的路線卻迥然不同。歸納起來，有二種途徑或方式：第一條途徑是拋棄舊有現實，追求理想實現，也就是推翻傳統，除舊佈新，這種方式是非理性的（*irrational*），因為理想固然完美，並非能完全實現，脫離現實，常會落空失望，而且無停息地追求，缺乏安全感和歸宿。第二條途徑是逐步改良現狀，就舊有基礎不斷棄弊革新，穩重地把實際繼續作合理的安排和調整，以合乎需要。這是理性的（*rational*）方式。教育走第一條途徑是要製造新人，第二條途徑是想培養有能力的人，兩種類型的教育，得失互見，都各有其價值。

　　「向上追求」與「就地改良」，這兩種思想方式在西洋哲學史上早就存在，隨處可見。第一種方式柏拉圖式的，第二種是亞里士多德式的。柏拉圖認為在現實世界外另有觀念世界，現實世界是不完美的、變動的、個別的、虛幻的；而觀念世界是最完美的、永恆的、普遍的。現實世界的任何事物在觀念世界都有它的理想典型，這才是實在的，我們所覺察的事物都是這些觀念模型的摹本（*Copy*），世界事物猶如繪畫雕塑一樣，儘管將實在形象（即觀念）雕塑得惟妙惟肖，和原本近似，仍不免有絲毫之差，而且同一觀念之摹本之間，仍不盡同。柏拉圖認為萬物不斷發展，向上追求理想，終求現實世界與觀念世界之冥合為一，這種思想方式是要拋棄現實，全面翻新。

　　亞里士多德則以形式（*form*）與質料（*matter*）相對，形式是完美的，質料是不完美的，任何個體都可能同時是「形式」與「質料」，質料是一種可能性（*possibility*），或可說是形式的「潛能」（*potentiality*）；形式是一種實在（*actuality*），或說是潛能的完全實現（*entelechy*）。宇宙萬物都不斷向較高級或較純粹形式發展，形式是質料發展的目的；另一方面，這個形式也是另一較純粹形式的質料。勉強取一譬喻，就像成人以兒童為質料，而以老人為形式；兒童以嬰兒為質料，以成人為形式。如此類推，最後可得到只有「質料」毫無「形式」的最低級質料，這可能是純粹的

「無」，最上可得到只是「形式」沒有「質料」的最高級形式，這可能是純粹的「有」或上帝，事物不斷向上發展，這發展有其內在的動力與目的，此即「實現」（*entelechy*），這種思想方式是要就地改良現狀，不斷棄舊革新。

教育思想中走第一條路的很多，茲舉出最重要的三種思想爲代表——農村教育思想、兒童本位思想、藝術教育思想。

（二）農村教育思想

農村教育並非農業教育，它是利用農村的優美環境來挽救工業社會弊病的一種新教育運動。

都市生活的病態是人人皆知的事實，近代工業興起後，人類的物質生活雖大爲提高，但是人的個性卻被淹沒，個人像一個齒輪一樣，不由自主的做著機械性工作，緊張而刻板，更談不上興趣；個人的享用是式樣一致的工業成品；吃的是自助餐廳裏自動售菜機所賣的幾樣菜饌；住的是火柴匣式的公寓，現代建築的單調，幾乎完全失去風格特色；行的是按時開停，不由個人自由消遙的交通工具；人的教育也是漠視個性的班級教學……工業化以後，人的能力是愈提高了，人的自由是愈被剝奪。人的生活周遭，是熙攘喧囂的人群，卻是自私冷酷得可怕；夜生活的浮華淫靡，犯罪的層出不窮，病菌疾害的傳播……現代人的感情是那麼脆弱，內心那麼空虛，人開始思念他們的故鄉——農村，美麗的大地，安謐的自然，芬馥的生活，溫馨的人情。每個人生活於大自然中都是活躍的，自由的，健全的，愉快的，這是農村教育思想發生的原因。

1. *雷迪的新學校* 農村教育運動的先驅是英國的雷迪（*Cevil Reddie*, 1858-1932），他是蘇格蘭貴族，在費茲學院（*Fettes College*）研習自然科學，後赴德國哥丁根大學留學，漸注意到德國的教育制度，隨後又入耶拿大學隨名教育家萊茵（*W. Rein*，赫爾巴特的學生）研究教育，回國後仍在費茲學院教書。當時有詩人名卡本特（*Edward Carpenter*）者，很同情勞工生活的痛苦，激烈反對工業化社會制度，雷迪和他交往頗深，受他影響，乃欲從實際教育活動上來改革社會制度，於是在一八八九年在 *Derby*

附近 *Abbotsholme* 地方設立「新學校」（*The New School*），收留十一歲到十八歲兒童四十名，使他們離開工業社會，到安謐的農村，過純樸勤勞的自然生活。

　　雷迪的新學校特別重視藝術與勞作教育，重視身體的鍛鍊與感情的陶冶，他的目的是要改造當時偏重語文教育而貴族化的公學制度。因此，雷迪的新學校成為歐洲新教育的開端。

　　2. 李茲的農村教育之家　　雷迪的新學校傳到歐洲大陸。在法國、比利時、瑞士一時有許多「新學校」（*Ecoles Nouvelles*）出現，而德國李茲（*Hermann Leitz, 1868-1919*）於一八九八年在哈茲（*Harz*）山地的伊生堡（*Ilsenburg*）地方所設德意志「農村教育之家」（*Deutsches Lander ziehungsheim*，英國稱 *Country home school*，日本稱田園教育塾）尤具有劃時代的影響。

　　李茲曾跟雷迪同受教於耶拿大學萊茵門下，並曾赴英在雷迪的 *Ab-botsholme* 學校教過一年書，他回國後在伊生堡設立第一所農村教育之家，收容八至十二歲的學生，課程以遊戲為主。一九○一年又在荷賓達（*Haubinda*）地方設立另一所農村教育之家，收容十二歲到十九歲少年，讓他們學習普通學校課程，並實際操作農業工作。一九○四年又在比柏斯坦（*Biberstein*）設立第三所農村教育之家，招收十九歲以上青年學習高級課程。這三所農村教育之家分別實施初等、中等、高等教育，且自成一套制度。一九一四年，李茲又在委肯斯鐵（*Veckenstedt*）設立「農村孤兒院」（*Landwaisenbaus*）。他的後繼者安德瑞森（*A. Andreesen*）又在 *Gebesee*（1923）、*Etterburg*（1923）、*Buchenau*（1924）、*Spiekeroog* 島（1928）相繼增設四所農村教育之家。而一些李茲學校的教師或有關人士，也另行辦設性質相同的學校，其中特別強調學生自主自治的，稱為自由學校區（*Die Freie Schulgemeinde*），有 *Lohmann* 的南德農村教育之家（*Das Süddeutsche Landerziehungsheim*，一九○五年在 *Schonderf* 地方設立），魏尼鏗（*G. Wyneken*）的自由學校區（一九○六年在 *Wickersdorf* 設立），*T. Lehmann* 的「農村學舍」（*Das Landschulheim*，一九一○年在 *Solling* 設立），*P. Geheeb* 的 *Odenwaldschule*（一九一○年在 *Bergstrasse* 設辦），*B.*

Uffrecht 的自由勞作學校（*Die Freie Schuel und Werkgemeinschaft*，一九一九年設於 *Dreilinden* 地方，後移至 *Litzlingen*），*K. Hahn* 的 *Die Schloss Schule Salem*（一九二〇年設於 *Bodensee*，納粹執政後移至蘇格蘭），*M. Luserke* 的海濱學校（*Die Schule am Meer*，一九二五年設於 *Juist* 島），其他還有許多，不及細列。這個新學校運動波及中、北歐各國。到一九二四年德國農村教育之家暨自由學校區協會正式成立，該會於一九二六年訂定的綱領中曾對農村教育之家的性質與功能有所敘述。這個綱領特別表明農村教育之傢俱有輔助及代替家庭之功能，是青少年的共同社會；由學生自主自治，自發自動，團體意識決定一切。同時它又是發展全人格，達成全體生活要求的教育。農村教育之家是超越乎宗教、政治的派別，是非營利性的公益事業。

　　李茲在一篇「回憶錄」中談到他自己的教育主張。他認爲教育的基本概念有二：(1) 祖國之愛：愛自己的鄉土，進而擴充爲愛護自己的國家。(2) 道德訓練：肯爲理想不惜犧牲，奮鬥到底，培養責任感與義務感。他所辦的農村教育之家，提出這樣一個口號：(1) 光明 (2) 愛 (3) 生活。所謂光明，係指智慧的訓練，愛是情感與道德的陶冶，生活是技能的傳授。李茲的教育思想雖然很新，不過也可說是盧梭、裴斯泰洛齊、福祿貝爾、斐希特等人思想的融合。我們知道完整的教育應當包括三方面，人對物，人對人、人對道三方面的和諧關係（如附圖），李茲的口號——光明、愛、生活——從另一方面講，可說包括這三方面的關係，「光明」是要使兒童認識神、眞理、熱愛理想，人有了理想，看清眞理，就不會爲物慾所蔽，人對道要歸依，要追求，這樣才能心智清晰，得到光明。「愛」是對人的態度，人與人的關係是平等的，愛是道德的本質，所謂「仁者，愛人」，就是此意。愛人者人恆愛之，「愛」是人與人相處之道，人對人有瞭解，能合作相處，就會發生愛心。「生活」是要「制物而用

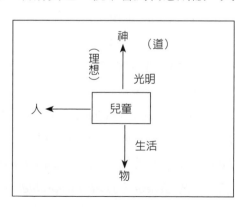

之」，征服環境，支配環境，以增進我們生活的幸福，要良好生活，就要充實知能，我們現在的教育，只偏重這一種關係，只講生活教育，忽略了人對人、人對道的關係，實在不夠。李茲的農村教育之家，每個學生都要住宿，教師一定要結過婚者，每個教師家裏都要收留四到六個學生同住，大家一起生活，由生活體驗中培養道德意識，由師生友誼擴大爲民族的情感，知識的傳授只是教育的一部分。他拿裴斯泰洛齊的方法，斐希特的精神，使每個學生的身體、精神、宗教、道德、知識、情感諸方面都能均衡發展。發展不是向下或橫行的，而是向上的發展。李茲認爲教育工作應當包括：(1) 品格教育，(2) 宗教道德教育，(3) 身心官能力量的發展，(4) 公民教育，(5) 民族文化發展的工作。此外，職業技能教育只是公民教育和道德教育的補充。

在課程方面，他認爲傳統將古文、歷史、人文科學當作品格陶冶的好方法，實爲很大的錯誤。典籍、音樂、繪畫、工藝、體育才能使兒童發展而實現理想，在這一點，可看出李茲受裴斯泰洛齊的影響很大。他所主張的必修科目，第一類包括德文、自然科學、數學、歷史、社會學科。第二類包括藝術、實用技能、體育等科。他的學校，到中級才學外國語文，以英語爲主，高級才分語文及實用兩組。

李茲的農村教育之家，對於人格教育、藝術教育、勞作教育、體育活動非常重視，實爲現代新教育運動的開拓者。

3. 魏尼鏗的自由學校區　魏尼鏗（*Gustav Wyneken*, 1875- ）的自由學校區（*Freie Schulgemeinde* 設於一九〇六年），於上面已提到，是李茲農村教育之家分出的另一派系。李茲一系在文化思想上較爲保守，重視家庭教育的價值，不主張男女同校；而魏尼鏗一系較爲急進，傾向革新，把學校區視爲青少年的唯一教育場所，特別強調學生的自主自治及男女同校。

魏尼鏗是普魯士人，父親是中學校長，他在大學念神學、哲學及語意學，畢業後在中學教書，又到李茲的農村教育之家當助理員，不久就離開李茲自辦學校。他的哲學思想受洪保爾特（*Wilhelm von Humboldt*, 1767-1835）、斐希特、歌德的影響很大，著有學校與青年文化（*Schule und Jugend Kultur*, 1921）及青年與國家（*Jugend und Staat*，1951 出版）等書。

　　魏尼鏗認為人生規範（*Lebensnorm*）不是主觀的適應，而是客觀精神的接近和追求。他在學校與青年文化一書中又談到教育應以共同的生活為基礎，教師和學生要一起生活及工作，工作的內容是歷史、語言、宗教、音樂、話劇等等。但是這些活動並非目的，而是完成青年的方法，培養青年為特殊的人。

　　在「自由學校區的觀念範圍」（*Der Gedankenkreis der Fr. Schulge-meinde*, 1921）一文中，他又談到青年是接受性最強的時期，是熱情、愛、信仰、精神激動的時期，所以輕視功利、實用、職業性的知識，重視無條件的價值。所謂無條件的價值，也就是黑格爾所說的客觀精神。客觀精神是一切生動的、創造的、個別的精神的結合。黑格爾哲學認為由主觀精神推演出客觀精神再合為絕對精神，魏尼鏗則認為客觀精神為主觀精神的綜合。他並不把個別的主觀精神放進客觀精神裏頭去，而是主觀精神綜合後創造出一種客觀意識（*das Objektive Bewusstsein*）形成共同目標，使大家都能同心協力去達成它。由此可見他還是注重主觀，個人的完成才有社會的進步，不是犧牲個人以求社會目標。

　　魏尼鏗反對家庭教育，認為家庭教育是原始社會的殘餘，受家庭教育影響較深的人不易轉入客觀精神裏頭去。他又反對學校教育，學校的課程使青年生活陷於分裂，思想變為狹隘，學校教育忽略青年本質，不適合青年需要。所以自由學校區的主要任務在使個人有所創造，對客觀精神有所貢獻。

　　自由學校區的教育，是由二原則融合而成。在內容方面，注重青年文化，要學生不計實利，追求文化價值，以創造出青年自己的文化。在方法上，採取德國工作學校的原則，師生合作，以身體活動代替教師中心的知識傳授灌輸，他認為身體發展之後，精神自然跟著發展，這一點頗近於唯物論觀點。

　　當時一般的學校，校長、教員、學生相互對立，魏尼鏗很不滿意，所以他的自由學校區內，校長、教師、學生都是平等的，都是學校區的一員，教學用交談方式，生活規律共同決定，校長及教師、學生的代表共同組成「會議」（*Ausschuss*），討論學生每週的實際生活。高年級學生輔導

低年級學生，每個教師帶三個學生，這跟美國學校裏的學生自治並不相同，因爲教師（成人）還是處於領導地位。

在一般的教育理論上，魏尼鏗把教育分爲三種——「普通教育」（*Allgemeinbildung*）、「人的教育」（*Menschheitsbildung*）、「職業教育」（*Berufsbildung*）——「普通教育」是要藉數學、自然科學、社會學、文化史等的學習以培養學生的自然認識與人生瞭解，以建立「世界觀」（*Weltanschauung*），也就是認「人」對「道」應有的關係。「人的教育」是教人如何做人，也就是生活態度和道德品格的陶冶。他認爲道德教育要藉各科教材來推進，例如技術訓練可養成合作品性，商業教育可以養成信用誠實，自然科學可以使人服從自然律，其他如歷史、藝術諸科有助於道德教育，其理甚明。這方面是講「人」對「人」的關係。職業教育在養成生活技能，是講人對物的關係，在這方面，魏尼鏗很重視工藝的價值。

上面是農村教育思想的一般介紹，這種思想雖爲近代工業社會的反動，爲補救工業社會的種種流弊而來，如家庭制度的破壞，過度分工而損失民族整體感，都市生活的腐敗等等，不過這種農村教育思想早有其歷史淵源，盧梭主張愛彌兒（*Emile*）應在大自然中受教育，巴斯道（*Johann Bernhard Basedow, 1723-1790*）的「泛愛學校」（*Philanthropen*），裴斯泰洛齊的「新村」（*Neuhof*），福祿貝爾的幼稚園思想，斐希特的精神哲學，都跟農村教育思想有相當關係。這種思想雖甚有價值，卻不能完全代替現有教育制度。因爲工業生產雖有流弊，卻能滿足人類生活需要，提高生活水準。農業雖爲工業的基礎，農業卻不能取代工業，因爲工業可以無限地進步。同時農村教育也有其限制，它要求學生都住校，且遠離都市，所以學費昂貴，只有少數富有家庭的子弟才能接受這種理想教育，未免染有貴族化的色彩。而這種孤島式學校是和社會隔離的，所培養出來的學生，是溫室內的花草，無法應付繁複錯雜的現實社會，經不起時代的挑戰考驗。不過，農村教育究不失爲教育上的新運動，新精神，它提醒人我們來自大自然，切不可忘掉大自然，我們要常藉短暫機會回到大自然懷抱裏去，在清新馥郁、人情溫馨的農村環境中，聽鳥語，聞花香，領略大地神

奇美妙的變化，參悟自然法則的無窮默示，浴掉塵濁，喚起活力，再回到都市努力工作。

（三）兒童本位之教育思想

十八世紀的思想界是經驗主義、自然主義、個人主義籠罩一切，十九世紀以後，古典學派（新人文主義）、浪漫學派才漸抬頭。經驗主義等是非歷史的，理性的（分析的），機械的（組合的），而浪漫學派卻是歷史的，非理性的（統一的），有機的（生物的），所以一般見解總以為兒童本位思想是屬於經驗主義的，實犯了不小的錯誤。因為經驗主義的注重個人，只是在表面的興趣上，而兒童本位教育，是以「兒童」為出發點，使個人自我發展與充實，把個體視為完整統一，可以發展生長的有機結構，這種思想是從浪漫派、古典派發展出來的。

1. 愛倫凱的兒童世紀　兒童本位思潮到近代的愛倫凱（*Ellen Key*, 1849-1926）達到最高峰，今日一般人每把二十世紀稱為「兒童世紀」，實自愛倫凱的一本書名「*Das Jahrhundert des Kindes*」（一九○○年出版）而來。在這書上，愛倫凱視「教育為開發兒童固有個性的事業」，「教育應以兒童為中心，任何有強迫意義的計劃教育都要取消。」這部書共分八章：(1) 選擇雙親的兒童權；(2) 非天生的性別差異與女工；(3) 教育；(4) 無家的流浪；(5) 學校中的自殺現象；(6) 將來的學校；(7) 宗教教學；(8) 兒童工作與兒童犯罪。她這部書的主張非常激烈，不僅想摧毀學校教育，且反對宗教教育，出版後各國反應不同，有讚許的批評，也多猛力的攻擊。不管怎樣，她在兒童教育思想上的影響是不能磨滅的。

愛倫凱的思想受盧梭的影響很大，他們都主張教育工作中只能聽任兒童自由活動，不但不能有勉強的行動而且反對預先的計劃。這是消極的教育，是讓兒童自己活動，不加教育。積極的教育乃是佈置一種家庭的環境讓兒童在自己活動中完成他們所固有的性格。因為她與盧梭一樣，都假定人性本善，而自我發展與社會進步是一致的。他們都反對現行學校制度，因為不但無效果，且會泯滅個性，毀壞精神活動，限制個人發展。不過，愛倫凱的思想比盧梭更趨極端，認為教育的任務不在於為社會整體教育出

來一些有用的個別份子。他以爲教育是要分別的完成兒童的個別形態或性格，盧梭還主張「新人」創造新社會，而愛倫凱則認爲只要使兒童自己的新形態完成之後，教育的任務就算達成了。在愛倫凱看來，「將來的學校」中沒有基本課程綱要，沒有考試制度，更沒有懲罰。其次班級教學制度亦必須徹底取消，因爲團體教學對於「個性」是一種很大的損害。愛倫凱又把兒童權利提高到可以選擇雙親及教師的地步，因爲非如此不足貫徹她兒童本位的主張。可見她的思想已超越盧梭而達到最高峰。

愛倫凱對於體育也非常注重，她主張體育與智育應當並重，人人應當瞭解其對下一代所負的責任。在教學上，認爲應由內向外的發展，不是自外向內的注入，她說：「把一塊石頭安放在另一塊石頭上邊，決不會生根，使後來放上去的石頭和原有的石頭牢固在一起。」教學活動注重園藝等自由創造的活動。愛倫凱常提出的口號是：(1) 不要干涉，(2) 讓兒童自己過他們的生活。

2. 漢堡學派的思想　在愛倫凱以後，兒童本位教育思潮便從最高點向下低落了。其他對於愛倫凱教育理論持懷疑態度的，我們姑且放開不談，即就德國漢堡教育學派（*Die Hamburger Lehrer*）所領導的擁護愛倫凱教育思想的運動來看，也可以看出來兒童本位教育思潮的低落。漢堡教育學派的符爾葛斯特（*Heinrich Wolgast*, 1860-1920）提出建議，以愛倫凱所用「兒童本位」一詞作教育工作中的箴言。所以他在一次教育會議上疾呼「具有最高價值的，不是『科學』，不是『專門技能』，更不是學校中所用的『教材』，乃是人的『心靈』，尤其是兒童的心靈。」所以他抨擊現行學校只在保存已有的客觀文化而忽略了兒童本身潛在能力的發掘。教育工作的最高目標不是科學的成就，技能的傳授，教材的選擇，而是兒童心靈的自由向外發展。他本人雖然還能夠和愛倫凱唱同調，但是他的同志沙來爾曼（*Heinrich Scharrelmann*, 1871-1940）雖然採用「兒童本位」這個口號，可是已經反對愛倫凱的主張了。愛倫凱主張在教育工作中，教師應該「無爲而教」，聽任兒童自由活動。至於沙來爾曼則認爲教師要有適當的自由，教師不僅不應該無爲，而且應該深思遠慮的選擇教法，企求幫助兒童，發展其對於各方面的創造力量。同時沙來爾曼還是相當看重課程的教

育價值。如同「作文」，「複述故事」，「鄉土地理」各科教學，如果能
夠選用適當的教材，無一不能發展兒童的創造力量。他既然認爲教師的活
動，課程的選擇都有教育的價值，自然他也就不會同意愛倫凱「不教育就
是好教育」那樣消極的教育理論了。

3. 奧托的思想　　愛倫凱偏激的兒童教育思想到漢堡學派已經逐漸變
質，到奧托與蒙臺梭利則離開愛倫凱思想更遠，雖然仍重視兒童的自由活
動及內在能力的發展，不過已承認教師及教學在教育活動上的地位了。

奧托（*Berthold Otto, 1859-1933*）是德國教育改革家，一生盡瘁於教
育改革，受到不少壓迫。他讀書於基爾（*Kiel*）及柏林大學。畢業後在赫
恩（*Hern*）擔任家庭教師，並從事 *Brockhaus Lexikon* 百科全書的編輯。
一八九八－九九，擔任「德意志學校改革週刊」（*Deutsche Schulreform*）
編輯，一九〇一年編印「家庭教師週刊」（*Hauslehrer*，一九〇七年後改
稱德國民族精神 *Deutscher Volksgeist*）。他將自己四個孩子不送到公立學
校上課，而留在家裏自己教育。這個教育經驗引導他創設家庭教師學校
（*Hauslehrerschule*）。這種學校被稱爲奧托（*Berthold Otto*）學校，直到
逝世爲止，他鞠躬盡瘁於這一學校。

奧托特別強調家庭與學校的密切聯繫，學校中應當具有家庭的和藹氣
氛，使藏有各種問題的學生無限制地發問，教師有回答的義務。這種自由
交談的方式是民族精神的表現，由此才能對世界有整體的認識。他說教育
的目的是要養成能利用自己精神，有思想地觀察外界，深切瞭解環境的能
力；也就是培養頂天立地，獨立思考的人。下面再將奧托的教育思想分條
列述：

(1) 從兒童出發（*Vom Kind aus*）：他贊同愛倫凱主張，認爲教育要發
掘兒童潛在能力，自內向外發展。他說：「我只是在兒童努力認識外界情
況，瞭解現象之因果關係時，有一點幫助，過此，我無能爲力。」

(2) 共同教育（*Gemeinschaftserziehung*）：爲共同生活而教育，並在共
同生活中進行。他的教育思想特別注重民族精神；因爲他認爲民族精神能
夠把生活方式不同、階級對立的份子融合一起，溝通聯繫，使彼此瞭解，
相互合作，組成民族整體的方法。

(3) 家庭教師的努力工作（*Hauslehrerbestrebung*）：他反對班級教學，認爲教育工作應注重個別指導，使師生感情融和。他特別強調自由交談，他說：「學生由他們的家長送到我這裏，我先把他安置在我旁邊，然後詢問他們對我有什麼要求。我跟他們快活地交談，猶如家庭內在餐桌上的交談一樣。這種師生自然歡愉的交談，就是綜合教學的開始。」

(4) 自動作業（*Selbstbetätigung*）：在共同生活中，個別指導下，讓兒童自己作業與活動。

(5) 綜合教學（*Gesamtunterricht*）：即生活大單元教學，不依學科分類。自由交談爲綜合教學的基礎，不過，教師仍應另設各種特別科目，讓兒童自己選修。綜合教學及各科教學應遵守幾個原則：①毫無拘束地生長。②在兒童自動作業中應排除各種阻礙。③替兒童解決困難問題。④認識兒童能力，作業不得超過兒童能力的範圍。

(6) 瞭解兒童用語（*Altersmundart*）：教師要懂得兒童所用的語彙，這樣才能深入兒童心靈深處，交流情意。

此外，奧托又主張設立學校法庭，由學生自己管理以維持秩序，其所施懲罰是使犯規學生與同伴隔離，讓他感受孤獨的痛苦。重者罰一天不得上課，輕者一小時不得上課。

4. 蒙臺梭利的學說　　義大利的蒙臺梭利（*Maria Montessori*, 1870-1952）是二十世紀最偉大的兒童教育家。她在羅馬大學研究兒童心理治療，獲得醫學及哲學博士學位，畢業後曾在羅馬大學講授「教育人類學」，並於該校附屬醫院治療心理病態兒童。一九〇七年，羅馬改良建築協會爲貧民建築良好房舍，有人建議在貧民區設立兒童教育機構，遂將這幼兒教育的責任委託蒙臺梭利女士負責辦理。她稱這機構爲「兒童之家」（*Casa die Banbini*），她在這裏所試行的新教學法被稱爲「蒙臺梭利法」。這機構所收容的是一至六歲貧苦勞工的子女，後來擴充到十二歲，包括學前及小學教育。蒙臺梭利認爲兒童本身有其固有價值，且有自由發展的基本權利，所以她被認爲是兒童權利運動者。由於「兒童之家」的辦理成績斐然，蒙臺梭利的兒童教學法引起普遍的重視；她的聲望也日益提高，各國紛紛組織蒙臺梭利教育學會，研究她的教育理論及方法。孟氏著

作甚多，如「人類學的教育學」、「科學的教育學」、「蒙臺梭利法」、「我的手冊」、「早期童年的兒童教育」、「在家庭中的兒童」等等。

蒙臺梭利教育思想的哲學基礎是實證主義；所以她的教育方法，處處在訓練兒童的感官，進而要求實際生活上的應用。她特別重視「教具」的價值，且親自設計了一套教具。因爲她認爲兒童的本質，就是工作活動，也即是遊戲。工作活動必須有材料，教具就是兒童工作的材料；有了教具，兒童才能引起工作的興趣與慾望，使用教具，從事工作，才可使兒童的注意力全部集中於工作上。教師的任務，只是在適當時候，用適當方法，從旁幫助兒童在工作中獲得發展。蒙臺梭利的教具，有些是帶有各種符號或字母的積木，有些是附有呢絨布料的木架，可以結繩，可以扣紐，有些是聲音高低不同的銅鈴，有些是色彩不同的圖表。用這些教具才可以來訓練兒童的各種感官及筋肉活動。兒童在選用教具之前，必先認識教具的形狀和組織，而且要瞭解一類教具中所含各部分彼此的關係及次序。這樣在使用教具的工作活動中，兒童才能把教具的各個部分，作爲一個整體控制起來，才有秩序，才有意義，才算成功，才能感到滿足，才達成教育的任務。

蒙臺梭利的教育理論中最重要的原則是「自由」，她所謂「自由」，有其特殊意義，是要從重視兒童本身的價值出發。她認爲我們常常把世界看作「人」與「萬物」對立的「兩度的」（*Zweidimensional*）世界，實在不正確；我們所處的世界是「三度的」（*Dreidimensional*）──「萬物」、「成人」、「兒童」三者各自獨立，地位同等。兒童與成人各有其自身的價值，相互配合補充，才能形成人的生活的圓滿性。所以在教育歷程中，不應該有「干涉」、「強迫」的成份存在，而是應鼓勵兒童自己活動，自動的工作，並給予適當的工作材料及工作環境，幫助兒童克服工作過程中的困難，俾使兒童在工作中得到滿足，這就是「自由」的意義。蒙臺梭利常說：「我不是從一種觀念出發，例如說『自由』，我是從沒有觀念出發。兒童常用的，我們就保存它，兒童忽視的，我們就取消它」。可見，她的自由原則，是對兒童自發、自動、自願原則的尊重，也就是讓兒童自由活動。不過，「兒童之家」中的自由活動，很謹慎地避免流入無秩序的

亂動，所以又有「聯繫」原則（義務原則）的補充，其目的在品格的陶冶
及責任感的養成。

　　所謂「聯繫」原則，是要使兒童能遵循工作活動的規則性，養成實
際生活中負責的習慣，這個可從「兒童之家」的活動看出來。兒童之家中
一切環境和設備，都是依照兒童團體生活的實際需要佈置的。一切清潔、
秩序的保持維護工作，如器具之擦拭與管理、花草的灌溉、用餐時餐具的
按排、盛飯分菜、食後用具的洗淨，都由兒童親自處理，兒童利用教具工
作，必使他們瞭解其組織性及規律性，例如在用積木疊塔的遊戲中，教師
先示範疊塔，然後拆毀它，讓兒童親手學疊塔，如果兒童誤用小方塊做基
礎，一定未成就塌倒，教師就從旁暗示，幫助他們克服困難。直到他們自
覺到錯誤，懂得先用大方塊為基礎，再依次把小方塊安置上面，瞭解整個
工作情境的關鍵，也就是疊塔的規則性，教育任務才算達成。而兒童也得
到滿足。

　　在教育活動中，蒙臺梭利採用個別指導的原則，同時注重感覺的運
用，試舉識字為例。她先用厚紙剪成字母的形狀，讓兒童注視（視覺因素
的應用），再讓兒童用手觸摸（觸覺因素的應用），又讓他們用手指循
著字形移動（運動因素的應用），同時使兒童懂得用筆的方法，先讓他
們畫大字母的字形於紙上，再用有色鉛筆加以著色，並讓他們傾聽教師所
發各字母的聲音（聽覺因素的應用）。等到兒童看到字母就能發音時，又
換方法練習。教師每發一字的語音，就讓兒童明瞭聽到組成這一語音的各
字母，然後教師從藏有厚紙剪成字母的小箱中取出所發語音的字母，排列
於板上，組成這一語音的字形，再讓兒童練習，並讓兒童模仿發出這一語
音，讓他們能正確發音。這樣多方面的練習，利用教具的遊戲來完成教學
的效果。蒙臺梭利並不教兒童直接書寫，因為她認為沒有必要。正常兒童
不久自能突然自己懂得書寫，只要他們的能力達到發展成熟的地步。

　　總而言之，蒙臺梭利的兒童教育理論與方法，是要用教具引起兒童的
興趣，由興趣而自由活動，再在自由活動中，藉義務感的重視，培養兒童
的社會感情、責任意識及道德的自覺，使之成為真正自由的兒童，將來對
社會有貢獻。

（四）藝術教育思想

藝術教育不是指狹義的美術教育，而是民國初年蔡元培先生所提倡的美感教育。是倡導教育藝術化，注重個性發展，培養創造力，傾向情意陶冶，反對標準劃一及唯知主義的一種新思潮。這個思潮是起於社會普遍的覺醒，是產業革命後生活形式化、社會分裂化的一種反動。

十九世紀末葉的西歐，科學技術極度膨脹的結果，一般人崇拜物質文明，忽視藝術價值，以至工藝品大量粗製濫造，風格消失，素質低劣。而一般思想傾向功利，偏重現實，心胸狹隘，毫無理想。生活趣味蕭索，感情內容枯萎。因而在思想上有新人文主義的勃興，在教育上有藝術教育的倡導，欲以挽救社會生活日趨分裂的危機。

藝術教育思潮的開始，一方面是要改良工藝品，使之更加精美，具有藝術風格。另一方面乃欲培養國民藝術創造力、欣賞力，恢復藝術趣味。一八五二年在倫敦設立的南亨盛敦博物館（*South Hensington Museum*）及一八六四年設於維也納的工藝博物館（*Museum für Kunst und Industrie*）就是基於此目標而建立。

藝術教育的發動，並不是由教育家開始，而是一般社會人士，特別是詩人、畫家，如拉斯欽（*John Ruskin, 1819-1900*）、羅塞蒂（*Dante Gabriel Rossetti, 1828-1882*）、摩禮斯（*William Morris, 1834-1896*）都是英國藝術家兼文學家，喀萊爾（*Thomas Carlyle, 1795-1881*）是英國散文家兼歷史家。下面舉述拉斯欽及摩禮斯的思想為代表。

1. 拉斯欽與摩禮斯的藝術觀　　拉斯欽曾任英國牛津及劍橋大學的美術教授，著有「現代畫家論」（*Modern Painters, 1843*）、「胡麻與百合」（*Sesame and Lilies*）、「英國的藝術」（*The Art of England*）等書，他的藝術教育思想也見於此。

拉斯欽認為藝術與道德是一致的，有藝術修養的人才有高尚的人格；也只有真純的品格、高潔的情操才能創造偉大的藝術作品。因此，藝術趣味的培養，可以使人獲得精神的活力與健康，感情的喜悅及潔美，使人品格更高尚。

在教育上，拉斯欽認為教育首要養成學生的健康美，使學生從事各種

運動，如乘馬、競賽、游泳等，同時要藉音樂與舞蹈來陶冶感情，爲了學生的健康，他主張學校應設於空氣新鮮的郊野。在道德訓練上，他認爲要教學生尊敬與同情，並使遵守信實、正義、節制、勇氣、順從等五德。他又主張廢除考試競爭及獎品制度，因爲這樣會導致學生自私爭鬥的心理。

摩利斯則倡導藝術普及化及藝術平等化。他主張那些勞動生產者也應該享受藝術的喜悅與希望，以代替對於工作的苦痛與厭倦。藝術的特質是要創作者與鑑賞者都能同時從作品中享受喜悅的感情。權貴階級不能把藝術當作奢侈品而加獨佔，這樣無異剝奪人類生活上的美麗及愉快，使社會復歸於野蠻狀態。只有爲民眾而由民眾作成的大眾藝術，才易爲人所欣賞及滿足，使藝術的樂趣彌漫整個社會。

2. 蘭該的藝術思想　　眞正把藝術見解導爲教育思潮者，是德國的蘭該（*Konrad Lange*, 1855）及李希德華克（*Alfred Lichtwark*, 1852-1914）。蘭該曾任德國哥尼斯堡（*Königsberg*）及吐賓根（*Tübingen*）兩大學美學教授，一生致力於藝術教育思想的倡導及中學圖畫教學的改革。他的著作有德意志青年之藝術教育（*Die Künstlerische Erziehung der Deutschen Jugend, 1893*）及藝術教育之本質（*Das Wüessen der Küstlerischen Erziehung, 1902*）二書。在這些書上，蘭該認爲德意志藝術發達之道在喚起民眾的藝術愛好，培養創造力及發掘藝術天才。雖然他強調藝術教育的重要，但他仍重視其生活理想的培育。在一九〇一年德萊斯頓（*Dresden*）地方所開藝術教育會議上，他提出藝術教育的目的，不在專門藝術家的養成，而是在不妨害其他教育目的的範圍內，培養多人的藝術愛好。因此，美術史及美學這類學科沒有特別設置的必要。同時也不必多討論專門繪畫技術之事，只要學生能眞正欣賞美術作品，並從鑑賞中得到愉快及滿足就夠了。而且我們並不想拿藝術的理想代替從來道德的或宗教的理想，因爲在生活上，除了藝術以外，還需要其他理想的存在。

在圖畫教學上，他認爲應具有藝術的特質，不可視繪畫爲一種技能而施行技能的練習。他說：「在近世藝術的本質的見解上有二特點：其一是與自然有密切關係。其二是藝術的人格。」因此，繪畫教學應適合這兩方面，也就是模仿及個別教學。

3.李希德華克的教育思想　李希德華克就學於萊比錫、柏林等大學。一八八六年就任漢堡藝術工業博物館（*Museum für Kunst und Gewerbe*）館長職，推動工藝品之展覽及藝術教育的發展。此一博物館為其師布林克曼（*Justus Brinkmann*）於一八七四年仿照英、奧藝術工業博物館而設立。這種博物館旨在提高國民之藝術水準，培養藝術創作力。李希德華克著有學校裡的藝術（*Die Kunst in die Schule*, 1887）、藝術品觀察上之練習（*Übungen in der Betrachtung von Kunstwerken*, 1909）等書。

他認為德國工藝的發展惟賴全體國民的藝術愛好為基礎。因此他倡導由藝術教育，培養國民的藝術味及欣賞力，來促進工業經濟的發展。工藝品只有受到大眾普遍的愛好，認識及正當批評才能進步。他提出「藝術玩賞主義」（*Dilettantismus*）一個概念，認為藝術玩賞與愛好，不僅是個人生活幸福的源泉，也是國家工業藝術發達的途徑。

對於藝術教學，他說：「使兒童觀察藝術品的目的，在於使他們深入於藝術品之中，養成他們有永久觀察藝術品的習慣與感官的覺醒，而非在灌輸給兒童藝術品的知識。因此對於兒童先要引起他們的興趣，然後再讓他們學習沉靜地精密觀察每件藝術品。」他認為在藝術教學中宜避免藝術批評，只儘管讓兒童全心全意去欣賞，滿足藝術愛好的慾望，所以藝術欣賞的出發點不在美術史知識而在藝術的直觀，在覺醒兒童的鑑賞力及藝術趣味。學校中的藝術教學他主張不必過早，圖畫觀察約自十二歲開始，雕刻、建築等自十四歲開始為正當。女生因經常注意化妝品，於色彩感覺較敏銳，藝術欣賞亦宜較男生稍早。

4.韋柏的藝術教育觀　蘭該與李希德華克的藝術教育思想還是停留在發展工業藝術的目標上，到韋柏（*Ernst Weber*, 1795-1878）才開始把藝術原理及教育原理融合起來。韋柏跟前幾人的最大不同在他是教育工作者，而非藝術教授。他擔任過小學教師、師範學校校長，著有「教育學之基礎科學的美學」（*Äesthetik als Grundwissenschaft der Pädagogik*, 1907）、「教師之人格」（*Die Lehrerpersönlichkeit*, 1911）、「德意志之國民性與國民教育」（*Deutsches Volkstum und Nationale Erziehung*, 1924）等書。

韋柏認為教育的任務是發展個人的人格特質，也就是喚起自我活動

來培養創造力量。所謂自我活動就是藝術的、感情的、主觀的及個人的活動，要發展這種自我的活動，必須依從藝術原理。他又認為當代教育有四種弊病，第一，學校教育內容跟人的真正生活相衝突。第二，傾向團體教育，忽視個性發展。第三，強迫的教育，忽略學生的自由活動。第四，偏重知能的灌輸，忽視情操的陶冶。教育要棄除這些弊病，必須遵循藝術原理，所以美學為教育學的基礎。

韋柏曾在萊比錫大學師事服爾克爾德（*Johannes Volkelt*），後者認為美的規範有四：(1) 形式與內容之一致。(2) 人類之有價值內容。(3) 表現的價值。(4) 有機的統一。韋柏把這些美學規範應用於教育上，教育要從人生與自然生活中，尋取各種有價值材料，加以組織整理，提示出來；這些有價值內容，必須與人類有關，也就是能夠發展天性者，藝術是實在世界的表現，教育也要讓兒童知道實物、事實及嚴密的法則。最後，藝術注重有機的統一，教育上應實行綜合教學。

據此，韋柏要求教師必須是一位藝術家，要能發掘兒童個性，實施人格教育。教師必須精於說話的藝術，懂得繪畫及手工，教師之教導學生，猶如藝術家之創造作品一樣，是在創造價值，滿足人類生活的要求。

以上是藝術教育思想之一般介紹。這種思潮的發生，乃是工業社會一切標準化的反動。標準化即非「人」化，也就是抹殺個性。藝術教育的基本原則就是發展個性，從智情意的全人格均衡發展，以培養創造力。藝術趣味及鑑賞能力的培養，為藝術教育的起點。在二十世紀初葉，五年之間先後在德國開過三次藝術教育會議。第一次是一九○一年在德萊斯頓（*Dresden*）市，一九○三年在魏瑪（*Weimer*），一九○五年在漢堡市各舉行一次。在這些會議上，學者們都認為教育應以自我活動來培養創造力量；其方式有四：

（一）藝術創作——首在陶冶人的情感、想像力及表現力。例如在繪畫教學中廢止摹描，而注重寫生，尚旨趣神韻之直觀而不重視技術練習或理論批評。又如提倡韻律活動、手工勞作、講故事，以發掘兒童創造能力。

（二）藝術欣賞——注重環境之佈置，經常讓兒童參加展覽會、演奏

會、旅行等活動，鼓勵朗誦詩歌、散文。語文教學重視精神之玩味，摒棄字句之穿鑿。藝術欣賞的目的在讓兒童知道社會是多面的，人生是多彩多姿的。

（三）模仿——如倡導詩歌美文的朗誦、民謠名曲之吟唱，鼓勵戲劇表演，俾能由模仿而進於創造。

（四）養成判斷力——藝術教育之最後目的在價值之認識。價值判斷有直觀批評、比較批評及概念批評等三種。

四、西方教育思想的重要派別（二）

前一節所介紹的農村教育、兒童本位教育、藝術教育三種思潮是走第一條路的，也就是柏拉圖式的思想方式——熱情地追求最崇高、最深邃、最完整的理想，以陶冶、建設嶄新完美的個人與社會為目標。教育所要培養的是智、情、意和諧發展的新人格，由人的革新達成改造社會的目標。就如藝術教育運動，只是利用藝術工作的「完整性」、「和諧性」及「創造性」，使兒童心靈得到均衡的發展，以改變當時社會一切標準化、機械化，個性泯滅，風格消失的危機。下面所要提述的是走第二條路的教育思潮，也就是亞里士多德式的思想方式——運用理性的方法，只求認識世界，改進世界。從這種思想方式所發生的教育改革運動，他們有一個共同的要求，那就是能力的獲得、技術的嫻習、職業的適應、政治的注意等等，工作學校教育思潮便是一個重要的代表。

（一）工作學校教育思想

「工作學校」（*Arbeitsschule*）這一概念是和傳統的所謂「學習學校」（*Lernschule*）相對，一反過去偏重「課本」知識及「教師」傳授的教育，主張兒童的自動工作，藉著共同的工作活動使兒童的心靈均衡發展，並達到「職業訓練」與「公民教育」的雙重目標。

工作學校運動雖遲至十九世紀後期才展開，但是工作學校的概念與實際，早在十七世紀工業產生後就已萌芽。不過，當時所謂工作學校的含

義和現在並不盡同。當時的「手工學校」（*Handarbeitsschule*）、「作業學校」（*Werkschule*）都可以稱為「工作學校」，不過最早的工作學校只是訓練職業技能的場所。它的功能在補充正規的「學習學校」的不足，不是用來代替「讀書學校」。一七七六年欽德曼（*Ferdinand Kindermann*, 1740-1801）在普拉格（*Prague*）建立了「工業學校」（*Industrieschule*），工作學校的發展才步入新的階段。欽德曼以為推行國民教育的初級學校，應該改為工業學校，利用兒童愛好活動的天性，教他們學習手工操作，以及鄉村中的一些農藝工作。這樣的把舊有的學校加以改組，不但對於貧民的兒童有莫大的幫助，而且由於兒童的操作，使學校也有相當的收入，可以解除普及教育工作中的經濟困難。其後裴斯泰洛齊及費倫堡（*Philipp Emanuel von Fellenberg*, 1771-1844）在瑞士所設立的新式實驗學校就是受了欽德曼的影響，特別是裴斯泰洛齊的思想，更成為現代工作學校的開端。裴斯泰洛齊在一七七四年到一七八〇年間曾設置「新村」（*Neuhof*）收容貧窮的兒童，他開設許多勞作的學科，如裁縫、紡績、園藝、農業、家事等等，使學童一面讀書、一面工作，以實現勞作與教育合一的理想。學生工作的產品，他用來變賣作為學校的維持費。在他以前，設立「泛愛學校」的巴斯道（*Johann Bernhard Basedow*, 1723-1790）對於勞作教育的倡導也不遺餘力，於工作學校運動的進展，也有一些貢獻。其後的福祿貝爾（*Friedrich Fröbel*, 1782-1852）的教育理論，著重工作的價值，以及從工作結果所得的愉快及滿足，可說是介於裴斯泰洛齊及現代工作學校思想之間的橋梁。福祿貝爾曾跟同事領導他的兒童參加實際生活工作，如修建簡單的房舍、整理小規模的校園、幫助農家下種的工作，因為他相信從實際的生活經驗中過渡到理論的或思想的認識才是有價值的教育方法；在工作與行動中間所得到的認識與知能，才是正確而有用的。隨後，福祿貝爾的擁護者不斷努力，想把「工作」的活動引入學校的課程中去。一八五七年福祿貝爾的學生高爾根（*Georgens*, 1823-1886）出版一本名叫「國民學校的現在」（*Die Gegenwart der Volksschule*）的書，在這書中首次使用「工作學校」這個名詞去包括過去一些名稱各異、內容相同的學校，並且使「工作學校」一詞有了近代的含義。福祿貝爾的姪女史拉特・布萊曼

（*Henriette Schrader Breymann*, 1827-1899）曾建立一所補習學校，以「工作」為中心來推進教育工作。並且根據「工作學校」的基本觀念，把「國民學校」的「學習學校」性質，改為「工作學校」性質。自此以後，工作學校的意義又有一些改變，也就是說，在工作學校中，除了重視「自主活動」及「團體合作」各種訓練外，還注重日常生活中具體的創造活動。福祿貝爾教育運動中工作學校的活動除在德國發展外，也傳入北歐國家。在德國方面，申肯道爾夫（*Emil von Schenekendorf*, 1837-1915）有「德意志工作教育協會」的組織，對於工作學校運動的推行不遺餘力。由於這個協會的倡導，在學校中建立了一千以上的學生工作場所，使在校學生能夠盡情地作自己的活動。「工作學校」這個概念的完成是一九○八年的事。那時，開善施泰耐（*Georg Michael Kerschensteiner*, 1854-1932）被邀請出席在瑞士的蘇黎世（*Zürich*）舉行的一個教育學術會議發表演講，他的講題是「在裴斯泰洛齊精神中的未來的學校」（*Die Schule der Zukunft im Geiste Pestalozzis*）後來，講稿印行出版，又改名為「將來的學校——一個工作學校」（*Die Schule der Zukunfteine Arbeitsschule*），「工作學校」的涵義也因而確定。現代所謂「工作學校」，是要藉學校中的手工勞作或精神作業來發展兒童的整個身心，使他們在自動的共同活動中，培養出獨立自主，愛好工作，履盡義務，肯為生活團體犧牲的習性。「工作」是道德陶冶的手段，也是職業生活的準備，更是國民教育的基礎。現代德國「工作學校」教育思潮中，最具代表性的，除開善施泰耐外，還有塞德爾、高第希二人，下面簡單把他們的學說作一介紹。

1. 塞德爾的工作教育論　塞德爾（*Robert Seidel*, 1850-1933）是瑞士人，他的教育思想受裴斯泰洛齊及福祿貝爾的影響最大。他著有「工作教育——社會及教育學上之必要」（*Arbeitsunterricht, eine Soziale und Pädagogische Notwendigkeit*, 1885）一書，倡導工作教育，對於英、美、德、義的工作學校運動頗有影響。一九二○年，德國召集全國學校會議，他跟拿脫爾普（*Paul Natrop*）、庫涅（*Kühnel*）共同草擬了有關「工作學校」的報告，可見，他被認為是當時工作學校思想的權威人物。

塞德爾的最大貢獻便是對於學校中，工作教育的必要有深入的闡述。

他認為人的存在，不只是精神的，也是身體的，人不但能感覺、能思維、能理解，同時是有意欲、能創造、好活動的個體。這種本性在兒童生活中表現得最明顯，兒童因為身體在成長中，特別活躍好動，創造力也很豐富，兒童既然有這種喜好工作的傾向，學校教育就應當因勢利導，不可一味灌輸與實際生活無關的死知識，摧殘兒童的生機與興趣。所以當今的學校必須澈底的改造，由學習學校變為工作學校。不過，這種改變不是一蹴可就，應該配合社會演進的程序，徐緩進行；換句話說，工作學校是將來的學校，跟將來的社會一起到臨。

塞德爾又從三方面來討論工作教育的價值：

(1) 教育的價值——工作教育能夠使兒童好動的傾向得到滿足，兒童從工作中可以獲得許多樂趣，在工作中養成注意集中，堅忍耐勞的習慣，以及注重「美」及「效用」的傾向。

(2) 身體的、精神的、技術的陶冶價值——工作教育能覺醒並陶冶技術及藝術的素質，使感覺官能、肌肉、神經系統因為經常活動及練習而更富活力。同時，工作能使我們對事物的認識更加清楚，因為只有實際工作，才能深入事物的內部本質而澈底理解。

(3) 道德的及社會的價值——工作教育使人類的良善力量表現為行動，防止惡端的萌芽。人的品性只有在活動中才能表現。同時，工作教育使兒童瞭解並尊重勞動，教兒童適當地評價生產品的價值，使兒童認識人類力量的界限。兒童的個性在工作教育中得到表現，真正的職業選擇也只有經過工作教育才成為可能。最後，工作教育喚起家長對學校的注意與關懷，並調和生活與學校之間的對立。

塞德爾又認為工作教育不在訓練手藝，促進家庭工業，並為將來職業生活的準備。工作教育也不只在覺醒兒童的工作趣味與能力；經濟效用及形式陶冶都不是工作教育的主要價值；這些只是附帶作用。最重要的事實是工作教育為身心發展所必不可缺的手段，是人類教育的最高要求。工作是一種自動自由的創造活動，使人的個性得到表現，身心獲得發展。

塞德爾對於工作教育的倡導，使教育界對工作學校運動的重要價值更為認識。但是，把工作學校的概念付諸實際，且建立起完整理論體系的，

還是開善施泰耐的功績。

2. 開善施泰耐的學説　開善施泰耐生在德國明興市（*München*），他曾經當過小學教師，明興市的主任督學（*Schulrat*，相當於教育科長），一九一八年應聘擔任明興大學名譽教授，一九二〇年又繼斯普蘭格（*E. Spranger*）為萊比錫大學教育學正教授，後來因某種原因，迄未到職。他一生著作甚多，較重要的有「工作學校的概念」（*Begriff der Arbeitsschule*, 1912）、「自然科學教學的本質與價值」（*Wesen und Wert des Naturwissenschaftlichen Unterichts*, 1913）、「教育程序之公理」（*Das Grundaxiom des Bildungsprozesses*, 1924）、「教育理論」（*Theorie der Bildung*, 1926）、「教育組織的理論」（*Theorie der bildungsorganisation*, 1932）等書。

開善施泰耐說：「教育的目的為公民的教育，所謂公民是具體的國民 (1) 從事自己的職業、(2) 為國家服務。為培養這種公民，在小學中不可不使兒童在實際的共同勞作中得到訓練，因為實際的勞作才能陶冶兒童將來職業生活的能力。共同的勞作培養兒童為生活團體服務——為國家而服務——的精神。」由此，他認為學校有三項任務：(1) 職業訓練或者是職業的準備；(2) 職業的道德化；(3) 團體生活的道德化。他所謂道德化，是提高我們內在的人格價值的意思，不是為自身的利益，而是為更高一層的道德目標。譬如教師指導學生，並不是為薪俸，而是為發掘兒童的內在價值，為栽培學生成為健全的公民，為教學的愉快與滿足。同樣，開善施泰耐以為職業為人人應有的工作，直接的為個人的生活，最後目的在使個人對生活團體有所貢獻。所以學校的首要任務是職業教育。小學中應當實施工作活動，一方面為將來職業生活作準備，並藉團體合作的工作活動，實施公民教育；另一方面，滿足兒童好動的傾向及創造的衝動，進而為精神文化發展的基礎。他相信實際的勞作活動能轉為純粹精神的創造活動，在這一點，他接受杜威（*John Dewey*）在「興趣與努力」（*Interest and Effort in Education*, 1913）書上的意見，相信實際工作的興趣能轉變為理論思考的興趣。

開善施泰耐又從兒童心理的發展來說明工作活動在學校教育的必要。他說：「兒童到青年期這一人生階段的特徵，乃是富於生命力的自發活

動」。在這一時期中的人，只要身心正常，他們的本質就是要工作、要創
造、要活動、要試驗、要經歷、要體驗。而這一些活動，又無一不是寄託
在實際操作」上邊。「絕大多數的青年雖然在勉強的接受書本教育，但是
他們所愛好的，仍然是實際的活動，而不是抽象的思想；在工作場所、在
烹調室、在校園、在原野、在牧場、在漁舟，所有男女青年，都隨時隨地
喜歡並參加工作」。這些共同的工作，能滿足兒童的社會性，陶冶道德品
格，所以爲國民教育及將來職業生活的基礎。

　　因此，開善施泰耐認爲今後的學校，應該是工作學校。這種學校具有
下列特質：第一、學校的功用，不只是傳授知識，而是發展兒童全部的精
神生活；第二、學校的工作，不應該要學生被動的接受，而是要發展兒童
自動的活動能力；第三、能力的發展，不能得自「空口說白話」的訓練，
只有在具體的工作或有職業準備意義的工作中才能夠完成能力的發展。舊
式的學校是孤立的，兒童與兒童之間的關係只是像原子那樣堆集在一塊，
各自是獨立的個體。教師與兒童的關係，也只限於口頭的傳授與告誡，也
只是一種似有若無的抽象關係。可是兒童在本質上有一種很強烈的內在的
「社會感」，常常要求合作的「團體工作活動」，新式學校爲了適應兒童
的要求，發展兒童的「社會感」，應該以學校內的團體活動爲主要責任。

　　開善施泰耐的工作學校理論，到了晚年，由於反對派的批評，並因
新康德學派中的李克爾特（*Heinrich Rickert*, 1863-1936）和文化學派菲旭
（*Aloys Fischer*, 1880-1937）及斯普蘭格的影響，發生了相當顯著的轉變。
他漸漸接受價值哲學及文化哲學的思想來作爲工作學校的理論基礎。在晚
年的著作中，他不再把手工教學看作「工作學校」的第一任務，反而認爲
能夠把握文化價值和文化材（*Kulturwerte und Kulturgüter*），然後才能夠
使人的內在力量得到充分的發展。這裏，我們試舉出他在「教育理論」一
書中所提述的教育七大原則爲例，來看一看他晚年思想的演變。他認爲教
育應遵循七個原則：

　　(1)「全體原則」（*Totalität*）：教育應使兒童之各種能力充分而均衡
地發展；教育要以一種價值活動爲中心，使其他一切價值形成能力從屬其
下，這樣才能有調和統整的發展。這一原則實爲斯普蘭格「生活類型論」

之應用。(2)「現實原則」（*Aktualität*）：教育固然要實現將來的目的，但是兒童的現實生活及現在情況亦不能不加考慮，從精神生活歷史說，現在實包含過去，並爲將來的基礎。(3)「權威原則」（*Autorität*）：學生對於價值事物，文化制度以及人格的權威應培養出敬重之感情。(4)「自由原則」（*Freiheit*）：應摒除一切外在的拘束，深徹地考察兒童之性向，消除價值追求之阻礙。(5)「活動原則」（*Tätigkeit*）：教育應鼓勵兒童自動自主的活動。他把活動演進分爲四個階段：遊戲（*Sport*）、競技（*Spiel*）、作業（*Beschäftigung*）、工作（*Arbeit*）。(6)「社會原則」（*Sozialität*）：教育要發展兒童之社會性，培養他們爲生活團體服務犧牲的熱誠。(7)「個性原則」（*Individualität*）：教育必須從個人出發，忽視了個性，教育難以奏功。

由上面這些原則可以看出開善施泰耐晚年思想受文化哲學影響的一斑，他這樣重視文化價值及文化材，無異認爲工作學校已經不是完全的「手工工作學校」，而是「獨立的整理並接受文化材的工作學校」。在這樣的學校中，精神工作的形式原則與手工勞作的實際原則並重，兒童在任何工作中的「獨立自主」仍受到重視。開善施泰耐希望把學校中的「工作場所」和「自然科學實驗室」連結起來，使純粹的手工勞作和方法性的原則教學合成手腦並用的工作活動，以完成精神創造的過程。他雖然重視職業訓練，不過他是藉共同的工作活動來陶冶道德品格，並完成公民教育的使命。在工作學校中，他特別注重「合作忍耐」及「自動自主」的原則。合作忍耐是培養道德價值，自動自主是增進兒童之工作信心與勇氣，以期有所創造。這些都與文化教育思想有相當關係，可見，開善施泰耐的早年及晚年思想並非矛盾相悖的。

在工作學校運動中，有些學者偏重工作的職業訓練價值，有的傾向工作過程中人格陶冶的意義，經濟價值與公民教育的尖銳對立，無意的阻礙了工作學校運動的發展。到了開善施泰耐才以實際工作經驗爲基礎，更進一步作一些理論性的研究和說明，才把這兩種相反的傾向統一起來。他在「權威、自由即教育基礎」一書中，曾主張：「學校改革的目的，乃是把學校的本質加以改變，由養成個人榮譽的場所變爲社會服務的場所；由智

慧、理論片面傳授的場所變爲人生全面訓練的場所；由知、能獲得的場所變爲良好習慣養成的場所。」更可以看出來他已經把「個人人格的陶冶」和「社會應用的知能」在教育設施中，使它們合而爲一，不再對立。因此，我們可以看出來開善施泰耐的努力，不但把工作學校運動中對立的兩個趨勢合而爲一，而且把近代教育史上，新人文主義運動發生以後，教育思想中兩「極」，即人文的陶冶與實用的訓練，統一起來，這種矛盾的統一是開善施泰耐在工作學校運動中及近代西洋教育思想的最大貢獻。

3. 高第希的學說　同是提倡工作學校運動，在思想上卻和開善施泰耐處於敵對地位的，便是高第希（*Hugo Gaudig*, 1860-1923）。一九一一年十月，在德萊斯頓（*Dresden*）地方召開過學校改革協會第二次大會，爲了澄清工作學校的概念，曾約請開善施泰耐及高第希二人出席討論，他們針鋒相對，彼此評議，引起教育界的注意。是年十二月，開善施泰耐刊行其「工作學校的概念」一書，高第希也不示弱，也用同名刊行一書。這種論爭，使二人的思想更爲尖銳對立，也彼此影響。開善施泰耐晚年思想的改變，未嘗沒有高第希的影響。

高第希反對開善施泰耐把養成國家社會有用的公民當作教育的目的，他認爲可理解的目的，應當求諸固有自我的理想性，也就是說，教育應以發展人格的客觀價值，培養「完人」爲目的。他認爲人格是由許多力量綜合而成，是最高活動的原理。這些力量不斷向完整的境界發展，所以教育的任務是要發現兒童的能力傾向，藉著代表各種生活領域的課業的接觸，使兒童的力量發展爲理想的人格。

教育的任務既爲促進人格的成長，所以學校中必須儘量鼓勵兒童的自由活動，藉以引發兒童之內在力量。所以新的學校應當是工作學校。學校的教師需要具備心理學的知識，細察兒童的個性以發見兒童創造的、想像的理想人格，覺醒兒童的工作意願，藉著工作活動使兒童的能力發達，向理想的人格開展。高第希所謂「理想的人格」即「完人」，跟開善斯泰耐的「公民」看起來似乎相對；其實，後者所謂公民並非指國家的工具，而是有獨立人格、自由意志的人，有高度義務感，熱誠服務，勤勞工作，肯爲所隸屬的生活團體即國家犧牲的人，其意旨與高第希的「完人」無二。

「公民」的範圍雖較爲狹隘，不過卻更爲具體。孰得孰失，很難斷定。

　　高第希在教育目的論上和開善施泰耐的差異雖不小，二人在教育本質上的歧見尤大。高氏注重自內向外的發展，以個性的發展爲教育的開始，理想的人格爲教育的完成，含有二元論色彩，而其工作活動也偏於精神的。開氏注重自外向內的陶冶，以手工來培養技能與品性。不過開氏晚年思想接近於文化教育派，他說：「個人的教育成就，只能求之於各種文化材中間，而文化材之結構與形態則又須部分的或全部的適合個人生活型式在發展階段的結構與形態」，已超越高第希一步，把主觀的個體與客觀的文化視爲在教育活動一體之兩面，而非教育歷程的兩端。不像高氏的人格教育思想還存有「受教育者」與「陶冶的課業」分立的痕跡。

（二）杜威的實驗主義教育思想

　　二十世紀的教育思想中影響最大的莫過於實驗主義教育思想。杜威（*John Dewey*, 1859-1952）的教育學說，不僅塑造了現代的美國教育，且影響了全世界。儘管在他逝世後不滿十年的今日，不少的學者對他的教育理論與實施結果掀起嚴酷的貶責與抨擊，但是杜威教育學說的價值及其在近代教育史上的地位是永難埋沒的。杜威在他所著：「學校與社會」（*The School and Society*, 1899）裏這樣寫著：「我們的教育正在起變化，把重心移動。這個變動，這個革命，與哥白尼把宇宙的重心從地球移到太陽簡直同樣地重要。在教育上，兒童變成了太陽，使一切教育設施環繞著他而運行。兒童是中心，教育是專爲著他。」這句話也許是杜威對教育貢獻最適當的說明。雖然，在教育史上有許多學者，如盧梭、裴斯泰洛齊、福祿貝爾、愛倫凱、蒙臺梭利等等都有兒童中心的教育思想，但是杜威學說使我們更注重兒童的興趣、需要與能力，並把這種新傾向建設成完整的教育理論體系，且付諸實施推廣，使今日學校中兒童的學習生活，更生動有趣，更積極自主，奠定了新教育運動的基礎。

　　杜威出生於美國佛蒙特州（*Vermont*），一八八四年獲得約翰霍布金斯大學哲學博士，其後在密西根州立大學、密尼蘇達、芝加哥、哥倫比亞等大學教授哲學。一八九四年他擔任芝加哥大學哲學系主任時曾創辦

實驗學校（*Laboratory School*）（一八九六），證驗他的新教育理論，並奠定了他在教育界的領導地位。一九一九年他曾來華講學二年，對我國新教育的推行，功績最偉。杜威一生著作等身，他最早的教育論著是「我的教育信條」（*My Pedagogic Creed*, 1897），其後最重要的著述有「學校與社會」、「學校與兒童」（*School and the Child*, 1910）、「兒童與課程」（*Child and The Curriculum*, 1902）、「倫理學」（*Ethics*, 1908 與 *Tufts* 合著）、「思維術」（*How to Think*, 1909）、「德育原理」（*Moral Principles in Education*, 1909）、「興趣與努力」（*Interest and Effort in Education*, 1913）、「明日的學校」（*School of Tomorrow*, 1916 與其女合著）、「民本主義與教育」（*Democracy and Education*, 1916）、「創造的智慧」（*Creative Intelligence*, 1917 與 *Moore* 合著）、「哲學的改造」（*Reconstruction in Philosophy*, 1920）、「人性與行為」（*Human Nature and Conduct*, 1923）、「經驗與自然」（*Experience and Nature*, 1925）、「經驗與教育」（*Experience and Education*, 1938）、「自由與文化」（*Freedom and Culture*, 1939）等書。

1. 教育是經驗的繼續改造　杜威的實驗主義（*Experimentalism*）是經驗主義、行為主義及進化論的混合物。他從生物適應環境的觀點來說明認識作用，經驗是人與外界的感受（*Undergoing*）與施為（*Doing*）之間的交互作用（*Interaction*）所構成，原始的經驗只是存在而非「認知」，當這種施受關係發生不適應時，也就是實際生活發生疑難時，思想的活動開始產生，因此一切觀念來自經驗。在經驗過程中人們首先推想各種假設或解決辦法，並加證驗，凡能解決疑難，有助於生活情境的，就是「價值」。也就是說，知識只是行動的工具，所以他的哲學思想稱為「實驗主義」或「工具主義」（*Instrumentalism*）。知識作用在經驗中發生，在嘗試過程中改造，並在經驗裏表現其效用。所以任何超越（*Transcendent*）經驗的原則或範疇與實際生活無關，只有人與環境施受的經驗「歷程」才是實在的。人不只因環境刺激而機械的順應，且能改造經驗，反作用於環境，為主動的適應。他說：「實驗主義哲學實則意指真正的試驗的行動，引致情況的適應，而不僅是改造自身與心智以求適合這些情況。智慧的適應始終

是一種再適應，是一種對於存在事物的改造」，因而教育也有其可能與必要。

杜威認爲教育是經驗的繼續改造，人類在適應環境的活動中，必須以舊有經驗爲基礎來解決問題；當疑難發生時，我們又得改造經驗，以應付新的生活情境。人們日常的活動都受過去經驗的約制，由於經驗的改造，經驗內容得以充實更新，變爲新經驗，成爲後來活動的基礎。因此，「教育就是繼續不斷地重新組織經驗，要使經驗的意義格外增加，要使個人主宰後來經驗的能力格外增加」。這種經驗的不斷改造更新，就如生物細胞的新陳代謝一樣，所以教育就是生長。他說：「生活是發展，而發展、生長是生活。將這個意思應用到教育方面便可說：(1) 教育歷程本身以外無目的，它便是它自己的目的。(2) 教育歷程乃是繼續不斷的改組、改造、改變的歷程」。

2. **教育上的目的**　然則教育是不是眞的沒有目的？這個問題是杜威最受人誤解的地方。依照杜威的意思，教育不能爲兒童預懸一個固定的目標，如果只顧遙遠不定的將來，疏略了現在生活，教育變成機械的虛渺的歷程，反足戕害兒童的學習興趣，所以他認爲教育就是生活，不是生活的準備。而且環境是變動不定的，人類要良好適應環境，教育目的隨時需要修改。眞理並非絕對的，目的並不能預見，一切良好的目的都在實驗中。何況所謂生長，所謂經驗的不斷改造，本含有向良好的正當的方面進行的意思。健全的、和諧的發展才能算作生長，否則只是病態。杜威所謂生長並不是要讓教育自然進行，不加規範，而是隨時決定目的，把握當前生活，使現在生活更有意義，更有生趣，更富創造性，試驗性，以貫徹其實驗主義的精神。他在「民本主義與教育」一書中，曾討論教育上的目的，「一個良好的目的，就要觀察學生經驗的現狀以爲根據，由此實驗出應付的計劃。進行的時候，常把這個計劃放在眼前，但不是呆板去做，遇有改變的必要時，就要改變計劃以因應新情境的需要。簡單說一句，這目的是實驗的性質。因爲這個緣故，實行的時候，逐漸的測驗其價值，這個目的也隨著這種實驗，時時刻刻地發展完善，不是一成不變的。」「所以目的須能伸縮自如，須能改變以應付新情境，由外面加入活動歷程的目的是呆

板的，這種目的既是由外面強迫加入，與所應付的實際情境當然不能發生有效的關係。」因此，「我們如要尋覓教育的目的，不是要尋覓別的『目的』，把教育當作這別的『目的』的附屬物。」我們所要求的「教育『目的』須根據個人的固有活動與需要，」「須能翻成實行的方法，與受教育者的活動共同合作。」他又說：「目的之含義，是指我們對於一種活動，已有理智的態度，不是暗中摸索，任意亂撞。我們在某種情境裏面有所作爲，依各種不同的途徑，能有許多可以交換的效果。我們對於這種種效果，須有預見之明，再用此預見來指導我們的觀察與實驗。所謂目的，就是這種預見之明，與利用這種預見之明來指導觀察與實驗。這樣看來，一個眞正的目的，與由外面強行加入活動過程的目的，無一不是相反的。」由上面杜威自己所說的話，可用來詮釋他「教育無目的」一語的旨意。

3. 杜威思想的調和色彩　杜威的教育哲學又有明顯的二元論色彩，他對於直接知識及間接知識，文雅教育與實用教育，自由與訓練，個性發展與社會效率，興趣與努力……等等對立，從不肯偏於一方，而盡量想加以綜合與調和。許多人只看到杜威的啓蒙精神，自由原則，因而把杜威的教育思想列入個人主義的教育學派中間，實在是不小的誤解。他說：「我深信必須將個人視爲社會個人（*Social individual*）而教育之，社會亦須視爲個人之有機結合（*Organic union of individual*）。假如我們把兒童除掉社會因素，所剩下來的只是抽象的概念而已。又如把社會的個人因素除去，所剩餘的只是呆滯而無生命的人群而已。」又說：「教育過程分爲兩方面──一爲心理的，一爲社會的──如果任何一方面被抑居於次要地位或被疏忽，則必引起不良結果。」他認爲教育固應以兒童爲重心，但是兒童並非遺世獨立的孤立體，他們是生活在人與自然的世界中，他們的經驗並非靠其衝動及情緒可以完成，這些衝動是伸展入於人與物的世界，並且當一種經驗未達相當成熟以前，這些衝動是盲目而混亂的，所以必須加以引導。因此，杜威雖反對權威與束縛，重視兒童的自由自動的創造表現，他所倡導的不是散亂盲動，任所欲爲，而是有目的，有秩序的學習活動。再者，杜威固然重視兒童當前生活的價值，他卻未將兒童生活當作理想生活，而認爲是下一階段的發展可能性而已。他說：「我們要記著，兒

童的種種表現，本身不應看作終點，它們乃是生長可能之表現，我們應該
把這些表現，轉爲發展的憑藉，轉爲向前的動力，不可就其本身加以陶
冶，或任兒童隨意流連。」此外，對於兒童的興趣，他提醒我們「興趣既
不可被放縱，亦不可被壓抑，興趣被壓抑乃以成年人代替兒童，足以減少
好奇心、機智、創造力，並使興趣遲鈍。放縱興趣乃是以暫時事物代替永
久事物。興趣常代表某種潛在的力量，發現這力量是最重要的工作。放縱
興趣意味著停止這種發掘工作，其流弊所及，將使興趣流於反覆無常與幻
想。」可見，杜威的教育思想採取中和的立場，不陷於偏頗極端。

4.「行以求知」的學習論　　杜威認爲學校是一種社會體制，是社會生
活簡約化、純淨化的小社會。因爲文化的累積，社會環境繁複萬端，所以
必須佈置簡單而漸進的環境，把對兒童身心發展無價值的因素汰除，以便
引導兒童走進複雜的社會。所以學校生活也是單純化的社會生活。學校
中的科目，也不可與社會生活脫節，眞正的教材必須是兒童自己的社會活
動，對實際生活有意義的經驗活動。他認爲組織教材的原則是從心理的組
織到論理的組織。不過，由於他對具有論理組織的學科知識頗多指摘而乏
提示。他的門徒便只注重心理組織的原則而加發揮，活動課程，生活單元
課程及設計教學課程等便應運而生。這種片面的發展，使學生只有零星的
學習而缺乏系統的瞭解，不免導致學生知識程度的降低。不過杜威在晚年
著作中，已開始注重教材的論理組織，如在「經驗與教育」一書上說：
「凡是一種學科，無論是算術、歷史、地理、或一種自然科學，必須取材
於日常生活經驗以內。但是在經驗以內取材只是第一步。次一步是將已經
經驗之材料繼續發展成爲較豐富，較有組織的形式，這一形式逐漸接近供
成熟的人學習的材料所具的形式。」

杜威本諸實驗主義的理論，主張在經驗歷程中，「實行」先於「認
知」，我們的觀念及知識，是用來解決實際行動中的困難問題，因此，教
育必須供給兒童充分活動的機會。他乃把各種工作活動引入學校課程之
內，使學生在從事工作時，因疑難的發現而刺激他們的思想，進而蒐集有
關知識，並學習一些技能，以求形成一種觀念或行動設計來試行解決問
題。如果問題能夠解決，這些知能及思想便是有價值的。否則再搜求資

料，再形成其他觀念或工作計劃，作進一步的嘗試；如此進行不已，知識技能便在行動中獲得，這是杜威「行以求知」或「由做中學」（*learning by doing*）的理論。他說：「除非是活動的結果，別無眞正的知識，也無充分的瞭解。事物的分析和重組，爲知識和解釋能力的發展及正確的分類所必需，不能全憑頭腦中運思而得。人們尋求什麼事情，對於事物必有所作爲，必須改變事物的情境，這乃是實驗室方法的教訓。而這種教訓乃是一切教育者所應當明白的。」但是由於他偏重兒童的活動，專顧思想的過程，輕視教材本身的價值，這種實驗室的方法用於教學上，只有助於思想的訓練與低年級的學習，若漫無限制地應用下去，學生成天費時耗力於無系統的學習活動，所得只是鱗爪片斷的膚淺常識，不易深入到論理組織的高深知識。

（三）文化教育思想

　　現代教育思想中有一個顯著的趨勢，便是盡量想把過去教育思想中一些尖銳的對立，加以綜合、調和、以至高級的統一。所謂高級的統一，就是用辯證的方式，把一切對立，如課程本位與兒童中心，個人主義與社會本位，生活準備與自然發展，形式訓練與實質陶冶，強制與自由，訓練與放任，努力與興趣，論理組織與心理組織，教師講授與兒童活動等等這些「正」、「反」都「合」起來。教育的歷程本來一方面是個性差異的兒童，另一方面是代表社會需要的教材，偶有偏重，觀點略偏，便陷入教育思想中不易解決的爭執。開善施泰耐的努力，已有調和的趨勢，杜威思想更充分表現調和所有教育上矛盾的嘗試，也做得相當成功。在這方面，最有建樹的，是文化教育思想，他們藉著兒童接受文化且創造文化的論點，把主觀的個人與客觀的文化做了高級的統一，這一派的思想可以斯普蘭格爲代表。

　　斯普蘭格於一八八二年生於德國柏林郊外，在柏林大學讀書，受業於狄爾泰（*W. Dilthey*）及包爾生（*Friedrich Paulson, 1846-1908*），畢業後留校任講師。一九一一年曾一度在萊比錫大學擔任講座。他的思想除了受包爾生、狄爾泰的影響外，洪保爾特（*Wilhelm Von Humboldt*）的人文思

想，李克爾特（*H. Richert*）的價值哲學，胡塞爾的現象學，對他也有相當影響。他一生著述頗多，最有代表性的是「生活型式論」（*Lebensformen*, 1924）、「文化與教育」（*Kultur und Erziehung*, 1923）、「青年期心理學」（*Psychologie des Jugendalters*, 1924）、「歷史哲學解釋上的現代德意志教育理想」（*Das Deutsche Bildungsideal der Gegenwart in geschichtphilosophischer Beleuchtung*, 1928）、「民族、國家、教育」（*Volk, Staat, Erziehung*, 1933）等書。

斯普蘭格從狄爾泰的精神生活思想出發，認爲追求價值的精神（*Geist*）爲一切實在的根本。這樣的精神可分爲三種，第一、「客觀的精神」（*Der Objektive Geist*），如科學、藝術、經濟、宗教、法律、道德等文化；這種客觀精神是個人主觀的精神的價值體驗的客觀化；這種客觀精神係存續於歷史文化中，而形成一種文化關聯，成爲精神科學的研究對象。第二、「主觀的精神」（*Der Subjektive Geist*），這是客觀精神投射於個人的體驗後，所引起的價值追求的生命力。第三、「絕對的精神」（*Der Absolute Geist*）或「規範的精神」（*Der Normative Geist*），是超越個人，超越歷史的價值本體。在胡塞爾的現象論中，認爲在一個現象中，主、客觀不分明，只有經過分析才有主觀、客觀的分別。斯普蘭格接受了這種觀點，認爲主觀的個體與客觀的文化本是一致的，客觀精神必賴主觀精神的體驗與吸收，才能使其生命持續豐富；而主觀精神也必藉客觀精神的接觸與充實，才能完成，生活才有意義。而且支配客觀精神與主觀精神的是同樣的價值方向。他說：「一個人的心靈開頭就爲客觀精神所吞噬著，只有這個人的心靈參加了客觀精神以後，這個人的心靈才變成主觀的精神。」教育便是藉客觀精神以完成主觀精神，也就是藉客觀的文化材來充實個人生活，喚起其價值意識，進而有所創造，增加文化的新成份。前一階段是「文化蕃殖」（*Kulturfortpflanzung*）的作用，後一階段便是「文化創造」（*Kulturschaffung*）。他說：「教育是基於對他人的精神施與之愛（*Gebende Liebe*），使他人的全體價值受容性（*Totale Wertempfänglichkeit*）及價值形成能力（*Wertgestaltungsfähigkeit*）從內部發展出來。」

但是教育不能不注意個性，因爲本身發展性最強的地方，也就是價

值形成力最強地方，便是文化創造力最盛的所在。斯普蘭格精研個性心理學、結構心理學、發展心理學，他利用精神科學心理學說，建設其「精神構造」（*Geistige Struktur*）學說。他認爲個體對於價值的接受與實現，有一種內在體系與類型。這種精神結構是依各人先天的素質與後天的影響慢慢形成一種固定而永續的傾向。所以教育者應細察受教者之本質及其價值傾向，才能使其內在力量有最大的發展。他依人類精神生活的活動方向，分爲六種基本類型，所謂「生活類型」（*Lebensformen*）就是，每種類型都包括一切價值方向，不過把某一特定價值作爲中心，其他價值歸屬其下。這六種生活類型便是「理論型」、「經濟型」、「審美型」、「社會型」、「權力型」、「宗教型」。每一類型都表現出一種生活形態。教育應因性利導，促使其價值的實現。

斯普蘭格又認爲教育是基於一種「教育愛」，這種「愛」是一種「施與」的愛，與普通的愛不同。它所愛的，不是一個特定對象，而是一個發展中的歷程。它不是因對象完美而愛，而是愛一個發展未完滿的兒童。教育愛的對象是一個價值創造的歷程，即是由不好到好，由好到更好的歷程。這種教育愛和男女性愛不同，甚至和親子之愛也不一樣，因爲男女性愛和親子之愛都是「本能」的，而教育愛則是人性中創造出來「文化」，是一種價值。具備了教育愛，教育才有可能，才有效果。

教育思想的派別，非常紛歧。一般在敘述教育思想的派別時候，總是把它分爲人文主義的與實科主義的教育思想、理想主義的與自然主義的教育思想、個人主義與社會主義的教育思想、民族主義與國際主義的思想種種不同的派別；這都是根據哲學觀點來作的分類。我們知道，哲學觀點，非常之多，在哲學史上，我們找不出來兩個哲學家會具有完全相同的哲學觀點。孟子、荀子同是儒家，主張並不相同；亞里士多德是柏拉圖的弟子，他們的哲學觀點，也有很顯著的差異。所以依據哲學觀點來分教育思想的派別，最大限度，只能夠是列舉式的指出來許多不同的派別，等於小型的教育百科全書，只能供給人們一些有關教育思想的資料，並不能夠創立一種對於教育思想的看法。因此，以上敘述教育思想派別的分類時，不以「哲學觀點」作標準，而以「思想方式」作依據，把教育思想分爲兩大

派別，並且只舉出若干少數的顯著傾向爲代表，作爲舉例的說明。這樣的敘述方法，或者能夠指示出來對於教育思想派別的一種看法，使人能夠舉一反三。

　　教育思想派別的紛歧，幾乎使人難以列舉；但是我們仍然能根據思想方式的不同，把它分爲兩派。可是這兩派的差別，也並非絕對的不能並存。如同文化哲學教育的思想，雖然我們把它列爲第二派，但是它卻已經多多少少的有一些第一派教育思想所共有的色彩。第一派的教育思想，認爲教育活動應走的路，乃是培養一種新的完滿的人，然後，這樣的新人，才能夠於舊有的人類生活團體之外，再創立一個新的，符合理想的生活團體。第二派教育思想則以爲教育活動應走的路，乃是增進人的能力，使其能夠按照希望，把不完美的生活團體，改造得較完美一些。如果我們認爲第一派的教育思想，有些革命的意味，那麼，第二派的教育思想，則就成爲「改良主義」了。文化哲學的教育思想，雖然認爲教育的任務是保存或延續舊有的文化，我們把它列入第二派，自然很恰當；可是文化哲學的教育思想於保存或延續舊有文化之外，更重視創造新的文化的價值，則已經又有些走入第一派的思想方式了。文化哲學的教育思想，採用了現象論哲學的方法，使紛歧的教育思想得有更高一級的統一，所以文化哲學的教育思想，在二十世紀的現代，才能夠一枝獨秀。

裴斯泰洛齊的歷史哲學

在西洋教育史上，有些偉大的人物，往往不容易被人全部的瞭解；在「教育家」、「教育學者」的頭銜之下，掩蓋了他在其他方面的貢獻。如柯門紐斯（*Johann Amos Comenius*, 1592-1670）本來是一位崇高的教會領袖、卓越的神學家，而且是百科全書派哲學中「汎知主義」（*Pansophy*）的建立者，但是在教育史上論到柯門紐斯的時候，往往只提到了他的「世界圖解」（*Orbis pictus*）和「大圖教育法」（*Didactica Magna*），把他當作教科書中插圖的創始者，以及新的教學原則和學校系統的建立者。又如福祿貝爾（*Friedrich Fröbel*, 1782-1852）本來是十八世紀上半期德國的一位科學家，在哲學史上是屬於神秘主義的哲學家，但是在教育史上我們一提到了他，就僅只把他看作幼稚園（*Kindergarten*）的創立者。同樣的，裴斯泰洛齊在西洋教育史上，也受到了這樣的待遇。

裴斯泰洛齊（*Johann Heinrich Pestalozzi*, 1746-1827）在青年時期就受他老師們的影響，參加了政治性的社會改良運動。他的老師們中間，如卜得美爾（*J. J. Bodmer*, 1698-1783）和卜萊亭格爾（*Joh. J. Breitinger*, 1698-1783）在當時都是瑞士社會改良運動團體的領袖人物，裴斯泰洛齊很受他們的影響；所以在他離開學校以後所從事的工作，嚴格的來說，在開始並不是純粹的教育工作。他的工作目標乃是擁護自由，反抗權威；主張正義，抵制壓迫；維護公益，反對私利。同時，十八世紀初期裴斯泰洛齊的故鄉蘇黎世（*Zürich*）乃是瑞士精神生活的中心；法國盧梭（*J. J. Rousseau*, 1712-1778）的自然主義、德國康德（*Immanuel Kant*, 1724-1804）的理想主義，在蘇黎世都發生過很大的影響；德國哲學家斐希特（*Johann Gottlieb Fichte*, 1762-1814）和文學家歌德（*Johann Wolfgang Goethe*, 1749-1832）都曾數次訪問蘇黎世，因而和裴斯泰洛齊都有個人直接的往還。德國的哲學家、教育學者赫爾巴特（*Johann Friedrich Herbart*, 1776-1814）和福祿貝爾也都直接的在瑞士訪問過裴斯泰洛齊。一七九八年瑞士革命以後，新政府成立，裴斯泰洛齊非常興奮，曾經主編刊物，宣傳社會改進的工作；反對重商主義，鼓吹重農主義。當時他所發表的一些哲學、政治和社會問題的論文，就分量上來說，在裴斯泰洛齊的全集中，並不少於教育方面的著作。可是在一般的西洋教育史上，一說到裴斯泰洛齊，就只提

到了他的「李恩哈特和格爾楚特」（*Lienhard und Gertrud*）、「格爾楚特教育子女的方法」（*Wie Gertrud ihre Kinder lehrt*）以及其他一些有關教育方法和原理的著作；而且只是把裴斯泰洛齊看作「實驗教育」的創始者，「現代國民教育理論和實際」的建立者。

　　十八世紀歐洲一些國家的學者，往往都和法國盧梭一樣，對於社會和政治方面的傳統、制度，加以批評，甚至攻擊；裴斯泰洛齊受了時代的影響，而且他本身又參加了社會、政治革新的運動，所以對於社會、政治問題，也發表了不少的論文，並且涉及的範圍很廣，甚至對於「私生子殘殺」的問題，也曾提出了詳細的研討。在一七九七年裴斯泰洛齊發表了一篇以「人類在自然歷程中發展之研究」（*Meine Nachforschungen über den Gang der Natur in der Entwicklung des Menschengeschlechts*）爲題目的論文，這是一篇富有歷史哲學意味的著作；而且是裴斯泰洛齊整個思想體系的基礎。這一篇十八世紀有關歷史哲學的重要文獻，不僅在英語流行的國家沒有受到注意，甚至德語流行的國家中，也往往加以忽視（註一）。主要的原因，乃是裴斯泰洛齊的教育工作和教育學說影響過大，聲望過高，反而掩蔽了他在哲學思想方面其他的主張。德國現代哲學家、教育學者斯普蘭格（*Eduard Spranger, 1882-1963*）自一九二七年起開始編印「裴斯泰洛齊全集」，到一九四〇年止，共出十二巨冊，尚未出全；此外斯普蘭格對於裴斯泰洛齊的「人類在自然歷程中發展之研究」另外發表專冊，作詳細的研究和註釋，這一篇歷史哲學的論文，才比較的受到了重視。

　　裴斯泰洛齊的「人類在自然歷程中發展之研究」這一篇論文中，包括了盧梭一派學者「自然法」的見解和德國康德一派學者「先驗道德」的主張，這兩種不同的哲學思想合併起來，乃構成裴斯泰洛齊的歷史哲學的基礎。在這一篇論文中，裴斯泰洛齊認爲人類發展的歷程要經過三種不同的「情狀」。最初，人類是生存在「自然情狀」（*Naturzustand*）或「動物情狀」中間；其次進一步則生存在「社會情狀」（*Gesellschaftlicher Zustand*）或「政治情狀」中間；最高的更進一步，則爲「道德情狀」（*Sittlicher Zustand*）。

　　在一般思想史上，對於「自然情狀」，學者之間，有著很不一致的看

法。法國盧梭一派的學者則認為「自然情狀」中，一切都是天眞的、和平的，而且是美的，很值得稱許嚮往。另外像英國霍勃斯（*Thomas Hobbes*, 1588-1629）一派的學者，則認為「自然情狀」中乃是醜惡不堪，充滿悲觀的氣氛。裴斯泰洛齊的教育思想，雖很受盧梭的影響，但是對於「自然情狀」的法則，恰恰和盧梭立於相反的地位。「原始的人並不是生活在和平的狀態中間。人在地球上不用武力，不流血，不使用不公道的手段，是不能夠佔有生存的空間；財產的獲得並非來自公道和正義。原始的人常常使他們對等的人流血，原始的人像老虎那樣以體力保護自己的洞穴，並且隨時可能殺死和自己種族相同的人。原始的人不知節制慾望，要求一切土地屬於自己。在太陽之下，原始的人盡力去作他隨意作的事情。原始的人，不知法律，不知服從；他自己的意志就是他的唯一法律；他所作的罪惡，他自己並不知道。」（註二）如果一定要說「自然情狀」中有和平的現象，那也只是一瞬之間能夠存在的事；人與人之間一有關係，就會發生「混戰」（*Bellum omninrn conta omnes*）的狀態；搶劫、謀殺、破壞，都是不可避免的結果。

在「自然情狀」中，原始的人雖然極端的「自私」；但是和「自私」並存的有時候仍然有些「善意」。如同母子之間的「母愛」，就是毫不自私的「善意」。（母愛，在裴斯泰洛齊教育思想中是一個重要的基礎。）人與人的生活團體中，如果「自私」的傾向特別顯著，「自然情狀」中的醜惡狀態，就要長期的延續下去。但是在「自私」的活動之下，已經潛伏了「善意」，如同人既然「覺得一塊石頭有它的重量，一棵樹有它的高度，自然而然的也會感到在他旁邊還有一個和他相同的人」。這時候他就會感到這個和他相同的人也有和他相同的價值。承認他人和他自己有同等的價值，那麼，人與人的心理相通，情感交織；於是「自然情狀」中一些個別的人，乃聯結起來，進入一個新的情況，這就是「社會情狀」的形成。在「社會情狀」中，人與人「並列的」過一種共同的生活；而且為防止彼此之間「混戰」，乃建立了一條長堤，去防阻「自私」衝動的泛濫。這條長堤就是法律和國家制度。在法律和政治組織之下，動物性的盲目「自私」，雖然受到約束，但是卻並不曾完全消滅。只要稍微大意一點，

動物性的自私衝動，就會再度的活躍起來，而且還會延續一個相當長的時期。在「社會情狀」中間，工作、財產、商業等等，都必須制定法令，加以保障，就是要防止自私衝動的再度表現。所以裴斯泰洛齊說：「在社會情狀中間，苦惱與幸福、聰明與愚笨、無知與智慧，都是一瞬之間的轉變。」因此「社會情狀」，在本質上仍然不是一種理想的境界。「社會情狀」中間，人與人只是生活在一種秩序之中，而這種秩序的本身，具有一種強制的力量；人之服從秩序，只是由於外力的強迫，並非志願。就這一點來看，「法律只能約束自私，所以法律並不是一種最高原則」。裴斯泰洛齊對於「社會情狀」的看法，和當時流行的見解，並不相同；當時一般學者多受自然主義的影響，對於社會學和政治學的理論研究，採用「自然權利」的觀點；而裴斯泰洛齊則看重法律、政治方面的強制力量，倒和英國哲學家霍勃斯的主張有些類似。所以裴斯泰洛齊的歷史哲學，和當時的一般見解頗有差異，可說是一種新的看法。

在「社會情狀」中間，是用法令的力量，強制的約束自私衝動，可見自私的衝動，在「社會情狀」中依然存在。就這一點來論，「社會情狀」和「自然情狀」並沒有本質上的區別，僅只是程度上的差異罷了。所以裴斯泰洛齊以為人類發展的歷程中，最高的境界乃是「道德情狀」。他自己曾說：「在我的本身，我具備一種內在的力量；並非我的動物性慾望，而且是獨立於我的一切社會關係之外。這種力量在我的內在本質之中，獨立存在，形成了我的尊貴；這種力量獨立存在，所以並不是由其他力量所產生出來的結果。這就是德性。」「道德只是每一個體所具有的內在本質；道德並非來自社會關係。」「在道德力量的影響之下，人不再感覺有一個『自我』乃是生活的中心；所感覺到的，只是德性。」人，如果能夠不把「自我」作為一切生活的中心，「自私」的衝動才能不再發揮力量；沒有自我中心的感覺，才能有「愛」的存在。所以「愛」一方面反對「自然情狀」中的「自私」，一方面也反對「社會情狀」中的「約束」或「強迫」。「愛」不但消滅「自私」，而且因為「愛」是自動的、是志願的、是自由的「給予」他人，所以「愛」也否定了「約束」或「強迫」的價值。因此，「愛」在「道德情狀」中，才能夠保有最高的價值。當時一般思想家都以

爲「社會」中須有「道德」，同時也只有在「社會」中，才能表現出來「道德」的價值；「社會」和「道德」常常是連在一起，不能分開。但是斐斯泰洛齊卻不是這樣的看法，他把「社會」和「道德」分離爲二；他以爲「社會」是超越自然以上的「文明」（*Zivilisation*），至於「道德」，則由文明更進一步而成爲「文化」（*Kultur*）。

裴斯泰洛齊除了在理論方面說明人類發展三個「情狀」之外，又舉出廠商爲例，作一番具體的解釋。一個廠商把一些替他工作的工人，只看作發財的工具，對於工人本身的一切生活，不知注意；即使法有規定，也不願加以重視。這就是以自私衝動爲基礎的「自然情狀」。如果這一個廠商對於工人的生活、待遇，能夠依照法令的規定，加以注意，承認工人應享的權利，這種受法令約束所形成的勞資關係，就成爲「社會情狀」了。假使這個廠商能夠自動的尊重工人們的地位和人格，並不是由於法令的強迫；而且志願的把工人當作和自己平等的人來看待，也就是說不把工人看作「手段」，而是把工人當作「目的」來看，這就已經進入了「道德情狀」的境界。人類發展的正確傾向，就是要把人類自己從「自然情狀」中超越出來，經過「社會情狀」，最後則進入「道德情狀」。裴斯泰洛齊以爲人類在「自然情狀」和「社會情狀」中生活的時候，一切行動必須受「自私衝動」和「法令拘束」兩種力量的支配；一進入「道德情狀」中間，「愛」的力量支配了一切行動，而「愛」乃是自動的、志願的，所以以「愛」爲基礎的行動，乃是獨立的。有獨立的行動，人乃成爲一個自由的主體。到了這個境界，「自然情狀」乃告一個結束。這是裴斯泰洛齊和盧梭的思想系統中間最大的一個差別。所以裴斯泰洛齊在教育方法上雖然受了盧梭自然主義的影響，但是裴斯泰洛齊自己仍然有他的理想主義和文化哲學的見解。

人類發展的自然歷程，雖然分爲三個「情狀」，但是這三個「情狀」，並不是絕對的依照先後的順序，彼此絕無關係。裴斯泰洛齊並且以這三個「情狀」在人的內在本質中，是同時並存的。如同前邊所舉廠商對待工人的例證，就可說明這三種「情狀」在廠商個人的本質中，都蘊藏著表現的可能，並且道德的萌芽乃是母親之「愛」，而「母愛」卻早已存在

於「自然情狀」之中。因此，在裴斯泰洛齊看來，「道德」仍然是由「自然」發展而來。所以裴斯泰洛齊雖然崇敬康德，深受康德「先驗道德」的影響，但是也並沒有像康德那樣把「慾望」和「義務」完全分離為二的二元論色彩。

裴斯泰洛齊不但把三種不同的「情狀」應用在人類發展的歷程中間，而且認為在個體的發展中間，也有這樣相似的歷程。感覺和慾望的適應和滿足，屬於「自私」的衝動；制度、法令的遵守和服從，乃是對於「權威」的畏懼；至於道德的行動，則完全獨立、自由。這三個境界的差異，恰和人生中「童年」、「青年」和「成年」三個階段相當。由此，更可以證明裴斯泰洛齊的思想系統中，很少二元論的傾向。他的基本見解，似乎很受德國近代第一個哲學家萊勃尼芝（*Gottfried Wilhelm Leibniz*, 1646-1716）「預存和諧」發展學說的影響。如果我們不能夠瞭解裴斯泰洛齊這樣的思想基礎，那麼，我們對於他在教育理論方面的一些矛盾的主張，就無法得到妥當的解釋。

裴斯泰洛齊的全部著作中，雖然有些屬於哲學的範圍，有些是發揮教育的理論，但是嚴格說來，卻並沒有完整的系統，因而裴斯泰洛齊並不是一位精密的思想家。裴斯泰洛齊的不朽的價值，在於他的言行相符，作到知行合一的地步。盧梭的行為對於他自己的理論，乃是一種諷刺，甚至以行為否定了自己的理論。至於裴斯泰洛齊則「說」了就「做」，以行為完成自己主張；在西洋思想史上，可以說是一位很特殊的人物。因此，裴斯泰洛齊不僅為「國民之師」、「人類之師」，而且可以說是「教師之師」。

（本文原載於教育通訊第五卷第十七期）

註釋

註一：參看 Robert Ulich: *History of Educational Thought*, 1950. P. 248 。

註二：本文所有引號之語句，具係譯自裴斯泰洛齊所著「人類在自然歷程中發展之研究」一文中，見 Bucherau, Spranger, Stettbacher 等編印之 *Pestalozzi: Saemtliche Werke*, 12. Bd. 1936 。

裴斯泰洛齊教育學說

一、裴斯泰洛齊的身世

（一）裴斯泰洛齊的祖先和親屬

　　裴斯泰洛齊（*Johann Heinrich Pestalozzi, 1746-1827*），在一般的教育史上，都認為他是瑞士的教育學者；實在他的家世，都是來自義大利。一九二七年是裴斯泰洛齊逝世的百週年紀念，當時義大利有一位學者，曾經把他多年來研究裴斯泰洛齊的結果，公開發表，作為對於裴斯泰洛齊「百年祭」中的紀念。這位學者認為裴斯泰洛齊的精神，乃是真正義大利，尤其是文藝復興時代義大利人文主義的精神。裴斯泰洛齊的理想中，承認「人」的價值，認識「人」的尊嚴，替近代世界各國的國民教育，奠定了理論的基礎；所以正確一點來說，裴斯泰洛齊不僅不屬於義大利，而且瑞士也不應私有，他已經是世界教育史上一位偉大的人物了。

　　裴斯泰洛齊家族，原來定居在義大利的格拉維多納（*Cravedona*），是阿爾普山下的地主，以地租的收入為生。據義大利保有的文獻中，在一二九七年，有一位被稱作「格拉維多納之裴斯泰洛齊」（*Cuilhelumns Pestaloza von Gravedona*）的人，曾奉齊亞維納（*Chiavenna*）地方政府的命令，供給當地需要的牛奶製品，如乾酪、奶油一類的食品。當時「裴斯泰洛沙」尚未成為家族的姓氏。在當地土話中，「洛沙」（*Loza*）的意義是「牛棚」、「馬廄」，「裴斯泰洛沙」一名，含有開玩笑的意思，彷彿是管理牛棚、馬廄的人。直到一三〇〇年，這一位「格拉維多納之牛棚管理人」乃正式依法登記，以「裴斯泰洛沙」為這個家族的正式姓氏，並且繼續在齊亞維納地方繼續居住下去，成為當地的「市民」。這是裴斯泰洛齊在義大利的遠祖。

　　以後到了十五世紀，齊亞維納和瑞士蘇黎世（*Zürich*）之間，因為商業的關係，交通頻繁，而且裴斯泰洛沙這一家族中有人在海關中服務，對於國外的情況，也比較的容易了解，所以這一家族中有一位年齡三十的安頓・裴斯泰洛沙才有機會自義大利遷往瑞士的蘇黎世。安頓到了瑞士以後，不久就和蘇黎世一位手工業者的女兒安娜・秀森納（*Anna Gessner*）

在一五六一年正式結婚。到一五六七年，安頓乃放棄原來的國籍，歸化瑞士，取得瑞士的公民資格。這可以說就是裴斯泰洛齊在瑞士這一支派的始祖。自此以後「裴斯泰洛沙」的姓氏，也改爲裴斯泰洛齊了。

　　裴斯泰洛齊的曾祖父時代是居住在瑞士的洛加諾（*Locarno*）。阿爾普山下兩個城市，一個是義大利的齊亞維納，一個是瑞士的洛加諾，那兩個地方的自然環境和社會環境，都影響了裴斯泰洛齊的性格。山地市區的樸素，一般人民的熱情，都成爲裴斯泰洛齊精神方面所繼承的遺產。裴斯泰洛齊的曾祖父名字叫作韓斯·亨利·裴斯泰洛齊（*Hans Heinrich Pestalozzi*），在當地社會上頗有地位，而且也擁有相當的財富，可惜的是五十二歲就逝世了。當他去世的時候，他的最小的兒子安都里亞斯·裴斯泰洛齊（*Andreas Pestalozzi*），只有八歲。因爲繼承了父親的遺產，生活環境尚好，所以能夠在大學中學習神學。後來到一七一五年，在他二十二歲的時候，就和當地一位出身「書香門第」的女士多羅蒂亞·奧特（*Dorothea Ott*）宣佈結婚。這就是舉世聞名的大教育家裴斯泰洛齊的祖父母。

　　裴斯泰洛齊的祖母奧特家族中有一位韓斯·亨利·奧特的，是當時很有名望的神學家，除了通曉希臘、拉丁語文以外，並且嫻習希伯萊語文，很受到當時社會上的尊重。他的兒子名叫約翰·巴普體斯，奧特，也是當時社會中的有名人物，裴斯泰洛齊對於這兩位祖母系統方面的名人，都非常企慕。尤其對於後者表示尊敬之意。裴斯泰洛齊在他的「天鵝之歌」一書中，對於約翰·巴普體斯曾有敘述，說明他的性格乃是「公正」、「天眞」、「不事家人生產」。裴斯泰洛齊自己承認，在先天性格中，也保有這樣的特質。

　　裴斯泰洛齊的祖父，雖然繼承了遺產，受完了大學教育，而且組織了家庭，但是命運不好，一生所謀，都遭遇到失敗，因而家道中落。這是使裴斯泰洛齊後來終身困苦的主要原因。裴斯泰洛齊的父親是約翰·巴普體斯·裴斯泰洛齊（*Johann Baptist Pestalozzi*, 1718-1751），因爲家庭經濟困難，所以不能受大學教育。僅學習了一些外科的治療方法，經過檢定考試，作開業的外科醫生。業餘的嗜好是釣魚和打獵。後來又改行經營葡萄貿易的事務，仍然沒有成功。最後乃在蘇黎世市政府謀得了一個書記的位

置，可是工作不到一年，就死去了。

裴斯泰洛齊的母親叫蘇珊娜・候慈（*Susanna Hotz*）。候慈為瑞士蘇黎世市的有名家族之一；裴斯泰洛齊的外祖父名雅各・候慈，在當地社會中，頗有聲望。裴斯泰洛齊有三位舅父，其中之一名約翰尼斯・候慈，對於裴斯泰洛齊母子，照顧甚為周到。約翰尼斯・候慈是一位醫生，後來服務軍隊中，是上尉的官階，家境頗寬裕，所以把兩個兒子都送到德國留學。裴斯泰洛齊這兩位表兄弟，一個名叫康拉斯・候慈（*Konras Hotz*），在德國吐賓根大學（*Tübingen*）學醫，後來從軍，參加過一七九九年的反法戰爭，升到將官的階級；另外一位表兄和父親同名，也叫作約翰尼斯・候慈（*Johannes Hotz*），當他在德國萊比錫大學（*Leipzig*）留學，研究醫學時候，在「候慈」之後加上一個字母 *e*，因為把姓氏改為「候赤」，以後他的名字就叫作約翰尼斯・候赤博士（*Dr. Johannes Hotze*）。候赤博士自德國學成回國以後，就開始行醫。他和裴斯泰洛齊的感情非常融洽，後來裴斯泰洛齊在國際上得到很高的名望，都是由於他的幫助。候赤博士自「蘇黎世」移往「許外慈」（*Sohwyz*）行醫的時候，裴斯泰洛齊也一同前往，並且替他表兄在診所中管理事務。候赤博士和當地一些有名的家庭和有地位的學者，常有往還；尤其對於當地一位學術思想界有名的人物拉伐特（*Johann Kaspar Lavater, 1741-1801*），保持很深厚的友誼。拉伐特是瑞士「狂飆運動」中的一位領導人物，和德國的名人歌德（*Johann Wolfgang Goethe, 1749-1832*）、席勒（*Friedrich von Schiller, 1759-1805*）都有相當的友誼。這些有名望的、狂飆運動中的領導人物，都常到候赤博士的診所中去，因而也都和裴斯泰洛齊有相當的認識。德國的哲學家斐希特（*Johann Gottlieb Fichte, 1762-1814*）當時正在瑞士費倫堡（*Philipp Emanuel von Fellenberg, 1771-1844*）家中任家庭教師，費倫堡在教育主張上，和裴斯泰洛齊是同道，所以因費倫堡的介紹，斐希特和裴斯泰洛齊也有往還。斐希特對於裴斯泰洛齊的教育理論和方法，都有深刻的認識，所以後來在一八○七年和一八○八年之間，發表「告德意志國民」的講稿中，認為只有採用裴斯泰洛齊的教育主張，才能夠復興德意志民族。

裴斯泰洛齊除了接受父系和母系家世傳統之外，另外還有一家親戚

對於他的一生，也有很大的影響。這一家親戚乃是約翰‧亨利‧魏伯（*Johann Heinrich Weber*）。魏伯的太太是裴斯泰洛齊母親的姊妹。魏伯是蘇黎世地後備軍中的上尉軍官，同時還是一位有名望的企業家，經營絲業，擁有製絲工廠。裴斯泰洛齊幼年時代，和姨母家中常有往來，他的姨丈對於他也頗為愛護。裴斯泰洛齊在他姨丈那裏，不僅用這位上尉軍官的坐騎學會了一些騎術，而且從繰絲工廠中，獲得了一些工業的知識。這一點對於裴斯泰洛齊後來的教育主張很有影響。

（二）裴斯泰洛齊的幼年生活

裴斯泰洛齊的一生和德國的歌德同時，比歌德早生三年，早死五年。歌德在歐洲大陸上，就思想方面說，是一位「時代」創造者；裴斯泰洛齊生活於這個時代中，自然不能不深受歌德思想的影響。裴斯泰洛齊個人的幼年生活，是父親早死，三姊夭亡；一七五五年瑞士大地震的結果，同班同學死傷甚多，鄰人無家可歸的慘況，以及新興工業對於家庭工業的破壞，增加了失業的人數，兒童以乞丐為生的現象，都使裴斯泰洛齊保有終身不能遺忘的印象。因此，裴斯泰洛齊的思想本質中，永遠含有激動的「情感主義」和浪漫色彩。父親早死以後，裴斯泰洛齊是生活在母親的愛護之下，同時有一位三十一歲的女僕，即裴斯泰洛齊著作中所曾提到「巴貝里」（*Babeli*）。這一位女僕也有特別豐富情感，看到女主人夫死子幼，乃自動犧牲一切，幫助女主人維持這個家庭，終身不曾離開主人的家庭，對於裴斯泰洛齊的照顧，可以說是無微不至。後來裴斯泰洛齊的從事社會改良工作，終身服務教育，也可以說是幼年時代深受母愛的影響。

一七五四年，裴斯泰洛齊八歲時，才入當地一所「拉丁學校」的低年級就讀。一七五七年，又轉入卡羅林學校（*Schola Carolina*）肄業。這是一所高級文科中學，主要的課程是一些人文的科目。在校時候，裴斯泰洛齊是一位努力熱心的學生，卻並不是一位成績優異的學生。一七六二年的畢業會考，裴斯泰洛齊因病未能參加；第二年，一七六三年，方能通過畢業會考，升入卡羅林學院（*Collegium Carolinum*），繼續深造，裴斯泰洛齊的祖父是一位傳教士，他在教區中對於教徒的一切照顧，使裴斯泰

洛齊幼年時代深受感動；升學以後，因為身體不好，不適於擔任勞苦的傳教工作，所以放棄神學的研究，改習語文學和哲學。在這個學院肄業兩年，裴斯泰洛齊就在一七六五年離開學校，而且並沒有參加一七六六年的畢業考試。他在這個學院肄業的期限雖然不久，但是這兩年的學院生活，卻給了他一種很深刻的影響。這個學院中間的教授，很有一些知名的人物，對於裴斯泰洛齊影響最大的，一位是卜得美爾（*Johann Jakob Bodmer*, 1698-1783），一位是卜來廷格爾（*Johann Jakob Breitinger*, 1701-1776）。這兩位教授都是當時有名的學者和著作家，都是反啟蒙運動、反功利主義的健將，在當時國際間，甚有名望。卜來廷格爾和卜得美爾自一七六二年起，深受法國盧梭（*Jean Jacques Rousseau*, 1712-1778）所著「愛彌爾」和「民約論」兩書的影響，從事實際的改革運動。卜得美爾曾經組織了一個叫「杜爾維」（*Gerwe*）的愛國團體，批評並反對當時地方政府一些不公道的措施。裴斯泰洛齊和一些有為青年，參加的很多。裴斯泰洛齊的朋友拉伐特在這個愛國團體中，工作十分活躍。一七六五年，拉伐特創辦了一個叫作「回憶者」的定期刊物，仿照英國的慣例，是一種提倡民族道德的週刊。自刊行的第二年度起，裴斯泰洛齊也參加了這個週刊的編輯工作，並發表了一些社會改革的論文。後來因為發表了「農民的話」一文，對於當時的地方政府，加以無情的攻擊，結果是裴斯泰洛齊受到拘禁，週刊也遭遇到停止出版的處分，甚至參加愛國團體的團員，也都喪失了公民權。改革運動要合理，是不容易壓制下去的，所以過去那些參加愛國團體，領導改革的人物，雖然遭遇到挫折，卻是並沒有停止工作，仍然換了一種態度，繼續的努力活動。當時「重商主義」，已經抬頭，在法國曾經發生一種「重農主義」的團體（*Physiokraten*）。這種主義流行到瑞士以後，這一些被禁止活動的社會改革運動者，又以「重農主義」來號召，宣傳「農業乃人類生存之基礎」的主張。這種運動，也可以說多少受了盧梭自然主義的影響。卡羅林學院另外一位教授葛斯內爾（*Johannes Gessner*）曾經發表了一部「田園之歌」，讚美農村生活的安靜天真，更激動了這一般以「重農主義」號召的社會改革運動者，自然裴斯泰洛齊也很受葛斯內爾的感召。另外一位出生於瑞士的醫生、詩人、自然科學家，後來在德國葛廷

根大學任教的哈萊爾（*Albrecht von Haller*, 1708-1777），在一七五九年曾經聯合一位農業經濟家齊飛里（*Jolann Rudolf Tschiffeli*, 1716-1780）組織了一個「經濟社」，根據重農主義，提倡並實行農村改革的工作。裴斯泰洛齊幼年就已經對於這種方式的改革運動，深感興趣，所以他後來曾一度決意以農業經濟家的身分，去推進教育工作。當時和裴斯泰洛齊共同參加愛國團體，作社會和政治改革運動的，有一位叫作卜隆齊里（*Bluntschli*）的神學家，對那些從社會改革運動的青年們過從甚密，尤其對於裴斯泰洛齊保持深摯的友誼。這一位神學家體弱多病，不久逝世。他的未婚妻安娜・許爾蒂斯（*Anna Schulthess*），也經常參加這些熱心社會改革運動的青年們所舉行的座談會；因為這位神學家的死亡，裴斯泰洛齊和安娜同樣的悲痛，因而這兩位青年男女，由同情而相愛；雖然安娜的年齡，長於裴斯泰洛齊有八歲之多，可是後來仍然結為終身相愛的患難夫妻。

　　瑞士蘇黎世市是裴斯泰洛齊幼年生活的所在地。蘇黎世市在十八世紀是瑞士精神生活、文化運動的中心。一七五〇年，德國的有名詩人克羅普斯托克（*Friedrich Gottlieb Klopstock*, 1724-1803）曾應裴斯泰洛齊的老師卜得美爾之約，訪問蘇黎世市；一七五二年夏天，德國另外一位有名的詩人費蘭特（*Christoph Martin Wieland*, 1733-1813）也曾經訪問蘇黎世市，作短期的講學活動。以後歌德在一五七五年和一五七九年兩度訪問蘇黎世市，因而使當地的文化運動，更為活躍。除了國外學者的訪問以外，蘇黎世市的學者，也不斷的直接和國外的著名學者，發生聯繫。如蘇黎世市的學者、教育家烏斯泰里（*Leonhard Usteri*, 1741-1789）因為在義大利旅行研究時候，曾經在梵蒂崗結識了在那裏工作的德國古典學者溫克爾曼（*Johann Joachimr Winckelmann*, 1717-1768），他們雖然是在客中相遇，可是他們的友誼，卻一直的保持下去。烏斯泰里自義大利回國，路過法國時候，曾特意去訪問盧梭，對於盧梭的理論，他也有了更深刻的體認。烏斯泰里回到蘇黎世之後，一直不斷的和盧梭作學術討論的通信，並且把盧梭的學說，很有系統的介紹到瑞士。英國的文學名著以及經驗主義哲學的著作，也是在這一時期中，自英文譯為德文，介紹到瑞士的。如蘇黎世有名的學者蘇爾策（*Johann Georg Sulzer*, 1720-1779）翻譯了英國哲學家休謨（*David*

Hume, 1711-1776）的哲學名著；卜得美爾譯了密爾頓（John Milton, 1608-1674）的「失樂園」，都影響了蘇黎世的精神生活。蘇爾策是當時國際間知名的學者，曾旅居柏林，受知於普魯士的弗累得烈大帝；而卜得美爾又是蘇黎世社會改革運動中的領導人物，所以他們所譯的書籍，很容易流傳。裴斯泰洛齊的未婚妻安娜曾把這些英文著作的譯本贈送給他閱讀，所以後來裴斯泰洛齊有關教學方法的理論，很有一些經驗主義的色彩。在十八世紀，蘇黎世市不僅是瑞士文化運動的中心，而且是瑞士政治改革運動的策源地。瑞士的建國運動團體中最早的一個叫作「赫爾維夏社」（Hevelische Gesellschaft），就是一七六一年成立於蘇黎世市，它的目的乃是要求瑞士各區統一起來，建立一個獨立的聯邦國家。同時，在七年戰爭以後，瑞士的一些農業經濟家發動了愛國運動，「重農主義」盛行一時，根據重農主義所組織的團體，也是以蘇黎世市為根據地，向瑞士各地區，努力作推廣運動的工作。近代化的教育理論，如蘇爾策根據英國洛克（John Locke, 1632-1704）所著的「有關兒童教育之合理的觀念」，以及普蘭培（Martinvon Planta, 1727-1772）所提出的國家教育制度，也都是在蘇黎世市首先發表的。十八世紀的蘇黎世市的社會環境，有意或無意，直接或間接都影響了後來裴斯泰洛齊的主張，所以在敘述裴斯泰洛齊幼年生活之後，附帶的略為說明一下。

（三）新村時期的裴斯泰洛齊

裴斯泰洛齊幼年時代，曾在齊飛里所經營的農場中學習一些農藝的技能，齊飛里在克里希堡（Kirchberg）所設立的農場，是當時瑞士重農主義運動中的一種實際工作，而齊飛里又是當時一位名望很高的人物，一些熱心社會改革運動的青年，尊崇他的理想，因而裴斯泰洛齊在克里希堡時候，就下了決心，將來也要從事這種以農場的方式，去改進政治、社會的工作。裴斯泰洛齊離開學校以後，就計畫著要開辦一個農場，自己負責經營。他自己沒有資金，籌募也不容易，他想說服他的岳父投資，又遭到岳父母的反對。經過相當時期，終於說服了他的岳父母，出資和裴斯泰洛齊合作，幫助他經營自己的農場。到了一七六九年，裴斯泰洛齊方在比爾

（Birr）附近地方購得了一塊土地，設立了一所農場，他並且把自己所創設的農場叫作「新村」（Neuhof）。農場的作物，以用作製造顏料的茜草（Madder）和紅豆草（Esparsette）爲主；另外並且兼辦紡織一類的家庭工業。農場開辦的第二年，一七七〇年，裴斯泰洛齊乃在農場中建築了自己家庭居住的房屋，同年又生了一個兒子。他的兒子出生以後，他就用盧梭的理論，注意觀察並研究兒童的身心發展。裴斯泰洛齊在他的筆記上，有關他兒子紀錄中曾寫下來一條格言式的兒童教育理論：「你不能夠從語文中學習知能，你只能從實在事物中去學習一些知能。有行動才有成就，只靠語文是無用的。」新村農場的經濟基礎本來就不穩固，所以成立以後，就感到經濟困難。但是裴斯泰洛齊不管經濟如何困難，爲了試驗他的教育理想，終於在一七七四年，在新村農場中收容一些窮苦人家的兒童，一方面教他們在農場中作一些農藝的工作，由農場中的技術人員加以指導；另一方面，又由裴斯泰洛齊自己負責，用初級的課程，教育這些窮苦人家的兒童。裴斯泰洛齊原來的希望是要兒童自己在農場中工作，來維持兒童生活所需的費用。當時的教育制度，對於貧窮人家的兒童，向不加以注意，裴斯泰洛齊爲了要改革這種積習，所以在新村農場中收容一些貧窮人家的子女；對於男童，則教育他們學習農藝、紡織的技能，對於女童則課以手工技藝和家事。本來新村農場的經濟就不寬裕，更加上附設了貧民教育的機關，因而困難的情形，更爲加甚。於是裴斯泰洛齊乃於一七七五年發出了呼籲求援的通啓。裴斯泰洛齊本來就和當時提倡改革運動的人物常有往來，所以他的求援通啓發出之後，首先就得了伊色林（Isaak Iselin, 1728-1782）和齊爾納（Niklaus Emanuel von Tscharner, 1727-1794）的支持和響應。伊色林在政治方面頗有影響的力量，而且又是當時「每日新聞」的主編，至於齊爾納，則是一位勢力甚大的愛國團體中的領袖人物。這兩位名人支持裴斯泰洛齊的呼籲、求援，在各方面加以協助；齊爾納發表了一封公開信，說明推進農家兒童教育的重要性，要求社會上對於裴斯泰洛齊的工作，多加援助。伊色林更以他的政治影響力，請准了政府對於裴斯泰洛齊的工作予以津貼。社會上的同情，有力人士的支持，以及政府的補助，更增加裴斯泰洛齊的工作勇氣；於是乃於一七七七年，在新村農場

中，另闢一個部門，收容了五十名農村家庭出身的青年（其中有三十六名是年幼的兒童），正式成立了貧民教育的機構。裴斯泰洛齊以為有關貧民的一切救濟辦法，對於貧苦的農民，都沒有澈底的幫助，只有用教育的方法，從貧苦的兒童開始，使他們獲得基本的技能，讓他們自己幫助自己，才能夠澈底解決貧苦人家的生活問題。裴斯泰洛齊對於這五十名青年的教育，曾經貢獻出了他的全部精力，他和他們一塊吃飯，在一處住宿，對於他們身、心兩方面所需要的訓練，無時無刻，都在加以注意。他以為教育乃是「人」與「人」之間的影響，所以他和他們生活在一起，分擔他們苦痛和快樂。在日常生活中，要他們守秩序、保持清潔；在學習方面，除了實際的從事農藝和紡織工作以外，再學習一些初級程度的課程。在新村農場中附設的貧民機構成立的第一年，即一七七七年，裴斯泰洛齊曾經提出了一冊工作報告，在這報告中，裴斯泰洛齊曾說：「從我自己的實際工作中，使我更為相信，只有以「父親的關係」去從事教育工作，才能實現我的教育理想。」在這個報告中，他所用的「父親的關係」一詞，後來他又改為「父親的力量」（*Vaterkraft*）。無論是「父親的關係」或「父親的力量」，裴斯泰洛齊認為是只有以親子之愛去推行教育，方能夠得到預期的效果。裴斯泰洛齊雖然全力的去推行以一類之愛為基礎的貧民教育，可是他並沒有得到貧民的了解和同情。一般貧民家庭的兒童不守秩序、不肯努力學習；一般兒童的家長，不知感謝，反而怨恨，已經使裴斯泰洛齊感到了困難；更加以農作物因為選種不良，再遇到冰雹為災，農場的收入大受影響；這些事實已經使裴斯泰洛齊的新村農場不容易繼續維持下去，想不到素來對於裴斯泰洛齊極力支持的齊爾納，對於裴斯泰洛齊的理論以及他的方法，也起了懷疑；政府對於新村農場的津貼，也因為輿論對於裴斯泰洛齊的不滿，不再繼續發給。在這些困難情形之下，裴斯泰洛齊的新村農場，終於在一七七九年宣告停閉，逼得裴斯泰洛齊不得不破產清償債務。破產以後，裴斯泰洛齊的太太又患重病，這時候裴斯泰洛齊的生活，可以說是悲慘之至。

（四）裴斯泰洛齊的著作生活

　　裴斯泰洛齊本人，雖然由缺乏管理事務的才能和技術，遭遇到新村農場的失敗，但是他對於「國民教育」的熱情，卻並沒有降低。破產以後，他的朋友伊色林很了解他的爲人，知道他富於理想，所以就勸他放棄了經營農場的志願，轉而從事著述。裴斯泰洛齊接受了伊色林的勸告，乃換了一個方向，把他的精力傾注到國民教育理論的研究方面。自一七八〇年起，在伊色林所主編的「每日新聞」上邊，陸續發表他的有關教育理論的著作。後來以集刊方式出版，就是以「隱士之黃昏」爲名的教育著作。裴斯泰洛齊這一部著作，是用格言的方式寫出的；在形式上，雖然缺乏系統，但是文氣上卻深刻有力，頗能動人。這部著作中的理論，就是後來他在教育主張上的基礎。雖然他受了盧梭的影響，主張教育和生活應該依照自然的順序，但是他卻認爲人乃是「社會動物」，因而在教育任務方面，特別的重視宗教和道德的傾向。裴斯泰洛齊認爲當時的社會雖然腐敗、黑暗，但是人的本質是來自「自然」，所以保有一種潛存的「善」。因而他認爲眞的教育乃是「人的完成」的教育。他曾經說過，要想作一個好的君王，第一個條件，必須先是一個好的「人」。社會上任何階層的人，要想受到尊敬，表現價值，一律的必須先是一個好「人」，在日常生活中，必須先是一個好「人」，好「人」的教育，如何可以完成，在「隱士之黃昏」一書中，裴斯泰洛齊指出來，要從三種「關係」中，才能夠有效的完成好「人」的教育。第一是從「人」與「上帝」的直接關係中，去教育好「人」，所以「宗教」乃是好「人」教育的基礎。其次，則是要從「親子」關係中，去施行好「人」教育；「家庭」生活中間，最明顯的表現出來母愛和父愛，所以家庭教育乃是一切教育的模範。最後乃是「人」與「社會」的關係，必須在「社會」中，方才能培養出來爲社會努力的好「人」。裴斯泰洛齊在「隱士之黃昏」一書中，不但說明了教育的目的，而且指示了教育的方法。他以爲兒童的學習必須自「近」而「遠」，也就是從已經明白的「近」，漸漸的去認識不甚明瞭的「遠」；同時對於不甚明瞭的「遠」認清以後，卻又反過來使兒童對於已經明白的「近」，更爲明白一些。換一句話來說，就是兒童要從現實生活中去學習一切，只從文字中去作學習

的工作，是不會得到什麼成就的。

在「隱士之黃昏」一書出版後，不到一年的時間，即一七八一年，裴斯泰洛齊的「李奧那特和格爾楚特」一書的第一編又出版了，第二編和第三編是一七八一年以後出版的，至於第四編和最後一編，一直到一七八七年才出版問世。以後又集結起來出版，並列為當時的「國民必讀叢書」（Volksbücher）之一，成為國際間流行的名著。一七八一年和裴斯泰洛齊的名著同年出版的，尚有德國大哲學家康德的「純理性批評」、文學家萊新（Gottbold Ephraim Lessing, 1729-1781）的「聖人那坦」劇本以及席勒（Friedrich Schiller, 1759-1805）的「掠奪者」（Räuber）。在李奧那特和格爾楚特出版以後，裴斯泰洛齊的名望大為增高，使國內外對於他都表示尊敬。這部書的故事是敘述一個鄉村的歷史，文字方面富於傷感性，所以很適合當時浪漫主義的口味。書中的故事是以一個叫作彭納爾（Bonnal）的鄉村為背景。這個村莊是屬於一個住在城市裏叫作阿內爾（Arner）的地主。李奧那特和格爾楚特夫婦就是住在這個村莊裏邊。李奧那特是一個石匠，他的家庭中間，除了他的太太格爾楚特以外，還有幾個孩子，生活頗為窘困。替這個村莊主人阿內爾負責徵收租稅的經理人叫作胡美爾（Hummel）。胡美爾一方面侵佔經手收來的租稅，一方面還擅自增收租稅。此外胡美爾還附帶開設了一個酒店，設法剝削那些將近破產的農民。格爾楚特看到了農村頻於破產的情形，乃聯合一些農婦去見地主阿內爾，說明農村近於破產的情形，以及經理人胡美爾對於農民不法的剝削。阿內爾一向不常到農村去，他還以為農民的生活，過得很好；所以聽過之後，頗為驚疑。他立時承認自己的疏忽，並允許盡力設法改善農民的生活。他自己從城市中遷移到鄉村去住，辭退了徵收地租的經理人，把這個村莊的自治權交給農民；並且幫助農民改良經濟生活，替他們設立醫院，開辦學校。在辦理學校的時候，阿內爾曾經徵詢農民們的意見，調查他們實際的需要，最後決定採用格爾楚特教育子女的方法，即「教學」和「勞動」合而為一的方法去教育農民的子女。裴斯泰洛齊著書的目的，是在於說明他的教育理想和對於道德宗教的意見。但是大多數的讀者卻只把它當作小說來讀，且很少人能夠注意並了解裴斯泰洛齊的教育理論。裴斯泰洛齊自己

也知道他在「李奧那特和格爾楚特」一書中所發表的教育理論，沒有被人注意，因爲在一七八二年，他又出版了一部叫「克里斯托夫和愛爾恩」（*Christoph und Else*）的書，對於前一部書中所發表的教育理論，更作進一步的說明。克里斯托夫是一個農夫，每日晚飯以後對他的太太愛爾恩和他的工人岳斯特（*Goost*）閒談時候，就以「李奧那特和格爾楚特」爲談話的資料。裴斯泰洛齊雖然用通俗的方式，對於自己的教育理論，作一些更爲詳明的解釋，但是仍然沒有成功。一七八三年，裴斯泰洛齊除了發表一篇「立法與兒童殘害」的論文，又出版了「李奧那特和格爾楚特」的第二編。勸告裴斯泰洛齊從事著作生活的伊色林在這時候剛剛死去不久，裴斯泰洛齊爲了紀念他的好友，所以就把這一部書呈獻給伊色林，作爲紀念。一七八九與一七九〇年之間，裴斯泰洛齊又把「李奧那特和格爾楚特」這部書全部修正一下，在教育的理論說明之外，更強調政治和社會問題的解決。在當時雖然獲得各方面的注意，但是實際上仍然沒有具體的成就，因而不免使裴斯泰洛齊感到失望，雖然在一七九二年，由於他的著作和他過去的工作成績，法國政府給予他一個法蘭西共和國榮譽公民的頭銜。一七九七年，裴斯泰洛齊的哲學著作「人類發展中自然歷程之研究」發表了，這是一篇有關文化哲學、歷史哲學的著作。在發表以前，裴斯泰洛齊於一七九三年時候，曾發表一篇論文，題目是「是或非」（*Ja oder Nein*），其中曾指出人在本質上的「二元性」，並說明權力對於道德的威脅，以及「人生即善」之錯誤。在「人類發展中自然歷程之研究」一書中，更繼續的發揮「是或非」一文中未盡之意。

（五）斯坦慈與白格村時期的裴斯泰洛齊

　　自從「新村」農場破產以後，十八年的時間（一七八〇到一七九七年），裴斯泰洛齊並沒有從事實際的教育工作，只是過著作的生活。這十八年的著作生活，雖然替裴斯泰洛齊贏得了國際的盛名，但是他並不十分滿意。所以在一七九八年，因爲政治方面的變動，一有機會，他就又重新作他的教育實驗工作。一七九八年，瑞士發生了革命，不僅在政治上是一個畫時代的界限，而且在裴斯泰洛齊的生活史上，也是一個很顯著的轉

捩點。在一七九八年以前他的工作，無論是在行動或言論方面，都是要想利用工藝教育去改進貧民的生活；在一七九八年以後，他雖然仍舊繼續的用全力辦理實驗學校，可是他的工作中心已經不是改進貧民生活的工藝教育，而是要替一般初級學校的教學活動，找出一個新的心理基礎。在斯坦慈所辦理的學校，可以說正是他的工作興趣轉變的時代。

　　一七九八年瑞士的革命運動，是由於法國的支持，才發動的，自然在內政上，不免要受法國的影響。瑞士革命以後新政府雖然受法國的支配，毀壞了瑞士的優良習慣，妨礙了瑞士人的自由和平等，使裴斯泰洛齊感到煩惱。但是由於革命運動，卻打倒了瑞士各地區的封建制度，成立了一個統一的「赫爾維夏共和國」（*Helvetia* 是瑞士的舊名，赫爾維夏是西曆紀元前一千年就居住在瑞士的一種民族，所以瑞士革命以後的國家就稱為赫爾維夏共和國）。同時又因為裴斯泰洛齊自己在青年時期，就已經參加了瑞士的改革運動，所以裴斯泰洛齊對於新政府不但同情，而且在教育工作方面，也表現了充分的合作。新政府成立以後，仍然有些地區因為過慣了單純的生活，愛好自由，愛國的情感非常熱烈，不肯加入受外力影響的新政府，宣誓效忠，結果是施維慈（*Schwyz*）和烏里（*Uri*）幾個州以武力反抗法國的軍隊，乃引起了一七九八年九月九日在斯坦慈（*Stanz*）市的大屠殺。根據當時法軍向法國政府的報告，死了二百五十九名男子，一百零二名女子，二十五名兒童；焚毀了二百四十幢住宅，二百八十八所倉庫，一百四十四所小的建築物；財產、傢俱的損失約值八萬五千磅。經過這一次的屠殺、焚掠，乃產生了無家可歸的孤兒有一百六十九名；父母存在而無力撫養的兒童，也有二百三十七名之多。因此新政府對於這些遭遇苦難的兒童，不能夠不負責處理，立即在斯坦慈市設立了一所孤兒教養院，並且任命裴斯泰洛齊負責主辦。於是斯坦慈的孤兒教養院，乃在一七九九年一月間，正式成立。在「新村」時代籌集經營的困難，到斯坦慈時代，已經沒有了；因為政府負責全部的經費，不用裴斯泰洛齊再來為經費操心了。

　　斯坦慈孤兒教養院，雖然由政府負擔經費，但是仍然還有許多困難。房屋簡陋，設備毫無，又因為冬令苦寒，教育工作已經不大容易進行；而

且在成立的時候，收容的八十個兒童，有的頭部傷痕還沒有醫好，有的則滿身生著疥癬，衣服破爛，習慣既不好，十個之中，有九個不認得字母。假使沒有像裴斯泰洛齊那樣對於兒童教育的熱情，教育工作怕就不能繼續的維持下去。裴斯泰洛齊在這樣的情況之下，怎樣推行他的教育工作，我們可以從他寄給一般朋友的信件中看出來一個大概：「我的兒童，從早晨到夜晚，無時無刻，不在我的密切注意之中。我的心和他們是凝固在一起的，他們的幸福就是我的幸福，他們的快樂就是我的快樂，我一個人從早到晚都在他們中間。……我的手握著他們的手，我的眼睛對著他們的眼睛。他們流淚也會引得我同他們一起流淚，他們的歡笑也會引起我的歡笑。……他們和我在一起，我也和他們在一起。他們的飲食也是我的飲食。我沒有家，沒有親友，沒有僕人，什麼都沒有，而只有我的這一些兒童。」裴斯泰洛齊對於這般孤兒的愛撫，可以說是無微不至。但是他對於兒童的愛，並不是軟性的愛，並不是溺愛，也就是說他對於兒童只是嚴格小心的注意管理和訓練，並不是放任的任由兒童各行所好；如此才能夠在人與人的關係之下，養成了兒童的良好習慣。孤兒教養院開辦時候在一月，正是多令寒冷的時候，又因為沒有適當的工具和場地，所以只有減少手工活動的時間，大部分的教育活動，改為用語言傳授文字的「拼法」和初等「算術」的學習。他雖然採用口頭說明的方式去教拼法和算術，但是他仍然盡量用「實物」來幫助教學的工作。因為他相信只有採用「直觀」（普通譯為觀察，與原意不符，但譯為直觀，也和哲學上所說的直觀，並不完全相同。此種區別應加注意）。在教學方面，方能獲得預期的效果。他在一七九九年出版的「斯坦慈通訊」（*Stanzer Brief*）中，曾說過：「我相信只用語文來作教學兒童的方法，將會擾亂兒童思想訓練的發展；因為只用語言文字去教學，是既不合於兒童心理的狀態，更會離開兒童實際的生活狀態。根據我的經驗，教學能不能成功，要看用的教材是不是和兒童自己直觀所得，能夠符合。所以我的教學原則之一，乃是：即使能夠把字句的意義在教學時講釋的很明白，但也不應該把那些字句的學習，看作教學的重要任務。」因此以後，他的工作興趣中心已經不是工藝一類的手工教育，而是初級學校的教學方法。斯坦慈孤兒教養院自一七九九年一月

開始，裴斯泰洛齊在各項設備都不完全的條件之下，教養一般素無教育的
兒童，而且還有時候要受到這些無知的家長所加給他的指摘。雖然如此，
可是他的熱情和努力，終於克服了困難；到了四月間，孤兒教養院的教育
工作，已經漸漸的上了軌道。據當時裴斯泰洛齊自己寫下來的紀錄中，一
般孤兒的教育工作，在時間上，工藝和學習，已經有了適當的分配。每日
上午六時至八時，教室上課；上午八時以後到下午四時，孤兒要從事各種
手工工作；四時以後一直到八時，又是一些初級課程的學習工作。裴斯泰
洛齊把一群無知而且不守秩序的兒童，在短短三、四個月的時間中，訓練
成一個有秩序的生活團體，可是因此卻使裴斯泰洛齊的健康，大受影響。
更不幸的是孤兒教養院教育工作，正在進展的途徑中推動，忽然法國的軍
隊在一七九九年五月間，下令要徵收斯坦慈孤兒院院址，作爲軍醫院之
用。這倒是對於裴斯泰洛齊一個很大的打擊。幸而當時瑞士新政府中幾位
有力的人物，如當時新政府中的「科學藝術部」部長斯塔普菲爾（*Philipp
Albert Stapfer*, 1766-1840）等，都是裴斯泰洛齊教育工作的支持者；於是
在斯坦慈孤兒教養院院址被徵用以後不久，裴斯泰洛齊就又有機會在白格
村（*Burgdorf*）繼續作他的教育實驗工作。

　　裴斯泰洛齊初到白格村的時候，先在一個「農民學校」中任教；這
個農民學校是由一個鞋匠主持的（當時的習慣，往往有些手工業者，兼以
初級教師爲副業），共有學生七十三人，得到地方教育行政機構的許可，
分出來一半學生，由裴斯泰洛齊擔負教學的責任。裴斯泰洛齊急於繼續
實驗他的教育方法，所以不要薪水，幫助那個鞋匠作教學的工作。他不
用教本，只是口頭教學，而且不教學生去讀「教義回答」，因此，引起
學生家長的不滿，不得不離開這一所農民學校。離開農民學校以後，裴
斯泰洛齊又到一個教授初級讀寫科目的學校，繼續實驗新的教學方法。
這是由一個女教師主持的學校，學生都是一般中產人家的子弟。裴斯泰洛
齊在教授讀算一些科目時候，自然使用他自己製成的圖表，當時白格村管
理教育機構的負責人士，很欣賞這種新的方法，於是裴斯泰洛齊和當地的
政府發生接觸，在一八○○年，得到了白格村中一個舊堡壘的一部分和附
屬的花園，才能夠自己開辦了一所學校。裴斯泰洛齊自己曾說過：「我在

白格村所新創立的學校，沒有任何新的計畫，一切工作都是繼續斯坦慈時代的工作，盡力的作下去。」在這所新設立的學校中，仍然是「用種種方法，把讀算兩門功課的教學過程，變作簡單而又合於兒童心理的順序，使兒童能夠一步一步的學習而進步。」此外，在歷史、地理的教學工作中，也開始採用了直觀的教學方法。白格村學校成立以後，同年內，德國的哲學家、教育學者赫爾巴特（*Johann Friedrich Herbart*, 1776-1841）曾經到白格村訪問裴斯泰洛齊，實地考察他的教學方法。白格村學校成立以後，瑞士一些熱心的教育家，也參加了裴斯泰洛齊的教育實驗工作。如同克呂西（*Hermann Kruesi*, 1775-1844）擔任語文、算術的教學工作；陶布萊（*Johann Georg Gustav Tobler*, 1769-1843）擔任歷史、地理的教學工作；巴斯（*Johann Christoph Buss*, 1776-1855）擔任圖畫、唱歌的教學工作；另外還有一位拿破崙的老兵，退伍以後，也在白格村學校中，教導體育活動。白格村學校發達以後，裴斯泰洛齊就把它改為寄宿學校，並且附設了師資訓練班。裴斯泰洛齊新教學方法實驗工作，得到相當成就以後，不僅得到政府每年一千六百弗郎的補助，而且還得到不少的私人捐贈，有的是金錢，有的是燃料。各方面考察裴斯泰洛齊的工作以後，在提出報告中，對於他都是異口同聲的加以稱許。因此，引來了不少來自國外的參觀者。一八○二年，在白格村學校中，共有一百零二人，其中有七十二個學生，十個教師，其餘則是來自國外的實習人員和參觀者。在這一時期中，裴斯泰洛齊又出版了一些有關教育的著作。除了一八○一年出版的「格爾楚特教育子女的方法」最為著名以外，還有「拼法、讀法教學指導」和「母親的書」一些著作。在斯坦慈和白格村，裴斯泰洛齊雖然只工作了五年，可是他的成就，無論在實際上或理論上，都是相當的可觀。在這五年中，裴斯泰洛齊的教育實驗工作，固然得到了相當的成就，可是在其他生活方面，卻並不曾使他感到愉快。一八○一年，他的三十一歲的兒子死了，他的兒媳和他的孫子，搬到白格村，和他同居；第二年他的太太也攜同兒童時期照顧他生活的女僕巴貝里遷到白格村，裴斯泰洛齊才又能享受他的家庭生活。一八○二年，拿破崙在巴黎召開協商會議（*Consulta*），商討瑞士的政治問題，裴斯泰洛齊被選為代表，到巴黎出席會議，因為他同情農民的主張，不曾

被人重視，所以不等會議後，拿破崙招待出席人員的儀式舉行，就回到白格村去了。在這一時期中，裴斯泰洛齊的政治主張沒有成就，兒子又早死，最後他所主持的白格村學校，又受政治的影響，不得不停辦，裴斯泰洛齊也眞可以說是命運多舛了。

（六）依弗登時期的裴斯泰洛齊

瑞士在革命以後所成立的統一中央政府，到一八○三年受法國的支配，又取消了；仍然恢復了聯邦政府的形式。新的聯邦政府雖然比較一七九八年以前的政府擁有較大的權力，可是無論如何地方政府的權力是比在統一的中央政府之下爲大。一八○四年，地方政府發佈命令，要收回白格村學校所借用的校舍，因而裴斯泰洛齊不得不離開白格村，另作其他計畫。幾個月以後，他在政府新撥給他的明興步合湖（*Münchenbuchsee*）一個古寺院中重新開始他的教育工作。當時在候府維爾（*Hofwyl*）地方，有一位教育家費倫堡（*Philipp Emanuel von Fellenberg, 1771-1844*）已經創立了一所貧民學校，採用裴斯泰洛齊的教育方法，把「學習」和「工藝」合而爲一。因爲他和裴斯泰洛齊的主張相同，所以他們兩位教育家，曾經一度計畫著合作。這位青年教育學家，甚有才幹，組織經營的能力很強；他以爲在瑞士境內，農藝的工作最適宜於身體和智力的訓練，可以說是一種基本的職業。在候府維爾所設立的貧民教育機構中，除了經營農場外，還設立各種工場，養成善於耕植的農夫以及鐵匠、木匠、銅匠、鞋匠等之手工藝者。這樣的經營，貧民學校中的學生，就可以一方學習工藝，一方自給自足維持這個學校。裴斯泰洛齊對於費倫堡的經營方法，不大滿意，他以費倫堡把賺錢謀生，看得和教育工作同樣重要，有些不能忍耐，所以很短的期間，裴斯泰洛齊就離開候府維爾，把他自己經營的學校，在依弗登市政府邀請之下，遷移到依弗登繼續辦理。過去裴斯泰洛齊工作的地區都是瑞士德語流行的地區，現在到了依弗登，則是第一次進入法語流行地區去工作。好在瑞士受過高等教育的人士，都嫻習德、法語文，對於裴斯泰洛齊並沒有什麼困難。

裴斯泰洛齊是一八○四年八月把他經營的學校遷移到依弗登，第二

年，即一八〇五年，他的一部分助手，留在候府維爾的，也和費倫堡鬧翻
了，全部又回到裴斯泰洛齊的學校中繼續工作。依弗登學校的工作，仍舊
是斯坦慈、白格村學校工作的繼續，但是比較起來，依弗登學校的教育實
驗工作，可以說是已經登峰造極，成為當時歐洲新教學方法的實驗中心。
裴斯泰洛齊到依弗登不久，他的家庭也遷來了。依弗登學校開始的時候，
只有七十個學生，到一八〇九年時候，全盛時代，共有學生一百五十名。
學生的年齡五歲到十七歲，有德國學生，有英國、美國、俄國的學生，還
有說德語的瑞士學生。教學時候用的語文是德語與法語。德國的學者對於
裴斯泰洛齊在依弗登的教育工作，非常稱讚。德國的教育行政機關，曾經
派出一批人員到依弗登學校參觀。私人方面如德國教育史研究的學者勞美
爾（*Karl Georg von Raumer*, 1783-1865）由於閱讀斐希特發表的「告德意
志國民」，對於裴斯泰洛齊非常欽敬，在一八〇九年曾到依弗登訪問裴斯
泰洛齊，並學習裴斯泰洛齊的教育方法；幼稚園制度的建立者福祿貝爾，
也於同年內到依弗登學校參加工作。裴斯泰洛齊在依弗登的教育實驗工作
雖然獲得大多數國內外知名人士的稱許，但是當依弗登學校極盛之時，在
國內卻也遭遇到了很嚴格的批評。一八〇九年，瑞士政府當局突然組織一
個委員會，負責調查裴斯泰洛齊在依弗登的教育工作。當時政府指定了
有名的教育家，一位寺院的修士季拉特（*P. Gregor Girard*, 1765-1850）擔
任委員會的主席；委員中間有數學家特里希賽爾（*Trechsel*）等一般知名
之士。調查以後，季拉特親自提出一種報告，對於裴斯泰洛齊的基本教育
理論，雖然不曾批評，但是對於方法的應用，則提出了不少的懷疑和指
責。最重要的兩點批評，是說裴斯泰洛齊第一過於看重兒童的「活動」和
「自主」，第二是過於看重「算術」的教育價值。季拉特以為國民學校的
教材，應以「國語」為中心，不應該把教學工作的注意點，完全放在「算
術」上邊。二乘二等於四的知能，並不比孝敬父母的習慣更為有價值。在
報告書以外，季拉特還給裴斯泰洛齊寫了一封信，告訴他說：「如果我有
子弟，我決不會把他們送到你的學校去，因為我不願意我的子弟用全力去
學習各種算術中的方法。」裴斯泰洛齊最初知道了季拉特對於他的批評，
雖然很不愉快，但是後來他參觀了季拉特自己所主持的學校以後，對於季

拉特的教育方法，竟大爲欣賞；裴斯泰洛齊曾說：「這個修士雖用舊的教育方法，想不到他居然能夠點鐵成金。」季拉特的批評雖然不曾涉及裴斯泰洛齊的教育理論，但是這種批評發表之後，卻引起了依弗登學校中教師們的爭辯與懷疑，增加了裴斯泰洛齊不小的困難。裴斯泰洛齊的重要助手施密特（*Jose Schmid*, 1785-1851），在算術教學方面，對於裴斯泰洛齊幫助甚多，在批評裴斯泰洛齊教育方法的報告書發表的第二年，竟離開了依弗登學校。在同年內即一八一〇年，福祿貝爾也離開了依弗登回德國去了。其次，當依弗登學校全盛時期，本身上也發生了矛盾的現象，「主張」與「實際」不符，使裴斯泰洛齊也感到重大的困惑。裴斯泰洛齊在「新村」農場時期，把貧民的兒童作爲教育的主要對象，在「斯坦慈」、「白格村」時期，則努力研究並實驗一種新的初級課程教學方法，到了依弗登時期，又注意到全體的「人」的教育，提出並建立了近代國民教育的正確觀念；但是依弗登學校成立以後，名望甚高，一些富貴人家的兒童，都送入依弗登學校受教，因而依弗登學校在本質上已經成爲一部分貴族兒童的特殊學校，這和裴斯泰洛齊的貧民教育主張固然相反；就是和國民教育的理想，也不相符，這種情形使裴斯泰洛齊在精神方面，感到很大的煩惱。所以在一八一八年九月間，他又在依弗登附近的克林德（*Clindy*）地方設立一所貧民學校，專收窮苦人家的兒童。這一所學校成立以後，裴斯泰洛齊又和費倫堡的學校取得聯繫，再度合作。費倫堡在候府維爾所設立的學校，因爲管理得當，繼續發展，並沒有因爲裴斯泰洛齊和他的同事先後離開，受到不良的影響。這一所新成立貧民學校，雖然相當的表現了成功，但是學校內部的人事問題，仍然使裴斯泰洛齊沒法解決。一八一〇年離開裴斯泰洛齊的施密特在一八一五年再度回校以後，裴斯泰洛齊另一得力助手尼得萊（*Johannes Niederer*, 1779-1843）和裴斯泰洛齊以及施密特的意見衝突，更爲尖銳，無法調停，終於在一八一七年和裴斯泰洛齊分道揚鑣，自己去辦理新的學校。裴斯泰洛齊爲了貫徹他的國民教育主張，在一八一九年，又把這一所設在克林德的貧民學校和依弗登學校合併起來；他相信貧富家庭不同的兒童在一塊教學，是彼此都有益的。但是在依弗登學校師資訓練班中的學生，大多數卻仍是貧民兒童。當時年老的裴斯泰洛

齊又遭遇了「鼓盆之憂」，使他對於校務的管理，更無興趣，大部分的工作，都由他的助手施密特負責；而施密特又不善於處人，學校內部的人事爭端，日甚一日。到了一八二五年這一所馳名全歐，歷時二十年的依弗登學校，終於不能繼續維持。裴斯泰洛齊乃回到新村農場去過退隱的生活。在退隱生活中，裴斯泰洛齊一方面整理他的文集，一方面又出版了「天鵝之歌」（*Schwanengesang*）。到一八二七年八月十七日，這一位教育史上的偉大人物，乃與世長辭。

二、裴斯泰洛齊的教育學說

裴斯泰洛齊的教育工作和教育學說，在事實上很不容易分開，但是為了敘述的方便，也只有很勉強的分別說明一下。

（一）裴斯泰洛齊哲學思想的背景

裴斯泰洛齊雖然出生於瑞士，但因是流行德語的瑞士地區，故在精神生活方面，深受德國的影響，所以裴斯泰洛齊的哲學思想也是建立在德國近代哲學思想體系之上。因此，在說明裴斯泰洛齊哲學基礎之前，對於當時德國的精神生活，須先有一個輪廓的了解。近代歐洲各國哲學思想發展的經過，德國比英、法兩國都遲一些。但是德國的哲學思想發展，自從萊勃尼芝（*Gottfried Wilhelm Leibniz*, 1646-1716）以後，卻在不斷的進步。到了康德時候，德國的哲學家已成為特殊的體系；在康德以前的哲學都受康德的批評，在康德以後的哲學，大多不免受康德的影響。康德的「純理性批評」一書，從認識論出發，以批評的態度，為近代自然科學的方法建立了理論的基礎，受到了學術界普遍的重視，但是康德自己卻認為「純理性批評」的著述，卻是為另一部名著「實踐理性批評」作導言的。所以康德哲學的重心，乃是「無上大法」（*Categorical Imperative*）的研究與發現。康德注重實踐的精神非常顯著，因此西方學者中有少數人認為他是「冠尼斯（*Königsberg*，康德的故鄉）堡的中國人」。康德的批評主義哲學和「義務感」的實踐精神，在康德死後，乃是德國哲學思想中的一個重要潮流。

和康德哲學思想並立，而成為近代德國精神生活中兩大支柱的，另外就是歌德（*Johann Wolfgang Goethe,* 1749-1832）的文學思想，即德國的詩學。德國的哲學家魏得爾般特（*Wilhelm Windelband,* 1848-1915）曾經說過，康德的哲學和歌德的詩學，共同發展，乃能使德國近代的精神生活自主、獨立，完成它本來的面目。魏得爾般特並且認為在歷史上，任何時代中，「哲學」受「詩學」的影響以及「詩學」中含有「哲學」的意義，都不像這個時代中那樣的重大和顯著。裴斯泰洛齊的兩位老師，即卜得美爾和卜來廷格爾，對於德國的「詩學」不僅有熱烈企慕，而且有深刻的研究；再加上歌德數次的訪問蘇黎世市，和裴斯泰洛齊有私人的接觸，所以裴斯泰洛齊思想中，無意或有意的，都很受歌德的影響。康德批評主義的哲學，雖然沒有和裴斯泰洛齊發生直接的關係，可是康德的學生斐希特的哲學思想，卻影響了裴斯泰洛齊。康德的批評主義，也叫作批評的理想主義，雖然沒有被他的學生斐希特完全接受，斐希特的哲學思想，已成為道德的理想主義；但是斐希特所不同於康德的，乃是哲學的方法，在基本主張上，斐希特更看重了「義務感」的價值，所以斐希特的哲學仍然是德意志理想主義中一個重要的主流。斐希特以為任何一種理論上的主張，都有正、反兩面的意見，都是相對的，所以理論上的主張不能作為哲學的基礎。哲學的始基只能建立在「行」的上邊，從「行」出發，才有哲學；依照斐希特的意見，一切「存在」，都是「行」的產物。沒有行動，即沒有哲學。斐希特的教育思想在「告德意志國民」一書中表現的最為明白。他認為民族復興的基礎乃是提高下一代人的道德，養成下一代人的義務感，而且只有採用裴斯泰洛齊的教育制度和方法，才能夠培養出來下一代人的道德感。德意志民族一向沒有統一的自覺，因而形成了民族的分裂和崩潰。只有用教育的力量，才能夠提高民族道德，復興民族。所以他也和柏拉圖的理想一樣，主張國家對於教育工作，應該保持絕對的主權。斐希特的「告德意志國民」，是在一八○七和一八○八年之間完成的，當時正是裴斯泰洛齊在依弗登從事教育工作的極盛時代。斐希特在瑞士擔任家庭教師的時代，就和裴斯泰洛齊相識，後來斐希特又數度在瑞士和裴斯泰洛齊相晤，而且斐希特的太太未結婚以前和裴斯泰洛齊夫婦就是朋友，所以很自然的，在

主張上，就相互影響。斐希特的「告德意志國民」在講演時候，受了裴斯泰洛齊教育實驗工作的影響；可是等「告德意志國民」各次講稿集結出版以後，就又轉而影響了裴斯泰洛齊的主張。並且裴斯泰洛齊本人先天的就富有實行的熱情，缺乏理論分析的興趣，因此，裴斯泰洛齊更容易接受斐希特哲學思想的影響。康德哲學和歌德詩學共同形成的「德意志精神運動」（*Deutsche Geistesbewegung*），在形式上是追求德意志學術的自主，進而形成德意志民族性的獨立，再進而完成德意志國家的統一；在內容上，則哲學的本質容受了藝術生活的情感，增加了哲學的力量，使德國近代哲學的特徵更為顯著。如果我們了解裴斯泰洛齊的哲學思想，是以康德哲學和歌德詩學混合而成的「時代精神」作基礎，那麼，對於裴斯泰洛齊教育理論中的一些矛盾現象，就很容易得到適當的解釋。

其次，直接影響裴斯泰洛齊教育方法的，卻是法國的盧梭。一七六二年盧梭的「愛彌爾」出版以後，曾撼動了歐洲各國思想界的人士：康德為了連續閱讀愛彌爾，曾改動了他經常散步的習慣。愛彌爾雖然是一部以小說體裁發表教育理論的著作，但是對於過去傳統的思想，卻也作了一個總的清算。裴斯泰洛齊讀過愛彌爾以後，曾說：「讀過愛彌爾，我的既富想像而又有思辨力的心，已經被這一部既富想像而又有思辨力的書佔據住了。我在母親身旁以及學校中所受的教育，和愛彌爾的教育，完全不同。過去一切舊的教育，不論程序如何，都沒有改善社會墮落的可能。只有根據盧梭的理想自由所作的教育工作，才能夠實現我的增進人類福利的志願。由於盧梭教育理論的啓示，使我不再相信傳教事業和研究法律能夠改善社會上一切可憐的現狀。」裴斯泰洛齊教育實驗工作的開始，就是採用盧梭的理論。在新村農場中，對於他的兒子的訓練，就是用的愛彌爾的教育方式。裴斯泰洛齊在他主辦的刊物上，曾說：「把你的兒童帶到自然環境中去，對於兒童的教育工作，要在山頭或深谷中去進行。在這種情形之下，兒童的感覺可以自由運用，並且能夠克服一些困難。在自由的環境中，自然對於兒童的教育會比教師的教學，更為有效。在自然中，鳥語、蟲動都可以給兒童一些有效的教育，教師只有在旁靜觀，就可以了。」在「天鵝之歌」一書中，裴斯泰洛齊曾回憶起來當年他讀過愛彌爾以後，所

激起「高度狂熱」，他以爲只有在盧梭的理想實現以後，過去一些不平等的教育制度所損害的家庭教育和社會教育，方能夠健全的恢復起來。在教育方法上，裴斯泰洛齊雖然受了盧梭的影響，可是在哲學觀點上，他卻大異於盧梭。在兒童的道德訓練上，他就很不客氣的對於盧梭加以批評。他曾經說：「自由可貴，服從亦可貴；二者相合，乃能產生價值。盧梭把二者分開，看重無限制的自由，實在乃是一種不大正確的看法。我們要努力的去追尋盧梭的優點。」

德國的理想主義和法國的自然主義，聯合起來成爲裴斯泰洛齊的哲學基礎。裴斯泰洛齊在一七九四年一封信裏邊曾說：「我的教育工作實驗的歷程中，使我在實質上接近了康德哲學。」在「天鵝之歌」中，又說盧梭的理論，引起了他的「高度狂熱」。可以看出來裴斯泰洛齊自己也承認他的哲學觀點是來自理想主義和自然主義。此外，我們還可以看出來裴斯泰洛齊的哲學見解，還受萊勃尼芝哲學系統的影響。裴斯泰洛齊在大學時，曾受過哲學的教育，和他關係最好的一位教授卜來廷格爾就是一位萊勃尼芝哲學系統的研究者，所以裴斯泰洛齊很自然的就會受到萊勃尼芝哲學的影響。萊勃尼芝認爲宇宙的本質乃是「木那特」（*Monade*），木那特是一種最小的統一單位，就好像我國哲學上所說「至小無內，得之小一」的「小一」。木那特能夠自動的「和諧」「發展」，由低級發展到高級，由曖昧發展到明顯。裴斯泰洛齊教育方法的理論，認爲人的精神是由混然不明的直觀，進而爲清晰明白的概念，正可見他已經接受了萊勃尼芝的基本見解。萊勃尼芝是近代理性主義哲學的重要代表。近代初期的理性主義者，多半是有名的數學家，萊勃尼芝就是微積分的發明者，所以特別的看重數字的價值。裴斯泰洛齊在教學工作中，特別注重算術的陶冶價值，對於算術的教學方法研究，特別感到興趣，也可以說是受了萊勃尼芝哲學主張的影響。

裴斯泰洛齊的哲學，雖然直接或間接的受了萊勃尼芝、康德、歌德、斐希特和盧梭的影響，但是裴斯泰洛齊的思想，卻並不和他們中任何一位的主張完全相同。裴斯泰洛齊的哲學，自然是裴斯泰洛齊自己建立的哲學。這倒是很值得我們注意的一點。

（二）裴斯泰洛齊哲學思想的要點

　　一七九三年以後，因為法國革命，人類思想上乃起了一種很大的變動。法國革命後的政治思想，以及德國康德哲學中道德自主的觀念，在裴斯泰洛齊的哲學思想中，由於時代的影響，乃融合一塊。一七九七年裴斯泰洛齊發表的論文「人類發展中自然歷程之研究」，是裴斯泰洛齊的一篇重要哲學著作。這篇論文中的基本精神裏邊，一方面包含的有盧梭一派法國學者「自然法律」的見解；一方面又包含的有康德、斐希特一些德國學者「先驅道德」的主張。兩種不同的哲學傾向合而為一，乃構成裴斯泰洛齊的哲學主張。裴斯泰洛齊哲學，在表面形式，似乎頗為簡單，但就其內容方面，加以分析，則可以發現一些不同的哲學傾向。在這篇論文中，裴斯泰洛齊以為人類發展的歷程，要經過三種不同的「情況」。最初，人類是生活在「自然情況」或「動物情況」中間，其次，則生活在「社會情況」或「政治情況」中間，最後，則生活在「道德情況」中間。

　　對於「自然情況」可以有不同的看法，一方面像盧梭那樣看法，「自然情況」是和平的、天真的，很值得稱許；一方面則又像英國哲學家霍勃斯（*Thomas Hobbes, 1858-1679*）的看法，「自然情況」中醜惡不堪，充滿悲觀的氣氛。人的生活只是一瞬間的和平、良善，人與人之間，一有關係，就會發生「全面混戰」（*bellum omnium contra omues*）的狀態，搶劫、謀殺、破壞，都是不可避免的結果。但是和「自私」並存的，還仍有「善意」，在動物生活中，母子之間，早就有了「善意」的存在。「自私」和「善意」同時並存；如果「自私」勝過了「善意」，則「自然情況」就要長期的停留在醜惡狀態之中。但是人既然會「覺得一塊石頭過重，一枝樹枝過高，自然也就會感到在他旁邊還有一個和他相同的人。」這時候他已經看到了一個「他人」；而且看出來「他人」是和「他」自己完全相等的人。人與人的心理相通，情感交織，於是自然情況的個人，乃聯合起來，進入一個新的情況，即「社會情況」。在「社會情況」中，人和人乃「並列的」過一種共同生活；而且為了防止彼此之間的混戰，乃築了一條長堤，防止「自私」衝動的泛濫；這種長堤就是法律和國家組織。有了法律和政治制度，盲目的、動物的自私，才能夠受到約束。但是盲目的自

私僅只是一時的被約束住，卻並不曾完全消滅。所以稍微大意一點，動物的自私衝動就會突然的表現出來，而且還會延續一個相當時期。在「社會情況」中，工作、財產、商業等等都必用法律加以規定與保障，就是這個緣故。「在社會情況中，苦惱與幸福、聰明與愚笨、無知與智慧，都是一瞬間的轉變。」所以社會情況，在本質上仍然不是一種理想的境界。在社會情況中，人只是生活在一種秩序之中，而這一種秩序有一種強制力，人之守秩序也並不是由於志願。總而言之，人雖生活在社會情況之中，但是他在本能方面所有的自私，仍然和在自然情況中的時候相同；所不同的，只是有一種強制的外力，約束住他，使他不敢任意發洩罷了。「法律只能約束自私，所以法律並非一種最高原則。」裴斯泰洛齊對於社會情況的看法，和當時一般的主張並不相同。當時一般學者對於社會學和政治學方面的理論基礎研究，多受法國自然主義的影響，採用「自然權利」的觀點；裴斯泰洛齊的見解，則有些近似英國哲學家霍勃斯的政治學說，所以裴斯泰洛齊這種主張，和當時的時代思想並不一致，乃是一種相反的、新的看法。但是裴斯泰洛齊究竟和英國霍勃斯的主張，並不相同，因為裴斯泰洛齊，在社會情況說明之外，又提出「道德情況」的主張。裴斯泰洛齊既然看到了舊有政府的利用特務，實行專制，又看到了革命政府混亂情形，因而對於政治起了一種厭惡之感；他認為從自然情況中，進一步到了社會情況，人類內在的自私依然存在，所以人類的悲劇，依然在繼續的上演。因此，他要努力的去找一條新路，使人類不再繼續的去充作悲劇中的角色。在自然情況中，人類的自私隨時都可以表現出來；到了社會情況中，也只是消極的用一些方法，暫時的約束住自私的活動；人類的劣根性、自私，在這兩種情況中，同樣的是一種基本的動力，所以裴斯泰洛齊才又進一步的提出「道德情況」的理論，另找一個新的方向，把人類引入了一個新的途徑。裴斯泰洛齊所說的道德，有他自己的特殊見解，他不相信功利主義的道德觀，不主張以行為的結果來判斷道德的價值。他以為道德觀只是個人內在的「義務感」，在這一點，他是受了康德的「先驗道德律」的影響。他自己曾說：「在我的本身，我具有一種內在的力量，這種力量不同於我的動物性慾望，而且獨立於我的一切社會關係之外；這種力量在我內

在的本質中，獨立的形成了我的尊貴；其本身獨立存在，並不是其他力量的結果，這就是德性。」「道德是每一個體內在的本質，道德並非來自社會關係。」「在道德力量影響之下，人不會感覺到有一個自我；所能感覺到的，只是德性。」人不感覺「自我」是生活的中心，自私的衝動才能不再發生大的力量，因此乃有「愛」。「愛」既反對動物性的「自私」，又反對有強迫性的約束；「愛」不發揮自私，「愛」不受外來的強迫，「愛」只是自動的、志願的把自己的一切給予他人。所以在道德情況中，只有「愛」才是最高的價值。當時多數學者的看法，以為「社會」中須有「道德」，同時，「道德」也只有在「社會」中才能表現出來它的價值；「社會」和「道德」是連在一起的。但是裴斯泰洛齊卻把「社會」和「道德」分離為二，他以為社會是超越自然的「文明」（Zivilisation），而道德則是由文明更進一步的「文化」（Kultur）。

　　人類發展的歷程中，這三種情況，在理論上，有先後的順序，但是在人的本性中，這三種情況，卻是同時並存的。裴斯泰洛齊曾以製造商人為例，對於這三種情況，作一些具體的說明：一個製造商人把一些替他工作的工人，當作發財的工具，對於工人的一切，不知注意；即使法有規定，也不肯加以重視。這就是以自私衝動為基礎的自然情況，如果這一個製造商人，對於工人的生活、待遇，知道遵守法令的規定，加以注意；承認工人應享的權利，這種受法令約束所形成的勞資關係，就成為社會情況。假使這一個製造商人能夠尊重工人們的地位和人格，是自動的，而不是強迫的；把工人看作和自己同是平等的人，不把工人作「手段」，而承認工人自身也是「目的」，這就已經進入了道德情況。人類努力的方向，就是要使人類自己從自然情況中超越出來，進入道德情況。裴斯泰洛齊哲學思想，在這一點，可以看出來，他雖受盧梭自然主意哲學激動，但是在基本見解上，他仍然是屬於德意志的理想主義。能夠明瞭裴斯泰洛齊的哲學見解，對於他的教育思想才能夠有深切的了解。裴斯泰洛齊以為人在自然情況和社會情況中間時候，一切動作是受兩種力量——自私的衝動和法規的拘束——的支配，一進入道德情況中間，人就獨立，自由的成為一個主體。所謂「自然」，乃告一結束；代之而起的乃是「愛」，個人使自己成

為尊貴的「愛」。盧梭的自然主義算是被他取消了。裴斯泰洛齊的哲學思想，雖然他自己也承認深受康德的影響，但是他的思想和康德也並不完全一致。康德把「義務」和「慾望」完全分而為二，彼此對立；裴斯泰洛齊則同樣的把「道德」和「自然」從此分開。不過裴斯泰洛齊在許多地方又明白的承認富於「犧牲」和「貢獻」傾向的「愛」，是來自動物性質中的「好意」，如母親之愛就是一種動物性的本質，可是由母親之愛，擴而大之，就會成為純潔之愛。由此看來，似乎「道德」又是來自「自然」。在個人的發展中間，和整個的人類發展相似，也是經過這三種情況的階段。「感覺，慾望的滿足（自私），法令、制度的權威（守法），以及道德的自由，彼此不同，恰如人生『童年』、『青年』和『成人』三個階段。」由此更可以看出來裴斯泰洛齊並沒有完全接受富於二元論色彩的康德哲學，雖然把「道德」和「自然」分離為二，但是卻仍然承認由「自然」向上發展，才有「道德」。因此裴斯泰洛齊的哲學思想和康德哲學不同，而保持自己的特色，如果我們分析裴斯泰洛齊的哲學思想，我們倒不妨認為這是受了德國哲學家萊勃尼芝哲學的影響。

（三）裴斯泰洛齊教育理論的基礎

裴斯泰洛齊的哲學並沒有一個完整的系統，因而他的教育理論也沒有統一的體系。所以嚴格的來說，裴斯泰洛齊並不是一個「思想家」，他仍是一種「活動力」，這種活動力，在人類教育史上，創造了國民教育的觀念，影響了現代文化進步國家教育理論與實際。裴斯泰洛齊青年時期就參加了社會改革運動，他的努力方向乃是以同情並幫助貧苦的群眾為手段，去實際的改良人類的團體生活。他在「新村」時期的工作，乃是一種富於政治意味的社會改良工作；「新村」的工作失敗以後，他才開始把他的工作重心，完全放在教育方面。他的教育理論，雖然沒有整齊的系統，但是他一生的工作，卻始終把握住一個穩定的立場，永不動搖，因而我們很容易的從他的行動和思想中間，發現他在教育理論方面的基礎。

教育是一向的被認作「手段」，其本身並沒有什麼了不起的價值。所以教育研究，也一向是偏於「實際」的方面。「理論」的研究，即把教

育研究看作學術研究，幾乎可以說是不曾有過的。在任何國家中，都是這種情形，自然西洋各國的教育研究也是如此。裴斯泰洛齊當他初期的教育工作遇到挫折以後，於一七八〇年，在困苦的生活情況下，發表了一部著作，即「隱士之黃昏」（*Abendstunde eines Einsiedlers*），這部書雖然並不是一種系統的著述，但是在教育理論研究上，卻有了空前的貢獻。在這一部書中，他說：「使人類本質的內在力量，提升爲純潔的人類智慧，這才是一般的教育目的，即使對於最低級的民眾教育，也是如此。人類普通的能力與智慧之練習與應用，如用之於人類生活之特殊的情況中，即成爲職業教育；但是任何一種職業教育，都必須安置在一般的教育目的之下。」他這種格言式的教育思想，卻無意的改變了一向流行的傳統教育概念，爲新的教育研究，奠下了新的路基。在裴斯泰洛齊以前，一般的都把教育看作「被動接受」知識的歷程；在裴斯泰洛齊以後，則把教育當作內在精神力量的「自動發展」。在十八世紀以前，西洋各國的教育研究，都把教育活動當作一種「技術」，其本身並沒有內在的價值；十八世紀以後，西洋各國的教育研究，突然轉變一個方向，把教育看作人類文化中一個主要部門，承認教育的本身含有本質的價值，因而教育研究才成爲學術研究。裴斯泰洛齊的教育思想，正是這種演變中一個主要的轉捩點。

　　裴斯泰洛齊關於教育的著作雖然很多，最爲人所熟悉的，如「李奧那特和格爾楚特」、「格爾楚特教育子女的方法」一類教育著作，都是偏重在教育方法上的敘述，他的最基本的教育理論，是早已在「隱士之黃昏」一書中建立起來。裴斯泰洛齊的教育著作，雖然沒有完整的系統，但是他的基本立場，堅定不移，始終把教育當作文化，認爲教育的功用在個人方面爲「內在本質的完成」，在社會方面爲「文化的充實與培養」。因此，裴斯泰洛齊教育理論，即使是十分的零星散亂，可是我們仍然能夠在他全部教育著作中，看出來他的教育理論的輪廓。

　　第一、裴斯泰洛齊離開學校以後，就參加了當時的社會改革運動；他一開始參加社會工作，就把教育工作和社會文化運動聯合在一起。他認爲人間一切「苦難」、「缺陷」、「悲慘」的現象之發生，雖有其歷史上傳統的根源、社會上習慣的因素，但是這只是表面上的原因。在裴斯泰洛

齊以前，有些教育學者，如汎愛學派中的巴斯道（*Johannes Bernhard Base-dow, 1724-1790*），已經主張要從教育方面入手去消除人間的苦難，但是他們只看到了人間苦難的表面上的原因。所以他們只是在政治組織、經濟制度各方面著手，並且要以教育的力量增進個人從事社會生活和經濟生活的能力，去改進人類的生活。裴斯泰洛齊的看法就不是這樣了；他的看法比他們要深刻、澈底一點。裴斯泰洛齊以爲人間一切的苦難、不幸，從其基本方面來看，乃是一個文化問題；而且裴斯泰洛齊所看到的「文化」，並不是文化的表面，而是在人類心靈的深處去看文化。因而要解決文化問題，必須要從人類全體的心靈本質之澈底改造入手，才能夠獲得根本的解決。人類心靈本質的改造，即是教育，所以「沒有教育，就沒有文化」。從這一點來看，裴斯泰洛齊的教育學說，既不是個人主義的教育學，也不是社會主義的教育學，恰當一些來說，乃是文化的教育學（*Kultur Päda-gogik*）。

　　第二、裴斯泰洛齊的教育思想中，很明顯的可以看出來是受了法國學者盧梭（*Jean Jacques Rousseau, 1712-1778*）的影響，主張個人的本質的和諧發展。但是裴斯泰洛齊卻大大的把盧梭的自然主義修正一下；他的教育思想中，除了注意個人內在本質的發展之外，同樣的還重視道德訓練、宗教陶冶這一類的「客觀價值」。這是裴斯泰洛齊和盧梭二人之間最大的區別。近代西洋教育思想的方式，大概可以分爲三類大的派別。一派是在教育活動中，特別的看重代表歷史傳統、民族文化的教材，教育工作的任務，只是設法使青年和兒童充分的接受這些教材；這一派教育思想，在教育史稱之「獨斷主義」。與獨斷主義相對的，乃是「心理主義」；心理主義對於教育活動的看法，認爲教育工作，只是依照青年和兒童心理發展的順序，去使兒童和青年能夠獲得適當的發展機會。教材的選擇，只能以兒童和青年是否需要爲唯一的標準。獨斷主義只看重了教材的客觀價值，心理主義則只看重了個人的主觀發展。綜合這兩派對立的教育思想，乃產生了「批評主義」。這一派教育思想，既不贊成被動深入的獨斷主義，又不主張兒童本位的心理主義；所謂教育的適當功用，乃是要把正在受教育的青年和兒童，納入一個以客觀價值爲基礎的「常模」，引導到某一確定的

目的，但是在引導兒童和青年向著確定目的進行的時候，同時又注意到青年和兒童的心理狀態，以及周圍環境中的各種影響。裴斯泰洛齊的教育思想中，有一方面注意到個人內在本質的和諧發展，其另外的一方面則又重視文化的客觀價值。所以近代教育思想中，獨斷主義和心理主義都分別的受了他的影響。至於批評主義的教育理論，則更是建立在裴斯泰洛齊全部的教育理論上，繼續的發揚他的教育思想。

　　第三、在裴斯泰洛齊以前，有些教育學者如柯美紐司（*Johann Amos Comenius*, 1592-1670）、洛克、盧梭等人，他們的教育思想中，已經有了很顯明的心理主義的傾向。但是他們都是站在經驗主義的立場去研究兒童心理方面的發展。至於裴斯泰洛齊的教育思想中，雖然也採用了心理發展的原則，但是他的教育思想中所採用的心理發展原則，卻不同於他以前的那些教育學者。他放棄了「經驗主義」的觀點，採用了「直觀主義」的立場去研討心理發展的原則；所以在教育理論方面，裴斯泰洛齊所採用的心理發展原則，就意義方面來論，是比較的深刻一些。他在教育理論中，本來只有一些片段而無系統的主張，可是在這一方面，卻表現了一點「系統化」的色彩。所以有人譏笑他說：「無系統觀念的頭腦中，也居然會產生了一個系統的理論。」裴斯泰洛齊教育思想中的發展原則，是來自他的歷史哲學。他以為人類生活的範圍，排列起來，共有三個程序，即：「家庭」、「職業生活」、「民族與國家」。和這三個程序不同的生活範圍相適應的，又有三種不同的情態，即「動物性的情態」、「社會性的情態」、「道德性的情態」。所謂「發展」乃是改造或提高「自然」方面的動物性，使其透過社會性，而進入「文化」方面的道德性。近代西洋教育理論方面，對於「發展」的看法，大多數學者都把它限制在「自然」範圍中間，而採取了經驗主義的觀點，認為人類本性以內的生長或演變，就是「發展」。裴斯泰洛齊則進一步，採取了文化哲學的觀點，以為從自然方面的人類本性出發，衝破了自然範圍的限制，向上進入了文化方面的道德；這種改造自然，進入文化的「歷程」，才能夠稱之為「發展」。裴斯泰洛齊的教育理論中，雖承認心理發展的原則，但是因為他是從文化哲學的觀點去看「發展」，所以裴斯泰洛齊的教育主張，並不完全是心理主義

的教育學。

第四、裴斯泰洛齊的心理原則，不僅用之於教育目的方面，而且在教學的問題方面，也是同樣的加以重視。他以爲傳統的教學方式，都是要經過一種機械的程序，使受教者被動的接受一堆一堆的知識；這實在是一個很大的缺點。爲了改革這種被動性教學的流弊，他建立了一種以心理發展原則爲基礎的教學方法。裴斯泰洛齊以爲教學活動的目的，不僅是獲得靜的「知識」，而且是養成動的「認識」。「知識」只不過是一些固定的材料，而「認識」則是一種可以活動使用的能力。因而依照裴斯泰洛齊的看法，教學的本質，不是自外而內的知識傳遞工作，而是在受教者內在精神中的一種進展工作。這種內在精神範圍中的進展工作，裴斯泰洛齊把它稱之爲「自感覺的直觀」進而成爲「清晰的概念」之歷程。人類內在精神中，既然具備了「自直觀到概念」這樣的規律性，因而在教育方法中，必須採用一種合於這種規律性的行動。裴斯泰洛齊教育思想中的「心理原則」，在道德教育、教育目的方面是一種解釋，在知能教育、教學方式方面又是一種解釋，所以有些教育史家，認爲裴斯泰洛齊在「心理發展原則」方面所建立的「系統」終於又被他的無系統的頭腦破壞了。但是，無論如何，裴斯泰洛齊主張的心理原則，在近代教育思想中所發生的影響之普遍，是不能夠予以否認的。

三、裴斯泰洛齊在教育方法上的見解

在「隱士之黃昏」一書中，裴斯泰洛齊用格言的方式奠定了他的教育理論基礎，使過去傳統的教育概念獲得了一種新的解釋。裴斯泰洛齊在教育思想方面，雖然不免受了法國盧梭的影響，但是他卻把盧梭那些錯誤的見解，加以改正，建立了他自己的特殊見解。他在「隱士之黃昏」一書中，曾說：「人類總是平等的、相同的；不管他是坐在王位上稱孤道寡，或者是居住在茅屋中守分安貧。但是人類這種內在相同的平等本質，究竟是什麼呢？許多著書立說的聖賢都不曾明白的告訴我們；許多偉大的思想家，甚至也不知道他們內在的本質究竟是些什麼。用牛耕田的農人是否

認識他的牛？牧羊的人是否知道羊的性質？你們要使用人、領導人，而且你們自己承認你們有責任，有能力去保衛人、教養人，可是你們了解人的本質，是否像牧羊人那樣了解和照料他的羊群？像農人那樣了解他的耕牛？你們的智慧是否幫助你們確實了解你們內在的本質？你們的善意是否成為保衛並服務人類的善意？」裴斯泰洛齊在青年時代，曾經參加過社會改革運動，所以在他的事業失敗之後，才提出這些問題。在他自己也許不曾想到他的問題的提出，竟改變了教育的概念，為教育史寫下了一張新頁。裴斯泰洛齊就其先天的性格說，是一位愛好實行勝於理論的人物；他不肯僅只提出問題，讓旁人去作文章；他曾經努力的對於自己所提出的問題，作了一些答案。在「隱士之黃昏」一書中，他的答案是：「人有自己的需要，人能夠在他自己的本質中發現一條到達真理的道路。食慾已經滿足的嬰兒，能夠知道他的母親給予他的待遇。母親在嬰兒還不會使用『義務』、『感謝』這一類名詞之前，已經在嬰兒心中撫養出來了『愛』，而『愛』就是『感謝』的本質，在同樣的自然情況之下，兒子在克盡父職的父親之溫暖的養護之中，也會感到快樂。」在家庭中親子關係之下，循著自然發展的程序，以「愛」的經驗為根基，自然就成為教育的起源；服從、和平、感謝、公道等等道德的因素，也隨著表現出來。

　　裴斯泰洛齊在「隱士之黃昏」中所作的答案，終究還是原則性的，並沒有具體實行的步驟，所以他後來出版的書籍，在實行的方法上，曾經不斷的詳加探討。尤其是在「李奧那特與格爾楚特」和「格爾楚特教育子女的方法」兩書中敘述的更為詳細。

（一）心理化教育工作中的能力發展

　　「教學」是教育工作中最明顯、最主要的一個部門。學校教育制度建立以後，無意的就把知識傳授當作教學的主要任務。裴斯泰洛齊對於傳統的學校教育極力的反對。傳統的學校教育要用全力把一堆死的，與兒童生活無關的知識，填塞到兒童的頭腦中，可是裴斯泰洛齊卻主張要發展兒童的思想活動。裴斯泰洛齊自己曾說：「我要使教育心理化。」正是採用了盧梭一部分的主張，對於傳統教育方式的反抗。裴斯泰洛齊所說的「心

理化的教育」，其意義如何，我們可以節錄一些他自己的話，作為說明：「在教育工作中，人所能作的事，只是幫助兒童在自己的努力之下，發展他的內在的本質。」「教育的內容，乃是人類力量的協調與平均，以及個體與全體的自然發展。」「教育不是要給予兒童一些什麼；教育應該第一步就重視兒童所已有的本質，並且最低限度要承認兒童這種內在的本質，一定有發展的可能。」「教育的任務不是要創造出來一個什麼樣的兒童；教育的任務乃是追尋一個兒童自我發展的前途。如何確定兒童的將來命運，使他成為一個有責任感的人？如何發展兒童的能力，使其成為一個有理性、有道德的人？如何使兒童能夠自我完成，達到努力的目標？所有這一類的問題，必須依照心理的自然程序，依次在生理的、智慧的、道德的發展之中，獲得正確的答案。」從以上裴斯泰洛齊所說的語句中，我們可以看出來，他所主張的「心理化教育」，在表面上雖受了一些盧梭的影響，但是在本質上，卻還有他自己的特殊見解。

裴斯泰洛齊所說的「心理化教育」，其主要的特徵，乃「能力的發展」。他這一派的教育學者或教育家也很喜歡使用這一個術語。但是「能力的發展」的含義，裴斯泰洛齊學派中的學者在使用的時候，卻並沒有統一的解釋。「能力的發展」一詞的含義雖不統一，可是我們可以把它分為四類：第一種說法是把「能力的發展」看作「本能或力量的出現」。如同「行走」的力量，雖然是一種天賦的本能，可是在初生的嬰兒時期，還並不曾出現。盧梭已經說過，當嬰兒的「行走」本能尚未出現以前就教導嬰兒行走，是有百害而無一利，並且是費盡力量，也不會得到效果。裴斯泰洛齊也同意盧梭這種主張，認為教學活動一定要適應本能出現的機會，才自有結果，否則，就不免要徒勞無功。因此裴斯泰洛齊和盧梭同樣的認為在兒童時期，不必進行「歷史」的教學工作；他們相信在兒童時期，對於歷史上的道德意義，是不會被了解的。必須到了青年時期，了解了道德、義務、責任一類概念的意義，也就是說了解歷史的本能已經出現，然後才可以進行歷史的教學工作。第二種說法認為「能力的發展」的含義等於「自然的成熟或生長」。如同「說話」的能力就是自然的成熟，其動力即在於兒童的本身。嬰兒時期只有簡單的單節聲音，如同哭叫、呼喊；稍

後一些時，則就會有比較繁複的啞啞喃喃的聲音；再長大一點，就又會選定若干聲音，反覆使用，並且了解它們所代表的含義；再稍長一點，就會模仿著使用成人所用的聲音，不過還不大了解這些聲音所代表的意義；最後才會正確的模仿成人使用的聲音，並且能夠用這種聲音去表現與成人使用時候所具備的同樣的意義。這種語言能力的成熟或生長，就是語言能力的發展。語言教學工作必須依照這種發展的順序去進行，方才能夠獲得成就。如同青年期某一個時候，因爲生理的變化，青年的聲音也不正常，在這個時候要作語音方面的練習，一定不會發生好的效果。在這一方面，裴斯泰洛齊和盧梭的主張，大致相同。第三種說法是把「能力的發展」解釋爲「特殊力量的完成由於訓練」。特種技術的獲得，如乘法表的使用，圖畫、書法等等，必須經過不同的特殊訓練，就是很好的例證。裴斯泰洛齊在這一方面，特別重視，在「數」的教學時候，他曾經使用各種不同的方法，就是根據這種發展的原則。第四種說法則認爲「能力的發展」乃是「普通力量的訓練」。如同生理方面、智慧方面、道德方面的力量；知道的、想像的、推理的能力；形、數、語言的能力，都可以說是「普通力量」。裴斯泰洛齊這種主張，經過他這一派的學者竭力發揮，盡量使用，因而流行的範圍，甚爲廣擴，在歐洲方面是如此，在美國也是如此。一八六二年，美國紐約州奧斯威哥（Oswego）地方的教育局曾經組織了一個學校教育考察團，考察以後，提出了一個報告；在報告書中，對於使用裴斯泰洛齊教學方法的學校，頗爲滿意，對於裴斯泰洛齊也是稱讚備至；認爲裴斯泰洛齊的工作目的乃是要求「發展並加強兒童的能力」。在教學工作中，「由知覺所得到的知識」遠不及「培養能知覺的能力」那樣重要，那樣有價值。所以裴斯泰洛齊生前特別的看重算術教學的訓練價值，他認爲初級學校的課程中，算術應該佔一個很重要的部位。這種重視「普通力量訓練」的趨勢，充分發展之後，乃流爲曖昧的「感官訓練說」與空泛的「形式陶冶說」。這都是裴斯泰洛齊始料所不及的。

　　總而言之，裴斯泰洛齊在教學活動中，承認兒童本能或能力的「出現」，「成熟」與「訓練」之重要性，其影響所及，對於後來的教育工作，不僅有理論方面的影響，且有實際方面的效果。至於後來裴斯泰洛齊

學派所重視的「普通力量的均衡發展」，則已經流爲利弊參半：利的方面，是打破了傳統的課程方面的狹小範圍，使教材選擇的範圍逐漸擴大；弊的方面，則是由於重視形式陶冶的理論，不知不覺的在教學工作中所用的教材和現實社會生活發生距離。

（二）愛與威

在教學活動中，除了注重兒童心理的發展之外，愛與威也是教學工作中的重要原則。一般的都以爲裴斯泰洛齊注重家庭生活在教育方面的價值，因而也把裴斯泰洛齊的教育當作純粹的愛的教育。這種看法，對於裴斯泰洛齊實在是一種不公正的誤解。不錯，裴斯泰洛齊是特別的看重家庭生活的教育價值，而他也是竭力的要使學校家庭化。有一次一個從事農業工作的學生家長到裴斯泰洛齊的學校參觀；當時這個農人很驚奇的對裴斯泰洛齊說：「這那裏像一所學校，簡直是一個家庭！」裴斯泰洛齊聽到以後，很高興的回答這位農人，說：「你的批評對於我可以說是最大的讚美和獎勵！感謝上帝，我的工作已經表示出來我能夠填平了家庭與學校中間的深淵，這是我最大的成就。學校教育的功用只是發展兒童的情操與道德，而這種情操與道德則是家庭生活中溫柔氣氛與價值關係的基礎。」從裴斯泰洛齊這樣答語來看，他是承認學校教育只是家庭教育的提高與補充。

裴斯泰洛齊雖然承認家庭教育的重要，承認家庭生活中由母親方面所得到的「愛」，但是他也同樣承認由父親方面所來的嚴格訓練，即所謂「威」，具有重要的教育價值。他曾經一方面說明「愛」的培養是教育的重要工作，可是另一方面又說「愛」的培養並不是教育工作的全部。裴斯泰洛齊曾說：「我們最大的努力方向，第一是擴大兒童的同情，第二是當兒童的需要滿足時候，還要使兒童的印象與活動中間，具備有『愛』與『慈』的成分，這種愛與慈的成分要在兒童的心中生根，成爲穩定的情操。」可是他又認爲只用這樣的軟性的「愛」去推行教育工作，其結果仍然不能達到教育的目的，所以他在「李奧那特與格爾楚特」一書中又說：「教育的原則必須是很嚴格的，只有從嚴格之中，才能獲得正確的知識。只有在『人的教育』工作中，當恐懼存在的時候，愛才能發揮教育的功

用。在恐懼的狀態存在之下，一個人就不會順意的、志願的去行動，所有工作，都只能在強迫之下去進行；因而只有用『愛』去消滅由於恐懼所生的一切障礙。要求得眞正的教育效果，愛的教育以外，還必須注意嚴格的訓練。」在裴斯泰洛齊看來，在家庭生活中，發揮「自由」精神的「愛」和訓練「服從」習慣的「威」，是同樣重要的。他這種理論，和我們傳統的嚴父慈母的說法，很有點相似。現代教育方法的理論雖然非常紛歧，但是無論那一派的理論，都不能不承認「愛」與「威」是教學活動中兩個同樣重要的基礎。

（三）從實驗中產生正確的教學方法

裴斯泰洛齊在教育理論和實際中，都有自己的特別見解；雖重視盧梭的教育主張，但是都已經改正了盧梭的錯誤。只有在教育方法的見解上，他卻是比較的多受了一些盧梭的影響。所以他在教育方法的理論中，不免流入實驗主義的範圍中間。裴斯泰洛齊自己曾說：「在教學活動開始的時候，我雖然使用『語言』，但是我要竭力限制語言使用的範圍。我要確證『事物』，把握『事物』；在教學活動中，『事物』總是優於『語言』的。……我以爲現在這樣作，作不通，等一會就那樣作，常常改變作的方法，總比堅持一種方法始終不變爲好。堅持不變，就成了偏見。在一切情況下，旁人所了解的總比我所了解的多一點。」另外一位裴斯泰洛齊的助手說得更爲明白，他說：「甚至在我們的教學工作中，他決不准我們去使用任何過去的或外國的方法，旁人的經驗，其結果無論如何，我們都不應該仿效；因而我們不需讀書，我們只需要自己發現一些什麼。所以我們學校工作只是全力的在進行實驗。」一八〇〇年，裴斯泰洛齊在「白格村」學校三年級教學時候，所用的教學程序中間，一方面表現出來他的注重實物教學的態度，一方面也可以看出來他在實驗中去找方法。他當時的一個學生，後來曾經把裴斯泰洛齊在白格村學校中教學的經過，記述下來；現在我們只選錄一段，就可以看出裴斯泰洛齊教學方法的特點。說話練習，在當時使我們最感興趣；特別是有一次把教室中牆壁上所裱糊的紙作爲教材，使我們直接觀察之後，才進行說話的練習。我們面對著教室牆壁上那

些既舊且破的壁紙，費了好幾個鐘頭；先是詳細的看那壁紙上「形狀」、「數目」、「位置」，然後再觀察壁紙的顏色、花紋、圖案、破洞、裂痕；觀察以後，才用由簡單到複雜的句子來表現我們的觀念。當時我們的老師就和我們作了下面的問答：裴斯泰洛齊問：「孩子們，你們看到了一些什麼？」學生們回答：「在牆壁的紙上有一個洞。」裴斯泰洛齊說：「很好，現在照著我的話來說。我看見紙上有一個洞。我看見紙上有一個長的洞。從這個洞中我看見了牆。從這個長而窄的洞中我看見了牆。我看見了紙上的形像。我看見紙上有黑的形像。我看見紙上有圓而黑的形像。我看見紙上有方而黃的形像，在方而黃的形像旁邊，我看見一個圓而黑的形像。有一條大而且黑的帶形把方形和圓形聯繫起來。……」

　　甚至在算術的教學中，裴斯泰洛齊也不採用傳統的方法、抽象的法則去進行工作；他仍然是用實物作工具，以實驗的態度去發現算術的教學方法。在裴斯泰洛齊學校中常使用一些豆子代表數的觀念，使兒童在觀察實物中，自然而然的獲得數的觀念。教師把豆子放在桌子上，常常的變更豆子放置的地位，變更豆子的數目，去從事教學工作。依照當時的情況，作一些改變豆子的地位和數目的工作，這就是一種實驗的態度。我們可以在裴斯泰洛齊教學進行的記載中，再舉出一段會話，作為他從實驗中找方法的例證。同時在這一段會話中，也可以看出他能夠一箭雙鵰的在算術教學的過程中，又注意到了說話的教學工作。「你看見豆子在桌子上的位置有什麼變動？這些豆子散開的都有很明顯的距離，這些豆子的數目有增減沒有？仍然和從前一樣是八顆豆子。你看，又有變動麼？這些豆子又排成了一個彎曲的行列。又有另外的變動麼？這些豆子的萌芽部分都向著右邊。你看，我現在作些什麼？你拿去了兩顆豆子，在桌子上還賸有幾顆豆子？還有六顆豆子。你說，從八顆豆子中取去了兩顆，應該怎樣說法？八顆豆子取去了兩顆，還賸下了六顆。……」

（四）數、形、語言

　　裴斯泰洛齊以為教育就是從人的本質出發，依照自然的歷程，去獲得內在能力的發展；因此他認為教育的目的，就是真正人性的發現和完全

人種的培養；做人的意義和價值，也就是使自己的本質達到可能的圓滿境界。為了達到這樣的教育目的，所以裴斯泰洛齊更進一步的主張，教育的功用在培養或訓練兒童的「腦」、「心」與「手」。即所謂知育、德育、體育（包括勞作）三者並重的學說。這種裴斯泰洛齊式的三育並重的學說，和傳統的見解不大相同。他不主張死板知識的傳授，口頭或文字的教條式的教訓，更不主張離開勞作的狹義體育；他的要求是幫助兒童，養成他們的「自助」習慣，從自動中去訓練他們的知、情、意，使其能夠得到和諧的發展。在教學活動中使教師之「助」成為兒童之「自助」，這是裴斯泰洛齊的教學基本原則。「腦」、「心」、「手」的教育，在裴斯泰洛齊看來，雖然是同樣的重要，但是在實際的教學工作中，「腦」的教育卻是比較的具體一點，所以「知」的教育乃成為教學工作中的重要因素。因而裴斯泰洛齊竭盡全力，要在教育活動中間去找出一些「基本要素」。他以為教育活動的第一步乃是存在於「人」與「物」之間。每一個人對於當前的事物，在了解之前，常常會去對自己提出三個問題：1.在眼前所見到的共有幾種東西？2.這些東西的外表怎樣，形狀如何？3.這些東西的名稱是什麼？對於這三個問題的解答，就引入「數」、「形」、「語言」三個基本問題。裴斯泰洛齊在「格爾楚特教育子女的方法」一書中，就把這三個問題作為討論的中心。「數、形、語言是一切教學的基本教材」，所以裴斯泰洛齊認為基本教育的任務，就是發展計算、測量和說話的能力。

　　「數」的教育，在教學歷程中的任務，是要養成或發展兒童的「計算」能力；據裴斯泰洛齊說法，數的教學工作可以分為：數的觀念的發展、口頭和文字的計算、四則運算、關於分數的觀念等等。

　　「形」的教育，在教學歷程中的任務，乃是「測量」能力的發展。形的教學工作中，可以分為：圖畫、素描、寫字、初步的幾何觀念等等。

　　「語言」的教育，在教學歷程中的任務，乃是發展兒童的「說話」能力。教學工作中，共有以下若干部門：音、字、字彙的擴大，讀法、文法，用口頭或文字表現思想的能力，鄉土地理、歷史、博物知識、唱歌等等。

　　「數」的學習，在裴斯泰洛齊看來，乃是基本教育的要素之一，所以他對於「數」的教學方法，時時刻刻的在研究改進。關於「數」的教育。

裴斯泰洛齊式「數表」之一

使用此項表格，在「數的教學」工作中，機能於感覺「數的排列」之形像後，獲得數的觀念。
裴斯泰洛齊生前採用，以後各國之裴斯泰齊式學校使中，亦普遍使用此表。

裴斯泰洛齊有兩種特殊的見解。第一、他以爲他主張的「直觀」教學，實
物教學也可以應用在數的教育上邊。所以在數的教學方面，起初是用手
指、豆子、石粒等類具體的實物，去練習數的知識，先使兒童明白十以下
的數目。加、減的學習，也是用實物反覆練習，去獲得計算的觀念。再進
一步，則把各種數的單位，分數等等都製成圖表，使兒童從觀察這些圖表
中，了解數的意義以及計算的方法。他反對舊有的教學方法，不主張從語
言符號中使兒童記憶一些不能了解的抽象數字，再遵照空洞的法則，使兒
童模仿的去作算術上的答案。他認爲基本的「數的排列」，只有從實物的
分佈與畫分的動作聯繫起來。或者是利用圖表、線條才能夠獲得明確的觀
念。第二、對於數的教學的功用，裴斯泰洛齊也是一反過去的傳統見解。
他不主張用文字符號去證明抽象的計算方法，要兒童有空洞的計算技能。
他認爲「數的教學」的目的，一方面要訓練兒童的特殊的「精神能力」，
用來解決特殊的問題；另一方面則是訓練兒童的「普通的精神能力」，如

判斷、推理、探討一類的能力。

　　裴斯泰洛齊相信算術教學能夠發展兒童的「普通精神能力」，因而他能夠力排眾議，主張要普遍的在初級教育的開始，就推行算術的教學工作。在裴斯泰洛齊以前，自古代至近代雖然有些學者承認數學的訓練價值，但是能夠受數學訓練的，只限少數有教養的成年。在初級學校中，雖然有讀、寫、算，即所謂三「Rs」者，列爲必讀科目，可是在事實上，「算」的教學都是很普遍的被人忽視。一八○○年以前，美國的小學中，不少是不把算術列入教學科目中間，有些小學雖把算術列入教學科目中間，但是卻從第四年級，才眞正的開始教學。而且算術教學的方法，特別重視機械的記憶。在歐洲各國的小學中，算術教學是在裴斯泰洛齊以後，才有改良和進步；在美國方面也是如此。美國數學教育方面的一位權威學者施密斯教授（*Prof. D. E. Smith*）在一篇「數學教學史」的論文中，曾說：「美國獨立以後，自十九世紀，才開始受到裴斯泰洛齊的影響，把小學中的算術教學方法、教材內容澈底的改良一下，而且確定的從小學一年級就開始推行算術的教學工作。」

　　在「形」的教學活動中，裴斯泰洛齊也仍是主張以基本的「直觀」建立「測量」的基礎。所謂基本的直觀，乃是簡化所見到的形體，以及養成正確的判斷。裴斯泰洛齊在「形」的教學歷程中，一開始就利用四角形及其他各種幾何上的圖形的分割。在使兒童認識四角形的側面，垂直、平形的直線，然後再使兒童觀察而由直線所形成的角，以便獲得角的觀念。然後再教學生認識四角形的各種分割，如二等分、四等分等等。最後再使學生認識曲線，以及由曲線所組成的圖形。兒童對於這些圖形，有了正確的認識，獲得了正確的形像觀念之後，再使兒童模仿著把測量的結果，重行繪製出來，成爲直線、角、長方形等等形狀。形的教學結果，在裴斯泰洛齊看來，可能作爲習字、圖畫的基礎；所以在裴斯泰洛齊的教學活動中，習字和圖畫常常是和測量的教學聯繫在一起的。

　　基本教育要素中的「語言」教學，在裴斯泰洛齊看來，更有遵守「直觀」原則的必要。所以他也主張用實物去推行「語言」教學的工作。如果不用實物，只用抽象名詞作爲教學說話的教材，那麼兒童自己所說的話、

自己所用的名詞、自己所發的聲音，自己也都不會了解它們的正確意義。
裴斯泰洛齊根據兒童語言發展自然歷程的原則，去推行語言教學工作，
他自己也沒有料到，他的工作卻替近代小學中基本教育的國語教學方法，
奠定下了研究的基礎。裴斯泰洛齊的語言教學歷程，原則上可分為三個階
段：發音的練習、名詞的認識、語言的使用。發音的教學，他要求兒童的
聽覺與發音，都必須正確，關於這一項工作，父母與教師應該同樣的加
以注意。他自己曾經用德文字母中的五個母音依次拼排若干子音，如 ab,
eb, ib, ob, ub; ad, ed, id, od, ud……成為拼音的基本，他就使用這種簡單的拼
音，去教兒童學習發音。以後由音進入音節，再進而成為單字。單字即名
詞的教學，開始的時候，他也是採用「直觀」的方法，先使兒童在感覺上
有了經驗，再教兒童認識名詞；如先使兒童嚐些酸的食品，有了實際的經
驗，然後再教兒童認識「酸」這個名詞。為了要擴大兒童的字彙，裴斯泰
洛齊常常把自然、歷史、地理一類的教材，用在語言的教學方面。在裴斯
泰洛齊的本意，只是要用這些實際的材料去發展兒童的語言能力，但是其
結果，卻附帶的把這些教材引入到小學的課程中間，擴大了小學教育的內
容。語言教學的第三個步驟，乃是使兒童由「直觀」的途徑，去把握一些
實物或現象的內容或特徵，因而進一步培養兒童能夠有系統的去敘述這些
事物或現象的習慣。裴斯泰洛齊自己曾經對於「鐘」作過一些描寫，拿
來作為語言教學第三步驟中間教材。他對於鐘是這樣描寫的：「鐘的下
段開擴、肥大、圓形，像一個倒放的杯子，但是可以自由搖動；鐘的上段
漸漸縮小，到了頂上收縮的像蛋形那樣的曲線；鐘的內部中間掛有一個下
垂的舌，能夠隨意搖擺；當這個下垂的舌搖擺時候，擊敲了鐘的下段的兩
側面，就能夠發出聲音。這樣東西，我們就稱之為鐘。」裴斯泰洛齊用這
樣定義式的敘述，去說明一些實物；在這樣訓練之下，養成兒童用適當的
語言表現一些正確的觀念。這樣的擴大語言中，所用的「句」，不僅可能
擴大兒童的字彙，而且可以使兒童學習一些初步的文法。在語言教學的活
動中，裴斯泰洛齊所要求的，乃是：1. 使兒童直觀實物在了解並把握一些
「名稱」，即具體名詞，然後才使用這些名稱作為語言的基礎；2. 對於已
經了解的名稱，附加上一些特徵或一般的性質，去訓練兒童使用適當的形

容詞；3.最後才訓練兒童使用一些動詞或副詞，把兒童所有字彙中的名稱（單字），結合起來，表現出來它們之間的變化關係。總之，語言教學的功用，在裴斯泰洛齊看來，是把語言當作一種工具，使用這種工具可能使兒童從一些模糊不明的表象中，進展而達到清晰明確的概念。他這樣的教學方法的理論基礎，可以說是受了德國哲學家萊勃尼芝和康德哲學的影響。

裴斯泰洛齊把「數」、「形」、「語言」三者看作基本的教育要素，所以他全力的在理論方面或實際方面，去研究或實行這三種教育要素的教學方法。不過他只把這三者的教學工作當作工具，最後目的卻仍然是「人的發展與完成」。工具的價值不在本身，只有在使用時候，才能夠表現出來。可是裴斯泰洛齊以後的崇拜者，卻不知不覺的，把裴斯泰洛齊的教學方法當作他的教育主張中的主要部分。因而裴斯泰洛齊的教學方法乃流入形式主義，已經失去他的原意了。

（五）裴斯泰洛齊教學方法中的基本原則

裴斯泰洛齊的著述生活，雖然在他全生命中，佔了相當的部分，而且也有許多著作傳世，如一八一九到一八二六年出版的全集有十五冊；一八九九到一九〇二年出版的全集有十二冊，從一九二七年開始出版，到一九五四年尚未完全印行出來的全集，已經有十八巨冊，但是他的著作或為散文，如有關歷史哲學的著作「人類發展中自然歷程的研究」；或為格言，如「隱士之黃昏」；或為書簡，如「格爾楚特教育子女的方法」，都是先後零星、重複的舉出他的精到教育思想；對於教育理論，他始終沒有完成過有體系的著作。因此，要想明確的找出他在教育理論方面的基本原則，是一件很難的工作。

有關裴斯泰洛齊研究的著作既多而且流行的又很普遍，在歐洲大陸國家是如此，在英、美國家也有同樣的情形。但是對於裴斯泰洛齊研究，用力最專而且費時最久的，恐怕裴斯泰洛齊的同鄉莫爾甫要算是最著名的一位了。莫爾甫（*Heinrich Morf*, 1818-1899）生於瑞士的蘇黎世州（*Kanton Zürich*），在師範學校畢業以後，任小學教師，到一八五〇年才正式任教於師範學校。對於裴斯泰洛齊的教育理論、教學方法，曾經作過長時期的

研究，其研究成績，在一八六八年出版了「裴斯泰洛齊傳」第一冊；到一八八五年，第二、第三兩冊同時出版；一直到一八八八年第四冊才能夠問世。以二十年以上的時間，完成了一部包括四冊的裴斯泰洛齊傳，當然他對於裴斯泰洛齊的認識，會比別人爲深刻了。據莫爾甫研究所得的結果，裴斯泰洛齊在教育方面所提出原則性的主張，共有以下數項：

1. 「直觀」是教學的主要根基；

2. 語言必須和直觀連結在一塊；

3. 學習時候還不是最後判斷和批評的時候；

4. 每一部門的教學歷程要從簡單開始，而且要根據兒童心理的發展順序，推行教學工作；

5. 在教學工作的每一階段上，要停留足夠長久的時間，直到兒童能夠把握、了解他所學習的教材；

6. 教學工作必須隨著自然發展的程序進行，教師不應該獨斷的自作主張，先加說明；

7. 教師必須尊重兒童的本質；

8. 基本教育的主要任務，不在從外向內，給予兒童們一些知識，而是要自內向外，發展兒童固有的精神能力；

9. 知識必須與能力結合在一起，理論的認識與實踐的技能，必須聯結起來；

10.師生之間的關係，尤其在訓導方面，必須以感情中之愛爲基礎；

11.教學工作不應該忽略教育上的最高目的──道德訓練。

莫爾甫研究裴斯泰洛齊的教育思想之後，提出以上十一項要點，固然還不能夠代表裴斯泰洛齊教育思想的全部，但是從這十一項要點中，我們也可以對於裴斯泰洛齊的教學原則，獲得了一些輪廓的認識。莫爾甫在哲學方面的修養雖然稍差，可是因爲他在裴斯泰洛齊教學原則方面的研究很有系統，所以瑞士蘇黎世大學，在「裴斯泰洛齊傳」第四冊出版的時候，就以名譽的博士學位，贈送給他。他總算是「裴斯泰洛齊研究」的權威之一，因而就以他研究裴斯泰洛齊教學原則所得的十一項要點，作爲這本小書的結束。

福祿貝爾與蒙臺梭利的教育學說

一、引言——幼稚教育概觀

在教育史上，幼稚教育和家庭教育始終有著不可解開的因緣。因而在教育理論的研究中，幼稚教育是不大為人所重視的研究對象。甚至於直到現在，在正規的教育制度中，幼稚教育仍然被看作「學前教育」，沒有規定在強迫的「國民教育」範圍之內。我們知道，「學校教育」只不過是「教育」的一部，學校教育以外的教育，其價值也決不亞於學校教育。所以幼稚教育雖然沒有硬性的以法令規定列在正規學制以內，可是在事實上和理論上，幼稚教育卻仍然有其獨特的價值和範圍。

（一）幼稚教育發展的經過

幼稚園（*Kindergarten*）這個名詞，是創自德國的福祿貝爾，因而一般的就認幼稚教育的起源，應該從十九世紀中期（一八四〇）算起。不錯，福祿貝爾是幼稚教育理論研究的第一個人，自福祿貝爾以後，幼稚教育的推行才慢慢的普遍起來。但是任何一種制度，尤其是教育制度，都不會自天而降，突然發生。幼稚教育又豈能例外。遠在十八世紀，一七七〇年左右，在荷蘭已經設立了「遊戲學校」（*Spielschule*），收容一些學前兒童，有步驟的使他們作一些遊戲活動，養成他們一些生活需要上的習慣。過了不到十年的時間，一七七九年，歐柏林（*Johann Friedrich Oberlin*, 1740-1826）在德國萊茵河流域阿爾薩斯的斯太因塔爾（*Steintal*）所設立的「幼兒學校」（*Kleinkinderschule*），可以說是德國幼稚教育的萌芽。自一八一六年以後，由於改良社會的動機，在英、法兩國也設立了一些幼兒教育機構。這一些組織不同的幼兒教育機構，都可以說是幼稚教育的先驅。

一八三九年與一八四〇年之間，福祿貝爾在德國「薩克遜——安哈爾特」省的勃蘭肯堡（*Blankenburg*）地方，設立「遊戲——活動所」，不用傳統的「學校」這個名詞，而逕稱之為「所」（*Anstalt*），就是要以名稱來表示幼稚教育異於一般學校教育的特徵。這種「遊戲——活動所」，後來又改名為幼稚園，這可以說是幼稚園制度的開始。幼稚園經福祿貝爾

和他的一些同事建立以後，在德國各地區也仿效著推行這種新式的幼稚教育。在德國境內，雖然由於政治上的原因，幼稚園曾經一度遭遇到封閉的命運，可是在歐洲其他一些國家中，卻先後的設立了不少這樣的幼稚教育機構。在福祿貝爾創設幼稚園以後，不久就在德國發生了一八四八年的革命運動。由於革命所造成的社會不安，有些德國人離開了故鄉移住美國。在這些德國移民中，有些對教育有興趣的人到美以後，在一八五○到一八六○年這十年當中，也建立了一些福祿貝爾式的幼稚園。這些由德國移民私人所設立的幼稚園，都是附設在小學中間，而且主持的人對於福祿貝爾幼稚教育的理論與實際，也並沒有深刻的認識，只不過是在形式模仿而已。但是這種新式的幼稚教育工作，卻引起了美國一些教育家的興趣。第一所美國的幼稚園是一八六○年，皮巴德女士（*Miss Elizabeth Peabody*）在波士頓設立起來；後來在一八六七年，她又親自前往德國，對於福祿貝爾的教育理論和實際，作一番直接的觀察和體驗；回美國以後，第二年，即一八六八年，就在波士頓設立了幼稚教育師資訓練的機構。自此以後，福祿貝爾式的幼稚園，在美國境內才漸漸普遍的設立起來。

任何一種制度推行起來，發展到相當的階段，都不免要有些變質。幼稚園的設立，本來原是「教育性」的；可是由於十九世紀歐美國家工業進展的結果，社會制度發生了很大的變動，把主婦從家庭中拖到工廠裏，因而幼兒的養護，乃成了嚴重待決的問題。幼稚教育在這樣情形之下，也起了變化，純教育性的幼稚園，乃變質而成為社會福利性質的托兒所。社會一般人士已經不大注意幼稚園的教育意義，都把幼稚園改變而成為一種社會的救濟制度。這種情形，幾乎完全忽視了福祿貝爾創設幼稚園的本意。幸而在十九世紀末期歐美教育由於實驗教育的影響，有了新的發展，已經變質的幼稚教育，才又恢復了本來的面目。在歐洲，教育方面的「維也納學派」；在美國，心理學上的「行為主義」，對於幼稚教育的改進，都有很大的貢獻。在義大利方面，先後經過阿格齊姊妹和蒙臺梭利的努力，尤其是進一步的充實，並改進了幼稚教育的理論和實際。阿格齊（*Rosa Agazzi*）和她的妹妹伽羅林納（*Carolina Agazzi*）於一八九二年，在義大利的布里斯夏（*Brescia*）設立了「自動學校」或「工作學校」（*Scuola Attiva*），

根據福祿貝爾的各項教育原則，加以改良，從事幼兒教育工作。蒙臺梭利則於一九〇七年，在羅馬又設立了「兒童之家」，採用了自己由實驗所得的方法，從事幼稚教育的工作；於是二十世紀的幼稚教育不僅恢復了本來純教育性的面目，而且還有了進一步的新發展。在十九世紀歐美國家的幼稚教育是在福祿貝爾教育學說的影響之下推行；至於二十世紀歐美國家的幼稚教育理論和實際中，蒙臺梭利已經和福祿貝爾的影響，能夠平分秋色。這也可以說是我們要把福祿貝爾和蒙臺梭利兩個幼稚教育工作者，合在一處敘述的主要原因。

（二）幼稚教育的基本觀念

在理論方面，教育工作的對象乃是全體的人類，但是在實際的教育施設上，卻把工作對象的範圍，限制在兒童和青年這一段人生歷程上邊。尤其是學校教育制度正式建立之後，這樣的傾向更為顯著。因而一般的看法，多不免把學校教育認作教育的全體。對於青年時期以後的成人，以及兒童時期以前幼兒教育工作，往往加以忽略。十九世紀以來，教育的研究，無論在理論或技術方面，都有了顯著的進步；於是以成人為對象的社會教育以及以幼兒為對象的家庭教育，才引起一般教育工作者的注意，甚至能夠和在傳統上被重視的學校教育，鼎足並立。有關社會教育的一切，我們在這裏沒有詳加分析的必要；至於家庭教育對於幼兒的教育工作，究竟獲得了一些什麼效果，當我們討論幼稚教育的時候，卻不能不加以說明。家庭教育固然也是一種教育工作，但是家庭教育，無論如何，絕大多數是在一種自然情況之下，在那裏進行；既沒有完整的計畫，又沒有一定的步驟。父母有無適當的教育常識與能力，來擔任幼兒教育的工作，固然是一個問題，即使父母都有教育幼兒的知能，可是有無充分的時間，又何嘗不是一個問題。而且家庭教育不成為一種制度，又缺乏適當的輔導，每一個幼兒所受教育的效果如何，完全受父母本身所具有的知能程度所支配；如果父母對於有關教育知能的程度較差，那麼，幼兒所受的家庭教育，就不值一談了。然而家庭教育卻是教育工作的開始，而且在事實上，幼兒在正常情形之下，又不能不受家庭教育；所以如何改進或有效的推行

家庭教育，乃成為一個急待解決的問題。福祿貝爾的幼稚教育理論和方法，正是對於這一個問題的解答。在福祿貝爾看來，幼稚教育的對象，直接的是幼兒本身，間接的卻是幼兒的母親。福祿貝爾深受裴斯泰洛齊的影響，認為幼兒從母親接受教育，不僅合乎自然，而且容易有效。所以他主張幼稚教育工作，不應該只注意幼兒而忽略了幼兒的母親。因此，幼稚教育的推行，又促進了婦女教育的發展。福祿貝爾承認母親在家庭中，對於幼兒教育的影響特別重大，所以他雖然努力的促進幼稚教育的工作，而且建立了幼稚園的組織和形態，但是他卻並不主張以幼稚園的教育代替家庭教育；幼稚園的任務只是有計畫的、有意義的使幼兒的本質得到發展，補正家庭教育的缺點而已。換一句話來說，幼稚園的設立，並不是減輕婦女在家庭中對於幼兒教育的責任；相反的，為了配合幼稚園的教育，使婦女在家庭中有關幼兒教育的責任，更為加重。福祿貝爾的幼稚園制度，規定幼兒受教的時間只有半日，也就可以看出來，他是把幼稚園教育看作家庭教育的「補充」，而不是家庭教育的「代替」。

　　兒童在日常生活中，必須依賴成人方能生活下去，這是限於自然的事實，不能夠完全突破。因為兒童不能夠獨立生活，所以在人類歷史上傳統的看法，不承認兒童本身有獨立的價值，僅只是把兒童看作尚未成人的前一階段。十八世紀以來，已經有些心理學者從心靈方面對於兒童加以研究；直到十九世紀末期，兒童心理的研究，才由偶然觀察的紀錄，進而為理論的系統。而且兒童心理學的研究，分工更細：如幼兒心理學（*Kleinkinder Psychologie*）、學童心理學（*Schulkinder Psychologie*）以及青年心理學（*Jugendkunde Psychologie*），都能夠獨立的成為一種研究的範圍。可是在福祿貝爾創設幼稚園的時期，兒童心理學的研究，尚未發展到這樣的階段，當時一般的看法，都還是把兒童看作「小的成人」，並沒有兒童本身的價值和特徵。就是有些教育學者承認兒童有些異於成人，也只是承認兒童本身和成人相較，多有一些活動性而已。兒童「喜好」活動，兒童「領有」活動，是當時對於兒童心理的一種普遍的新看法，可是福祿貝爾對於兒童的了解，卻比較的要深刻一些。福祿貝爾認為：不是兒童「有」活動，而是兒童「即」活動。換句話來說；就是說活動這種歷程並不在兒

童本身之「外」，乃是蘊藏在兒童本身之「內」。因此，福祿貝爾認爲幼稚教育工作，即在於自「內」向「外」的發展兒童的本質，而達到使「內」成爲「外」，然後再由「外」而充實「內」。在「內」與「外」合而爲一的歷程之下，來完成「人」的教育工作，這也是幼稚教育另外的一個基本觀念。

　　對於幼稚教育的歷史演進以及基本觀念，我們已作了如上的簡要敘述；以下我們再分別的對於幼稚教育的創立者——福祿貝爾以及幼稚教育的改良者——蒙臺梭利兩位專家的理論和實際，作一些進一步的說明。

二、福祿貝爾的生平

（一）青年時代

　　福祿貝爾（*Friedrich Wilhelm August Fröbel*）於一七八二年四月二十一日生於德國中部吐林根（*Thüringen*）地方的「上白溪」（*Ober Weiss-bach*）；在一八五二年六月二十一日，死於吐林根地方的「愛石」附近「瑪利谷」（*Marienthalbei Liebenstein*）。出生以後，只有九個月，就失去了母親。福祿貝爾的父親是當地新教派中的一位牧師，工作很忙，對於幼稚時期的福祿貝爾，不大加以注意。福祿貝爾的繼母，只知照料自己親生子女，在內心上不大理會到福祿貝爾。在失去父母之愛的情況之下，他的童年生活，是很孤獨的在他父親的小花園中暗暗渡過的。這樣多和自然界植物偶然接觸的機會，後來不但影響了他的教育理論，而且替他的哲學理論也奠立了很穩固的基礎。當福祿貝爾十歲的時候，他的舅父何弗曼（*Hoffmann*）把他從他父親那裡接到吐林根的斯塔體爾木（*Stadtilm*）自己家中去住。福祿貝爾到了舅父家中以後，才繼續中等學校教育。到十五歲時候，福祿貝爾計畫著要作測量師的工作，於是乃進入一個林業管理局去作藝徒。但是當他參加林業管理局管理以後，因爲童年在父親的花園中和自然界接觸的影響，反而使他對於測量工作不感到興趣，把注意的方向，轉變到自然研究方面。林業管理局並沒有研究自然科學的設備，因而，在當時曾向附近一位醫生借到一些有關自然研究的書籍。從這些書籍中，使福祿

貝爾的自然知識增進了不少。可是這樣的自修，仍然不能滿足福祿貝爾的求知慾望；後來終於由一個前往耶納（*Jena*）的偶然機會，他竟在耶納大學註冊，去從事進一步的研究工作。

（二）三次的大學生活

福祿貝爾在耶納大學註冊入學之後，他的父親也居然同意他再繼續升學，並且把他的適宜於入大學的證書給他寄去，於是福祿貝爾才能夠在耶納大學取得正式學籍。當時的耶納大學是德國文化、思想中心之一，斐希特（*Johann Gottlieb Fichte*, 1762-1814）一派的哲學，很受人重視，這樣有浪漫主義色彩的哲學，對於福祿貝爾在思想方面不能沒有影響。當時他曾經和克勞賽（*Karl Christian Friedrich Krause*, 1781-1832）一同聽過斐希特講課，後來克勞賽的哲學給了福祿貝爾很大的影響。福祿貝爾在耶納大學肄業剛滿三個學期，由於學費以及生活費的困難，只有休學，離開了耶納，而回到故鄉，尋求謀生的職業。這時候，他的父親也去世了。為了謀生，他曾經作過土地測量員、法院書記、私人秘書，甚至改業擔任建築工作。世界上的偶然機會，有時也會發生若干影響；福祿貝爾偶然一度從事建築工作，就是他本人也不會預料到對於他後來在幼稚園教學「積木」遊戲時，竟有了很大的幫助。福祿貝爾在故鄉找不到合適的職業，後來乃去佛蘭克府（*Frankfurt am Main*）另尋出路，他到了佛蘭克府以後，認識了一位裴斯泰洛齊教育學派的教育家格魯納（*Gottlieb Anton Gruner*, 1778-1844）；當時格魯納是一所「母親學校」的校長，他們認識以後，格魯納就決定任用福祿貝爾到他的學校中擔任教學工作。想不到在這樣偶然的就業，竟決定福祿貝爾一生的工作傾向。福祿貝爾在「母親學校」任教以後，興趣很好；因為母親學校的制度和教法，都是根據裴斯泰洛齊的理論，所以在他到校後的第一個假期，他就趁機會去伊弗登訪問裴斯泰洛齊，參觀裴斯泰洛齊所主辦的學校。訪問歸來以後，就偕同兩位志同道合的私人學生，一同前往伊弗登，在裴斯泰洛齊的學校中，正式參加教育工作。福祿貝爾在伊弗登工作了兩年，在一八一〇年他又回到佛蘭克府，計畫著要幫助格魯納把「母親學校」，澈底的按照裴斯泰洛齊的教育理論改

進一下，可是等他回來以後，局面大大的改變了，格魯納因爲政治上的關係，已經離開了「母親學校」的校長職務，轉到赫得爾堡（*Heidelberg*）一所高級中學擔任教師的工作，於是福祿貝爾又暫時的失業，無事可作。經過一個短的時期，福祿貝爾又在歌庭根大學（*Göttingen*）註冊入學，希望完成未畢的大學學業。以前他在耶納大學時候，雖然對於自然科學很有興趣，但是因爲受了斐希特的哲學影響，並不曾十分的專心研究。現在在歌庭根大學，他才算是專心致力於自然科學的研究。他的主科是礦物學，他從礦物學的研究中，他發現了礦物結晶的嚴格規律性，於是就認爲只有從礦物學中，才可以找到宇宙間一切的形成規律。福祿貝爾從幼年起，已經觀察到植物的內在規律性，當研究礦物學之後，又發現礦物結晶的內在規律，並非自外而來的力量，於是更堅決相信，人類精神發展的規律，亦係自內而外，不能他求。這可以說是福祿貝爾的教育哲學中最基本的根據。當時福祿貝爾忽然得到了一部分遺產的繼承權，他的經濟狀況，大加改善，於是又轉學到柏林大學。斐希特和施萊馬赫（*Friedrich Daniel Ernst Schleiermacher*, 1768-1834）當時都在這一所新式的德國大學講學，所以福祿貝爾經常選修這兩位名家哲學課程。當他在柏林大學肄業的時候，正發生了一八一四年反拿破崙的自由戰爭。當時柏林大學的第一任校長斐希特，放棄了校長職務，參加軍隊而擔任隨軍牧師的職務，在這樣感召之下，福祿貝爾也參加了志願軍，爲國家效命。在從軍生活中，福祿貝爾結識了兩位朋友，一位是米登道爾夫（*Middendorf*），一位是蘭格泰爾（*Langethal*），這兩位軍中伴侶，後來竟成爲福祿貝爾在教育工作中的終身合作者。自由戰爭勝利以後，福祿貝爾又回到柏林從事礦物學的研究，並擔任礦物博物館中的助理及視導。

（三）教育實驗的實際工作

福祿貝爾第三次在大學中的研究工作，使他在礦物學的研究上頗有聲望，瑞典京城石托克候爾木大學曾聘請他擔任礦物學教授的職務。可是這時候，對於教育理論他已經有了一套很成熟的見解，因而放棄了大學教授生活：在一八一六年，他把自己親屬的一些兒童集合起來，辦理一所實驗

性的幼兒學校，開始實驗他的教育理想。第二年，即一八一七年又把他的
實驗學校遷移到克爾浩地方，他避免使用學校這個名詞，把他的新式學校
稱作「教育場所」（*Erziehungsanstalt*）。從前在軍中結識的兩位同志——
朋友，即米登道爾夫和蘭格泰爾也參加了這一所新式學校，共同從事兒童
教育的工作。當時他的太太維廉明（*Wilhelmine*）有一些陪嫁的財產，所
以這一所以教育親屬子女爲目的新式學校，頗爲發達，居然有六十名兒童
參加這一所新式學校。但是很不幸的乃是這種新式學校竟被當時的政府認
作鼓吹政治革新的煽動機關；雖然不曾遭遇到封閉的命運，但是兒童家長
爲了避免嫌疑，多把兒童轉入其他學校受教，福祿貝爾的新式學校中，
六十名的學生馬上減少到只有五名。在這樣情形之下，福祿貝爾仍然是不
顧一切，依據「自我表現」、「自由發展」的原則，以遊戲的方式，推行
他的教育理想。但是政府方面，對於這種新的教育方式，仍然不大放心，
常常派人檢查福祿貝爾的新式學校。福祿貝爾的遊戲教學方式雖然很新，
但是卻找不出有什麼地方是違背法令。最後只有出於爲難和挑剔之一途，
硬說這種新式學校中，兒童的頭髮太長，必須要剪短一點，才算合格。福
祿貝爾受不了政治力量的干涉，乃離開了他在克爾浩所創立的「德意志普
通教育場所」（*Allgemeine Deutsche Erziehungsanstalt* 是福祿貝爾新式學校
的全名），把他的太太和同事都留在克爾浩，他自己一個人去佛蘭克府，
另作其他的計畫。

　　福祿貝爾教育事業的開始，是在佛蘭克府受到格魯納的鼓勵和幫助；
在克爾浩的教育工作受到了阻礙，於是才又去佛蘭克府訪問格魯納，商議
一下今後的計畫，當福祿貝爾到了佛蘭克府以後，結識了一位有名的作曲
家，這位作曲家名字叫施耐德（*Xaver Schnyder von Wartensee*），曾經在
裴斯泰洛齊的學校中擔任過教學工作，也是裴斯泰洛齊的信徒。他們相識
以後，因爲志同道合，施耐德把他族中的一所公產，借給福祿貝爾，要他
繼續的從事教育的實驗工作。施耐德族中的公產，是座落在瑞士的盧才恩
州（*Kanton Luzern*），於是福祿貝爾乃離開德國前往瑞士，繼續他的教育
實驗工作。眞乃好事多磨，福祿貝爾到瑞士以後，有一位原籍盧才恩州，
和福祿貝爾過去曾經共事的人，因爲和福祿貝爾之間有私人的恩怨，曾在

當地的報紙上爲文攻訐福祿貝爾，反對他在瑞士辦理學校。經過一些挫折之後，終於得到當地政府的許可，福祿貝爾的學校正式開幕了。這個學校後來又遷移到微里騷（Willisau）；雖然還常常有人藉口宗教上的理由，向福祿貝爾糾纏，但是一般的都承認福祿貝爾在教育工作上的成功。後來瑞士的貝恩政府（Bern）也承認福祿貝爾在教育方面的成就，乃聘請他到白格村（Burgdorf）去主持一所公立的孤兒院。白格村是瑞士基督教新教流行的地區，所以過去那些反福祿貝爾的宗教方面的理由，都不存在了。在白格村時期，福祿貝爾由於蘭格泰爾的協助，曾經在微里騷舊校址中，舉辦過師資訓練班，參加受訓的人達六十名之多。師資訓練班辦理的成績很好，貝恩政府曾經一度派過五個人前往受訓。這個師資訓練班後來由他的助手米登道爾夫繼續主持，一直維持到一八三九年；後來由於一些傳教士的阻礙，才停辦了。但是福祿貝爾在白格村所辦理的幼兒學校，不僅贏得了相當的名望，而且在這個時期中，也奠立了他的幼稚園教育的理論基礎。在白格村學校中，他開始在採用裴斯泰洛齊的教育方法以外，還實驗他自己的教育理論。他認爲兒童的「自我表現力量」乃是「理性教育」的出發點。在兒童的自我表現活動中，一些具體的物，如水、沙、泥、木、石等等都可以拿來作爲教學的用具。而且他還堅決的認定：「只有對於兒童的養護，才算是教育的眞正目的」。這樣的教育思想，到後來乃發展成爲幼稚園教育的理論體系。

福祿貝爾在白格村從事教育實驗工作，剛剛獲得了初步的效果，突然又發生了意外的事件。他的太太對於瑞士的氣候不能適應，健康上受了影響。於是福祿貝爾乃決計離開瑞士，返回故鄉。他把他的姪子菲迪南（Ferdinand Fröbel）和他的老同事蘭格泰爾留在白格村，繼續辦理他所創辦的學校，他和他的太太乃於一八三六年，自瑞士回到德國。回國以後，福祿貝爾先到克爾浩地方，把他原來的學校恢復起來，在教學方面，仍按照在瑞士白格村的制度，繼續進行他的教育實驗工作。不久以後，他就把克爾浩的學校交給他一個很得意的學生巴樓普（Johannesn Barop），負責辦理；巴樓普是他的老同事米登道爾夫的姪輩，所以福祿貝爾很信任他。福祿貝爾把克爾浩的學校安排妥當以後，他就遷居到距克爾浩只有一個鐘

頭時間的旅程，一個叫做勃蘭肯堡（*Blankenburg*）地方。新居安定之後，他又在勃蘭肯堡創立一所幼兒學校。當時他還不曾創造「幼稚園」這個專門的名稱，他就把他新創設的學校，叫做「兒童青年活動力培養的場所」（*Anstalt für Pflege des Beschäftigungstriebes der Kindheit und Jugend*）。同時在主持這所新設立的幼兒學校之外，他又發行一種「週刊」（*Sonntagsblatt*），宣傳並研討他的教育理論，從一八三七年出版，一直維持到一八四〇年。中間只有一八三九年中曾停刊數期，那是由於他的太太逝世，忙於治喪的緣故，當他的太太逝世的第二年，即一八四〇年，他正在散步的時候，突然想到了「幼稚園」（*Kindergarten*）這個名詞，於是福祿貝爾就用這個名詞，作爲他所創立的一些幼兒學校的總稱謂。幼稚園是 *Kindergarten* 一詞的譯名。*Kindergarten* 原義爲「兒童花園」，最早使用這個名詞的乃是德國有名的教育學者李希特（*Jahonn P. Friedrich Richtter*, 1762-1825），在福祿貝爾使用這個名詞以前，他就已經用 *Jean Paul* 的化名在他的著作中使用過「兒童花園」這個名詞。但是福祿貝爾卻並不知道，而且李希特爾並沒有替「兒童花園」一詞作過確切的解釋；所以我們不妨承認福祿貝爾是現代含義的「幼稚園」一詞的創造者。在這個時期中，福祿貝爾連續印行了一些母親的歌與兒歌，作爲幼稚教育的教材；並且常常旅行講演，說明他的教育理論，在一八四九年，福祿貝爾又從勃蘭肯堡移居愛石溫泉，在那裏他認識了一位馬倫候爾茲——別勞伯爵夫人（*Baronin Bertha von Marenholtz——Buelow*），伯爵夫人對於福祿貝爾的教育方法極爲醉心，不僅備加讚美，而且到處代爲宣揚。當時一位有名的教育家狄思特維格（*Friedrich Adolf Wilhelm Diesterweg*, 1790-1866），對於福祿貝爾的教育方法，很爲懷疑，後來由伯爵夫人把他請到愛石溫泉並介紹他和福祿貝爾會談，結果卻使他對於福祿貝爾的教育理想，大爲欣賞，後來狄思特維格從事師範教育、國民教育工作時候，因而接受了不少的福祿貝爾的教育理論。福祿貝爾晚年正享盛名的時候，一八五一年八月，普魯士教育部部長羅麥爾（*V. Raumer*）竟下令禁止設立福祿貝爾式的幼稚園。在表面上是藉口攻擊福祿貝爾新近和他的一個名叫魯意思·雷文（*Luise Levin*）的女學生結婚爲不道德，以及幼稚園教育有無神論的傾向，實際上乃是因

爲在瑞士高等工業學校任教的那位姪子（*Karl Fröbel*）屬於政治上的革新派，而且常常和福祿貝爾通信，因而才引起了保守政府的疑忌，乃遭受到干涉。福祿貝爾雖遭遇到政治方面的壓迫，但是他更加努力的在講演、文字方面宣傳他的教育理論，而且在他七十週歲的生辰慶祝會上，贏得了至高的尊榮。可是不幸的很，在他度過七十週歲生日以後的兩個月，他就離開了這個世界。福祿貝爾的晚年，正是一八四八年歐洲各國革命運動失敗之後，反動力量抬頭的時候，所以福祿貝爾雖在教育工作方面贏取了勝利，而在其他社會生活方面，卻不免遭遇到若干打擊。但是人類歷史的演進，終究證明了他在人類文化方面的貢獻，在逝世之前，他所受到挫折，並不能減低他的價值。

三、福祿貝爾哲學思想的來源

在近代西洋教育史上，有許多專業的哲學家，如英國的洛克（*John Locke*, 1632-1704）以及德國的康德（*Immanuel Kant*, 1724-1804）等，都有他們的一套教育理論；同樣的，也有一些教育學者和教育家，雖不見得也有一套哲學的系統，但是卻有一些深湛的哲學思想作爲他們在教育理論上的基礎，或教育工作中的指導原則。福祿貝爾在教育史上，就是這麼一位以哲學思想著稱的教育學者。福祿貝爾的哲學思想中有許多很深奧的地方，不大容易爲人了解，所以有些教育史家常常用「神秘」、「浪漫」一類字樣去批評他。但是，無論如何，我們要研究這位教育學者的理論，我們必須要先認清他的哲學思想；否則，我們就很難澈底的了解他的教育理論。福祿貝爾又是一位專業的哲學家，他自己並不曾明白的建立一套哲學體系，這也是使我們對於福祿貝爾的哲學思想不容易了解的一個原因。但是，如果我們能夠從各方面找出來他的哲學思想來源，我們就不難對於他的哲學思想，獲取一些輪廓的認識。一般的都認爲福祿貝爾哲學思想和教育理論都是裴斯泰洛齊的繼承者，就是福祿貝爾自己也不否認他從裴斯泰洛齊方面所受的影響；可是事實上，福祿貝爾在裴斯泰洛齊之外，所受同時代一些哲學家的影響，也非常的明顯深刻。

（一）克勞賽哲學理論的影響

　　克勞賽（*Karl Christian Friedrich Krause*, 1781-1832）和福祿貝爾是同學，都曾經聽過斐希特（*Johann Gottlieb Fichte*, 1762-1814）和謝林（*Friedrich Wilhelm Schelling*, 1775-1854）的課；他們兩個人的研究志趣，雖不完全相同，但是福祿貝爾卻很受克勞賽的哲學理論的影響。克勞賽的哲學理論來自先令的「同一哲學」（*Identitätsphilosophie*），所謂「同一哲學」，即不承「主觀與客觀」、「實在與理想」、「自然與精神」這一些相反的對立；所有這些對立，在一個「絕對」之下，都是同一的。克勞賽的哲學見解，雖然深受康德哲學的影響，有很明顯的二元論色彩，但是他卻採用了先令的哲學研究方式，認為「自然」與「精神」一方面是對立的兩個範圍，另一方面，卻又彼此影響，互為因果，「自然」與「精神」二者之上，還有一個統一的「全體」，這個統一的全體，可以稱作「上帝」，也可以叫作「本質」（*Wesen*）。「本質」是一種無限的或無條件的「存在」，又是真正的「實在」，也可以說是「永恆」或「圓滿」。由於克勞賽承認這種絕對性的「全體」乃是最基本的實在；於是他認為哲學研究，可以有兩種不同的歷程；第一是主觀的、分析的，或向上的歷程；第二是客觀的、綜合的，或向下的歷程。所謂向上的歷程，乃由一般常人的「觀照」出發，最後即達到上帝的「觀照」；至於向下的歷程，乃是由上帝的「觀照」開始，漸漸的成為各個人的特殊的觀點。克勞賽認為哲學研究的任務，經由以上所說的兩種歷程，去追求對於「本質」的認識。「本質」既是「絕對」，所以哲學的任務，即在於認識「絕對」。克勞賽更進一步，認為這種對於「絕對」的認識，只有從一種「本質觀照」中，才能獲得。克勞賽曾經創造了一個特別的名詞「萬物在神論」，用來說明他的哲學理論。「萬物在神論」（*Panentheismus*）和「汎神論」（*Pantheismus*）的含義，並不相同；「萬物在神論」乃「汎神論」與「超神論」（*Theismus*）的混合。福祿貝爾幼年喪母，在家庭中受到了冷淡的待遇，常常一個人孤獨的靜觀「自然」，後來又致力於礦物學的研究。自然界中植物的生長有一定的秩序，礦物的結晶又有一定的規律；自然界中這樣有條不紊，真是一個不容易解釋的「謎」。所以在福祿貝爾幼年生活

環境中所形成的性格裏邊，就含有不少的神秘色彩，因而克勞賽的「萬物在神論」就很容易的影響了福祿貝爾的哲學思想。此外，克勞賽深受康德哲學思想的影響，對於人類的發展保持一種樂觀的看法。他認爲人類的發展，是向著「大同」的境界（*Völkerbund*）進行，因而世界大同，乃成爲人生的目的。福祿貝爾從克勞賽哲學思想中，也把這種主張接受過來。因而他的思想，除了含有當時的「時代精神」，即強烈的德意志民族主義之外，仍然保有一些人類大同的思想傾向。「人類之愛」與「祖國之愛」，在福祿貝爾的哲學思想中，有同樣的地位與價值，可以說就是受了克勞賽哲學的影響。

（二）斐希特哲學思想對於福祿貝爾的影響

斐希特是裴斯泰洛齊主義的擁護者；斐希特在瑞士作家庭教師的時候，和裴斯泰洛齊有相當的往還和友誼，對於裴斯泰洛齊的教育理論與實際都有相當的認識。所以斐希特在「告德意志國民」的講演中，在說到復興德意志民族方法時候，特別的加重語氣，認爲只有澈底的實行裴斯泰洛齊式的教育制度，才能從根本上挽救德意志民族的命運。福祿貝爾本人呢，大家公認，他自己也承認是裴斯泰洛齊的信徒；因此，福祿貝爾在受教於斐希特之後，自然而然的就不免深受斐希特的影響。菲希特的哲學思想中，有三個基本的主張，即 (1)「我」立我、(2)「我」立非我、(3)「我」於我之中立非我，所以有人把他的哲學理論稱之爲「立的理論」。所謂「立」，當然就是一種「行」了。斐希特以爲任何一種「主張」或任何一個「命題」，都不是絕對的，都可能有相反的方面。哲學的開始或哲學研究的基礎，如果是一種「主張」或「命題」，都不免發生議論紛歧的見解，都不免要破壞哲學的系統，或摧毀哲學研究過程的秩序。所以斐希特認爲只有「自思」（*Selbstdenken*），才能作爲哲學的開始或哲學研究的基礎。只有從「自思」的行動中才能產生理性，因而理性就是自行創造出來的行動。一般的哲學家多半承認在「行動」之前，已經先有了一種「存在」，這種已經存在了的「存在」，乃是「行動」的原因。「行動」既已有了原因，那麼，「行動」就不是一種原始的「存在」了。斐希特則承認

「行動」是一種最原始的現象，「行動」之前，並沒有外在的其他原因。斐希特把「行動」看作哲學的「開始」，所以斐希特的哲學可以稱之為「行動哲學」（*Philosophie des Handelns*）。斐希特哲學中的「行動原則」（*Grnndsatz des Handelns*），福祿貝爾接受過去作他的哲學基礎，因而福祿貝爾對於「兒童」與「行動」的關係，乃有一種新的看法。在福祿貝爾以前，即使承認「行動」對於「兒童」有密切的關係，也只是承認「兒童」愛好「行動」，也就是說「兒童」領有「行動」，「行動」屬於「兒童」。「兒童」和「行動」仍然是兩方面的獨立存在。福祿貝爾受了斐希特的「我」能「立」，「立」即「我」的表出，這樣哲學見解的影響，所以福祿貝爾不承認「兒童」領有「行動」，把「兒童」和「行動」看作主從的關係，反而認定「兒童」就是「行動」；福祿貝爾在教育理論中以及哲學思想上的「行動原則」，就是這樣的建立起來。

在克勞賽和斐希特之外，還有一些同時代的有名學者、思想家，對於福祿貝爾也發生一些相當的影響。如詩人兼哲學家諾瓦里利（*Friedrich Novalis, 1772-1801*）的「神秘的理想主義」，阿恩特（*Ernst Moritz Arndt, 1769-1860*）的民族主義、人間的樂觀思想，大詩人席勒（*Friedrich Schiller, 1759-1805*）的自由思想、文化哲學（人類的本質愛好自由，文化的主要任務在於幫助人類得自由），在福祿貝爾的思想中，都可能發現一些類似的成分。只是因為克勞賽和斐希特的影響特別重大而且顯著，所以只是舉例的提出了以上二人的影響，作一些簡單的敘述。

（三）福祿貝爾個人生活中的體驗

福祿貝爾的幼年生活常常和自然界接觸，觀察植物的生長；大學生活中，又對於礦物學發生興趣，研究礦物結晶的情形。從自然界生物和無生物的「規律性」中，培養成自己內心中的「天人合一」之感。克勞賽的「萬物在神論」，又給了他一些理論的說明，因而乃使他相信，宇宙萬物雖彼此不同，相互對立，然而這些外表不同的萬物卻能夠在神性中，本質上得到「統一」。宇宙萬物乃是一個整體，任何一物，都是全體的一部，並不是孤立的存在。這已奠定了他的哲學基礎。在一八一三年，反抗拿破

崙軍事侵略的「自由戰爭」發生的時候，福祿貝爾正在柏林大學就學。當
時的柏林大學，正以「德意志民族的大學」的面貌出現在德國，還不很
久；戰爭一開始，柏林大學的第一任校長斐希特就辭去了大學校長的職
務，從軍擔任隨軍牧師的職務。福祿貝爾在這樣爭自由的民族主義高潮之
中，也參加了普魯士軍隊，去過戰鬥的生活。在軍人生活中，福祿貝爾無
意的結識兩位教育工作中的同志，對於以後福祿貝爾事業的成就上，有很
大的幫助。軍中的戰鬥生活，更使福祿貝爾獲得了不少寶貴的體驗。在戰
地生活中，「聯合行動」的價值高於「個人行動」，這樣的實際生活，使
福祿貝爾更深切的了解出「個人」並不是完全屬於個人自己，「個人」的
一切在屬於「全體」的時候，才能夠充分的表現出來它的價值。同時又體
驗到「全體」的意義和價值，只有在「全體」能夠保障「個人」和發展「個
人」的時候，才能夠顯明的表現出來。後來他在一八二六年所出版的「人
的教育」一書中，開宗明義，承認在宇宙中間，到處都「隱藏著」、「活
動著」並「統治著」一種永久的法則；這種法則一方面表現在外部，在「自
然」中，一方面又表現在內部，在「精神」中，而且同時又表現在由「自
然」和「精神」結合而成的生活中間。這樣「萬物一貫」、「人類一體」
的思想，可以說就是來自這種軍中生活的體驗。如果沒有這樣實際生活中
的直接體驗，恐怕由克勞賽所代表的先令的「同一哲學」以及克勞賽自己
所建立的「萬有在神論」，對於福祿貝爾自也不會發生這樣深刻的影響。

四、福祿貝爾的教育理論

福祿貝爾的哲學思想深受克勞賽和斐希特的影響，至於他的教育理
論，則係以裴斯泰洛齊的教育學說為主要的骨幹，而又根據自己的哲學見
解，加以改進。一般的教育史家是這樣的看法，福祿貝爾自己也很明白的
承認他是裴斯泰洛齊的信徒。福祿貝爾晚年曾獨力出版一種「週刊」，
宣傳他的教育理論。這種「週刊」的全名稱乃是：「福祿貝爾週刊——
為從事真正人的教育工作之同志所刊行的聯合報導」（*Friedrich Fröbel
Wochenschrift, ein Einigungsblatt für Freunde wahrer Menschenbildung*）。當福

禄貝爾逝世的前半年，即一八五二年元月，他在這個週刊上曾經發表過一篇文章，說明他對於兒童教育工作努力推行的原因，以及他的教育理想。在那篇文章中，他有下邊的一段說明：

「本刊的發行人有以下幾個信念：第一，裴斯泰洛齊式的教育，一方面特別注重對於『世界全體』的直觀，一方面又把生活中各個方向當作一個『統一』來看。我們應該把裴斯泰洛齊的這樣對於教育的看法，當作我們從事教育工作的原則。因爲根據這樣原則，去推行教育工作，才能夠獲得正確有效的結果。第二，現在的情形，乃是『學校』與『家庭』、『私人生活』與『公共生活』之間，都存有一種空隙彼此不能聯合；只有採用本刊發行人所主張的幼稚園教育的原則，才能夠把這種空隙填補起來。爲達到填補這樣空隙的目的，有系統而且有意義的『遊戲』，乃是一種最適當的工具。第三，本刊發行人受這種願望的驅策，乃把他一生的精力，貢獻給兒童教育工作以對於婦女或母親的訓練事業。只有在這一類的工作中間，才能夠把人自內而外的發展成獨立自由的人。」

福禄貝爾自己明白的承認他的教育工作原則，是來自裴斯泰洛齊的「直觀教學」；但是他的教育理論中，仍然還有其他哲學基礎。他所說的「有系統而且有意義的遊戲」，乃是一種實際的「行動」；他看重實際的行動，正是表示著他受了斐希特哲學的影響。他主張「自內而外的發展成獨立自由的人」，也正是他接受了克勞賽哲學見解以後，所必然要發生的結果。福禄貝爾的教育理論雖不免深受其他學者的影響，可是他自己的教育理論，究竟還有其本來的面目和基本的觀點。以下要敘述的，就是福禄貝爾教育理論的基本觀點中，所具有的幾種顯著的傾向。

（一）生命的大統一

福禄貝爾的教育哲學中，有很複雜的成分，如：「非教條式的基督教教義」、「人文的同時又是民族的精神」，結果乃形成一種「浪漫的、神秘的萬物在神論」。因此，福禄貝爾認爲一個「生命」中間，含有「自然」

的全體，同時又含有「人性」的全體。任何一個「生命」中間，多少的都
有一些「上帝的精神」；所以一切生命都含有相同的精神，相同的力量。
「人」的生命和「自然」的生命，彼此之間，只有一些程度上的差別，並
沒有性質上的不同。福祿貝爾在他的自傳中，曾經舉出事實來說明「生命
統一」的理論建立的經過。他的父親是一位傳教士，在佈道的時候，自然
不免要常常攻擊人類的一些不可原宥的罪惡。在福祿貝爾幼年的時候，聽
到他父親的佈道詞，就感到非常的憂慮、煩惱和苦痛。他在自傳中，曾
說：

　　「……這些煩惱和苦痛使我內心感到很大的不安，我企求著設法解
除內心中這些苦惱不安，但是以我的年齡、我的身分來論，這是不大可能
的。我的長兄已經獨立成家，有一天當他回來的時候，正遇到我發現了榛
樹的花蕊中有許多紫色線條，使我非常的喜悅，我的長兄就把花中的雌
蕊、雄蕊分別的指示給我來看，並說明植物和人類一樣也有男女的性別。
這麼一次偶然解釋，乃使我心中長久所蘊藏的不安，得到平靜的機會。因
此，我才發現並承認了有一種制度或規律，普遍的存在於自然界中，甚至
那些美麗而靜默無言的花木，也受了這種制度或規律的支配。從那個時候
開始，『人性』與『自然』，『心靈的生命』與『植物的生命』，在我個
人看來，已經織成了一個『統一』，甚至我看到榛樹的花蕊，也正如一個
天使，在榛樹的花蕊中，我看出了自然界中也有了上帝的莊嚴廟堂。」
　　「現在，我已經得到我的需求了。那就是：在『神』的教會之中，加
上『自然』的廟堂；在基督教的宗教生活之中，加上自然的生活；在人類
生活中情感的不和諧之中，加上植物生活中的安靜、和平。」

　　福祿貝爾經驗中，如先令的「同一哲學」的影響，反拿破崙戰爭中
戰地的實際生活，由於身與心、勇敢與犧牲一類交互關係的體驗，都可能
建立起來「生命統一」的理論；但是，最後他決計獻身從事教育改革工作
以及長期的觀察兒童身心發展的結果，卻更使他的「生命統一」的理論得
到了進一步的堅證。他自己在他的自傳中，曾說：在極端紛歧的表面之

下，仍然可能找出來一個大的統一。福祿貝爾把這種「生命統一」作爲他的教育理論和實際兩方面的基本原則，多少有一些神秘性，所以有些教育史的研究者，認爲福祿貝爾教育理論，乃是要把德國哲學中的超越主義（*Transcendentalism*）應用到教育的範圍中間。這種說法，固然有他的根據，但卻並不見得十分正確。在他的自傳中，他曾經說明，「宇宙統一」的經驗，其價值高於一切有形式的宗教生活。他曾說：「在自然歷程中受教育的兒童，並不需要一種固定形式的宗教；可愛的、親切而有力的人類生活以及安靜而純潔的兒童生活，其本質已經就是基督教生活。」從獨斷的教條中，反而不容易得到真正的基督教生活。在福祿貝爾看來，任何人只要能夠感覺他自己和一切人類、一切自然現象之間，有內在的關係，形成一種生命統一的意識，他自然就會有了一種「民胞物與」的人生觀。福祿貝爾以爲教育的目的就是把每一個個別的生命，引進到一個生命大統一的中間，也就是說要培養受教育者，使其有一種「民胞物與」的人生觀。人生的最高境界，在福祿貝爾看來，只有當一個人意識到、體驗到一切生命、一切存在，都是屬於一個「無限的統一」時候，才能夠達到。福祿貝爾在不曾發現並使用幼稚園這個名詞的時候，有一個時期，他把他所主持的教育機構，稱之爲「全面生命統一的場所」（*Anstalt für allseitige Lebenseinigung*），也可以看出來他是把「生命統一」當作教育的目的了。

（二）發展的意義

福祿貝爾雖然主張宇宙中間一切的生命，從本質上看，彼此之間，並沒有什麼差異；但是，如果要從發展的程度上來看，彼此之間，卻有很明顯的不同。關於發展的意義和原則，福祿貝爾曾經有過不少的說明。他認爲發展只不過是循序的漸進；跳躍的突變，是不可能的，即使可能，突變也不應稱之爲發展。在發展的歷程中，每一階段都是前一階段的延續；在前一階段中間，仔細的分析一下，一定可以找出一些現階段所從發生的萌芽。所以在發展的歷程中，前一階段不但不阻礙後一階段的實現；反而可以說前一階段乃是後一階段的基礎。因此，在教育工作中，只能按照兒童生命發展的階段，去輔導兒童發展；跳躍的、速成的希望兒童「早熟」，

乃是一種不健全的早熟，並沒有什麼教育的價值。依照福祿貝爾的見解，人的發展也和自然界中的萬物相似，只是表現出本身內在的本質；人的任務就是要引導原有的內在本質趨向於明確的理解。他曾經說過，在任何一個個別的人的身上，可以看出來，「人類不是完全成熟的，也不是已經凝結和確定的；相反的，人類是永遠不斷的在形成之中，永遠活動的向前進展，由一個發展和形成的階段，趨向另外一個高一級的發展和形成的階段」。所以，福祿貝爾認爲教育的使命，甚至人的全部生活，都是在不斷的「發展」歷程之中，這種發展，乃是從「有限」到「無限」，從「暫時」到「永恆」，從「地面」到「天上」，從「人」到「神」。福祿貝爾所說的發展歷程的中間，雖然含有「對立」的意味，但是這種對立，在他看起來並不是不能並存的「矛盾」，而是一種「調和」的前奏。福祿貝爾以爲「發展」可以進一步達到至善的境地，所以他的教育理論中，含有很濃厚的樂觀主義的色彩，確信兒童創造能力的價值。因此，我們可以說，福祿貝爾對於「發展」的看法，不完全是生物進化論者的見解，而是和德國哲學家謝林（*Friedrich Wilhelm Schelling*, 1775-1854）的主張有些類似。先令以爲「自然」之中，含有一種內在力量（*Potenz*），而這種內在力量，自身能夠向上顯現，使「自然」成爲「精神」。因而謝林的哲學，乃稱爲「同一哲學」（*Identitätsphilosophie*）。福祿貝爾以爲兒童的發展，乃是由「自然兒童」出發，經過「人類兒童」而成爲「神的兒童」；依據統一的規律，這三種情況不同的兒童本性，乃是一個「統一的整體」之三個方面。因爲這三個方面，最早顯現的是「自然」方面，以教育的力量，才能夠把原來潛伏的「人類」和「神的」兩方面，也顯現出來。所以我們可以說福祿貝爾的發展理論，和先令的「同一哲學」有些近似。如果還記得先令哲學對於克勞賽的思想曾經給予了很大的影響，而福祿貝爾的哲學思想中，又有若干觀點是來自克勞賽哲學，那麼福祿貝爾對於發展的解釋，採用了「同一哲學」的立場，也就無足怪了。

（三）兒童本能的分類

　　福祿貝爾在兒童的年齡方面，分爲三個時期，即 (1) 哺乳期、(2) 童年

期以及 (3) 少年期。在哺乳期中，兒童教育的主要任務在於外感覺官能的發展；童年期的教育即家庭教育，其主要的任務爲遊戲以及語言發展的活動。至於少年期則已爲學校教育時期，這個時期兒童已有自覺的目的，所以教育的任務，乃是盡量的根據兒童的「自覺」去發展兒童「自動」的態度。兒童何以能夠自動，福祿貝爾的答案是因爲兒童在本質上自始即潛存有這種本能。依照福祿貝爾的主張，兒童的本能共有四類。第一類是「活動的本能」。福祿貝爾的哲學思想，在前邊已經說過，自始就很受斐希特主觀理想主義以及行動哲學的影響，認爲「創造的本質」爲唯一的永恆的本質，因而人類的全部生活，也像整個自然界的大生命一樣，是這一個「創造的本質」的表現。這一個「創造的本源」，福祿貝爾有時也稱之爲神性，是永遠不斷的在一切地方活動。福祿貝爾因而也把這個永恆的，不斷活動的創造本源，看作「活動本能」的來源。福祿貝爾這種哲學觀點，固然含有一些神秘的意味，但是根據此種哲學觀點，而高唱並實行引起兒童內在的「積極性」之發展，進而要求培育兒童的「自動性」和「創造性」，對於近代的教育，無論在理論或實際方面，都有很大貢獻和影響。兒童的第二類本能，乃是「認識的本能」。福祿貝爾有自己的哲學體系，他所說的認識，也並不同於經驗主義者所說的「認識」。經驗主義者以爲由於外物所生的刺激，引起了感官的活動，因而形成了各種觀念，於是在觀念與外物的符合情形之下，乃有認識。福祿貝爾仍是把認識的本能安放在他的哲學基礎上邊，認爲潛伏在人類本質中有一種內在力量；這種力量時時刻刻的企求著要揭發萬物的本質，或認識萬物的內在本質。所以福祿貝爾所說的本能，仍然有一些神秘的意味。但是他卻不像德國哲學家康德（*Immanual Kant*, 1724-1804）那樣承認「物如」（*Thing-in Self*）乃不可認識的。福祿貝爾在這一方面仍然受了斐希特哲學的影響，以爲「物如」即在「我」中間，並不在「我」之外。物如既然存在於「我」之中，在發展的歷程中間，也會自己顯示出來，到了明白、確定的境界，所以在福祿貝爾的哲學思想中，沒有一點「不可認識」的痕跡。第三類本能，福祿貝爾稱之爲「藝術的本能」。所謂藝術的本能，乃是意味著藝術創作的本質。並不一定要牽涉到藝術作品的美的價值上邊。藝術創作的活動和工業成品

的製造活動並不相同。工業成品乃一種大量的製造，某一類的工業成品，都要合於一定的標準，所有同屬一類的工業成品，彼此相同，很少重大的差異，也可以說是根據一定的格式，模造出來的。至於藝術作品，則屬於創造，每一件藝術作品，都含有藝術家創作的性格；所以藝術作品中，不能夠發現兩件是相同的，即使是一個藝術家，也不能夠先後創作出來兩件相同的作品。所以藝術活動是一種創造工作，而工業生產活動，則是一種模仿的工作。宇宙的本質，在福祿貝爾看來，乃是一種創造的活動，而這種創造活動也是早已蘊藏在人類的本質中間。所以在兒童時期，在本質上，也已經有了這種創造性的藝術本能。宇宙中間，所有一切創造外來的萬物，有條不紊，秩序整齊，形成一種美的情態；因而人類憑藉了他的與生俱有的創造本質，也能夠對於無形相的物體，賦與一些美麗的藝術的形式。福祿貝爾重視「生活中的美」，正可以表現出來他在「知識教育」之外，並注重了「情感教育」和「意志教育」。兒童的第四類本能，乃是「宗教的本能」。照福祿貝爾的主張，這一類宗教本能，乃是前三類本能的歸宿。福祿貝爾的教育理論中，最不易了解，而且最受近代教育學者指責的，就是他在本能論中，所主張的兒童有一種宗教的本能。在未曾說明宗教的本能之前，我們需要對於福祿貝爾的宗教哲學，先有一個輪廓的了解。必須如此，我們才能夠確切明瞭「宗教本能」的含義。在宗教哲學中，有所謂「超神論」（*Theismus*）和「汎神論」（*Pantheismus*）兩種不同的見解。超神論認爲「神」在「世界」之外，「世界」乃是由「神」所「創造」出來的；至於汎神論，則主張「神」即在「世界」之內，所謂「世界」，只是「神」的「表現」。福祿貝爾在宗教哲學方面的主張，已經不是正統的基督教的神學；他雖然不是屬於爲基督教視爲異端的汎神論，然而也不是堅守超神論的範圍，福祿貝爾所信仰的，仍是把超神論和汎神論相加而成的「萬物在神論」（*Panentheismus*），也就是說他雖然沒有完全放棄了「神」造「世界」的主張，但是卻已經承認「自然」和「人類」的發展之中，已經有了「神性」。所謂「自然」和「人類」的發展，只不過是「神性」的「成功的表現」而已。福祿貝爾的思想在精神方面，保有「人類愛」與「民族愛」的成分，同時又具有「浪漫——神秘」的氣味，因而

根據他的萬物在神論，認為人和人的自身、和自然、和其他的人，都應該有和諧的一致。「自然」與「人類」都有原始的「神性」，所以每一個兒童，在本質中都含有「神性」。以原有的神性為根據，使個別的兒童在發展的歷程中，能夠與「自然」、其他「人類」、「神」和諧的形成一個大的統一，這就是福祿貝爾承認兒童具有宗教本能的根據。因此，福祿貝爾認為教育的目的，就是要發展兒童的宗教本能，達成一種生命的統一。

（四）課程論

福祿貝爾的教育理論，是建立在兩個不同的基礎上邊；一方面是他自己本身內在神秘性的表出，另一方面乃是人類本質中一般通性的重視。因此，他在教育理論的哲學研究方面，有很顯明的浪漫氣味，甚至有些神秘的色彩；很不容易為人了解。可是在他的名著「人類的教育」（*Menschenerziehung*）一書第六章中，論到「學校、家庭與教學科目」時候，在承認教學即生活，家庭與學校生活的一致，才能夠完成人的教育的主張之後，他就大體的提出了對於課程的看法，他以為只有在謹慎的考慮中，擬訂下教學科目大綱，而且依據這種大綱推行教育，才能夠達成教育目的。在初級教育的歷程中，福祿貝爾認為下列各項教學科目，合併起來，乃能構成課程的全體。

1. 宗教教育　這是福祿貝爾認為最重要的一部分；他以為教育的主要任務，就在於發展「宗教的本能」，所以他主張在兒童時代，必須鼓勵並培養宗教的情操；否則教育工作就失去了它的意義和價值。

2. 體育衛生　這一方面，我們可以看出福祿貝爾受了盧梭和裴斯泰洛齊兩人的很大的影響。他主張在兒童時期的教育工作中，不但要鍛鍊兒童的體格，同時也須要傳授衛生的常識，養成衛生的習慣。

3. 自然科學的常識　許多人常常誤會，以為福祿貝爾重視宗教教育的價值，注意心靈方面自內而外發展，認為他的教育理論是玄學的、唯心的。這實在不是一種公平確實的看法。福祿貝爾本人和裴斯泰洛齊有私人間直接的關係，尤其在教育思想方面，深受裴斯泰洛齊的影響。所以福祿貝爾課程論方面，不但著重於自然常識的教育價值，而且採用了裴斯泰洛

齊的「直觀」教學（*Anschauung*）的方法，主張在兒童直接觀察自然現象和生活環境中，去推行自然教學的工作。因而，我們可以說福祿貝爾所說的「自然教學」，和裴斯泰洛齊所說的「鄉土學」，在本質上，並沒有什麼嚴格的差別。

4. **詩的記誦與歌唱**　這一個科目和宗教教育的用意有些近似；既非知識傳授，也不是體格的鍛鍊。其主要的目的乃是情感的陶冶或意志的訓練，在兒童時期，使兒童經常的記憶住一些有關宇宙、人生敘述的短篇詩歌，並把這些記憶中的詩歌，作爲歌唱的教材，對於人格的養成，這可以說是一種很有效的方法。

5. **說話**　在裴斯泰洛齊看來，教育的內容，最重要的部分乃是「形」、「數」和「語言」。福祿貝爾受了裴斯泰洛齊的影響，所以也把「說話」一種，看作課程中的一個重要部門。而且他還接受了裴斯泰洛齊的「語言直觀教學」的方法，不採用以文字爲根據的「說話」教學方法，在說話的練習時候，要使用「自然觀察」和「生活經驗」一類的直觀教學方法。

6. **手工**　福祿貝爾所說的手工，並不同於現代學校中的「工藝」。福祿貝爾所說的手工，乃是實際的動作中，喚起兒童的「自動」，並於「自動」的活動中，得到發展。福祿貝爾主張兒童的自動的活動，要以「具體的物體」爲依據，並不是一種亂動。在手工一科的教育中，使兒童用排列「積木」或「摺紙」方式，從簡單到複雜，作一種有系統的練習，也就是說，要在感官活動的練習中間，培養一種守規律的習慣。

7. **圖畫**　初級教育階段中的圖畫，固然可以讓兒童自由作畫，發展他們的想像力。但是福祿貝爾的課程論所說的圖畫，並不如此。福祿貝爾以爲兒童時期的繪畫的活動，也須要以一種規律性加以限制；所以他主張兒童要在一種由橫線、直線所構成的空白圖形中，以填充、聯繫的方法作繪畫的練習。只有這樣，才能夠陶冶出來兒童內心生活的規律性。

8. **顏色辨別**　在福祿貝爾的課程論中，顏色辨別並不曾完全和圖畫一科混合在一處。最初以各種顏色訓練視覺的時候，並不牽涉到繪畫的動作。即使後來應用到繪畫方面，也仍然是要兒童在空白、無色的圖形中，

填入各種適當的顏色，使兒童在規律之中，仍然有「自由」和「調和」之感。

9. 遊戲　關於「遊戲」在理論方面的研究，在福祿貝爾以前，德國的哲學家席勒（*Friedrich von Schiller*, 1759-1805）和教育詩人李希特（*Johann P. Friedrich Richtter*, 1762-1825，另有筆名為 *Jean Paul*）已經加以研究，但是承認「遊戲」的教育價值，把遊戲列入課程之中，卻是從福祿貝爾開始。在各種「遊戲」中，無論是人以「物」作遊戲或人與「他人」作遊戲，都可以養成「自動」和「參加」的生活習慣。所以福祿貝爾把遊戲看作教育內容中一個重要的部門。

10. 故事、童話、小說的敘述　福祿貝爾的教育思想中對於人類的一般通性相當重視。從人類一般通性的了解，再求個人本性的發展，才是一種根本的辦法。所謂故事、童話、小說，其內容都是偉大人格的特殊事件的記述。兒童在口頭敘述故事、童話、小說的歷程中，無意中可以了解自己各方面生活的情況。在人我對照之下，由人及我，對於整體生活的意義與價值，可能獲得深刻的欣賞；這種理論，頗類似我國「以古為鑑」的說法。在這一方面，福祿貝爾倒好像受了和他同時代的哲學家、教育學者赫爾巴特（*Johann Friedrich Herbart*, 1776-1841）的影響。赫爾巴特在教學活動中，特別重視古希臘荷馬史詩中奧地賽（*Odyssey*）的教育價值，正是和福祿貝爾重視故事、童話、小說的敘述，同樣看重了偉大人物在教育活動中可能發生的重大影響。

11. 散步和短距離的旅行　在學校中，無論是教學式遊戲，學生與教師總是站在兩個方面，而且彼此之間總有一些距離。只有在離開學校，於散步、旅行之中，教師才能夠深深的打入學生的團體生活之中，無形的發揮一些教育的效力。所以福祿貝爾採用了盧梭和裴斯泰洛齊的主張，把散步和短距離旅行，正式列入學校課程之中。

12. 「數」與「形」　裴斯泰洛齊以為認識自然界的現象，最基本的方法是從「數」與「形」入手。福祿貝爾接受了裴斯泰洛齊的主張，所以也把「算術」和初級「幾何」，列入了初級教育的課程範圍中間。

13. 文法　文法是語文的規範，而語文又是思想的符號，因而文法的

確切認識，正是訓練思想的方法。所以福祿貝爾承認文法在教育上的價值，把它看作學校課程的一部分。

14. 寫字　　在這一方面，福祿貝爾也是採用了裴斯泰洛齊的教學方法，使學生由畫「線條」開始，依次學習「字母」、「單字」、「拼法」等等，完成寫字的教學工作。

15. 讀　　讀，雖列為課程之一，但是在教學時候，卻常常和寫字的教學，同時進行。

福祿貝爾所列舉的課程內容，並不是只限於學前的幼稚教育，對於初級學校教育，也是同樣的可以適用。依照福祿貝爾的教育理論，兒童教育的開始，是在發展各種感官中，去認識物體現象的外表；由認識對象的外表，再注意到萬物的內在本質。在兒童認識「物」與「現象」的聯繫中，再進一步培養兒童更高一級的統一思想。由外而內的過程，其中所不可缺少的媒介，就是語言。由外而內發展的最後目的則為生命的大統一，即所謂宗教的情操。因此，我們可以把福祿貝爾所列舉的十五種科目，分為四類。第一是語言和動作；第二是自然常識；第三是有關思想訓練的科目；第四，最高的乃是宗教教學。這四類課程並不是平等並列；依照福祿貝爾的理論，應該是在先後排列中，互相配合。以形象表示，約如下圖。

宗　教	自然常識	行動 與 語言
	思想訓練	

從福祿貝爾的課程論中，固然可以用現代的教育觀點，發現一些不大妥當的地方；但是他對於初級教育的基本看法，一直到現在仍然有其不可否認的價值。

五、福祿貝爾的教育方法

在近代教育研究工作中，教育方法的研究，常常佔有很重要的地位。

但是教育的主要對象是「人」，而且是在成長的「兒童」和「青年」；人是有個性的，宇宙間沒有兩個完全相同的人，至於兒童和青年，不但每人有個性，而且每一個兒童和青年都是向著成熟時期發展，所以他們彼此之間的差別，較之成年人彼此之間的差別，還要大些。教育的對象既然都是特殊的兒童和青年，自然在教育的工作中間，也就很難找出來一種普遍有效的方法。因此，即使教育史上一些著名的教育家，各有各的一套教育方法，可是他們的教育方法，也不見一定可以採用。所以我們敘述福祿貝爾的教育方法，只是提供從事幼稚教育工作者的參考，並不是說這就是幼稚教育工作中的有效方法。福祿貝爾的教育理論有他的哲學基礎，所以在教育方法上，他也有一些特殊的見解。可惜的是福祿貝爾盡管努力的尋求關於幼稚教育的方法，然而終福祿貝爾一生，也始終沒有建立起來一套有系統的教育方法。甚至他所重視的「恩物」，也是常常改動，並沒有完成一種完全的設計，因而我們要敘述他的幼稚教育方法，也只能擇要的列舉出來幾個要點，並不能夠詳明的列舉出來一套幼稚教育方法的系統。

（一）思想的「工作」和工作的「思想」

　　福祿貝爾認為教育的本質乃是兒童內在本質的發展，所以怎樣去發展兒童的內在本質，就成為福祿貝爾所重視的問題了。在福祿貝爾看來，尊重兒童的自由，讓兒童自己去行動，然後兒童的內在本質才能夠得到繼續不斷的發展。有一位參觀過福祿貝爾所主持的幼稚園的教育家曾說，在參觀時候，常常聽到這樣的問答：「伯伯（這是福祿貝爾所辦幼稚園中，兒童對於教師的稱呼）！我可以這樣做麼？只要你能夠那樣做，有什麼不可呢！」就從這一點事實上，我們也可以看出來福祿貝爾是如何的看重兒童的自由？能自由、能自動的活動才是創造的活動，也只有在創造的活動中間，才能夠把蕪雜、混亂的物質或材料變為統一、有系統的精神。這可以說是受了斐希特和謝林（*Friedrich Wilhelm Schelling*, 1775-1854）兩位哲學家的影響。依照福祿貝爾的主張，教育不是生活的「預備」，教育乃是日常生活的「參加」；所謂「學校」，只不過是縮小範圍的「社會」。當福祿貝爾從軍中生活退伍之後，在克爾浩（*Keilhau*）從事幼兒教育工作

的時候，他的教育方法，就是要兒童在實際生活的行動中，去獲得教育的
效果。「克爾浩」是一個比較困苦的農村；當時福祿貝爾所收容的兒童大
多數來自寒苦的家庭。福祿貝爾所辦的幼稚教育機構（他避免使用學校的
名稱），在經濟方面，也是非常的窘迫。因而福祿貝爾就和他的同事領導
兒童從參加實際生活中，去推行教育工作。修建簡單的房舍，整理小規模
的校園，幫助農家作下種的工作，都是很有用而且很有價值的教育方法。
因為福祿貝爾相信從實際的生活經驗中間，過渡到理論的或思想的認識，
才算是真正的教育方法。在工作與行動中間所得到的認識與知識，乃是正
確的、有用的；工作與行動乃是認識與知識形成的條件。所以福祿貝爾在
他的教育方法中，才提出了思想的「工作」和工作的「思想」（*Denkend
Tun, Tuend Denken*）兩個口號。他這種要求在思想中去工作，以及在工作
中去思想的教育方法，和現代教育方法中所說的「由做中學」（*Learning
by Doing*）以及由「做中獲得教育」（*Education by Doing*）的主張大體相
似。「由做中學」這一類教育方法的理論根據是實驗主義的哲學思想，而
實驗主義可以說是經驗主義哲學的一個派別。至於福祿貝爾的哲學思想則
屬於德意志的理想主義。哲學思想派別不同，何以在教育方法，竟有這樣
相近似的主張？這是一個很容易提出的問題。如果我們能夠了解德意志理
想主義哲學的本質，就很容易替這個問題找到適當的答案。康德以後的
三個大哲學家，如斐希特、謝林、黑格爾（*Georg Wilhelm Friedrich Hegel,
1770-1831*），他們的哲學思想中，不是把「行動」看作「實在」，就是
把「變動」或「發展」當作「實在」。尤其是先令哲學中，在「發展」之
外，更承認了內在的潛存力量。斐希特認為任何一種理論都不能作為哲學
的基礎，「哲學」的開始應該是「行」；先令的「同一哲學」，更進一步
不承認「自然」與「精神」之間有嚴格的差別。至於黑格爾所主張的「辯
證發展程序」，則是混合的接受了斐希特和先令哲學的影響，所以認為在
辯證發展中，後一階段是前一階段的實現，前一階段是後一階段的準備，
因而主觀與客觀，正與反之間並沒有不可踰越的鴻溝。福祿貝爾的哲學理
論是來自克勞賽，而克勞賽的思想，則很受斐希特和先令的影響；所以福
祿貝爾的教育理論中特別重視「發展」的價值。以「發展」的理論應用到

教育方法上，那麼思想的「工作」和工作的「思想」這一類主張，也就有很穩固的基礎了。往往有些教育理論者，一看到福祿貝爾在教育哲學上那種「生命大統一」的理論，認爲福祿貝爾的神秘氣味很重，更進一步，也看輕了他在教育實際工作上的貢獻。這實在是一種對於福祿貝爾的誤解。如果能夠把福祿貝爾的教育理論和教育實際綜合起來，作一番整體了解的工夫，這種誤解自然也就不會存在了。福祿貝爾自己曾說過，教育工作是從實際生活開始，最後還是仍然要歸於實際生活。教育工作必須徹頭徹尾的和實際生活聯繫在一起，才能達成教育的任務。但是福祿貝爾的教育方法，雖然重視行動、工作的價值，然而他卻並不曾拋棄了他的哲學基礎，他仍然堅持他原來那種自內向外發展的理論。他以爲兒童在工作場所中作一些與實際生活有關的技能性活動之外，裴斯泰洛齊所主張的「直觀教學」方法，仍然有它的相當價值。所以福祿貝爾自己主辦的幼兒教育機構，仍然規定每一星期中，全體教師必須和全體兒童到野外散步或旅行一次，使兒童親身直接的去觀察自然界的一般情況。在散步或旅行時候，教師的任務，只是隨時解答兒童自己所提出的問題。這是以「直觀」的方式使兒童得到自內向外的發展。由此，我們可以看出來，福祿貝爾是以「行動」和「直觀」兩種方式，並重的去獲得思想的「工作」和工作的「思想」。

（二）遊戲

在教育史上，一向是不承認遊戲在教育活動中，有多大的教育價值。在原始的教育工作中，是重視實際生活的參加；等到學校教育發展以後，嚴格的知能訓練又成爲主要的教育工作。遊戲既不是嚴格的知能訓練，又脫離了實際生活範圍，所以遊戲在教育歷程不可能引起教育工作者的注意。盡管兒童的實際生活不能超出遊戲的範圍，盡管成人社會也知道供給一部兒童遊戲時所用玩具，但是兒童的遊戲活動卻是始終被限制在教育的範圍之外。近代兒童心理學研究有了相當的發展，已經承認兒童不是一個具體而微的成人，在本質上兒童與成人有很多不同之點。其中重要之一，乃是遊戲只佔了成人生活的一小部分，而在兒童的實際生活中，遊戲卻佔了絕大的部分。遊戲活動既然是兒童的實際生活，因而在兒童的教育工作

中，就不應該忽視遊戲的意義和價值。福祿貝爾在教育史是第一個承認遊戲的教育價值，而且有系統的把遊戲活動列入教育歷程中的教育學者；這一位幼稚教育制度的建立者，對於兒童教育的研究，就是在這一方面，作了畫時代的貢獻。成年人的生活中，雖然有時候也有遊戲的活動，但是在遊戲活動的本身之外，不能說絕對的沒有其他的目的。而且這種其他的目的是和參加遊戲者的本身成為對立的局面；也就是說這種其他目的是位置在遊戲者本身之外。至於兒童時期的遊戲活動就不是這樣了。兒童時期的遊戲，它的意義與價值就在遊戲活動的本身，只是為遊戲而遊戲，遊戲之外，別無外在目的；在遊戲之前，也沒有為遊戲以外的任何動機。因此，兒童的遊戲活動，只是對於「物」或「人」，以有往有來的韻律動作，使自身直接的成為當前活動主體的一部分。遊戲活動和兒童的心理形態既有這樣的深切關係，因而福祿貝爾才把遊戲看作教育歷程的一個階段，進一步認為遊戲是教育工作中一種正確有效的方法。依照福祿貝爾的見解，兒童的遊戲活動，對於「物」則有各種「動作」，對於「人」則有「合作」與「語言」，即使離開物與人，兒童自己一人也可以「唱」、「舞」。所以在幼兒教育工作中，絕大部分都可以採用遊戲的方法。其次，兒童在遊戲活動中，能夠自己決定遊戲的範圍與步驟，有一種深切的「自由」之感，所以任何兒童對於遊戲都有相當的愛好，兒童愛好遊戲，根據「生之者不如好之者」的原則，以遊戲為教育的方法，就易於增加教育工作的效率。所以在福祿貝爾之後，一般從事兒童教育工作，都接受了福祿貝爾的理論，把遊戲當作教育的方法。遊戲活動中，固然有很顯著的「自由」成分，但是任何一種遊戲活動中，也都不能沒有一種適當的「規律性」。這種規律「性」並不因為「自由」活動就失去了它的功用；相反的在自由之中，還必須遵守適當的規律。否則，「自由」即成為「任意」，在個別的「任意」之下，就不會再有「遊戲」。兒童在遊戲活動中，無論對「物」或對「人」，都必須接受規律的限制，因而進一步就可以無形的培養出來兒童的「責任感」和「義務感」。一個人對人、對物都有責任感和義務感，就福祿貝爾看來，這正是「生命大統一」的實現。現代德國的教育學者、哲學家斯普蘭格（*Eduard Spranger*, 1882-1963）以為由於遊戲的活動，

機械式的宇宙規律，乃能成爲有機的生動，這正是對於福祿貝爾教育學說一個很好的註釋。遊戲活動，一方面讓兒童「自由」，得有自內向外的發展，一方面卻又由於「規律性」的限制，對於兒童的「責任感」有適當的陶冶：所以福祿貝爾認爲遊戲乃是一種正確有效的教育方法。

（三）恩物

使用恩物引起兒童自動的作業，這是福祿貝爾在幼稚教育工作中一個最具體的貢獻。裴斯泰洛齊已經使用具體的事物（如豆子）推進幼兒的教育工作，以豆子爲教具，進行語言和算術的教學工作，使兒童在「具體」中獲得正確的印象，這可以說是恩物教學的萌芽。福祿貝爾受了裴斯泰洛齊的啓示，繼續研究，創製一套供幼兒教育使用的恩物，所以有些教育史的研究者，認爲福祿貝爾是裴斯泰洛齊在教育方法中的「完成者」。福祿貝爾對於恩物的創製，費了很大的工夫，可是終其一生，並沒有設計出來一套完整而有系統的恩物，但是這並無礙於福祿貝爾在教育史上的偉大。因爲教育方法是永遠在改進，教育工作中並沒有一種永久有效的方法。福祿貝爾至死都在改進並補充他的恩物，正可以看出福祿貝爾對於教育工作的深切了解，終身在努力著改善教育工作。福祿貝爾所創製的恩物，大概說來，有以下幾類：

第一，是用一個小盒所承受的六個小球（*Schachtel mit Sechs Bällen*）。六個小球是羊毛絮成的，球的本身柔軟，分成紅、黃、青、綠、紫、白六種顏色。每一個球上繫有兩條線。在應用的時候，由兒童的母親或兒童的教養者，提起球上的線，讓兒童逐個分辨球的顏色。進一步可用球表演各種姿式。提著球上的線把球向上一提，一邊教兒童說「向上」，再向下一落，教兒童說「向下」。變換一下姿態，也可以說「向左轉」、「向右轉」、「去」、「來」、「震動」、「跳躍」、「越過去」、「越過來」。德語中的前置詞（*Preposition*），在文法中很難用的恰當，用球的動作，表示出來前置詞的含義，是一種直觀教學的方法，也可以說是來自裴斯泰洛齊的教育理論。把羊毛球的動作再變化一下，亦可以訓練比較複雜、抽象的觀念。如同把球用線牽著，放入盒底，可以使兒童有「沉下

去」的觀念；再把手鬆開，讓球上的線也落入盒內，則又有「沒有球」的否定觀念，或者也會發生「要尋找」的觀念；等找到球之後，則又有「已有球」的肯定觀念。這種恩物，在福祿貝爾看來，對於幼兒初步教育的功用很大。福祿貝爾的第一種恩物，何以應該是軟的圓球，據福祿貝爾的說明，是因為幼兒的手很柔軟，而且不靈便；如果使幼兒用他的柔軟而不靈便的小手去握取硬的而且有角的如立方體一類的東西，對於兒童是太不合適了。除了用這種實際的理由說明之外，在福祿貝爾看來，使圓球作為第一種恩物，還有一些哲學的基礎。圓球是「統一中的統一」，是「運動」的象徵，是「無限」的象徵，是「整個宇宙」的象徵。福祿貝爾的「生命大統一」的理論，認為自然現象與精神現象二者之間有相同之點，可以「類推」。從植物生活中，可能了解人類生活的意義；從礦物結晶所表現的規律性，可能悟出人類社會生活中之道德性；再從礦物結晶的完備與否，可能引起人類善惡之辨。如果能夠了解福祿貝爾這樣的哲學思想，那麼，就很容易把握住福祿貝爾在教育工作所主張的「象徵主義」的意義與價值。經驗主義的教育學者，雖然很指責福祿貝爾教育思想上的玄學色彩及神秘氣味，但是他們對於恩物在幼兒教育工作中的價值，卻不能不肯定的加以認可。

第二種恩物包括三種木製的形體：一個「圓球體」（*Kugel*），一個「立方體」（*Wurfel*），一個「圓柱體」（*Walz*）。圓球的「直徑」，立方體的「一邊」，圓柱的「高度」，應該是彼此相等的。圓球含有和諧、圓融之感，而且易於運動及變換位置。立方體則代表一種穩固、方正之感，而且表現一種屹立不動的形態。至於圓柱體，則含有圓球體與立方體所含兩種不同的性質。福祿貝爾以為使用這種恩物，可以使兒童認識各種物體的形式，而且進一步可以培養出來兒童精神上的一種新的了解，即能夠了解「繁多」之中，也有「統一」。福祿貝爾把這一類恩物分為三種，而這三種恩物交互使用起來，它們之間彼此的關係，好像是以斐希特的辯證哲學作為理論的基礎。「圓球體」是第一個「安排」出來的，有圓融變動的含義；另外的「立方體」，則只是方正、穩定的代表，對於圓球體乃是一個「否定」；至於圓柱體，同時則含有其他二者所含的矛盾性質，已

經成爲一種「綜合」。

　　第三種恩物乃是一個「大的立方體」，其中更包括有若干「小的立方體」。此種「大的立方體」有四種不同的形式 1. 一個大的立方體，其中包括有八個「小的立方體」；2. 一個「大的立方體」，其中包括有八個「長方形」，長方形的長，等於立方體的高，長方形的厚，等於高的四分之一；3. 一個「大的立方體」，分開以後，可以成爲二十七個小立方體，其中九個小立方體，還可以分爲更小的部分；4. 一個大的立方體分開以後，可以成爲二十七個小長方體。福祿貝爾以爲讓兒童利用這些以木材製成的四套「積木」（Baukasten），搭造各種形式的結構，用小的部分結合成一個整體，直接可以訓練兒童的想像，發展創造的力量，而且可以進一步的使兒童獲得「整體」和「部分」的概念，一方面能夠了解「多歸於一」，一方面了解「一中有多」。這種恩物的使用，仍是以福祿貝爾宇宙觀與人生觀作爲理論的基礎。

　　第四種恩物，乃是各種色彩不同的小的木棍（Stäbchen）。利用這些小的木棍，可以使兒童自由的結合成各種幾何的形狀，藝術的格式。如此，則兒童的活動仍然是自由中有規律，範圍內有自由。

　　第五種恩物，乃是各種大小、色彩不同的紙張，使用這些紙張，可以摺成各種不同的形態。

　　第六種恩物中，則是一些可以用於繪畫、雕塑、編織一類工作的材料。

　　福祿貝爾原來所用的恩物，偏重在前三種，關於木棍、紙張以及其他材料，乃是以後補充進去的。

六、蒙臺梭利的生平

（一）教育工作之開始與成就

　　蒙臺梭利（Maria Montessori），一八七〇年八月三十一日生於義大利之希亞拉伐拉（Chiaravalla），一九五二年五月六日死於荷蘭之努爾特維克（Noordwijk aanzee）。在大學求學時期，專攻醫學。一八九五年，在

義大利的羅馬大學，獲得醫學博士學位。羅馬大學成立以來，這是第一次把醫學博士學位授予一位婦女。以後蒙臺梭利又獲得一個哲學博士學位。她曾在羅馬大學附屬醫院的心理治療部擔任助教職務。一九○○到一九○八年，在羅馬的一個女子學院中任教授，講授衛生與人類學兩種科目。同時（一九○四到一九○八），還在羅馬大學擔任「教育人類學」一科的教學工作。她在羅馬大學附屬醫院小兒科門診部工作的時候，是以醫生的身分，爲身心不大正常的兒童，作一些診斷、治療的工作。同時，她對於一般普通兒童身心發展的情況，也已經開始注意，並加研究。當她正在從事醫療工作的時期中，她曾經有機會到外國參觀旅行。從這一些生活經驗中，乃引起她對於幼兒教育的興趣。在一九○七年，她居然不顧一切困難，在羅馬的貧民居住區，創立一所兒童教育機構，她和福祿貝爾一樣，避免使用學校一類的名稱，她把她所創設的兒童教育機構，名之爲「兒童之家」。在創設的時候，經費、設備方面，都感到很大的困難，可是由於她的努力以及她所採用的兒童教育新方法的適當，在很短的時期中，就表現了相當的成績，並引起了社會上的注意。因此，她也就放棄了她的大學教書生活，把一生的全副精力貢獻給兒童教育的工作。蒙臺梭利所創辦的第一所「兒童之家」，設立在貧苦勞工的居住區域，收容的兒童都是一至六歲的所謂「學前兒童」。這些貧苦勞工的子女，達到學齡的年歲時候，有無完全受教育的機會，在當時的義大利，還很成問題；蒙臺梭利把一般人所忽視的貧苦幼兒的教育工作，看作自己的責任，在當時，這實在是一種創舉。原來這些貧苦的兒童，不僅爲社會上所忽視，就是這些兒童的父母，也不曾把他們子女的教育問題，放在心中。蒙臺梭利的「兒童之家」，一方面直接的擔負起教導貧苦兒童的責任，一方面又設法勸導那些放棄教導兒童責任的父母，要求他們與「兒童之家」合作，共同的推進兒童教育工作。蒙臺梭利認爲兒童本身不但有其固有的價值，而且還有其應享受的特殊權利，所以有人稱蒙臺梭利爲「兒童權」的運動者。瑞典的愛倫凱女士（*Ellen Key*, 1849-1926）在一九○○年著書，以爲二十世紀乃「兒童的世紀」，她還只是一種理論上的主張，提倡「兒童權」運動，使二十世紀眞正成爲兒童的世紀，蒙臺梭利在實際工作中實作了很大的貢獻。蒙

臺梭利主張尊重兒童自身的權利，所以她所採用的教育方法，乃是要兒童
自己活動，自己重視自己的能力。所謂「教育」工作，在蒙臺梭利看來，
只不過是「幫助」或「輔導」工作而已。在第一所「兒童之家」創立之後，
由於她的努力改進和倡導，在義大利境內相繼設立了一些同樣性質的兒童
教育機構。蒙臺梭利的聲望，也因之日益提高。義大利的法西斯政權建立
之後，義大利的有名的教育學家、哲學家克羅謝（*Benedetto Croce, 1866-
1952*）和香第爾（*Giovanni Gentile, 1875-1944*）先後擔任教育部長職務。在
一九二二年香第爾從克羅謝接任教育部部長時，蒙臺梭利以教育專家的身
分，曾一度到義大利教育部擔任督學的職務。她是主張「和平」、「自
由」的，漸漸地看出了法西斯政權的真面目，所以很短的時期內，就擺脫
了教育部的職務，仍然注其全部精力於改進兒童教育工作上邊。原來最早
的「兒童之家」，只收三至六歲的學前兒童，到後來經過不少次在方法上
的改進，「兒童之家」所收容的兒童，在年齡上，可以達到十二歲；「兒
童之家」的性質，已從幼稚園推廣到全部的小學教育。這種「兒童之家」
「蒙臺梭利學校」中，不採用分「班」的制度，只是按年齡把兒童分為若
干組。大體上，三至六歲的可以編為一組，其餘六至九歲，九至十二歲可
以分別編組。但是組與組之間，並沒有嚴格的界線，原來屬於這一組的兒
童，可以隨時到另外一組中參加活動。蒙臺梭利和福祿貝爾一樣，除了兒
童教育新方法隨時改進之外，還特別注意師資培養的工作。「蒙臺梭利教
法講習會」起初只在義大利國內舉行，後來，則成為國際性的，其他國家
也都派人到義大利參加這種講習會。一九三一年在羅馬舉行的十七屆「國
際蒙臺梭利教法講習會」，是由她本人擔任講習會主任，並且每週講演三
次。她的教育理論自此以後，更趨於系統化了。法西斯政權與德國的納粹
政權相互勾結，計畫著在歐洲發動戰爭，蒙臺梭利於一九三九年，二次世
界大戰前夕，離開了義大利，避往印度寄居。她離開義大利後不久，曾任
法西斯政府教育部部長的克羅謝，以批評法西斯侵略行為，為莫索里尼拘
捕入獄。如果蒙臺梭利不離開義大利，以她那樣的愛好和平和自由，怕也
不免有牢獄之災。她在印度寄居十年，一直到一九四九年，才離開印度，
回到歐洲。但是她並不曾返回她的祖國，離開印度就一直前往荷蘭的安木

斯特丹（*Amsterdam*）；因為「國際蒙臺梭利教育學會」總會的會址設在那裏，所以她就把那裏作為她的住所。在她由亞洲回歐洲的那一年，她曾經一度返回義大利，那只是為出席「國際蒙臺梭利教育會議」，發表講演。會後，就又返回荷蘭。一九五二年，正是福祿貝爾逝世一百週年的紀念，這位二十世紀國際知名的女教育家，恰巧在這一年逝世，這也可以說是一種偶合；使全世界的兒童教育工作者，在紀念福祿貝爾之餘，又要哀悼蒙臺梭利。更奇怪的是義大利的克羅謝，德國的教育學者，「耶納制」的創立者彼德生（*Peter Petersen, 1884-1952*），以及美國的名教育學者杜威（*John Dewey, 1859-1927*）都是在這一年與世長辭。對於全世界的教育學者、教育工作者，一九五二年，確實是值得追念的一年！

（二）教育思想的影響

　　蒙臺梭利教育的基礎是建立在「兒童權」上邊；在教育活動上，蒙臺梭利主張引導兒童「自動」、「自由」，進而至於「創造」、「和平」。最後的目的，則是企求人類的和平。歐洲在地理上，不像美洲、非洲那樣界線分明，面積也不如亞洲之廣，嚴格說來，歐洲似乎只是附屬在亞洲的一個「半島」。歐洲面積不大，可是其中卻建立了許多獨立而彼此對抗的國家。國際的戰爭及民族的仇恨，破壞了人類生活的和平。第一次世界大戰以後的國際聯盟，第二次世界大戰以後的聯合國，以及近九年來「歐洲聯邦」運動的呼聲，都是以人類和平相號召。歐洲各國一些有遠見的人物，都有這種希望，而且有些人還朝著這個方向正在努力。蒙臺梭利就是懷抱這種理想的教育家，她一方面企求著人類的和平，一方面又從教育工作入手，去實現這種理想。蒙臺梭利以為成年的人因為「國籍」、「語言」、「宗教」、「習俗」，以及「政治的主張」、「經濟的利害」等等都不相同，而且這種不同，又已經成了定型，要他們共同生活，維持和平，是一件極難作到的事情。在幼小的兒童生活中，就沒有這種障礙了，歐洲各國的兒童甚至亞洲、美洲、非洲的兒童，在本質上都沒有根本的差別，要他們和平相處，並沒有什麼困難。而且今日的兒童，一轉眼就是下一代的成人。所以從幼兒教育入手，去實現人類和平相處的理想，是一種

基本的、最有效的辦法。二十世紀前半期中，連續著發生兩次世界大戰，
戰爭的結果，無論戰勝國或戰敗國，都體驗到了戰爭的痛苦；對於人類和
平的要求，更爲迫切。蒙臺梭利的教育理想是企求人類和平，從幼兒教育
入手，又是實現人類和平的有效方法，所以蒙臺梭利式的學校教育，在她
的努力倡導之下，很快的就從義大利本土向外傳播，很快的就傳佈到義大
利以外的其他的一些國家。十九世紀以來，德國是幼童教育理論建立，實
際推行的重心，在德國人看來，福祿貝爾的幼稚園式的制度才是幼兒教育
的正統，無意的就讓福祿貝爾的教育理論與實際獨佔了幼稚教育範圍；因
而對於二十世紀新興的蒙臺梭利教育思想，很不容易接受。但是，由於社
會、經濟制度的演變，再加上蒙臺梭利教育的重視自由、和平這一特點，
蒙臺梭利教育思想的影響，終於在德國也普遍起來。蒙臺梭利教育思想向
外發展的過程中，在德國雖遭遇到障礙，終於也被克服。蒙臺梭利的著
作譯爲德文者，有「我的手冊」（*Mein Handbuch*, 1912）、「早期童年的
自動教育」（*Selbsttätige Erziehungim frühen Kinderalter*, 1913）、「在家庭
中的兒童」（*Das Kind in der Familie*, 1926）。第一次世界大戰結束之後，
在柏林近郊第一所蒙臺梭利式的「兒童之家」，也成立起來。自此以後，
「兒童之家」式的幼兒教育機構，才和福祿貝爾式的幼稚園平分秋色，
而對立的發展起來。以後，一九二三、一九二五、一九二七等年度中，
柏林的中央教育研究所（*Zentralinstitut für Erziehung und Unterricht*），也
先後和其他教育團體聯合起來，開辦過三次講習會，用蒙臺梭利的教育
方法去訓練「兒童之家」所需要的教師。到了一九二八年，德國境內已
經有了二十五所具有規模的「兒童之家」。而且有九所國民學校在前四年
的「基礎學校」（德國學制，國民學校分爲兩級，前四年稱爲基礎學校，
後四年稱爲高級班）中，也採用了蒙臺梭利的教育方法。蒙臺梭利的教育
方法對於福祿貝爾的教育方法，雖然只是一些補充和修正，並不曾否定福
祿貝爾教育理論的價值；但是由於習慣的傳統、感情的偏好以及哲學思
想的趨勢，德國的教育學術界，總不肯無條件的予以接受。如一度爲名
教育學者斯普蘭格（*Eduard Spranger*, 1882-）所主編的「教育月刊」（*Die
Erziehung*），在第一卷和第三卷（一九二六—一九二八）中就連續的發

表論文，根據福祿貝爾的教育哲學去批評蒙臺梭利的教育理論與方法。
在一九二九年，德國的教育學者格爾哈茲（*K. Gerhsrds*）曾發表一部專書
「蒙臺梭利教育學之批評」（*Zur Beurteilung der Montessori-Pädagogik*）；
以後接著赫克與莫休甫兩人（*Hilde Hecker nnd Martha Muchow*）聯合所著
的「福祿貝爾與蒙臺梭利」（*Friedrich Fröbel und Maria Montessori*）一書，
也印行問世。不管德國教育學者怎樣批評蒙臺梭利的教育方法，可是，在
事實上蒙臺梭利的影響一天比一天擴大起來。為了研究、介紹蒙臺梭利的
教育方法，在德國曾設立了兩個有關蒙臺梭利教育的學術性的團體。一個
是一九二五年成立的「德意志蒙臺梭利學會」（*Dentsche Montessorigesell-
schaft*），另外一個是一九二九年蒙臺梭利訪問德國時，由她自己創設的「德
國蒙臺梭利教育學會」（*Vereins Montessori-Pädagogik Deutschlands*）。前
一個團體只是接受蒙臺梭利教育方法的基本觀點，至於在實施上，則須要
對於蒙臺梭利的教育方法加以修正或改進。後一個團體是由蒙臺梭利自己
領導組成的，十分稱許蒙臺梭利教育方法的價值，所以主張在幼稚教育的
工作中，要嚴格的採用蒙臺梭利所發明的「教具」和方法。「德國蒙臺
梭利教育學會」是嚴格的接受蒙臺梭利的教育思想與方法，所以後來被
「國際蒙臺梭利學會」（*Association Montessori Internationale*，簡稱 *AMI*，
會址設於荷蘭）承認，作為在德國的分會。一九三三年以後，由於納粹當
權，德國的兩個蒙臺梭利教育學術團體，都停止工作；二次大戰以後，到
一九五二年，才又恢復活動。「德國蒙臺梭利教育學會」並且於一九五二
年四月，在佛蘭克府（*Frankfurt A. M.*）舉行年會，研究蒙臺梭利的教育
理論與方法。為了表示鄭重，年會的籌備人員，還請准了「聯合國教育科
學文化組織」駐德國委員會的協助，把這位舉世聞名，年高八十二歲的女
教育家，自荷蘭請到德國的維斯巴頓（*Wiesbaden*），以便德國一些從事
研究蒙臺梭利教育的人士，能夠直接的受她的指導，或與她直接商討。可
惜的是她雖然到了德國，卻因為健康的關係，未能親身出席年會。會後她
又返歸荷蘭，不到一個月，就逝世了。一九五二年德國的蒙臺梭利教育年
會，是四月十五日至十九日在佛蘭克府大學舉行，出席的人數在一百二十
人以上。出席人員的身分，有蒙臺梭利教育運動的倡導者，有中小學的男

女教師，有幼稚園的保姆與教師，還有在大學研讀教育學的學生。這一次的年會，雖然多少有一點國際的性質，可是由於德國是福祿貝爾的故鄉，並沒有引起社會上一般熱烈的反映。赫森邦的教育廳和佛蘭克府市政府都沒有派員到會表示祝賀和歡迎的禮節。雖然如此，這一次年會在蒙臺梭利教育理論與方法的研究和傳播方面，都有很大的影響。在大會中國際蒙臺梭利教育學會的總幹事，在會中發表系統的講演，對於蒙臺梭利的教育理論和方法，都有一些扼要的闡述。尤其是關於兒童心理的研究。這些蒙臺梭利教育的研究者，曾發表了他們特殊見解。他們以為兒童青年的心理發展，有三個大的階段：第一個階段是從出生到六歲。過去研究兒童心理的學者，對於這一段時期，很少普遍的注意。在蒙臺梭利教育研究者看來，六歲以前這一時期最應該加以注意。這一時期間的兒童，最富於自內而外的創造性。六歲以前的兒童「生活」等於「工作」或「活動」，所謂「工作」或「活動」，又等於「遊戲」。在「遊戲」中間，如果有適當的教法與教具，不但能夠滿足兒童當時的需要，而且可以發展各方面的創造能力。在蒙臺梭利教育的研究者看來，成人的工作是「學習的」，至於兒童的工作，則是「創造的」。蒙臺梭利本人就把兒童稱為「上帝的工作者」。六歲以前的兒童心理特徵是「自己活動」，「努力的要求自立」，「喜歡發現新的事件」。六歲以後至十二歲的兒童，他們的活動多半是練習六歲以前所已發展的力量。在六歲以前發現的很多，從六歲以後，就要把以前所獲得的力量，應用到實際生活方面，使這些已發展的力量發生效果。自十二歲以後到十八歲，則又成為一個特別的時期，這一時期的青年，他們的活動方向，又有新的創造的趨勢。蒙臺梭利教育的研究者，把他研究的範圍自幼兒開始，一直延展到青年時期，所以他們也希望把他們的教育方法使用的範圍，也從「兒童之家」的幼兒，經過初等教育階段而進入中等教育的階段。他們這種努力的將來成就如何，那就只有等待將來的事實證明了。蒙臺梭利教育理論與方法的影響向外傳佈的過程中，在其他地區，都很順利，只有在德國遭遇到一些障礙，但是蒙臺梭利的教育方法，也終究打開了德國的門，慢慢的傳佈起來。

七、蒙臺梭利的教育觀點與教育方法

　　要了解一個教育學者的教育思想，必須先了解他們的哲學觀點；否則，對於他們的教育思想就很難獲得澈底的了解。福祿貝爾的哲學觀點，是綜合了斐希特的「行動哲學」和裴斯泰洛齊的「直觀教學」；所以福祿貝爾自己有一套自己的教育理論與方法。至於蒙臺梭利，雖然也和福祿貝爾一樣的把幼稚教育作為工作和研究的對象，但是她卻有一套異於福祿貝爾的看法。原來福祿貝爾的哲學觀點，屬於德意志的「理想主義」（Idealism），從哲學的觀點來看，福祿貝爾是一位不折不扣的理想主義者；盡管他也有時候看重生活的經驗，可是他卻和康德一樣，只不過是把經驗當作教育活動的「開始」，重視經驗，並不是教育的目的。至於蒙臺梭利，她本來是一位醫生，對於自然科學有適當的認識，因而她的哲學觀點，可以說是屬於「實證主義」（Positivism）。哲學上的實證主義是英國哲學「經驗主義」（Empiricism）的派系，和德意志理想主義哲學恰巧是一個對立。經驗主義的哲學家認為經驗是一切的基礎，而經驗則又來自感覺，所以蒙臺梭利的幼兒教育方法，處處都在於訓練兒童的感官，並進而要求實際生活上的應用。我們對於蒙臺梭利的哲學觀點，有了相當的認識，現在我們再來把她的教育觀點和教育方法，作一個概要的敘述。

（一）教具的價值

　　蒙臺梭利的哲學觀點屬於「實證主義」，而實證主義的基礎乃是「經驗主義」。經驗主義的哲學家，雖然又可以分為若干不同的派別，但是他們卻有一種共同的見解。他們都承認感覺在接受外在的刺激之後，乃能發生經驗。所謂經驗即是外在刺激的產品。因此，蒙臺梭利的教育方法上，特別的看重「教具」的價值。福祿貝爾的「恩物」，已有「教具」的意義，所不同的乃是福祿貝爾的恩物失於簡單，而且過於看重「恩物」的象徵的意義。所以蒙臺梭利乃自己研究，製定了一套「教具」。蒙臺梭利以為兒童的本質，即是「工作」（活動），「工作」即是「遊戲」。在兒童的工作、遊戲之中，方能完成教育的任務。「工作」不是抽象的，工作必

先有工作的材料及工作的環境。有工作材料，才能形成工作環境；有工作環境，然後才能工作。據蒙臺梭利自己的說法，「教具」就是兒童工作的材料。一九三二年，「新教育同志會」（*New Education Fellowship*）在義大利的尼沙（*Nizza*）舉行第五屆國際年會的時候，蒙臺梭利曾出席會議，以「和平與教育」為題目，發表講演。在這一次講演中，她曾說：「教育家的重要任務，在於解除教育的武裝」。也就是說要解除成人的武裝，使成人不能過分的強迫兒童。依照蒙臺梭利的見解，過去把「世界」看作「兩度的」（*Zweidimensional*）那種主張是不正確的，我們所處的世界，乃是「三度的」（*Dreidimensional*）。所謂兩度的世界，即認為一方面是「人」，一方面是「萬物」。從教育的觀點來看，是不大正確的。比較合適的看法，乃是從三方面來看世界，一方面是「人」，一方面是「萬物」，另一方面則是「兒童」。「兒童」在世界中有獨立的地位，有尊嚴的權利，既不應該把兒童當作具體而微的「人」，也不應該把兒童放在萬物之列，等量齊觀。蒙臺梭利是「兒童權」的運動領袖，承認兒童有工作的能力，有創造（發現）的興趣，所以在教育歷程中，不應該有「干涉」、「強迫」的成分。二次世界大戰以後，蒙臺梭利於一九四九年間出席義大利「國際蒙臺梭利教育會議」時候，曾發表講演，她說：「兒童是人類之父，文明之父，而且是現代人類的教師。」誰要打算找一條新的道路，把人類接引到一個高的平原上去，誰就必須先把兒童看作一位教師，看作光明的嚮導。我們教育工作者所能夠作的，只不過是替兒童預備或佈置一個適當的工作環境和活動場所而已。超過了這個限度，就是徒勞無益。蒙臺梭利製定「教具」，即「工作材料」，正是兒童所需的工作環境。有教具，兒童的工作才不至落空，有教具，才能引起兒童工作的興趣或慾望。使用教具，從事工作，才可以把兒童的注意力全部集中到工作上邊，可以忘記一切，甚至可以忘去自己。有了以教具布置成的工作環境，兒童自己就能夠有興趣的工作下去，教師所應該作的，只是在適當時候，用適當的方式，從旁幫助兒童在工作中獲得發展。在這種情形之下，教師對於兒童的幫助才有必要，才有價值。蒙臺梭利所發明，所製出的「教具」，其中有些是帶有各種符號或字母的積木，有些是附有呢絨布料的木

架，可以結「繩」，也可以扣「扣」，有些是聲音高低不同的銅鈴，有些
則是各種色彩不同的圖表。用這些教具，可以訓練兒童的各種感官及筋肉
活動。在「兒童之家」或「蒙臺梭利學校」中的兒童可以依照年齡的大
小，選用不同的教具，去從事遊戲、工作。兒童雖然可以自由的去選擇教
具，但是也必須先有適當的準備。在使用教具之前，必須先認識教具的形
狀和組織，並且要了解一類教具中所含各部分彼此的關係和次序。有了這
些先決條件，在使用教具的工作之中，兒童才能夠把教具中的各個部分，
作為一個整體，控制起來，才有秩序，才有意義，才算成功，才能感到滿
足，才算是達成教育的任務。有些教育工作者，以為蒙臺梭利的「教具」
優於福祿貝爾的「恩物」，但是也有一些教育學者，認為現在已改進的
「恩物」，在使用的時候，其價值反而高於「教具」。這種比較優劣的問
題，因為觀點不同，環境不同，使用的習慣不同，倒是很難下一個絕對的
判斷。

（二）自動與自由

蒙臺梭利教育理論與方法中，基本原則之一，乃是自動與自由。蒙
臺梭利承認兒童有獨立的地位，有本身的權利，所以要求重視兒童的自動
與自由，乃是一種必然的結論。蒙臺梭利對於自動與自由這個原則，她自
己曾經多次的加以說明。她曾經用勸告的語氣，發表她的見解，她曾經
說：假如你願意得到你所希望的人類協調與和平，那麼，你就必須先對於
兒童加以注意。我們應該從兩個觀點去看人的生活：一個是將要發展為成
人的「兒童」，另外一個乃是能夠創建環境，改造世界的「成人」。「兒
童」與「成人」各以其自身的價值，彼此配合起來，相互補充，才能形成
人的生活之圓滿性。「兒童」與「成人」，二者缺一，人類生活就會失去
平衡，沒有前途。蒙臺梭利承認「兒童」在人的生活之中，是和「成人」
並列，有對等的價值，所以在教育的歷程一開始就使用各種教具，刺激兒
童，使兒童對於教具感到興趣，把兒童自己的活動，變為自動的工作。在
蒙臺梭利的「兒童之家」中，兒童工作的方式，可能是一個人自己工作，
可能是和其他的同伴共同工作，也可能把一組的兒童集合起來，在教師的

輔導之下，一齊工作；如團體活動、唱歌、聽故事這一類工作就應該採
用集體的方式。但是無論在那一種方式中，兒童的工作態度，都應該是自
發、自動的。甚至「兒童之家」中，有時可以把團體安息、靜然，作為一
種工作方式（對於一些性情急躁、擾亂秩序的兒童，這是一種很有效的
治療或糾正的辦法）。但是仍然還要用一種方法，引導兒童自願的這樣工
作。自由和自動是不可分離的，既然要兒童自動，就不能不要他們自由。
所以「兒童之家」中，並不像普通學校那樣嚴格的採用一種固定的班級制
度；僅只是把三至六歲和六至九歲的兒童，分別的作一種大體的分組。組
與組之間，也沒有分明的界限，甚至各組的兒童所用的工作場所，彼此之
間，也只用一些玻璃門窗隔開，各組兒童工作的情形，可以彼此看見。在
這種環境之下，可以使兒童的心理方面不發生此疆彼界之感，使他們能夠
感到彼此之間，即使工作場所不同，仍然還是一個協調的生活集團。並且
在分組之後，這一組的兒童仍然可以隨時在另外一組的工作場所進出，去
參加他自己願意而且能夠作的工作。組與組之間可能隨時互換，讓兒童自
由活動，無意之中，就可以使兒童得到一切公開坦白，彼此相互信賴的訓
練。使兒童「自動」，一不小心，就會流於「亂動」；「自由」也難免成
為「無秩序」。「兒童之家」所收容的兒童，剛進去時候只有三歲，要他
們自動，恐怕教育的工作就無法進行，所以在第一年級時候，舊有的分班
辦法，還不能絕對廢止；在同一時間中，還須要讓兒童們作相同的工作。
在分班的進行相同工作的時候，兒童們可使用不同的教具，並且可能個別
的從教師得到輔助。這麼一來，即使以分班加以限制，但是兒童仍然能夠
自動的工作。至於自由的原則，在應用的時候，蒙臺梭利也是非常的謹
慎。一九三一年，「十七屆蒙臺梭利教育方法講習會」（17 *Internationale
Montessori Lehrgang*）在羅馬舉行的時候，蒙臺梭利在講課時候曾說，從
日常實際生活中，讓兒童能夠以自由活動的方式去參加，獲得「社會教
育」（確定並改善人與人間之關係的教育）與「知慧教育」（即人如何知
物和用物的教育），才算是達成了教育的任務。因為這兩種教育的成就，
就是品格的完成和精神的發展。從蒙臺梭利這些見解中，我們可以看出
來，她所說的自由原則，只能夠在兒童自己活動的開始的時候，才可以應

用，至於活動的過程中，仍然還得要謹守秩序，而且最後的目的則又爲品格的陶冶；所以蒙臺梭利自己也屢次加重語氣的說；自由並不是無秩序，更不是放縱。因此，我們可以看出，蒙臺梭利教育理論中所說的自由，乃是積極的、負責的自由，而不是消極的、逃避的自由。

（三）義務感與責任感

在蒙臺梭利的教育理論和教育方法中，和自由原則與自動原則並立而不可分的，還有義務原則與責任原則。蒙臺梭利自己的用語上，不用抽象的名詞稱之爲義務與責任原則，而稱爲拘束原則與連結原則。蒙臺梭利的哲學觀點在前邊已經說過，是屬於經驗主義學派中的支派實證主義。經驗主義者以爲經驗來自感覺，而感覺的發生，則受外在刺激的限制。所以經驗主義者所說的自由，並不是絕對的自由。蒙臺梭利的教育思想中，特別的看重「教具」的價值，就是受了她的哲學見解的影響。以教具刺激兒童，使其有興趣的自動工作，這已經是對於兒童的自動和自由，先有了一定範圍的限制。其次，以教具布置成工作的環境，以教具作爲工作的材料，則是更進一步，對於工作的過程也有了一些限制。也就是說，只能在教具可能表現的範圍中，去進行工作，超過教具可能表現的範圍以外，就是另外一種工作，而不是選擇教具時所預計的工作了。教育方面的獨斷主義者（*Dogmatist*），過於看重課程傳授的價值，所以對於蒙臺梭利在教育方面所提出的自由原則，常常加以指責；這些獨斷主義者，忽視了蒙臺梭利所提出的拘束原則，誤認她的自由原則爲一種無秩序的情況，所以獨斷主義對於蒙臺梭利的批評是不正確而且不公平的。關於蒙臺梭利所提出的義務原則，我們不需要在理論方面，多加闡述，只看一下兒童在「兒童之家」中的實際生活，就可以看出來義務原則，在蒙臺梭利教育方法中，是如何的被重視了，蒙臺梭利自己曾說過，「兒童之家」並不是成人之家。兒童之家的一切環境和設備，都要依照兒童團體生活上的實際需要，布置起來。「兒童之家」中的一切清潔，秩序的保持維護工作，都由兒童們自己負責擔任。所有「兒童之家」的桌椅櫃櫥、盥漱器具、工作教具等等都是由兒童負責管理。每日早晨兒童到了「兒童之家」，在不曾選用教具進

行工作之前，必須先把工作場所整理一下，把各種用具擦拭清潔，再把園藝場中的花草加以灌溉。然後才排列各項用具，準備早點。在早點之後，再把早點所用的用具洗淨，安放在原來的地位。在日常實際生活中，這一些工作習慣的養成，就是一種責任感。在「兒童之家」中，所有大部分的教育工作，都是使用「教具」，教具的本身就有組織性、規律性。使用教具的兒童，必須先服從教具的規律性，然後才能夠支配教具，完成工作的任務。在使用教具的時候，所有工作的步驟，不能不受教具本身所有規律性的限制，這也可以說是一種培養責任感的方式。「在兒童之家」中，雖然不採用分班、分節上課的制度，但是在兒童的工作之中，總不能沒有休息的時間。「兒童之家」的兒童，在工作時，彼此相互尊重、關切、合作；即在遊戲或休息時候，兒童與兒童之間，仍然還要一貫保持彼此尊重、關切、合作的態度。在這樣的教育環境中，自然而然的，就會培養出來兒童的社會感情、責任意識以及道德的自覺。在品格教育方面，蒙臺梭利把「行動」的價值放在「語言」之上；即不得已而用口頭訓導的方式，也只是用「語言」補充「行動」。這是蒙臺梭利教育理論上的重要基礎之一。在兒童時期，當有所行動的時候，能夠對自己的同伴（人）盡義務，對自己需要的教具、用具（物）負責任；那麼到了成年時期，把這種義務感、責任感擴充起來，也就能夠對國家、民族、甚至人類的全體、文化的系統去負責了。蒙臺梭利的教育觀點，雖然近於經驗主義哲學中的實證主義，但是卻不曾流入狹義的功利主義或實用主義，蒙臺梭利本人並不是一位職業的哲學家（盡管她在醫學博士之外，還得有哲學博士的學位），所以她並沒有通常哲學家那種固執的見解。她的教育理論中，除了注重經驗的獲得及感官的訓練之外，她仍然注重道德的價值。和她同時代的兩位義大利教育學者：克羅謝、香第爾，在哲學觀點，都屬於新黑格爾學派，蒙臺梭利和他們都有往還，她的教育理論，看重義務感的價值，或許是受了他們的影響。

　　總而言之，蒙臺梭利的教育理論與方法，是要用「教具」引起兒童的興趣，由興趣而自由活動。再由自由活動中，把個別的兒童和他的同伴連結在一起，成為一個共同的生活團體。從這種共同的生活團體中，才能夠

培養出來眞正的自由兒童。所謂眞正的自由兒童，就是他能夠一方面自己享有權利，享有自由，同時而又能夠對於同伴，對於環境，樂於而且能於擔任責任。一旦這樣眞正的自由兒童變作成人，那麼，世界和平的理想就有實現的可能。蒙臺梭利的一生的奮鬥工作，從醫學上轉到教育上，她的工作目的直接的是倡導兒童運動，要尊重兒童的自由，間接的或最高的目的則是人類的永久和平。因而在當前混亂不安的世界局勢中，蒙臺梭利的教育理論和教育方法更值得我們重視了。

八、結論

福祿貝爾的思想體系形成的過程，是由於觀察自然界植物的成長、礦物的結晶，發現了自然界也存在著明顯的規律性；把生命的範圍擴展到整個的宇宙，因而才提出萬物一體的「生命大統一」的主張。這種哲學理論，是理想主義，而且還有浪漫主義的氣味。蒙臺梭利思想體系的來源乃是生物學的、生理學的、人類學的，所以在重視個人的感覺（經驗）價值之外，又注意到人類的社會生活。雖然近似實證主義，卻仍然看重道德的價值。在哲學觀點上，福祿貝爾和蒙臺梭利固然有很顯著的差別，即在教育過程中，彼此也有不同的主張。教育工作不像哲學那樣是純理論的，教育總不能和實際完全脫離關係；所以在福祿貝爾和蒙臺梭利的不同主張中，我們可以看出來這種不同，只是一種可能並存的「對立」，並不是一種不能相容的「矛盾」。現在我們再進一步把福祿貝爾和蒙臺梭利的主張加以比較，作爲對於這種「看法」的說明。

第一、有一些教育史的著者認爲福祿貝爾是一個理想主義者，在教育理論上，他主張「自內而外」發展；至於蒙臺梭利則是一位經驗主義者，所以在教育上，她一反福祿貝爾的見解，認爲教育應該「自外而內」的完成。這種看法，當然也有它的理由；但是從教育的目的來看，就看不出什麼根本的差異。福祿貝爾所說的「發展」，是藉著客觀環境來發展，而蒙臺梭利所說的「完成」，也是傾向於一個理想的完成。因而他和她的努力和主張，都是要在規律中、秩序中去發展人的本性，去完成人的品格。所

以，我們至多只能說他和她的主張是「出發點」不同，終極目的則並不衝突。因而他和她對於教育本質的看法，並沒有嚴格的差異。

第二，也有人認為福祿貝爾的教育方法注重「直觀」，有「神秘」的意義；至於蒙臺梭利的教育方法注重「感覺」，則是一種「啟蒙」精神。這也是他和她二人在教育方法上一種相反的主張。但是，如果我們仔細分析一下，就可以發現事實上並不如此。「直觀」一詞，用在哲學上，原來是有些神秘性的，但是福祿貝爾所說的「直觀」，可以解釋為「經驗的把握」，和一般哲學上所說的直觀，含義並不相同。「經驗的把握」，無論從那一個角度來看，都看不出來神秘的意味。而且福祿貝爾的教育方法中，也並不忽視感覺訓練的價值。蒙臺梭利的教育方法，雖然把重點放在「感覺」訓練上邊，但是她認為教育的功用，仍是義務感與責任感的陶冶。所以蒙臺梭利的思想，也並不是一種狹義的感覺主義。因此，以重「直覺」和重「感覺」作為福祿貝爾與蒙臺梭利教育思想的嚴格差別，也不是一種很深刻、正確的看法。

第三、有一些教育理論的研究者，認為福祿貝爾的教學方法中，以「恩物」供兒童「遊戲」之用；而蒙臺梭利的教育方法，則是用「教具」使兒童參加實際的「生活」。這又是他和她的教育思想中，很不同的一點。這實在也是一種比較表面的看法，實際上並沒有這樣嚴格的差異。福祿貝爾雖然看重遊戲的價值，把遊戲當作教育的一種重要方法，但是他也並不曾只讓兒童為遊戲而遊戲，一方面使兒童遊戲，一方面也並不曾忽略了要兒童參加社會生活的重要性。蒙臺梭利所說的實際生活，也並不完全是直接著衣、穿鞋的實際生活，她仍然是先利用教具訓練手指規律活動，有了鬆結、扣結的能力，然後才引導兒童自己去著衣、穿鞋。福祿貝爾在「遊戲」中並沒有忽略生活的參加；蒙臺梭利所說的兒童工作，其中也並不是毫無遊戲的意味。在成人看來，遊戲和工作雖有區別，但在兒童看來，遊戲和工作，二者之間卻並沒有嚴格的不同。

第四、還有一些人認為在形式上，福祿貝爾式的「幼稚園」兒童活動的時間只有半日，而蒙臺梭利式的「兒童之家」，則要兒童整日留校參加活動，因而認為他和她的教育方法不大相同。這種見解的發生，可以說

是忽略了時間的關係。福祿貝爾式幼稚園是十九世紀初期就創立起來的一種制度，而蒙臺梭利的兒童之家，則創立於二十世紀的開始。彼此間隔的時間是一個世紀，彼此所受的時代影響不同，因而在形式上乃發生了差別。十九世紀上半期，德國的工業尚未十分發達，人口尚未集中在大都會中間，多數居民還散佈在小市鎮與農村中間；而且一般主婦多在家庭中工作，並不像二十世紀那樣，有許多主婦不能不到工廠中工作，所以幼稚園的建立是和一般家庭合作，改進兒童教育的工作，也可以說幼稚園教育乃是一般家庭教育的補充，因而讓兒童半日在幼稚園活動，半日在家庭中生活。二者合作或配合的共同推進兒童教育工作。至於蒙臺梭利的兒童之家，成立於二十世紀的開始，而且創設的地點是在大都市羅馬的貧苦勞工住宅區中，當時的工人多半夫婦同在工廠工作，加以生活的窮苦，主婦多半的無知，兒童在學齡以前的養護和教育等於無人注意。蒙臺梭利為了適應這樣時代和環境的需要，才建立起來她的「兒童之家」。她的「兒童之家」最大的任務乃是代替家庭主婦，推行教育工作，所以不能不要兒童整日的在這種新興的教育機構中，從事活動，接受教育。如果我們能夠對於福祿貝爾式幼稚園和蒙臺梭利式兒童之家在創立時的「時代」與「社會」背景，有適當的認識，那麼，就可以知道這種形式的差別，只是偶然的，而不是本質的。

最後，再把福祿貝爾和蒙臺梭利兩位教育學者的理論，就其共同之點，摘要的敘述一下，作為這本小冊子中結論的結論。這兩位教育學者，在哲學觀點上，以及教育方法的形式上，雖然都有相當的距離，但是對於兒童教育的本質，卻仍然有其共同的基本的見解，他和她都承認兒童有他們本身的價值和權利；而且為了達成將來人類的理想生活，實現人類和平的理想，就不能不從現在的兒童教育入手，不能不把現在的兒童全體作為教育工作的對象。所以他和她的教育施設，在一般出身中等以上家庭的兒童以外，特別把重點要放在全體家庭困苦的兒童身上。但是當代的幼稚教育，在多數國家還不曾把它列入正式的學制系統中，使其和國民教育連在一起；因而在放任和自由的情況之下，幼稚教育在形式上已成為一種錦上添花的裝飾，尤其在我國，幼稚教育只有那些生活裕如而又有知識的家庭

出身的兒童，才能有機會去享受。這真不能說是一種合理的現象。假使不把全體的兒童，不論身分，不論貧富，一律的收容在幼稚教育機構中間去受教育，那麼，即使是注意推行幼稚教育，也將難免有違福祿貝爾和蒙臺梭利倡導幼稚教育的本意了。

蒙臺梭利與福祿貝爾
兒童教育理論的比較

今年（一九五二）從教育史的觀點來看，是很不幸的一年。今年六月，美國的教育哲學家杜威（*John Dewey*, 1859-1952）死了。德國的教育學者，耶納制（*Jena Plan*）的創立者彼德生（*Peter Petersen*, 1884-1952）在三月下旬逝世後，只有一個半月的時間，義大利的兒童教育學者蒙臺梭利（*Maria Montessori*, 1870-1952）竟亦與世長辭。到了十一月，義大利的哲學家，有名的赫爾巴特派的教育學者克羅謝（*Benedetto Croce*, 1866-1952）也又死了。

關於杜威的哲學理論，以及他對於我們在教育思想方面的影響，我們都很熟悉，不必說了。關於彼德生的死，以及他的死因，在臺灣教育輔導月刊（第二卷第十二期），我已經作一些簡單的說明。關於克羅謝的哲學見解，以及他在教育工作上的活動，在他逝世前一個月多，我也曾在大陸雜誌（五卷六期）上介紹過一點。至於蒙臺梭利乃是福祿貝爾以後，第一個舉世聞名的兒童教育學者，我國教育界對於這位大教育家，並不陌生。很偶然的，今年恰恰是福祿貝爾的逝世百年紀念，近代兩位世界聞名的兒童教育學者的死，不多不少，恰好一百年，真可以說是一種意外的湊巧。為了紀念福祿貝爾，為了哀悼蒙臺梭利，我們很有必要，把這兩位對兒童教育工作富有創造性，而且影響全世界的教育學者，分別介紹一下，並且對於他和她的教育哲學觀念，各作一些簡單的說明。

蒙臺梭利（*Dottoressa Maria Montessori*）於一八七○年三月三十一日生於義大利。一八九五年在義大利羅馬獲得醫學博士的學位。自有大學以來，在義大利這是第一次把醫學博士學位，授予一個婦女。自一九○○年到一九○七年，在羅馬大學講授教育人類學（*Pädagogical Authrdpology*），同時在大學醫院精神治療部，負責為兒童診治。一九○七年創立了她的新式兒童教育機構，她不用「學校」名稱，也不用「幼稚園」的名字，她另外替她的教育機構起了一個名稱，在義大利文稱作 *Casa dei Bambrini* 相當於英文的 *Children's Houses*，所以我們可以把這種教育機構稱作「兒童之家」。除了一九二二年，她曾經一度擔任義大利教育部的督學以外，全部的精神都貫注在兒童教育的研究方面。她是主張和平自由的，所以對於法西斯政權不能滿意，而且法西斯政府對於她也多所疑忌。一九三九

年，她看到法西斯政府的蠻橫，所以竟離開了義大利前往印度；因此她
才避開了和克羅謝同樣命運，沒有被莫索里尼監禁起來。她在印度住了
十年，第二次世界大戰後，一九四九年才回到歐洲，迺去荷蘭的阿姆斯
特丹（*Amsterdam*）居住。那裏是「世界蒙臺梭利學會」所在地，而且是
「蒙臺梭利教育運動」的中心。當她回到歐洲的那一年（一九四九），第
八屆國際蒙臺梭利教育會議，恰好在義大利的山瑞穆（*San Remo*）地方開
會；她曾經一度返回祖國出席會議，發表演講。閉會之後，仍舊回到荷蘭
居住。一九五二年四月，德國蒙臺梭利教育學會在佛蘭克府（*Frankfurt a,
M.*）舉行年會；自一九三三年起，因納粹政府干涉，停止工作近二十年
的德國蒙臺梭利教育學會，恢復活動以後，這是第一次舉行的年會，爲了
表示鄭重，特別請得「聯合國教育科學文化組織」（*Unesco*）德國委員會
的幫助，把這位八十二歲的女教育家請到維斯巴頓（*Wiesbaden*），使德
國一些從事研究蒙臺梭利教育理論與實際的學者，能夠直接的受她指導；
可惜她雖然已到德國，卻並未能出席會議。想不到她回荷蘭未久，竟於
一九五二年五月六日逝世。

　　蒙臺梭利的教育方法和原則，從科學理論方面來說，不是一篇短文所
能說明的，所以只能提出幾個要點，加以敘述。

　　第一、蒙臺梭利教育學中第一個特點，是她特別的看重了「教具」
的價值。所謂「教具」，照蒙臺梭利的解釋，就是兒童的「工作材料」。
蒙臺梭利以爲過去許多教育哲學的看法，認爲世界是「兩度的」，一方面
是「人」，一方面是「萬物」。這種看法，至少從教育的觀點來論，是不
大正確的。正確的看法，乃是要把世界看成爲「三度的」，即一方面是
「人」，一方面是「萬物」，另一方面乃是兒童。「兒童」在宇宙中間，
應該有它的獨立地位；既不能把它看成尚未完成的「小人」，也不能把它
放在「萬物」之列，等量齊觀。有人說二十世紀是兒童發現的時代，正因
爲二十世紀上半期有了蒙臺梭利，一九四九年，「第八屆世界蒙臺梭利教
育會議」在義大利開會時候，蒙臺梭利發表講稿（德譯稿刊載德國「民族
與知識」月刊，一九五二年，第二期）。她曾說：「兒童是人類之父，文
明之父，而且是現代人的教師。」「誰要打算找到一條新的道路，把人類

引導到一個高的平原上去，誰就必須先把兒童看作一導師，看作光明的嚮導。」「我們不能教導兒童，我們教育工作者所能作的，只是替兒童預備一個適當的工作環境，活動場所。」蒙臺梭利的「教具」或「工作材料」，就是兒童所需要的工作環境。蒙臺梭利所發明的「教具」，其中有帶有符號和字母的積木，各種附有織品的木架，色彩不同的圖表，聲音高低相異的銅鈴等等。在「兒童之家」，即蒙臺梭利式的學校中的兒童，可以「自由」的選擇各種「教具」去遊戲、去工作。但是必須對於「教具」的各部份會先作準備的觀察，再找到彼此之間的次序，然後才能夠完成工作，得到滿足之感。「教具」中各個不同的部分，能夠整個的控制起來，才有意義，才算成功，才有秩序。（蒙臺梭利「教具」，二十年以前商務印書館，曾經仿製，現在怕不容易得到全套了。）

第二、蒙臺梭利教育方法中，另一特點，則是「自由」原則。關於這個原則，我們可以引用蒙臺梭利自己的話來代替說明。一九三二年，「新教育同志會世界會議」（*Weltkangress der New Education Fellowgship*），在義大利的尼沙（*Nizza*）舉行時候，蒙臺梭利曾出席會議，發表演講，題目爲「和平與教育」。在這一次講演中，她曾說「假使你要得到你所希望的和諧與和平，你必須對於兒童加以注意。我們應該從兩個觀點去看人的生活：一個是將要進展爲人的「兒童」，一個是創建環境，改造世界的「成人」。兒童與成人配合在一塊，相互補充，才能夠形成人的生活之圓滿性；二者缺一，人類社會就要喪失平衡，沒有前途。」（見德國「訓練與教育」月刊，一九五二年第五卷第五期。）蒙臺梭利承認了兒童有獨立的地位和自主的權利，因而進一步就肯定了兒童的「自由」。在「兒童之家」中，並不像普通的學校那樣採用分班教學的制度，僅只是把三至六歲，六至九歲，九至十二歲的兒童，分成各種不同的組別，雖然分組，但是每一個兒童仍然是能夠自由活動，自由選擇他所喜歡的「教具」自己工作。而且每組兒童工作的場所之間，都用一些有玻璃的門牆隔開，各組的兒童，可以彼此看見，而且可以隨時進入另外一組的工作場所，作他願意作的工作。這樣的「活動自由」可以使學生得到一切「公開」，彼此「信賴」的訓練，教師僅只供給並安排適當的「教具」，引起兒童自己要活動

的興趣，並且因為「教具」本身已有規則性，所以還可能使兒童的學習注意集中。在這樣的活動中間，可以使兒童的「動作」與「精神」合而為一，並且能夠進一步去完成兒童的「人格」。一九三一年，世界各國都派有一些教育工作者，前往羅馬參加第十七屆「世界蒙臺梭利教育方法講習會」（17 Internationale Montessori-Lehrgang in Rom），這個講習會是由蒙臺梭利親自主持的，每週她有三次講演，在她的講演中她曾經說過：兒童只能夠從日常生活實際活動中，得到社會教育和智慧教育；這兩種教育的目的，可以說就是品格的完成和精神的發展。就以上蒙臺梭利自己所說的一些話看來，她所主張的自由原則，只是適用於兒童自己活動的出發點上；在活動的過程中，是須要謹守秩序，在目的方面，則又為品格的陶冶。所以蒙臺梭利再三加重語氣的說明「自由」並不是放縱（Freiheit bedeutet keine Zügellosigkeit）。

第三、和自由原則不可分離的，在蒙臺梭利教育學上還有一個「義務」原則。義務原則，在蒙臺梭利的用語上，叫作拘束原則或連結原則。一般對於蒙臺梭利教育方法的批評，大半只看到了她的「自由」原則，而沒有注意到她的「義務」原則；所以那些批評都不大正確。關於義務原則，我們不必作抽象的說明，只看一下兒童在「兒童之家」的實際生活，就可以看出來義務原則，在蒙臺梭利教育方法中地位是如何的重要了。照蒙臺梭利的自己說明，「兒童之家」並不是成人之家。兒童之家的大小、設備、環境都依照兒童團體生活上的需要設立起來。而且「兒童之家」的一切秩序、清潔、保護等等工作，都是由兒童們自己負責擔任的。桌椅、櫃櫥、盥漱器具、工作「教具」等等，都是按照兒童適當需要製成的。每天早晨，兒童到了「兒童之家」，在未使用「教具」工作以前，必須先把工作場所整理一下，把各種用具擦拭清潔，再把園藝場中的花木，加以灌溉，然後再佈置各項桌椅、用具，準備早點。早點之後，再把用具洗淨，一切恢復原來的秩序。在工作中間與工作之餘，兒童與兒童之間，不管在工作時候，或遊戲時候，彼此都需要相互關切、尊敬、互助。在這樣實際的日常生活之中慢慢的去培養兒童的社會感情、責任意識與道德自覺。這樣陶冶品格，比口頭的教訓要有效的多。蒙臺梭利認為在教育上，「語言

只能補充行動」，這就是她的教育理論上的一個基礎。兒童時期能夠對自己的同伴（人）負責，對教具用具（物）負責，成年之後，這種義務責任感，充而大之，也就會對於人類文化體系去負責了。

蒙臺梭利的教育理論，總而言之，是用「教具」引起兒童的「自由活動」；再由活動中，把個別的兒童和他的同伴、環境，「連結」在一起，成爲一個生活團體；只有在這個生活團體中，才能夠獲得眞的「自由」。兒童自己享有權利和自由，而又有對於人類歷史文化肯於擔負責任，那麼「世界和平」的理想，就有實現的可能。蒙臺梭利一生的奮鬥，從醫學上轉到教育上，她的直接目的是兒童的權利與自由，間接的目的，就是世界和平。因而在當前混亂的世界局勢中，蒙臺梭利的死，使我們感覺到這是人類的一個重大損失。

福祿貝爾比蒙臺梭利的死，恰恰早了一百年，可是蒙臺梭利「兒童之家」的設立，卻只比「幼稚園」創立，遲了六十七年。福祿貝爾和蒙臺梭利同樣的不喜歡用「學校」這個名詞，最初他把他的兒童教育機構叫作「早期兒童養護所」，德文中的原名是 *Kleinkinderpflegung sanstalt*，他自己也覺得這個名詞太長，叫起來太不方便，所以後來由於他的靈感，突然想到一個好的名詞，就把他的兒童教育機構，改換名稱，叫作 *Kindergartin*，原意是「兒童花園」，他是把兒童比作花木，自己有生長的能力，教師只能作一些像「花匠」的工作，設備一些適當的環境，讓兒童自己慢慢順序生長。我們把它譯成幼稚園，和原來的含義，並不完全相符。

福祿貝爾（*Friedrich Fröbel*, 1782-1852）在教育史上已經佔有一個很重要的地位，在每一本西洋教育史上，都可以看到他的傳記，所以不再加以介紹。現在爲了節省篇幅，僅說明他在教育哲學上一些基本的觀點。

第一、福祿貝爾認爲一個「生命」中間，含有「自然」的全體，又含有「人性」的全體。任何一個「生命」中間，多多少少，都會有一些「上帝的精神」；所以一切「生命」都含有相同的精神、相同的力量。生命與生命之間，雖然不免存著一些差別，但是這一些差別，並不是根本性質的不同，僅只是在發展的程度上，有些高低的差別。無論何人，只要他有這樣的「人生觀」，他就會感覺到他自己能夠和一切的「人類」、一切的

「自然」連結，形成一個「生命的大統一」。這樣「民胞物與」的看法，就是福祿貝爾在哲學方面的基本見解。福祿貝爾一生在教育方面的努力，就是希望用教育的方法把每一個「個別的生命」，引進到這個生命的統一中間去。人生的最高境界，照福祿貝爾的見解來說，只有當一個人意識到或體驗到一切「生命」，一切「存在」，都是屬於一個「無限的結合」的時候，才能夠實現。福祿貝爾在沒有發現幼稚園（Kindergarten）這個名詞時候，曾經有一個時期，把他的教育機構叫作「全面生命統一訓練所」。也就可以看出來他是把「生命統一」當作教育的目的了。

　　第二、照福祿貝爾的看法，一個生命與一個生命之間的差別，僅只有發展程度的不同，所以有關發展的法則，他也具體的說明，他認為一切發展都是循序漸進；跳躍的發展，是不可能的。在發展的過程中，每一個階段，都可以在它們前一階段中，找出來萌芽。所以前一階段是後一階段的基礎，前一階段並不能妨礙後一階段的實現。因此，在教育方面，只能按照生命發展的階段，去輔導兒童發展；跳躍的，希望兒童「早熟」，那就是一種不健全的「早熟」，是沒有價值的。這種發展的法則，福祿貝爾認為應該把它看作教育上的一個重要法則。

　　第三、教育的本質，既然是兒童「內在性質」的發展，因此，「怎樣發展」就又進一步成為福祿貝爾所要注意的問題了。福祿貝爾以為只有兒童自己的行動即創造的活動，才是幫助繼續發展的正確方法；因為在創造的活動中，才能夠把雜多混亂的物質或材料，變為有系統的精神。所以教育的任務，最早一步就是去刺激兒童，引起「行動」的動機，與加強兒童創造活動的慾望。福祿貝爾從軍中退伍以後，在克爾浩（Keilhau）聯合同志，從事兒童教育工作的時候，就是要在兒童的「實際生活行動中，施行教育。」克爾浩是一個比較窮困的農村，福祿貝爾所收容的兒童，多數是來自寒苦的家庭；福祿貝爾自己也沒有充裕的財力。但是福祿貝爾和他同志，就在領導兒童活動中，去進行教育的工作。修建簡單的房舍，整理小規模的校園，幫助農家作下種、收穫的工作，在福祿貝爾看來，都是很好的教育材料。他相信「從實際經驗中過渡到理論認識」，乃是最有效的教育方法。只有從「表演」與「行動」之中，才能得到「認識」與「知識」；

所以「表演與行動」乃成爲「認識與知識」的條件。在「思想和工作」和
「工作的思想」（*denkend tun und tuend denken*）中間，兒童自己就會得到
知識。除了在工作場所中間，使兒童作一些與實際生活有關的技術性活動
以外，福祿貝爾仍然沒有忽略了「直觀」的價值。他自己規定每一星期，
全體的教師，必須和全體兒童，到野外散步，或旅行一次，去直接觀察自
然界的情況。教師的任務，只是解答兒童自己所發的問題。福祿貝爾自己
說過，教育工作是從實際生活出發，最後仍然要歸於實際生活；所以教育
工作，徹頭徹尾都是和實際生活有關係的。在實際生活中的「行動」與
「直觀」，才是幫助兒童「自內向外」發展的最好方法。

　　第四、教育的任務，在於激動兒童的行動慾望，培養兒童的活動趣
味；這樣活動的形式，照福祿貝爾的看法，應該是「遊戲」。「遊戲」是
兒童生活中間最重要的部分，忽視了遊戲，要想在兒童教育工作中得到效
果，是很難的一件事情。所以在幼稚園中，把「遊戲」看作是最重要的課
業。「遊戲」之所以爲兒童愛好，是因「遊戲」中間含有「自由」的成份。
所以幼稚園的「遊戲」，是應該放在自由原則的上邊。「伯伯：（*Oheim*
這是福祿貝爾自己主持的幼稚園中，兒童對於教師的稱呼。）我可以這樣
做麼？」「只要你想，只要你能，那會有什麼不可呢？」這是在福祿貝爾
的幼稚園中所常聽到的一種問答。兒童愛好自由；自由的遊戲，才能滿
足兒童的需要。承認遊戲在教育上價值，並且對於遊戲作系統的研究工作
的，在教育史上，福祿貝爾是第一個人。

　　第五、爲適應兒童在遊戲方面的需要，福祿貝爾曾自己計劃出來，
作了一些遊戲的用具，也就是一般所說的「恩物」。「恩物」的使用，是
限於初入幼稚園的兒童。從使用恩物的遊戲中間，第一步可以訓練兒童的
「感覺」，進一步又可養成兒童的「規律觀念」。每組恩物的各個部分，
必須依照規律整理起來，才能夠表現出來它的價值，並且由此也可以使兒
童有一個「統一」「整體」的觀念。「生命的統一」是福祿貝爾人生觀中
的一個重要觀念，所以在教育工作中，他也是對於這個目的去作他的最大
努力。到了幼稚園的高年級，則「恩物」之外，又有一些其他的適當工
具。這種另外的工具，並沒有一套整個的計劃，甚至恩物的種類、件數，

福祿貝爾也不曾作過最後定形的決定。因爲「恩物」與其他「工具」，都是手段、方法；爲達成教育的目的，手段、方法，是可以隨時改進的。可是不幸的很，在福祿貝爾死後，就是在德國的幼稚園，也有許多已經忘記了福祿貝爾的教育目的，而把全部的努力，用在教育的方法上邊。

　　除了已經說明過的福祿貝爾教育主張幾個要點以外，福祿貝爾雖然是裴斯泰洛齊教育理論的延續者，但是他們彼此之間，也有若干不同的地方。裴斯泰洛齊認爲「數」、「形」、「語言」（*Zahl, Form, Sprache*）是一切知識的基本要素，所以在教育工作上，對於這三個要素，要特別注意。福祿貝爾則認爲「遊戲」、「恩物」，是兒童「自動直觀」的基本要素，而自動直觀，乃是發展兒童內在性質之有效方法，所以在教育工作上，應該特別重視遊戲與恩物。這是福祿貝爾和裴斯泰洛齊教育理論上第一個不同之點。裴斯泰洛齊於一八〇三年發表了「母親的書」（*Buch der Mutter*, 1803）一書，他是希望用這本書去訓練母親，然後再由母親指導兒童的教育工作。福祿貝爾則認爲有系統、有教育意義的遊戲工具，就是直接對兒童有用的教育材料，而且這種材料，應該是不需要旁人加以指導，兒童自己就能夠運用這種材料，去作遊戲工作。這也是福祿貝爾和裴斯泰洛齊教育理論上不同的一點。

　　以上對於蒙臺梭利和福祿貝爾的教育理論與實際，已分別的加以敘述。最後再把她與他的教育思想，加以比較，作爲本文的結束。

　　有一些教育史的著者，在蒙臺梭利和福祿貝爾的教育理論與實際，看作兩個不同的派別，並且列表對照，說明她與他在教育見解上的差異。第一、這些教育史的著者，認爲福祿貝爾是一個理想主義者，他在教育理論上，是主張應該自內而外的發展；蒙臺梭利則是經驗主義者，她在教育理論上是主張應該自外而內的完成。這樣說法，固然不能說全無理由，但是從教育目的來看，這種區別，並不十分顯著。福祿貝爾所說的發展，是藉重客觀的環境來發展，蒙臺梭利所說的完成，也是傾向一個理想的完成。他和她的努力，都是要在規律中、秩序中去發展人性，去完成人性；所以至多只能說他和她對於教育工作出發點的看法，不大一致，至於對於整個教育本質的主張，並沒有性質上的差別。第二、有人認爲福祿貝爾的

教育方法，注重「直觀」，多少有些神秘的傾向，蒙臺梭利的教育方法，注重「感覺」完全是啓蒙精神。這也是他和她的教育見解上的不同。但是事實上，也並非完全如此。「直觀」固然有些神秘性，可是福祿貝爾的「直觀」可以解釋爲「經驗的把握」，並不和一般哲學上所用「直觀」一詞有同樣的意義。經驗的把握，何嘗有什麼神秘性，而且福祿貝爾明白表示，「恩物」的使用，即在於訓練「感覺」。蒙臺梭利所說的「感覺」練習，最後的目的仍是「義務感」與「責任感」，也並不是「個人主義的感覺論」。所以這樣區別福祿貝爾和蒙臺梭利教育主張的說法，也並不見得很有理由。第三、有人認爲福祿貝爾主張以「恩物」供兒童作「遊戲」之用，而蒙臺梭利則是用「教具」訓練「實際生活」。這又是他和她教育主張不同的一點。這種看法，也是很表面的看法，實際上並沒有這樣嚴格的差異。福祿貝爾所說的「遊戲」，也並不是爲「遊戲」而遊戲的，他始終沒有忽視了「實際的生活」。蒙臺梭利所說的「實際生活」也並不是直接著衣、穿鞋的實際生活，仍然是先利用教具練習解結鈕扣的技能，然後才使兒童能夠自動的自己去著衣、穿鞋。「遊戲」和「實際生活」，在兒童看起來，二者之間，是沒有嚴格界限的。第四、有人又認爲福祿貝爾式的幼稚園，兒童只有半日的活動，而蒙臺梭利的「兒童之家」，對於兒童的教育工作，則是全日不斷。這也是它們彼此不同的一點。這種看法，完全是就表面形式上著眼，並不能說出它們在性質上的差別。福祿貝爾式的幼稚園是創立在十九世紀上半期，而且是多半設立於「農村」中間；蒙臺梭利式的兒童之家，創立於二十世紀的開始，而且是適應「工業」社會的需要；因此，才有半日、全日的差別。放開表面的形式，就本質來說，它們卻有一個基本共同之點。福祿貝爾和蒙臺梭利都承認兒童有他們本身的價值與權利，而且爲達成將來人類理想生活，爲實現將來世界和平觀念，不能不把現在的「兒童全體」，作爲教育工作的對象。所以他和她的教育施設，都是注意到絕大多數的窮困農工階層的兒童。眞是不幸的很，有許多國家的「幼稚園」也好，「兒童之家」也好，不少已經失去了福祿貝爾和蒙臺梭利的精神，在形式上已成爲一種錦上添花的裝飾品，專供那些出身於富裕而有知識的家庭中的兒童去享受了。「幼稚園」也好，「兒童

之家」也好，如果不能容納全體的兒童，那麼福祿貝爾和蒙臺梭利的理想，終難實現。福祿貝爾在他寫給他好友同事蘭格特爾（*Langethal*）一封信中，曾說他的教育工作，不是爲了金錢，不是爲了有金錢價值的東西，不是爲了生活，不是爲了榮譽，不是希望得到稱讚，更不是宣傳自己的主張；惟一的目的，乃是使「人的生活」得到充分的發展。這樣「教育愛」的精神，在福祿貝爾的人格中，可算是發揮到了極點。在福祿貝爾逝世的前一年，一八五一年，普魯士的教育部部長羅麥爾（*Von Raumer*）因爲政治上反動的關係，曾下令封閉全國的幼稚園；可是這個命令到一八六一年，就失去了效力，幼稚園又普遍的設立起來。幼稚園的觀念，能夠永恆的存在，正表示眞理的不死，自由與公道的常存！

（本文原載於教育輔導月刊第三卷第三期）

「兒童本位」教育思潮發展的趨勢

　　一般的常識都認爲「受教育」等於學得一些「什麼」，或是知識，或是「技能」。好像受教者身體的健康與否，情感穩定與否，行爲合理與否，意志堅強與否等等問題，都與教育無關。因而就把「知」、「能」的高低與多少，看作判斷教育效果的唯一標準。不僅社會上和一般家長是這樣看法，甚至實際從事教育工作者，也是依照這種趨勢去推進他們的工作，試看現在各級學校對於學生的成績報告，又有那一個學校不是把學業成績列爲第一。所謂操行成績和體育成績，那還不是依照法令、辦法，不得不作的一種虛應故事的工作。如果有一個人，他預備擔任對於「張三」的「英文」教學工作；預備教「張三」學「英文」這個人，你如果問他，在他工作之前，他必先有何種「認識」，我想這個人一定會毫不遲疑回答說，要先認識「英文」。在常識上說，不認識英文的人，自然不能教人學英文，所以這個答案，在表面上並沒有錯誤。假使仔細的加以推敲，如果你對「張三」的年齡、智商、程度等等一無認識，那麼你如何選擇教材、教法，就難免有無從下手之感。自然你的教學效果如何，也就不敢樂觀了。

　　從教育史的演進來看，尤其在學校制度建立以後，教育活動的重心已經安放在「傳統文化」和「客觀價值」上邊，教育的任務就是要把這些文化、價值，經過種種方法，注入到個別的兒童心靈之中，然後把個別的、主觀的兒童，納入在一種普遍的、客觀的文化體系之內。這種理論，就整個人類文化的觀點來看，並沒有什麼缺點，可是如果在教育歷程的本身來看，牢守這種觀點就難免要降低教育工作的效率。因爲要兒童接受文化、價值，把兒童納入文化系統之中，增加發展文化的力量，只是教育活動的最高目的，在教育歷程的一開始就把「目的」當作「方法」，是否影響教育工作的效率，就大成問題。因而不以兒童爲直接的教育對象，對於兒童的本性、能力，不加注意，沒有正確的認識，結果是教者自己去教，文化價值也還是它的本身的固定價值，兒童也還是自己的本來面目：這樣情形，教育工作也就失去了它的價值和意義了。

　　在教育歷程中，於代表傳統文化的「課程」之外，進而注意「兒童」的心理形態，在現代的教育常識中，平淡無奇，認爲當然；可是在教育史

上，有過很長的時期都是把課程的傳授和學習看作教育工作的中心。在教育理論方面是這樣主張，在教育實際方面，也是如此實行；中國是如此，西洋的歷史事實又何嘗不是如此。我們知道，教育實際常為教育理論所左右，而教育理論又不能不受哲學思想的影響。西洋古代哲學史上，雖然已經有了經驗主義的哲學思想，如哲人學派（Sophist）之思想，可是中世紀一千年的時間，這一派經驗主義的哲學，卻是潛而不張。近世初期，仍然是沒有澈底的改變。直到啓蒙運動發生之後，經驗主義的哲學才建立了完整的系統。經驗主義的哲學，認為經驗是一切的基礎，知識也只有經驗這一個來源。至於經驗的基礎，則又為個人的感覺。所以經驗主義的哲學思想，不能沒有個人主義和感覺主義的傾向。近代英國的哲學家洛克（John Locke, 1632-1704）是經驗主義哲學系統的建立者，他曾經擔任過家庭教師的工作；對於教育有相當的興趣，在一六九三年曾發表「教育思想論」（Some Thoughts concerning Education）一書。在這部書中，對於傳統的教育大加反對。當時的傳統教育活動中，沒有脫去中世紀經院中那種嚴格控制管訓的習慣，因而對於「個性」的價值，絕不注意。洛克以為兒童在先天的本性中，有追尋自由的傾向，所以兒童喜好的是活動、自動，厭惡的是強迫、控制。兒童在自己的行為中，能夠知道追求快樂，避免苦痛，和成年並無區別，因而兒童本性中已有理性的成份，是不能否認的事實。所以洛克認為教育的基礎應該建立在兒童心靈發展的規則上邊；教育就是經驗、發展、開擴、習慣的養成與實際的行為。洛克認為兒童先天的有好動的「衝動」，在教育歷程中，不應過份的加以拘束，兒童的「本有意志」，如果得到適當的發展，自然而然的就會形成為「理性意志」。這可以說是近代「兒童本位」教育思潮（當時，自然還沒有人使用「兒童本位」這個名詞）的萌芽。

在英國的經驗主義哲學家洛克之後，替兒童本位教育思潮開路的還有法國的盧梭（Jean Jacques Rousseau, 1712-1778），盧梭是十八世紀西洋文化史上一位怪傑，對於各方面，都有很大的影響。在哲學思想方面，他是屬於自然主義學派，可是同時他的思想體系中，也還有一些浪漫主義的氣味。自然主義的特徵接近經驗主義而有「理性」的傾向（Rational），

浪漫主義的本質乃是「非理性的」（*Irrational*）；所以他的哲學思想中含有內在的矛盾趨勢。同時在十八世紀之中，進化的觀念已經相當普遍，中世紀那樣人類所有的悲觀心理已不受人重視，普遍的存在著一種樂觀的心理狀態。可是盧梭的哲學思想，在代表十八世紀的「時代精神」之外，他的歷史哲學卻富有悲觀的色彩，他在一七四九年應徵得獎使其成名的論文──科學藝術的進步對於道德的改進有無貢獻──中，對於文化進步的價值就持有一種否定的結論。在一七五三年應徵的論文──人類不平等的原因──中，仍然保有相同的主張。盧梭的歷史哲學儘管含有悲觀的傾向，但是他究竟還不能不受十八世紀那種進化的、樂觀的「時代精神」的影響。所以他還相信人類在進化的過程中，在將來終究還能夠建立一個新的美滿的社會。不過，將來這種新社會，決不可能建立在過去的傳統舊文化上邊，而只能由「新人」自己重新再建立起來。這些下一代的「新人」要從那裡產生呢？在盧梭看來，必須要從現在的兒童教育工作開始。現在的兒童出生之後，就把他從現在正存在的傳統文化社會中隔離起來，使其「返歸自然」，用自然的教育力量，發展兒童的力量，然後才能培養出來「新人」，這種「新人」才有能力建立起來合於自然法則的社會，公道正義的國家以及新生的文化。盧梭這種教育思想，可以說是，前無古人，真可以說是革命的教育思想。歷來的教育觀念，都承認教育的功用在於訓練人類使其適應現有的「歷史──社會」的生活，盧梭則提出來革命的主張，要用教育的力量摧毀現有的「歷史──社會」生活，另外建立一種新的社會生活。所以他認為教育的目的，不是要訓練有公民資格的人，在社會各階層有職業能力的人，更不是要訓練治者與被治者階級；真正的合理的教育，乃是要訓練一種「自然的人」，所謂「自然的人」，乃是「真正的，自由的人」。今日的兒童即他日的新人，所以教育工作的開始，就是把兒童當作主要的「對象」。盧梭這種教育思想，雖然在理論上有很多可以批評的地方，但是在教育實際方面的影響，卻替現代兒童本位的教育思潮奠立一個基礎。因為他主張教育工作的任務不是傳授已有的文化，而是讓兒童自己生長。

　　洛克和盧梭這樣看重「兒童」的教育思想，在十八世紀雖然已經普

遍的受到注意，可是在教育實際方面，並沒有很大的具體的影響力量。洛克以經驗主義哲學作根據，主張要用教育的力量以「經驗」填充兒童心靈上的空白，再把這些由感官所得到的「經驗」，形成知識與道德，同時要把兒童的「自然意志」（衝動的慾望）轉變爲「理性意志」（道德的動機），所以洛克的教育思想還只是「自兒童出發」，並不是眞正的「兒童本位」。盧梭的教育思想是比洛克更富於革命性，他以自然主義的哲學爲基據，主張兒童要遠離社會文化的影響，自然生長；但是最後他所說的兒童「愛彌爾」仍然不能夠不再回到社會中去過結婚的、道德的生活。所以，盧梭的教育思想同樣的不是絕對的兒童本位主義。

十九世紀西洋的教育學者，在哲學的觀點上，雖然不免紛歧，可是大多數都直接的，或間接的多少受了洛克和盧梭的教育思想的影響。如瑞士的教育學者裴斯泰洛齊（*Johann Heinrich Pestalozzi*, 1746-1827），他的哲學觀點，很受康德哲學的影響，在教育理論方面，屬於社會教育學派，但是仍然接受了一些洛克的教育主張（如透通「直觀」，才能形成「概念」的理論）和盧梭的自然主義（如依照自然法的歷程發展兒童的本性）。裴斯泰洛齊在他的「隱者的黃昏」一書中，認爲人類教育活動中，必須注意兩個重要的因素，一個是「本性」，一個是「環境」。所謂「本性」乃人類內在的力量：人類的本性，完全相同，都有接受教育影響的「可塑性」，而且這種內在的力量應該普遍的發展起來。所謂「環境」並不是一種自然的狀況，乃是一種「人」對於各方面的關係，而且這些關係是由「人」自己作成的。所以裴斯泰洛齊承認「人」能夠自己創造自己的「道德生活」以及「社會關係」。在裴斯泰洛齊看來，「人」要能夠創造自己「道德生活」和「社會關係」，就必須使「人」所本有的內在力量獲得充分的發展。所以教育的任務，直接的在於發展「人」的內在力量，而道德生活和社會關係的創造，乃是教育的間接效果。何謂內在力量？裴斯泰洛齊把它分爲三類：第一是「心」的力量，此中包括的有「情感」、「趣味」，推延起來，可能至於「道德」；在心理機能方面，屬於「意」。第二是「腦」的力量，其中包括的有「認識」、「瞭解」演進而至於「精神」；在心理機能方面則屬於「知」。第三是「手」的力量，其中包括的

有「手工操作」和「職業活動」，進而爲「生理的」與「技術的」；在心理機能方面，屬於「能」。這三類力量充分發展進而爲一個由人性所完成的「有機的統一」，乃是教育的主要任務。裴斯泰洛齊既然承認「人」的內在力量的發展爲教育的主要任務，因而在教育歷程中對於「兒童」所給予的注意遠較「課程」爲多。並且他把教育的方法也看得遠較課程內容爲重。所以一般的教育史家常常忽略了他的哲學觀點，而把他像盧梭一樣，列爲兒童本位教育思潮的代表。

在十九世紀中期，德國的教育學者，幼稚園制度的建立者福祿貝爾（*Friedrich Fröbel*, 1782-1852）教育理論中，也有很顯著的重視兒童的傾向。福祿貝爾和裴斯泰洛齊曾經有過個人直接的往還。在教育主張上，很受裴斯泰洛齊的影響。可是在哲學觀點上，他卻有他自己的見解。福祿貝爾的哲學思想，很受康德以後客觀的理想主義者謝林（*Friedrich Wilhelm Schelling*, 1775-1854）的影響。謝林的哲學乃「同一哲學」（*Identitäts philosophie*），所謂同一哲學，即不承認自然現象和精神現象爲絕對的相反，在「自然」的範圍之內，仍有精神的現象；在精神世界之中，仍保有自然的現象。絕對的整個現象乃是一個「普遍」，也是一個最完全的「有機體」。福祿貝爾一方面深受謝林同一哲學的影響，另一方面又接受盧梭那種「人性本善」的主張；於是在教育理論方面，他認爲「人」在先天的方面是一個不能劃分開的「統一」。依照生命和發展的永恆規律，使這種「不可分的統一」轉變而爲「和諧的統一」就是教育的唯一目的。從福祿貝爾的著作中，我們可以看出，他的教育方法是根據三個原則：第一、宇宙是一個整個的「統一」，這個「大統一」，不能夠分成「部分」，但是可能分爲若干小的「有機體」，而這一些小的有機體，每一個又自成爲一個「整體」，這個小的「整體」又能夠代表大統一的全部性質。兒童就是一個有機的整體，所以教育工作一開始，就須要單獨的從兒童出發。第二、每一個人類有機體的成長，都是自內而外，自生自長；因爲每一個人類有機體在本質上都保有四種基本的動力，即：「活動的動力」，「求知的動力」，「宗教的動力」以及「藝術創作和欣賞的動力」。在這四種動力之中，「活動的動力」的力量最強；所以在教育歷程中，對於「活動的

動力」要特別重視,只有「自己活動」,才能夠使兒童充分的自內向外發展。第三、教育工作是一種不斷延展的進步,並不是一堆堆的「知識」或一段段的「訓練」的集合;這種不斷延展的可能成就,必須遵守一些「宇宙規律」(*Weltgesetz*)。所謂宇宙規律,在福祿貝爾看來,乃是:(甲)統一中的繁多與繁多的統一;(乙)在生命中和在自然中那些相對的「對立」,由於發展,可以得到統一。根據這兩個原則,福祿貝爾建立了他的教育思想系統;他以為教育的任務,在於依照自然的規律培養兒童的「心情」(*Gemuet*,建立在「人」與「宇宙大統一」的關係之中),「了解」(*Verstand*,建立在「人」與其他「個別的整體」的關係上邊),和「理性」(*Vernunft*,建立在「人」與「世界繁複的現象上邊」。所謂「心情」、「理解」及「理性」都是一些自內發展而成的力量,已經成為「人」的「本質」的一部份,而不是「人」「所有的」一些自外注入的「事物」。所以福祿貝爾認為教育不是有計劃的,而且近於強迫的自外注入教材,而是純粹的自內而發的連續「發展」。因此,福祿貝爾的教育思想,在十九世紀超出了德國的範圍,而成為國際間兒童本位教育思潮中的領導動力。

　　十八世紀中,洛克、盧梭分別的以經驗主義與自然主義哲學立場建立了從歷史上所不曾有過的兒童教育思想;到了十九世紀,裴斯泰洛齊、福祿貝爾又以人文主義與理想主義的哲學觀點闡明了兒童教育的理論,因而替近代國際間重視兒童本身價值的「教育」運動作了先鋒。這四位兒童教育理論的學者,雖然都一致的承認兒童本身價值在教育整個活動的重要性,但是他們也只是承認「兒童」是教育活動中的「出發點」或者一個重點,並不曾完全否認了客觀文化價值在教育活動中應有的地位。洛克的教育目的論,是道德教育,盧梭也不能不承認現在的「兒童」,將來的「新人」不能夠不擔負創造新文化、新社會的責任。至於裴斯泰洛齊的以教育改良社會的主張,以及福祿貝爾所主張的「和諧發展」論,則更是重視客觀文化價值的明證。所以十八、十九兩世紀的教育學者所倡導的兒童教育理論,並不能稱之為「兒童本位」教育。在這兩世紀中,許多教育學者的理論,只是主張在教育活動中,應該於「客觀的文化價值」之外,再進一步並重視「主觀的兒童價值」二者並重,方能達成教育的任務。

　　但是，到了十九、二十世紀之交，教育思想中又起了一個激烈的新潮流，就把過去的情形改變了。十九世紀下半期的「時代精神」，凡於是無條件崇拜科學因而產生了「科學至上」進而至於「技術萬能」的傾向。同時由於一八五九年英國科學家達爾文（*Charles Darwin*, 1809-1882）刊佈了他的名著「種原論」，替進化論建立了科學方面的基礎，於是進化觀念，對於十九世紀下半期一般思想界發生了重大的影響，一般學者多半都承認進化歷程有決定歷史發展的力量。由於崇拜科學，經驗主義哲學的影響相當普遍；由於進化論思想的流行，在思想方面有機論思想的潮流也非常高漲。在教育思想方面，以經驗主義爲根據，注重感覺主義，認爲人類經由自己的確當的感官經驗可能充實人類先天性的「空白」，完成高尙的人格。另一方面，由於有機論思想的影響，兒童既爲一完整的有機體，那麼，兒童自己發展，就能夠決定自己的前途。因此，在兒童教育的理論中，洛克和盧梭這一派的教育思潮就高漲過了裴斯泰洛齊和福祿貝爾那一派所代表的教育思潮。繼承洛克和盧梭那一派教育思潮，而且充加力量，使其更爲高漲的，乃是瑞典的一位女教師，即愛倫凱（*Ellen Key*, 1849-1962）。愛倫凱並不像洛克、盧梭那樣是思想史一個劃時代的人物，也不像裴斯泰洛齊、福祿貝爾那樣在教育史有特別重要的地位。她是一位女作家，大學講師，實際上她是一位婦女運動的領導人物。但是由於她在一九〇〇年刊行了一部以「兒童的世紀」爲名的著作以後，她就被認爲是一位「新教育」運動的領導者。她這部著作共分八章：一、選擇雙親的兒童權；二、非天生的性別差異與女工；三、教育；四、無家的流浪；五、學校中的自殺現象；六、將來的學校；七、宗教教學；八、兒童工作與兒童犯罪。她這部書的主張非常激烈，甚至反對宗教教育；出版之後在各國的迴響，非常紛歧，有許多讚許的批評，也有許多反對的攻擊。但是無論如何，這本書引起了許多人的注意，則是不可否認的事實。她這一部書的名稱居然被認爲是二十世紀這一時代稱謂；書中所用「兒童本位」一詞，也被德國漢堡學派的教師拿來當作他們教育思想方面的「口號」。愛倫凱在她的書中，第一章標題爲選擇雙親的兒童權，把兒童權提高可以自己選擇雙親的地步，在我們東方人看來，眞有些近於神話。因爲她要貫徹她的兒

童本位的主張，所以不能不儘量把兒童權提到最高的程度。在第三章講教育的時候，她接受了盧梭的主張，以爲教育工作中，只能聽任兒童的自由活動，不但不能有勉強的行動而且反對有預先的計劃。消極的教育是讓兒童自己活動，不加教育；積極的教育乃是布置一種家庭的環境讓兒童在自己活動中完成他們所固有人性。因爲她和盧梭一樣的承認「人之初性本善」，所以才有這樣的教育主張。她和盧梭是同樣要摧毀已有的學校教育，不主張再作改良現有學校教育的工作，但是她卻比盧梭更進一步，認爲教育的任務不在於爲社會整體教育出來一些有用的個別份子，她以爲教育是要分別的完成兒童的個別形態或性格。盧梭還主張「新人」創造新的社會，而愛倫凱則認爲只要使兒童自己的新形態完成之後，教育的任務就算達成了。在愛倫凱看來「將來的學校」中沒有基本課程綱要，沒有考試制度，更沒有懲罰。其次班級教學制度，亦必須澈底取消，因爲團體教學對於「個性」是一種很大的損害。有關兒童本位的理論，我們只就上述幾點來看，就可以看出愛倫凱的主張已經超越盧梭，而達到了最高峰。

在愛倫凱以後，兒童本位教育思潮，便從最高點，向下低落了。其他對於愛倫凱教育理論持懷疑態度的，我們姑且放開不談，即就德國漢堡教育學派所領導的擁護愛倫凱教育思想的運動來看，也可以看出來兒童本位教育思潮的低落。漢堡教育學派的符爾葛斯特（*Heinrich Wolgast,* 1860-1960）提出建議，以愛倫凱所用「兒童本位」一詞作教育工作中的箴言，所以他在一個教育性的大會發表講演時很激動的大聲疾呼，說：「具有最高價值的，不是『科學』、不是『專門知能』，更不是學校中所用的『教材』，乃是人的『心靈』，尤其是兒童的心靈。」所以他認爲傳統的學校教育完全把重點放在「保存文化」的上邊；學校教育的眞正任務，乃在發展兒童本身所有的潛在力量。他本人雖然還能夠和愛倫凱唱同調，但是他的同志沙來爾曼（*Heinrich Scharrelmann,* 1871-1940）雖然還採用「兒童本位」這個口號，可是已經反對愛倫凱的主張了。愛倫凱主張在教育工作中，教師應該「無爲而教」聽任兒童自由活動。至於沙來爾曼則認爲教師便須要有適當的自由，教師不僅不應該無爲，而且應該深思遠慮的選擇教法企求幫助兒童，發展其對於各方面的創造力量。同時沙來爾曼還是相當

看重課程的教育價值。如同「作文」、「複述故事」、「鄉土地理」各科教學，如果能夠選用適當的教材，無一而不能發展兒童的創造力量。他既然認爲教師的活動，課程的選擇都有教育的價值，自然他也就不會同意愛倫凱「不教育就是好教育」那樣消極的教育理論了。

在教育歷程中，客觀的文化價值，教師人格的感召力量，教育制度的適當性，以及對於兒童心性的瞭解必須恰切配合，方才能夠順利有效的進行教育工作。傳統的教育只看到了客觀的文化價值的重要，因而認爲教育的任務只是保存文化和發展文化；尤其是只重視了保存文化的功用。其結果是要用強迫的方法，把客觀的文化價值生硬的注入到兒童的心靈之中。這一種強迫接受的效果如何，可想而知。所以愛倫凱在她所著「兒童的世紀」一書中曾經用比喻批評這種教育。她曾經說：「把一塊石頭安放在另一塊石頭上邊，決不會生根，使後來放上去的石頭和原有的石頭牢固在一起。」偏重文化價值的教育活動，固然不會有什麼成就；但是把兒童自己的生長看作教育，那豈不是自己否定了教育的價值麼？生長是生物的現象，屬於自然的範圍之內。生物的生長，只是個體的發展，所以在自然界中一切自己生長的有機體，一代與一代之間，沒有密切的連繫，因而它們不僅沒有社會的生活，而且也沒有歷史的生活。至於「人」的生活就不是這樣了。「人」的生活，不同於其他有機體的生活，乃是因爲「人」一方面要在空間過團體的生活，另一方面又要在時間中過延續不斷的歷史生活。其他人以外的有機生活只是自然的生長，至多只是一種發展。在生物的「生長」和「發展」中，只有「事實」的問題，沒有「價值」的問題。因爲生長或發展都有一定的「頂點」，達到「頂點」，就又有衰落的現象。如動物的生長，自幼兒到青春，到成年，這是向上的生長，過此以後，進入中年再進入老年，最後則爲死亡，這又是向下的衰退。至於人類的歷史生活，則是一貫不斷的向上進步，一代比一代要好一點。所以人類除了具有動物的個體「生長」之外，還有集體的「進步」生活。在這種「進步」生活中，教育的價值表現的最爲顯著。因此，二十世紀的教育思想中，文化哲學的教育思潮興起之後，舊有獨斷主義的傳統教育思想以及十八、二十世紀中受人重視的那種以自然主義爲根據的兒童本位教育思

潮，都成了一偏之見，而不能代表說明教育全體的事實。所以愛倫凱是兒童本位教育思潮中的「潮頭」，同時也是「潮尾」；在她以前和以後，都沒有絕對的兒童本位教育思想。但是近代教育思潮中，最有價值的一個特徵就是在教育歷程中承認兒童的特殊地位，兒童本位的教育思潮對於教育理論，總算有了很大的貢獻；因爲兒童之爲教育的對象，乃不可否認的事實。忽視了兒童，教育工作就無法做起。但是我們統觀兒童本位教育思潮發展的經過，我們與其名之爲「兒童本位」，倒不如稱之爲「自兒童出發」較爲符合事實。自兒童出發，達到文化的進步，才是教育的意義與價值。

（本文原載於教育輔導月刊第七卷第六期）

開善施泰耐與
「工作學校運動」

開善施泰耐百歲生日祭

　　開善施泰耐（*Georg Michael Kerschensteiner*, 1854-1932）是一位國際知名的德國教育學者。在二十世紀德國雖然產生了不少的教育學者，但是能夠影響近代的教育理論，而且在教育實際上也有重大貢獻的，卻很少像開善施泰耐這樣的人物。今年（一九五四）七月二十九日，是他的百歲生日；為了紀念這一位偉大的教育學者，西德聯邦政府和拜彥邦政府、明興市政府以及教育學術團體、工商組織等機構，聯合組織了籌備委員會，負責籌備紀念開善施泰耐百歲生日的工作。籌備會已經決定在本年七月二、三兩日在明興舉行紀念大會，並且西德聯邦政府的總統郝伊思（*Theodor Henss*, 1884-）也決定到會發表紀念開善施泰耐講演。在紀念儀式中，有各種展覽會，最主要的是在明興一所「開善施泰耐工業學校」中間，展出根據開善施泰耐教育理論施教的各項成績以及開善施泰耐自己的著作和一切有關開善施泰耐教育理論發揮的著作。近三十年來，在明興有不少國民學校、職業學校，都是按照開善施泰耐的理想，建築了新的校舍，因而在這一次紀念儀式中，特別的舉行了一個學校模型展覽會。同時在紀念儀式開始時候，明興市政府決定為一所新的「開善施泰耐職業學校」舉行奠基典禮。另外還有兩家有名的出版社合作印行開善施泰耐的年譜以及其他紀念的書刊。民間團體並且決定籌募「開善施泰耐獎金」，最低限度要能夠經常補助兩個工業教師去完成他們的大學進修教育。總而言之，今年七月，在明興舉行的開善施泰耐紀念會，確實是西德文化、教育、經濟各界用全力來紀念他們近代的一位偉大教育學者和教育家。一九二四年，德國在東普魯士首都克尼斯堡舉行「康德二百歲生日祭」以後，恐怕這一次紀念開善施泰耐百歲生日的規模要算最大了。

　　在未說明德國「工作學校運動」的發生和演變以前，很有必要的，先敘述一下開善施泰耐生平和工作。開善施泰耐是一八五四年七月二十九日生於德國拜彥邦首都明興。他的家庭環境相當的貧苦。在國民學校肄業期滿以後，限於經濟的困難，不能夠升入普通中學繼續求學；因而就在

當時一個天主教教育團體皮亞里斯特（*Piaristen* 一五九七年創立於羅馬，在義大利、法國、西班牙、德國的學校教育方面頗有影響。）所主辦的師資訓練班中，接受師範教育；這一種師資訓練班，並不是獨立的師範學校，只是附設在一所國民學校中間，用學徒的方式，訓練小學師資。因此，開善施泰耐在十六歲時候就在一所鄉村小學擔任「助理教師」的工作。經過相當時期，才升為正式的國民學校教師。後來又繼續考入高級文科中學（*Gymnasium*）肄業，對於數學特別感覺興趣。後來又在維慈堡（*Würzburg*）大學、明興大學學習植物、動物、地質等科。他在紐倫堡（*Nürnburg*）、明興等地擔任教師工作，有十二年之久。他喜歡接近青年，注意教學的方法，很能吸引青年的注意，得到青年的愛戴。他感到教學工作是一種愉快的工作，所以他才成為一位成績卓著的教師。一八九五年，被任為明興市的主任督學（*Schulrat*，相當於市政府中的教育科長或教育局長）。他到職以後，對於明興市的國民學校制度詳細的調查、研究以後，提出一個改進的方案。他的改革方案，就是拿「工作學校」的基本理論作為基礎。為了推進這個國民學校改革方案，他開始在國民學校中建立起來手工工廠，學校花圃。當時一般國民學校中的設備，只有教室和閱覽室以及運動場所；開善施泰耐在舊有的設備之外，為了使兒童有「動手」工作的機會，普遍添建了一些新的設備，一方面受到稱許，但是一方面也遭遇到不少的指責。他雖然注重「手工」，但是他並不是把手工看作學校教育的目的；手工也只是一般的陶冶方法。這是開善施泰耐在國民學校方面的新見解和新設施。在國民學校制度方面的改進之外，開善施泰耐對於明興市的「補習教育」制度（*Fortbildungsschulwesen*），也曾經擬定具體的方案，要把原有受過義務教育的男女兒童的補習教育，改進一下。在補習教育的工作中，開善施泰耐也是主張用手工教育的方式去完成精神教育、道德教育，以及公民教育，他認為這些教育都是相互關聯，合而為一，才有效果。只是抽象的用書本去推行公民教育、道德教育、精神教育很難達成目的。

開善施泰耐在明興市主任督學任內的這兩項教育改革工作，雖然遭遇到當時教育界中赫爾巴特學派的批評和攻擊，但是支持開善施泰耐這樣

教育工作的人，也不在少數；而且因此，開善施泰耐在國際間也贏得了很高的聲望。不僅瑞士、瑞典、匈牙利的教育界約請他去講他的新的教育理論，甚至蘇格蘭、英格蘭以及美國的教育性質的會議，也邀請他出席，發表有關「工作學校」的講演，他的工作學校理論的基礎頗受裴斯泰洛齊（*Johann Heinrich Pestalozzi*, 1746-1827）和杜威（*John Deway*, 1859-1952）的影響。所以才能夠普遍的在歐美國家引起了教育界的注意和重視。

開善施泰耐雖然是一位實際的工作者，但是他也有正確的、系統的教育理論，因而先後印行了很有名的教育著作。一九一八年，他辭去了明興市主任督學的職務，專心著述，同時任明興大學的「名譽教授」，講授有關教育學的課程。一九二○年，正式被任為正教授，調往萊比錫（*Leipzig*）大學任教，他因為種種原因，拒絕到職。同年，德國國會（*Reichstag*）選舉，明興市把他選為民主黨的國會議員（*Reichstagsabgeordneten*），也因為他對於當時政局的不安，感到不滿，立即提出辭職。一九一八年，德國革命，開善施泰耐的家庭蒙受了很大的損失，所以他晚年的生活、心境，並不太好；所以只是過著退隱的生活，整理自己的教育著作。到一九三二年一月十五日，這位國際知名的教育學者，在明興故鄉與世長辭。

現在我們再來看德國「工作學校運動」發生的背景以及其演變的經過，然後進一步說明開善施泰耐在工作學校運動中的貢獻與成就。

人類社會中的教育活動和實際生活，在原始時代本來是合而為一，不容易分開。人類生活演進之後，乃產生學校教育的制度。教育活動的形式演變為學校以後，教育活動的內容，自然而然的，就偏重在文字的知識方面；教育活動的範圍，也就離開了一般群眾，局限於一部分的特權階級。所以英文和德文中「學校」一詞的希臘語源 *Schole*，就有休閒、娛樂的含義，和一般的社會生活，並沒有很密切的關係。西洋各國的教育史，一般的都從希臘、羅馬時代開始敘述，實在說來，現代西洋各國的文化、教育，並不是希臘和羅馬的延續，最大限度，也只能說是受了希臘、羅馬的影響。嚴格一點來說，西洋各國的教育史，卻只能從中世紀開始加以敘述。因此，西洋各國最早的學校，乃是第八世紀產生的寺院學校（寺院學

校、教堂學校、騎士學校都注重拉丁文的教學，所以這些學校，總名為拉丁學校或拉丁文法學校）。顧名思義，就知道這是基督教修院所附設的學校，目的在訓練教士，教材則注重語文的學習，教義的傳授。十二世紀適應市民需要所成立的「市鎮學校」，仍然是一種注重語文訓練的學校。以後文藝復興與宗教改革時代的學校，仍然是偏重語文的教學。啟蒙運動發生以後，自然科學的知識，雖然列入了學校課程中間，但是學校的內容，仍然是保持抽象理論的傳授，學校以內的兒童，仍是被動的接受蘊藏在文字中的知識。從這些歷史的事實來看，我們可以看出來，西洋的學校，自始就是注重書本的知識，所以一些西洋教育史的研究者，把他們傳統的學校叫作「書本學校」或「學習學校」（*Lernschule*）。這種情形，從八世紀開始，保持了一千年的時間，到了十九世紀，才發生了重大的變動，對於注重書本教學的「學習學校」，開始起了懷疑。

在西洋學校教育史上，十九世紀乃是一個重大的變動，也可以說是進步的時代。十九世紀的歐洲，最大的變動，是人口激增。一八三〇年的統計，歐洲的人不過一億八千萬左右，到了一九〇〇年，增加到四億五千萬左右；在德國境內，這種情形，更為顯著，一八三〇年，德國的人口只有兩千四百萬左右，每平方公里，只有四十五個人，到了一九〇〇年，就增加到了六千萬，每平方公里則有四百五十個人。歐洲各國人口增加的結果，使生產工具隨著改良，生產成品，也隨著增加。一八三〇年，在德國每人每年平均用的鐵，只五・八公斤，到了一九〇〇年，每人每年平均用的鐵，就增加到一六二公斤。為增加生產成品，乃發明了各式各樣的新工具，因而技術的進步和需要，比較過去任何時代，都是更為迫切。在十七、十八世紀，歐洲各國的工業雖然已經相當的發達，但是規模不大，多為家庭的工業和各種手工業，到了十九世紀，技術進步，使用機器之後，所有各種工業都趨向大規模的組織；過去家庭工業的主人和手工業的師傅都是獨立自主經營生產事業的小市民；等到大規模的生產機構成立之後，過去那些小的生產事業，相繼破產，一大部分的小市民，也都淪為以工資為生的生產工人。這種變動不但影響了社會組織，而且影響了政治制度。原來這些經營小規模生產事業的市民，即所謂「第三階級」的公

民，自中世紀末期以至近世紀，都是社會的中堅，對於政治不僅富於興趣，而且有相當的影響力量；現在淪入「第四階級」以後，仍然不能忘情政治，同樣的繼續要求社會的地位和政治的權利，並進一步的要求教育的平等，學校教育制度的建立，本來是爲的適應社會的需要；到了十九世紀，社會上因人口的增加，發生大的變動。現在大多數的社會人士所需要的是使用新工具和機器的技能，但是現有的「學習學校」，則偏重文字知識的傳授，對於用手的訓練，則並未特別注意；因此流行一千年的「學習學校」，在事實上，已經不能滿足社會上的實際需要。這是「工作學校運動」發生的重要原因之一。這種情形，和十二世紀「市鎭學校」在「拉丁學校」之外發生的情形，頗爲相似。

其次，「工作學校運動」的發生，還有一個內在的因素，乃是科學研究進步之後，影響了教育思想的轉變。原來都認爲教育乃是文化保存和延續的重要方法，教育的功用，因而偏重「承先」和「繼往」方面；把「客觀」的「文化材」看得特別重要，因而「課程」的接受，乃成爲學校教育的中心；對於兒童「主觀」的自動，並不十分注意。近代科學研究發達的結果，使人能夠認識甚至控制並利用「客觀」的自然，因而「主觀」的能力，才受到了普遍的重視。於是「人」乃成爲宇宙的中心；因爲一切文化，無一不是由「人」創造，文化進步的希望，也都寄託在「人」的身上。法國哲學家孔德（*Auguste Comte*, 1798-1857）曾經說過：「天體的偉大並不能表示上帝的尊嚴，僅只是伽里留（*Galileo Galilei*, 1564-1642）、克卜萊（*Johannes Kepler*, 1571-1630）和牛頓（*Isaak Newton*, 1643-1727）的光榮。」從這些語句中，我們可以知道「人的主觀」的價值並不低於「文化權威（*Kulturmacht*）的客觀」。所以兒童的自動力，在教育方面受到重視，因而「自兒童出發」乃成爲學校教育活動的主要標語。「自兒童出發」的教育標語受到重視之後，過去的「學習學校」只是使兒童被動的接受文字知識那樣的制度，就慢慢發生動搖。這是「工作學校運動」發生的另一因素。

十九世紀西洋各國，在歷史上，發生重大的變動，因而有傳統歷史一千年之久的「學習學校」制度發生動搖。爲了糾正「學習學校」那樣使

兒童被動的接受文字知識的缺點，乃發生了一種新的教育改革運動。所謂
「工作學校運動」，就是這種學校教育改革運動中的一個顯著的傾向。為
了說明工作學校運動的特質，現在我們更進一步的把「工作學校運動」和
其他教育改革運動中的趨勢，略為敘述一下。西洋各國思想家的思想方
式，雖然非常紛歧，極不一致，但是從根本來看，也可以把它分為兩個大
的傾向。第一是「向上的追求」，第二是「理性的運用」。前者是熱情的
努力追求「最高」與「最深」，也就是說傾盡全力去追求世界和人生的本
質；後者則是使用邏輯，或者是運用辯證的方法，只求認識世界或控制世
界。第一種思想方式，可以稱之為「柏拉圖的思想方式」，第二種則可以
稱之為「亞里士多德的思想方式」。一般的思想活動限於這兩種不同的方
式，在教育改革運動中的思想活動，也不外這兩種基本的方式。採用第一
種思想方式的教育改革運動，有「藝術教育」，有「人格教育」等等新的
運動。它們的目的是在於完整人格的培養，尋求人生的本質與價值。十九
世紀的技術發展，在文化方面形成一種「非人」的傾向，以「機器的大
量生產」代替「個別的手工技藝」；在家庭布置、個人裝飾一切日常生活
中，都慢慢的趨於標準化，過去因個別的手工製作，能以尊重個別趣味
所形成的風格，完全消失。近代歷史進展的價值，本來是「人」的發展，
「人」的價值受到重視，但是因為一切機械化的關係，反而形成了「非人」
的傾向。正因為有了這樣的矛盾，所以人類文化遭遇到嚴重危機，方使人
有了警覺。首先注意到這樣矛盾情況的，是一般敏感的思想家，接著而來
的就是在教育方面的改革運動。近代的學校教育，一直到十九世紀，都是
注重專科知識的傳授，即使是初級學校中，也把必修的課程，分為若干獨
立的科目，只求滿足求知的慾望，對於意志的鍛鍊、情感的培養、趣味的
陶冶，幾乎是沒有加以注意，這樣的教育設施，自然就不容易養成完整的
人格，認識人生的本質，瞭解生活的意義。「藝術教育運動」，就在這樣
情況之下，發生起來的。所謂藝術教育，它的含義並不是要訓練兒童，使
其成為各類不同的藝術家；乃是要利用藝術工作中的「完整性」和「創造
力」以及「欣賞的趣味」為工具，使兒童「心靈全體」得到和諧的發展，
藉此養成完滿的人格，並且進一步瞭解人生的意義。在十九世紀，藝術已

關進博物館中，限制在高貴的歌劇院中，所有日常生活中能夠接觸的只是
膺造的飾品（*Talmi*），低級趣味的陳設（*Kitsch*）；所以藝術教育的運動
者，要求在學校中要從兒童開始受教的時候，就直接的參加藝術活動。因
而製作圖表、戲劇表演、民族舞蹈、民歌欣賞，就特別受到重視，並且把
它們當主要的教學方式。由藝術活動養成的趣味，就是瞭解人生意義的入
門工作。這是根據第一種思想方式所發生的教育改革運動。至於從第二種
思想方式產生的教育改革運動，派別雖然很多，但它們只有一個共同的基
本主張。因為它們的目的在於認識世界和控制世界，所以它們的要求乃是
能力的獲得，技術的嫻習，職業的適應，政治的注意等等項目。「工作學
校運動」就是這一派改革運動中的一個重要代表。在十九世紀一直到二十
世紀，新教育的運動中，始終存在這相反的兩「極」（*Polarität*）：一方
面是注重完整人格的陶冶，一方面是要求日常生活的適應。工作學校運動
的開始是屬於後者，但是到了開善施泰耐時候，就慢慢的發生轉變，另外
形成了一種新的趨勢。

　　以上所述，乃是工作學校運動發生的背景，以及工作學校運動在
現代新教育運動中的地位。現在我們再來看工作學校運動發展的經過。
在德國，工作學校運動，雖然是發生在十九世紀，但是工作學校的觀念
和實際，遠在十七世紀，因為工業的開始發展，已經相當的普遍流行。
不過當時所謂工作學校的含義，和現在有些不同。當時的「手工學校」
（*Handarbeitsschule*）、「作業學校」（*Werkschule*），都可以稱之為「工
作學校」（*Arbeitsschule*）。所以最早的「工作學校」，只是訓練職業技
能的場所，它的功用在於補充正規的「學習學校」，並不是要來代替「學
習學校」；因為在當時一般的見解，還都承認文字知識的教學是正統的教
育，職業教育範圍中的「工作學校」，只不過是「偏支」而已。十七世
紀的工作學校發生的原因，固然是由於社會上的需要，但是當時虔誠教
派（*Pietismus*，十七世紀德國新教中的一個改良宗派，反對文字的獨斷教
條，重視內在的熱誠。當時許多德國的名人如萊勃尼芝、歌德等都很受
虔誠教派的影響，在德國許多地區的教育制度，也很受它的影響。虔誠
教派的教育主張，一方面反對以兒童活動為主的教育方法，要求嚴格的

訓練，但是另一方面，則承認手工作業的經濟價值和教育意義。）在這一方面的努力，也盡推進「工作學校」教育一個大的動力。到了十八世紀下半期，有一位從事實際工作的教育家欽德曼（*Ferdinand Kindermann,* 1740-1801）在普拉格（現在捷克的首都），於一七七六年建立了「工業學校」（*Industrieschule*），工作學校制度的發展，乃進入一個新的階段。欽德曼以爲推行國民教育的初級學校，應該改爲工業學校，利用兒童的愛好活動，教他們學習手工操作，以及鄉村中的一些農藝工作。這樣的把舊有的學校加以改組，不但對於貧民的兒童有大的幫助，而且由於兒童的操作，使學校也有相當的收入，可以解除普及教育工作中的經濟困難。裴斯泰洛齊（*Johann Heinrich Pestalozzi,* 1746-1827）和費倫堡（*Philipp Emanuel von Fellenberg,* 1771-1844）在瑞士所設立的新式實驗學校，就是受了欽德曼的影響。工作學校發展中間這一派「工業學校」運動的趨勢，到了十九世紀初期，又分爲兩派，一派以手工操作爲方法，又歸入人文主義教育的範圍之內，一派則繼續重視經濟的價值，繼續擴張。裴斯泰洛齊後來只看重「工作」的「社會功用」以及在「工作」中的「自動」；而福祿貝爾（*Friedrich Fröbel,* 1782-1852）則仍然看重「工作」的「成就」以及由工作成就中所發生的「快感」或滿足。所以我們可以說福祿貝爾的教育理論乃是裴斯泰洛齊和現代工作學校運動二者之間的一座橋樑。我們通常只把福祿貝爾看作幼稚園制度的創立者，而忽略了他在「工作」教育方面的理論，對於福祿貝爾，實在是一種誤解。福祿貝爾的朋友米登道爾夫（*Wilhelm Middendorff,* 1793-1853）是福祿貝爾教育理論的擁護者，曾經違背父親的勸阻，離開家庭，參加福祿貝爾所主持的教育工作。由於福祿貝爾對於他的鼓勵，他在德國的學校教育工作，使德國的教育史在一八五三年，進入一個新的時代，即所謂「工作」第一的時代。福祿貝爾教育運動中另外一位重要人物，馬倫霍次——別盧夫人（*Frau Bertha von Marenholtz-Buelow,* 1816-1893）在一八六六年出版了一部以「在福祿貝爾方法中的工作與新教育」爲題目的重要著作，對於福祿貝爾工作教育理論，曾經作一番詳細的說明。以後福祿貝爾的信仰者，不斷的努力，要把「工作」的活動引入到學校中間。一八五七年福祿貝爾的學生高爾根（*Georgens,*

1823-1886）出版了一本書，名稱爲「國民學校的現在」（*Die Gegenwart der Volksschule*），在這本書中，第一次使用「工作學校」這個名詞去包括過去一些名稱互異、內容相同的學校；並且使工作學校一名有了近代的含義。另外還有一位福祿貝爾教育理論的擁護者，乃是福祿貝爾的姪女史拉特—卜萊曼（*Henriette Schrader-Breymann*, 1827-1899），她曾經建立一所補習學校，收容男女青年，以「工作」爲中心去推進教育工作，並且根據「工作學校」的基本觀念，把「國民學校」的「學習學校」性質，改爲「工作學校」。自此以後，「工作學校」的意義，又有一些改變；也就是說，在工作學校中，除了重視「自主活動」和「團體合作」各種訓練之外，同樣的還注重日常生活中具體的創作活動。福祿貝爾教育運動中工作學校的傾向，不僅在德國不斷的發展，而且在一八七〇年還流佈到芬蘭境內。齊格紐司（*Uno Cygnaeus*, 1810-1888）是芬蘭的一位著名教育家，自一八六一年起，主管芬蘭的國民教育行政工作。他曾經把工作學校的觀念介紹到芬蘭，而且把手工工作定爲國民學校的主要科目。工作學校運動在另一方向又影響了瑞典和丹麥的國民學校。工作學校運動在北歐國家流行的時期，德國本土以內，反而沒有很大的進步。到了一八八〇年以後，北歐國家的工作學校運動，又返回德國本土，而且引起了一種新的發展。原來福祿貝爾教育運動中，對於「工作」的經濟意義和教育意義同時並重，可是一八八〇年以後，受了北歐國家的影響，只看重了「工作」的經濟價值，把「手工」和「家庭工業」以及「使用工具」、「處理材料」看作工作學校的重要任務。當時一位熱心工作學校運動的人士申肯道爾夫（*Emil von Schenckendorff*, 1837-1915）除了發行刊物宣傳工作學校運動之外，還在一八八一年創立了「手工工業與家庭工業中央委員會」，一八八六年又改名爲「德意志男童手工教育促進會」，以後又改名爲「德意志工作教育協會」去推行工作學校運動。雖然一些熱心的人士極力宣傳「工作學校」的意義與價值，但是因爲工作學校運動過於重視經濟方面的應用價值，所以仍然不免要遭遇到相當的阻力。一八八二年，在喀司爾（*Kassel*）舉行的「教師聯合會」，在會議中就作了決議，拒絕把「手工」一科列入在國民學校的教學科目之中。雖然如此，可是「德意志工作教育協會」對於

「工作學校運動」的推行，仍然是不遺餘力，一年之內，由於這個協會的倡導，在學校中建立起來一千以上的學生工作場所，使在校的學生能夠盡情的作自己的活動。「工作學校運動」的發生是反抗十九世紀中「時代精神」的病態；但是爲了拯救十九世紀文化危機，所發生的運動，並不只限於工作學校運動，另外還有不少其他運動都和工作學校運動的努力方向相同。所以在十九、二十世紀之交，各派革新運動，在本質上，多少都相互發生混合的作用。如同「藝術教育運動」、「青年德意志運動」、「民族健康運動」等等都影響了「工作學校運動」，因而「工作學校運動」本質，更爲複雜，重點不同，努力的方向也不一致。但是只有一點卻是彼此相同，即不承認只靠文字知識或書本教育，就能夠完成兒童與青年的教育，並滿足社會的要求。因此，工作學校運動，仍不失爲一個獨立進行的教育改革運動。在二十世紀的開始，工作學校運動，又進入一個新的階段。內容複雜，步驟不一的工作學校運動，一入二十世紀，漸漸的又走上接近統一的階段。現在工作學校運動的旗幟之下，集結了不少有名望的教育學者。在工作學校運動中，這些教育學者的意見不同，努力方向也完全不一致，但是在他們的工作中，卻只有兩個顯著的趨勢，值得我們注意。第一個是高第希（*Hugo Gaudig, 1860-1923*）的工作學校理論，第二個就是開善施泰耐所推行的工作學校運動。高第希雖然承認「手工教育」有教育的價值，必須列爲學校中的主要活動，但是因爲高第希在教育理論上的富有理想主義的意味，特別看重「人格」的陶冶，所以他所說的「工作」乃是「自由的精神活動」，也就是「出於自己的志願，用自己的力量，在自己選定的工作方式中所引起的自由行動。」因此，高第希特別看重「自內向外」的工作活動，並不像其他工作學校的理論家，以爲應該從感覺的活動，達到理智的發展。所以高第希以爲在工作學校中，「語言教學」可以和「手工教學」，居於平等的地位。從這樣見解來看，我們可以看出來，高第希所代表的工作學校運動，除了有顯著的「理想主義」的傾向之外，同時還具有很顯著的「新人文主義」的色彩。至於開善施泰耐所推行的工作學校運動，則不同於高第希的主張。開善施泰耐把「手工」活動看作學校工作的重心，在「手工」活動中，一方面注意職業技能的訓練，重視經

濟的價值，另一方面則又注意「工作」的陶冶功用，在「手工」活動中，完成「人」的教育，即普通教育。這兩位二十世紀在德國代表工作學校運動的教育學者，主張雖不一致，但是他們卻同樣反對十九世紀支配教育理論的「啓蒙思想」，也就是說反對「重知主義」的學校教育，反對「學習學校」和「書本學校」，反對過於注重經濟利益的「功利主義」的教育思想。

「工作學校運動」，在二十世紀之初，已進入了一個新的階段；在這個階段中，開善施泰耐可以說是「工作學校運動」中的一位重要的代表人物。因此，爲了瞭解「工作教育」的意義和價值，我們不得不去對於開善施泰耐在「工作教育」方面的理論和實際，加以概要的說明。開善施泰耐在二十世紀是一位有優越成就的教育家和教育學者，他們的教育見解有豐富的內容，有理論的基礎，這在他的「教育理論」、「教育基本原則」和「學校組織原則」一些巨著中間，可以很明顯的看出來。但是我們現在卻只能把他有關「工作教育」的見解，大概的敘述一下。

「工作學校」這個名詞，雖然在十九世紀下半期已經由高爾根第一次提出，但是卻並不曾普遍的被人採用，甚至開善施泰耐在明興市負責教育行政工作，主持改進學校教育的時候，他還不曾使用過「工作學校」這個名詞。一直到一九〇八年，開善施泰耐被請到瑞士的蘇黎世（Zürich）出席一個教育學術會議，發表講演的時候，才正式使用「工作學校」這個名詞。他講演的題目是「在裴斯泰洛齊精神中的未來的學校」（Die Schule der Zukunft im Geiste Pestalozzis），後來印行出版，則又改名爲「未來的學校——一個工作學校」（Die Schule der Zukunft-eine Arbeitsschule），正式的把「工作學校」一名用作一部書的名稱。自此以後「工作學校」在歐洲各國教育界乃成爲一個很響亮的「標語」。但是開善施泰耐自己則以爲這只是「由教育研究中繼承下來的一部份遺產，並不是完全新的教育理論」。雖然開善施泰耐是這樣的客氣，但是他也確實的提出了一些「新」的見解，把「工作學校」的含義更爲擴大並充實一點。第一，開善施泰耐把學校中的「工作場所」和「自然科實驗室」連結起來，使純粹的單純「手工」活動和一些「方法性的原則」教學，合成爲「動手」的方式，完成「精

神創造」的過程。第二，他以爲工作過程中必須要「合作」，而「合作」則爲「公民訓練」的基礎。第三，歷史上遺傳下來的「普通教育」即陶冶性文雅教育，有些虛無飄渺之感，和兒童生活無關，很難爲兒童接受，所以開善施泰耐以爲把兒童在校的「工作」和現代社會所需要的「職業活動」聯繫起來，才能夠充實普通教育的內容，補救普通教育的缺點。開善施泰耐在這三個新的原則性主張之外，還提出了幾項具體的建議。他說「現在的教育理論中常常提到自動這個概念，但是現在的學校教育，和中世紀的學習學校，在本質上並沒有什麼重大的差別，仍然還是學習學校，所謂兒童的自動，只是在已經安排好的機械方式中的自動，很少自己設計、自己行動的自動。」真正能夠完成教育使命的學校，不是學習學校，而是「工作學校」。依照開善施泰耐的意見，新的學校，即「工作學校」，應該作到下列各點：第一，學校的功用，不只是傳授知識，而是發展兒童全部的精神生活；第二，學校的工作，不應該要學生被動的接受，而是要發展兒童自動的活動能力；第三，能力的發展，不能得自「空口說白話」的訓練，只有在具體的工作或有職業準備意義的工作中，才能夠完成能力的發展；第四，舊式的學校是孤立的，兒童與兒童之間的關係只是像原子那樣堆集在一塊，各自是獨立的個體，教師與兒童的關係，只限於口頭的傳授與告誡，也只是一種似有若無的抽象關係。可是兒童在本質上有一種很強烈的內在的「社會感」，常常要求合作的「團體工作活動」。新式學校爲了適應兒童的要求，發展兒童的「社會感」，應該以學校內的團體活動，爲學校的主要責任。這四項建議的內容，在盧梭、歌德、裴斯泰洛齊、福祿貝爾以及丹麥教育家格隆維治（*Nicolai Frederik Severin Grundvig,* *1783-1872*）的教育思想中已經有了萌芽，開善施泰耐只不過是使其具體化，並且便於實施而已。正確而且切實可行的教育理論，必須建立在心理學的基礎之上，開善施泰耐的「工作學校」理論，自然也不會例外。開善施泰耐以爲在兒童心理的發展中，體力的工作興趣都是走在精神的工作興趣前邊；先有具體的實際工作，然後才發生抽象的理論見解。三歲到十四歲的兒童最顯著的本能活動是動手作事；這是「工作教育」可能推行的重要基礎。所以開善施泰耐認爲「實際工作關係的心理形式，乃能夠構成兒

童心靈的基本形態」。「從實際工作的興趣引入到理論思考的興趣，乃是一切精神發展的基本原則，只有依照這個原則，尊重兒童的興趣，才能夠建立起來合理的教育工作」。「兒童到青年期這一人生階段的特徵乃是富於生命力的自發活動」。在這一時期中的人，只要身心正常，他們的本質就是「工作」、「創造」、「活動」、「試驗」、「經歷」、「體驗」；而這一些活動，又無一不是寄託在「實際操作」上邊。「絕大多數的青年雖然在勉強的接受書本教育，但是他們所愛好的，仍然是實際的活動，而不是抽象的思想。在工作場所，在烹調室，在校園，在原野，在牧場，在漁舟，所有男女青年，都隨時隨地喜歡並參加工作。」在這些工作中的合作，可以滿足他們社會本能方面的要求。裴斯泰洛齊主張在家庭中間養成兒童的「社會感」（*Gemeinschaftsgefühl*），開善施泰耐則放大範圍，主張在「工作學校」中，利用手工活動、烹調縫紉、科學實驗，完成這種任務。在工作學校的手工活動歷程中，兒童的動作，自然會經過「選擇」、「計劃」、「決定」、「遵守規定」、「處理事物」、「實踐」、「忍耐」、「獲得結果」各種步驟；最後還有「自我檢討」、「自我改進」一類的程序補充上去。所以在手工活動中，自然就有意志鍛鍊和品性陶冶的作用；至於「合作」、「互助」，也是手工活動中不可少的條件，因而除了自我品性陶冶之外，更可能培養成純潔的「社會感」，「社會感」是道德的基礎，有了「社會感」，道德教育的任務，可以說已經充分的完成。手工的操作，在開善施泰耐看來，一方面能夠作為將來的實用性職業準備，一方面又能夠完成道德性的品格陶冶，所以他曾經在一個時期中，把手工教學看作學校教學的中心。但是在一九一一年以後，因為他的興趣已從改進學校內容，建立新的制度方面，轉移到教育理論的研究方面，同時接受了反對派的批評，並深受新康德學派中李克爾特（*Heinrich Rickert, 1863-1936*）和文化學派菲旭（*Aloys Fischer, 1888-1937*）及斯普蘭格（*Eduard Spranger, 1882-1963*）的影響，於是開善施泰耐的「工作教育」理論，發生了一個轉變的趨勢。自此以後，「價值哲學」和「文化哲學」乃成為開善施泰耐教育理論的基礎。這種趨勢，在開善施泰耐於一九二六年出版的「教育理論」（*Theorie der Bildung*），一九二四年出版的「教育程序的

公理」（*Das Grundaxiom des Bildungs prozesses*）和「權威，自由即教育基礎」（*Autorität und Freiheit als Bildungsgrundsätze*）以及一九三二年出版的「教育組織的理論」（*Theorie der bildungsorganisation*）一些巨著中，表現的最爲明顯。在這些書中，開善施泰耐已經不再把「手工」教學看作「工作學校」的第一個任務了。反而他又認爲把握「文化價值」和「文化材」（*Kulturwerte und Kulturgüter*），然後才能夠使人的內在力量得到充分的發展。所謂「文化材」，其中包括的有語文、法律、宗教、藝術、科學等等。每一種「文化材」都有它自己的精神結構，在教育過程中，每種文化材都需要有一種適合本身性質的方法。使人的內在形態和「文化材」的結構，恰恰相符，這是教育的主要任務。教育家的重要任務乃是要在兒童和「文化材」二者之間，建立恰當的關係，然後才能夠引起兒童的「價值感」（*Wertsinn*）。在這樣情形之下，「工作學校」已經不是完全的「手工工作學校」，而是「獨立的整理並接受文化材的工作學校」，在這樣學校中所存在的已有獨立的精神工作之形式的原則，而不完全是手工的和實際的工作原則。但是兒童在任何工作中的「自主」，仍然受到重視。在自主的精神工作中，同樣的可能養成「勇敢」、「決意」、「創造」等等道德的品格以及團體的意識。在表面上看來，一九一一年以前和以後，開善施泰耐的教育主張，似乎有些不大一致，以前看重手工操作的教育價值，以後則又注重接受並整理「文化材」的教育價值。但是，我們不要忘記了開善施泰耐自始就看重自然科學（文化材之一部分）的價值，主張在工作學校中建立「科學實驗室」，並且把科學實驗室和手工工作的場所配合在一塊工作。晚年的主張，是在科學價值方面，多作一點說明，只可以說是理論的成熟，並不能看作一種矛盾；即使一定要說他是矛盾，然而他也已經把這種「矛盾」「統一」起來了。如果我們再讀一下開善施泰耐在一九一二年出版的「工作學校的概念」（*Begriff der Arbeitsschule*），就更可以證明他的工作學校理論，前後並不矛盾。在這一部書中，他以爲職業教育與公民教育乃相互關聯，不能分開。所以他認爲職業訓練不僅是職業學校的任務，而且是任何一種學校的責任。在「工作學校的概念」一書中，開善施泰耐以爲一切學校的任務都是相同，而且同樣的只有下列三項

任務：第一、職業訓練或者是職業的準備；第二、職業的道德化；第三、團體生活的道德化。開善施泰耐在一九一三年出版的「自然科學教學的本質與價值」（*Wesen und Wert des naturwissenschaftichen Unterichts*）一書中，也有相同的說法，他在這部書中認爲一切學校的功用，在於使兒童在精神、道德、技能三方面的力量，能夠和諧的得到發展。這三方面的力量和諧發展的結果，可能產生「意志堅強」、「判斷正確」、「感覺銳敏」、「情緒發揚」一些高貴的品德，再以此類品德爲基礎，自動的爲生活團體服務。所謂「道德化」，所謂「品德」，不都是屬於「價值」麼？自始至終，開善施泰耐就沒有只偏重在職業訓練一方面，而忽略了道德的陶冶。所以說，認爲開善施泰耐的教育理論，前後矛盾，實在只是一種很表面的看法。

現在我們再進一步並綜合的來說明開善施泰耐對於「工作學校運動」的貢獻。首先我們可以從「工作學校運動」的全貌來看。工作學校運動在十七世紀已經有了萌芽，到十九世紀才正式成爲一種教育改革運動。在這個運動的發展過程中，它的目標時常變動，並不十分明確；有時特別注重「手工教學」的「經濟價值」，以爲手工教學的功用，在於職業訓練或職業準備工作，有時則又認爲「手工教學」的價值在於「現代公民訓練」的完成。「工作學校運動」在十九世紀中，乃是對於「時代精神」，「傳統制度」抗議，它的深刻的動機，乃是希望在「文化危機」已經暴露的時候，作一些從教育入手的挽救工作。但是工作學校運動的本身，並沒有一致的主張；所以工作學校運動，除了一些熱心教育改革者以外，並不曾普遍的引起注意。工作學校運動中，在主張方面，兩個相反的傾向——經濟價值的重視與公民訓練的希望——尖銳的對立，卻無意的阻礙了工作學校運動的進展。到了開善施泰耐時候，他才以實際工作經驗爲基礎，更進一步作一些理論性的研究和說明，才把這兩種相反的傾向，統一起來，使工作學校運動，在教育界以外，也受到一般學者的注意，如德國當代哲學家斯普蘭格（*Eduard Spranger*, 1882-1963）、菲旭（*Aloys Fischer*, 1880-1937）等，對於工作學校運動，都表示相當的重視。開善施泰耐在一九二四年出版「權威，自由即教育基礎」一書中，曾主張：學校改革的

目的，乃是「把學校的本質加以改變，由養成個人榮譽的場所變爲社會服務的場所，由知慧、理論片面傳授的場所變爲人生全面訓練的場所，由知、能獲得的場所變爲良好習慣養成的場所」。更可以看出來他已經把「個人人格的陶冶」和「社會應用的知能」在教育施設中，使它們合而爲一，不再對立。因此，我們可以看出來開善施泰耐的努力，不但把工作學校運動中對立的兩個趨勢合而爲一；而且把近代教育史上，新人文主義運動發生以後，教育思想中兩「極」，即人文的陶冶與實用的訓練，統一起來。因此，近代教育思想中緊張、尖銳的矛盾情形，已經不能夠再像從前那樣，使教育學者感到困惑，不知所適。這是開善施泰耐在工作學校運動中以及近代西洋教育史上最大的一個貢獻。

　　其次，開善施泰耐的貢獻，乃是他能夠把「職業」和「公民教育」的含義，作一番正確的解釋。本來，他的教育主張，是要把「職業訓練」和「公民教育」合而爲一，不再使它們成爲對立的兩種教育工作。所以，他一生中在這一方面作了最大的努力。依照一般人的看法，「職業」只不過是個人謀生的訓練，是偏重在個人的福利方面，甚至利己主義的色彩非常顯著。但是，開善施泰耐對於「職業」的本質，則並不是這樣的看法。他以爲「職業」是人人應有的工作，直接的是爲「個人」的生活，最後的目的，則仍係對於「生活團體」的貢獻。如果沒有團體生活，職業就沒有必要，自然也不會有什麼價值。職業活動雖然在表面上是個人有所「受」，但是在本質上，對於團體仍然是有所「與」。既然是「與」，所以職業並非是完全利己的活動。因而職業教育的目的，也是團體的，而非個人的。對於公民教育，開善施泰耐也有一種特殊的看法。普通的看法，多認爲教育青年，使其成爲良好的公民，是要這些青年能夠對國家有所貢獻，必要時還可以爲國家有所犧牲。這樣看法，似乎只把國家當作「目的」，而個別的青年公民，只是爲了國家，才有存在的價值。開善施泰耐以爲公民教育的施設，如果不能夠把下一代的青年引入到完整的社會中，去過一種眞正的團體生活，對於個人和團體都是最大迫害。所謂公民教育，甚至一般的教育，其主要目的，乃是要訓練青年，使其成爲獨立的、自由的、道德的人格，並且能夠有高度的「責任感」或「義務感」，志願的爲他所隸屬

的生活團體，即國家，盡力工作，甚至有所犧牲，也在所不惜。眞正的良好公民並不是國家的工具，乃是有獨立人格、自由意志的人，而且能夠自動的、志願的爲國家工作，爲國家犧牲。這正是現代民主政治制度下的公民。誰能說德國教育理論中，沒有民主主義的教育思想？這也是開善施泰耐在工作學校運動中，一種貢獻。

最後，在開善施泰耐的實際工作影響中，也能夠看出他對於工作學校運動的貢獻。二十世紀的國民教育和職業教育的內容和範圍，和過去相比，也有一些很明顯的改變。過去的國民教育，只是一種基本教育，不能有任何一種特殊職業準備的趨勢。這種國民教育的理論，並不錯誤。可是往往被人誤解爲國民教育中只有基本知識的傳授，不應有實際工作的活動。因而推行國民教育的學校，乃成爲「學習學校」，即傳授語文符號知識的學校，工作學校運動發生之後，仍然沒有什麼改變。開善施泰耐認爲「工作」乃教育的重要部分，不會用手工作，就是沒有受過完全的教育。這樣的主張，是說明了「工作」活動中的陶冶價值。「工作」並不是一種特殊職業的準備，因而手工活動乃成爲國民學校中的一種必修科目。這種情形，在德國表現的最爲明顯。至於職業訓練，過去總把它當作一種技能的傳授，或者某種技能的補習。自從開善施泰耐在明興市以工作學校的理論爲根據，改進補習教育制度以後，就起了很大的變動。德國職業教育中有兩種方式不同的學校，一種是「職業學校」，一種是「職業專科學校」（另外還有專科學校，程度較高，也屬於這一類）；前者所收的學生乃是受完國民教育，正在習藝就業的青年，後者則是受完國民教育預備將來就業的青年。職業學校的學生，每週上課只有一日，最多也不超過兩日。因爲是正在習藝或就業，所以這一類學校的課程，公民教育是最主要的科目。至於職業專科學校的學生，雖然學習特殊的技能，但是仍然用一部分時間接受公民教育。所以現在德國的職業教育階段中，不管是那一類的學校，都沒有忽略了公民教育。這種情形在第一次世界大戰以後，漸漸發展，現在是更爲普遍了。這也都是直接或間接的受了開善施泰耐的影響。

現在，我們再來看一下「工作學校運動」在歐美其他國家發展的情形，作爲本文的結束。「工作學校」是和有歷史傳統的「學習學校」相對

的學校。只要是反對被動的接受語文符號知識，而主張以自動的由實際活動開始，推行教育工作的學校，都可以稱為工作學校。所以二十世紀的工作學校運動並不是一種特殊的新教育運動，而是近代新教育運動的整體。歐美國家中的工作學校運動，雖然有些是獨立的發生、演變，但是也有一些國家的工作學校運動是受了德國的影響。美國代表杜威和克伯屈（*W. H. Kilpatrik*, 1871-）教育思想的「設計教學法」；流行英、美，由派克赫斯特（*Helen Parkhurst*）所倡導的「道爾頓制」；義大利蒙臺梭利（*M. Montessori*, 1870-1952）所實行「幼稚教育法」；比利時德可樂里（*Ovide Decroly*, 1871-1932）所主張的「德可樂里制」；瑞士菲里爾（*Adolphe Ferriere*, 1879-）所創立的「行動學校」（*ecole active*，即初年級採用蒙臺梭利教學法，中年級採用德可樂里制，高年級採用文內特喀制合組而成的學校）；蘇俄勃龍斯基（*P. Blonskij*）所主張的工作學校制，都可以歸屬於近代的「工作學校運動」中間。其中勃龍斯基的工作學校中，把「工作」的含義，採用馬克斯的解釋，看作單純的工業生產工作，因而把學校的教學活動和社會中工廠的生產工作，完全合而為一，認為手工活動乃小市民階級的工作，是一種假的社會主義的教育。這種見解，幾乎完全失去了原來工作學校運動發生的本意，不值得我們再加批評。其餘如設計教學法的觀點，偏重在實用主義，蒙臺梭利教學法偏重在感覺的經驗主義，德可樂里制和行動學校則又過於看重精神活動的工作；在工作學校運動中，都不能把握工作學校的全部精神。在工作學校運動中兩種不同趨勢之間，都不免有所偏重，不是偏於實際應用，即是偏於精神活動，沒有一派能夠像開善施泰耐那樣能夠把工作學校運動中兩種相反的趨勢統一起來。他能夠以「價值哲學」和「文化哲學」為基礎，建立他的「工作教育」理論，並據以推行工作學校運動，這就是使他在近代教育史上能仍保有特殊地位的重要原因。

（本文原載於大陸雜誌第九卷第二、三期）

下 篇

德國教育的歷史與發展

十六

德國學校教育發生的背景及其改革經過

通常吾國所說的「德國」，多數是指一八七一年以後的德意志帝國以及第一次世界大戰後所成立的魏瑪共和國而言，本文所用「德國」一詞，含義較廣，包括有勃蘭頓堡（*Brandenburg*）、普魯士、德意志，由一個「公國」，而成為「王國」，更成為「帝國」，一般德意志民族所居住的區域。

一說到德國的學制，很容易就想像到它很有系統而且頗為整齊，但是稍微注意一下，就會發覺並不如此，如同國民學校前期四年，叫作「基礎學校」，而後期四年，卻又和「高等學校」（相當中國的高級中學）的前四年平行。有「中間學校」，又有「高等學校」（*Höhere Schule*）與其平行。而高等學校中又有 *Gymnasium, Realgymnasium, Oberrealschule* 各種區別：女子高等學校，則又叫作 *Lyzeum*。不僅在名稱上，有種種不同，甚至在同一名稱的學校中，課程的內容與各科授課的時數，亦不一致。至於與我國中學相當的學校，叫作 *Höhere Schule*。而與我國大學、專科學校相當的學校，則反而叫作 *Hochschule*，驟然一看，更使人莫名其妙，像這一類幾近凌亂的現象，在學制中，隨時可以發現，這裡只不過舉出幾點，作為例證罷了，雖然如此，但是，在德國人看起來，並不覺得奇怪，而且實行起來，從教育的效率上來衡量，卻也很算成功。

這種表面上近於凌亂，實際上乃是一種有統一計劃的學制，如果從牠的理論根據以及發生背景加以注意，就不覺這是一種矛盾的現象了。以下分項加以說明：

一、德國近世哲學思潮對於學校教育的影響

西方哲學，一直到啓蒙時期，才染上了民族色彩，才發生了法國哲學、英國哲學、德國哲學種種不同的趨勢。德國的第一個哲學家是萊勃尼芝（*Gottfried Wilhelm Leibniz*, 1646-1716）。關於他的哲學，這裡不便作有系統的敘述，只能就他的哲學思潮中對於教育，尤其對於學校教育，影響最大的地方，選擇要點，作一些片段的說明。

萊勃尼芝有很高的天才而且非常勤學，十五歲時候，在入萊比錫

（*Leipzig*）大學肄業之前，就把古代哲學家，如柏拉圖、亞里士多德，近代哲學家如培根、霍勃斯（*Hobbes*）、加散第（*Gassendi*）、笛卡爾（*Descartes*）他們的重要的著作，普遍的讀過一些；此外，他對於中世紀經院哲學（*Scholastik*）的瞭解，也非常深刻。魏得爾般特（*Windalband*）在他的近代哲學史中說：萊勃尼芝用一條線把古代、中世和近代的哲學連串起來，組成他的哲學系統。這種批評，是很有道理的。他的學位，是法學博士，他在萊比錫大學哲學院所提出的教授資格審定論文，也是關於法律哲學的。萊勃尼芝的研究興趣是多方面的，因為努力於自己的研究工作，所以對於在大學講學的工作，不久就放棄了。他受時代的影響，對於數學特別愛好，研究結果，發表關於微分方法的著作，是數學史上的名著之一。他對於化學也有興趣，對於磷的研究，有過不小的貢獻。此外，對於漢諾佛（*Hannover*）公國的地質調查、採礦計劃以及幣制改良，他都曾經作過一番科學的研究工作，在法律、政治的範圍內，也曾先後發表不少有價值的主張。後來他擔任柏林科學院第一任院長的時候，在科學院第一次印行的集刊中，同時發表了有關史學、語言學、古典學、數學和物理學的論文。他所研究的範圍如此廣泛，無怪有人批評他，說他是「專家的」通才了。

　　他對於政治活動，也很有興趣，他和漢諾佛公國兩任的「大公」都有很好的友誼關係，而且漢諾佛公爵的女兒，後來普魯士第一任國王的王后夏洛蒂（*Sophre Charlotte*）又是他的學生，所以他在內政、外交方面，都有相當的影響。他曾先後在倫敦、巴黎擔任過外交工作。甚至他曾冒險的在巴黎向法國建議，組織聯軍向埃及和土耳其進攻，以減少法國侵略德國的企圖，北德國兩個強大勢力——漢諾佛與勃蘭頓堡——在宗教信仰上代表了路德派與改良派兩種不同的教會，因而彼此疑嫉、鬥爭，不能形成一個德意志民族的統一國家。萊勃尼芝，認為這是有關國家命運的一種危機。在漢諾佛與勃蘭頓堡兩個宮庭締婚之後，在教會政策方面，萊勃尼芝就著手擬訂教會派別的統一計劃，並發起一種教會統一運動。雖然得到夏洛蒂王后的支持，但其結果，仍不免失敗。失敗以後，他才轉變方向，在科學、教育方面努力，想從教育、文化方面入手，來作統一德國的工作。

柏林科學院（*Berliner Akademie der Wissenschaften*）於一七〇〇年成立以後，他擔任第一任院長，同時又負責改革學校教育的工作。接著在他的計劃、倡導之下，維也納、德萊斯頓（*Dresden*）等地科學研究團體，也建立起來。他對於俄國的「磁性」觀察工作，曾作過建議，因而他就利用彼得大帝對於他的敬重，促成了彼得堡科學研究院的建立。

萊勃尼芝的實際生活與研究興趣同樣是屬於「多方面」的，他的性格，本身極富於調和的性質，他的基本主張是：第一、各種宗教的信仰應該建立於一個共同的基礎上邊；第二、各種不同的哲學理論，應該有一個完滿的調和；最後，這種完滿的哲學，應該更進一步和宗教的見解統一起來，萊勃尼芝的「木那特」（*Monade*）理論，就是專爲這種「多方面的統一」作一番哲學的解釋的。

萊勃尼芝，在哲學方面，有他的特別主張，在政治上又有他的相當地位，所以一旦擔負起來改良學校教育的責任，自然，有意的或無意的，就把他們的哲學主張表現在高等學校（*Höhere Schule*，相當於我們的初級高級一貫中學）課程上邊。因而就有一種「汎知」（*Pansophie*）傾向。這種傾向，往好處說，是內容豐富，往壞處說，是七拼八湊，關於課程中「汎知」主張的批評，說來話長，這裡只作歷史事實的敘述，主觀的意見，只好略而不談。

萊勃尼芝在學校教育方面這種「汎知」的主張，雖然有人加以指摘，但是一百年以後，黑格爾卻起來對於這種主張大加擁護，所以一直到今日爲止，汎知主義，在德國學校教育方面，仍有相當的影響。

黑格爾（*Georg Wilhelm Friedrich Hegel*, 1770-1831）這個名字，在德國哲學家中，除了康德，恐怕是我們最熟悉的了。關於他的「絕對理想主義」、「客觀精神」、「辯證法」以及他第二次在柏林大學任教（1818-1831）時受學生的崇拜，受政府的尊敬，甚至他的主張被人稱作「普魯士的國家哲學」（*Preussische Staatsphilosophie*），這種種一切，這裡都不便敘述，這裡只能就他和德國學校教育有關的地方，略爲說明一點。當普法戰爭中，普魯士在耶納（*Jena*）崩潰之後，黑格爾失去了他在耶納大學副教授的職務，避難到德國北部，經過短時期在盤堡（*Bamberg*）一家很

小的報社擔任編輯工作之後，由於聶特瑪（*Niethammer*）的推薦，到紐倫堡（*Nürnburg*）的阿及丁文科中學（*Aegidien-Gymnasium*）擔任校長的職務，這正是一八〇八年斐希特在柏林「告德意志國民」講演的時候。他的哲學概論（*Propädeutik*），就是在擔任中學校長，兼授高年級學生哲學課程時，所著作成功的，他的三冊巨著「邏輯之科學」（*Wissenschaft der Logik*），也是這時候完成的。自由戰爭，普魯士勝利之後，他才離開紐倫堡，恢復大學教授的生活並完成他有關教育的著作「教育學」（*Pädagogik*）。

　　一八二七年，黑格爾在柏林大學任教時期，就形成所謂黑格爾學派，並且組成機構，印行「科學批評年鑑」（*Jahrbücher für Wisseschaftsliche Kritik*），成為德國精神生活的中心，甚至康德就不曾有過這樣的「派頭」。黑格爾學派對於一切科學都有影響，「百科全書式的性質」（*Enzy Klopaedischer Charakter*）非常顯著。遠在十年以前，他在海岱爾堡大學任教時，他的著作中，就有一部叫作「哲學的」科學百科全書大綱（*Enzyklopädie der philosophischen Wissenschaften*）。黑格爾的學說既然染有很濃重的百科全書色彩，當然萊勃尼芝在教育方面的汎知主張，很合於黑格爾的口味了，黑格爾的哲學理論，雖然和萊勃尼芝不同，但在教育方面的主張卻很相似。萊勃尼芝是德國第一個哲學家。黑格爾又是在德國本土影響最大的哲學家，他們在學校教育方面，所倡導的「汎知」主張，自然是根深蒂固，不易撼搖了。

　　十七世紀下半期與十八世紀上半期的德國哲學是以萊勃尼芝的思想體系作中心的。一直到康德為止，萊勃尼芝的影響籠罩了整個德國的精神生活。到康德時候（或康德以後），德國哲學思想發展，才換了一個新的方向，康德（*Immanuel Kant, 1724-1804*）生於東普魯士的都會「王山」（*Königsberg*），他的父親是一個製造馬鞍的手工業者。他的祖籍是來自蘇格蘭。他本來的姓氏是 *Cant*，不是 *Kant*，德文的發音，*Cant* 容易讀為 *Zant*，康德兒童時代，在學校中被同學戲呼為 *Zant*，所以後來就把 *C* 改為 *K* 了。康德的生活，非常單純，既不像英國的洛克（*John Locke*），也不像他本國萊勃尼芝的生活那樣「多方面」而且複雜。康德的一生是作學

生、作家庭教師、大學講師、教授、以至老死，都是在著作講學的生活
過去，因爲著述寫字的關係，右臂特別發達，右肩比左肩爲寬，一九二四
年，康德二百週年生辰，舉行隆重的國際會議，改葬康德時，在墓地中發
掘出兩架骨骸，幸而有這右肩較寬的特徵，否則，就很難判定那一架是康
德的骨骸了。有人說，康德以前的哲學派別，全受康德的批評，康德以後
的哲學，直接或間接的受康德的影響。這種說法的正確性，姑且不必加以
評論，但由此，已經很明顯的可以看出康德在德國甚至整個西洋哲學方面
的地位了。

　　康德的哲學體系，自然不是簡單的幾句話可能予以說明，所以這裡
亦只能就他在德國學校教育方面的影響，略爲說明一下。康德的哲學，尤
其在認識論研究的方面，無論如何，是隱隱約約有些二元論的色彩的，他
一方面接受了萊勃尼芝的主張，承認了「先驗認識的可能」（*Möglichkeit
Apriorischer Erkenntnis*），在另一方面，又接受了洛克的學說，認爲「人
類一切知識俱以經驗爲其開始」。萊勃尼芝與洛克哲學的混合，是康德
認識論的基礎，在這樣基礎上所建立的認識論，一般哲學史家，稱之爲批
評哲學（*Kritsche Philosophie*）。康德以後，因康德的影響，德意志民族
對於哲學的興趣之濃，除了古代希臘在蘇格拉底時代以及法國的精神生活
在十八世紀中葉，簡直沒有任何時代，可以同他比擬的，康德把他以前
各派不同的哲學思想，很透澈的研究之後，建立一個綜合的體系，而照這
個哲學體系的敘述，又具有「明確性」（*Klarheit*），所以康德的哲學，
也可以說是屬於啓蒙思想的。就啓蒙運動發展的線索來看，康德哲學可以
說是已達到啓蒙運動的最高峰，而且同時已有向下降落的趨勢。魏得爾
般特說：康德的哲學思想是啓蒙運動的完成（*Vollendung*），同時也是啓
蒙運動的征服（*Überwindung*），這種評論眞可說是扼要切實。因此，康
德的批評哲學，在德國，使第一次的文藝復興（*Renaissance*）告一結束，
同時又形成一種第二次的「文藝復興」。德國的「藝術」、「詩歌」與
「科學」都在希臘、羅馬的古典中，找到根據，並且藉著古典的資料作營
養，德意志精神也跟著成長起來。第一次文藝復興中，「托古改制」的結
果，本來是手段的「托古」，反而變成目的，「結果」與「動機」適得其

反。德國的第二次文藝復興，是藉古典來培養成德國的精神，所以德國的第二次文藝復興，民族主義色彩，非常顯著，後來又加上歌德（*Johann Wolfgang von Goethe*, 1749-1832）在詩的創作方面，極富於哲學的色彩，和康德哲學成了並立的兩個主流。當時，詩的創作，富有哲學理論，哲學亦深受詩的影響，這兩種思潮的主流，共同的形成了德意志民族統一的「精神基礎」。德意志民族，在宗教上、政治上正在分離對立的時期，耶納（*Jena*，康德雖然除了短期間到過 *Heidelberg* 大學講學外，終身都在「王山」講學，可是康德哲學研究的中心，卻在耶納大學與魏瑪（*Weimar* 歌德的居留所在。）卻變成了德意志精神的首都（*die geistige Hauptstadt*），用作聯繫整個德意志民族的中心。

　　康德的著作，雖然有兩篇關於稱讚巴斯道（*Johann Bernhard Basedow*, 1723-1790）所創新式教育機構 *Philanthropinum* 的文章，而且有自成系統的教育學（*Pädagogik*），但是對於德國學校教育有重大影響的，卻不是他的教育著作，而是他的哲學思想。他的啓蒙思想，他所影響的第二次文藝復興的重視古典研究，以及他所建的富有民族色彩的道德教育基礎，對於德國 *Gymnasium Realgymnasium* 與 *Oberrealschule* 的課程訂立，無意的影響，乃成了不可動搖的基礎。

　　繼承康德哲學的一個方面，在德國學校教育發生更大影響的，乃是斐希特的「道德的理想主義」（*Der Sittliche Idealismus*）。斐希特（*Johann Gottlieb Fichte*, 1762-1814）生於 *Oberlausitz* 一個叫作拉滿鬧（*Rammenau*）的小村中。父親是一個織麻布的手工業者，家境貧苦到不能受教育的地步。他幼年隨同母親到禮拜堂作禮拜時，聽過牧師的講道，就能把講道詞記憶下來，因爲牧師發現他在記憶方面的天才，就推介給當地的男爵（*Freiherr*）米爾體茲（*Von Miltitz*），乃獲到資助，得受學校教育。大學未畢業時，米爾體茲死去，斐希特因爲這位男爵的繼承人態度不好，拒絕了經濟的資助。勉強在大學畢業後，生活仍然非常困難，曾在幾個地方任家庭教師，在瑞士的蘇黎世（*Zürich*）住過一段時期，於一七九○年回到萊比錫（*Leipzig*），對於康德哲學發生興趣。不久就去「王山」訪謁康德。到達王山之後，先在圖書館中，以乾麵包度日，很短期間，完成了使

他後來成名的著作「啟示的批評」（*Kritik der Offenbarung*），然後才拿著新成的文稿去訪謁康德。康德對於斐希特的新著，非常欣賞，立刻介紹給出版業者發表問世。出版後，一般人都以為這是康德關於「宗教哲學」的新著，讀者的反應甚好，康德才特別聲明，這是一位青年哲學家的著作，於是德國的哲學界，才知道有斐希特這麼一位年輕的哲學家。同時康德又替他介紹一個維持生活的工作。在「王山」住了不久，於一七九三年，又回到蘇黎世，這一次才和裴斯泰洛齊（*Pestalozzi*）建立了很好的友誼關係。後來到耶納大學講學，極受學生愛戴，因為發表有關宗教的文章，被教會方面，認為他有無神論的嫌疑，引起衝突，雖經歌德的調解，亦無結果，終於在一七九九年，離開了耶納，前往柏林，和當地的浪漫派的哲學家發生往還，並作私人講學的活動。一八○五年去愛爾浪根（*Erlangen*）大學任教，柏林陷落於法軍以後，他又去「王山」講學，不久又經過美美爾（*Memel*）、歌本哈根（*Kopenhagen*）回到柏林。在一八○八年作他有名的「告德意志國民」的講演。在勃蘭頓堡門外，法軍正在演習，他在門內的柏林科學院，作他的講演，當時因為拿破崙已經把一個有名的出版家處死，所以有人勸他不要繼續講演下去。斐希特的答覆，是「我登臺講演時，我並不希望我活著走下講台。」拿破崙居然讓他把十四次講演，繼續講完，拿破崙竟沒有料到，斐希特所作的精神戰爭，在六年以後，自由戰爭中，會把法軍打敗。接著他又擬訂創立「德意志精神的」大學，就是柏林大學設立的計劃；同時施萊馬赫（*Schleiermacher*）也提出一個建立柏林大學的計劃。於是普魯士政府，才根據這兩個計劃設立了柏林大學，斐希特是第一個柏林大學的哲學的教授，同時也被選為第一任校長。關於大學訓練的問題，他和同事意見不一致，恰巧抗法的自由戰爭爆發，他立刻辭職，擔任隨軍牧師的工作，他的太太也參加了傷兵看護的工作。不久同染一種類似傷寒的熱病（*Lazarettfieber*）先後去世。

斐希特的性情，剛毅得近於固執；這樣過分固執的個性，不僅使他個人的生活，十分困苦，而且妨害了與他有關的事業。在另一方面，他特別注重實行，極富於「義務感」與「責任感」，所以他的哲學，可稱之為「行的哲學」（*Philosophie der Tat*）。嚴格說起來，斐希特，不管他對德意志

民族的貢獻如何大，並不能算是第一流的哲學家。只有先瞭解他的一生實際的行動，才能瞭解他的哲學體系的意義，所以對於他的平生，不能不較爲詳細的多說一些。

照斐希特意見來說，某種「主張」，不能作爲哲學的「開始」，哲學的出發點，不應是一種理論上的主張，任何一種理論上的主張，都可能有相反的主張同時存在，「主張」既不是一種絕對的原理，所以「主張」不能作哲學的開始。一個「命題」（*Satz*），一種判斷，都不是哲學的始基，都得先有假定，都可能發生爭辯，只有「自思」（*Selbstdenken*）才能作爲哲學的開始。理性是從自思的動作中產生出來，並非自其他方面引導出來，所以理性是自行創造出來的行動，哲學的要求就是「行動自己的產生」的闡明。普通哲學家都認爲「存在」乃「活動」的主體，故「存在」乃「活動」的原因。至於斐希特則認爲只有行動才是原始的，所以「行動」之先，沒有原因，一般所謂「存在」只是含有目的性的一種手段。這就是斐希特的「道德的理智主義」與康德的「批評的理想主義」不同的地方。康德反對經驗主義者，他承認普遍概念，可能超經驗的有效，先驗的思想形式、範疇，並不是內容充實的先驗觀念，乃一種先驗的活動形式，這種形式可能給與經驗的材料一種思想範圍，所以在康德的批評理想主義中，「主觀」、「客觀」仍然是一可以分開的兩個方面。斐希特哲學中有三個基本命題，即：第一、「我立我」（*Das Ich setzt sich selbst*），第二、「我立非我」（*Das Ich setzt im Nichtich*），第三、「我於我中，相反的立非我」（*Das Ich setzt sich im Ich das Nichtich Entgegen*）。在自我之「自我建立」中所產生的範疇，乃有範疇的發現，所以在斐希特的哲學中，主觀與客觀已不是對立，實在乃是一個統一。斐希特所謂「我」並不是個人的「經驗的自己意識」，乃是「理性的思想」的普遍的，原始的行動，所以「我」，或「純粹的自己意識」才是哲學的基本原理。

簡略的說明了斐希特的基本思想，已足夠幫助我們瞭解他的「告德意志國民」的哲學意味。告德意志國民是斐希特對於德國學校教育影響最大的一部著作，所以我們也須要說明一下。斐希特的「告德意志國民」是九個月中，經過十日講演才完成的，每次講演完畢之後講詞就立刻印刷出

來，寄送到全德的各重要城市，眞可以說是對全德意志民族的講演了。他的全部講詞，歸結起來，可以分爲三個問題與答案。第一個問題，是德意志民族崩潰的原因何在？他的答案是國民道德的墮落，而道德墮落的原因，則又爲政府的基礎不能建築在道德的信念上，形成一個民族的國家，反而用權力來維持政府，形成一種警察國家（Polizeistaat）。警察國家與國民處於對立的地位，不能受到國民的擁戴，焉得而不崩潰。第二個問題，是德意志民族，能否復興？對於這個問題，他的答案是肯定的，而且具有信心。第三個問題，是復興的方法是什麼？他的答案，是給德意志下一代國民一種新的道德教育，使他們都有義務的自覺與責任感。也可以說斐希特的講詞，自始至終，是對於這一點，加以發揮的。他對於學校教育的建議，大部分是融合盧梭（Rousseau），裴斯泰洛齊（Pestalozzi）與巴斯道（Basedow）的教育思想所製成的方案。在他的「告德意志國民」講演前後，在耶納、愛爾浪根、柏林等大學講授「學者的責任」（Vorlesungen über die Bestimmung des Gelehrten）時候，特別強調像柏拉圖一樣，要求國家應該注意「教育權利」與「教育義務」，甚至在憲法中要規定有關教育的條文。學者的重要職責是擔負政治責任，國家的任務不只是在於保護私人財產，而是在於給人民一種精神的道德教育。

斐希特的哲學思想，不僅爲德國的國民教育開了一條先路。而且在高等學校與大學的課程內容方面，也發生了很大的影響。

康德以後的批評哲學與歌德的文學兩大潮流，平行而合作的，形成了德意志的「第二次文藝復興」，結果使德意志的整個文化與古代希臘、羅馬的古典文化，連結在一起，造成一種不可分離的關係。在這種新的文化運動中，洪保爾特（Wilhelm von Humboldt, 1767-1835）的新人文主義，可以說是最重要的代表。新人文主義對於德國學校教育的影響，直接而又明顯，在鮑爾生的「德國學者教育史」（Fr. Paulsen Die Geschichte des gelehrten Unterrichts in Deutschland）一書中敘述的極爲詳明。甚至就常識方面來說，一般德國與我國的學者，也都承認洪保爾特的新人文主義，對於德國的學校教育，無論在制度方面或課程方面，都有直接的影響。因篇幅的關係，這裏不再詳細的敘述了。

　　和新人文主義並立而且成爲兩「極」（*Pol*），在德國學校教育的範圍扮演重要角色的，是「啓蒙思想」（*Aufklärunggeist*）。德國的第一個哲學家萊勃尼芝以及在德國哲學史有劃時代意義的哲學家康德的哲學主張，早已有了啓蒙思想的萌芽。但是德國的啓蒙思潮，能形成一種運動，而且影響學校教育，卻在英國穆勒（*J. S. Mill,* 1806-1873）的「邏輯」譯成德文以後。十八世紀法國的啓蒙運動發展到極點時，產生了孔德（*August Comte,* 1798-1857）的實證主義（*Positivismus*）；經由穆勒，把實證主義介紹到了英國，然後再由英國介紹到了德國。這種啓蒙運動的特質，一方面特別重視經驗，以爲「個別」（*Einzelheit*）先於「普遍」（*Allgemein-heit*），另一方面，以爲「有用」等於「價值」，本來和德國正統哲學的口味不合，很受一般哲學家攻擊。但是十九世紀的歐洲，自然科學的研究發達，而且進化論的影響，對於各方面都非常重大，加以工商業的發達，社會上一般的都「承認」，而且「需要」實用知識的價值，所以啓蒙思想與新人文主義始終形成了兩極（*Polarität*）的對立局面，幾乎同樣重大的影響了德國的學校教育。

　　近三百年，德國的哲學派別非常之多，其中對於學校教育影響最大的，乃是萊勃尼芝的「汎知」主張，康德，斐希特的「理想主義」，以及先後發生的「新人文主義」與「啓蒙思想」，德國學校教育最重要的部分，乃是和我國中學相當的高等學校，所以高等學校中的（*Gymnasium, Realgymnasium, Oberrealschule*）就特別的受這四種主要的哲學思想的影響。我們甚至可以說，這三種高等學校，正是這四種哲學思潮的代表：*Gymnasium* 代表了理想主義與新人文主義；*Realgymnasium* 代表了「汎知」及啓蒙思想；*Oberrealschule* 則完全是啓蒙思想的代表。

　　由此，我們可以看出來，德國的學校教育的發生，並不是根據教育家主張，或依照教育行政當局的意見，機械的遵守自上而下的教育法令所「設置」的，每一種學校的設立，都是代表一種哲學主張，或者適應社會的需要，所慢慢「形成」的。這也可以說是德國學校教育成就的一個重要原因吧。

二、德國各種學校發展的經過

上一節所說的話，是偏重在學者教育一方面的。現在再分別的來把德國各種學校教育的起源與發展的線索簡單的加以敘述。

歐洲中世紀的大學，雖然大致的有一些共同的習慣，但是始終不是一種制度。中世紀到處有遊歷的學者，其中甚至有些是「行乞」求學。這種遊學的情況，成了一時的風尚，以後並且慢慢的成了一種運動。這些遊歷的學者以及行乞的學者，到處受到教會或各地的政治領袖招待，漸漸自動形成一種團體。這些遊學的人們，籍貫不同，所研究的科目不同，生活在一塊，共同研究，其中並無教師與學生的嚴格區別，所謂「教授」、「學生」並不是一種固定的「身份」，在某一時間，擔任講演的「教授」，換一個時間，就又變成「學生」，而這時候主講的「教授」，也許不久以前，就是在其他講演場所中聽講的「學生」。所以在中世紀大學中，教授與學生不但不是固定的身份，而且地位是相等的。當時「大學」一門的含意，並不同於我們現在的大學含有最高學府的意味，所謂大學是「包括一切」的意義，可以說是包括各種籍貫不同的學生，也可以說是包括各種性質不同的學術。各地的教會和政治領袖，對於這種遊學的學者所組成的學術兼生活的團體，在招待方面，為了裝飾門面，彼此競賽，多方給他們種種便利，所以這種學者的生活團體——大學——在中世末期、近代初期，很普遍的在歐洲各地建立起來。如同 *Sorbonne*，最初對於學者，只供給水與定量的麵包和住舍，聚會講學的地點，往往是林間或露天，後來漸漸供給圖書的設備與講學的場所。這就是巴黎大學的前身。中世紀的大學，本來是無國籍的，大學的學生可以不受當地的法律拘束（甚至到了一九三九年，二次世界大戰之前，柏林的學生在某種範圍以內，還只受大學法官的審判。）所以從中世的大學中，找德國大學的起源，很不容易正確。照德國教育史家的意見，普拉格（*Prag*）大學，可以說是第一個德國大學。因為這是在德意志民族所住的地域中最早成立的一個大學。五百年前海岱爾堡（*Heidelberg*）大學成立，德國民族才算有自己建立的大學。從普拉格

大學成立到海岱爾堡大學，以後一直到一八一四年柏林大學的成立，在斐希特、洪保爾特的眼光中看，這些大學還都是中世紀國際性質的大學。他們要求根據德國的需要，建立一所含有德意志精神的大學，於是德國才有自己的大學。從柏林大學成立以後，德國大學才明白規定，有四種任務，第一研究學術；第二培養並訓練研究學術的青年學者；第三教導來學的青年；第四訓練中學的師資。自此以後，舊有的德國大學，在制度方面，也照柏林大學的樣子改變一下。至於漢堡大學，則完全是仿照柏林大學的精神創立的。

　　大學教育在德國的學校制度中，保持一種獨立的地位，大學的學位，只是一種榮譽，並不是一種資格，在人事制度中，不能作為銓敘任用的根據，所以在近代德國學校教育改革運動中，很少涉及大學，德國學校教育的中堅部分是相當我國高級中學名「高等學校」，歷次的改革運動，很多是以高等學校為對象，所以，這裡在大學發生的經過之外，對於德國高等學校的改革，也要敘述一點。

　　德國高等學校是「學者教育」的主要部分，在中世紀時，其前身是拉丁學校。中世是教權極盛時期，這些拉丁學校，除了極少數為政治力量負責維持外，大多數是由教會與教堂加以支持，所以在拉丁學校之外，又發生了寺院學校（*Kloster schule*）與教堂學校（*Dom Schule*）。無論是拉丁學校、寺院學校或教堂學校，那是類似吾國古代所說的「造士之學」，是為養成學者或獻身宗教事業的學者而設立的學校。在課程方面都是以古典為主體。不過這決不是一種制度，同時寺院學校，課程與肄業年限，都不一致。這三種學校，名稱不同，但是基本性質都是相同的。在另一方面來說，這些學校基本性質雖同，但是在形式上彼此之間，仍有區別，因為當時，並沒有一種力量，把這三種學校統一的「制度化」起來。和這三種學校先後設立的，還有騎士學校（*Ritterakademie*），在名稱上看，好像是軍事學校，事實乃是一種貴族學校，在課程方面，也是注重古典，不過比較上，宗教意味減少一點。這些學校，都是 *Gymnasium* 的前身。「文藝復興」以後在德國採用了 *Gymnasium* 這個外國字，作為「學者教育」的學校名稱，但在基本精神上，改正的並不很多。一直到德意志後來第二

次文藝復興之後，*Gymnasium* 在課程內容，才大加改進。替德國的「學者教育」立下了很穩固的基礎，直到一九三八年學制改革時，*Gymnasium* 的基本精神，還不能加以動搖。但是在 *Gymnasium* 不斷的改進的期間，萊勃尼芝的「汎知」主張，黑格爾的百科全書式的性質，很影響德國的「學者教育」，於是乃有 *Realgymnasium* 的設立。十八世紀啟蒙思想的發展，社會經濟情況的演變，把原來屬於職業教育範圍以內的 *Realschule*，提高程度，也抬到「學者教育」的範圍以內，設立了 *Oberrealschule*（這裡要注意的是 *Oberrealschule*，並不是把已有的 *Realschule*，升格而成，乃是參照 *Realschule* 的精神，提高程度，另行設立。所以 *Oberrealschule* 的成立，並不影響 *Realschule* 的存在。）於是在德國「學者教育」範圍以內高等學校這個「美名」之下，乃成了鼎足三分的形勢。不過這三種學校畢業的學生，仍不能得到平等的待遇，只有 *Gymnasium* 的畢業生（*Abiturient*），才有資格免試升入大學，其他兩種學校畢業的學生，都得補習幾種科目，經過考試及格後，才能限制的升入大學某一學院肄業。直到今日，德國大學中，還有「大入學」（*Großes Immatrikulieren*）與「小入學」（*Kleines Immatrikulieren*）的區別，其歷史來源，即在於此。魏瑪憲法實行後，德國為實行教育機會均等，又給國民學校後期二年肄業期滿的學生一個享受「學者教育」的機會，乃設立一種六年制的「建立學校」（*Aufbauschule*），這是屬於高等學校範圍以內最後起的一種學校。

現在要說到德國職業教育的起源與演變了，「職業」一詞，在德文中是 *Beruf*，其本意為「神召」、「天職」等等，含義極廣，與我國通常所用「職業」一詞的意義不盡相同。因此，照德國一般的教育家眼光來看，幾乎沒有一種學校，不是職業學校了。「職業教育」，在概念上，既不十分明確，所以要把德國的職業教育，作一個簡單的歷史敘述，就特別的困難了。柏林的「中央教育研究所」（*Zentralinstitut für Erziehung und Unterricht*，這是一九三四年以前，德國未設立中央教育部時期，一個有關全德國各邦教育問題的諮詢與設計機構。）曾經出版一本職業教育手冊，是超過一千頁的一本有關德國職業教育的集刊。在程度方面，上至與大學相等的一些農、工專科學校，下至對於受過國民教育以後的補習教

育，在範圍方面，工場技工、礦區的礦工以及各種手工業者如理髮匠、水泥匠，甚至都市中捕捉臭蟲的人（德文中稱之為 *Hausjäger*）所須要的技能訓練，都分門別類，談到一些。職業教育的程度不齊，範圍廣泛，所以事實上德國的職業教育是大部分屬於社會教育，小部分才屬於學校教育。勉強的要為德國職業教育作一歷史的敘述，那只有認為中世末期的市民學校 *Bürgerschule* 是最早的起源了。其次就不能不說到各種手工業者組成的特別「行會」（*Zunft*）所附設的訓練班了。德國的大學教育，中學教育（學者教育）都是由教會或地方政府負責設立，最早職業教育並不為「上等人」所注意，都是由工商業者自己辦理。所以在形式上，不像其他各種學校教育那樣比較的有規則，有制度。斐希特比較通俗的著作「人類之天職」（*Die Bestimmung des Menschen*）和他的帶有社會主義色彩的著作「統制的商業國家」（*Der geschlossene Handelsstaat*）出版以後，政府與一些教育家才注意到職業教育。除了一些特殊的職業，尤其是手工業，仍舊屬於社會教育範圍以內，關於比較需要長期專門訓練的職業，也慢慢設立起來各種專門學校（*Fachschule*）。尤其值得注意的，是設立實科學校（*Realschule*）來從事有關近代工業的基本訓練工作。總而言之，德國職業教育起源和發展與其他學校教育，都不相同，所以一般研究比較教育的教育學者，勉強為德國所作的學制系統表，也很難把各級職業教育，適當的排進去。

　　最後，再來敘述德國的國民教育。德國的國民教育，和上述三種學校教育——大學、中學、職業教育——起源都不相同，而且只有國民教育的歷史最短，曾有人批評第一次世界大戰以前，德國的學校制度是雙軌的，實在比雙軌制還要多些，至少可以說是三軌。「耶納崩潰」以前，在德國只有「學者教育」和「職業教育」，一個國家，固然需要學者，需要有技能的人民，共同努力，國家才能進步，但是「求進步」之前，必須「先存在」，國民教育是國家能夠存在的基礎，沒有統一的國民教育作國家的基礎，這個國家的「存在」就會發生問題。普魯士王國剛成立的時候，萊勃尼芝就想從「教會政策」、「文化政策」方面入手，想促成德意志民族國家的統一，雖然有一些結果，但是並不甚大。拿破崙佔領柏林之後，斐希

特才大聲疾呼，很具體的提出計劃，要從國民教育方面著手，來企求德國的「復興」與「統一」。他的主張，大部分是拿盧梭、巴斯道、裴斯泰洛齊和福祿貝爾的教育理論作基礎的。把斐希特的國民教育計劃，付諸實施的，是普魯士王國的大政治家阿爾特斯坦因（*Altenstein*，一八一七年，普國教育部成立後，第一任部長。）這位大政治家重要貢獻是在建立「兵役」制度、「人事」制度之外，特別注意推行「義務教育」制度。所以有人說，這三種制度是建立「近代化」德國的三塊「基石」，也是一八七一年，戰勝法國的主要原因。所謂「俾士麥克（*Bismarck*）帝國」，即自一八七一至一九一八年的德意志帝國仍然繼續努力的推行義務教育政策，普遍的建立國民學校。可是這義務教育，只是強迫不能入普通中學，即高等學校的兒童來入學，如果預備接受「學者教育」的兒童，仍然可以入高等學校的預備學校（*Vorschule*），不入國民學校。而且國民學校又有「新教」與「舊教」的區別。所以這一時的國民教育，嚴格的說起來，仍有「社會地位」、「宗教信仰」種種合制，不能算是統一的基本教育。一入國民學校，就確定終身的命運，沒有享受大學教育的機會，這實在是國家、民族的重大損失。所以二十世紀開始，德國的教育家、教育學者，如明興（*München*）的開善施泰耐（*Kerschensteiner*），斯圖特蓋特（*Stuttgart*）的賓得（*Binder*）、科倫（*Köln*）的福斯（*Voß*）以及柏林的德福斯（*J. Tews*）等，都對於這樣的國民教育，加以攻擊，主張設立一種統一的國民學校，不分性別、貧富、地位與宗教信仰，所有一切滿六歲的兒童，都必須在教育性質相同的國民學校入學，受同等的國民教育。原來的國民學校學生，沒有機會可以升學，德福斯不斷的發表著作，加以猛烈的抨擊，並且用淺近比方來喚起社會的注意，說這種國民學校，好比沒有樓梯的樓房，在下邊的人永遠不能走上樓去。這樣的國民教育，不僅不能團結全體國民，使其成為一個整體，來作國家的基礎，反而會在全體國民中起一種分化作用。這幾位從事統一國民教育運動的教育家，到一九二〇年參加全國學校教育會議時候，極力活動，他們的主張，才得實現。國民學校前期四年，改作基礎學校，變為普遍的強迫教育，高等學校的預備學校，嚴格的一律廢止。德國的義務教育，定為八年，分作兩期，而且有兩次挑選升

學的機會。所以德國的國民教育，在嚴格的統一之中，仍富有彈性。

就以上所說的看起來，我們可以看出德國的「學者教育」發生最早，其次是職業教育，其次是國民教育，而且前兩種教育是政治、教會方面的貴族個人以及各種行會予以支持，後者乃是由國家及地方政府，負責辦理。德國的各種教育，都是各自有其來源，所以德國的學制系統，不是要規定辦理某種學校，而是把各種學校教育之間的關係，要調整的比較合理一些。

三、德國學校教育的改革運動

萊勃尼芝負責計劃與改進的德國學校教育，在萊勃尼芝以後，慢慢的，無形中，成了一種制度。許多學者與有遠見的政治家以及從事學校教育工作者的努力，對於德國學校教育的改進，固然有重大貢獻，但是，這只是一種或大或小的影響。直接對於德國學校教育，尤其是「獨立的高等學校」（自小學到進入大學的一段學校教育），負責草擬方案並執行方案的，不能不推蘇維恩（Süervn）了。蘇維恩在普魯士教育部工作二十餘年，其中十五年是擔任中等教育司司長。他除了接受「汎知」的理論以外，深受新人文主義的影響。他爲「獨立的高等學校」所擬訂的一切方案，尤其課程方面的計劃，深受社會上各方面的讚許，一直到今日，德國的「高等學校」教育，仍沒有完全脫離他的影響。但是蘇維恩的學校教育政策，也並不是沒有遇到攻擊，他根據「汎知」主張的理論，所訂的學校課程，非常複雜，因而科目繁多，學生的負擔極重，在社會上常有類似我國「救救孩子們」的呼聲，曾經由兩個醫生，發動了學校教育改革運動。一八四八年革命潮流過去之後，普魯士在政治、文化方面，發生了一種復古的趨勢，對於新人文主義，在學校課程方面重視「古典」的主張，不但加以攻擊，而且藉政治的力量，提出了修改的計劃。這兩種反對汎知主張與新人文主義的學校改革運動，雖然曾經熱鬧一時，但是並不曾動搖了蘇維恩爲德國學校教育所奠立的基礎。

一直到德意志帝國成立之後，德國的學校教育改革運動，都不曾完成

過基本的改革工作。威廉第二在他登極後不久，一方面由於他青年時期，所受 *Gymnasium* 古典教育的不良印象，一方面由於他的狹隘的國家主義影響，對於當時的學校教育，極不滿意，乃於一八九二年，召開教育會議，討論改革的方案。在會議開幕詞中，威廉第二曾反復的，對於重視古典的 *Gymnasium* 式教育加以批評。他曾說：德國的教育目的，是要教育德意志的青年，可是德國現有 *Gymnasium*，好像是要為古代的希臘、羅馬教育青年的。他登極後，正是德國極盛時代，工商業發達，社會繁榮，人民的生活也很安定，德意志民族統一的帝國夢也變作事實，所以他根據國家，民族主義所號召學校教育改革運動，也不像八十年以前，德國民族崩潰時期，斐希特所號召的教育改革運動，那樣能夠為社會上各方所重視。所以這一次教育會議的結果，並沒有達到威廉第二召集會議的目的。不過會議的結果，打破了過去很久以來 *Gymnasium* 的「獨佔」局面，也可以說是這次會議的成就。過去只有 *Gymnasium* 畢業的學生，才可免試，直接升入大學，其他程度相似的 *Realgymnasium* 與 *Oberrealschule* 畢業的學生是享受不到同等待遇的。經過這次會議以後，*Realgymnasium* 的畢業學生，才取得了與 *Gymnasium* 畢業學生的同等資格，免試升入大學。我們也可以說，這是參與會議專家、學者，在不妨礙他們的理論見解的條件下，對於新登極的皇帝，一些讓步。

　　一八九二年，威廉第二的主張失敗後，他仍然不死心，過了八年，又於一九〇〇年召開一次教育改革的會議。在威廉登極十年以後，皇帝威望極盛的時候，他滿以為這一次會議，可能把新人文主義所影響的 *Gymnasium* 式教育，澈底改革一下，可是他仍然不能如願以償。經過許多辯論以後，會議的結果，是承認了 *Oberrealschule* 也和 *Gymnasium* 有同樣地位，它的畢業學生也可以免試直入大學。所以我們可以說，一八九二與一九〇〇兩次教育會議所成就的只是打破，*Gymnasium* 的特殊地位與獨佔局面，對於 *Gymnasium* 的基礎，仍然不能動搖。這種學校形勢，一直繼續到了第一次世界大戰之後。

　　一九二〇年德意志共和國中央政府內政部所召集的全國學校教育會議（*Reichsschul konferenz*），是德國有史以來最大的一次學校改革運動的會

議，所以很值得我們稍微詳細的敘述一下。

　　一九一七年，第一次世界大戰尚未結束的時候，社會民主黨的議員在國會中就提出改革學校的議案，並且主張於戰爭結束以後，就立即召開全國教育會議來推動學校教育改革運動。這是一種很普通的現象，許多國家遭遇到艱難困苦的命運時候，很容易想到了教育改進工作。當時德國國會特別委員會已通過了這個議案，等提交大會的時候，為了牽涉到經費問題，予以否決。戰爭終止，革命以後，學校教育改革運動隨著起來。一九一八年十二月，普魯士邦的教育部呈請德國中央內政部（在一九三四年以前，德國全國教育事宜，是由內政部特設的一司主管的。）要求內政部召開全國學校教育會議。一九一九年一月，內政部批准之後，就由內政部通令全德各邦，徵詢地方教育行政當局的意見。兩個星期之後，各地教育行政當局覆文同意，並同時對會議討論的範圍，提出具體意見。這些意見統計起來，共分二十類，幾於把有關教育的問題，統統都包括進去。同年十月，內政部召集各地方教育行政當局，又在部內舉行三天的預備會議，對於出席會議的人選，開會時間與會期，會議日程與組織，都作了原則的決定。預備會議只討論些有關會議的技術工作，並不涉及將來討論議案的內容，所以並未邀請專家、學者，只由行政人員出席商討。會議之後，又成立了一個籌備委員會，由內政部代表三人，普魯士邦教育部代表二人組織成立。籌備會主要工作，是根據各地方教育行政當局所提出意見，再加歸類，構成十七個主要議題，對於每一議題，再設法接洽專家、學者二人至五人，負責整理並補充意見。一九二〇年一月，又舉行籌備會議，決定依照議題範圍成立十七個特別委員會，即（一）學前兒童教育；（二）學校制度；（三）職業與專科學校；（四）民眾大學與補習教育；（五）勞作教學；（六）公民教育；（七）藝術教育；（八）學校與鄉土；（九）師範教育；（十）學校管理與行政；（十一）學生問題，（十二）家長與家長諮詢會；（十三）學校制度統一之技術問題；（十四）公立學校行政問題；（十五）私立學校；（十六）德僑教育；（十七）青年福利與學校等等委員會。這十七個委員會，除了依照慣例，僑民教育由外交部負責，職業及專科學校由商務部負責，私立學校及青年福利由地方政府負責外，

其他各委員會由內政部、普魯士教育部及其他地方教育行政機關分別負責洽定專家、學者作整理議案及提出報告的預備工作。並由籌備會決定出席的人選，由內政部出名邀請。內政部發出請柬七百一十三份，出席人員的分配爲：（一）中央及地方政府代表一四五人；（二）地方教育行政機關代表三一人；（三）教員團體代表八四人；（四）各級學校代表一一六人；（五）大學代表三一人；（六）青年運動領袖二二人；（七）教育學術團體代表七五人；（八）其他學術團體如經濟學會等三三人；（九）各委員一部提案起草及報告人三一人；（十）專家學者一四五人。一切決定後，一九二〇年三月二十日發出請柬，得到國會議長的同意，於一九二〇年六月十一日起，歷時九日，在國會的議場中舉行大規模的全國學校教育會議。

內政部長柯赫（*Koch*）主持開幕後，發表演詞，說明教育改革工作與此次會議時，應注意之點：（一）籲請出席人員先行瞭解學校教育的改革歷程是顧及歷史影響，社會背景，逐漸的改良，不應該不顧一切作「跳」（*Galoppieren*）的改革，否則，只能成爲一種主張，不能成爲一種可以實行的方案。（二）與會人士應研究發現過去制度的缺點，不應對於現行學校教育制度先有一種不好的成見，以爲非改革不可。（三）所有出席人士，不論代表任何方面，都應精細的保持科學的態度，對於每一問題，作正確的研究，不應以自己的興趣和見解作根據，發表自己個人的主張，影響他人，作成定案。（四）對於每一問題，討論終結時，不應以票數多少，作硬性的表決，所有正反兩方面的意見，都須記錄下來，再經專家研究，由教育行政當局，同樣的予以注意，因爲有關教育的問題，牽涉的方面太多，理論與實際，須同樣注意，一時「多數」的表決，危險性太大。（五）學校制度，不應自上而下，由政府制定條文或由會議作成決議頒佈施行，即不應把學校制度作成一個硬殼，來拘束一切學校，只求能以保持一種「統一性」就算夠了。最後，並要求這一次的會議，應該爲民主教育作一個榜樣，即必須具有「容忍」與「必然」的習慣，才能夠說到實行民主。能「容忍」，才能尊重他人的意見，知道「必然」的重要，才知道服從多數的重要。他這篇講詞，不完全是他個人的意見，所以很能爲到會人士接受，在會議的過程中，影響很好。

　　這一次會議的結果，收獲很大，對於過去學校教育制度方面，改革很多，限於篇幅，只能就其中最重要的，略為敘述一下。第一是四年基礎學校的基本教育普遍實行，高等學校附設的預備學校，一律取消。所有德國的兒童，不分「性別」、不論「地位」、不拘「貧富」，不管「信仰」等一切差別，都必須強迫的接受這種「共同的」基本的國民教育。這是十九世紀開始就發生的要求，直到二十世紀的二十年代，才能為全國普遍推行的制度，其次，在這一次會議中，還有一種很熱烈的運動，就是要求基礎學校修業的年限，要定為六年。雖然沒有通過，但會議中仍然決定設立一種六年制的「建立中學」（*Aufbauschule*，這個譯名非常不妥當，因為沒有適當的名詞，而且又有人這樣用過，所以姑且用一下。）選收國民學校後期肄業二年期滿的學生，畢業後，同樣的可以免試升入大學。這種制度，很像我們的「六三三」學制，和我們現行學制的頒發，只相差兩年的時間，可以說是偶合，也可以說是同受美國教育理論的影響，不過在我們是原則，而在德國，只是少數的例外而已。

　　革命之後，民主高潮達到極點的時候，包括全國各方面七百以上代表人數的會議，不採用多數表決的方式，來解決教育問題，在德國以外的人士看起來，會不免有些覺得奇怪吧。

　　一九三三年，國社黨執政，第二年，就宣佈設置管理全國教育事宜的中央教育部。全國性的教育行政機關成立，很自然的，就有學校改革運動，隨著發生，希特拉蠻橫固執的性格，在德國學校教育的改革方面，仍然不能有很顯著的表現。在大學或研究機構方面，國社黨政府雖然偷偷摸摸、零零碎碎的就人事方面，有些改變，可是在整個學校教育制度方面，並沒有大刀闊斧的蠻幹一下，國社主義對於「民族」的解釋，是偏重在自然的血統方面，所以對於注重古文的 *Gymnasium* 很不順眼。教育部成立之後，就想在這一方面，有所改變，但是歷史悠久的 *Gymnasium*，在德國的文化方面，以及一般社會心理上，仍有其不可動搖的地位。從一九三五到一九三七年年終，一般的輿論也可以說是社會的要求，終於迫使德國中央教育部於一九三八年一月底所頒的學校教育改革令中，仍然承認 *Gymnasium* 以外國名詞，存在於學制系統之中。其餘兩種高等學

校即 *Realgymnasium* 與 *Oberrealschule*，原來名稱取消，合併叫作高級學校（*Oberschule*），女子高等學校本來叫作 *Lyzeum* 的，也改稱女子高級學校。男女高級學校，在法令中稱爲「主要形式的」（*Hauptform*）學校。*Gymnasium* 則退居次要的地位，叫作「副屬形式的」（*Nebenform*）學校。在法令中承認彼此有同樣的資格，但社會一般重視 *Gymnasium* 的心理，仍然不能改變。新的高級學校與 *Gymnasium* 的肄業年限，縮爲八年；六年制的建立學校仍然照舊。這一次的改革，變動的地方，遠不及一九二〇年改革的結果變動之多，對於大學與國民學校，幾乎都不曾涉及。但是國社黨另辦兩種六年與八年制的學校，同是爲黨培養幹部的學校，也和其他高級學校，同樣的有升入大學的資格。這一次的改革，嚴格來說，不能算作改革運動，因爲除縮短高級學校肄業年限與改近代外國語中的法語爲英語外，在整個各種學校連繫的關係上，幾乎找不出來重要的改變。

從上面三段的敘述中，我們可以很自然的，很明顯的，得出來以下的結論。

德國的學校教育的起源和發展中，俱有哲學方面的理論基礎，同時又是適應社會的需要。所以德國的學校教育制度，是以歷史方面的哲學理論爲「經」，再以社會的需要爲「緯」，交織而成的統一體，並不是自上而下，根據某種判斷所判定的硬性法規。

因爲如此，所以，以威廉第二皇帝的威望，共和政府下民主高潮時代多數的表決以及國社黨政府之蠻橫，都不能動搖它的基本精神，至於醫生及社會有地位的學者，一部分人士所倡導的改革運動，更不必說了。

但是根據專家、學者的意見，在課程方面，不斷的常有改進，所以德國的學校制度，能夠滿足社會需要，不爲時代淘汰。

總之，德國的學校教育制度，永遠不曾「跳躍的」作過革命式改革，同時卻又審愼的，根據專家研究的結論，吸收時代文化，常作不斷的改進。

（本文原載於大陸雜誌第二卷第十一、十二期）

德意志大學制度的演進及其任務

一、歐洲大學的一般形態

西洋歷史上的中世紀，一般的都把它稱之爲黑暗時代；但是我們從
文化史的觀點來看，並不如此。中世紀的上半期，自第六世紀到第十世
紀，社會秩序破壞，教會支配一切，說它是黑暗時代，還勉強的說得通，
到了十一世紀，西洋的文化就已經開始慢慢的發展；經院哲學中，在「信
仰」之外，已經承認「理性」的價值，至低的限度，理性已經和信仰取得
了平等的價值。這還只限於理論或思想方面改變，至於事實上，中世紀的
下半期，西洋的大學制度的建立，無疑義的是人類文化史上，一朵最美麗
的花。西洋的學校教育，最早建立的是第八世紀以後寺院中所附設的「寺
院學校」，教堂中所主辦的「教堂學校」等等，這一類學校中把拉丁文
法當作主要的課程，因而也可以稱之爲「拉丁學校」或「文法學校」。這
一類的學校，以培養傳教士爲主要任務，雖然也招收一些「俗人」的子
弟，施以教育，但是教材的性質，仍然是限於教條、教理方面。而且教育
的程度也只限於中等教育與高等教育之間。因而，爲了事實上的需要，乃
產生了大學。大學的本義只是「學者的集團」或「藝術的集團」；參加大
學的人，都是已有相當成就的學者。大學中並沒有嚴格的教授或學生的身
份，在某一科目中，居於學生的地位，但在另一科目中，如果學有專長，
就又可以主持講演，變爲教授的身份。所以在中世紀的大學只是一種「學
術機構」，或「研究機構」，並不是一種「教育機構」。當時參加大學的
人員，是來自不同地區，各人有自己的國籍；大學的所在地，不管是屬於
教區或諸侯的領土，大學中的人員，都不願受所在地法令的拘束。如果遭
受到當地政府或社會的干涉，這個大學就會遷移到另外的地區。當時的大
學沒有固定的校舍，設備也很簡單，所以遷移起來，非常容易。因此，中
世的大學，在本質上又是一種國際性的自治團體。每一大學都有自己的法
律、規章，不受當地政府的影響。當時教區中的主教，政府中的領袖都願
意給與大學一些物質上的補助，所以大學制度，在歐洲各地才慢慢的普遍
的建立起來。

二、德意志大學發生的背景

　　西洋教育史上，最早設立大學的是義大利的巴樓格納（*Balogna*）大學在一一一九年就成立了，第二年，即一二〇〇年，巴黎也成立了一所大學。接著在一二四九年，英國的牛津大學也設立起來了。可是當時的德國境內並沒有大學。當時德國境內只有一些規模簡陋，而又各自為政的「教堂學校」和「寺院學校」，再其次是一些由新興的市民階級所設立的「市鎮學校」。在十三世紀，西洋的文化已經很顯著有向上發展的趨勢，學術研究也有長足的進步；所有這些舊的學校，不僅不能隨著時代進步，滿足一般人的求知慾望，甚至在這些舊的學校受訓練的教士，也感覺不滿。於是有些德國的青年學者，教士也包括在內，就不得不遠去義大利和法國，參加新的大學，作進一步的學術研究工作。當時法國、義大利各大學的研究重心，並不一致。法國的大學，如巴黎大學，在哲學、神學方面的研究，成就很高；義大利的巴樓格納大學，則注重法學的研究；至於義大利南部的薩拉諾大學（*Salerno*），則因為接近亞拉伯，受了亞拉伯文化的影響，對於醫學的研究，甚為努力。中世末期大學中所研究的對象或範圍，不出哲學、神學、法學、醫學四個項目；因而後起的德國大學，也只有哲學、神學、法學、醫學四個學院。從法義兩國大學留學歸來的德國學者，一方面參加到舊有的教堂學校或寺院學校中，擔任教學工作，從事學校教育的改革運動，另一方面，則計劃著要在德國國境以內，設立起自己的大學。這種建立大學的運動，經過相當時期，終於在十四世紀中期，得到成功。和義大利以及法國的大學建立比較起來，已經晚了差不多一百五十年。神聖羅馬帝國的皇帝查里第四（*Karl IV*, 1347-1378）對於當時的人文主義運動，熱心贊助，所以當他即位的第二年，即一三四八年，就在他的皇宮所在地普拉格（*Prag*，即現在捷克的首都），設立起來第一所德意志大學。這所大學雖然不曾建立在德意志本土，但是當時的普拉格是在出身德意志民族的皇帝政治範圍之內，所以德國人就認為這是第一所德國大學。接著普拉格大學的成立，維也納大學（一三六五年）設

立，海岱爾堡大學（*Heidelberg*，一三八六年設立）、科倫大學（*Köln*，
一三八八年設立）、愛福爾特大學（*Erfurt*，一三九二年設立）等等七個
大學也都相繼設立起來。眞正嚴格的說，在德國境內所設立的德意志大
學，第一所應該是海岱爾堡大學。這些大學都是在十四世紀就設立起來；
到了十五世紀，在上述幾個大學之外，在德意志境內以及德語流行的地
區，又成立了弗萊堡大學（*Freiberg*，一四五七年），吐賓根大學（*Tübin-
gen*，一四七七年），維呑堡大學（*Württenberg*，一五〇二年）等等八所新
的大學。十四、五兩世紀中德意志人自己設立的這些大學，雖然得到政府
方面的贊助，不過教會在大學中的影響力，仍然是大於政府。以後十六、
十七世紀，德國大學和其他西洋國家的情形一樣，已經成爲文化生活的中
心，代替了中世紀的寺院、教會以及其附屬學校的地位；但是大學的經費
仍賴教會的補助，人員也多由教皇或教會派任。許多教會中的神學家和法
學家都到大學中任教，無形之中，傳教士的資格已成爲在大學任教的條件
之一；當時的大學教授中很多是獨身的教士，而且教授和學生都寄宿在大
學的宿舍中，大學宿舍生活，已成爲眞正的大學生活。當時大學中的生活
規律，和中世紀的寺院、修會，很有些類似的地方。所以我們可以說，
十七世紀以前的德意志大學，其主要的任務有二：一爲宗教的修養，其
次，則爲知識的傳授。十四、五兩世紀以來在德意志境內大學成爲文化生
活的中心以後，所有舊日的拉丁學校或文法學校，在性質上，已成爲進入
大學的預備學校。在德國境內雖然已經成立不少的大學，可是在事實上，
卻並不能使德國的學者和政治方面的領袖人物感到滿意。因爲從十四世紀
到十七世紀這一段時期中，德國的大學很受中世紀那樣大學制度的影響，
在教會勢力支配之下，始終是一種超國界的國際性研究機構。雖然在人文
主義運動以及宗教改革運動的影響之下，在大學的內容方面，有了一點改
進，但是終究抛卻不了它的國際性。德國人自己在本土內所設立的大學，
要受一種超國家的國際制度所拘束，這是使德國人不能夠對於舊有的大學
不發生反感的。因此，德國人在十八世紀開始，就又發動一種革新大學的
運動。

三、德意志大學改革的開始

　　任何一種制度，在開始建立的時候，都有它的價值，時代進步，舊有的制度就往往失去了它原有的價值。但是既已成爲一種制度，即使已失去了它的價值，仍然不容易加以改革。何況大學制度受國際性的影響的拘束，改革起來，當然更爲困難。不過，任何一種革新運動，只要合理，而且領導得人，結果是總會成功的。十七和十八世紀之交，德國大學的革新運動，就是在這種情況之下，獲得了相當的成就。在十七世紀之末，有兩位德國的哲學家，在思想方面，都有很明顯的「啓蒙」傾向：一位是萊勃尼芝（*Gottfried Wilhelm Leibniz*, 1646-1716），一位是陶瑪修斯（*Christian Thomasius*, 1655-1728）。陶瑪修斯的父親亞口卜・陶瑪修斯（*Jacob Thomasius*, 1622-1684）是萊勃尼芝的老師，推算起來，這兩位哲學家還算是師兄師弟的關係。萊勃尼芝是近代第一位建立德意志哲學的哲學家，他在政治上和外交上，都有一些影響的力量。他感覺到德意志民族的分裂，乃是造成德意志民族不幸命運的主要原因，所以希望著從政治或宗教方面入手作德意志民族的統一運動。失敗之後，乃決定另換一個方向，從文化、教育入手，繼續民族統一的工作。他根據這種信念，獲得了普魯士政府的支持，於是在柏林就成立了一所新的學術研究機構，也就是後來舉世聞名的「柏林科學院」（*Gesellschaft der Wissenschaften zu Berlin*）。和萊勃尼芝同時倡導大學改革運動的，陶瑪修斯乃其中之一。他原來是萊比錫大學（*Leipzig*）哲學教授；因爲他的思想中有很顯著啓蒙傾向，對於舊有的一切，都抱一種重新估價的態度，所以被萊比錫大學停職，乃離開了萊比錫。在萊比錫大學時候，於一六八八年，曾經第一次用德語講課，這是對於德意志大學以拉丁語講課的傳統，明白的加以反抗。這也是使他被迫離開萊比錫的一個重要的藉口。自一六九〇年起，他去到哈萊（*Halle*），在他的倡導之下，薩克森─安哈爾特（*Sachsen Anhalt*）地方的當局，乃於一六九四年，在哈萊設立了一所新的大學。因爲舊的大學不容易改革，所以只好另設新的大學。哈萊大學和柏林科學院兩個學術研究機構的成立，

使德國的文化史進入一個新的階段。

在一六八○年，馬格得堡（*Magdeburg*）教區的產業歸屬於勃蘭登堡大學（*Brandenburg*）之後，因為政教的合併，剩餘出來一部房舍，當時一部份有遠見的貴族，就利用這些房舍成立了一所「騎士學校」（*Ritterakademie*）。騎士學校主要是軍事教育，類似現在的高級中學或大專預科，當時這一所新成立的騎士學校中，把德語和自然科學作為主要的課程。陶瑪修斯在萊比錫大學被驅逐之後，薩克森的德累斯登（*Dresden*）政府下令通緝，於是他乃逃亡到鄰邦的哈萊。陶瑪修斯在一六九○年到了哈萊之後，他的啓蒙思想以及大學改革計劃，很得到勃蘭登堡大公的欣賞，並且封了他一個「樞密顧問」（*Geheimrat*）的頭銜，因而他就停留在哈萊，私人開課講學。當時的哈萊就慢慢的成為學術研究改進的中心。許多其他大學的有名教授，其中有神學家、法學家、語言學家、醫學家、物理學家，先後都集中在哈萊。於是在一六九四年，乃成立了一所新式大學，即哈萊大學。陶瑪修斯並不像萊勃尼芝那樣是一位劃時代的思想家，也並不像萊勃尼芝那樣有國際間的聲望，但是把全部努力用在大學制度的改革，這一點卻遠超過了萊勃尼芝。陶瑪修斯當哈萊大學成立的前後，曾經發表了一些大學制度的改革計劃。他根據十二年大學教授生活中，從接近青年學生的經驗，使他相信在大學中學習德語的重要，遠過於拉丁文。他看到當時不少的青年學生，對於拉丁文的應用，都有適當的程度，可是對於日常公民生活中所需要的德語、德文，反而沒有使用的能力。許多大學學生不能夠用德文寫一封通達的函件，在任職時候，不會發表一篇德文通告，在婚禮、喪禮中，不能用德語作適當的致詞，甚至一封適當的求婚函件，都不能用德文寫得通順。大學教育是為了現代青年，並不是為中世紀的青年來辦理大學。所以近代的大學不應該忽略德語、德文的訓練。其次關於大學的課程改革，陶瑪修斯也提出一種具體的意見。哲學院的課程，據陶瑪修斯的意見，應該分為三大類：第一是理則學，這是研究哲學的基本方法，對於理則學沒有適當的修養，哲學研究的工作，就無從進行。理則學的功用，在積極方面，可能發展「理性」的力量，在消極方面，可以袪除人類思想中的「成見」或「偏見」。第二，乃是歷史。歷史是一切學術

研究的眼睛，尤其是研究哲學，不能不從哲學史的研究入手。「現在」是「過去」的結果，瞭解「現在」，必須先認識「過去」。「現在」又是「將來」的原因，展望「將來」，也必須以「過去」作爲參考。第三、哲學中最重要的部分，乃是實踐哲學（*Praktische Philosophie*），其中又分爲三個部份，即（甲）道德學；（乙）政治學；（丙）經濟學。因爲實踐哲學中這三個部門，都是在研究人性以及人與人之關係，最後則及於團體生活，所以陶瑪修斯認爲實踐哲學的研究，乃是最重要的一種哲學訓練。

四、哈萊大學的建立

　　陶瑪修斯關於大學改革的計劃，雖然並沒有完全成爲事實，但是對於哈萊大學，在制度方面，都發生了很大的影響。哈萊大學的經費來自公產，並有一部政治首領的捐助，因而才能夠擺脫了教會的控制，而成爲德國的第一所近代化的大學。除了在大學中以德語代替拉丁語以外，教授也成爲一種專門職業。從十四到十七世紀中，德國的大學教授，多由教會或教皇派任，教授的身份多由教士兼任。哈萊大學的教授則係一種專門職業，有固定的年俸，和傳教士、醫士、法律家有同樣的職業地位。而且哈萊大學的教授，除了固定年俸之外，還可以向學生直接收取聽課的費用。這種制度，一直維持到現左，並沒有廢止。哈萊大學成立的時候，神學院有兩位教授，法學院有五位教授，醫學院有兩位教授，哲學院則有七位教授。因爲有一位兼任哲學院、醫學院的教授，所以就人數論，一共有十五位教授，而這十五位教授，都是獨立的教授身份，並不是以教士的身份，到大學兼職。

　　哈萊大學，不僅在制度上，有若干重大的改革，即在研究態度和課程內容上，也表現了很新的趨勢。哈萊大學中的研究工作，是以「自由研究原則」，代替十七世紀以前大學中的「權威的解釋原則」。在神學院中，研究的態度，不僅有一些啓蒙的傾向，而且還有很明顯的理性主義的色彩。對於傳統的教條，以懷疑的態度，根據理性加以研究，並重新估價；甚至要以批評的歷史的態度去研究聖經。哈萊大學的法學院由於陶瑪

修斯和吳爾夫（*Christian Wolff*, 1679-1754）兩位教授的影響，在研究的內容上，改革很大。古代希臘哲人學派（*Sophist*），蘇格拉底，斯刀亞學派（*Stoiker*）所創「自然法」的觀念，經過中世紀，早已無人加以注意。到了十七、十八世紀，啓蒙運動發生之後，人的地位提高，人的尊嚴亦受到重視；每人都是獨立自主的個體，於是，「自然法」的觀點，才又引起一般學者的注意。在德國方面，卜芬道爾夫（*Samuel Pufendorf*, 1632-1694）就是一位很有名的「自然法」教授；陶瑪修斯正是卜芬道爾夫的學生，也是一位「自然法」理論的擁護者。另外，哈萊大學還有一位教授吳爾夫，在這一方面，也是陶瑪修斯的同志。自然法的理論，就由於這兩位教授的介紹，打開了大學的大門，代替了舊有的法律觀點。法律不過是人爲的契約，並非來自上帝，不能改變。這樣以自然法爲出發點的法律哲學，進入了政治學的範圍，就成爲憲政的開始。哈萊大學哲學院中的研究工作是以數學和自然科學爲基礎，綜合「理性」與「經驗」的對立，要創造自己的哲學理論。以亞里士多德哲學爲基礎的經院哲學，在哈萊大學，已不佔重要的地位。反對權威，重視懷疑，乃是哲學研究中的一種新傾向。在醫學院方面，研究工作，也拋棄了過去大學醫學院的習慣，不再在古代醫學的解釋範圍中間打轉，毫無留戀的離開了古代醫學的研究方法，重新利用新的工具，加顯微鏡之類的設備，去觀察微生物的發育情形，尋求對於疾病治療的方法。生理解剖，也成爲大學醫學院中必須研究的科目。以上這些改革，都是哈萊大學成立以後，才得到成功。所以我們可以說哈萊大學是第一所近代化的德意志大學。

哈萊大學，在精神上，是新的大學，意義甚爲重大，但是就現在的觀點來看，卻是有點過於簡陋。在開辦的時候，只有十五位教授；至於物質方面的設備，幾乎不如現在的一所小學。所謂校舍，只是借用空閒的公產房舍，而這些房舍依當時的習慣，大都分作爲學生宿舍，鄰接宿舍，只有四間教室。有些科目，因爲聽講的學生不多，就在教授的住宅中上課。「講演」以外，舉行「討論」的時候，則借用當地的公共場所；舉行學位授予儀式，則借用教堂。大學附設的研究所，則借用圖書館的房間，一直到一七〇九年，哈萊大學的研究所，還只是借用了圖書館的三個房間。生

理解剖，雖然是醫學院中研究的主要科目，可是哈萊大學並沒有這樣的設備；解剖時候所需用器材，要教授自己設法，甚至實習解剖所用的場所，也需要教授個人向有關方面借用。至於經費的收入，一直到一七八七年，還只有七千 *Taler*（當時的貨幣名稱，*Taler* 約合三個馬克），甚至到十九世紀開始，一八○三到一八○四年度，經費的收入，也只有一萬五千 *Taler*。哈萊大學的物質設備，不僅不能合於現在大學的標準。就是和當時一些老的大學，和牛津大學比較起來，也是望塵莫及。但是哈萊大學能夠不受教會的影響，使學術的研究，能走上科學化的道路，並且為近代高等教育的發展找出來一個新的方向，就這一些新的精神而論，卻是替西洋的大學制度，至少是德國的大學制度，建立了一個新的基礎。哈萊大學成立以後，使德國的大學制度，有了新的轉變，除了少數為舊教所支配的大學以外，很多大學，都受了它的影響。哈萊大學的工作原則，是以「自由的研究，尋求真理」來代替「為傳統的權威作註解與證明」，大體上來說，是相當成功，但是在開始一段時期中，也曾經遭遇到一些小的波折。十八世紀初期哈萊大學哲學院的教授吳爾夫是一位有名望的哲學家，他認為「從自己的研究工作中，去發現真理」，這是哈萊大學全體教授和學生的義務和權利。但是他的自由思想卻不能見容於當時的普魯士國王威廉（*Friedrich Wilhelm*），遭受了驅逐出境的處分。直到一七四○年，吳爾夫才又享受著極大的榮譽，被歡迎的重回哈萊大學。人世間常有很偶然的事件，會發生一些有價值的結果；就在吳爾夫被驅逐這一件事的刺戟，在十八世紀，又創設了一所新的大學。而且這所大學較哈萊大學的近代化，更進步一些。

五、歌庭根大學的新面貌

當十八世紀初期，德意志的西北部有一個獨立的大公國漢諾佛（*Hannover*），在當時不但統一了附近一些小的領域，而且漢諾佛的大公，在一七一四年繼承了英國的王位，就是英王喬治第一（一七一四－一七二七）。他的兒子喬治第二從一七二七年仍然是英國國王兼漢諾佛的

大公。當時的漢諾佛大公國的國勢甚強，而且在國際上，甚有名望。喬治第二看到他的鄰邦普魯士設立了哈萊大學，改進了大學的制度，在文化方面，享受了很高的聲譽，因而也計劃著要在這一方面競賽一下。漢諾佛和普魯士一向是在宗教方面對立，在政治方面敵視的兩個國家。恰巧在十八世紀初期，哈萊大學成立不久，哲學教授吳爾夫就遭受到驅逐出境的處分，喬治第二就趁著這個機會，於一七三四年，在歌庭根（*Göttingen*）設立了一所新的大學。歌庭根大學的籌備人密希豪森（*Freiherr Gerlach von Münchhausen*），曾在耶納大學和哈萊大學從事學術研究工作，因而歌庭根大學的規模，幾乎是完全仿自哈萊大學。只有一點，和哈萊大學完全相反；那就是歌庭根大學完全放棄了「敬虔教派」（*Pietis*）的立場，敬虔教派是基督教新教的一派，起源於德國，它的總部就設在哈萊；所以哈萊大學深受它的影響。敬虔教派雖然屬於新教，但是既不合於「近代精神」，又沒有自由的態度。就是由於敬虔教派的影響，才導演出吳爾夫教授於一七二三年被逐的一幕悲喜劇。漢諾佛在宗教的見解上和普魯士處於對立的地位，所以歌庭根大學在成立之始，就屏棄了敬虔教派的思想。歌庭根大學中研究的主要對象，不是神學，而是一般的文化，對於政治理論和法律哲學的研究，特別感到興趣。由於歌庭根大學先天的具有這樣的特點，因而十八世紀的下半期，德國的「新人文主義」運動才能夠憑藉著歌庭根大學作根據，把它的主張普遍的推行起來。歌庭根大學的基本精神是「講學自由」（*Lehrfreiheit*）；籌備創設歌庭根大學的密希豪森是一位有修養，有遠見的政治家，他和他的兩位文化顧問，即有名的神學家莫思海穆（*Mosheim*）和出身於哈萊大學的法學家卜美爾（*J. H. Böhme*），對於「講學自由」有同樣的重視和同樣的見解。他們認為：「任何一種任意的決定或審判，都會阻礙創造力的發展，都將要破壞學術的研究工作。」一切足以招致無意義爭執的「極端」，都必須竭力避免。神學院中的神學家，如果仗勢凌人，喜作爭辯，那麼，其結果就會引起其他學院教授的不安。所以對於神學院之設立，密希豪森特別的小心考慮，力求避免一切可能引起有關宗教見解的爭執。所有極端無神論者，固然不應該參加神學院，就是對於宗教近於狂熱的人，也不許其加入。只有對於宗教教義富有

研究，而又不喜對於意見相反者加以攻擊，這樣的神學家，才是神學院中的理想教授。神學的研究應該使用歷史方法，不應該單純的依據教條。歐洲的大學，自建立以來，就和教會有難以分離的關係；所以大學制度改革的工作中，尤其是神學院改革，十分困難。哈萊大學，在德國教育史上是一所劃時代的新式大學，雖然竭力要擺脫教會的影響，可是在神學院中，仍然不能夠避免那些無意義的紛爭，由於這些紛爭而影響了學術研究的工作。歌庭根大學在開辦時候，就設法把神學院的研究放在不重要的位置。就這一點來論，歌庭根大學可以說是後來居上了。

　　歌庭根大學設立的動機富有政治的意義，又得到喬治第二的贊助，所以在經費收入方面，也開了一個新局面。十八世紀以前的大學，在經費方面多仰賴教會的資助；即使是新式的大學，如哈萊大學，它的經費，仍然有一部分是來自教會，其他部分，也只是王室的捐贈，政府方面對於哈萊大學，在經費方面，並不直接負責。至於歌庭根大學的經費，除了一部分是移用寺院產業以外，其餘的部分，則來自政府。因此，在歌庭根大學中，又產生了一種新制度，即嚴格的把「教學工作」和「管理工作」劃分清楚，歌庭根大學的經費有一部分來自政府，就性質論已經成為「國立大學」（*Staats Universität*）。所以政府才有權任命一個「大學總務處」（*Kuratorium*）。負責處理大學的一切事務。依照歌庭根大學的組織法規，「大學總務處」是獨立的推行工作，不需要教授的合作；至於教授的職務，只是講學和研究而已。這麼一來，大學本身組織的性質，已經大變。大學的事務，已成為國家行政的一部分，大學本身已不是由一些學者自己獨立組成的自治團體。所以我們可以說十八世紀德意志大學制度的改革運動，是開始於普魯士的哈萊大學，而完成於漢諾佛的歌庭根大學。這兩所大學和同時代薩克森的萊比錫大學鼎足對峙，成為三個第一流的德意志大學。

　　十八世紀的開始，由哈萊大學的建立，到歌庭根大學的完成，無論從形式，或從內容方面來看，德意志大學都在走向「近代化」的道路。在德意志大學正在革新的推進中，從教育史的立場來看，還有一點值得我們注意。教育工作，歷來的學者和政治家，都很關心，但是很少從「理論」方

面出發去研究教育。一般的見解，認爲教育只不過是一種「技術」，則使對於教育作一些理論的研究，也仍然不能超出教法、制度、兒童心理一類的範圍，還是限制在技術的範圍之內。所以自有大學以來，一直到十八世紀，教育的研究，始終不能成爲大學的研究工作。這種情形，在歐洲各大學，都是如此。哈萊大學在十八世紀一開始，就以新的面貌與世人相見，所以它才能慢慢的逐步打破舊式大學中的那些傳統，於一七七九年開始設立教育學的研究科目，並聘請特拉普（*Ernst Christian Trapp*, 1745-1818）擔任教育學講座。特拉普是當時很有名的巴斯道（*Johannes Bernhard Basedow*, 1724-1790）博愛學派（*Philanthropismus*）的教育學者；對於教育理論的研究，至爲熱心。所以他到哈萊大學之後，除了開講教育學的課程以外，還在哈萊大學設立教育研究所（*Pädagogische Institut*），領導教育的研究工作。托拉普雖然只在哈萊大學保有四年的教育學講座（一七七九──一七八三），可是，總算替教育研究工作打開了大學的大門，使後來赫爾巴特（*Johann Friedrich Herbart*, 1776-1841）能夠在克尼斯堡大學（*Königsberg*）有主講教育學，設立教育研究所的可能。

六、德意志大學中第二次的改革運動

十八世紀的開始，德意志大學在制度方面就有了改進，到了十八世紀末期，尚未能形成一種制度，忽然由於軍事的、政治的影響，行政的領地，教會的轄區，都發生了很大的變化；原有的一些大學，或受政府的支持，或受教會的影響，因而也不得不遭遇到一些困難問題。有的是根本消滅，有的是合併改組，有的則是被迫的遷移地點。原有大學的存在已經發生了問題，自然更說不上有什麼改革了。可是另外在思想方面，啓蒙運動發生之後，學術上有突飛猛進的現象；再加上普魯士在德意志境內，漸漸的抬起頭來，對於文化、教育的工作，也更爲注意。同時，法國在革命之後，對於大學的改革工作，頗爲努力；當時的普魯士對於法國的一切，都很崇拜，所以普魯士的政府，在這一方面，頗受刺戟。另外在德意志境內，南部的拜彥（*Bayern*）政府於一八〇〇年接管了耶穌會所辦的

英歌爾斯塔特大學（*Ingolstadt*）在首都明興（*München*）改組為中央大學（*Zentrauniversität*），並且把原有的維慈堡大學（*Würzburg*）、海岱爾堡大學（*Heidelberg*）於一八〇三年重新改組，在內容方面，也加以改進。這些國外、國內改革大學的刺戟，都引起了普魯士設立新大學的動機。再加上哈萊淪陷，哈萊大學的喪失，於是在一八一〇年，乃在首都柏林設立一所新的大學，即所謂柏林大學。在自由戰爭勝利之後，普魯士在德意志西部又獲得了一些新的領土，因而在一八一八年，又於波昂（*Bonn*）設立了一所新式大學。

　　拜彥的幾個大學，在十九世紀之初，雖然作了一些改組的工作，事實上，並沒有什麼澈底的改革，倒是一八一〇年成立的柏林大學，卻呈現了嶄新的面貌，波昂大學的一切，都是沿襲柏林大學的規模，並沒有什麼特別的表現。所以我們可以說，真正現代化的德意志大學，乃是從柏林大學開始。我們能夠認識柏林大學的精神，就可以對於德意志大學的特徵，得到大體的瞭解。柏林大學成立於一八一〇年，當時正是耶納戰敗，反法的自由戰爭尚未發動之間。一八〇六年，拿破崙進佔柏林，一八〇七年悌爾錫特（*Tilsit*）和約，使普魯士喪失了愛爾柏（*Elbe*）河以西的領土，在戰敗之後，設立柏林大學，在表面上看，好像是國難促成了柏林大學的成立，但是實際上，並不是完全如此。十八世紀，德意志的大學，雖然不斷的從事改革工作，但是終究不能不受歷史傳統的影響，因而無論是舊有的或新設的大學，改革的結果，都趕不上時代的需要。所以到了十八世紀之末，德意志大學在社會上，已經普遍的失去信用。啟蒙運動發生之後，學術研究已傾向於技術的應用方面。可是當時的大學中，只能養成一批固執拘謹的學究與狂妄自大的青年，對於新興的學術研究趨勢，仍然是深閉固拒，不予注意。只就普魯士來說，在一七七〇至一八〇六年這三十多年中間，就於大學之外，新設了一些訓練實用人材的專科學校。如一七七〇年，設立了礦冶學院，一七九〇年設立了獸醫學校，一七九五年設立了軍醫學校（*die Pepiniere für die Militärärzte*），一七九六年設立了藝術學院，一七九九年設立了建築學院，一八〇六年設立了農業學院（*Ackerbauinstitut*）。這些專科學校的設立，正足以證明大學對於社會已經失去了信任。所

以在一七九七年普魯士國王威廉第三（*Friedrich Wilhelm III*）即位之後，就有人建議要在柏林設立一所「普通研究兼教學的機構」。當時有一位哲學家恩格爾（*Johann Jocob Engel, 1741-1802*）是威廉王以前的老師，他就提出了一個設立新式高等學術研究兼有教育性的機構。在這個新計劃中，恩格爾認爲這一所新的研究性兼教育性的機構，應該離開教會的影響，以自由的態度，對人類生活中現時的一切問題，作適當的研究。同時還須要完全避免舊有大學中那些學究習氣的傳統。這個計畫，在一七九九年普魯士的內閣會議，曾經提出討論。當時一些政治領袖都認爲新的大學，必須由國家設立，並負擔籌撥經費的責任，因爲他們相信，文化的、精神的力量才是眞正的國力。由於愼重的計畫，並沒立刻見諸實施。恰好這一年（一七九九）拿破崙在巴黎取得了政權，歐洲的國際關係緊張起來；到一八〇六年，耶納一戰，普魯士戰敗，於是拿破崙進佔柏林，因而建立大學的計畫，也就擱置起來了。

七、斐希特對於大學制度的意見

一八〇七年德國的哲學家斐希特，當法軍佔領柏林的時期，曾經發表「告德意志國民」的講演稿，這是很有名的一件事情。可是斐希特在一八〇七年，發表了一篇創立新式大學的計畫，則就不大爲人所知了，在「告德意志國民」的講演中，是發表他對於國民教育的看法；至於設立新式大學的計畫書，只是一篇以紀念冊或備忘錄方式發表的一篇文章，這篇有關大學制度改革的文章，後來也收在他的「全集」中間（斐希特全集第八冊）。在大學改革計畫書中，是說明他對於大學制度的主張。把「告德意志國民」和大學改革計畫書合併來看，才可以瞭解斐希特全部教育的理論。在大學改革計畫書中，斐希特很激烈的攻擊原有大學的缺點。其措詞的激烈，甚至已經失去了公平。在斐希特的眼中看來，自從印刷術普遍使用之後，大學的工作，只不過是「把已有的書籍，重行排印一下，或者是由教授把一些人人可能看到的書，對於學生再朗誦一遍。」這樣注重書本的結果，在大學中乃「養成學生的惰性，可能任意缺課，因爲不聽

講，仍然可能從書本中獲得教授所講的內容，同樣的也可以放下書本，不加理會，好在從教授的朗誦中，也可以知道書中的記載是些什麼。因此，毫無例外的，在舊有大學中求學的結果，是一無所得。即使退一步來說，從上述兩種方式中，選擇一種，認眞的去努力學習，其結果所得，也不完全，僅只是書本中一段、一節。」對於原有的大學，斐希特盡情的譏諷之後，乃得一個結論，就是舊有的大學再無存在的必要和價值。斐希特澈底的否認了舊有大學的價值，因而他就提他對於大學制度的主張。他認爲理想的大學，就其性質論，不應該是一種「學習的學校」（*Lernschule*），在學習的學校中，只不過是把「已有的」知識傳授給學生，學生所得，不會超過教師的知識範圍。理想的大學應該是一種有創造性的「藝術的學校」（*Kunstschule*），因爲在藝術性的學校中，才能夠指導學生以科學的理性方式，去發現新的知識。斐希特對於大學的厭惡，甚至不願再使用「大學」（*Universität*）這個舊名，而把他理想中的大學，稱之爲「學院」（*Akademie*）。學院的本質，斐希特自己也有一番說明。他以爲新大學的任務，只是把如何運用「科學的理性程序之藝術」（*Kunst des wissenschaftlichen Verstandesgebrauchs*）作爲對象，有系統去「教學」和「實習」而已。大學中的教育方式，在斐希特看來，應該是「共同的討論」（*Form gemeinsamer Arbeit*），並且要經由「口頭的問答」與「文字的敘述」，在教授的講演與參考書的閱讀之外，去追尋正確的知識。至於大學教授的條件，則必須於已有的書本之外，具備自己的一套見解。在講課的時候，凡是從書本中可能找出來的，一定要避免重複、抄襲的再講一遍。在斐希特的計畫中，他把大學學生分爲兩類，一類是正式學生（*die regularen*），其他一類則爲特別學生（*die irregularen*）。正式學生的選擇標準很高，凡是沒有藝術性的理性習慣之人，亦即沒有適當創造天才的人，都不是合格的大學正式學生。大學的正式學生選擇條件，雖然很苛，但是入學以後，就可能享受全部的食宿待遇。至特別學生的入學條件，就不十分嚴格了。這些特別學生入學的目的，是在於爲應用而尋取一些相關的知識，只要有志願的接受補充教育，即可以報名入學，並沒有什麼嚴格的條件。但是這一類特別學生，無論人數的多寡，他們都不能算是大學的核心。因爲特別

學生，只能夠在聽課的機會中，得到他們所需要的知識，他們並不能成為教授關心指導的對象。斐希特對於大學的看法，是在「研究工作」之外，仍然沒有看輕了「教育的功用」，也就是說，為了學術研究的「提高」，也並不曾忘記了「普及」。斐希特有關大學改革的計畫，其中雖然難免有一點過激的地方，但是他的計畫卻是建立在他的「行的哲學」（*Philosophie des Handelns*）基礎的上邊，究竟有他自己的一套理論系統。因而對於柏林大學的成立，發生了很大的影響；而且使他自己成為柏林大學第一位哲學教授，第一任校長。

八、施萊馬赫的大學計畫

在斐希特的建立新式大學計畫發表的第二年，即一八○八年，另外一位有名的哲學家施萊馬赫（*Friedrich Daniel Ernst Schleiermacher*, 1768-1834）也提出了一個「建立德意志精神的大學計畫」。施萊馬赫和斐希特這兩位哲學家的哲學思想不同，因而他們所提出的計畫內容，彼此之間，也大有差別。斐希特承認「理性的絕對力量」，卻並不重視「歷史」與「自然」的價值，及其重要性。他以為世界的構成原則，乃是理性的活動，只有理性的活動，方是原始的力量。可是施萊馬赫卻承認「自由」與「個性」的價值，而且這種價值並不是完全來自行動。這種價值的發生，乃是來自本有的「自然」和由人努力所造成的「歷史」。「自然」和「歷史」乃是科學研究的兩種主要對象。因此，施萊馬赫對於舊有的大學，雖能和斐希特有同樣的不滿，相似的批評，但是他對於大學的見解，和斐希特卻持著一種不同的看法。他以為大學的目的，在於科學意識的喚醒；科學的觀念，乃是使用各種知識追求的方式，喚醒青年，並進一步的幫助青年，使他們有獲取知識、使用知識的能力。因而大學教育的任務，在於培養青年，使他們能夠採用科學的觀點，去注意「自然」。從此，並可能使他們從「自然」中的個別現象裏邊，有所發現。從自然中個別現象裏邊所發現的複雜差異，只有以科學的態度，加以處理，然後才能使這些差異的現象成為一個大的聯合或系統。知識中的「統一性」和「複雜性」二者間之關

係乃能得到配合與調整。因此，大學的任務乃在於培養青年，使其能以確實的瞭解科學的基本精神，也就是要使青年對於「自然」和「歷史」的現象，有自動的研究、發明以及整理的能力。為達成大學的此項任務，施萊馬赫認為哲學的訓練，在大學中應該居於首要的地位。哲學修養必須是各科專門研究的統一基礎。所以施萊馬赫在他所擬的建立新式大學計畫中，他主張大學第一年級的學生，必須一律接受哲學訓練。其他學院中高年級教授，也必須和哲學院保持密切的關係，把他們的專門教學工作和特殊研究工作，安放在哲學院的共同基礎上邊。施萊馬赫的結論，乃是：大學中如果嚴格的把各學院分離起來，忽視了哲學的基本訓練，就不免要破壞大學的精神；因而大學的任務需簡化，只求其能把科學的意識喚醒起來，就算夠了。

九、洪保爾特的教育理論及其努力

　　斐希特與施萊馬赫的大學計畫，在內容上雖有一些不同的見解，但因為他們都是當時極負盛名的學者，而且各人都有一套基礎穩固的理論，所以這兩個不同的大學計畫，同樣的受到當時朝野的重視。後來柏林大學的建立，很受這兩個大學計畫的影響。不過，真正促成柏林大學的建立，使斐希特與施萊馬赫二人有關大學制度的理論，成為事實的，卻是另有其人。與斐希特、施萊馬赫等哲學家同時的洪保爾特（*Wilhelm von Humboldt*, 1767-1835），可以說是德意志新式大學，即柏林大學的直接創立者。洪保爾特出身貴族，是當時著名的哲學家、語言學家，同時又是頗有影響力的政治家。嚴格的說，他並不像斐希特和施萊馬赫那些哲學家，有自己的一套教育理論；但是因為他在一八○九年，擔任了普魯士中央政府內政部中教育司（*Sektion des Kultus und des Öffentlichen Unterrichts*）司長的職務，所以柏林大學在他的努力之下，才正式成立起來。洪保爾特在任十八個月，他曾親手擬訂了一些改革學校教育的計劃。除了提出普魯士的教育政策以外，後來又發現了他還曾經擬訂了其他的教育改革意見書，如同「克尼斯堡教育制度意見書」（*Königsbergisches Schulwesen*）、「立陶

宛教育制度意見書」（*Lithauisches Schulwesen*），都是一些很有價值的建議。他的基本的哲學觀點，屬於「新人文主義」，對於當時以啓蒙思想爲背景的教育上的實利主義，持有一些有條件的反對態度。他在學校教育理論上見解，依據的原則，乃是：一切學校，甚至有職業性質的專科學校，都不是爲某一部分人設立的，任何一種學校，其最後目的，都是人的教育，也就是說爲了整個民族，才需要學校教育。照洪保爾特的主張，一切教育，都是「普通教育」，所有各種不同的特殊教育或職業技能教育，只不過是對於普通教育，在內容方面的補充。其次洪保爾特認爲各種不同的學校，彼此之間都應該有相當的配合和連繫。都不應該自成一個特殊的範圍，像過去那樣把職業教育和學術教育嚴格的分開辦理。因此洪保爾特在他的學校教育改革計劃中間，把各級教育綜合起來，形成一個有機的組織。他把教育分爲三個階段，連繫起來，才能構成一種學校教育的制度。教育的三個階段，乃是「初級教育」（*Elementarunterricht*）、「學校教育」（*Schulunterricht*）和「大學教育」（*Universitätsunterricht*）。德國的大學，一向都是分離在普通學校之外，自己形成一種特殊的地位，獨立的推行學術研究工作，和各級學校教育沒有什麼配合的關係。洪保爾特的辦法，則已經把大學列入在學校教育系統之內，這是一種很勇敢的主張。除了在學校教育改革的計畫中，把大學列爲學校教育之一個階段之外，對於大學的精神和任務，洪保爾特也有他自己的見解。洪保爾特認爲「大學教授的主要任務並不是『教』，大學學生的任務也不是『學』；大學學生須要獨立的自己去從事『研究』，至於大學教授的工作，則在於誘導學生『研究』的興趣，再進一步去指導並幫助學生去作『研究』工作。」在大學中，「第一要使學生對於各科學的統一性先有適當的瞭解，其次乃是培養學生自身有創造的能力」。「大學要站在純科學的觀點，推進工作；要在學生自身中，去發展他們的力量。對於精神的活動，要使其有『必然的自由』，而且『不受干擾』；大學的制度，必須注意到上述的兩點。」「在大學中，教授講課，學生聽課，並不是一件重要的工作。最主要的，乃是使一些氣質類同，年齡近似，已有相當知識水準，而又志願爲學術研究獻身的青年，共同的連續著過一個時期的集體生活，並且在這一時期

中，自動的從事研究工作。」在純科學與哲學的瞭解中，使人能有所成就，在人的精神自身活動中，使科學與哲學能以統一；這就是新式大學的基本觀念。後來在柏林大學中，這種基本的觀念，居然都能夠成爲事實。所以後來柏林大學一位哲學教授司提芬斯（*Henrik Steffens*, 1773-1845）曾經說：「柏林大學乃是自修教育的學校。」

十、柏林大學建立的背景

　　洪保爾特自己有一套革新大學制度的見解，又參考了斐希特和施萊馬赫兩種內容不同的大學計畫，再憑藉他當時掌握的職權，於是乃於一八〇九年呈請普魯士國王，要在柏林設立一所完全近代化的大學。當時普魯士國王曾經對人說：「這是很正確的！這是很勇敢的！國家在物質方面的損失，只有憑藉精神的力量，才能夠得到補償。」柏林大學就在這樣上下合作的情況之下建立起來。由於柏林大學的建立，一方面爲德意志大學的發展開創了一個新局面，一方面又使普魯士這種對於文化的措施，成爲全德意志其他各邦的傾慕重點。正如柏林大學哲學教授包爾生（*Friedrich Paulsen*, 1846-1908）所說，普魯上在一八〇六年雖然在軍事上慘敗於法國，都城爲法軍佔領，然而在戰敗之後，普魯士對於其他各邦的影響力量，反而大爲增強，居於全德意志各邦領袖的地位，成爲全部德意志民族的政治、道德的中心；其主要的原因乃是由於柏林大學的成立。所以柏林大學的成立雖然位於普魯士的首都，但是已經不是普魯士一邦所獨有，而已成爲全德意志的大學。舊有的大學，名義上是德意志大學，事實上卻是國際性的中世紀大學之摹寫；哈萊大學和歌庭根大學的改革，固然有了進步，可是哈萊大學是普魯士型的，而歌庭根大學又是漢諾佛型的，仍然不是全部德意志精神的大學。等到柏林大學成立，於是德意志境內才有了統一全部德意志精神的新式大學。因此，我們可以說，在德意志境內自十四世紀已經有了自己建立的大學，可是眞正成爲代表德意志精神而又爲德意志文化、學術奠立基礎的，卻是十九世紀初期所建立起來的柏林大學。

　　在柏林大學成立以前，十九世紀下半期，由於啓蒙思想的影響、科

學技術的進步，在德意志境內，先後設立起來一些高等專科學校，這是一種很明顯的大學分裂運動。柏林大學成立的時候，把當時已經在各科專門學校註冊的學生，大部分的容納進去，因為大學分裂的趨勢，才暫時的歸於消滅。仍舊維持哲、法、神、醫四個學院的傳統制度，而在精神方面，加以革新，這也是柏林大學的一個特點。當柏林大學於一八一〇年秋季正式開學的時候，並沒有遇到一些反對的言論，同時由於政府方面的重視，在經費方面也比較的寬裕一些，柏林大學的開始，每年經費為十五萬 *Taler*，這是當時舊有大學所望塵莫及的。因為經費增高，所以教授的年俸也隨著提高；最高薪額可達三千 *Taler*，平均數則為一千二百到一千五百 *Taler*。開學的時候，共有二十四位正教授：屬於神學院、法學院者各三人，屬於醫學院為六人，其餘十二人，則一律屬於哲學院。柏林大學開辦時候，經費、人員的數額，以現在大學的標準衡量，固然相差甚遠，但在十九世紀初期，這樣的經費、人員的數額，也總算很可觀了。

十一、柏林大學的新制度與新精神

柏林大學的價值並不在於它的物質條件的優越，它的最大貢獻，乃在於內容的改進與充實。在舊有大學中間，除了教授自己從事學術工作之外，對於大學學生的教育工作，一般的都採用兩種方式，第一是「講演」（*Lectio*），第二是「討論」（*Disputation*）。所謂「講演」，在舊的大學中，只是對於古典的名著加以解釋或說明，也就是把已有的傳統的知識，由教授傳授給學生。至於柏林大學的講演，則已經接受了一些斐希特的主張，把學術研究的方法，由教授加以理論系統的發揮，使學生自動的用這種方法，去獲得新的知識，用來擴大知識的範圍，充實知識的內容。在「討論」的教育方式中，改革的更為澈底。舊有大學中，所謂「討論」，有兩種不同的形式：一種是由教授主持，領導參加的學生，對於某一個問題，或某一種主張，彼此都採用理則學的方法，對於這個問題或這種主張，反覆辯論，達到一種更為明白的「正」的方面的結論。也可以說這種結論早已蘊藏在提出的問題或主張之中，只是不甚明顯而已。另一種形

式，乃是由教授指定問題或提出主張，完全由學生自己主持，相互討論；
對於事先由教授所提出的問題或主張，只能用理則學的方法，加以闡述，
決不容許提出反面的論調。這樣舊有大學中的「討論」，和中世紀經院哲
學治學的方法，並沒有什麼差別。柏林大學建立以後，在這一方面，採用
了斐希特的理論，澈底的加以改革，甚至於取消 *Disputation* 這個傳統的
名詞，而使用 *Seminare* 這個舊名詞，而賦與一種新的意義。*Seminare* 在形
式上看，仍是教授與一些「正式學生」（「特別學生」是不能參加的）共
同來討論一個問題或一種主張；但在本質上，卻很有差別。*Seminare* 的含
義，近似斐希特所說的「科學思想的藝術學校」（*Kunstschule der wissen-
schaftlichen Denkens*），在這裏邊，「正式學生」才能夠真正的受到大學
教育，因而後來另外一位柏林大學的教授包爾生也稱之為「科學研究的培
植學校」（*Pflanzschule der wissenschaftlichen Forschung*）。從某一些意義
上來看，*Seminare* 有些類似我國通常所說的大學中的研究所。在 *Seminare*
中，舉行討論的時候，教授雖然提問題作為討論的主題，但是教授決不能
預先假定一個結論。學生相互的討論，可能有正、反不同的兩種意見；只
有能夠舉出事實，提出理由的時候，才能夠作一結論。舊有大學中的討
論，是先有結論，參加的學生，只能在一定範圍之內，為這一個預先假定
的結論作一番證明的工作。至於柏林大學中的討論，則是只提出問題，由
參加的學生搜集事實，提出理論，然後從事實或理論中，自行找到一個新
的結論。柏林大學中的 *Seminare* 最初多用於哲學院中的語言學的研究方
面，後來漸漸普遍的應用到哲學院中各種的研究方面。在柏林大學開辦的
時候，*Seminare* 的性質是「教育性」與「研究性」並重，到了十九世紀之
末，則研究性已大於教育性，所以在某一些科學研究方面，已不用 *Semin-
are* 這個名詞，而逕行採用研究所（*Institute*）這種名稱。所以現在柏林大
學各學院中，仍然把這兩個名詞，即 *Seminare* 與 *Institute* 同時並用。大學
教育工作中，「討論」制度的性質方面的改變，可以說是柏林大學的一個
很大的貢獻。

　　此外，柏林大學在教授講課的內容方面，也有很大的改進。教授講
課，在德意志大學的習慣上，開始的時候，是對於古典著作的解釋。後來

哈萊大學、歌庭根大學革新之後，乃由教授根據個人的觀點，作一種系統的講演。但是講演的內容，所涉及的範圍很廣，每一個教授對於語言學、歷史學、哲學、數學、自然科學、天文學，都可以開課；學生聽課的範圍，也並沒有什麼限制。如同吳爾夫和康德當時在大學中所擔任的講課範圍之廣，就繁複的令人吃驚。等到柏林大學成立之後，對於這種「百科全書」式的研究趨勢，才慢慢的加以改正。也就是說，自柏林大學成立之後，教授講課的範圍和內容才加以限制，使其進於「科學化」和「專門化」。在舊大學中，所謂「哲學」，仍用舊有的含義，所有一切有關理性的研究，如理則學、物理學、道德學，甚至數學都可以綜合在一起，作一系統的講演。只有語言學和歷史學可能離開哲學，自成一個範圍。這種百科全書式的學術研究制度，在各學院的低年級中，固然普遍的流行，就是在各學院的高年級中，也仍然如此。醫學院的教授可以擔任全部與醫學有關的課程以及一切自然科學的科目。法學院的教授可以講授全部法學、政治學以及歷史哲學。十八世紀以前的教授，都是百科全書式的教師，研究的範圍很廣。可是研究的程度並不夠深。從柏林大學開始，大學教授不應該是百科全書的教書匠，而應該是學有專長的科學研究者。大學教授一定要有終身研究一種學問，把一生貢獻給這種研究工作的志願和毅力，然後才算是具備了教授的基本條件之一。對於「神學」只有些鳥瞰的認識，並不能成為合格的神學教授。自柏林大學成立以後，只有對於「教條」、「宗教史」、「新約」或「舊約」註疏工作有精深研究的學者，才能分門別類擔任教授的職務。事實上只有限定範圍的「宗教史」一類的教授，所謂廣義的「神學」教授，已不存在。在醫學院中，只有眼科教授、婦產科教授等類的專科教授，並沒一般普通的醫學教授。在法學院中，只有德國法、羅馬法、教會法，以及民法、刑法一類的教授，不再像舊大學中那樣，有所謂法學教授那樣籠統的稱謂。在哲學院中，像中世紀和近世初期那樣「一般學術大師」（*Artium liberalium magister*）的稱謂也不再繼續的使用，代之而起的，乃是化學專家、數學專家、物理學專家一類確定研究範圍的頭銜，而且還可以分的更為精細一些，如物理學中又可以分為理論的與實驗的物理學專家。這樣學術研究分工的趨勢，在柏林大學教授講課

的工作，一年一年的向前發展。愈分愈細。四個學院中間都有這種情形，可是在醫學院和哲學院中，研究分工的趨勢，更爲顯著。所以柏林大學成立不久，在哲、醫兩學院中，教授的人數，增加了四倍。

十二、柏林大學中學院與學院間之關係

　　教授方面的研究工作，分工趨勢，愈分愈細，因而大學學生的研究，也受了很大的影響，這種情形，在哲學院中，表現的更爲顯著。在十八世紀以前，德意志大學學生的研究工作，還都是一般性的百科全書式的訓練，自柏林大學成立以後，大學學生的研究範圍，也慢慢的趨於專門化。在神學院、醫學院、法學院的學生，受一般趨勢的影響，雖然也有趨於專門研究的傾向，可是爲了將來參加國家考試，擔任傳教士、醫生、法官一類的工作，對於全部的神學、醫學和法學也不能不分別的加以注意。至於哲學院中，學術研究的分工，就日趨精細。自開始入學，就限定了自己研究的範圍，研究一些專門的題目。無論是在課堂聽課，或在研究所參加討論，都是集中在一個研究的目標。在校肄業時所研究的專門題目，如有新的見解，就可以成爲一篇學術性的論文，作爲獲得學位的一個條件。教授在學術工作方面的分工研究，對於學生的分工研究趨勢，有很大的影響和幫助；可是另一方面，卻有一種力量來阻止學生分工研究的趨勢，繼續向前發展。國家的考試法令，規定考試的科目，在專門科目以外，還要考試一些相關的科目；尤其柏林大學的任務中，有一個新的任務，即培養高級中學的師資，而中學師資所需的訓練，不宜過於專門；因而由於考試法令的規定，乃使學生的分工研究工作，不再繼續的發展下去。柏林大學以及依照柏林大學的制度所改進或新設的其他大學中，在十九世紀中，都存在著這樣兩種不同而又對立的見解，即「專門研究」與「一般陶冶」。這兩種主張，都有其事實的需要和理論的基礎，偏廢或偏重任何一方面，都會發生不很妥當的後果。所以柏林大學成立以後的德意志大學，在學術研究工作中，把這兩種不同的見解，統一起來而使其並存。這也可以說是柏林大學的一種特徵。

　　為了要統一「專門研究」和「一般陶冶」兩種不同的理論，柏林大學中的四個學院，在組織上，也可以說是在配合上，有一種新的關係。原來德意志的大學，四個學院的關係，只是「機械式」的「並立」或「分配」，到了柏林大學成立之後，四個學院的關係，乃成為一個有機的「定形」。原來的德意志大學，受了中世紀大學的傳統影響，分為四個學院，而各學院又都有自己的任務和研究範圍，彼此「並立」，合成一個大學。其中四個學院的關係，略如下圖：

哲學院	神學院	法學院	醫學院

到了十八世紀，因為哈萊大學的成立，大學制度和內容，都有了新的改進。由於當時對於哲學的重視，於是哲學院（*Artisten-Fakultät*）乃成為大學的基本學院，任何一個學院，都必須以哲學院為其基礎。研究神學和法學，固然要先研究「宗教哲學」和「法律哲學」，就是研究醫學，也不能不研究「自然哲學」。因此，哲學院就無形的成為其他三個學院的預備階段。大學四個學院的關係，略如下圖：

醫學院	法學院	神學院
哲學院		

哲學院由「基礎學院」，變質為預備學院，這實在足以損害大學的地位。大學的任務，雖然由於學術研究的進步以及時代的需要，隨時有些變動，可是純學術研究，即為學術而研究學術的任務，始終不變，永遠是大學的主要任務之一。現在把以純學術研究為任務的哲學院當作神、法、醫三個學院的預備階段，而這三個學院的實用性又很明顯。這麼一來，無形之中，把「純學術的研究」，無意的就放置在「實用」之下。所以柏林大學的成立，在這一方面，又作了一番新的改革。前面已經說過，十九世紀有關大學的性質，曾經有過兩種不同的主張，即「專門研究」與「一般陶冶」

兩種理論的對立。柏林大學爲了統一這兩種不同見解所形成的矛盾，乃把哲學院作爲大學的中心，即以純學術的專門研究爲中心，來把神、法、醫含有實用意義的三個學院連繫起來，使四個學院的關係配合起來，形成一個有機的「完形」。柏林大學中四個學院的關係，可以就下列圖中的形像表示出來。

醫學院	法學院	哲學院 （純學術 的研究）	神學院

柏林大學設立的計畫以及柏林大學的組織規程，並沒有具體的文字把柏林大學四個學院的關係，明白的規定出來。把四個學院配合起來，形成一個有機的「完形」，乃是柏林大學中一些有名的教授，如斐希特、施萊馬赫、薩文尼（*Friedrich Karl Savigny*, 1779-1861）、黑格爾等學者先後繼續努力所產生的結果。所以有些有名的學者，如斯普蘭格（*Eduard Spranger*, 1882-1963）曾經說過，柏林大學能夠把「尊重個性」、「注意學術的多方面研究」，以及「創造力量的培育」三種特徵聯合在一起，使其成爲一個有機體，並非開始即係如此，乃是由於它的教授努力工作所得的成就。

十三、柏林大學最近變化

柏林大學的本質乃是德意志的「國家大學」，但是政府對於柏林大學只有獎助，沒有干擾，處處尊重大學中的研究自由，所以柏林大學的成立，到現在已經將及一百五十年，仍然能夠時時改進，保持一種新的形態。到現在爲止，這一百五十年中，雖有變動，但是柏林大學的精神，卻始終沒有大的改變。一九三三年，希特拉當政時期，也只是把獸醫專科學校合併在柏林大學裏邊，並沒有對於柏林大學的傳統精神，加以摧毀。說起來也很好笑，希特拉把獸醫專科學校單獨的歸併在柏林大學中間，並沒有什麼理論或政策方面的根據，只不過因爲獸醫專科學校的校長是國社黨

黨員，合併進去，好設法在教授會當選爲校長而已。原來柏林大學各學院
中沒有一個正教授是國社黨黨員，依照傳統的慣例，柏林大學校長，不能
由政府直接任命，只能由正教授選舉，所以希特拉才想出特殊的辦法，使
當時的獸醫專科學校校長參加在柏林大學中去競選校長的職務了。希特拉
把獸醫專科學校歸併在柏林大學中，作爲一個獨立的學院，也不妨把它解
釋爲仍然是尊重柏林大學學術研究獨立的傳統。二次世界大戰於一九四五
年結束之後，德國爲盟軍佔領，全國分裂，柏林亦分爲東西兩個佔領區，
舊有的柏林大學校址，在蘇俄佔領區中，蘇俄的傀儡乃把柏林大學改名爲
「洪保爾特大學」，內部亦大爲改變，現在的洪保爾特大學，已打破四個
學院制，改設哲學院、法學院、經濟學院、教育學院、神學院、數理學
院、農藝學院、森林學院、獸醫學院共九個學院，而且還另外設立了一個
工農成人學院。西方國家也在西柏林地區中，另外創設了一所新的柏林大
學，正式名稱爲「自由大學」。其中共設有醫學院、法學院、經濟政治學
院、哲學院、數理學院等五個學院，但在醫學院中，仍然附設一個獸醫學
部。東柏林的大學，受蘇俄的影響，雖名之爲洪保爾特大學，事實上恐怕
也不會保有洪保爾特新人文主義的精神。能夠代表舊有柏林大學傳統精神
的，或許還是新設立的自由大學吧。現在西德（即德意志聯邦共和國）雖
已恢復主權，但德國人所渴望的統一還沒成功；德意志大學再進一步的演
進，怕要得在統一運動以後吧。

十四、總結

以上的敘述，已經說明了德意志大學制度的演進及其任務，現在再提
要的說明一下，作爲這篇文章的結論。

德意志大學制度的演進，共分兩個時期，每時期中，又分兩個段落：

一、受中世紀大學傳統拘束的時期（自十四世紀至十七世紀）

　　1. 受經院哲學影響的時期（十四世紀至十五世紀）

　　2. 受文藝復興與宗教改革影響的時期（十六、十七兩世紀）

二、自由發展或改革的時期（十八至十九世紀）

1. 受啓蒙運動影響的時期（十八世紀）

2. 根據德意志精神建立大學的時期（十九世紀）

在十七世紀以前的德意志大學只是一般西洋中世紀大學的摹寫，沒有自己的特徵。從十八世紀起，德意志人才建立起來自己的大學，但是當時的德意志大學仍然只能代表各地區的文化。自十九世紀開始，才設立了代表全體德意志精神、文化的大學。從整個德意志大學制度演進的過程中，我們可以看出其中有以下幾種顯明的趨勢。第一、由國際性進而爲民族性的；第二、由學者的私人集團進而爲國家的正式制度；第三、由單純的知識研究進而爲學術研究與實用並重。

至於新式的德意志大學，其主要的任務爲：第一、純學術的研究與青年研究人員的培養；第二、訓練社會上各方面的領袖人才，並推行成人教育；第三、培養高級中學的師資。前一項是大學本身的基本任務，後兩項乃訓練參加國家考試的候補人員。因此，我們可以知道，德意志大學中，無論是獻身學術研究的正式學生，或準備參加國家考試的實用人才，從大學中都不能獲得銓敘任用的公務員一類的資格，最多也不過得到一種學術界上的榮譽。所以德意志大學中所重視的「實用」，也只是爲「實用」的準備而已。德意志大學，無論如何演變，總是以學術研究爲中心的。

（本文原載於大陸雜誌第十卷第十一、十二期）

十八

德國教育之趨勢

　　要瞭解「現在」，必須先瞭解「過去」，這不是一種理論，乃是一種常識。我們到戲園中看戲，如果去的晚了，只看到最後一幕，假使以往未看過這個戲，不知道戲情，僅只看了最後一幕，我們就不能夠瞭解全劇的情節。根據這種常識來類推，只敘述一個國家現代的教育趨勢，而忽略了它過去的歷史發展，那麼，我們對於現代教育趨勢的價值和意義就很難獲得正確的瞭解。因此，在敘述德國教育趨勢之前，首先對於德國教育在歷史的演進，作一些極簡單的說明。

　　歐洲各國學校教育是在寺院制度建立之後，才有了萌芽。基督教的一位領導人物聖本篤（*St. Benedikt um-480-um 550*）在第六世紀設立了本篤寺院，並且對於寺院中的僧侶施以教育工作，因而附設了「寺院學校」（*Klosterschule*）。寺院學校的主要任務乃是訓練一些終身從事靈修的僧侶；後來雖然也開放門戶收容一些不屬於寺院的兒童，但這只是一種附帶的工作。和寺院學校並立的還有一種「教堂學校」（*Domschule*）。教堂是傳教士向社會一般人士傳教的中心，每一個教堂都有負責主持的傳教士，當時的主教們爲了要培養適當的傳教士，所以委託教堂設立學校，從事訓練傳教士的工作。這種教堂學校雖然也是屬於宗教性的，但和寺院學校的任務並不相同。在寺院學校與教堂學校之外，另外還有一種學校，在德文中稱之爲 *Stiftsschule*，我們可以譯爲「教會財團學校」。這是一種由宗教財團法人所設立的學校，其目的也是要訓練傳教的人材，同時這種學校也負責一些傳教的工作；所以這種學校後來也有一些就變成了正式的教堂。這三種學校──寺院學校、教堂學校與教會財團學校──可以說歐洲各國學校教育的開始。

　　這些學校雖然在第六世紀已經建立起來，可是爲數不多，而且不在德國境內。一直到法蘭克王國建立之後，在德國境內才相繼設立了一些宗教性的學校。但是這些學校的設立仍然出於宗教方面的志願，並未成爲一種教育制度。法蘭克的國王查理（*Karl, der Große*，紀元八百年才正式加冕稱爲大帝）於七八九年才製訂了一種近於法令的辦法，要所有寺院和教會財團法人必須設立學校。所以有一些教育史的研究者，都認爲第八世紀才是德國學校教育開始建立的時期。查理大帝對於教育的施設，有他的基本

看法。一方面他以爲不受教育就不能瞭解聖經的內容，所以希望人民都有受教育的機會；雖然沒有澈底的執行，而且他的動機仍然偏於宗教方面，但是多少已經有了一些國民教育的傾向。另一方面，他也覺得政治方面的領導人物，也必須要有適當的教育程度，所以他在宮庭中設立一所宮庭學校（*Schola Palatina*）使他的太子和一些貴族的子弟入學受教。其他一些地方的政治領袖，也仿照宮庭學校的辦法，設立了一些貴族子弟學校。

這兩類的學校──寺院學校等與宮庭學校──可以說是德國學校教育的開始；它們的目的在於訓練教會和政府方面所需要的人材，也只是爲第一和第二兩個社會階層的子弟所設立的學校。當時並沒有專爲社會上普通人士所設立的學校。因此，我們可以看出來德國的學校教育一開始就是一種貴族教育。這一些貴族學校的內容，在初級的教學方面是注重讀寫，在中級則爲七藝（文法、修詞、邏輯、算術、幾何、音樂、天文學），在高級則爲神學與中世紀之「教父哲學」，因此，這種貴族教育又是一種知識教育。德國學校在萌芽時期，就教育的對象說是貴族教育，就教育的內容說是知識教育，這兩種性質，可以說是德國學校教育內在的特徵。

宮庭學校在查理大帝以後，就不大受人重視，寺院學校雖曾盛極一時，但在十一世紀以後，也日趨沒落，至於教堂學校也有一部分轉由市政當局負責主持，變爲新興的市鎮學校（*Ratsschule und Stadtschule*）。這種新興的市鎮學校，在教材、教法方面，仍然和教堂學校沒有什麼基本的差別。可是中世紀的末期，社會制度發生變動，工商業發達的結果，在僧侶、貴族之外，第三階級的工商市民在社會上，也取得了相當的地位。舊有的寺院學校與教堂學校的課程固然不能夠滿足新興階級的需要，就是市鎮學校的課程，也不能配合當前社會生活的實用，於是乃產生了一種「德語讀寫學校」（*Deutsche Lese-und Schreibschule*）。這種學校的內容，在教學方面，不要拉丁修詞一類的科目，也不要宗教方面的教義；主要的課程乃是商務方面的通信應用文以及商業方面計算所需用的算術。這一類應用文和實用算術，在當時傳統的學校方面看來乃是一些「微不足道的東西」（*Die kleine Dinge*），所以這一種學校在當時就被稱爲「低等學校」（*Niedere Schule*）。這一類的學校在當時雖備受輕視，可是就教育史的發

展觀點來看，卻是德國學校教育方面一種很大的進步。因為教育對象的範圍已經擴大，而教育的內容也和實際的生活較為接近。

在十二與十三世紀之間，經院哲學（*Die Scholastik*）在亞里士多德哲學思想影響之下，相當發達的結果，「理性」從「信仰」的拘束之中解放出來，哲學研究又漸漸的恢復了本來的面目。同時羅馬法的研究也漸漸的引起了學者的注意，在學術研究上，也有了相當的地位。除了「哲學」和「法律」的研究，重新受人重視之外，「醫學」的研究，也在當時成為一種新興的學術。由於醫學研究的發達，古代希臘哲學中「自然」的研究也引起了學者研究的興趣。這可以說是近代西洋自然科學研究的開始，這幾種研究工作者——哲學、法學、醫學——多半出身於經院哲學學派；為了研究的便利，再加上其他的因素，於是這些研究工作者乃結合起來，形成了「大學」的制度。西洋歷史上，在中世紀中最值得使人稱道的一件事，或者就得說是大學制度的建立了。大學是學術研究工作者的自治團體，而這些學者又來自各地，所以大學在成立之始，就是一種國際組織，不受所在地法律的干涉、政治的影響。當時的德國，在歐洲乃是比較落後的地區，一直到十四世紀中葉，才於一三四八年設立了第一所大學。這一所德國大學乃是設立在現在的捷克京城普拉格，並不在德國本土之內。嚴格的說來，德國的第一所大學，應該算是一三八五年創立的海岱爾堡大學。不管是普拉格大學或海岱爾堡大學，都是倣照其他地區的大學制度開始辦理，也就是說德國的大學在行政方面，乃是國際性的，而且在內容方面，也只限於神學、哲學、法學、醫學的研究。德國大學最初設立的時候，參加大學的人員（學生、教授）大多數是出身於寺院學校一類的貴族學校，甚至有些大學就是以寺院學校一類的學校改組而成，所以有些現代的德國學者，還往往把大學和寺院學校歸為一類，稱之為「學者教育」。不過大學卻是純以「研究」為主，不像寺院學校那一類的學校富有「教育」的意義。

就德國學校教育發展的歷史來看，我們可以看出來它有以下幾種特徵，也可以說是缺點：第一、各種學校的成立，各有其特殊的背景和原因，彼此分離，沒有配合的關係；第二、把學校教育嚴格的分為貴族（宗

教的或政治的）教育和平民（工商市民或手工業者）教育，使二者完全隔離，無溝通之機會；第三、大學的本質無民族的意義，純粹為國際性的，在研究方面，忽視民族文化，以純理性作學術研究工作；第四、牢守國際性的大學傳統，把研究的範圍只限於神學、哲學、法學和醫學。

　　德國學校教育的特徵，一到近世啟蒙運動之後，就成為一些嚴重的缺點。啟蒙運動發生之後，在各方面都發生了很顯著的影響。在政治方面，由於民族思潮的高漲，一般人都希望組成一個團結、統一的國家。在學術研究方面，則把實際生活中所需要的知能的價值安放在語文—古典一些的符號知識之上。因此，對於原有分裂的學校教育制度大不滿意，因為教育的分裂會阻礙國家的統一；同時對於學校的舊有課程，也因為不能滿足當前實際生活上的要求，主張加以改進。但是任何一種制度的建立，都有它的歷史背景，要想改革，都不免要遭遇到一些困難，尤其是教育制度的改革，更不容易立刻發生效果。由於這種關係，德國的教育改革運動在「宗教改革」以後，儘管澎湃高漲，終究不能夠脫離舊有的傳統影響。從另外一個方向來看，德國的教育改革，儘管沒有獲得徹底的成就，可是宗教改革運動之後，「人人應受教育」的觀念，已經普遍的深入人心；在另一方面，由於啟蒙運動的影響，「實科」（Realien）也進入了學校課程範圍之內，和「古典」分庭抗禮，佔據了相當的地位。「人人應受教育」的觀念乃是「國民教育」施設的基礎，也是建立統一國家的必然途徑；「實科」列入學校課程之內，也為「科學教育」以及職業所需的「技能教育」開了一條去路。因此，在十七世紀以前德國教育趨勢的發展，雖然說不到十分令人滿意，但它的發展已經進入了一個新的階段，卻是不可否認的事實。

　　「教育實際」的改進和「教育理論」的發展，是不能分離的。「教育實際」的改進須有「教育理論」的基礎；同時「教育理論」的建立，也需要「教育實際」為之作證。所以在德國教育實際的改革運動中，對於教育理論的發揮，也非常為人注意。這種情形，在十八世紀表現的非常明顯。十八世紀德國的「精神生活」中，有兩個主要的潮流，一個是歌德（Johann Wolfgang Goethe, 1749-1832）所代表的文字，一個是康德（Immanual Kant, 1724-1804）所代表的哲學。在人類文化史中，哲學和文學的聯繫、

溝通，從來沒有像這一時期那樣密切的情形。歌德的思想，康德的理論結合起來，乃成爲近代德國文化和思潮的核心。這兩方面的重要代表人物，如歌德、赫德（*Johann Gottlieb von Herder,* 1776-1841）、席勒（*Friedrich Schiller,* 1759-1805）等人以及康德、斐希特（*Johann Gottlieb Fichte,* 1762-1841）、黑格爾（*Georg Wilhelm Friedrich Hegel,* 1770-1831）、施萊馬赫（*Friedrich Daniel Ernst Schleiermacher,* 1768-1834）、洪保爾特（*Wilhelm von Humboldt,* 1767-1835）等人，對於教育理論的研究，都提出過很有價值的主張，儘管他們都不曾以教育理論家著稱。這一些學有專長的學者，雖然發表了一些理論性的主張，擬具了一些有關教育實際的方案，但是他們並沒有建立了完整的教育理論體系，而且也並沒有教育理論專著發表問世。至於教育理論的研究在傳統的學術界也並不加以重視，所以在學術研究機構的大學中，並不曾設立有關教育學的講座。一直到十八世紀末期，那一七七九至一七八三年，特拉普（*Ernst Christian Trapp,* 1745-1818）才有機會以教育學教授的身分在哈萊（*Halle*）大學正式講學。特拉普雖然發表了教育理論的專著（一七八○年出版的 *Versuch einer Pädagogik*），可是仍然也沒有建立起教育學的體系。

這一些有名的學者，在他們的教育理論方面，主張並不相同。有的著重古典的陶冶價值，如歌德、洪保爾特；有的則受法國思想家盧梭（*Jean Jacques Rousseau,* 1712-1778）自然主義教育思想的影響，如康德（康德的教育理論和他的哲學主張，並不完全一致）。有的則熱心倡導裴斯泰洛齊（*Johann Heinrich Pestalozzi,* 1746-1827）國民教育與職業教育的理論，如斐希特（在「對德意志國民講演」一書中，他主張裴斯泰洛齊式的教育乃是復興德意志民族的主要方法）。有的則受柯門紐斯（*Johann Amos Comenius,* 1592-1670）汎智（*Pansophie*）主義教育的影響。古典的來源是希臘的，盧梭是法國人，裴斯泰洛齊是瑞士人，柯門紐斯又是捷克人，所以十八世紀下半期至十九世紀上半期，德國的教育思想不但不能自成獨立的體系，而且是在外來的影響力的籠罩之下。一八○六年赫爾巴特（*Johann Friedrich Herbart,* 1776-1841）的普通教育學（*Allgemeine Pädagogik*）雖然已經出版，一八○九年他雖然已經到寇尼斯堡大學（*Königsberg*）繼承了

康德以來第二任的大學講座，雖然受普魯士國王的命令作改進教育的計劃，但是由於裴斯泰洛齊教育思想的普遍流行，赫爾巴特的教育主張卻並沒有發生很大的影響。赫爾巴特雖然是斐希特的學生，卻反對斐希特的「主觀的理想主義」；赫爾巴特的思想雖然不能超出康德哲學的影響範圍，卻反對當年盛極一時的理想主義。他的形而上學屬於實在論（Realism），同時他的心理也建立在實在論的基礎上邊，並且根據實在論還進一步建立了他的教育學體系。由於時代精神的影響，赫爾巴特雖然建立了德國的教育學體系，可是當他生前，在教育實際方面，並沒有發生很大的影響。一直到一八四〇年以後，裴斯泰洛齊的教育思想，由於政治方面的復古運動，受到歧視，再加以赫爾巴特學派在研究方面的努力（赫爾巴特的「教育學講義大綱」在一八三五年出版），於是赫爾巴特的教育理論才表現了重大的影響。赫爾巴特的教育學，嚴格的說來儘管還是一種「哲學的教育學」，以今日觀點加以衡量，還有許多可以批評的地方，但是它的影響之大，是無可否認的，同時他為德國建立起自己的教育理論體系的功勞，也不能夠一筆抹殺。我們可以說，有了赫爾巴特，德國在教育學術界，才贏得了今日的地位。

十九世紀下半期，德國方面，在教育理論研究上，進步很大，同時在教育實際方面，也產生了一些重要改革。在德國歷史上，法蘭克帝國解體之後，神聖羅馬帝國只是一個有名無實的統一政治組織。十八、十九世紀之間，德國始終是在分裂狀態之中。歷史、文化、血統相同的一個民族，分裂在若干不同的政治組織之中，在民族主義抬頭之後，對於這種局面，是不能夠認為滿意的。十九世紀初，拿破崙佔領了柏林，普魯士幾乎亡國，由於斐希特一般領導人物的提倡，以裴斯泰洛齊教育思想作基礎，改進德國的國民教育，努力復興，最後在一八七一年，終於建立了以普魯士為領袖的德意志帝國。這一次的建國工作的成就，雖然不能完全歸功於教育的改革，但是卻也不能說教育的改進，一點也沒有關係。所以在十九世紀下半期，德意志帝國建立之後，對於教育的改革的工作，仍然是不遺餘力的在努力推動。一八八八年威廉第二繼位以後，就連續的召開了兩次教育會議，研討教育改革的問題。德國教育傳統的弱點是「分裂的學制」、

「古典語文爲主的學校課程」、「反民族主義的國際思想」、「重知主義
的教育內容」等等；雖然經過了十八、十九兩世紀的不斷改革，可是因爲
根深蒂固的歷史傳統，總不能夠獲得澈底的改革。威廉第二即位的時候，
德意志帝國的國運正在向上發展。在這種樂觀的情形之下，朝野上下，都
希望能夠更進一步，從教育、文化方面努力提高德意志民族的地位。所以
十九世紀之末，德國的教育改革運動是根據兩個基本原則在那裡推動：一
個是建立統一的學校制度，使民族團結的程度更爲提高，鞏固立國的基
礎；一個是注重「實科」的知識，提高技術的水準，企求以新的發明，充
實國家民族的力量。一八九〇與一九〇〇年兩次教育會議中，對於這兩個
原則，儘管有過很激烈的爭辯，但是一八九一年與一九〇一年所公佈的教
育法令，卻不能不接受這兩個基本的原則。自一九〇一年以後，文科中學
獨佔升入大學的地位，已不能再繼續保持下去，文實中學與實科中學也取
得了和文科中學同等的資格和地位。這是注重「實科」知識一個原則的表
現。在德國的學制中，國民學校和中學平行，而中學階段中的各類中學又
彼此對立，在課程方面，完全分離。自一九〇一年以後，各類中學儘管在
內容上有顯著的不同，但是各類中學依照法令，卻必須有一些共同的基本
科目（*Gemeinsamer Unterbau*）。這雖然不是澈底的統一，卻也已經表現
了第一個原則的精神。一九〇一年的學校教育改革運動，調和的趨勢非常
明顯，也正因正負兩方面都不十分滿意，所以才維持推行了一個時期。

　　一九一八年世界大戰結束之後，根據魏瑪憲法，成立了共和政府。戰
敗之後，國家遭遇了十分艱苦的命運，因而又發動了學校教育改革運動。
一九二〇年召開的全國教育會議（*Reichsschulkonferenz*），出席的人數在
六百以上，在柏林國會大廳舉行八天的會議，人數的衆多，儀式的隆重，
在德國教育史上，可以說是空前之舉。這一次會議所注重的問題，雖牽涉
的範圍甚廣，但是最基本的原則，仍然和一九〇〇年那一次教育會議，沒
有很大的區別。我們就它的成就來看，就可以看出來德國的教育改革運
動，一方面是調和的，一方面是連續的；在調和的趨勢中，舊有的傳統，
一次比一次衰退；在連續的趨勢中，都一次比一次進步。此次會議以後，
原有的中學「預備學校」（三年，收容六歲的兒童，直入中學。）澈底取

消，把國民學校的前四年，定名為「基礎學校」。所有全國的學齡兒童，無條件的要進入基礎學校肄業。義務教育年限定為八年，基礎學校結業之後，如不轉入各類中學，就必須一律留在國民學校「高級班」，繼續肄業，完成八年的義務教育。德國教育史傳統的嚴格雙軌學制，到一九二〇年，才開始推翻。其次，在中學方面，除了文科中學、文實中學、實科中學三種學校之外，在一九二〇年以後，又依照法令，設立一種注重本國語文、民族文化的「德意志高級中學」。這種新式的中學和前三種中學有同等的資格和地位。由於德意志高級中學的設立，外國成分的課程已經不能完全控制德國的中學了。基礎學校結業的學生，如果不能升入中學，以後如果沒有升入大學的機會，仍然是一種不合理的現象，仍然為一般熱心教育改革的人士所不能接受，所以在四種九年制的完全中學之外，又設立一種六年制的「建立中學」，使國民學校「高級班」肄業滿二年的學生，仍有經由中學，進入大學的可能。這樣小學六年，中學六年制度的建立，也可以說是多少受了一些美國的影響。就一九二〇年德國教育會議的成果來看，注重民族團結、民族文化的原則，又有了進一步的表現。

　　一九三三年至一九四五年，國社黨執政，在政治形式和經濟組織上，雖然有了一些很大的改變，可是在教育改革的工作上，仍然不曾離開以上所說兩個舊的原則。國社黨政府的教育改革工作，在國民學校方面，沒有顯著的變動，在中學階段中則曾作了一些更澈底的改革。原有四種中學中，除了文科中學仍舊獨立以外，其他三種中學——文實中學、實科中學、德意志高級中學——的形式，一律取消，另設「高等學校」（*Oberschule*），為中學的統一形式。在學校內容方面，過於重視民族主義，甚至把以血統為基礎的種族主義代替了以文化、歷史為基礎的民族主義，實在是一種不智之舉。甚至一些有眼光的德國學者，對於這樣舉措也備加指責。

　　一九四五年，德國戰敗投降，一九四九年德意志聯邦共和國正式獨立，過去國社黨政府在教育上的一切措施，一律取消。但是在取消國社黨政府的教育政策之外，同時還在積極的繼續推進教育改革的工作。西德（德意志聯邦共和國）政府的教育改革工作，在國民學校方面沒有什麼改

變，在中學方面，取消國社黨的辦法，恢復一九二〇年以後至一九三三年的舊有形態。在大學方面，把西柏林的高等工業學校，改為工科大學。柏林高等工業學校本來已經有了大學的身份，可是由於歷史的傳統，不能夠使用大學的名稱。西德在戰後，把大學一名使用在高等工業教育機構方面，可以說是打破了德國大學教育的傳統。另外西德在教育改革工作中最顯著的成就，可以說是在國民教育八年定為義務教育之外，又規定十四歲國民學校畢業的學生，依法要接受強迫的「職業義務教育」四年，一直達到滿足十八歲的年齡為止。在德意志帝國於一八七一年成立之後，中央政府並沒有設置主持全國教育的中央教育行政機關。一九三三年以後，國社黨政府設置了教育部，主持全國的教育行政工作。一九四九年西德聯邦政府成立之後，又把教育權交還了各邦政府，所以也不再設置教育部。教育行政的分離，終究不是一件合理的現象，而且事實上，沒有全國性的教育行政機關，也有許多困難，不容易克服。所以西德雖沒有教育部，但在西德首都波恩（Bonn）仍然設立了各邦教育所所長聯席會議，在不開會的時期由常設委員會的秘書處負責推進，執行各邦教育行政方面的共同工作。就這一點來看，西德政府的教育改革工作，並不是一律澈底的抹殺國社黨政府的長處。

以上所敘述的德國教育改革的趨勢，只就朝野上下，一致的普遍性的情形，作一輪廓的說明；此外對於某一特殊教育問題，由某一學者所發起的教育改革運動，可以說是屈指難數，無從逐一的加以敘述。如李茲（*Hermann Lietz, 1868-1919*）所領導的「農村教育之家」運動（*Landerziehungsheimbewegung*）、李希德華克（*Alfred Lcihtwark, 1852-1914*）所倡導的「藝術教育運動」（*Kunsterziehungsbewegung*）、魏尼鏗（*Gustav Wyneken, 1875-*）所建立的「自由學校社會」運動（*Fieie Schulgemeinde*）以及開善施泰耐（*Georg Kerschensteiner, 1854-1932*）所倡導的「工作學校運動」（*Arbeitsschulbewegung*），不僅在德國國內有相當的影響，而且在國際上也受到相當的注意。但這些教育改革運動只是局部的，只是大的教育改革運動中一些插曲，而且也限於篇幅，所以不再詳加敘述。這些運動，在內容上雖不相同，但是目的都完全一致。德國的教育內容，在傳統上過於著

重知識的價值，雖然經過若干次的改革，這種偏於一方面的傾向都不能夠糾正過來。所以這些教育革新運動，都是在知識教育之外，注重意志的鍛鍊和情感的陶冶以及實際工作的表現，他們都把人格的陶冶和能力的培養當作教育的主要任務。

　　德國教育演進的趨勢，始終不受政治方面的影響，總是一直的根據一些固定原則，向前推進。在德意志帝國建立的前後，在魏瑪共和國時代，在國社黨執政之後，在德意志聯邦共和國獨立之後，在教育工作改革的形式上，雖有不同，但在原則上，始終未變。在這種延續不斷的努力之下，才有了逐步前進的結果。這些原則中，最重要的可以說有以下幾點：第一、爲了國家的統一、民族的團結，努力企求建立統一的學校制度（注意！德國在教育上所要求的統一，可決不是劃一）。第二、要以自己的民族文化爲主幹，吸取外來的文化，以求民族文化的充實與發展；第三、要以自然科學、實用的技術充實文化陶冶的教育；第四、承認知識教育的價值，但也決不忽視人格教育、精神能力的重要。德國的政治制度常有變動，政權也常有轉移，但是教育演進的趨勢則是直線的向前推進，因而才獲得了今日的成就。但是德國的教育現狀，並不曾達到了理想境界，各級教育的各方面，仍然都在向前演變之中。將來的結果，我們固然不敢預測，但是我們可以相信它仍然還要依照過去演進的趨勢向前發展下去。

　　　　　　　　　　　　　　　（本文原載於華僑教育第一卷第二期）

十九

德意志聯邦共和國的
教育概況

一

德意志聯邦共和國，並不是德國的全部，實在就是我們通常所說「西德」的正式名稱。德國的投降，崩潰以後，分別由美、英、法、俄四國軍事佔領，四分五裂，不再成為一個國家。在這樣的情況之下，人民的日常生活，都不易維持，自然也就說不上教育的重建了。結束分別佔領的局面，組織全德的政府，因為戰勝國的意見不能一致，尤其蘇俄不願看見一個統一的德國，拖延了三、四年，終究得不到結果。因而美、英、法三國乃同意，把蘇俄佔領區除外，把美、英、法三國的佔領區聯合起來，乃於一九四九年九月二十日，在波恩成立了西德的政府，依照它的「基本法」（*Das Grundgesetz*），把這個新的國家，叫作德意志聯邦共和國。蘇俄看到無法能夠再阻礙美、英、法的統一德國行動，因而也就使用慣技，在它的佔領區內，於一九四九年十月十五日驅使在蘇俄蓄養成長的傀儡，也組成一個政府，把它所控制的區域，叫作「德意志民主共和國」。自此以後，德國就分裂為兩個國家。東德即已淪入鐵幕，和文明世界，切斷一切關係，對於它的一切，我們就不大容易知道。關於東德的教育現況，我們雖然偶然的看到了幾本刊物，零碎、枝節的知道一點，可是無法看到它有關教育的法令，對於它的教育概況，也就無從敘述了。

西德的聯邦共和國，在一九四九年，開始組成聯邦議會（*Bundestag*）的時候，本來有十一個邦，美佔領區四邦，英佔領區四邦，法佔領區三邦，可是聯邦政府成立之後，把行政區調整一下，就成為九個邦了。接著，柏林也取得了邦的地位，因而現在波恩政府所能統治的，共有十邦。蘇俄佔領區，共有五邦，所以東德所控制的邦，就數目來說，只有西德的二分之一。

西德聯邦中的十邦，土地面積和人口數目，大小不同，相差甚多。據西德聯邦統計局（*Eundesstatisches Amt*），在一九五○年的統計，這十個邦的面積和人口，大概是下面所列的數目：

邦別	面積（qkm）	人口
1.巴登—維頓堡	三六，〇五八	六，三五四，九〇〇
2.拜彥	七〇，二三七	九，一一八，六〇〇
3.布萊門	四〇七	五六八，三〇〇
4.漢堡	七四七	一，六〇四，六〇〇
5.赫森	二一，一一六	四，三〇三，九〇〇
6.下薩克遜	四七，二七〇	六，七九五，一〇〇
7.北萊茵—西法倫	三三，九五六	一三，一二五，六〇〇
8.萊茵蘭—法爾茲	一九，八三七	二，九九三，六〇〇
9.什萊斯維格—荷爾斯坦	一五，六六六	二，五八八，八〇〇
10.西柏林	四八七	二，一二四，四〇〇
總計	二四五，七八一	四九，五七七，八〇〇

　　西德與東德面積的比例，大約是五比二；人口的比例，大約是六比二。西德的面積和人口都比東德大了許多，所以在敘述教育概況時候，只舉出西德，大致也可以瞭解德國教育的現況了。

二

　　西德聯邦共和國，在教育方面的施設，以下列的法令，作爲法律的根據：

　　第一是德意志聯邦共和國，在一九四九年五月八日通過的「基本法」，尤其是有關教育的條文，第六、第七兩條。

　　第二是西德聯邦共和國中的各邦自己的憲法，其中有關教育與學校的章節。

　　第三是各邦議會自己制定的一些有關教育和學校的立法。如西柏林、漢堡、布萊門通過的「一般教育法」；拜彥、北萊茵—西法倫、什萊斯維格—荷爾斯坦等邦通過的「國民學校法」；萊茵蘭—法爾茲，什萊斯維格—荷爾斯坦等邦所通過的「職業學校法」，下薩克遜所通過的「公立商

業學校法」等等，都是一九四五年以後，制定的新的教育立法。

此外，一九一九年的魏瑪憲法，一九三八年的全國義務教育法，一九三六年的普魯士的「國民教育經費法」以及其他在一九四五年以前，各邦制定有關教育立法，未經明令廢止者，依然在教育的施設上，可以有效。

第四是根據憲法與其他法律，由各邦政府核准的教育規程與命令。

西德聯邦共和國的文化事業、教育工作，是在各邦的教育廳指導監督之下，分別的由各邦依照地方的情形，直接負責辦理。自一九三四年以後，在中央政府中所設置的教育部，到了一九四五年，就不存在；一九四九年的波恩政府中，也並沒有教育部的組織。但是聯邦的各邦，彼此之間，在教育行政方面，終究不能不發生關係；爲了適應這種需要，因而建立起來了「各邦教育廳長會議」的制度。教育廳長會議是一種常設的機構，在波恩設置了秘書處，負責經常的連繫工作。教育廳長會議是一個「自由活動的工作團體」（*freiwillig tätige Arbeitsgemeinschaft*），只能討論、處理邦與邦之間，或者有關全國性的教育、文化政策，而且還得要以「共同的同意」爲基礎。因此，這種會議的一切決定，不但要嚴守聯邦政府的法令，而且還要不與各邦的法律規定、行政命令，有所抵觸。

西德聯邦共和國的教育工作，雖然是分別由各邦負責推進，但是在基本的教育政策方面，仍然保持著一些統一的原則；所以不但沒有紊亂不一的現象，反而，因爲有伸縮的餘地，各邦能夠因地制宜，不斷的獲得了教育方面的進展。德國的教育情況，在「制度」上，是五花八門，分別適應，可是在「歷史」上，則是逐漸發展，永遠不肯放棄了傳統精神；因而德國的教育施設，是「統一」中仍有「分化」，「分化」中仍不妨礙「統一」。我們從西德聯邦共和國的教育政策中，仍然可以看出來這種精神。自從一九一九年以後，魏瑪憲法規定了「義務教育」的時期，所有全德國的兒童或青年，除了在「中間學校」或「高級中學」受教之外，一律的都須要受八年或九年國民學校的義務教育，和四年或三年職業學校的補習義務教育。這是任何地方，都不能例外的。西德聯邦政府成立的第二年，一九五〇年，根據統計，全國六歲到十八歲的兒童、青年，共有九百五十

萬人，約佔全人口的百分之二十；可是在教育統計上，在校就學的，只有
九百二十萬人，其餘尚有三十萬人，既沒有在「中間學校」或「高級中
學」受教，也沒繼續接受義務教育。青年不入中學，不升大學，在西德聯
邦政府看來，並不是問題。可是在這一個年齡的階段內，不受義務教育，
即八或九年的國民義務教育和四至三年的職業義務教育，那就成爲一個很
嚴重的失學問題了。因而就發動普遍調查的工作，調查的結果，得到兩點
結論：第一是有一部兒童提早入學，沒有滿足六週歲，就已經入學，所以
不到十八歲，就已經完成了他們所應受的兩種義務教育；第二是，在若干
地區，兒童受完八或九年的國民教育，可是在他們家庭附近，並沒有從事
補習教育的職業學校，因而失學。自一九五〇年以後這兩年中，西德境內
的各邦，對於各種職業學校，特別注意，並制定特別的立法，就是爲的要
積極的解決這個問題。

<h2 style="text-align:center">三</h2>

　　在敘述西德聯邦的學校教育概況以前，讓我們來看一下西德聯邦的
「學制系統」。德國各種學校的設立，都各有它們自己的歷史發展背景；
各有各的來源，並沒有配合的關係。大學有大學的起源，中學有中學的來
歷，國民學校有國民學校發生的背景，職業學校有職業學校設立的需要；
彼此之間，並沒有必然的連繫。（參看大陸雜誌二卷，十一、十二兩期所
載德國學校教育發生的背景及其改革經過。）這一些起源不一，歷史不
同的學校，綜合起來，就成爲近代德國的學校教育。當代英國哲學家羅
素（*B. Russell*, 1872-1970）在他的「西方哲學史」一書中，曾發表這樣主
張，他以爲：在進步的國家中，是根據「事實」，然後，才發生出來「理
論」；相反的，在落後的國家中，外來的「理論」，往往就會決定了「事
實」。我們看一下德國學校教育發展的經過以及現在德國的教育概況，就
會無意的又替羅素的見解，多找到了一個例證。在德國，無論是過去或
現在，從沒有先由立法的程序，行政的命令，制定了一個整齊的「學制系
統」，並附帶了詳細的辦法，然後，遵照規定，依據學制，去設立各種不

同的學校。德國的學制系統，乃是研究教育的學者，綜合已經設立起來的學校，加以排列，然後才替它找出來一個學制系統。這樣自下而上形成的學制，在形式上，雖然不能整齊美觀，反而覺得有錯綜凌亂之感，可是在實際上，卻能夠運用靈活，切合實際。因此，整個的學制改革運動，在德國很少發生，就是有時提出改革建議，結果也只是局部的改良，並不曾有過根本的改造。我們如果希望對於德國學制，能有適當的瞭解，這倒是我們應該先注意的一點。

其次，無論是在過去或現在，德國的學制，都是採用一種以「國民學校」為骨幹的「分枝制度」（*Gabelungssystem oder Verästelungssystem*），和我們現行學制系統的攔腰斬斷，分為高、中、初三個界限分明的層次，截然不同。在德國的學制系統中，八年或九年的國民學校，是基本教育，是義務教育，這是學校教育的主體，而且從第五年級起，是和一切中等學校並列，並不居於中等學校之下，所以不容易被人誤認作中等學校的預備階段。至於各種中等學校乃是從國民學校這個大的「主幹」旁邊生出來的「分枝」，在學制系統的圖表中，就表面上，並看不出來它佔有特別重要的地位。大學只是和某一些中等學校連繫的教育和研究機構，並不能表示出來，在學制系統中，大學是一切學校的最高「頂點」。而且大學畢業，也並不是「銓敘」的資格，所以，在德國，不管是學生或家長，都不曾把大學教育看成了受教育的終點。我們的學制，很整齊的分作三段，次序、程度，都有明白的界限，所以很容易使人把它和過去的科舉制度，聯想在一起，相提並論，希望能夠讀完大學；否則就好像是沒有受過完備的教育。德國的學制，並不橫切分段，只是分枝，這也是值得我們注意的一點。

現在，我們更進一步，來看德國學制上「分枝」的辦法。西德聯邦學制中的分枝，在各邦中，時間遲早，並不一致。有些邦中的學制，在「基礎學校」（即國民學校的前期）（*Grundschule*）四年完畢之後就分枝，普通是分作四枝：一枝是九年制的高級中學，一枝是八年制的高級中學，一枝是六年制的中間學校，另外一枝是六年制的女子中學。前兩枝的學校，畢業以後，可能升入大學；後兩枝的學校，乃是職業技術性訓練，如果再

分別繼續在「經濟的高級班」或「婦女高級班」肄業三年，也可能升入「專科高等學校」繼續深造。在這一次四個分枝之外，國民學校的高級班（也可以叫作實習高級班）依然存在。在國民學校高級班，肄業五年，期滿之後，必須再繼續就學於「職業學校」，接受三年的職業義務教育。這一類職業學校的性質，非常複雜，但並不是正規學校，乃是補習學校的性質，學生在校受教，每週只有一天（六小時）或兩天（十二小時）。這樣職業義務教育完成之後，學生已達到十八歲的實足年齡。

　　第二次的「分枝」，是在國民學校前六年的教育完成之後，才開始再來一次。這一次是在國民學校高級的主幹之外，分出來三枝：一枝是七年制的高級中學（也叫作科學的高級班）；一枝是六年制的高級中學；另外一枝是四年制的實科中學（也叫作技術高級班）。前兩種高級中學，可以升入大學，後一種學校乃是職業教育，畢業以後，只有十六週歲，所以還得再入職業學校，受兩年職業義務教育。這是和國民學校並行的一種學校，並不能升入大學，繼續深造。

　　第三次是在國民學校受完七年教育之後，再開始的分枝。這一次的分枝，是在國民學校高級部之外，另分兩枝：一枝是六年制的建立中學，畢業之後，也有升入大學的可能；其他一枝，則為三年制的中間學校，畢業以後，仍然要受兩年的職業義務教育。這也是和國民學校並列的一種學校。

　　第四次的分枝，是開始於國民學校八年級之後，這一次的分枝，一枝是五年制的建立中學，畢業之後，仍然可以取得升入大學的資格；其他一枝，則可以轉學到「職業專科學校」，肄業三年，可以升入「專科學校」。

　　最後，國民學校九年的義務教育完成以後，大部分就一方面加入工廠、商店或各種手工業者的工作場所，一方面，則每週還要抽出一天或兩天的時間，去接受職業義務教育，一直到十八足歲，才算完畢。不過也有可能再繼續加入「職業專科學校」，肄業一年、二年或三年。滿足三年的學生，也可以再入「專科學校」肄業。

　　德國的學制，原來是一種雙軌制，學生從六歲開始，一入學，就決定了一切。入國民學校的，永遠沒有升入大學的可能；要想入大學，在入學

德意志聯邦共和國學制系統表

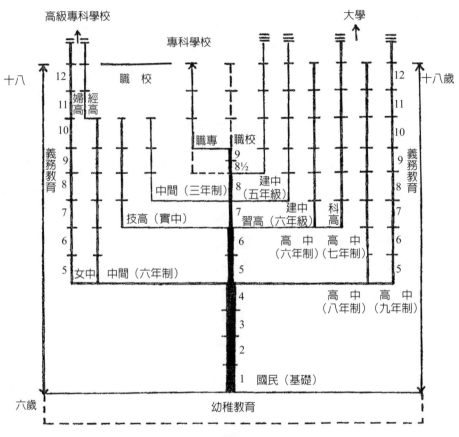

說明：

| |＝全部受教育的學校	┊＝部分時間受教育的學校
└┄＝轉學	━＝義務教育的終止
═＝升入高級專科學校之資格	≋＝升入大學之資格

國民＝國民學校（Volksschule）
基礎＝基礎學校（Grundschule）
女中＝女子中學（Lyfeum）
中間＝中間學校（Mittelschule）
高中＝高級中學（Höhereschule）
技高＝技術高級班（Technische Oberstufe）
習高＝實習高級班（Praktische Oberstufe）
建中＝建立中學（Aufbauschule）

科高＝科學的高級班（Wissenschaftliche Ober-
stufe）
婦高＝婦女高級班（Frauen Oberstufe）
經高＝經濟高級班（Wirtschaftliche Ober-
stufe）
職專＝職業專科學校（Berufsfachschule）
實中＝實科中學（Realschule）
職校＝職業學校（Berufsschule）

的開始，就得入預備學校（*Vorschule*），再入各種高級中學，才能升入大
學，後來經過許多教育家和政治家的努力，才把預備學校的制度取消，代
以國民學校前期的四年制基礎學校。基礎學校完畢之後，才分作兩枝，一
枝入高級中學，一枝入國民學校的高級部。在十歲以後的兒童，如果是在
國民學校高級部肄業，就是有適當的智力、程度，以及適當的經濟環境，
也不能轉入高級中學，作升入大學的準備。這不僅是學生個人的損失，實
在也是國家民族的損失。所以在魏瑪憲法的德國，就在國民學校六年級完
畢之後，再來一個第二次分枝，使兒童將來升入大學的機會，再多一點。
這樣的制度，一直維持到一九四五年，還沒有變更。現在西德聯邦的學
制，在兩次分枝之後，再來兩次分枝，一共有四次分枝，給予兒童將來更
多升入大學的機會，甚至國民學校九年（過去只是八年）的義務教育完成
之後，還再給予兒童轉入「職業專科學校」的機會，仍有升入專科學校的
可能。這可以說是西德聯邦共和國在教育制度上，一個大的進步。或者也
可以說是受了美國佔領軍政府的影響，使德國的民主化，更顯著了一些。

　　此處，西德聯邦的教育制度，除了普遍的把國民義務教育，從八年延
長到九年以外，各邦的教育行政當局，也分別的對於教育的改進，作了不
少工作。最顯著的，是在西柏林、漢堡、布萊門等地，已經實行了「統一
的學制」，其他各邦，對於學制的簡化、轉學的便利、課程的分配，也正
在那裏繼續努力。尤其對於中級職業教育的配合與連繫，特別注意。

　　以上有關西德聯邦的學制，乃是根據西德赫森（*Hessen*）首都「維斯
巴頓教育工作站」（*Pädagogische Arbeitsstelle Wiesbaden*）的材料，加以綜
合的敘述，西德聯邦內的各邦，它們的學校制度，並非每邦都是完全如
此。這是必須加以說明的。爲求進一步明瞭起見，再附列西德現行學制系
統的圖表，以供參閱。

四

　　西德聯邦共和國的學校制度中所包括的各種學校，各有其特殊的任
務，界限分明，不相混淆。以下再分別的，加以簡單的說明。

　　第一、國民學校：這種學校，是西德聯邦學制中間的「主幹」；它的主要任務，可以說共有三種：(1) 發展兒童固有的秉賦（*die Entwicklung der kindlichen Kräfte*）；(2) 傳授基本的知能（*die Vermittlung von grundleg-endem Wissen und Koennen*）；(3) 訓練道德的與負責的人格（*die Bildung der sittlichen und verantwortlichen Persoenlichkeit*）。國民學校的學生畢業之後，就直接參加社會上各種職業部門，去作練習的工作，所以基本知能的傳授和道德人格的訓練，在國民學校的教育過程中是看得同樣重要。同時專科學校和大學準備教育的階段，也需要從國民學校分枝而出，所以發展兒童秉賦，作為選擇的標準，也就不能不成為國民學校的主要任務之一。國民學校前期（四年或六年，各邦並不一致），叫作「基礎學校」，後期（五年或三年）叫作「實習高級班」。現在西德聯邦國民學校的肄業年限，定為九年，比第二次世界大戰以前，多了一年。這可以說是一種新的改革。

　　第二、中間學校：這種學校修業的年限，並不一致，但是，連同過去所受的國民學校教育，合計共為十年，這倒是一個普遍的共同之點。中間學校畢業的學生，在全部十年教育完成之後，就要擔任實際的商業和管理工作，所以中間學校的主要任務是培養或陶冶學生的「正確理解能力」和「實際工作興趣」（*gute Auffassungsgabe und praktische Neigungen*）。在課程方面，除了一般的「普通教育」之外，必須修習一種或兩種近代語文以及一些有技術性的科目，如普通工作技能、速寫、打字、會計等等。中間學校的性質，非常複雜，在西德聯邦中，並沒有統一的制度；但是，歸納起來，我們可以把它分為三種：(1) 普魯士式的中間學校（*Preussische Mittelschule*），這是從國民學校教育四年完畢之後，分枝出來的學校，學生在校肄業六年。在赫森、下薩克遜、北萊茵—西法倫、萊茵蘭—法爾茲、維頓堡—巴登等邦，都採用這種制度。在這些地區內，最近有些中間學校，也有改變名稱，叫作實科中學的。(2) 拜彥式的中間學校（*Bayerische Mittelschule*），這是從國民學校七年級之後，分枝出來的中間學校，所以肄業年限，只有三年。這種學校的課程，除了必修「普通教育」的科目以外，另外有四種不同的分科，任由學生選擇：即一般訓練、商業訓練、農

業訓練和工業訓練。(3) 四年制的實科中學（*die 4 jährige Realschule*），這是在國民學校六年級完畢之後，分枝出來的中間學校，所以肄業年限定爲四年。這種學校是在二次大戰以後，首先由赫森各地計劃辦理起來的。在西柏林、漢堡和布萊門等地，對於這種中間學校，因爲採用了統一學制（*Einheitsform*），所以叫作「技術高級班」。

在這三種六年、三年、四年制的中間學校畢業以後，如果再繼續升入「經濟高級學校」（*Wirtschaftsoberschule*），肄業並實習三年，也可以升入高等教育階段中的「高等經濟學校」或「高等商業學校」。在國民學校四年級完畢之後，分枝出來的女子中學，肄業六年，也是一種中間學校，只是限定要學習兩種近代外國語文，這是和其他中間學校所不同的地方。六年畢業的女子中學學生，只能升入三年制的「婦女高級班」，不能轉學入任何年級相當的「高級中學」。在女子中學畢業的學生，沒有升入大學的機會，所以女子中學，在性質上，只是屬於中間學校。

第三、高級中學：這種學校的性質，是和其他「職業性」的學校相對的，所以高級中學乃是具有「學術性」的教育機構。青年男女，在能力、程度、興趣各方面將來適宜於升入大學的，都可以在完成國民教育前期若干年級之後，轉入高級中學肄業。所以高級中學的任務，乃是高深的「普通教育」（*vertiefte allgemeine Bildung*）之陶冶與訓練。高級中學的肄業年限，並不一致，所以可以分爲長期的（*Langform*）和短期的（*Kurzform*）高級中學兩種。長期的高級中學是從國民學校教育四年級完成以後，分枝出來的學校，肄業年限爲九年或八年。原來德國的高級中學，一律肄業九年，自一九三八年以後，才改爲八年。第二次世界大戰以後，西德聯邦中的各邦有些又把八年制的高級中學改爲九年，不過還有一些，依然是八年制的高級中學。因而才有現在這樣九年制和八年制的高級中學同時並存。就一般的趨勢來看，將來或許又會恢復一九三八年以前的情況，所有長期的高級中學，一律採用九年制的舊辦法了。短期的高級中學，就現在的實際情況來說，有四種不同，就是從國民學校的六年、七年和八年級完成之後，依次序先後分枝出來的，因而肄業的年限，也有五年、六年和七年不同的三種制度。這樣有伸縮性的制度，多次分枝，使兒童能夠升入大學的

機會加多，固然是富有民主、自由的精神；但是一方面在表面，過於雜亂，一方面，對於兒童，對於學術研究的準備工作，是否有益，尚成問題。所以就說在西德各邦的教育措施看來，將來爲求學制的簡化起見，很可能把六年、七年、八年國民教育以後三次「分枝」的辦法，改變一下，一律採用在國民學校七年級以後，再行「分枝」制度。在短期的高級中學中，統一制度要求的傾向，已經很顯著了。

　　高級中學的課程分配情形，頗爲複雜。但是，大體的歸納起來，可以分爲三類：(1) 古代語文的高級中學（*das altsprachliche Gymnasium*），在教育史上，這是德國正統的高級中學。在課程中，佔最重要的地位的，是拉丁和希臘兩種古代語文和一種近代外國語文。另外還要選修兩種近代外國語文。(2) 現代語文的高級中學（*das neusprachliche Gymnasium*），在這種學校中，不習希臘文，只修習拉丁文和兩種近代外國語文。(3) 數理的高級中學（*das mathematisch-naturwissenschaftliche Gymnasium*），這種學校特別加重數學和自然科學的教學；在外國語文方面，只修習兩種近代外國語文，不但不修習希臘，甚至拉丁也只是自由的選修科目。二次世界大戰以前的「女子高級中學」（*Lyzeum* 這個希臘字，在二次大戰前，是用來稱謂與大學連繫的女子高級中學；現在西德聯邦中，已用這個古典外國字，來作有職業性的女子中間學校的名稱了。）已經取消，而且在現在爲女子所設立的高級中學中間，把過去那種專爲女子設置的「家政科」（*Hauswirtschaftlicher zweig*），也取消了。這以上所說的三類高級中學不同的形式，不管長期的或短期的高級中學，不管男子或女子高級中學，都可以採用。

　　短期的高級中學，不管是男校或女校，雖然可能採用上邊所說的三種形式中間的任何一種，但是事實上，因爲肄業期限較短，在課程方面，常有伸縮。尤其是採用「建立中學」形式的高級中學，往往把外國語文的學習，減少爲一種近代外國語文和拉丁文。剩餘的時間，可以修習有關藝術的科目，如音樂、繪畫、油畫等科。這樣短期的高級中學，就可以作爲國民學校教師初步的訓練機構。

　　第四、「職業訓練」學校：從事職業訓練的學校，在形式上，可分爲

兩種：一種是包括在義務教育（國民義務教育與職業義務教育）兩期中間的職業學校；另外一種，是在義務教育之下，為實際職業生活作預備的職業學校。在西德聯邦共和國現行的學制中間，一般從事職業訓練的學校，共有三種：(1) 職業學校，這是屬於第一種職業訓練形式的職業學校，就學的時期，是包涵在義務教育時期（六歲到十八歲）之內。男女兒童，在國民學校，全部九年的課程修畢之後，一方面加入各職業部門，如工、農、商等手工業去作學徒，一方面，還要繼續在職業學校，義務的接受職業訓練。這樣職業學校的學生，並非全部在校學習，每週僅有一天（六小時）或兩天（十二小時），在校上課，其餘大部分時間，仍在各職業部門，作他們的「學徒」實習工作。在德國把這種學校叫作「部分時間學校」（*Teilzeitschule*），也就是英文中所說的 *Continuation School*。在西德聯邦中間，這個部分時間就學的職業學校，在訓練方面，普通分作四種職業方向，即一般技能、商業、家政和農業。這樣職業學校的任務是把職業生活中所需的技能，適當的「送」給已有職業的青年，所以學生離開學校以後，自然就不會再有由政府「分發就業」那種怪現象了。顧名思義，這種職業學校，才可以叫作「補習學校」，學生入學的希望，只是獲得一些職業知能的補習，並不曾希望，實在法令也不允許能夠獲得「相當」某種學校的資格。(2) 職業專科學校，這是在形式上，和職業學校不同的一種學校，乃是「全部時間學校」（*Vollzeitschule*），這種學校入學的年齡，有時是十五週歲（國民學校九年的教育，全部完成），有時候乃是十四週歲（在國民學校中，完成了八年級的教育）。在校肄業的時間，最短一年，長的也可以達到三年。每週上課的時數，由三十小時到四十小時。課程的分配，有四種不同的科別，即「家政」、「商業」、「教育」與「技藝」、「手工業」。職業專科學校和職業學校，從學生就學的時間上來看，雖然不同，可是，在本質上來看，仍然有一些根本相同之點。那就是說，職業專科學校，仍然是一種職業知能的補充教育。因為它的學生在就學之前或離校以後，仍然得去作一般的「學徒」實習工作。離開實際用手去工作外，只在課堂中，就書本上學習職業技能，無論那一種職業學校，都不採取這種方式。誰都知道，只讀游泳入門一類的圖書，不下水是學不

會游泳的。(3) 專科學校，這是在義務教育以外，和上述兩種職業訓練機構，在形式上不同的學校。從學生在校的時間來看，也是一種「全部時間的學校」。「義務教育完畢」，「學徒生活期滿」，而又具有適當之能力與程度的青年，即可升入這種專科學校。因為條件的限制，選擇的嚴格，能夠升入這種專科學校的學生，在比例上，人數並不太多。學生入學時，已有滿十八足歲的年齡，在學修業的時期，自四學期到六學期，即二年到三年，每週上課時數，最少三十小時，多的可達到四十二小時，必須「學徒」生活期滿之後的青年，才有繼續參加專科學校肄業的可能，這是德國專科學校，在性質上，值得注意的一點。在「專科學校」這個總名稱之下，涵容的有工程師學校（*Ingenieurschule*）、工程學校（*Bauschule*）、農業學校（*Landwirtschaftsschule*）、紡織學校（*Textilschule*）、技師學校（*Meisterschule*），以及婦女專科學校（*Frauenfachschule*）等等不同的類別。

在西德聯邦中，這三種表面形式上不同的有關職業訓練的學校，在本質上，仍有共同之點。職業學校是對於一般「學徒」的補習教育，職業專科學校，是對於「學徒」集中的補充教育；至於在義務教育之上，比職業學校和職業專科學校略高一級的專科學校，也把「學徒」生活滿期作為入學的主要條件之一；這三種職業性的學校，都不能和「學徒」生活分開，這真可以說是德國職業教育，在性質上，值得注意的一點。據一九五〇年西德聯邦的教育統計，在職業學校受教育的學生，共計一百六十四萬六千零六十一人，而職業專科學校和專科學校的學生總數，只有十八萬六千三百五十三人，幾乎是十與一的比例。從這種事實上，我們也能夠看出「職業學校」對於職業訓練，比其他兩種有關職業訓練的學校，所負的責任大了許多。

五

德國的大學，在教育史上，是另外的一個起源，和其他的學校，並無直接關係。第一期，最早的德國大學，是普拉格（*Prag*）大學，固然是

一個國際性的大學，就是第二期最早的海岱爾堡大學（*Heidelberg*），仍然不能算作眞正的德國大學。所以到了第三期，十九世紀初期，才接受了斐希特（*Fichte*）和施萊馬赫（*Schleiermacher*）兩位哲學家的計劃，在洪保爾特（*Humboldt*）的主持下，建立起來了柏林大學。在教育史上，每次學校教育的改革，總是牽涉不到大學的範圍；大學的演變，總是自己走它自己的途徑。同時，德國學制系統上，也並不把大學列入在內；所以大學教育，只是屬於榮譽的學術研究，並不是一種從事各種職業、工作時所需要的資格。第二次世界大戰以後，德國的學校、大學、研究機構、教育事業，都受了重大的破壞，西德各邦對於教育、學校的重建工作，盡了最大的努力，而且在重建的工作中，也就附帶的作了一些改革的工作。如同國民教育的延長，高級中學的改進，職業學校的配合等等都很顯著；可是，因爲歷史的傳統關係，在大學的重建工作中，並沒有重大的改革。西德聯邦中的高等教育，如果要說有改革，也至多能夠找到，大學中在哲學、法學、醫學、神學四個學院之外，又有一些大學增設了教育學院，和柏林「高等工業學校」（*Technische Hochschule*）改爲「工業大學」，這一些不大重要的變動。因爲原來大學中間，在哲學院中，早已設立了教育學研究的講座，現在的教育學院，也僅只是把教育學的研究部分，改換一個名稱罷了。柏林高等工業學校，雖然改稱大學，可是在一般有關教育行政的公文書中，這個新改的工業大學，仍和其他的高等工業學校並列，仍然不曾把它放在一般的大學群內。

　　現在順便根據西德聯邦統計局所公佈一九五〇年的教育統計，把西德聯邦各級學校統計的數字，大概列舉出來，以便我們對於西德聯邦的教育概況，能有更進一步的瞭解。

　　1. 大學：西德聯邦內，舊有的大學，在戰後重建起來的，十五所，連在西柏林新設立的「自由大學」一所在內，共有十六所。在歷史有名的大學，如海岱爾堡大學、馬堡大學、歌庭根大學、吐賓根大學，以及新式的大學，如漢堡大學、基爾大學等等都在西德聯邦的境內。

　　2. 高級工業學校：這是和大學同級的工業學校，也可以說就是工科大學。現在西德聯邦中，連改名爲工業大學（*Technische Universität*）的柏林

高等工業學校在內，共有八所。

3. 礦冶學院：現在西德聯邦，只有在「克勞斯塔爾—齊萊菲爾特」（*Clausthal-Zellerfeld*）地方的一所礦冶學院（*Berg-Akademie*）。

4. 專科高等學校：這是比大學低一級的高等學校，因為這一類的高等學校，不像其他一些高等工業學校那樣能夠授予博士學位。這一類的高等學校中，包括的有柏林的「政治高等學校」，杜塞道爾夫的「醫學高等學校」，基森的「農業獸醫高等學校」，漢諾佛的「獸醫高等學校」，滿海穆的「經濟高等學校」，紐倫堡的「經濟社會科學高等學校」，斯培耶的「行政管理高等學校」，斯圖特葛特—胡亨海穆的「農業高等學校」，威廉哈芬的「勞工、政治、經濟高等學校」，總計一共九所。

5. 哲學的—神學的高等學校：這一類宗教研究的學校，屬於基督教舊教的，有九所，屬於新教的，有五所，總計共有十四所。

6. 藝術高等學校：這種學校，分設在柏林、漢堡、紐倫堡等地，總計共有九所。

7. 音樂高等學校：這一類學校，分設在柏林、明興、漢堡、柯恩各地，總計共有十所。

8. 體育高等學校：這種學校，在西德聯邦中，只有柯恩設立一所。

以上是有關高等教育階段的統計，另外尚有教育高等學校（*Pädagogische Hochschule*）多所。因為這種學校屬於師範教育範圍之內，直到現在西德的師範教育，還不曾建立起來一定的制度，有關師範教育的教育高等學校設立、廢止，變化甚多，所以這一類的高等學校，無法加以統計。

在西德聯邦學制系統以內的各種學校一九五〇年的統計數字，大致如下：

9. 高級中學：六年制、七年制、八年制、九年制的高級中學，在西德聯邦中，總合起來，計男子高級中學一千一百九十七所，女子高級中學，計四百八十所，總計共一千六百七十七所。在這個數目中，有二百九十四所，屬於私立。根據西德聯邦的「基本法」第七條，在各邦政府監督之下，私人團體，也有權設立高級中學校；所以才有這些私立高級中學的設置。這是二次大戰以前所不曾有的現象。高級中學的男生

是三十六萬九千四百六十名，女生是二十五萬一千零二十八名，共計是六十二萬零四百八十八名。教師的統計數目，男性是兩萬二千九百人，女性九千九百零二人，合計共三萬二千八百零二名。在這統計數中，尚有教師三千九百三十人，是非正式出身的臨時人員。可見西德聯邦中，仍有教師缺乏的現象。

10. 中間學校：六年、三年、四年制的中間學校，在西德聯邦中，共有五百七十九所，其中一百十八所，是屬於私立。學生數目，男生是兩萬九千九百二十六名，女生是十萬零六千一百四十一名，合計十九萬六千零六十七名。這一類學校中，女生的數目多於男生，從這裏也可以看出來，中間學校在性質上，和高級中學，大有區別。中間學校教師的數目，男女合計是七千三百九十人，其中也有一千三百七十九人是非正式出身的教師。

11. 職業學校：這是部分時間受教育的補習學校，在西德聯邦，這種學校的統計數目是六千七百三十所，其中一百九十一所，屬於私立。男生數目，爲九十六萬二千零五名，女生六十八萬四千零五十六名，合計一百六十四萬六千零六十一名。男女教師共三萬三千零七十九人，其中正式合格的教師只有一萬四千六百九十八人，兼任教師六千零三十四人，其餘非正式出身的教師爲一萬二千三百三十八名。

12. 職業專科學校：這種學校合計家政、商業、技藝、手工業四種，共有八百四十五所，其中二百七十所，是屬於私立。學生人數，也是女生多於男生，多的超過一倍以上，總數共爲八萬一千八百六十八名。教師的總數爲五千五百二十一人，其中兼任教師爲九百十一人，非正式出身的爲八百十二人，其餘三千七百十八人，則爲正式合格的教師。

13. 專科學校：這一類的學校，本來，就程度及學生年齡來論，也可以列入高等教育的階段，但是因爲它是純粹的職業學校，而且入學的資格，限定爲「學徒」期滿，所以在教育統計上，把它和職業學校列在一處。這一類學校的總數共爲一千一百三十七所，其中有四百零五所，是私立的。學生人數，男生爲七萬三千一百七十九名，女生爲三萬一千三百零六名，總計爲十萬零四千四百八十五名。教師的總數爲一萬

二千五百七十二人，其中兼任教師爲三千三百七十名，非正式出身的教師
爲兩千七百五十二人，其餘爲正式合格的教師，共六千四百五十人。

14. 國民學校：八年制和九年制的國民學校，在西德聯邦中，共有兩
萬八千七百七十九所。其中有一百六十二所，屬於私立；另七百三十八所
則爲盲、啞、疾病的特殊學校。國民學校，不管是八年制或九年制，都
是包括「基礎學校」和「實習高級班」兩個階段，而且在後期的幾個年
級，總是和其他一些中等學校，並行施教。因此，全部辦理八年制或九
年制的國民學校，數目很少。爲免除經費設備上的困難，爲農村學齡兒
童就學的容易和方便，所以在西德聯邦中，絕大多數的國民學校，在教學
上，都採用「複式制度」。一九五〇年的統計，在西德聯邦中，採用「一
班制」（所有由六歲到十五歲或十四歲的兒童，只由一個教師擔任教學
的責任。）的學校數目爲五千五百四十四所，佔總數的百分之十九點二。
採用「兩班制」學校，有七千二百九十所，佔全數百分之二十五點三。採
用「三班制」的學校，共有四千三百十五所，佔總數的百分比爲十五。採
用「四班制」的學校，爲三千零五十四所，佔全數百分之十一。採用「五
班制」學校，爲一千三百三十所，佔總數百分之四點六。採「六班制」學
校總數爲一千二百五十五所，所佔百分比爲四點四。採「七班制」學校有
一千五百五十八所，佔總數百分之五點四。採用「八班制」的學校有四千
零七十六所，佔全體百分之十四點一。九個年級完全辦理的國民學校，只
有三百二十七所，僅佔總數的百分之一。我們從這種統計數字表現的事實
來看，更可以看出，在西德聯邦中，實際的教育工作，只是在一個原則之
下，靈活辦理，行政、法律方面，都不曾強作硬性的規定，以求表面上的
「劃一」。一九五〇年，國民學校在校的學生總數，共計六百三十一萬
四千四百五十二名，其中男女的比例，約略相等。國民學校教師的數目是
十六萬二千六百零四人，其中十三萬零六百十八人爲正式合格的教師，其
餘三萬一千九百八十六人，則係非正式出身的教師。

15. 統一學校（*Einheitsschule*）：在以上所說西德聯邦的「學制系統」
和「學校種類」裏邊，並不曾看到這樣的「統一學校」。因爲這並不是一
種有確定任務、獨立存在的學校，事實上只是一種「新的形式」的學校。

所謂「統一學校」，就是要把「國民學校」、「中間學校」和「高級中學」三種目的不同的學校，併在一塊辦理，多給兒童一些轉入轉出的機會。原來在第一次世界大戰，德國就有了「統一學校」運動，到了一次大戰後，魏瑪憲法的德意志共和國，一九二○年召開全國教育會議的時候，「統一學校」的觀念，已成為討論的一個重心。可是因為傳統的影響、事實的困難，「統一學校」的制度，始終不曾建立起來。可是在柏林、漢堡的一些從事學校教育改革運動教育家——多半為國民學校的校長與教師——仍然沒有放棄他們的主張。到了第二次世界大戰結束之後，西德聯邦的教育重建工作中，又引起「統一學校」的新運動。西德聯邦政府把教育權還諸各邦，不加干涉，因此，舊事重提，又發生了「統一學校」制度的運動。結果，多數的邦，認為不管事實的困難，放棄歷史的傳統，只求表面形式上「平民化」，對於教育本身，對於社會、兒童，是否有益，很成問題。所以現在西德聯邦中，只有西柏林、漢堡和布萊門三個小的地方，施行了「統一學校」的制度，把從國民教育「分枝」出來的中間學校和高級中學，仍然和國民學校合在一起辦理。在「統一學校」運動家的看法，按課程性質分班之後，仍然併在一個學校辦理，只有好處，沒有壞處，所以他們也不肯放棄他們的主張。這種新的形式的「統一學校」，在西柏林、漢堡、布萊門三地共有六百零二所，一律公立。學生總數有二十七萬八千六百二十九名，男女的比例，大致相等。教師的總數為一萬零五百零三人，其中只有一百二十二人為非正式出身的教師。

　　從上列統計的數字中，除了我們可以看出各種學校的地位以及各種學校的教師缺乏之外，我們還能夠看出一個重要的地方，那就是在三種純職業性的學校教師方面，都有不少的兼任教師。從這一項事實，就可以證明，職業教育的施設，不但要和各種事業部門聯繫起來，利用它們的設備，來作實習，而且不借重各種職業部門實際從事各項技術性工作的人們，也仍然不會把職業教育辦理的很有成效。關住大門，自己訓練職業學校教師，自己辦理職業教育，把職業教育完全局限於學校教育的形式之內，這不但在理論上沒有根據，而且在事實上是走不通的一條死路。

六

在西德聯邦教育重建的工作中最困難、最不容易解決的問題，並不是屬於物質、經費方面的問題，反而倒是主張紛歧的師資訓練問題。這個有關師範教育的問題，一直到現在，還不曾獲得一個妥當的解決。師範教育問題，在德國本來是一個老的問題，在教育的理論和實際兩方面，都爭辯了很久。關於德國的師範教育問題，在教育史上的演變，自然不是短短幾句話，就可以交代明白；可是在爭辯的要點中，提出最基本的一點，加以說明，也卻極有必要，否則，對於現在西德聯邦的師範教育問題，就不大容易瞭解了。在第一次世界大戰前後，每次的教育會議，不管是全國性的或地方性的，在會議中，每有爭辯，總是國民學校教師的團體和高級中學教師的團體，在那裏對立。大學教授的團體，多數的站在高級中學教師那一方面；似乎高級中學教師方面，應該佔優勢了，但是事實方面，並不是這樣簡單。因為國民學校教師的人數眾多，而且社會人士中大多數都是支持國民學校教師的主張。這樣教師的對立，使有關民族命運的教育工作，也成了內部分裂的局面，這自然不是一個合理的現象。因此，一些有遠見的教育學者和政治家，就想從統一師資訓練的工作，去糾正這樣對立的現象。原來德國高級中學教師的訓練，是在大學中間，而且接受這種訓練的青年，一定得高級中學肄業期滿，通過「成熟考試」（*Reifeprüfung*），取得了「高中畢業生」（*Abitur*）的頭銜，才有資格接受高級中學教師所需要的訓練。至於國民學校教師的訓練情形，完全是走的另外一條路線。國民學校畢業之後，再入特設的國民學校教師訓練的機構肄業期滿，經過必需的考試，就可充任國民學校教師。這樣一方面是由高級中學畢業升入大學，大學期滿，經過考試，再教高級中學；另一方面是國民學校畢業，升入師資訓練機構（名稱不一，不便列舉），滿期後，經過考試，再教國民學校。這樣壁壘森嚴，不相溝通，所以對立的情形，非常尖銳。這樣情形，是歷史造成的，糾正起來，自然有些困難，所以統一教師訓練的運動，在一次世界大戰以前，已經開始，一直到了納粹德國，於一九三四

年，才有結果。當時取消了一切國民學校教師訓練機構，同時設立幾十所高等師範學校（*Hochschule für Lehrerbildung oder Lehrerinnenbildung*）（我國有譯爲「師範大學」者，與事實不符，此種學校，肄業期限一年或二年，與大學程度不等，而且這種學校，不能授予學位。）於是才把高中教師和國民學校教師的訓練，相對的統一起來。入高等師範學校的學生，一定是高中畢業，和升入大學的資格，必須相等。入學後，肄業一年，經過考試的選擇，一部分轉入大學或其他與大學同級的高等學校，繼續肄業至少三年，這是高級中學的教師訓練；其他一部分，留在高等師範學校，繼續肄業一年，這是國民學校的教師訓練。這麼一來，德國的師資訓練問題，算是大體的得到一個暫時的解決。第二次世界大戰以後，在教育的重建工作中間，要消除納粹殘餘的制度，所以高等師範學校，就不曾恢復起來。但是儘管高等師範學校的形式已不存在，至於統一教師訓練的原則，仍然認爲合理。所以現在西德聯邦中各邦的教師訓練工作，雖不一致，可是仍然都守著這個原則，那就是，任何一種學校的師資，必需先具備高級中學畢業的資格，高級中學畢業之後，才有接受師資訓練的可能。西德聯邦的師範教育，當然形成一種制度，所以只能就現在各邦的實際狀況，簡要的加以說明。

　　第一、國民學校師資的訓練：西德聯邦中原有的國民學校教師，一部分死於戰場，一部分列於戰犯名單，囚於監獄，剩餘的並不很多，爲解決這種教師缺乏的問題，在拜彥邦內，就臨時設了一些「教育訓練班」（*Der pädagogische Lehrgang*），去訓練國民學校的教師，因爲需要的迫切，所以這種訓練班，不採學校的形式，分學期上課的制度，入班之後，連續訓練十八個月，即可充任國民學校的教師。其次，在巴登－維頓堡、北萊茵－西法倫、萊茵蘭－法爾茲、什萊斯維格－荷爾斯坦諸邦，則設立高等教育學校（*Pädagogische Hochschule*），負責訓練小學教師，訓練時期爲四個學期。這仍然是沿用一九三四年到一九四五年訓練國民學校教師的舊辦法，只是把學校的名稱，由高等師範學校，改爲高等教育學校而已。至於下薩克遜邦，雖也設立了高等教育學校，但學生肄業的年限，延長了一個學期，爲五個學期，不久之後，又延長了一個學期，爲六個學

期。其次，在布萊門、赫森、西柏林、漢堡等地，則設立高等教育學校或教育研究所（*Pädagogisches Institut*）作爲訓練國民學校教師的機構。訓練時間，一律六個學期。其中在漢堡的教育研究所，並不單獨設立，乃是聯合漢堡大學的教育學院，共同辦理。國民學校教師應由大學訓練，這是漢堡一些教育學者很久就有的一種革新主張。而且這種原則，也得了美英兩佔領區軍政府的認可。

在國民學校教師訓練的機構，肄業期滿，由教育行政機關主持的考試委員會，在學校所在地，加以考試，這種考試叫作「學科考試」（*Wissenschaftliche Prüfung*）或「第一考試」考試及格之後，即派到國民學校擔任「試用教師」的工作。至少試用兩年，才能參加另外一種考試，這是「第二考試」，也叫作「實習考試」（*Praktische Prüfung*）。第二考試及格之後，才算是取得了公務人員待遇的國民學校教師的正式資格與地位。而且以後還有升爲國民學校校長、中學教師和教育科長的機會。

第二、中間學校師資的訓練：中間學校教師，並沒有設立專門的訓練機構，乃是採用「檢定考試」的制度。應這種檢定考試的資格，共有兩種：第一是曾經取得正式國民學校教師資格後，實際擔任過多年的國民學校教學的工作，並且在大學旁聽或由自修，對於兩門專科知能，有適當的造就，可以參加考試。另外一條道路，是高中畢業之後，不受國民學校教師的訓練，直接升入大學，選習一些必要的科目，得有各科的證明文件，也可以參加考試。主持中間學校教師檢定考試的委員會，是由各邦的教育廳負責組織起來。參加考試，及格之後，才能算作中間學校的正式教師。

第三、職業學校師資的訓練：職業學校教師訓練的機構，叫作「職業教育研究所」（*Berufspädagogisches Institut*）。這種職業學校訓練機構的入學資格，共有兩種：一種是高級中學肄業期滿，通過「成熟考試」（*Reifeprüfung*）以後，再有至少兩年的「學徒」實際工作的青年。所謂學徒實際工作的範圍是包括工業、商業、農業和家政四個部門。另外一種入學資格，是在技術性的專科學校肄業的青年。專科學校畢業的學生，已經有了充足的實際工作經驗，所以只是參加一次「特別成熟考試」，取得了與高中畢業學生相等資格，就可以入學。職業教育研究所的課程，分類很

多。肄業的年限，各邦不大一樣。在拜彥、維頓堡—巴登、北萊茵—西法倫等邦是肄業四個學期，在赫林、漢堡、下薩克遜等邦，則是六個學期。在職業教育研究所肄業期滿，經「第一考試」亦即專門的知能考試及格以後，即分別到各種職業學校，實習、試教。經過一年的試教時間，即可參加「第二考試」，亦即「實習考試」。第二考試及格之後，才能正式取得職業學校教師的資格。

第四、高級中學師資的訓練：高級中學教師的訓練，也是沒有專設的教育機構。高級中學教師乃是「科學的」和「藝術的」專門教師（*Wissenschaftliche oder Künstlerische Fachlehrer*），所以只能利用大學已有的設備、人材，去訓練文史和數理一類的教師，並利用各種高等藝術學校，去訓練音樂、繪畫、油畫和體育教師。在大學或高等學校修業的年限，至少為八個學期。必修的科目是：教育學、心理學、哲學以及至少兩種「科學的」或「藝術的」專門科目。在八學期修業期滿，參加第一考試，也叫作「科學的」或「藝術的」考試，及格之後，即可離開大學或高等學校，前往高級中學，從高級中學校長和教師，受實際教學的訓練，時間最短也是兩年，在這兩年實際教學訓練的時期中，他們的身份是「試教生」，在德文中，叫作 *Referendar*。在試教的期間，試教生必須在高級中學校長、教師以及其他教育學者指導之下，每週以討論會、座談會的方式，去研討教育學和教學法。這種討論會方式的教學，在德文中叫作 *Pädagogisches Seminar*。這樣一方面試教，一方面受訓，經過兩年之後，即可參加「第二考試」，也叫作實習考試。及格之後，即取得「試用教師」（*Studienassessor*）的頭銜，並可正式敘薪。再經過若干時期的實際教學工作，經過考核，即可被任為「正式高級教師」，並取得一個在德文中叫作 *Studienrat* 的官銜，即正式成為國家公務員。

西德聯邦的教師訓練情形，和過去的德國一樣，對於高級中學教師的訓練，最為嚴格，時間最久，最順利也須要國民學校前期四年，高級中學九年，大學或高等學校四年，再回高級中學試教，受訓兩年，合計至少十九年，才能取得「試用教員」的身份。必須再經過若干時間，才能被任用為正式教員。高級中學教師訓練，提高程度，嚴格辦理，固然有其必要，

但是這也是使高級中學教師缺乏的一個先天的原因。

七

　　西德聯邦中的赫森邦政府，於一九五一年，在佛蘭克府市設立了一所「國際教育研究學院」（*Hochschule für Internationale Pädagogische Forschung*）；這一個學院的性質很特殊，可以說是西德聯邦的教育重建工作中的新施設，也可以說是西德聯邦學校教育中一個特點。所以在敘述西德聯邦教育概況之餘，附帶的介紹一下。

　　要瞭解西德聯邦中「國際教育研究學院」的特殊性質，我們首先需要認識這個學院創立的設計者希拉教授（*Erich Hylla*, 1887-）。希拉是德國教育界很特殊的人物。在布累斯勞（*Breslau*）師範學校（*Lehrerseminar*）畢業後，任國民學校教師（一九〇九至一九一四），同時在布累斯勞大學修習哲學、教育，並且把美國的比納－西蒙測驗（*Binet-Simon Tests*）方法介紹到德國的學校中間。一九一四至一九一九年在柏林任高級中學教師。一九一九年又在斯特丁（*Stettin*）任中間學校校長。一九二一年在愛白法爾得（*Eberwalde*）地方任督學（*Schulrat*）；同時又在柏林大學繼續研究教育。一九二二年，在普魯士教育部任參事（*Ministerialrat*），在國民教育司工作，曾起草國民學校高級部之課程綱要。一九二六年，由普魯士教育部部長柏克（*Dr Conrad Becker*）派往美國，在哥倫比亞大學研究美國的教育思想與制度。回國後，曾發表「民治主義的學校」一書（一九二八）。接著又把杜威的「民治主義與教育」一書，譯為德文，在德國出版（*Demokratie und Erziehung*, 1930, 2. *Auflage*, 1949）。同年，被任為哈萊（*Halle*）教育學院（*Pädagogische Akademie*）的心理學、教育學教授。一九三三年納粹執政，乃離開德國，前往美國，在哥倫比亞大學擔任比較教育教授（一九三五至一九三七），後來又轉到康乃爾大學任教（一九三八）。一九三九年，二次大戰發生，被迫回國，一九四四年，在軍中服務。一九四五年，被美軍俘獲，不久，即被釋放。當時美國佔領軍政府教育部分的負責人為希拉的舊朋友亞歷山大教授（*Prof. Thomas*

Alexander），就把希拉請往柏林，作爲有關德國教育的「專家顧問」
（*Fachberater*）。一九五〇年，接受赫森教育所的委託，設計建立「國際
教育研究學院」，於是就根據他的理想，作了一個詳細的計劃；這個特殊
的學院，就於一九五一年十月，正式在佛蘭克府市成立，希拉被選爲第一
任的院長。在小學、中學、大學擔任過教學工作，在地方、中央參加過教
育行政工作，在國內、國外作過教育研究的工作，在戰時、平時從事過教
育實際工作。希拉就是德國教育界中這麼一個特殊的人物。

　　國際教育研究學院雖然是最近才創建起來，可是在開辦的時候，就把
舊有「教育事實研究與教育繼續進修學會」（*Gesellschaft für Pädagogische
Tatsachenforschung und weitführende Pädagogische Studien, ev.*）歸併在裏
邊，而且這個舊有學會中的會長就是這個新成立的學院的董事會主席；因
此，我們也可以說這個學院的工作，就是原有工作的擴大與充實。依照
一九五一年十月二十五日，赫森教育廳長代表赫森邦政府所公佈的「原始
文件」，是由「教育事實研究與教育繼續進修學會」捐出八十萬馬克（約
合二十萬美金），作爲開辦經費，並由赫森邦政府，自一九五一年度起，
把經常費，每年二十萬馬克（約合五萬美金），列入正式預算。並且由邦
政府指定兩處舊有的學校建築，撥出地皮，供給建築學院的房舍。

　　這個學院的工作目標，根據「原始文件」，是定爲四項：第一是研究
教育的理論，作爲改進教育實際的基礎；第二是訓練一般對於教育有專門
研究人員（*Fachleute der Pädagogischen Forschung*），使其有「學校行政」
以及「學校監督」的管理能力；第三是對於研究教育的個人或團體，在理
論與實際方面，加以指導與協助，並與國際方面之教育研究工作或實際工
作，密切合作；第四是在教育理論與實際方面，指導並協助各級學校的教
師，使他們有適當的進修機會。國際教育研究學院的目的，雖可以分爲四
項，但是歸併起來，仍然不外「自己從事教育的工作」，和「使各種學校
的教師，都有進修的機會」這兩個目的。這個學院的前身「教育事實研究
與教育繼續進修學會」，就是把上列兩項工作，作爲主要目的，所以改組
重建之後，工作的目標，也並沒有大的變動。這個新成立的學院，一切設
施與組織，也就是根據這兩項工作目標，設計出來的。

　　現在先來說明這個新教育機構的組織。國際教育研究學院，雖然是由一個舊的學會改組、擴充而成；可是成立之後，它的常年經費就列入了赫森邦的正式預算之中，而且要受赫森邦教育廳的監督。就這樣的情形看來，這個新成立的學院，當然是一個「公立學校」了。但是這個學院，究竟是一個學術研究機關，所以和舊有的大學，同樣的能夠享受傳統的「學術自由」。它的組織，就是根據「學術自由」的原則，建立起來的。這個學院的成立，是根據政府公佈的「原始文件」，校址由政府撥用，經費由政府列入預算，可是學院的院長則由教授選舉，董事會的主席又由「教育事實研究與教育繼續進修學會」的會長擔任。像這樣的公立學校，重要人員的任用，政府不能直接支配，用我們習慣的眼光來看，或許覺得有些奇怪呢。我們不能只看它組織中一個部分，如果把組織的整個系統來看，才能夠明白它的意義，才能夠看出學術自由的精神。這個學院，依照法令規定，只要不違背西德聯邦的「基本法」，在「研究」和「教學」方面，是有完全的自由。

　　國際教育研究學院的組織，共分「執行部」與「董事會」兩個部分（der Vorstand und das Kuratorium）。執行部中是只由四個人組織起來的，一個是學院的院長，一個是董事會的主席，一個是董事會的會計，另外一個是董事會的主任秘書。院長是執行部的主席，董事會的主席，則為執行部的副主席。執行部的職權是代表學院處理一切有關法律的事件或爭端，管理財產，編訂預算，有關人事事件的處理，會計與執行預算以及其他有特殊意義的事件。在法律上，執行部的主席必須和另外一位執行部的同仁，聯合起來，才能對外作為執行部的代表。董事會，是由下列幾種人員組織成的：(1) 赫森教育廳現任廳長的代表一人；(2) 舊有「教育事實研究與教育繼續進修學會」的會員五人；(3) 佛蘭克府大學和馬堡大學的哲學院各指定一人；(4) 國民學校教師和職業學校教師訓練機關所選派的代表各一人；(5) 赫森邦內的教師公會所選派的代表一人；(6) 美國駐德高級專員所派定的代表二人。董事會中由 (3)(4)(5) 三項中產生的，董事任期兩年。董事會的職權，為下列幾種：(1) 擬定學院工作計劃的實施步驟；(2) 決定並監督執行部編定，邦政府核准之預算；(3) 向審計機關提送年終決算；(4) 監督

執行部之工作情況，在嚴密考核、審查之下，或根據會中專家的意見，修正執行部之職權或作人事上的變動；(5) 審查並決定每年度的總報告；(6) 接受執行部的建議，召開研究會議與教授會議。其餘如董事會的主席、會計、秘書主任等，都由董事會選舉，任期俱爲兩年。

　　在國際教育研究學院的組織中間，除了負責行政、管理事務的「執行部」與「董事會」以外，另外還有一個重要的部分，就是「研究與教授會」，也可以簡稱爲教授會。教授會的組織，包括下列各項人員 (1) 正教授（其中之一，同時即爲院長）與正式副教授；(2) 額外副教授與講師；(3) 研究助教；(4) 外籍的名譽教授與講師；(5) 其他參加學術研究部門的工作者。有獨立研究學術的能力，並且曾經在公立學術研究機關或大學曾有研究與教學經驗的人，而適宜於作教育研究的工作，這是參加教授會所必需的基本條件。全體正教授與全體副教授，再加上由講師和助教共同選出的代表二人，聯合起來，就組織成了「評議會」（Senat）。評議會的第一個任務，就是從正教授中，選舉一人爲學院的院長。選舉院長的評議會之召開，則須先行獲得教育廳廳長的同意。在選舉院長的評議會會議中，美國高級專員所派兩個代表的認可，也是一個必要的條件。院長選舉的時期並不固定，這和一般大學校長任期固定的選舉辦法，不大相同。在院長任職兩年之後，如果院長自請解職，或者是評議會有三分之二以上的人數提議改選，也可以再行請得教育廳廳長的同意，定期開會選舉。此外評議會的職權爲：(1) 教授會中所包含各項人員任用的建議；(2) 學生入學申請的審查與決定；(3) 學院一般事務，尤其是研究計劃與科學合作的決策；(4) 對於教育研究與教師訓練各項重大問題，提供具體的意見。

　　國際教育研究學院的正教授、副教授與講師的任用，是由評議會提出合格的人選，每一缺額提出三個候選人，會議決定後，提送執行部，執行部再徵得董事會的同意，然後才共同呈請赫森邦教育廳的核定、任用。這一些人員的解職，或變更工作位置，也要經過同樣的程序。至於研究助教的任用，則院長得到有關部分的教授同意，即可決定。院長得到評議會的同意，在經常費之外，如能獲得其他捐助，並認爲有必要時，也可以聘用臨時的教授和研究人員。院長也可以向美國或歐洲國家與其他一些國家，

取得聯繫，訂定教育研究的計劃，在得到評議會同意之下，也能夠向國外借聘教授和研究人員。但是此項人員所需的費用，不能夠在正式預算中開支，只能另外在國內外設法籌集。

這個學院的重要任務之一，是使各種學校的教師能有進修的機會，凡是由大學教育出身的教師，經過專業訓練，並且已有實際的經驗都可以申請入學。其餘學校中主管教學、訓練事項的職員，只要原來是大學教育出身，也可以申請入學。經評議會核定准予入學的學生，所繳納學費，儘量減低。在校肄業時間，至少須要一年。

這個學院的組織條例第十三、十四兩章的條文規定，也很特別。學院組織條例的條文，在董事會三分之二多數決議以後，再得到赫森教育廳的同意，可以改正，但是絕對不能牽涉到學院目的的修正。如果這個學院的工作，到了公認為不能達到目的的時候，可以宣告取消。在成立後五年之內，這個學院取消時候，學院動產、不動產，須分別歸還有關方面；如果解散的時期，是在五年以後，動產交還的數量，可由董事會自己加以決定。

在近代教育進步的一些國家中，首先注意到教師訓練的工作，以後進一步，才知道注意教師進修工作。一般的說來，教師訓練工作，都有固定的學校專門負責；至於教師進修工作，則多半由短期的訓練班或夏令學校臨時負責。在第二次世界大戰以後，西德聯邦在教育重建工作中，居然為教師訓練工作，設立一個固定的教育機關，這倒不能說不是一個值得注意的一點。

在第二次世界大戰以後，許多青年，變成了無家可歸，到處流浪，對於這些不幸的青年，如何救濟，如何教育，也成了很嚴重的問題。為解決這些青年的問題，西德聯邦的內政部曾向聯邦立法機關提出法案，並且設立了「青年局」，把救濟青年的工作，自各邦移轉到聯邦政府負責。在西德聯邦中，曾有聯邦青年協會（*Bundesjugendring*）和聯邦青年計劃（*Bundesjugend plan*）一類的機構與活動，希望對於流浪青年，在職業的訓練與介紹方面，有所貢獻。這些工作，也很值得注意，不過因為和教育工作，究竟不大一樣，所以也就不再加以敘述了。

　　在敘述西德聯邦教育概況，大概告一段落之後，還須要再說明一點，就是西德聯邦的教育重建工作，現在是正在進行，並沒有完成，如同學校的組織、學校的形式以及學制系統，雖有各邦的法令，仍然還都未有確定一套統一的辦法，尤其是關於教師訓練的制度，還不知將來要如何演變。所以上邊所說，只是波恩政府成立以後，到一九三二年的教育概況。好在，在波恩有西德聯邦中各邦教育廳長會議常設的秘書處，在維斯巴頓（*Wiesbaden*）設的有「教育工作站」（*Pädagogische Arbeitsstelle*），對於一切有關學校、教育變更的情報，會隨時供給我們，使我們對於西德的教育情況，有更多的瞭解機會。

　　最後，再對於二次大戰之後西德的教育潮流，略為敘述，作為本文的結束。近七、八年以來，西德的教育潮流，大概有下列各項顯著的趨勢：第一、在第一次世界大戰以前，德國的教育學者，絕大多數，都把兒童心理作為研究的重心；一般教育工作者，也是把兒童教育，作為工作重心。有關成人教育的理論研究和實際工作，除了少數教育家或教育團體注意以外，並不曾引起過普遍的重視。二次大戰以後，這種趨勢，已經有了改變；成人教育工作的重要性，已經普遍的受到注意。除了一些教會有計劃的從事成人教育工作之外，其他各方面，如學校教育工作者、法學家、醫生、工商企業家、以及婦女運動的領袖們，對於成人教育的工作，也都在他們的工作範圍中，盡力倡導，或實際執行。第二、戰後西德教育重建工作中，在大學教育這一段制度方面，固然沒有重大的改革，但是在大學教育的內容方面，卻也發生了一種新的傾向。德國教育上的傳統，在大學中的學生都是經過「成熟考試」（*Reifeprüfung*）的「成年」（*Maturität*）。在「普通教育」方面，已經有了合格的程度，所以大學教育的重心，完全放在「專門知識」的訓練上邊。二次大戰以後，大學教育，在內容方面，除了重視專門知識的研究以外，同時也注意了普通教育的訓練和哲學的陶冶。「科學的專門研究」和「精神生活」（*Geistesleben*）二者合而為一，才能算是大學教育的「全體」。這是大學教育方面一種新的看法。過去把大學教育，叫作「研究」（*Studium*），現在則叫作「普通研究」（*Studium generale*）。弗萊堡（*Freiburg*）和吐賓根（*Tübingen*）等大學，在戰後已

實行一種「預備研究」（Vorstudium）制度，爲期一年；在這一年的時期中間，要新入大學的學生，不分院系，一律對於社會和政治科學，先作一番研習。其餘如明斯特（Münster）和歌庭根（Göttingen）等大學，雖然沒有實行「預備研究」制度，但是也有一種新的規定，要學生用「自我教育」的方式，去研習一些和社會、政治科學有關的科目。第三、除了大學教育以外，其他高級中學以下的學校，不分升學與就業，一律重視社會和政治的訓練。而且社會、政治訓練的目的，都是注意歐洲各國的相互瞭解。在二十世紀的五十年代中，兩次世界大戰，德國都是戰敗的國家；因此，德國人才感覺到他們過去那種軍國民教育，有了問題。這種新的趨勢，重視國際間相互的瞭解，可以說是對於舊有教育宗旨懷疑之後所產生的結果。第四、二次大戰德國投降的時候，西德已經有了許多無家可歸的人；東德鐵幕張起以後，又有許多不堪壓迫的人民，從東德逃到西德避難。在這樣情形之下，自然會有許多應受教育而不能入學的成人和兒童。對於這些居無定所，在逃亡中過生活的人民，救濟工作，固然重要；但是教育工作，也不能忽視不理。所以短期的教育和訓練班，也在各地設立起來。這種短期訓練的班級，一方面是國民教育的補習，一方面又是技能的補充；因爲和正規的學校教育，在形式上不能一致，也可以把它們叫作「社會教育」。對於這種社會教育，有些人在那裏倡導，有些人在那裏實際工作，所以在現在的西德，也成了一種新的教育趨勢。第五、在高級中學，一方面西德戰後，不但在制度方面有了大的變動，而且在課程方面，也有一些重大的改革。自從萊勃尼芝（Gottfried Wilhelm Leibniz, 1646-1716）以後，汎智主義（Pansophie）已經支配了高級中學課程的標準；以後又經過黑格爾（Georg Wilhelm Friedrich Hegel, 1770-1831）的提倡，汎智主義，在高級課程方面，已經根深蒂固，雖然有許多人主張改革，但是都不曾動搖了這種主張。二次戰後，又舊事重提，一九五〇年和一九五一年，兩次「大學、高中校長聯席會議」，對於這個舊的中學課程問題，才很技巧的得到一個解決。他們並不涉及到中學課程過於繁重的問題，去撞一下汎智主義；僅只把中學課程的編製，改進一下；在中學課中，只注重有陶冶價值或教育意義的教材，無形中，就是減少了知識分量的堆集。而且在中學

畢業考試的技術上，也特別注意瞭解能力的強弱，看輕知識記誦程度。這麼一來，在中學課程方面，確實已經把汎智主義的色彩，沖淡了許多。這也是戰後西德，在教育方面，一個新的趨勢。第六、國民教育方面，戰後的西德，也曾經在內容方面，作了一些改革。原來德國國民學校八年的義務教育，乃是把「普通教育」作爲中心，受過義務教育以後，才再受職業訓練。最近，西德國民教育中間，「技術教育」的成份，已經在各邦都普遍的增加起來；希望國民教育和實際生活連繫的更加密切一些。同時，因爲過去在國民學校就學的兒童，除了接受普通的義務教育之外，都要參加法定的或宗教的青年組織，而且還要穿著制服，使國民學校，充滿了「軍營」的氣息。二次大戰以後，受了美國教育思潮的影響，所有西德的國民學校，都儘量的使「兒童生活化」，把未成年的兒童當作兒童看待。這也是西德教育方面，一個新的傾向。最後還有一點，乃是教育行政方面的改進。西德波恩政府成立之後，取消了中央教育部，把教育權，分散到各邦行使；因此，在地方教育行政方面，也有一些改革，原來各市、區所設置的教育行政人員，叫作 Schulrat，一方面要負責一般教育行政的工作，一方面又負責視導工作。所以原有德國地方教育行政機構中，並沒有實行獨立的「視導制度」；現在則採用英國的制度，在各地方設置了獨立工作的學校視導。這也是一個新的改進。

（本文原載於大陸雜誌第七卷第一、二、三期）

德國的師範教育

　　二次世界大戰結束以後，西德（原名稱爲德意志聯邦共和國）的一切都在肅清納粹的殘餘；師範教育，在理論和施設上，自然也是如法炮製。但是二次大戰後的師範教育，雖然有一些改革，可是大部分是恢復了一九三三年納粹執政以前，魏瑪共和國時代的師範教育制度，並沒有什麼根本的改變。因此，在敘述西德師範教育以前，對於過去德國的師範教育，先作一番輪廓的說明，實在有其必要。

　　在中世紀，德意志民族的社會中，雖然已經有了教育的活動，但是並沒有專業的教師。當時的教學工作，可以說就是傳教士和學者的業餘工作。文藝復興、宗教改革以後，教師的地位，已經受到了各方面的重視，但是當時的教師工作，仍然不是專業。一直到了十八世紀，設立了師資訓練機構，教師才成爲專門職業，在社會上，才有獨立的地位。不過當時所說的教師，仍然只限於國民學校教師。到十九世紀中葉（一八四八年），才感到普通高級中學教師也需要一些專業訓練，因而有些大學，才擔任了訓練中學教師的責任。這種情形，一直演進到二十世紀第一次世界大戰以前，還沒有什麼重大的改變。德國的舊學制，中學採用「預備學校」（*Vorschule*）制度，兒童六歲時候，如果打算受中學教育，就不入國民學校，逕入中學的預備學校；在這樣學制之下，中學和國民學校完全是平行的。甚至預備學校制度取消以後，國民學校後四年（二次大戰後，改爲五年）的「高級班」（*Oberstufe*），仍然是和中學的前四年，平行辦理。中學和國民學校既然在程度上，有些相等，那麼，把這兩種學校的師資訓練，完全分爲程度不同的兩級，在一些教育學者看來，是不大合理的。所以在十九世紀後半期，就有些學者，對於這種不合理的辦法，提出批評。但是批評儘管批評，卻並沒有發生什麼影響。一直到第一次世界大戰以後，政體改爲共和，一切都在改革，因而才根據魏瑪憲法上的規定，由普魯士教育部採用了名教育學者斯普蘭格（*E. Spranger*, 1882-1963）的主張，把訓練國民學校教師的機構，提高程度，和大學相當。從一九二〇年全國教育會議以後，除了拜彥（*Bayern*）和維呑堡（*Württemberg*）仍然設立招收國民學校畢業學生的師範學校（*Lehrerseminar* 與 *Lehrerbildungsanstalt*）以外，其餘各邦，都設立了招收高中畢業學生的教育學院（*Pädagogische*

Akademie）與教育研究所（*Pädagogisches Institut*）作為訓練國民學校師資
的機構。師範學校，肄業六年；教育學院和教育研究所，肄業二年或三年
不等；所以學生的入學資格雖然不同，但是在程度上，卻很近似。這是第
一次世界大戰以後，德國師範教育上一個重大的改革。在這一次改革中，
國民學校教師訓練的程度，雖然較為提高，但是和中等學校的師資訓練，
仍然是分別辦理。一九三二年，納粹執政以後，第二年，就設立了中央教
育部，希望把全國的教育行政工作統一起來。教育部除了在中學教育以及
其他方面，都作了一些改革以外，對於師範教育，也繼續以前的工作，作
了更進一步的改革。在一九三四年以後，所有全國各邦的師範學校、教
育學院等等師資訓練機構一律取消，全國各邦都要遵照中央教育部的規
定，設置高等師範學校（*Hochschule für Lehreroildung*）。這種學校，男女
分設，而且要設在農村或接近邊疆的地方。招收高中畢業的學生，肄業一
年，經過考試，一部分轉入大學或高等工業、農業、商業學校以及音樂
院、藝術院、體育專科學校，繼續分科肄業，至少三年，經過考試，即取
得了中學或中級職業學校教師的資格，其餘一部分，則仍舊留在高等師範
學校繼續肄業一年，經過考試，即取得國民學校教師的資格。把中等學校
和國民學校教師的訓練，在第一年的基本訓練上，合在一塊辦理，這也是
德國師範教育上，一個重大的改革。納粹政府這樣的制度，一直實行到第
二次世界大戰結束的時期。

二次世界大戰結束，德國被美、英、法、俄四國分區佔領；俄國
佔領區形成東德傀儡政權，淪入鐵幕；至於美、英、法三國佔領區乃於
一九四九年，合組為德意志聯邦共和國（西德）。在美、英佔領區中，
師範教育，恢復了一九三三年以前魏瑪憲法政府時代的制度，在法國佔領
區中，則又恢復了「師範學校」制度，作為訓練國民學校教師的機構。戰
後，德國的教師因為戰爭傷亡以及被盟國佔領軍「整肅」，非常缺乏，所
以在波恩政府（*Die Bonner Regierung*）成立之後，就公佈法令，要各邦政
府，分別設立短期的訓練班，去訓練教師，適應過渡時期的需要。因此，
西德在戰後的師範教育，並沒有統一的制度。不過在一九四七年，盟軍佔
領當局曾發表公報，提出建議，希望任何佔領區對於各級師資訓練工作的

重建，要儘量利用「大學」或者是和大學程度相等的專科學院。美、英兩區中的，除了拜彥（Bayern）以外，都接受了這種主張。在法佔領區中，則仍然是設立了六年制的師範學校，招收國民學校畢業的學生。肄業期滿，再繼續升入二年制的教育學院（Pädagogische Akademie）肄業，然後才能取得教師的證書。美、英佔領區國民學校教師訓練的機構，是招收高級中學畢業的學生，法佔領區則是招收國民學校畢業的學生，這是他們彼此不同的地方。這種辦法，只限於國民學校的師資訓練，至於中學師資的訓練，一律由大學或者大學程度相等的各種專門學校負責，那是絕無例外的。無論是過去或現在，德國境內，「高等師範學校」也好，「教育學院」也好，甚至「教育研究所」也好，都是訓練國民學校教師的機構，和中學教師訓練沒有關係。德國的中學師資訓練，始終是由大學負責的。這是我要附帶鄭重說明的一點。

在德國的師範教育制度中，除了在納粹政府時代以外，始終是沒有統一的訓練辦法。雖然如此，但是在德國對於各級師資的檢定即考試，都始終有一套確定制度。所以師資訓練的辦法，即使十分分歧，可是師資的程度，並沒有降低。德國師範教育制度中，「學校訓練」和「國家考試」，是同時並重的，學校畢業，不經考試是不能取得教師資格的，像我們這樣把教員檢定分為「考試」和「免試」兩種辦法，在德國教育學者，是不能瞭解的。德國的教師考試制度，並不是「科舉式」考試，同時許多人報名，一同應考，乃是個別的考試，而且一定要由保證人，代為報名，才能參加考試。以下對於德國國民學校和中學教師考試的程度分別說明一下，至於考試的內容，則甚為複雜，並不是一篇短文所能敘述的。

戰前的德國，有招收國民學校畢業和高中畢業學生兩種不同的國民學校師資訓練的學校。前一種叫作「教師訓練所」（Lehrerseminar），肄業六年；後一種叫作「教育學院」或「教育研究所」，可以獨立設置，也可以附屬在大學或其他高等專門學校中間，肄業兩年，也有少數的情形，延長為三年。前一種連同國民教育，在校的時間，共為十四年（國民學校八年，教師訓練所六年）；後一種連同基礎學校（四年）、高級中學（九年），再加上教育學院二年，合計共為十五年。在上述兩類學校肄業期

滿，經過考試及格，即可離開學校，前往指定的國民學校，受校長或由校長指定的正式教師，個別指導，從事教學實習工作。每一地區的教育行政機關，指定有成績表現的國民學校校長，定期經常舉行座談會，召集區內各校實習的學生參加，在理論或實際方面，分別予以指導。至少實習兩年，甚至有延長到五年的，然後才能由導師（國民學校校長或教師）代為報名，參加第二次考試。主持考試的，是根據法令、在地方設立的「考試委員會」（Prüfungsrat）。考試委員會是由若干大學教授和國民學校校長聯合組織而成，會中的主席，依然要由一個國民學校校長擔任。經第二次考試及格，才能夠獲得被「任用」為「國民學校教師」的資格。由此，我們可以看出來，師範教育只是這兩種考試（第一考試，叫作基本知識考試、第二考試，叫作教育考試）的預備工作；僅只是在學校肄業期滿，是沒有資格去擔任教師工作的。正式的國民學校教師，依照一九一九年的法令，就是國家的公務人員，國家對於他們的終身生活，要負責的。而且國民學校教師，如果在教學工作之餘，努力自修，經過各種考試，可以升為國民學校校長、縣市教育科（局）長。在德國教育行政的人事制度下，不是國民學校優異的教師，是不會有機會去作校長或科長的。特殊學校（如盲啞學校、問題兒童學校、特殊疾病兒童學校）的校長，也是從普通國民學校教師中去選拔出來。如果國民學校的教師，能在大學旁聽幾個必要的科目，經過考試，也可以升為中學教師。德國對於國民學校教師的生活有保障，而且有升遷的機會，所以訓練時間很長，考試又很嚴格，仍然有些青年歡喜去作國民學校的教師。

　　中學教師的訓練，現在也仍然是分為兩個階段。高級中學畢業的學生，如果志願在將來擔任中學教師的工作，第一步就是先入大學或高等工業學校，學習文、理的科目。肄業後滿八個學期（四年），可以向考試委員會（並不是學校主辦考試事務）請求參加考試。考試委員會是政府就大學教授和當地教學有成績的中學教師中指定若干人組織起來的。考試科目分為三類，前兩類是從「文史」或「數理」的範圍中選定出來，稱為「主要科目」（Hauptfach），第三類則定為哲學或教育學。這三類科目的考試方式，主要是口試，有必要時，則加筆試。這是第一次考試，也叫作

「專科考試」。考試及格，即取得「實習教師」（*Studienreferendar*）的身份。以後就進入訓練的第二階段。「實習教師」分發到中學以後，由中學校長指定一位中學教師，負責指導。實習期間，有些地方定為一年，有些地方定為兩年，也有定為一年半者，多數地方則為兩年。第一年，除了在中學參觀試教以外，還得和當地其他實習教師共同參加教育討論會，研討教育上的一些實際問題；第二年則必須注意教育理論、教學方法的研究。第一年，只是少數的實習教師集合在一塊，在中學校長、教師指導之下，共同討論實際的問題；第二年，則把市區內各種中學的實習教師，一同集會一處，受教育理論、教學原則的訓練。這二階段的訓練，頗有手工業者的「師傅」訓練「學徒」的意味。實習滿期，由中學校長認可以後，才能參加第二次考試。在第二次考試時候，必須作連續若干次的實際教學試驗。第二次考試及格，就取得了「試用教師」（*Studienassessor*）的資格。再經一段工作的時間，就可能被任用為正式「中學教師」（*Studienrat*），就已經成為國家的公務人員。中學教師，可以升為「高級中學教師」（*Oberstudienrat*）、中學校長（*Studiendirektor*）、高級中學校長（*Oberstudiendirektor*）、高級督學（*Oberschulrat*）。先不取得中學教師的身份，是永遠不能擔任中學校長或高級督學的職務。以上所說，乃是德國中學教師訓練的經過以及中學教師升遷的情形。

此外，職業學校、補習學校、中級專科學校的教師，訓練情形非常複雜，而且這一類學校可以臨時任用「兼任教師」；兼任教師並不是一種資格，工程師、工頭甚至手工業者的師傅，都可以在補習學校或職業學校，擔任「兼任教師」。各地方的辦法，很不一致，所以不再加以敘述。

關於國民學校教師的進修工作，在第二次大戰以前，德國各地方的教師協會，已經採用各種方式，分別的在那裏舉辦；如專科講習、教法討論、參觀旅行，以及特設的學校，如柏林的狄思特維希學校（*Diesterweg Schule*）就是專門為國民學校教師的進修所設立的學校。二次大戰以後，一方面重建師範教育，一方面也特別注意中學教師的訓練工作。在美佔領區中的佛蘭克府（*Frankfurt*），於一九五〇年，由美國的援助，設立了一所「教育科學、國際教育研究學院」（*Hochschule für Erziehungswissen-*

schaft und Internationale Pädagogische Forschung），主要的目的之一，就是訓練各級現職的教育工作人員。過去對於教師進修工作，只是設立臨時的、短期的機構，現在則專設經常的學校，擔任教師的進修工作。這是二次大戰後，德國師範教育方面，一個新的措施。

就以上所敘述的德國師資訓練情形中，我們可以看出來四個特點：

第一、國民學校教師訓練的程度，已經逐漸提高，絕大多數的地方，已經由大學（如漢堡等地）或者是和大學程度相等的教育機構，負責訓練國民學校師資。

第二、無論國民學校或中學的教師訓練，在第二階段中，都採用一些「學徒制」的辦法；這麼一來，在未任正式教師工作以前，對於教師的工作，已經有相當熟練的教學知能。

第三、無論是國民學校或中學教師都有升遷的機會，而且規定某幾種職務非有教師的資格，絕不能擔任。對於教師，這是一種很大的鼓勵。

第四、對於教師的進修，不但有臨時的設施，而且有常設的機構，這麼一來，教師的程度，在任職以後仍然可以隨時提高。

（本文原載於教育與文化第一九九期）

二十一

西德的職業教育

「職業教育」一詞廣泛的來說，所有全部的學校教育都可以包含在內。大學，在一般的看法，乃是偏重在學術研究方面，似乎是超越在一般的職業教育之外；但是醫生、獸醫、律師、法官、中學教師等職業，無一不是由大學訓練出來的。其他中學、小學所推行的教育工作，更明顯的可以看出來都有職業準備的傾向。因此，正確一點來說，一切教育活動，都有職業教育的意義和價值。雖然如此，但是為了職業教育的推行便利起見，西德的職業教育工作，仍然和美國的現行制度，有些類似，把職業教育的程度限定一下，劃為一個特定的範圍。美國在一九一七年所通過的 *The Smith-Hughes* 法案以及一九四六年所通過的 *The George Barden* 法案，內容雖有差別，可是都把職業教育的範圍，縮小一點，限制在大學（學院）的程度以下（*Education of Less than College Grade*）；德國的職業學校中雖有「專科學校」（*Fachschule*），但是也明白確定，專科學校是低於大學程度的（*unter dem Range der Universitäten*）。這是美、德兩國對於職業教育範圍和性質的共同看法。

西德的職業教育工作，在形式上、內容上，都是十分紛歧，過於複雜；紛歧、複雜的程度，幾乎近於不能成為一種制度。可是，表面上雖然近於紊亂，實質上，卻牢守固定的原則，因而紛歧之中，仍有統一的趨勢。西德的職業教育工作的對象，除了一部分是預備將來擔任某種職業工作的青年以外，絕大多數是已經從事各種職業的青年，因而職業教育的性質，一部分是「預備教育」，另外一大部分卻是「補習教育」或「進修教育」。

西德的職業教育機構、形式、內容都非常複雜，但是按照它們的入學條件和學校組織，加以分類，我們可以看出來共有以下三種不同的職業教育機構：第一是職業學校（*Berufsschule*），第二是職業專科學校（*Berufs-fachschule*），第三是專科學校（*Fachschule*）。除了這三種常設的職業教育機構以外，還有各種臨時設立的「講習會」（*Lehrgänge*）和「訓練班」（*Kurse*），講習會和訓練班在內容上並沒有什麼嚴格的差異，所不同的，乃是前者的設立和組織，必須符合各「邦」有關「廳」、「處」的規定；至於後者，則各地區的教育行政負責人員，為適應地方的情形，可以

自行計劃設立。這樣的「會」、「班」，情形過於紛歧，要想作一些概括
的說明，不僅十分困難，而且也沒有必要。所以以下要敘述的只限於上述
三種正式的職業教育機構。

　　首先我們要說明的，乃是「職業學校」，這種學校式的職業教育，
乃是西德推行職業教育工作的骨幹，在二次大戰前後，已經和國民教育，
同樣的用法律規定爲「義務教育」。近代科學技術的進步，尤其是十九世
紀末到二十世紀這一階段中，異常迅速，不僅影響了農工商業，而且影響
了經濟、政治、社會。過去注重讀寫算一類文字、符號知識的教育，已經
不能適應實際生活的需要；而且不僅農工商業方面的從業人員需要特別的
技能，即使行政部門的基層幹部人員也需要特殊的訓練，這是「職業義務
教育」制度建立的主要原因。西德原來的職業教育機構稱爲「進修學校」
（*Fortbildungsschule* 等於英文的 *Continuation School*），自從實行職業義
務教育制度以後，一律改用「職業學校」，作爲正式的名稱。這種名稱的
改變，並不是一種形式主義，乃是要明確的定職業教育的目的和功用。以
「職業」爲學校的名稱，就是使在學的青年，自己覺悟到自己是在接受
職業的訓練，以及自己將來必須要從事一種職業。這種職業意義和價值的
自覺，正是人格陶冶的最好方法。依照法律的規定，受完義務教育，年在
十八歲以下的男女青年，必須入職業學校就學；但是對於下列四種男女青
年，則爲例外：（一）已在二年制「職業專科學校」畢業，獲得畢業證書
或已參加職業考試，得有正式「職工證書」（*Gesellen-zengnis*）的男女青
年；（二）年齡已超過十八歲的青年；（三）已結婚的女青年；（四）正在
中間學校、高級中學、專科學校和職業專科學校正規肄業的青年，都可以
不受強迫的職業義務教育。西德的青年，受完義務教育，絕大多數是十四
歲（若干地區推行九年制的義務教育，則爲十五歲）。離校以後，或者在
手工業範圍之內，投師學藝，簽訂合約，過「學徒」（*Lehrling*）的生活，
或者投入工廠、商店，去作「工徒」（*Anlernling*）。學徒依照合約，須
經過三年，方能出師；至於工徒，則比較的缺少教育的意義，多少有些童
工的性質，而且工徒和工廠或商店之間，並沒有合約的關係，可以隨時離
開。另外一些受過義務教育的青年，既非學徒，也非工徒，近於失業的情

形，不過數目很少。這三種青年，都必須到職業學校中就學；依照法律，所有父母、監護人及手工業的師傅和工廠的廠主、公司的經理，都必須使他們的子弟、學徒、工徒依時到職業學校，接受適當的教育。如果不入學，或入學後而不準時上課，則不免受到適當的處罰，或者是監禁。中間學校或高級中學的學生，因事退學，而年齡未滿十八歲的，也必須參加職業學校，接受職業訓練。年在十八歲以下，受完義務教育的青年，絕大多數是在作「學徒」或「工徒」，已經算是有了職業，所以職業學校是「部分時間的白日學校」，每年上課四十週，每週上課的時間是六至八小時。這六至八小時的上課時間，可以分為兩個半日，上午、下午可以相互調整。有些地方，則儘量設法把六至八小時的上課時間，排在一日。這種辦法，和英國一些城市所施行的「三明治」制度（*Sandwich-System*）有些類似。所謂「三明治」制度就是把「職業的生活」和「學校上課」的期間，依照一定的比例，間隔的排列起來。因此，這樣的職業教育乃是使已有職業的青年能夠獲得更為充實的教育，並非是一種職業準備的教育。西德的職業學校是義務教育，自然不會有什麼入學考試了。學生到校以後，依照性別、年齡、職業，分為下、中、上三級，每一職業教育的下、中、上三級，在原則上，由同一教師負責指導。職業學校中，任何職業項目，每班的人數不得超過三十人，到了離校時期，每班所餘的學生人數，往往不足二十五人。限定每班的人數，是希望教師對於每一個學生都有適當的指導機會。

西德職業學校的形式，共有七類：(1) 工業、技術職業學校；(2) 商業職業學校；(3) 家政職業學校；(4) 鄉村職業學校；(5) 採礦職業學校；(6) 一般職業學校；(7) 大規模企業機構所附設的工作職業學校。前六類乃由各地區政府機關負責辦理，屬於公立學校的範圍，最後一類，則為私立的職業學校。

每一類的職業學校，所設的科、班，又按照學生的性別、職業詳細區分，所以非常繁雜，詳細列舉，頗為困難，現在則只把「工業技藝職業學校」中為男生所設的科、班，略述大概，作為舉例的說明。男生在工業、技藝職業學校所入的科、班，按性質區分，共為三組：第一組為「工

業組」，其中分為機械檢查與裝置、翻沙模型、材料檢查、鉗床管理、化學實驗、製圖等等十五種不同的科、班；第二組為「手工業組」，內容更為複雜，有車身裝置、時裝設計、木工、油漆、書籍裝訂、糖果製造、裁縫、理髮等等三十五種不同的科、班；第三組為「交通組」，比較簡單，但亦分為旅館業、火車頭駕駛助理、鐵路職工、交通事業的輔助職工四種科、班。工業、技藝職業學校的課程為：專業技能、製圖、材料與工具、應用算術、應用幾何、代數、理化、德文、經濟學、業務管理、公民等等科目，而以工廠實習一科為各科教學活動的中心。所以這一種職業學校都設置各種不同的實習工廠。至於課程分量分配的比例，每週六小時的課業為「專業訓練」三小時，「業務管理」二小時，「公民」一小時。職業學校的目的，除了使已就業的青年能夠得到專業訓練的補充以外，還要注意就業青年的一般精神教育，所以管理能力的訓練和公民教育的陶冶，在職業學校的課程方面，能夠佔了二分之一的分量。

　　西德現有六類公立職業學校中，前五項都標明了職業的性質，只有最後一類稱為「一般職業學校」；職業學校中何以在「專門」訓練之外，又設立「一般」職業學校，這是值得加以說明的。原來參加職業學校的學生，有的是「學徒」，有的是「工徒」，還有一小部分為「無業的青年」。學徒是正在學習某種職業的特殊技能，所以參加職業學校以後可以依照他正在學習的職業性質，分編在相同的科、班中間。至於工徒，則只是短期的在出賣勞力，作一些特殊部分的機械工作，並不曾學習某種職業所需要的基本技能。無業青年自然也沒有受過任何職業的訓練，所以職業學校對於這兩種青年，即「工徒」和「無業青年」，就不能夠像對待學徒那樣，把他們分配在某種特殊職業性質的科、班中去接受職業義務教育。對於無業青年，還可以使他們從頭學起，依照他們的志願和能力，把他們分配在某種特殊的職業學校；至於工徒，現在正在就業，自然應該使他們放棄已有的職業，另外接受一種特殊的訓練，因此，乃設立「一般職業學校」，來適應這種需要。工徒制度普遍的流行，工徒的人數也相當的多，這種社會現象，實在是教育方面一個很嚴重的問題。原來這些工徒，自己雖有職業，但是他們對於自己的工作並沒有適當的瞭解，他們的行動，類

似一部機器中的一種小的動作。而且他們現在有職業，說不定很短的期間以內就會失業。他們沒有固定的特殊技能，不能夠屬於任何職業團體。事實上他們和人類社會組織脫離了關係，成為孤立的個體。在心理方面發生了極大的威脅，失去了社會意識、國家觀念。因此，在一般職業學校中，收容了這些心理感到威脅的工徒，教育他們瞭解自己工作的價值，使他們認識個人與社會的關係，使他們有興趣的為國家、人類工作，並進一步的設法發展他們的工作能力。這種職業學校中，共分為四類不同的組別：第一組，收容在工廠中的工徒，使他們獲得相當程度的技術知識，並且特別要他們多在學校工廠中，實際工作，以便使他們能有獲得學徒訓練那樣的機會。第二組，收容交通事業中的工徒，如雜差、信差、守門的侍僮等等，第一年的課程和第一組相同，第二、三兩年的教育，則偏重經濟、商業和交通方面。第三組，則收容地面散工、運輸工人、洗瓶工人等等，教學中心則為庭園設計和農場採作。第四組，所收容者為身、心比較衰弱的青年，教育內容和第三組相同。

公立的六種職業學校之外，在大的企業機關中，依法令的規定，可能設立工、商業一類的職業學校，這種企業機關所附設的職業學校，雖係私立，但是有關課程、教師等等問題，仍然和公立職業學校一樣受國家的監督和指導，因為學校係工業機關附設管理，有較好的設備和實習場所，而且理論與實際相互印證的機會較多。所以，一般的來說，私立職業學校的成績，往往優於公立的職業學校。

西德的職業學校，除了私立的是由企業機關負擔經費以外，所有公立職業學校的經費，則分別由「都市」、「縣鎮」、「法定的工商業會社」以及專為「辦理職業教育的團體」（Zweckverbänden）負擔。職業學校是義務教育的一種，學生除了極少數超過年齡限制而志願接受職業教育的青年以外，一律免收學費，所以職業學校所需要的經費，須有相當大的數目。職業學校的預算，大部分由地方政府支出，也有一部分是由國庫予以補助。各地方政府，為了充裕職業教育的經費，依法得在工、商業方面，徵收附加稅款。職業教育的最高目的是為了國家、民族，但是真正從成功的職業教育方面得到利益的，仍然是企業機關和手工業者的主持人；所以

從工商業方面，徵稅、辦理並改進職業教育，也是一種實際而且合理的措施。

以上所敘述的，仍是西德「職業學校」的輪廓，現在我們再來看西德另外一種推行職業教育的機構，即「職業專科學校」。這種學校和職業學校，在形式上，有很明顯的差異。職業學校的學生大多數是已有職業的青年，所以職業學校只是「部分時間」的學校，每週上課的時間，只有一個整日或兩個半日，在性質上類似對於職業青年的補習教育。至於「職業專科學校」雖然也是和八年或九年的義務教育相銜接，但是它所收的學生，並未參加職業活動，仍然是純粹的學生身份，所以職業專科學校乃和普通學校一樣，是全部時間的學校（Full-time Day School），因此，我們可以說這是一些青年將來希望從事某種職業所設立的預備學校。職業專科學校雖然是和職業學校平行的設立，但是並不屬於義務教育的範圍，因而學生入學，必須通過一種入學試驗，肄業期間，還要繳納學費；有的每年繳一百二十馬克，到了高年級，甚至要繳二百四十馬克的學費。肄業的年限，也不相同，普通是一年到三年，最長的可以延長四年。這種職業專科學校，有些類似英國的「倫敦行業學校」（London Trade Schools）和「初級技術學校」（Junior Technical School）。

西德的「職業專科學校」種類甚多，歸納起來，可以分為七類：第一為「男子工業學校」（Die Gewerbeschule für Knaben），其中又可以分為機械、電機、紡織三組。第二為「女子工業學校」（Die Gewerbeschule für Mädchen），這一類職業專科學校中，包括的有：(1) 縫紉學校、(2) 女子剪裁學校、(3) 內衣剪裁學校、(4) 女帽製造學校、(5) 刺繡學校、(6) 腹帶乳罩製造學校、(7) 美術織品學校、(8) 時裝設計與時裝表演學校、(9) 花邊製造學校、(10) 廣告圖案學校、(11) 旅店餐館學校、(12) 烹調、女侍學校。第三為「商業學校」。第四為「高級商業學校」，入學資格乃中間學校畢業，或高級中學中第六或第七年級的學生。這種學校有些類似普通中學高年級中職業訓練的分校，所以並不舉行入學考試。第五為「高級經濟學校」，這種職業專科畢業的學生，可能升入大學，學習經濟學或商科，繼續深造。第六為「家政學校」。第七為「兒童保育與家事助理學校」。

最後這兩種職業專科學校專收女生。男女青年，無論在這七種職業專科學校中，任何一種學校內肄業，都可以免受義務職業教育，也就是說，可能不再入職業學校肄業。

最後我們再來看西德的「專科學校」。專科學校的性質，雖然低於大學，但是在職業教育範圍以內，它的程度都高於以上所說的兩種職業學校，即「職業學校」和「職業專科學校」。專科學校的教學是理論和實際並重，是要由這兩方面去訓練工、農一類職業活動中的專門人材，對於女生，則偏重有關家政知能的訓練。專科學校的種類甚多，但是近代職業活動的範圍，日趨擴大，舊有的專科學校，總有些不能夠和新的社會情況完全配合，所以這一類比較高級的職業教育機關，現在仍然是不斷的在改革進步之中。

西德的專科學校在學校制度中，所處的地位，非常微妙；入學的資格，可以是八年或九年制國民學校畢業學生，也可以是中間學校畢業的學生，甚至高級中學肄業五年的學生，也可以轉入專科學校繼續肄業。入學的資格雖然並不一樣，但是無論原來由那一種學校畢業或肄業的學生，必須已經有了數年的實際職業工作經驗，則為一個共同必要的條件。換一句話來說，就是要入專科學校肄業必須先有二年以上，多數是四年以上的職業工作經驗。有些專科學校要求嚴格的入學考試，有些則比較的隨便一點。肄業的期限，有的只有一年，有的則是四個或五個學期。這種專科學校，也不屬於「職業義務教育」的範圍，所以學生要繳納相當數目的學費，如同「工程師學校」每學期除了繳納八十馬克的學費以外，還得要再繳課業費和其他消耗的雜費；但是也有例外，如「採礦學校」，對於學生就不徵收學費。總而言之，西德的專科學校，只求適應實際的需要，並不曾建立起來統一的制度。更為明顯的是專科學校性質的「技藝學校」（*Meisterschule*），它不僅有「全部時間的班科」，而且有「部分時間的班科」（*Part-time-instruction, Teilkurse*），使正在就業的青年或成年能有充實、補習新技能的機會。這種專科學校中部分時間的班科，在制度上，又有些「職業學校」的意味。凡此一切，都可以看出來西德的職業教育，在推行的時候，彈性非常之大。

　　在「專科學校」這個名詞之下，包括的有許多形式、性質不同的學校。專科學校的種類雖然很多，但是我們可以把它們分爲三大類別：第一類是「工礦」一類的專科學校，其中有：(1) 工程師學校，(2) 土木營造學校，(3) 紡織學校，(4) 技藝學校（*Meisterschule*，在字面譯爲技藝學校，有些不大恰切，但是這種學校的任務是要訓練精巧的技術，如金銀首飾的製造，石、玉的彫刻，藝術的印刷，書籍的精裝，圖案的設計等等，所以仍然把它譯爲技藝學校。）(5) 採礦學校，(6) 特殊專科學校（這是法定的職業團體，爲適應自己的特別需要，所設立的專科學校，因而性質不同，所以稱爲特別專科學校。）第二類是有關「農業」的專科學校，其中有：(1) 農業學校，(2) 高級農藝學校，(3) 農婦學校，(4) 單科農業技藝學校。第三類的「婦女」專科學校中，有：(1) 社會教育婦女專科學校，(2) 家政婦女專科學校，(3) 工藝婦女專科學校。西德專科學校的三大類中，雖然共分爲十三種不同的職業學校，但是每一種專科學校中，又可以分爲若干小的科別；如工程師學校（*Ingenieurschule*）中，就又有：(1) 農業機械、礦冶機械、紡織機械；(2) 化學、礦冶化學、食品化學、農業化學；(3) 電機；(4) 造船、輪機製造；(5) 小巧與精緻機件製造各種科別的區分。

　　西德的專科學校，有的是「多科專科學校」，有的則是「單科專科學校」。所以專科學校的課程分配，極不一致。現在只列舉機械專科學校的授課時間表，作爲舉例的說明。

科　目	每 學 期 授 課 時 間					合　計
	一	二	三	四	五	
公民與經濟學	二	四	二	二	一	九
數　學	八	六	四			一八
物理學	四	二				六
化　學	四					四
幾　何	七					七
機械原理	六	六	六			一八
機械零件與裝置	六	一二	一一			二九

科　目	每學期授課時間					合　計
	一	二	三	四	五	
動力與工作機器				一五	一八	三三
起重機				七	四	一一
電　工		二	四	四	一〇	二〇
技　藝	三	一〇	七			二〇
事務管理與成本計算				二	三	五
工廠設計與鋼鐵構造			四	六		一〇
實驗室中實習工作			二	四	四	一〇
每週上課總時數	四〇	四〇	四〇	四〇	四〇	二〇〇
體　育	二	二	二	二	二	一〇

　　以下列舉西德職業教育在二次大戰之後若干年度的統計數字，藉以明瞭西德職業學校發展的概況。

甲、學校數

年　份	一九五〇	一九五三	一九五六	一九五七	一九五八
職業學校	六七六七	五六一二	三七八二	三二八九	二八九九
職業專科學校	八七五	一〇九三	一三〇七	一四一九	一五〇一
專科學校	一四一〇	一七九六	一九四七	一九五五	一九九八
總　計	九〇五二	八五〇一	七〇三六	六六六三	六三九八

乙、學生數（單位千人）

年　份	一九五〇	一九五三	一九五六	一九五七	一九五八
職業學校	一六九九・二	二一二七・〇	二二六九・三	二〇九四・四	一九七九・七
男　生	九九二・九	一二〇三・七	一二七二・七	一一七五・七	一一〇八・五
女　生	七〇六・三	九二三・三	九九六・五	九一八・七	八七一・三
職業專科學校	八八・二	一二九・五	一五五・六	一五七・八	一六一・三
男　生	二三・二	三五・三	四四・一	四三・一	四五・三
女　生	六四・九	九四・三	一一一・五	一一四・七	一一六・〇

年　份	一九五〇	一九五三	一九五六	一九五七	一九五八
專科學校 男　生 女　生	——二·五 七五·八 三四·〇	一三四·一 九〇·一 四四·〇	一五九·一 一〇五·〇 五四·一	一五四·七 一〇〇·〇 五四·七	一六二·七 一〇一·九 六〇·八
總　　計 男　生 女　生	一八九九·九 一〇九四·七 八〇五·二	二三九〇·六 一三二九·〇 一〇六一·六	二五八四·〇 一四二一·九 一一六二·一	二四〇六·九 一三一八·八 一〇八八·一	二三〇三·八 一二五五·七 一〇四八·一

丙、專任教員數（單位千人）

年　份	一九五〇	一九五三	一九五六	一九五七	一九五八
職業學校	一五·六	一九·四	二二·二	二二·八	二四·〇
職業專科學校	四·〇	五·六	六·六	七·〇	六·三
專科學校	六·八	七·八	八·五	八·六	八·八
總　　計	二六·四	三二·八	三七·二	三八·三	三九·一

丁、平均每個教員所分配的學生數

年　份	一九五〇	一九五三	一九五六	一九五七	一九五八
職業學校	一〇九	一一〇	一〇二	九二	八三
職業專科學校	二二	一三	二四	二三	二六
專科學校	一七	一七	一九	一八	一八

　　對於上列統計數字，須作兩點說明：第一，在一九五〇年度各類職業學校的數目為九〇五二，到一九五八年，則減低為六三九八。這並不是不重視職業教育，相反的乃是改進職業教育，原來職業教育機構，科、班甚少，設備不合理想，把若干單科的職業學校合組為多科的職業學校，則設備自然可以充實一些。再從學生就學的人數來看，一九五〇年為一、八九九、九〇〇；到一九五八年，學生人數為二、三〇三、八〇〇。校數減少，人數增多，可見西德的職業教育是日在進步之中。第二，西德的各類職業學校中，教師人數不多，這是因為各類職業學校科目過多，不得不聘請專門人才擔任教學。所以西德的職業教育機構中，兼任教員多於專任教員。這是西德職業學校中的一種特殊現象。

　　西德的職業教育機構中所需要的教師，除了利用已有的大學和單科學院分別訓練之外，還特別設立「職業教育學院」（*Berufspädagogische Institute*）和「國家農業學院」（*Staatsinstitut für den landwirtschaftlichen Unterricht*）一類的特殊機構，負責訓練職業教育所需要的師資。職業教育師資的訓練工作，比普通中學和國民學校的師資訓練，更爲複雜；因爲這已經屬於師範教育的範圍，不便多加敘述了。

　　西德的職業教育，從發展的歷史來看，最初只是各種「行會」所辦理的「手工業」訓練，而且並沒有採用學校式的班級教學制度。工業革命以後，生產機構採用了機器作爲生產工具，職業教育才不得不部分的採用了學校教育的形式。德國各種職業教育機構中，把機械原理、機器管理，列爲主要的教學材料，最早也只有一百年，而且開始還只限於「採礦學校」中間。以後慢慢演進，紡織學校、技藝學校等等，也同樣把有關機器的原理和使用，看作重要的教材。因此，我們不妨說，機器的使用，一方面摧毀了小的生產事業，另一方面在教育上，也使過去純學徒式的職業教育，漸漸的改爲學校式的教育。

　　近代技術的改進，影響了德國職業教育的變遷，可是近百年來，技術不斷的進步，因而德國的職業教育也時時在改進之中，並不能形成一種固定的制度。德國的職業教育，就現在的情況來說，雖然是仍在不斷的變動，但是我們在這樣變動之中，仍然可能看出來，在推進職業教育工作中，有一些共同的趨勢。第一是，近代的德國，已經把職業教育當作國家的任務之一，在義務的國民教育之外，首先以法律把一大部分的職業教育，也定爲義務教育。要在國家的監督指導之下，爲已就業的青年，施設職業的補習教育，並爲未就業的青年，施設職業的準備教育。這可以說是近代德國職業教育推行中的一個統一的基本原則，但是國家的監督和指導並不是一種拘束或干涉，乃是在國家監督指導之下授權各地區自己負責辦理職業教育，而且各地區的職業行會、工商團體和地方政府，同樣的有權去辦理職業教育。在統一原則之下，於實施的進行中，採用分化的方式，於是乃有競賽，乃有實驗，乃有進步。其次，我們還可以在德國的職業教育的推行中發現另外一個特別的趨勢。德國的職業中，開於課程的分配、

入學的資格、肄業的年限等項，雖然都有法令的規定，但是無論在制度上、形式上，都十分富於彈性。「職業學校」中的科別十分繁多，但是肄業年限、授課時數，還有一定，至於「職業專科學校」和「專科學校」，不但科別複雜，而且年限也不一致，尤其「專科學校」的學生入學資格，更爲活動。有職業經驗的中學學生可以入學；可是只要已經從事過四年以上的職業工作，即使是國民學校畢業的學生，同樣的可以經過考試，到專科學校註冊上課。甚至在專科學校畢業之後，仍然還有升入與大學程度相等的高等專門學校繼續深造。這樣不經過一般的普通中學，即可接受高等教育，也可以說是德國職業教育中的一個特點。

上邊所說德國職業教育的特別趨勢，也並不是德國職業教育中所獨有的特徵；即在英、美國家的職業教育中，也可以發現類似的傾向。像我國現行的職業教育制度，採用中學三三制的辦法，不管職業的性質如何，一律定爲初級職業學校三年，高級職業學校三年，而且限定招收小學和初中畢業的學生，分屬在若干的籠統科別之中；對於手工業者的學徒、工廠中的工徒或藝徒，並不能普遍的使他們接受職業教育，這樣的情形在歐美國家職業教育中間，是看不到的。現在我們的職業教育，也是正在變動之中，希望能夠參考一下歐美國家職業教育的成規（並不是原樣抄襲），分析一下現在職業活動的情形，大膽的打破五十年職業教育上「整齊自近於劃一」、「簡單而至於無用」的職業學校制度，創立起來一套新的辦法。

附記　文中所用的材料，大部分採自一、*A. Kühne*; *Handbuch für das Berufs-und Fachschulwesen*, 1929, 二、*Streller*: *Wörterbuch der Berufe* 1953, 三、*G. Hirty*: *Das berufsblildende Schulwesen*, 1947, 四、*P. Eckard*: *Berufsbildung und Beruflich bildendes Wesen*, 1952。有關材料，多互見於各書之中，故未能一一註明。

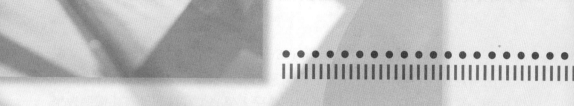

二十二

德國的大學推廣教育

「大學推廣教育」（*University Extension*）是現代英美兩國教育文獻中所常見到的名詞；但是在北歐的國家和德國卻並不使用這個教育方面的術語。在丹麥則有「民眾大學」和「農民大學」；在瑞典則有「巡迴教學運動」（*Studienzirkelbewegung*）；在德國則有「夜間民眾大學」（*Abend-volkshochschule*）。這些國家雖然使用表面上不同的名詞，可是在實質上，和英美兩國所用的「大學推廣教育」，卻是「異名同實」，也就是說這一些新興的教育工作，都是推行「成人教育」工作的一種方式。

人類社會生活中的教育活動，經過長期的演進，乃由一般的教育工作中，建立起來一種學校教育制度。學校教育發展的結果，不僅使教育的內容益加充實，而且促進了一般的文化進步。但是學校教育終究還有它的內在的缺點。學校教育有一定的範圍和對象，也就是任何一類學校都有一定的修業時期，而且也只把兒童和青年作為施教的對象。這麼一來，教育的範圍不免縮小，教育的對象也受到限制；並且使教育離開了一般的生活，自成為一個特殊的範圍。但是另一方面，人類文明，尤其是技術的進步，在近百年中，其快速的程度，遠超過歷史上過去的任何一個時期。學校教育的範圍既然縮小，而且因為學校教育的「連續性」又日趨加強，於是教育和生活脫節，以至於不能適應生活上的需要。因此在十九和二十世紀之交，在一些有高度文化的國家中，都相繼發生了不少的教育改革運動。現代教育改革運動的形式雖不一致，但是它們卻有一個共同的趨勢，就是一方面要擴大教育的範圍，使正規的學校教育之外，仍有教育的活動，另一方面又要增加教育的對象，使兒童、青年以外的成年，也有繼續受教育的機會。在過去文化發展、技術進步比較遲緩的時代，把學校教育看作教育工作的重要部分，重視學校教育的價值，而且用全力去推行或發展學校教育，還不容易發生什麼缺點；但是到了十九世紀，人類社會生活，由於文化、技術的進步，起了很大的變動，因而為適應生活需要的學校教育，也不能夠不重新的加以「估價」。對於已有的學校教育制度重新估價的結果，在教育改進的工作中，乃產生了兩種不同的趨勢。一方面是在學校教育本身內，尋求改進的方法，如同新教學法的實驗、課程的選擇與組織，以及在學校教育制度方面改革（義務教育年限的延長、中等教育適應功能

的加強、學術教育的提高與充實等等。）等等，都是希望著在維持學校教育制度的條件之下，來改進學校教育制度。另一方面，則認爲學校教育既然由於過去傳統的影響，自身獨立的成爲一個系統或範圍，無論如何都不容易澈底的改造一下，使其完全的能夠適應現代生活的需要。而且學校教育雖然範圍失之於狹小，不免爲人詬病，但是學校教育本身具有提高文化的價值，卻不能夠任意的予以否認。因此，與其毫無顧忌的改革學校教育，倒不如在正規的學校教育之外，另打主意。學校教育正因爲它有一定的範圍和經過選擇的對象，因而才能夠達到「專精」和「提高」的目的，如果無條件的打破它的範圍，擴大它的對象，就難免要減低了學校教育的價值。學校教育中的高等教育，在「提高」學術研究工作中，雖然有很大的貢獻，可是在「普及」方面的工作，卻是作的不夠。在現代化的國家中，高等教育的工作，「提高」和「普及」兩方面，必須同時並重，於是到了十九世紀，在正式的大學教育之外，屬於成人教育範圍中的大學推廣教育，也同樣的受到重視。我們須要注意的是大學推廣教育只是補充正規大學教育的不足，並不是要拿大學推廣教育來代替正規的大學教育。

　　爲了瞭解現在德國的大學推廣教育的意義和價值，所以對於歐美各國大學推廣教育運動發生的背景，略作上述的簡單敘述。現在我們再來看大學推廣教育，即夜間民衆大學運動在德國境內發展的經過。德國的正規學校教育的形態，自國民學校以至大學，都是保持自己教育史上的傳統，自行演進，不大接受外來的影響。可是類似大學推廣教育工作的夜間民衆大學，卻並不是德國教育工作上的傳統，而是由外國輸入的一種新的制度。德國的大學推廣教育，即民衆大學運動，是仿自它的鄰邦丹麥。當十九世紀中期，普魯士曾聯合奧國以武力侵略丹麥，並且吞併了原來屬於丹麥的一些土地。在武力方面，丹麥不能抗拒外來的軍事力量，所以領土、人口都甚狹小的丹麥，爲了在強鄰威脅之下，能夠生存，於是乃在教育方面下手，團結全國的國民，努力圖強。在這樣環境之下，因而在一八四四年，於丹麥洛丁（Rφdding）地方所創設含有實驗性質的「民衆大學」，乃受到丹麥全國的注意。德國方面，在一八七一年普法戰爭中得到勝利，普魯士的國王在巴黎加冕爲德意志帝國的皇帝，以普魯士爲主，把一些德意

志民族所形成的政治單位統一起來，完成了德意志民族的宿願。爲了要使新統一的德意志帝國的統一基礎更爲鞏固，從文化教育方面入手似乎要比從政治、軍事方面入手還要澈底一些，於是乃把丹麥已經流行的民眾大學制度，介紹到德國。遠在一八七一年以前，德國境內雖然已經建立起來一些夜間民眾大學，但是僅只是由教會以及私人團體負責辦理，而且爲數甚少，並不普遍。自從一八七一年以後，夜間民眾大學在德意志境內，才受到了一般的重視。但是眞正普遍的推行民眾大學運動卻是從二十世紀初期才開始的。丹麥的格隆維治（*Nicolai Frederik Severin Grundtvig*, 1783-1872）是近代民眾大學制度的創始者；他反對啓蒙思想所影響的重知主義的教育，他主張民族主義的教育，他要求把「同胞愛」、「兄弟感」的培養作爲教育的主要任務，因而他把國語的推行當作教育工作的中心。因此，丹麥的民眾大學的主要任務，與其說是學問的推廣，毋寧說是國民道德的提高。德國的夜間民眾大學運動是導源於丹麥，所以也自然的接受了這一種傾向的影響。

　　德國大學在傳統上，是富有「國際性」，到十九世紀之初，柏林大學的創立，雖然已經趨於「國家化」，但是受了事實上的限制，仍然偏重於純學術的研究，不能夠完全國家化。所以十九世紀之末，二十世紀之初所發動的夜間民眾大學運動，儘管是大學教育的推廣，然而卻不以純學術的研究爲目的。相反的卻是把「休暇生活的陶冶」以及「精神生活的提高和加深」，當作主要的目的。因此，夜間民眾大學在內容方面，則注重科學、文藝、語言、技術（音樂、繪畫），以及一般的公民所需的普通教育。參加夜間民眾大學的人只求從知識的獲得、技能的學習各方面，得到精神生活上的修養，並不希望著在修習若干學科之後，可以得到與正規大學相當的畢業身份或學位。在德國參加夜間民眾大學的人，可以說是爲求知、爲修養而入學，一點都沒有作獲取學位、資格的企圖。因此，我們可以說德國的夜間民眾大學這一類的大學推廣教育，只不過是國民教育的提高或延長，並不像正規大學那樣是要造成一些知識上的貴族或社會的領導人物。德國的大學推廣教育工作中這一項特徵，我們是不應該不加以重視的。

　　德國的夜間民衆大學運動雖然在一八七一年開始，就已經漸漸的普遍起來，但是各自爲政，不相連繫，一直到第一次世界大戰前後，才慢慢的演進，形成了一種教育制度。但是仍然沒有一個全國的機構來負責計劃如何有效的推行這一種大學教育的推廣工作。二次大戰以後，到一九四九年，或許是受了英國的影響，在德意志聯邦共和國（即西德）的佛蘭克府才組成了一個全國性的機構主持全國大學推廣教育的推行和改進。據一九五二年以前的統計，西德全境共有一千二百所夜間民衆大學經常的連續開辦。這些夜間民衆大學所開的科目，每期不盡相同，所包含的範圍甚廣：有音樂欣賞、藝術批評，以及各種知識的傳授、技能的訓練，如氣象學、天文學、照像術、家政學與各種外國語文等等。參加夜間民衆大學的人，可以選修一種或多種，每種科目收費在五十「分尼」到一個馬克之間（每一美金折合四馬克二十分尼）。在夜間民衆大學授課的人，都是專家，一小部分是大學教授。二十年以前本文作者在柏林一所夜間民衆大學中，選聽公共衛生一科，當時講授的人就是柏林大學醫學院的教授。當時那位先生在講到瘧疾防治時候，一開始就說「男子不會害人，害人的都是女子。」弄得滿堂大笑。後來才說明雌性的蚊子，需要吃了動物的血才能產卵，所以只有雌蚊才吸食人血，雄蚊是不會危害於人的。從這一個事例中，我們也可以看出來，夜間民衆大學在講授時，是力求生動有趣，而且合於深入淺出的原則。夜間民衆大學每期授課的時間，大約是三個月，一個成年已就業的人，可以連續著十年、八年在夜間民衆大學選聽一兩種自己感到興趣的科目。德國夜間民衆大學授課的方式，並不一致，除了「講演」式以外，有時也採「討論」、「參觀」、「旅行」以及「指導」等等方式。有些夜間民衆大學甚至也會經常借用電臺，用廣播的方式，推行大學推廣教育。現在德國的夜間民衆大學所需的經費，雖然有一部分是由基督教教會和私人團體捐出，但大部分卻都由縣市政府負責撥付。德國把大學推廣教育看作國民教育的延長，地方政府負責在各地普遍的設立夜間民衆大學，設置多種科目，供一般成人選聽，因而以營利爲直接目的的各種函授學校，事實上已經絕跡。對於私立的函授學校，不要只是消極的取締，應該積極的設置大學教育推廣的機構。有了適當的大學教育推廣工

作，私立的函授學校，自然就不能夠存在。

德國的大學教授雖然有一些在夜間民眾大學中任教，那只是他們私人的行動；正規的大學，卻並沒有直接負責，像英美兩國的大學那樣，指定專人辦理大學推廣教育的工作。從表面上來看，德國的大學好像很輕視大學推廣教育，可是在事實上，德國大學本身早已經擔負起來大學推廣教育這種工作。德國大學中的學生，雖然同樣的聽講，可是他們的身份並不相同。德國大學的學生身份，一般的可以分為四種：（一）正式註冊入學（*Große Immatrikulation*）；（二）暫准註冊入學（*Kleine Immatrikulation*）；（三）旁聽生（*Gasthörer*）；（四）臨時旁聽生（*Besucher*）。

正式註冊入學的學生，在十九世紀時候，只有高級文科中學肄業九年畢業，獲得「成熟證書」（*Reifzeugnis*），才有這種資格。在德文中把這種學生稱為「大入學」，就是表示他已經具備了正式大學學生的資格。入學之後，可以選聽任何一位的教授的講課，而且可以參加大學中的 *Seminar*（由教授擬定題目，在教授指導之下，可以自由發表意見的座談。）經過相當時期，可以參加學位考試。這種學生，可以說是大學中的正規學生。到了二十世紀以後，在高級文科中學以外的，高級文實中學、高級實科中學的學生，才有同等的資格作為正式註冊入學的學生。

德國的大學雖然沒有很嚴格的入學考試，但是對於選擇學生的條件，也相當苛細。第一次世界大戰以後，德國中學制度中新產生了一種六年制的「建立中學」。這種中學是建立在國民學校七年級上邊，而其他的幾種高級中學，肄業雖有九年，可是只在國民學校肄業四年，就可以入學。所以就程度論，建立中學卻等於高級中學。因而建立中學的畢業學生，應該具有升入大學的資格。但是建立中學的學生只修習一種古典文字，即只習拉丁文，不學希臘文；因而，雖然准許他們升入大學，但是必須定期補考希臘文，及格以後，才能獲得正式註冊入學的資格。在未曾補考及格之前，他的身份，乃是暫准註冊入學；在德文中，則稱之為「小入學」。此外，高級文科中學畢業的學生，升入大學時，如果要學習自然科學或醫學，必須補考幾種有關自然科學的科目，同樣的也須要經過「小入學」的階段。

　　在「大入學」和「小入學」之外，德國大學中也收容旁聽的學生，旁聽生的名額並不像正式註冊的學生那樣有一定的限制，而且入學的條件也不像正式學生那樣的嚴格。甚至只有九年制高級中學肄業七年期滿的程度，就可以請求進入大學旁聽。這一些進入大學旁聽的青年，主要的目的是在對於將來就業考試作些準備的工作。另外有一些已就業的成人，爲了職業上的興趣或需要，也往往到大學請求旁聽，選修若干特殊科目。有必要時得到特別許可，也可能出席大學的 *Seminar*（頗有些類似我們大學中的研究所），參加研究、討論的工作。但是無論那一類的旁聽生，都是只能聽課、實習（*Übung*），永遠沒有考取學位的可能。這些旁聽的學生，在德文中稱之爲「客籍聽講者」。

　　以上所說大學學生三種不同的身份，在德國近代大學中都是如此；可是另外有些大學，如柏林大學中，在上述三種身份不同的學生之外，還有一種叫作「臨時旁聽生」的學生。所謂旁聽生，進入大學旁聽，至少要聽課一個學期，而且所繳納的「課費」（德國大學中除了學費之外，還要繳納聽課的費用，在德文中稱之爲 *Uuterrichtsgeld*。）和正式學生相等。至於臨時旁聽生只是大學中的一種參觀者或訪問者，他們要在大學中作爲期較長的停留，要連續的聽一聽某一個教授的講課，就不妨照章繳納一點課費，聽講一個月或兩個月，可以自由離校，不受任何限制。這一類學生，爲數甚少，有時幾乎沒有一個。因爲德國大學的大門是開放的，不繳納臨時旁聽課費，一樣可以自由聽講。有名的教授上課時，課堂中有好幾百人，多有幾個「偷聽生」，也決不會受到什麼干涉。像我國北京大學過去那樣「偷聽」的情形，在德國大學中也是經常有的。

　　德國大學中經過「大入學」和「小入學」的手續，正式註冊，方能取得「學生證」，稱爲「學生」（在德國只有大學或與大學程度相等的專門學校的學生，方能稱爲 *Student*，低於大學程度的學生，只能稱爲 *Schuler*）。第三種身份的學生，稱爲「聽講人」，至於第四種身份的學生則只能稱爲「訪問者」。德國大學中正式學生之外，同時收容不少的「聽講人」和「訪問者」，這豈不是德國大學也同樣和夜間民衆大學一樣的推行大學教育的推廣工作嗎？

（本文原載於教育與文化第九卷第八期）

德國國民學校教師組織的
工作及其影響

在討論德國國民學校教師組織的問題以前，對於德國國民學校制度的建立與演進，應該先有一些輪廓的認識。

就德國的教育史上來看，德國的學校制度是一種界限十分分明的雙軌制。德國最早的學校乃是西曆紀元以後第一世紀所建立的寺院學校（Kloster schule）。這種學校的主要目的在於培養教士，寺院學校中，雖然也往往附設「外院」（Äussere Schule），收容一些非以教士為專業的俗世子弟，但是它的目的，仍然偏重在高等教育之準備工作。德國境內大學的建立較晚，最早設立的海岱爾堡大學（Heidelberg）是一三八六年才正式成立，較法國、義大利大學的建立已經晚了一世紀。十四世紀德國大學中的組成人員，大多數是出身於寺院學校；而有一些大學還是以舊有的寺院學校為基礎改組而成。所以寺院學校和大學在德國的學校制度中，自成一個系統；因而形成了現代德國學制中高級中學（Gymnasium 可以說就是從寺院學校演化出來的）和大學那種特殊的聯繫情形。同時在高級中學之前，設立預備學校（Vorschule），收容滿六歲的兒童。預備學校的學生，可以經過高級中學，直入大學，這一種學校教育，德國的教育學者，稱之為「學者教育」（Gelehrter Unterricht），因為這一類的學校是「選擇性」的，只收容少數的青年入學肄業，主要目的在於培養出來一些青年的學術研究工作者。所以這一類學校是站在國民教育的範圍以外，和國民教育形成一種對立的局面。在「學者教育」範圍以外，德國的國民教育因為在近代以前，不受重視，所以它的歷史很短。在十四世紀德國教育制度中，雖然由於事實的需要，在「學者教育」一類的學校之外，建立了「書寫學校」（Schreibschule），以「讀」、「寫」、「算」作為主要的課程，目的在於滿足社會生活的需要，並非學術研究的準備教育。然而這種新建立的學校，如果用現在國民教育的觀點來衡量，仍然不能列入國民教育的範圍之內。所以這一類以讀、寫、算為主要課程的「書寫學校」，至多只能說是德國國民學校萌芽，並不是德國國民學校的前身。德國的國民學校，一直到宗教改革運動發生之後，才獲得了地方政府的注意，有了法令的根據，當時各地方政府，除了公佈了「教會令」（Kirchenordnung），同時還公佈了「學校令」（Schulordnung）。在宗教改革運動中，一方面由

於事實的需要，一方面由於法令的督促，德國的國民學校才慢慢的在各地方建立起來。但是，當時國民學校建立的目的，是在於普遍訓練民眾有直接的讀聖經的能力，嚴格說來，仍然是偏重在宗教教育方面，並不是現代所說的國民教育。到了啓蒙運動在歐洲各國普遍發展之後，民族主義的思想抬頭，歐洲近代化的國家先後建立，於是德國的國民教育才受到重視。因為國民教育被認作立國的基礎，所以才發生了「強迫教育」或「義務教育」這一些新的觀念，替現代化的國民教育奠定了穩固的基礎。任何一種新制度的建立，都難免遭遇到一些來自傳統方面的阻力，在新的教育制度推行的過程中，表現的更為顯著。在德國教育史的傳統上，「學者教育」一類學校，如高級中學、大學乃是學校教育的正統，國民學校一向不受重視。一般的看法（事實亦係如此）總認為國民教育是「貧民教育」或者是「社會低階層的民眾教育」，因而在法令上雖然表示重視，可是社會一般情況較好人士，總不肯把子弟送入國民學校肄業。預備學校、高級中學、大學自成一個系統，獨立在國民學校以外。六歲的兒童一入國民學校，不管將來有什麼變化，終身就不會再有轉入高級中學和升入大學的機會。儘管裴斯泰洛齊（*Johann Heinrich Pestalozzi*, 1746-1827）的國民教育理論，傳入德國之後，受到重視，儘管斐希特（*Johann Gottlicb Fichte*, 1762-1814）在「告德意志民族」中大聲疾呼，要以國民教育的推進，作復興民族的根據，可是在事實上，德國的國民學校始終排除在高級中學、大學這一類的學者教育之外，形成一種嚴格的雙軌學制。德國的雙軌學校制度嚴格到師資訓練也是分道揚鑣；高級中學的師資的訓練是高級中學畢業，升入大學，經過「學科考試」、「教育考試」，及格以後就成為高級中學的正式教師，至於國民學校的師資，則另設訓練機構，入學的資格也只是八年制國民學校畢業的學生。因此，高級中學和國民學校，不僅是學生之間彼此分離，甚至教師的出身，也彼此無關。這種分裂的學校制度，雖然十分的不合理，雖然不斷的發生改進的要求，可是由於積習難返，很不容易獲得合理的調整。一直到第一次世界大戰以後，在一九二○年四月二十八日「全國基本學校法」（*Reichsgrundschulgesetz*）公佈施行以後，才得到一個初步的解決。根據「全國基本學校法」的規定，廢除了高級中

學的預備學校制度，所有全國各地的男女學齡兒童，一律必須進入國民學校的前四年級肄業，同時把八年制國民學校的前四年，依法定名為「基本學校」（*Grundschule*）。基本學校四年肄業期滿之後，經過各項選擇的手續，再分別決定或轉入高級中學，或者仍留在國民學校後四年繼續肄業。一九三八年七月六日，又公佈了「全國義務教育法」（*Reichsschulpflichtgesetz*），全國各地區普遍的實行八年的義務教育制度。二次世界大戰之後，自一九四五年起，德意志聯邦共和國內若干地區並且進一步把義務教育的年限增加一年，延長為九年。從以上德國教育史上的事實來看，可以發現德國發生較早的「學者教育」一類的學校，大致的形態已分別固定起來，只有發生較遲的國民學校，總是在演變改革之中，直到最近才形成一種制度性的形態。在德國國民教育改進的過程中，德國的國民學校教師組織，曾經作過不少的努力，貢獻甚大；所以在討論本文的題目以前，對於德國國民教育在制度方面的演進，去作了以上那樣輪廓的敘述。

德國本來不是一個統一的完整國家，各地區的民間組織、宗教團體，在數量上，非常繁多。除了教會組織形成一種社會制度以外，在最早能夠表現組織的力量，爭取到社會、政治、經濟的特殊地位的組織要算是中世紀末期的工商業「行會」（*Zunft*）了。這一類的「行會」組織，一方面保護了自己的財產、利益，一方面還得到教會和政治方面的重視，因而獲得了若干特權，如建立武裝的商團，設置仲裁、調解的法院，進而取得了一些自治的權力。在中世紀末期大學的成立動機中，有一些教育史的學者就認為多少受了「行會」組織的影響。「行會」的組織能夠從教會和政府方面以組織的力量爭取到一種多少含有獨立意義的自治地位，所以有些學者也自動的組織起來，即使不必對抗當時教會和政府的權威，然而也可以保障自己的研究獨立和思想自由。所以大學的原始意義就是「學者集團」，同時，當時的任何大學都是獨立在教會和政府之外，保持一種相當限度的自由。儘管當時的大學常常得到教會和政府在精神和物質方面的協助，但是大學卻並不因此就受教會和政府完全支配。所以大學這種學者集團，和現代教師組織的含義並不相同。德國的教師組織一直到十八世紀之末，才有了萌芽，最早成立的教師組織就是由國民學校教師建立起來

的，當時的大學和高級中學教師並沒有參加。德國最早的教師組織，也就
是國民學校教師組織，都是地方性的，每一地區的國民學校教師，各有其
教師組織，人數不多，又沒有全國性的聯合組織，因而不能發生較大的影
響，也並不受社會各方面的重視。十九世紀一開始，拿破崙佔領了柏林，
是德國歷史最困苦的時期，但是不到十年的時間，在「自由戰爭」，德國
贏得了勝利，德國在政治和文化方面都有了一些進步，因此各地區的國民
學校教師組織才活躍起來。當時的國民學校教師組織努力的第一個目標，
可以說是受了斐希特的鼓勵，要建立起來一種統一的國民教育制度。嚴格
的雙軌學制會造成民族分裂的結果。爲了復興德意志民族最基本的、有效
的辦法，乃是憑藉統一的國民教育制度。所以當時的國民學校教師組織
才把建立統一學制，作爲主要的目標。除了在國民教育制度方面要求改
進以外，德國的國民學校教師組織，還要求在教育目的、課程內容方面有
所改進。當時的國民學校教師組織，代表著一種新的啓蒙運動的趨勢，所
以主張以自由、進步的哲學立場，去建立新的教育宗旨，選擇新的、適合
社會需要的教材。從十九世紀初期德國國民學校教師組織的工作中，我們
可以看出來，當時的國民學校教師組織團體的動機並非爲的自身的福利，
乃是爲的研究教育理論，表示政治主張。儘管他們建立組織的動機公而非
私，十分光明，可是由於沒有全國性的聯合組織，所以並沒有得到什麼很
顯著的成就。一直到了一八七九年，由於俾斯麥當政，戰勝法國，攻佔了
巴黎，威廉第一在巴黎加冕成爲德意志皇帝，建立了近代統一的德意志帝
國，德國的政治、經濟、文化、教育等等方面都進入一個新的階段，於
是德國各地區的國民學校教師組織，才聯合起來，建立了全國性的國民
學校教師組織。當時的正式名稱爲「德意志教師聯合會」（*Der deutsche
Lehrerverein*），可是參加的人員只是限於國民學校教師們，事實上仍是一
種全國性的國民學校教師組織。「德意志教師聯合會」這一個全國性的
國民學校教師組織不但成立最早（普魯士邦的高級中學教師組織成立於
一八八○年，德國國民學校女教師組織成立於一八九○年，德國全國性高
級中學教師組織成立於一九○三年）。而且在成立之始，就擁有十五萬以
上的會員。所以在成立之後，在教育改革運動中，佔了相當重要的地位。

一九三三年國社黨執政以後，把所有全德國各種教師組織，不管是地方性的或全國性的，一律合併起來，總稱爲「國家社會主義教師協會」（*NS-Lehrerbund*），在工作方面也處處受到國社黨的限制或干涉，所以也並沒有什麼特殊的表現。二次世界大戰德國戰敗以後，一九四五年，這個由國社黨所支配的教師組織也遭遇到和國社黨同樣的命運。在國社黨的教師組織解散之後，在德意志聯邦共和國中，各地區又按照學校的性質（如中學、國民學校、職業學校），宗教的信仰（如天主教、基督教）紛紛建立了教師組織，而國民學校教師組織仍然是其中最爲活躍的一種教師組織。

對於德國國民學校教師組織發展的經過，有了鳥瞰的認識以後，現在我們再進一步來敘述一下德國國民學校組織的工作努力傾向。

德國國民學校教師組織在十八世紀與十九世紀之交，成立的時候，主要的任務是研討教育的理論與實際，作爲改進本身工作的依據，同時由於當時的國情、政局的影響，也往往表示一些政治方面的見解與主張。在一八七一年，德意志帝國成立以後，德國在政治、經濟、教育、文化各方面都有長足的進步，因而德國在國際間地位提高，在國內各方面都繁榮安定。社會安定，生活滿足，一般國民的政治興趣就不知不覺淡薄起來，轉而注意到經濟、文化方面。在這種情形之下，國民學校教師組織的工作趨向中間，也不再注意政府問題了。但是在一八七一年以後，全國性的國民學校教師組織新成立起來，所以它的工作不但不趨於消極，反而比以前更爲活躍，而且把全部精神放在教育問題上邊。它的工作範圍，大體上，可分爲以下數項：一、國民學校教師在國家方面「地位」的確定與「提高」；二、國民學校教師訓練制度與進修機會的改進與增多；三、國民學校在制度與教學方面的改進；四、教育理論的研討。以下我們再就這四方面的活動，約略加以說明。

一八七一年德意志帝國的建立，俾斯麥曾經歸功於國民學校教師的努力。在事實上表現了國民學校教師工作的重要性。近代以民族主義爲基礎建立的近代化國家，絕不能沒有一般國民學校教師在教育方面所作的統一和團結的工作。在理論上，也表現了國民學校教師工作的重要性。事實、理論雖然如此，可是在德國由於歷史的傳統影響，國民學校教師的地

位，依然不能提高，不能受到各方面的重視。在習慣上，一般中、上級社
會人士的子弟，都進入預備學校，而不在國民學校肄業，所謂國民學校，
總脫不了「貧民學校」、「低級社會子弟學校」成份。同時國民學校教師
在國民學校八年級畢業以後，只受師範學校的訓練，永沒有進入大學的機
會，不能入於「學者之林」。因此，國民學校教師的地位，很難受到社會
的重視。在這樣不公平的待遇之下，也無怪國民學校教師組織，要在提高
地位這一方面，不斷的努力奮鬥了。一八八八年，德意志皇帝威廉第二即
位以後，由於民族主義的動機，對於當時德國的正規教育制度中，特別重
視古典和當代外國語文的教育價值，深表不滿，同時由於他本人在高級中
學時代對於拉丁文、希臘文不感興趣的經驗，所以對於教育制度的改革，
十分熱心。當時社會上對於教育改革運動，也有許多人熱心參加，很有影
響力量的人物，是當時「每日觀察報」（*Tägliche Rundschau*）的發行人朗
格（*Friedrich Lange*）。他一方面組織了「學校教育改進會」（*Verein für
Schulreform*），一方面發起上書教育行政當局，請求召開「學校教育改革
會議」，當時簽名的人數在兩萬四千人以上。這兩萬四千簽名人的身份
有百分之七十是由大學出身的學者，其餘百分之三十乃是出身於國民學
校。他們的共同主張是要求取消雙軌的學制，認為雙軌學制全國有分裂民
族團結的可能。所以他們提出了「統一學校」的口號。當時德國政府接受
了這一批學校教育改革運動等請求，得到威廉第二的支持，在一八九○
年、一八九二年曾經兩度召開「學校教育會議」。當時出席會議的代表，
幾乎都是出身於大學的學者，這些代表中多數人都是主張，維持高級中學
的特殊地位，也就是注重古典語文的教育價值。但是由於國民學校教師組
織以及社會上一般人士的要求，再加上威廉第二的同情支持，雖然統一學
制未能建立，高級中學的特殊地位未能動搖，可是在課程中，德語教學和
歷史教學的時數增加，卻減少了拉丁、希臘語文的鐘點。這可以說是國
民學校教師對於同情支持高級中學制度教育抗爭的第一回合中，已得到了
一小部分勝利。以後一九○○年繼續召開的「學校教育會議」國民學校教
師組織，仍然是未能派出代表參加，可是他們在會外社會上的活動，卻多
少影響了會議中的議案。有了十九世紀末期努力活動的成就，再加以以後

繼續的奮鬥，終於在第一次世界大戰之後，於各項制度澈底的改革中，得到了勝利。一九二○年德國召開了全國性的學校教育會議（*Reichsschulkonferenz*），這是德國教育史規模最大、人數最多的一次教育會議。這次會議是一九二○年復活節在柏林假國會中大議廳開會的，政府和社會上對於這一次的會議十分重視，即此可見一斑。德國在歷史傳統上，把教育當作社會事業中一個重要部分，學校教育並不能離開政治、社會，獨立的自成一個範圍。所以任何一次的教育會議出席的人員，都不限於教育研究者和教育工作的從業人員，社會上各部門都有派遣代表出席的機會，如一九○○年的學校教育會議，就有醫生和工商業方面的代表出席。一九二○年全國性學校教育會議出席的人數雖然很多，但是政府各部門，社會各行業，學術性的民間團體都派了一代表參加，直接從事教育工作的人員，只佔一部分。其中代表高級中學這一類的代表有六十一人，而代表國民學校出席的校長、男女教師卻有六十七人之多，只就這一次會議出席人數的比例來看，國民學校教師組織長時期奮鬥的目標之一，即確定並提高國民學校教師的地位，已經大部分達到了。在會議中，有關學制、課程問題的討論時，高級中學方面的代表得到一些大學教授方面出席人員的支援，常常和國民學校教師組織方面的代表，立於反對的地位；可是由於社會各方面的支持，更由於事實上的需要，再加上國民學校教師以及出身國民學校教師的其他各方面的代表（如當時有名的著作家 *Johanves Tews*, 1860-1937 在會議中即對於學制統一的理論發表了很有力主張。）的共同努力，因而德國學校教育在這一次會議中，才有了空前的改革。其中最重要而且能夠爲當代德國新教育的「奠基石」的，約有以下幾項：一、預備學校的澈底廢除，所有學齡兒童，毫無例外的一律入基本學校（即國民學校的前四年）肄業，使過去那種嚴格的雙軌學制不能繼續的存在，爲德國現在一部分地區（如漢堡）建立統一的學制舖好一條道路。二、國民學校和高級中學的教師同是代表民族中上一代的成人，負擔下一代兒童、青年的教育責任，任務是同樣的重要；在德國教育史的傳統上，以訓練不同，分爲兩個對立的團體，無論從那一種立場來看，都非國家之福。在這一次會議中，雖然沒有十分硬性的決議，但在原則上，則承認國民學校教師的訓練工作，應

該也由大學負責。一九三三至一九四五年德國的師範教育統一辦理,以及現在西德漢堡的師範教育制度中國民學校教師,高級中學與教師同在大學接受訓練的辦法,也可以說在這一次教育會議中,已經播下了種子。三、除了國民學校四年的「高級班」與高級中學是同樣的建立在共同的四年基本學校上邊以外,當國民學校六年級(即高級班的第二年級)肄業期滿以後,學生又有一次轉入高級中學的機會。國民學校六年級肄業期滿的學生所入的高級中學六年畢業,即所謂「建立中學」(*Aufbauschule*,意即在六年級國民學校以上所建立的中學),它的畢業學生,和高級中學畢業的學生,同樣的可以升入大學。這樣改革的結果,打破了高級中學獨佔大學的局面,即使在國民學校肄業六學年的兒童將來仍有升入大學的機會。四、德國高級中學中的文科中學(*Gymnasium*)在歷史關係上,注重外國語文的訓練,要想改革甚為困難,在一八九二年學校教育會議中,以德國皇帝威廉第二的尊嚴,在會場發表講演,反對文科中學中過於重視希臘、拉丁語文教學的傾向,可是除了受到譏諷以外(有人說皇帝作太子時,在中學讀書,希臘文、拉丁文都不及格,所以作皇帝以後,反對中學中的古典語文教學。)文科中學的優越地位,並未發生動搖。一九二〇年全國教育會議中,採取了另外一種戰略,並不直接非難文科中學過於重視古文的缺點,只提出設立新學校的必要,新式學校與文科中學有同樣的地位,在課程方面,則重視德語和德國歷史,所以這一種新式中學就定名為「德意志高級中學」。這種辦法雖然不夠澈底(實在說來教育改革,也不應該過於澈底),可是課程改進的目的,卻已經達到。

就以上的敘述來看,近代德國教育改革運動中所得到的成就,即使不能說是國民學校教師組織功勞,但是在推進教育改革運動中,卻不能說國民學校教師沒有盡到力量,當代一般的教師組織,往往偏重本身的福利,而德國國民學校教師組織卻並不是把自身福利當作工作的唯一重心,這也可以說是德國國民學校教師組織的一個特徵。

(本文原載於教育輔導月刊第六卷第十一期)

附 錄

吾師田伯蒼先生行述

　　先生諱培林，字伯蒼，河南襄城縣人。曾祖荊壁公，祖經畬公，父樹棠公，皆為邑中耆宿，扶危濟困，興水利，禦匪寇，鄉人至今德之，為刻石記事。先生於民國九年畢業北京大學哲學系。任教保定育德中學。翌年返豫，任教省立第一第二中學，男女師範，法政專科等校。十七年，又至北平任國立女子師範大學，北平大學法商學院，俄文法政專門等校講席，二十一年任河北省立女子師範學院教授。二十四年赴德國就讀柏林大學，獲哲學博士學位。歸國後任西南聯大師範學院教育系教授，國立同濟大學教授，國立河南大學校長，西北農學院院長。又以學人應召任中央組織部訓練處長，河南省黨部主任委員，國民黨第六屆中央委員，三民主義青年團第二屆中央幹事，其間當選國民參政員，嗣任教育部次長，後當選教育團體國民大會代表。政府遷臺，任臺灣省立師範學院教育系教授兼主任。學校改制後，任國立臺灣師範大學教育學院院長，四十四年兼任教育研究所主任。六十年九月一日退休。

　　延濤受先生課，為民國十三、十四年間。先生教學生，先自基本論理學始。自此而後，漸知讀書方法。大戴記：「與君子遊，如長日加益，而不自知也。」竊謂凡受學於先生者，當皆有斯感。時先生已文名藉甚，對學生雖無疾言厲色，而學生心中皆不期然由敬而生畏；及其漸也，即之也溫，則學生之視先生，又有「有腳陽春」之感矣。先生一生，無論處任何環境，任何時期，皆手不釋卷，筆不釋紙，然從不輕以示人，殆「古之學者為己」者歟。然其言足以立人，行足以範人，其所以嘉惠於後生者，足矣，備矣！豈世俗之譽能浼之哉！王陽明云：「花之千葉者不實，為其華美太發露耳！」而先生之沉潛日充，以纍纍之實，滋養千百萬學子，而皆

灼灼其華，先生亦可以自慰矣。

先生退休前後，雖患高血壓，而神明不衰，偶有小疾，亦數日即愈，而近以國事多艱，鬱鬱寡歡，不如往昔之逸興遄飛矣。六十四年四月十七日宿疾復作，五月九日病逝臺大醫院。享壽八十三歲。其遺言爲：「不開治喪會，不發訃聞，不公祭，不收賻，不請獎飾。」先生之心之慟爲何如耶？此亦教育世俗者也。

先生供職中樞，多所建樹；參政員與國大代表任內，尤多所獻替。但皆不願爲人言之；人有知者，亦不欲知者言之，故不敢縷述。惟對於教育事業之擘劃，則間有道者，如：（一）河南教育經費獨立之經過——河南自民國以來，戰亂頻仍，教育經費非政府不能滙至，即爲地方軍人括爲他用。致各地學校，屢陷絕境。十一年先生當選爲全省各級學校教職員聯合會評議會主席，與韓殿珍等倡議以各縣契稅作爲教育專款。惟其時軍政職權不分，困擾百端，終以先生等之力爭，與王幼僑、焦易堂等之大力疏解，始獲解決。此後河南戰痕累累，而能始終絃歌不輟者，胥賴於此。（二）開創講學風氣——如請梁啓超、趙元任、傅桐等至開封講學。梁氏講「中國思想史」，趙氏講「考古學之重要」，傅氏講「道德哲學」，爲河南學術界，樹立一新氣象。（三）創辦少年河南週刊——先生自言：「余於民國九年，畢業北京大學之後，即至保定育德中學任教。但爲服務桑梓，回開封。時方二十餘歲，血氣方剛，構想奇多，每思有所奮立，以救時弊而振士氣，乃約同學王警宇、楊笠農等創辦「少年河南週刊」。每週必有時評，以論時政之得失緩急，並灌輸新知識，啓發新思想。雖爲青年學子所擁護，而屢嬰時忌，威脅利誘無所不有，而同仁不爲之屈。記曾評河南留學歐美學堂應即改制爲河南最高學府。故河南大學之成立，「少年河南週刊」實盡其催生之責。（四）創辦國立臺灣師範大學教育研究所——師大教育研究所，四十四年開始招生，先後畢業得碩士學位者近百人，或任教大專院校，或任職教育行政。先生就讀柏林大學時，受哲學家斯普蘭格影響最大。歸國後，即倡「教育的愛」，認教育爲人類承先啓後獨能之創造活動。是亦即張載「爲往聖繼絕學，爲萬世開太平」之意也。

德配程毅志夫人，國立北平大學第二師範學院教育學士。曾任教育行

政工作，及大專教授。現任立法委員。忠盡謀國，研學功深。倡和襄贊，一燈對坐，憂樂與共。公子田棋美國西北大學哲學博士，現任紐約西拉鳩斯大學化工系教授兼系主任。媳程麗珠美國紐約西拉鳩斯大學碩士，現任美國西拉鳩斯幼稚園主任。次田樗，美國匹茨堡大學哲學博士，現任美國鋼鐵公司高級研究員。媳尹文渭，美國希頓山女子學院畢業。女田楨，國立臺灣師範大學畢業，現任美國華盛頓大學教席。次田樗，美國伊利諾大學文學碩士，現任美國流體力學研究所行政助理。婿鮑亦和，美國霍浦金斯大學哲學博士，在美創辦流體力學研究所，任所長。孫安浩、孫女安湄、安濤、安澄、安瀾，外孫洪達維、洪達德、鮑世民，外孫女鮑世芳，均尚在就學。奕葉揚輝，能世先生之學。及門弟子遍海內外，亦皆能光大師門！先生亦可以瞑目矣。延濤受業最早，垂愛備至，迄今樗散無成，每一念及，汗涔涔下。受命爲述，知先生之不許爲盡辭也，而亦非末學之能盡辭也，感慟何言！李二曲云：「得志則經綸參贊，兼善天下；不得志則紹前啓後，兼善萬世。」讀先生之遺言與行誼，吾知之矣！吾知之矣！

　　　　　中華民國六十四年五月十八日受業劉延濤敬謹爲記

國家圖書館出版品預行編目資料

教育與文化：田培林教授教育學論著精選／田
培林著；黃昆輝主編. ——初版. ——臺北
市：五南，2018.11
　　面；　公分
　　ISBN 978-957-11-9921-4 (平裝)

1.教育　2.文集

520.7　　　　　　　　　　107014673

1I2A

教育與文化
田培林教授教育學論著精選

作　　者 — 田培林

主　　編 — 黃昆輝

執行主編 — 林逢祺　周愚文　洪仁進　方永泉

發 行 人 — 楊榮川

總 經 理 — 楊士清

副總編輯 — 陳念祖

責任編輯 — 陳俐君　李敏華

助理編輯 — 鄭如芳　曾重凱

封面設計 — 姚孝慈

出 版 者 — 五南圖書出版股份有限公司

地　　址：106台北市大安區和平東路二段339號4樓

電　　話：(02)2705-5066　傳　　真：(02)2706-6100

網　　址：http://www.wunan.com.tw

電子郵件：wunan@wunan.com.tw

劃撥帳號：01068953

戶　　名：五南圖書出版股份有限公司

法律顧問　林勝安律師事務所　林勝安律師

出版日期　2018年11月初版一刷

定　　價　新臺幣620元